Victor Dönninghaus | Andrej Savin

Unter dem wachsamen Auge des Staates

Veröffentlichungen des Nordost-Instituts

Band 22

2019

Harrassowitz Verlag · Wiesbaden

Victor Dönninghaus | Andrej Savin

Unter dem wachsamen Auge des Staates

Religiöser Dissens der Russlanddeutschen in der Breschnew-Ära

2019

Harrassowitz Verlag · Wiesbaden

Herausgeber:
Nordost-Institut
Institut für Kultur und Geschichte
der Deutschen in Nordosteuropa e.V.
an der Universität Hamburg
Lindenstr. 31
21335 Lüneburg
www.ikgn.de

Lektorat des Bandes: Daphne Schadewaldt

Umschlagabbildung: Gerichtsverhandlung gegen Gergard Gergardovič Dik,
Jakov Ivanovič Fot und Petr Abramovič Rogal'skij (v.r.) in Prokop'evsk (Sibirien),
5.–6.01.1983. Hauptanklagepunkt war die Organisation illegalen Religionsunterrichts für Kinder; aus: Bildarchiv Hilfskomitee Aquila / Verlag Samenkorn.

Gefördert von der Beauftragten der Bundesregierung für Kultur und Medien
aufgrund eines Beschlusses des Deutschen Bundestages.

Bibliografische Information der Deutschen Nationalbibliothek
Die Deutsche Nationalbibliothek verzeichnet diese Publikation in der Deutschen
Nationalbibliografie; detaillierte bibliografische Daten sind im Internet
über http://dnb.dnb.de abrufbar.

Bibliographic information published by the Deutsche Nationalbibliothek
The Deutsche Nationalbibliothek lists this publication in the Deutsche
Nationalbibliografie; detailed bibliographic data are available in the internet
at http://dnb.dnb.de.

Informationen zum Verlagsprogramm finden Sie unter
http://www.harrassowitz-verlag.de

ISSN 1862-7455
ISBN 978-3-447-11334-2

Inhaltsverzeichnis

Einführung

1. Historiografie und Forschungsstand

„Die Mennoniten sind alle alphabetisiert, vielfach sogar gebildet, mehrheitlich wohlhabend oder schlicht reich. Diese Leute sind erstaunlich sauber, urwüchsig[1], beflissen und zuverlässig. Hat man ihnen einmal einen Auftrag erteilt, kann man sich darauf verlassen, dass er in bester Weise ausgeführt wird. Sie tun überhaupt nicht groß mit ihrer Pflichttreue, sie machen viel, sie machen es gut und ohne große Worte. [...] Sie kümmern sich um die Kranken, als wären es ihre eigenen Verwandten. Es ist nie vorgekommen, dass ein [mennonitischer] Sanitäter sich geweigert oder auch nur gezögert hätte, irgendeiner Bitte eines Kranken nachzukommen – er ist beim ersten Rufen angeflogen gekommen, ungeachtet der Müdigkeit und schlafloser Nächte. [...] Und ich habe niemals auch nur ein Wort des Murrens oder der Unzufriedenheit vernommen. Schweigen ist ihr charakteristisches Merkmal. Untereinander leben sie in ungewöhnlicher Eintracht, und diese Eintracht beugt Hader und Streit vor, die in der überfüllten und engen Unterkunft so natürlich sind. Sie verweigern sich nie, sie drücken sich nie vor der Arbeit, sie versuchen nicht, sich hinter dem Rücken eines anderen zu verstecken oder ihre Arbeit nur zum Schein zu erfüllen. Die Soldaten haben sie geliebt, ihnen ohne Ende gedankt und sie nicht anders als ‚Herr Sanitär‘ genannt. [...] Die Sanitäter kannten alle ihre Kranken mit Vor- und Familiennamen und noch nach einer Woche und manchmal auch noch Monate später haben sie uns bei zufälligen Anfragen geholfen. Bessere Sanitäter als die Mennoniten kann man nicht finden. Sie sind die geborene Güte, Sanftheit und ruhige fürsorgliche Pflichtschuldigkeit – Eigenschaften, die ein Sanitäter haben muss. Wenn man jetzt prüft, ob die Mennoniten zur Truppe eingezogen werden sollen, dann sollte man das ohne langes Überlegen lassen, denn bessere Sanitäter kann man nicht finden“.[2]

Ein solches Bild der Mennoniten zeichnete im Oktober 1915 der künftige Klassiker der sowjetischen Literatur Dmitrij Furmanov – Autor des Romans „Čapaev“, nach dessen Motiven 1934 der gleichnamige Filmklassiker der 1930er Jahre gedreht wurde.

Mit den Mennoniten kam Furmanov in den Jahren 1915/16 in Berührung, als er nach Abschluss seines Studiums an der Moskauer Universität als Krankenpfleger des Russischen Roten Kreuzes am Krieg teilnahm und einen der Sanitätszüge des Allrussischen Zemstvo-Verbands betreute, in denen vor allem Mennoniten als Sanitäter dienten, die nach Furmanovs

---

1   Russisch: netronutyj.
2   Furmanov, Dnevnik, S. 140-142.

eigenen Aussagen 95–100% des im Kaukasus und 50–60% des an den westlichen Front-
abschnitten eingesetzten Sanitätspersonals stellten.[3] Furmanovs wohlwollende Schilderung
lässt erkennen, dass die Öffentlichkeit des späten Russischen Reiches bestens Bescheid
wusste, wer diese Mennoniten waren und warum sie in den Jahren des Krieges den Dienst
an der Waffe verweigerten und ausschließlich Sanitätsdienst leisteten. So konnte Furmanov,
als er seinen Standpunkt zur Frage der Einziehung der Mennoniten zum Kriegsdienst dar-
legte, auf jede Erläuterung der Hintergründe verzichten und diese als allgemein bekannt
voraussetzen.

Sechzehn Jahre später erschien 1931 in Moskau der Kultroman „Das Goldene Kalb" von
Il'ja Il'f und Evgenij Petrov, eine Art literarisches Lexikon der russischen Gesellschaft zur
Zeit der späten NĖP an der Schwelle zur Stalinschen Revolution von oben. Die Handlung
des Romans ist denkbar einfach: Der smarte Glücksritter und Trickbetrüger Ostap Bender
versucht in einem Land Millionär zu werden, das dem Reichtum den Klassenkampf ange-
sagt hat. Die Mennoniten werden in diesem Roman zwar nur einmal kurz erwähnt, doch ist
diese kurze Erwähnung kaum weniger aussagekräftig als Furmanovs ausführliche Darstellung. Als Bender seine Million schließlich ergattert, muss er enttäuscht feststellen, dass das
Geld im Land der Sowjets nicht mehr den gleichen Wert hat wie früher. In einem Anfall
von Verzweiflung schickt er den Koffer mit der ersehnten Million an das Volkskommissariat
für Finanzen. Als er diesen Schritt wenig später bereut und versuchen will, das Paket doch
noch zurückzubekommen, kommentiert Bender sein Tun mit den folgenden Worten: „So
einen Apostel Paulus muss man erst einmal finden [...] so einen heiligen Geldverächter und
Hurensohn! So einen verdammten Mennoniten, Adventisten des Siebenten Tags! So einen
Trottel! Wenn das Paket schon abgeschickt ist, häng' ich mich auf! Umbringen sollte man
diese Tolstojaner!"[4] Hier werden die Mennoniten nicht nur in einem Atemzug mit dem Apostel Paulus und den Adventisten, sondern auch mit den Anhängern Lev Tolstojs genannt,
die ebenfalls Pazifisten waren, den Dienst an der Waffe verweigerten und den bolschewistischen Kolchosen ihre „Tolstoj-Kommunen" entgegenzusetzen versuchten. Ungeachtet der
offensichtlichen Randständigkeit des religiösen Themas und des satirischen Kontextes treten die Mennoniten hier durchaus positiv und vor allem wiedererkennbar in Erscheinung.
Übrigens zog der verzweifelte Versuch der Mennoniten, massenhaft nach Amerika zu emigrieren, in den frühen 1930er Jahren die Aufmerksamkeit nicht nur des Stalinschen Regimes,
sondern auch der Weltöffentlichkeit auf sich. Und selbst sowjetische Zeitungen veröffentlichten von Zeit zu Zeit Meldungen, in denen über die erbarmungswürdigen Zustände in
deutschen Übergangslagern und Versuche von „zur Besinnung gekommenen" Mennoniten,
in die sowjetische Heimat zurückzukehren, berichtet wurde.

In ihrer 2005 veröffentlichten Erzählung „Der Großraumwaggon" – zweifellos ein Klassiker der zeitgenössischen russischen Literatur – beschreibt Ljudmila Ulickaja die Begegnung mit einem interessanten Mitreisenden:

> „‚Ich heiße', sagt er, ‚Ivan Jakovlevič. Eigentlich bin ich ein holländischer Deutscher.' Ich
> hätte mich fast verschluckt. Das war für mich als Schriftstellerin natürlich ein gefundenes

---

3   Ebenda, S. 140.
4   Siehe z.B.: Il'f, Petrov, Dvenadcat' stul'ev, S. 645.

Fressen. [...] Er trank ein Gläschen und begann zu erzählen: ‚Unsere Familie ist unter der Zarin Anna Ioannovna übergesiedelt, in die Gruben [...]. Meine Vorfahren waren Mennoniten. Haben Sie von denen schon mal gehört?' Hatten wir. Ivan Jakovlevič war gerührt. Das erste Mal in seinem ganzen Leben traf er jemanden, der schon mal von den Mennoniten gehört hatte [...]. Die deutsche Sprache hat er fast verloren. Seine Mutter sprach noch Deutsch, aber er spricht fast gar nicht mehr. Aber er versteht. Aus dem Altaj ist die Familie nach Mittelasien umgesiedelt. Er hat nach der Armee eine Russin geheiratet. Früher als alle anderen hat er verstanden, dass es Zeit war, aus Mittelasien wegzugehen. Er zog nach Russland, kaufte ein Haus und richtete sich ein. Seine Frau ist Krankenschwester. Drei Kinder. Er arbeitet in Moskau als Busfahrer [...]. Er spricht gut. Eine lebendige, korrekte Sprache, keine sinnlosen Kraftausdrücke, die für gewöhnlich alle in ihre Rede einstreuen, die bei der Armee oder im Lager waren. Alle seine Brüder sind nach Deutschland gegangen. Er will nicht weg. Seine Heimat ist hier [...]. Was für Leute Väterchen Zar doch hat, wie Leskov gesagt hat [...]".[5]

Tatsächlich sind aber nicht allzu viele von diesen Leuten übrig geblieben: Bei der letzten russischen Volkszählung gaben im Jahr 2010 gerade einmal vier Personen als Nationalität „Mennonit" an.

Damit schließt sich der Kreis unserer kurzen Reise über die „mennonitischen" Seiten der russischen Literatur, in der sich das Schicksal dieses kleinen eigenständigen Volkes spiegelt, das in der russischen Geschichte eine tiefe Spur hinterlassen hat, dessen Bedeutung heute aber kaum noch jemandem bewusst ist. Als Anhänger einer der ältesten Freikirchen, die in den 1530er Jahren in den Niederlanden entstand, siedelten sich die Mennoniten auf Einladung Katharinas II. von 1789 in Russland an. Anreiz für diese Übersiedlung war neben zahlreichen anderen sozioökonomischen Privilegien und Vergünstigungen nicht zuletzt die Befreiung vom Kriegsdienst. Die Verweigerung von Kriegsdienst und Treuegelöbnis gehörte wie auch die bewusste Glaubenstaufe zum grundlegenden Kanon der mennonitischen Glaubenslehre. Anfang des 20. Jahrhunderts lebten im Russischen Reich etwa 100 000 Mennoniten, die in Brüder- und Kirchengemeinden geteilt waren. Die Glaubenslehre der Brüdermennoniten ist der der Baptisten sehr ähnlich. Die Frage der ethnischen Zugehörigkeit der Mennoniten ist nicht abschließend beantwortet. Während in der Literatur sowohl eine holländische als auch eine deutsche Abstammung der russischen Mennoniten angenommen wird, spricht viel für die These, dass sich die Mennoniten in Russland zu einer eigenen ethnokonfessionellen Gemeinschaft entwickelten.

Die Mennoniten zeichneten sich traditionell durch großen Wohlstand, ein hohes Bildungsniveau sowie die Nutzung der modernsten landwirtschaftlichen Technik und fortschrittlicher Anbaumethoden aus. Sie konnten sich schnell an die neuen, alles andere als einfachen Bedingungen anpassen und bildeten eine der am weitesten entwickelten Bevölkerungsgruppen des Russischen Reiches. Aufgrund ihrer Sprache und Religion konnten sie ihre kulturelle und soziale Eigenständigkeit weitgehend bewahren. Dank ihres „Pioniergeistes" fanden sich die Mennoniten im Zuge der Stolypinschen Umsiedlungsprogramme Anfang des 20. Jahrhunderts unter den ersten Übersiedlern nach Sibirien wieder,

---

5   Ulickaja, Ljudi, S. 485.

wo sie im Kreis Barnaul (Gouvernement Tomsk)[6] und im Kreis Omsk (Gebiet Akmola)[7] zwei kompakte Koloniengruppen gründeten. Mitte der 1920er Jahre lebten in Sibirien etwa 20 000 und in der Russischen Föderativen Sowjetrepublik insgesamt etwa 44 000 Mennoniten.

Für den mit der Sowjetgesellschaft befassten Historiker stellen die Mennoniten ein einzigartiges Forschungsobjekt dar, an dessen Beispiel sich eine ganze Reihe von Schlüsselfragen der sowjetischen Innen- und Außenpolitik untersuchen lässt: In erster Linie sind dies die Religionspolitik des Sowjetstaats, die nationale Minderheitenpolitik, die Emigrationspolitik, die Beziehungen zu internationalen Hilfsorganisationen bzw. zu Deutschland sowie die Repressionen der 1930er Jahre und insbesondere die Massenoperationen des NKVD der Jahre 1937/38. Nach der von N.S. Chruščev vollzogenen politischen Rehabilitierung der Sowjetdeutschen fanden sich die Mennoniten in der Brežnev-Zeit in vorderster Front des Konflikts zwischen dem Sowjetstaat und den vom Kirchenrat der Evangeliumschristen-Baptisten[8] angeführten religiösen Dissidenten wieder und führten einen hartnäckigen Kampf für die Gewissensfreiheit. Im Unterschied zu der zahlenmäßig kleinen und zersplitterten Bewegung der weltlichen Dissidenten, die von den Organen des KGB relativ leicht neutralisiert werden konnte, ließen sich die religiösen Dissidenten bis zum Zusammenbruch der UdSSR nicht zur Einnahme loyaler Positionen zwingen. Innerhalb der Bewegung der religiösen Dissidenten spielten die Mennoniten eine herausragende Rolle: Nach Angaben der Behörden bestanden die unangepassten religiösen Vereinigungen größtenteils aus „Personen deutscher Nationalität".

Die Geschichte der in Sowjetrussland lebenden Mennoniten lässt sich in drei Abschnitte unterteilen: die 1920er–1930er Jahre, die 1960er–1980er Jahre und schließlich die Zeit seit den frühen 1990er Jahren bis heute. In den 1920er–1930er Jahren standen die Mennoniten im Blickfeld ihrer Zeitgenossen und waren vor allem in den Schriften von Mitarbeitern der Deutschen Sektionen der RKP(b)-VKP(b) und des Bundes der Militanten Atheisten präsent. Zu den ersten den Ereignissen der 1920er Jahre gewidmeten Publikationen gehören die Bücher und Broschüren von I. Gebgart, B. Bartels, A. Rejnmarus, G. Frizen, A.I. Klibanov, F.M. Putincev und A. Dolotov[9], die ausschließlich im Interesse der Bekämpfung der Emigrationsbewegung der Deutschen und der „Sektenmennoniten" geschrieben wurden und hochgradig ideologisierte, weitgehend falsifizierte Werke darstellten. Was die ausländischen Publikationen dieser Zeit betrifft, sind die der Massenemigration der Mennoniten aus der UdSSR in den Jahren 1929/30 gewidmeten Arbeiten des unmittelbar an den Ereignissen beteiligten Zeitzeugen Otto Auhagen hervorzuheben, die ihre Aktualität bis zum heutigen

---

6 Nach 1917 Kreis Slavgorod (Gouvernement Altaj bzw. später Omsk), später Bezirk Slavgorod (Region Sibirien), Deutscher Rayon (Region Westsibirien bzw. ab 1937 Region Altaj).

7 Später Kreis Omsk (Gouvernement Omsk), Bezirk Omsk (Region Sibirien bzw. ab 1934 Gebiet Omsk).

8 Kirchenrat der Evangeliumschristen und Baptisten – illegaler Verband von Gemeinden der Evangeliumschristen-Baptisten, die ihre Registrierung durch staatliche Stellen bewusst verweigerten.

9 Gebgart, Dorf; Bartels, Bauern in Rußland; Rejnmarus, Frizen, Mennonity; dies., Pod gnetom religii; dies., Anti-Menno; Klibanov, Mennonity; Putincev, Političeskaja rol'; ders., Taktika sekt; Dolotov, Cerkov'.

Tag nicht eingebüßt haben.[10] Eine wertvolle Quelle zur Erforschung der Geschichte der in Sibirien lebenden Mennoniten ist das auf persönlichen Erinnerungen beruhende Buch Ja. Stachs.[11]

Infolge der nach Stalins Tod einsetzenden politischen Veränderungen konnte die Geschichte der Sowjetdeutschen und Mennoniten in den 1960er–1970er Jahren auch in der Sowjetunion wieder erforscht werden. Zu dieser Zeit wurden die Arbeiten von È.M. Kremzer, N.I. Il'inych, A.I. Klibanov, V.F. Krest'janinov, A.F. Belimov und A.N. Ipatov verfasst[12], in denen u.a. die Tätigkeit der mennonitischen Kooperativen sowie die Haltung der mennonitischen Gemeinden zu Fragen der Schulbildung, des Wehrdienstes und der Emigration der 1920er Jahre Erwähnung finden. Die meisten dieser Arbeiten sind heute konzeptuell, methodisch und empirisch veraltet. Auch die ausländischen Historiker brachten zu dieser Zeit bedingt durch den fehlenden Zugang zu sowjetischen Archivquellen keine akademischen Arbeiten hervor. Die in der Nachkriegszeit von nach Amerika emigrierten Mennoniten verfassten Arbeiten waren größtenteils populärwissenschaftlichen Charakters. Eine Ausnahme stellt die den freikirchlichen Gemeinden der Nachkriegssowjetunion gewidmete Forschungsarbeit Walter Sawatskys dar, die ihre wissenschaftliche Bedeutung bis zum heutigen Tag bewahrt hat.[13]

Die politischen Veränderungen der vergangenen 25 Jahre ließen das Interesse für die Geschichte der Russlanddeutschen sowohl innerhalb der früheren Sowjetunion als auch im Ausland in einem Maße ansteigen, das die Behauptung gerechtfertigt erscheinen lässt, dass nur wenige Forschungsrichtungen auf dem Gebiet der früheren Sowjetunion einen solch rasanten Aufstieg erlebten.[14] Von diesem spürbar gestiegenen Interesse für die Geschichte der Russlanddeutschen als Ganzes profitierte auch die unmittelbar den Mennoniten gewidmete Forschungsarbeit. So befassen sich Arbeiten N.V. Ostaševas, A.I. Beznosovs und O.V. Beznosovas mit der Geschichte der mennonitischen Gemeinden und ihres Widerstands gegen die Sowjetisierungspolitik.[15] Der gegen die deutsche Bevölkerung der Ukraine gerichteten Repressionspolitik der 1920er–1930er Jahre ist eine von V.V. Cencov verfasste Monografie gewidmet.[16] In den Arbeiten I.V. Čerkaz'janovas wird die Geschichte der mennonitischen Schule der 1920er–1930er Jahre untersucht.[17] Fragen der Emigration, der

---

10 Auhagen, Schicksalswende.
11 Stach, Feuertaufe; ders., Deutschtum.
12 Kremzer, Posledovateli; Il'inych, Pod maskoj; ders., O sovremennom mennonitstve; Klibanov, Istorija; ders., Religioznoe sektantstvo; ders., sektantstvo v prošlom; Krest'janinov, Mennonity; Belimov, Mennonity; ders., Naučnaja nesostojatel'nost'; Ipatov, Kto takie mennonity; ders., Mennonity.
13 Sawatsky, Soviet Evangelical. In den Jahren 1973–1976 gehörte Sawatsky dem Keston College als *research scholar* an; 1975–1985 leitete er das Büro des Mennonite Central Committee in Westeuropa und führte zahlreiche Interviews mit aus der UdSSR ausgereisten deutschen Emigranten.
14 Siehe die Bibliografie der Arbeiten zur Geschichte der Russlanddeutschen: Brandes, Dönninghaus (Hrsg.), Bibliographie; siehe auch: Černova (Hrsg.), Rossijske nemcy; Čerkaz'janova (Hrsg.), Letopis' dissertacij; dies., Meždunarodnaja associacia.
15 Ostaševa, Mennonitskoe soobščestvo; Beznosov, Sojuz graždan, S. 52-64; ders., Religioznaja žizn', S. 329-342; Beznosova, Ukrainian Evangelicals, S. 175-198.
16 Cencov, Tragičeskie sud'by.
17 Čerkaz'janova, Škol'noe obrazovanie.

Entkulakisierung, der Kollektivierung, der Hungersnot und des Terrors der Jahre 1934–1938 stehen im Zentrum der Arbeiten von L.P. Belkovec[18], V.I. Brul'[19], O.A. Gerber[20] und A.A. Fast[21]. Unter den jüngsten die Geschichte der Mennoniten der Zwischenkriegszeit behandelnden Forschungsarbeiten sind zudem die Publikationen T.P. Nazarovas[22] zur karitativen Tätigkeit mennonitischer Organisationen sowie die komplexe Analyse der Geschichte der Mennoniten des Saratover Wolgagebiets der Jahre 1854–1941 N.O. Evseevs zu nennen.[23] Darüber hinaus liegen einige Forschungsarbeiten vor, deren spezielles Anliegen die Erforschung der Geschichte der sogenannten „christlichen Sekten" in den 1920er–1930er Jahren ist.[24]

Der sich nach dem Ende der UdSSR auftuende ungehinderte Zugang zu den Materialien russischer, ukrainischer, kasachischer und anderer Archive wirkte sich positiv auf die Qualität der von ausländischen Historikern verfassten Arbeiten aus. Bemerkenswert waren die von Christoph Mick, Detlef Brandes, Gerd Stricker und Victor Dönninghaus veröffentlichten Forschungsarbeiten zur Emigrationsbewegung der Jahre 1929/30, zu Kultur, Religion und Bildung sowie zum Widerstand der Sowjetdeutschen und Mennoniten gegen die Sowjetisierungs- und Repressionspolitik.[25]

Spezielle, eigens der Geschichte der in Sowjetrussland lebenden Mennoniten der Nachkriegszeit bzw. der 1960er–1980er Jahre gewidmete Monografien liegen bislang nicht vor. Dennoch gibt es zwei Gruppen von Publikationen, die Bezug zu diesem Thema haben: Zur ersten Gruppe gehören die den Beziehungen zwischen dem Sowjetstaat und der Russisch-Orthodoxen Kirche gewidmeten Forschungsarbeiten M.V. Škarovskijs, T.A. Čumačenkos, I.A. Kurljandskijs und M.I. Odincovs[26], die ungeachtet ihrer Konzentration auf die Geschichte der Russisch-Orthodoxen Kirche den historischen Kontext abstecken und wichtiges, die Ausarbeitung und Umsetzung der staatlichen Kirchenpolitik betreffendes Faktenmaterial für die Wissenschaft erschließen.

Zur zweiten Gruppe gehören die in den letzten beiden Jahrzehnten erschienenen, der Geschichte des russischen Protestantismus als Ganzen bzw. einzelnen freikirchlichen Konfessionen gewidmeten Monografien L.I. Soskovecs[27], A.V. Gorbatovs[28], T.K. Nikol'skajas[29], Nadežda A. Beljakovas[30] sowie zwei von einem Tjumener Historikerteam kollektiv heraus-

18 Belkovec, Bol'šoj terror.
19 Brul', Nemcy, Teile 1-2.
20 Gerber, Auswanderung, S. 119-126; dies., Ergebnisse, S. 109-133.
21 Fast, V setjach OGPU.
22 Nazarova, Blagotvoritel'naja dejatel'nost'.
23 Evseev, Mennonity.
24 Die besten Forschungsarbeiten sind: Krapivin, Lejkin u.a., Sud'by; Ėtkind, Chlyst.
25 Mick, Propaganda; Stricker (Hrsg.), Geschichte; Brandes, Savin, Die Sibiriendeutschen; Dönninghaus, Minderheiten in Bedrängnis, siehe dazu auch: Boeckh, Stand und Perspektiven, S. 251-263; Dönninghaus, Issledovanija istorii, S. 348-354.
26 Škarovskij, Russkaja pravoslavnaja cerkov'; Čumačenko, Gosudarstvo; Kurljandskij, Stalin; Odincov, Russkaja pravoslavnaja cerkov'.
27 Soskovec, Religioznye konfessii; dies., Religioznye organizacii.
28 Gorbatov, Gosudarstvo.
29 Nikol'skaja, Russkij protestantizm.
30 Beljakova, Bremer u.a., Kirchen; Beljakova, Dobson, Ženščiny.

gegebene Monografien.[31] Hinzu kommen Dissertationen von V.V. Šiller[32], S.P. Volochov[33], A.L. Glušaev[34] und E.A. Serova[35] sowie zahlreiche Aufsätze.[36]

In der internationalen Historiografie wurde der religiöse Dissens in der Sowjetunion in seiner Gesamtheit seit den frühen 1960er Jahren wahrgenommen. Die Annäherung an das Thema erfolgte über zwei Pfade: einen kirchlichen und einen politischen. Die kirchliche Perspektive eröffnete sich durch die Sensibilisierung westlicher Kirchenkreise für die religiöse Landschaft im Osten, die vor allem die 1960 in Mailand gegründete Zeitschrift „Russia cristiana ieri e oggi" (Christliches Russland gestern und heute) vorantrieb, die ziemlich früh auch über den politischen Dissens berichtete. Die politische Perspektive auf die religiösen Entwicklungen fand von 1962 an in einer Reihe von Berichten Ausdruck, die das New Yorker Research Center for Religion and Human Rights in Closed Societies unter dem Titel „Religion in Communist Dominated Areas" herausgab.

Die kirchliche Perspektive wurde durch den im Januar 1973 in der Schweiz gestarteten stark landeskirchlich orientierten Materialdienst der „Forschungs- und Informationsstelle Religion und Kirche im kommunistischen Einflussbereich" erweitert, der bald in „Glaube in der 2. Welt" (G2W) umbenannt wurde. In den folgenden Jahren entwickelte sich das gemeinsame Projekt der Katholischen und der Evangelisch-Reformierten Kirche zu dem Publikationsorgan „Glaube in der 2. Welt. Zeitschrift für Religionsfreiheit und Menschenrecht", das bald zur wichtigsten Informationsquelle über das vielseitige kirchliche Leben in der Sowjetunion im deutschsprachigen Raum wurde.

Im selben Jahr 1973 startete das 1969 von Michael Bourdeaux in Großbritannien gegründete Keston College die Publikation der Zeitschrift „Religion in Communist Lands", die bereits in ihrer ersten Ausgabe ein Dokument aus der sowjetischen, evangeliumschristlich-baptistischen Dissidentenbewegung in englischer Übersetzung veröffentlichte und den Vertretern des freikirchlichen radikalen Untergrunds dadurch schließlich auch eine Stimme im Westen gab. Die Zeitschrift entwickelte sich bald zur wichtigsten Informationsquelle über die vom Staat bekämpften religiösen Strömungen in der UdSSR im englischsprachigen Raum.

Einigen zum sowjetischen evangeliumschristlich-baptistischen Dissens gehörenden Deutschen gelang in den 1970er Jahren die Emigration in die Bundesrepublik Deutschland. 1978 gründeten sie in Gummersbach das Missionswerk „Friedensstimme", das zum Sprachrohr ihrer Glaubensbrüder im sowjetischen religiösen Untergrund wurde. Der Verlag des Missionswerks begann mit der Veröffentlichung von Erinnerungen emigrierter verfolgter Russlanddeutscher, die sich vor allem an die russlanddeutsche konfessionelle Leserschaft richteten. Ähnliche Ziele verfolgt auch der Anfang der 1990er Jahre aus der Friedensstimme hervorgegangene Verlag des Missionswerks FriedensBote. Zu unseren Quellen gehören die in diesen beiden Verlagen veröffentlichten Memoiren. Ähnliche Veröffentlichungen erbaulich-

---

31 Bobrov (Hrsg.), Protestantizm; Kljueva, Poplavskij u.a., Pjatidesjatniki.
32 Šiller, Ėtnokonfessional'noe vzaimodejstvie.
33 Volochov, Social'no-političeskie protesty.
34 Glušaev, Protestantskie obščiny.
35 Serova, Obščiny.
36 Zu erwähnen ist ferner ein in dem ursprünglich 1984 in den USA erschienenen Buch L.M. Alekseevas enthaltenes kleines Kapitel über die Evangeliumschristen-Baptisten, siehe: Alekseeva, Istorija inakomyslija.

publizistischer Ausrichtung erschienen bei der Slavic Gospel Association[37] und ähnlichen Werken[38]. Wichtige Quellen zur freikirchlich-konfessionellen Landschaft in der Sowjetunion der Nachkriegszeit stellen auch die Schriften der in Korntal ansässigen Missionsgesellschaft „Licht im Osten" dar.

Besondere Aufmerksamkeit verdienen zwei von amerikanischen Kollegen verfasste Publikationen, die als Indikator für das gestiegene Interesse westlicher Historiker für das Thema der Freikirchen dienen können: So widmet sich Hiroaki Kurimiya der Erforschung eines Gerichtsprozesses gegen vierzehn im November 1952 in der Stadt Belaja Cerkov' (Ukraine) verhaftete Reformadventisten, denen religiöse Untergrundtätigkeit zur Last gelegt wurde.[39] Emily Baran erforscht die Tätigkeit der Gemeinden der Zeugen Jehovas in der UdSSR in der Nachkriegszeit.[40]

Im Zuge der in den vergangenen Jahrzehnten geleisteten Forschungsarbeit wurden gewaltige Mengen Faktenmaterial für die Wissenschaft erschlossen, erste Thesen aufgestellt und wichtige Schlussfolgerungen formuliert. Mit Ausnahme der von westlichen Historikern verfassten Publikationen sind nahezu alle diese Forschungsarbeiten im Geiste eines traditionellen positivistischen Ansatzes verfasst und konzentrieren sich auf die Ausarbeitung der die religiösen Organisationen betreffenden Politik der staatlichen Organe, auf die sowjetische antireligiöse Gesetzgebung sowie die Kontrolle und Eingrenzung des religiösen Bereichs durch den KGB bzw. den Rat für Religionsangelegenheiten beim Ministerrat der UdSSR und seine Bevollmächtigten vor Ort. Aufgrund der von den Kollegen geleisteten Forschungsarbeit ließ sich die folgende zentrale Arbeitshypothese formulieren: Gegen Mitte der 1960er Jahre sah sich die Zentralmacht zu der Einsicht gezwungen, dass sich die religiösen Dissidenten durch eine ausschließlich auf repressive Verbotsmaßnahmen fixierte Politik nicht effektiv bekämpfen ließen, da ein entsprechendes Vorgehen auf Seiten der Gläubigen lediglich „erbitterten Widerstand" provozierte.[41] Ausgehend davon wollen wir die religiöse Dissidentenbewegung der Mennoniten zur Zeit des „entwickelten Sozialismus" untersuchen.

Die vorliegende Monografie stellt einen ersten Versuch dar, die Geschichte der Mennoniten in der Sowjetzeit und insbesondere in der Regierungszeit Leonid Brežnevs komplex zu erforschen. Dabei versuchen wir, alle Aspekte des religiösen Dissidententums zu beleuchten, die einzelnen durch den sogenannten „Eigensinn"[42] der Gläubigen hervorgebrachten Protestformen herauszuarbeiten und das Geheimnis der von den Gläubigen in ihrem Konflikt mit einem starken autoritären Staat, seinen Staatssicherheitsorganen und einem riesigen Propagandaapparat an den Tag gelegten Widerstandskraft zu ergründen. Darüber hinaus sollen die wichtigsten Anpassungsstrategien der religiösen Gemeinden an die widrigen politischen Bedingungen sowie die Grenzen ihrer Loyalität herausgearbeitet werden, jenseits derer Konformismus in Resistenz umschlug.

---

37 Siehe z.B.: Deyneka, Anita, Deyneka, Peter Jr., Song in Siberia.
38 Siehe z.B.: Masters (Hrsg.), Remember.
39 Kuromiya, Conscience.
40 Baran, Dissent.
41 Soskovec, Religioznye konfessii, S. 304. Der religiöse Dissens im Allgemeinen wurde auch kurz in der internationalen akademischen Forschung thematisiert. Einen guten Einstieg bietet beispielsweise folgender Beitrag: Jancar, Dissent, S. 191-232.
42 Ljudtke, Istorija povsednevnosti, S. 88 f.

Den territorialen Rahmen unserer Forschungsarbeit bildet die Russische Sozialistische Föderative Sowjetrepublik (RSFSR) mit Schwerpunkt auf Sibirien, da sich just dort die größten und kompaktesten Mennonitensiedlungen befanden, die sich Anfang der 1960er Jahre in der Frage der religiösen Freiheiten aktiv gegen die Staatsmacht stellten. In einigen Fällen werden Angaben zu anderen Regionen der RSFSR und der UdSSR herangezogen, auf deren Territorium es mennonitische Gemeinden gab.

Den chronologischen Rahmen der Arbeit bilden die 1920er–1980er Jahre, wobei die der Zwischenkriegszeit gewidmeten Kapitel vor allem dem Ziel dienen sollen, den breiten historischen Kontext zu setzen, ohne den sich der in der Brežnev-Zeit von den Mennoniten an den Tag gelegte religiöse Dissens nicht adäquat erklären lässt.

2. Quellenlage

Die Hauptquellenbasis der vorliegenden Studie bilden Dokumente aus etwa 40 Beständen des Russischen Staatsarchivs für sozio-politische Geschichte (RGASPI)[43], des Staatsarchivs der Russischen Föderation (GARF)[44], des Russischen Staatsarchivs für Neueste Geschichte (RGANI)[45], des Staatsarchivs des Gebiets Omsk (GAOO)[46], des Staatsarchivs der Region Altaj (GAAK)[47], der Abteilung für Sonderdokumentation des Staatsarchivs der Region Altaj (OSD GAAK)[48], des Staatsarchivs des Gebiets Novosibirsk (GANO)[49] und anderer Archive der Russischen Föderation, Kasachstans und Kirgisistans.

---

43 Aus den Beständen des RGASPI wurde genutzt: Fonds 17 – ZK der VKP(b)-KPdSU.

44 Aus den Beständen des GARF wurden genutzt: Fonds 130 – Rat der Volkskommissare der RSFSR; Fonds 182 – Verwaltung für Wehrpflicht des Innenministeriums der Russischen Regierung (Stadt Omsk); Fonds 353 – Volkskommissariat für Justiz der RSFSR; Fonds 1235 – Allrussisches Zentralexekutivkomitee; Fonds 5263 – Ständige Kommission für Fragen des Kultes beim Präsidium des VCIK; Fonds 5407 – Bund der Militanten Atheisten der UdSSR; Fonds 6991 – Rat für Angelegenheiten der religiösen Kulte / Rat für Religionsangelegenheiten beim Ministerrat der UdSSR.

45 Aus den Beständen des RGANI wurden genutzt: Fonds 3 – Politbüro (Präsidium) des ZK der KPdSU; Fonds 5 – Apparat des ZK der KPdSU; Fonds 89 – Dokumente, die von der Archivsonderkommission beim Präsidenten der Russischen Föderation in den Jahren 1992–1994 freigegeben wurden (Kopiensammlung).

46 Aus den Beständen des GAOO wurden genutzt: Fonds 28 – Exekutivkomitee des Omsker Bezirksrats der Arbeiter-, Bauern- und Rotarmeedeputierten; Fonds 32 – Abteilung der Verwaltung des Omsker Gouvernementsexekutivkomitees; Fonds 138 – Omsker Gouvernementsgericht.

47 Aus den Beständen des GAAK wurden genutzt: Fonds 1692 – Bevollmächtigter des Rats für Angelegenheiten der religiösen Kulte / des Rats für Religionsangelegenheiten beim Ministerrat der UdSSR für die Region Altaj; Parteifonds 1892 – Rayonsparteikomitee der VKP(b) des Deutschen Rayons.

48 Aus den Beständen des OSD GAAK wurde genutzt: Parteifonds 2, der die Archiv-Ermittlungsakten repressierter Personen sowie die Sitzungsprotokolle der Gerichtstroika bei der Verwaltung des NKVD für die Region Altaj enthält.

49 Aus den Beständen des GANO wurden genutzt: Parteifonds 1 – Sibirisches Büro des ZK der RKP(b); Parteifonds 2 – Sibirisches Regionsparteikomitee der VKP(b); Parteifonds 3 – Westsibirisches Regionsparteikomitee der VKP(b); Parteifonds 6 – Sibirische Regionskontrollkommission der VKP(b); Parteifonds 188 – Sibirisches Regionskomitee des Gesamtsowjetischen Leninschen Komsomol (VLKSM); Parteifonds 189 – Westsibirisches Regionskomitee des VLKSM; Partei-

Die meisten aus diesen Archivbeständen stammenden Dokumente wurden für die Kapitel 1–2 der vorliegenden Monografie verwendet, die zwar überaus wichtig für die Umsetzung der Forschungsintention sind, letztlich aber eine dienende Rolle spielen. Unter den die Geschichte der Mennoniten in der Zwischenkriegszeit betreffenden Quellen sind die Dokumente der Deutschen Sektionen bei den Parteikomitees der RKP(b)-VKP(b) verschiedener Ebenen von besonderer Bedeutung, die Monats-, Quartals- und Jahresberichte, Arbeitspläne, Sitzungsprotokolle, Berichte über Dienstfahrten ins Dorf sowie die laufende Korrespondenz mit den Sowjet-, Partei- und Staatssicherheitsorganen enthalten. Diesen Materialien lassen sich wichtige Informationen über das Leben im mennonitischen Dorf und insbesondere über religiöse Fragen, über Probleme der schulischen Erziehung und Konflikte zwischen den Mennoniten und den Staats- und Parteiorganen entnehmen.

Von großer Bedeutung sind diejenigen Dokumente des Organisationsbüros, des Sekretariats und der Agitpropabteilung des ZK der VKP(b), die der Ausarbeitung und Umsetzung der von Partei und Staat gegenüber den freikirchlichen Konfessionen und insbesondere gegenüber den Mennoniten verfolgten Linie gewidmet sind, sowie die Protokolle der Antireligiösen Kommission beim ZK der RKP(b)-VKP(b). Besonders hervorzuheben sind große Mengen von Initiativ- und Vorbereitungsdokumenten des Organisationsbüros und des Sekretariats des ZK sowie die entsprechende dienstliche Korrespondenz, dank derer sich die Rolle der Parteiführung der VKP(b) bei der Zerschlagung der Kooperativbewegung im mennonitischen Dorf und bei der Liquidierung der mennonitischen Emigrationsbewegung der Jahre 1929/30 umfassend nachzeichnen lässt.

Die Dokumente der Parteiorgane und ihrer Deutschen Sektionen werden in erheblichem Maße durch Dokumente der staatlichen Organe ergänzt. Dabei fanden vielfältige Archivbestände Berücksichtigung: Anordnungen, Informationsschreiben, analytische Berichte, Auskünfte, statistische Angaben sowie die Korrespondenz der staatlichen Machtorgane. Dank einer Reihe von Dokumenten des Allrussischen Zentralexekutivkomitees (VCIK), des Rats der Volkskommissare der RSFSR und des Volkskommissariats für Justiz der RSFSR lässt sich die Frage der Befreiung der Mennoniten vom Wehrdienst aus religiöser Überzeugung eingehender beleuchten.

Für die Erforschung der Geschichte der Mennoniten der 1920er Jahre sind die Materialien der Gouvernements-, Kreis- und Bezirksorgane der politischen Polizei besonders wertvoll, die Informationen über die unter den Mennoniten vorherrschenden politischen Stimmungen, die Bekämpfung des „Sektentums", die Emigrationsbewegung usw. enthalten. Diesem Dokumentenbestand lassen sich umfangreiche Informationen über die von den Behörden verfolgte Politik, deren Umsetzung vor Ort und den Widerstand der Bevölkerung entnehmen. Für die 1930er Jahre sind die Dokumente der Straforgane von zentraler Bedeutung. Bedauerlicherweise sind die Dokumente der inneren Aktenführung der OGPU-NKVD-Organe (analytische Korrespondenz, Sammelberichte und Überblicksdarstellungen, thematische Auskünfte usw.) mit Ausnahme der in den Beständen der Parteiorganisationen enthaltenen Quellen auch weiterhin für die Forschung nicht zugänglich. Dank der Archiv-

---

fonds 1349 – Abteilung der Verwaltung des Novo-Nikolaevsker Kreisexekutivkomitees; Fonds 1 – Sibirisches Revolutionskomitee; Fonds 47 – Exekutivkomitee des Westsibirischen Regionsrats der Werktätigendeputierten; Fonds 1027 – Novosibirsker Gebietsgericht des Justizministeriums der RSFSR.

Ermittlungsakten[50] und Sitzungsprotokolle der Gerichtstroika der Verwaltung des NKVD für die Region Altaj lässt sich diese Lücke in gewissem Umfang schließen. Man kann davon ausgehen, dass die Archiv-Ermittlungsakten wenigstens bis Mitte der 1930er Jahre zuverlässige Quellen darstellen, denen sich umfangreiche Erkenntnisse zu den wichtigsten Ereignissen im Leben der Mennoniten wie Kollektivierung, Emigration, Hunger, Tätigkeit der religiösen Gemeinden, Repressionen, Widerstand der Bauern gegen die Maßnahmen der Machtorgane usw. entnehmen lassen. Im Gegensatz dazu stellen die Archiv-Ermittlungsakten der Jahre 1937/38 eine höchst problematische Quellengattung dar, da sie überwiegend falsifizierte Informationen enthalten. Aber auch in diesem Fall können die Archiv-Ermittlungsakten – einen vorsichtigen und reflektierten Umgang vorausgesetzt – zusammen mit den Materialien der Troikas und den Rehabilitationsdokumenten wertvolle Information über Verlauf und Mechanismen der Repressionen zur Zeit des Großen Terrors liefern.

Noch immer stellen die Jahre des Deutsch-Sowjetischen Krieges bei der Erforschung der Geschichte der russischen Mennoniten eine klaffende Lücke dar, da die mennonitischen Gemeinden zu dieser Zeit nicht zuletzt infolge der Massenoperationen des NKVD der Jahre 1937/38, der Deportation der Russlanddeutschen und des Regimes der Sondersiedlung nahezu vollständig aus dem Blickfeld der Partei- und Staatsorgane verschwanden. Dies änderte sich erst wieder gegen Ende der 1940er Jahre im Zusammenhang mit dem sogenannten Stalinschen Kirchenkonkordat.

Den unmittelbar der Geschichte der religiösen Dissidenten der Brežnev-Zeit gewidmeten Kapiteln 4, 5 und 7 liegen mit Fonds 6991 (Rat für Angelegenheiten der religiösen Kulte bzw. Rat für Religionsangelegenheiten beim Ministerrat der UdSSR) des Staatsarchivs der Russischen Föderation und Fonds 1692 (Bevollmächtigter des Rats für Angelegenheiten der religiösen Kulte bzw. des Rats für Religionsangelegenheiten beim Ministerrat der UdSSR für die Region Altaj) des Staatlichen Archivs der Region Altaj im Wesentlichen nur zwei Archivbestände zugrunde. Eine solche Beschränkung der Quellenbasis auf eine einzige Behörde hat seine Vor- und Nachteile, ist aber im vorliegenden Fall durch die Besonderheiten der Quellenlage zu erklären. So war der im Zuge der Zusammenlegung der Räte für Angelegenheiten der Russisch-Orthodoxen Kirche (1943–1965) und für Angelegenheiten der religiösen Kulte (1944–1965) Ende 1965 entstandene Rat für Religionsangelegenheiten beim Ministerrat der UdSSR (Dezember 1965 – August 1991) bis zum Zusammenbruch der Sowjetunion für die Ausarbeitung der Religionspolitik des Sowjetstaats zuständig, trug zusammen mit dem Komitee für Staatssicherheit gegenüber der Führung der Kommunistischen Partei die unmittelbare Verantwortung für die effektive Bekämpfung der religiösen Organisationen und ihrer „schädlichen" Ideologie, koordinierte die entsprechenden Aktivitäten der verschiedenen Parteiorganisationen und Staatsorgane und überwachte auf dem gesamten Gebiet der UdSSR die korrekte Umsetzung der die Religionsgesetze betreffenden Politik von Staat und Partei. Die Bevollmächtigten des Rats vor Ort waren den Vorsitzenden der Gebiets- bzw. Regionsexekutivkomitee unterstellt und betrieben ihre praktische Tätigkeit ausschließlich im Namen dieser Machtorgane. Angesichts der Tatsache, dass die vom Sowjetstaat verfolgte Religionspolitik infolge der Abkehr von einer rein repressiven Linie in den Nachkriegsjahren eine zunehmende Bürokratisierung erfuhr, ging der Schwerpunkt der antireligiösen

---

50 Russisch: *archivno-sledstvennye dela.*

Maßnahmen allmählich aus der Kompetenz des Komitees für Staatssicherheit auf den Rat für Religionsangelegenheiten beim Ministerrat der UdSSR und seine regionalen Unterabteilungen über. Dieser entwickelte sich infolgedessen immer mehr zum „zentralen Spieler" auf dem Feld der Beziehungen zwischen Staat und Kirche, bei dem im Lauf der Jahrzehnte gewaltige Mengen an Informationen zusammenliefen. Dieser Umstand sowie der fehlende Zugang zu den Dokumenten der entsprechenden „Kirchenabteilungen" des KGB der UdSSR bedingte die von den Autoren getroffene Auswahl der Archivfonds, die vor allem Dokumente der 1960er–1980er Jahre enthalten, die den Aktivitäten der in der Region Altaj und im Gebiet Omsk gelegenen mennonitischen Enklaven Sibiriens gewidmet sind. Just Anfang bis Mitte der 1960er Jahre rückten die Mennonitengemeinden erneut in größerem Umfang in das Blickfeld des Rats und seiner Bevollmächtigten. Neben den unmittelbar von den Führern und Bevollmächtigten des Rats für Religionsangelegenheiten verfassten Dokumenten (Aktennotizen, die die Lage der Religion in der Region analysieren, den Aktivitäten der religiösen Gemeinden und Gruppen gewidmete Berichte, Rechenschaftsberichte über die geleistete antireligiöse Arbeit, Auskünfte usw.) standen den Autoren zahlreiche von den Gläubigen verfasste Schreiben an die Machthaber, Dokumente der Organe für innere Angelegenheiten, Gerichtsakten und Urteile der Volksrichter in gegen die religiösen Dissidenten gerichteten Verfahren sowie Dokumente der Exekutivkomitees der lokalen Sowjets zur Verfügung, denen sich umfangreiche die mennonitischen Gemeinden betreffende Informationen entnehmen lassen.

Für die der Genese und Umsetzung der staatlichen Religionspolitik der Brežnev-Zeit gewidmeten Kapitel 3 und 6 spielten die Dokumente des Russischen Staatsarchivs für Neueste Geschichte (RGANI) und insbesondere die Materialien des Apparats des ZK der KPdSU (Fonds 5) und des Politbüros (Präsidiums) des ZK der KPdSU (Fonds 3) eine Schlüsselrolle. So ließen sich anhand der in den Jahren 1964–66 verfassten Notizen und Berichte des KGB-Vorsitzenden V.E. Semičastnyj die Ursachen des aufkommenden religiösen Dissidententums nachvollziehen. Zugleich boten die alljährlich von der Führung des Rats für Religionsangelegenheiten beim Ministerrat der UdSSR an die Propagandaabteilung beim ZK der KPdSU geschickten umfangreichen analytischen Notizen zur Lage der Religionen in der UdSSR nicht nur die Möglichkeit, die religiösen Dissidenten in den allgemeinen Kontext der Gesellschaft des „entwickelten Sozialismus" einzuordnen, sondern anhand einiger Hauptkriterien, aufgrund derer der Staat Rückschlüsse auf den Grad der Loyalität der einen oder anderen religiösen Denomination zu ziehen versuchte, auch eine vergleichende Analyse der Konfessionen durchzuführen.

Insgesamt lässt sich anhand der von den Autoren genutzten Dokumente die Spezifik der in der Brežnev-Zeit gegenüber den religiösen Organisationen verfolgten staatlichen Politik und insbesondere die Ausformung eines neuen Modells der zwischen der Sowjetmacht und den evangelischen Freikirchen bestehenden Beziehungen erforschen.

Das Gros der für die vorliegende Monografie verwendeten Dokumente wurde in den Jahren 2006–2015 im Zuge der der Geschichte der ethnokonfessionellen Gemeinschaft der Mennoniten in Sowjetrussland bzw. in der UdSSR gewidmeten dreibändigen dokumentarischen Publikation unter dem Titel „Ethnokonfession im Sowjetstaat" für die Wissenschaft erschlossen. Der erste Band wurde 2006 veröffentlicht[51], 2008 erschien in den USA eine

---

51 Savin (Hrsg.), Annotirovannyj perečen'.

gekürzte Ausgabe[52]. Der zweite Band erschien 2009[53], der dritte 2015[54]. Die dreibändige Publikation stieß unter Historikern auf großes Interesse. Insbesondere Gregory Freeze (Universität Brandeis, USA), anerkannter Spezialist für russische und sowjetische Geschichte, bezeichnete diese Dokumentensammlungen als elementare Quelle nicht nur zur Erforschung der Geschichte der Mennoniten, sondern für alle Historiker, die sich unabhängig von konkreten Konfessionen mit der Geschichte der staatlichen Religionspolitik im Sowjetstaat von den Anfängen bis zum Zusammenbruch im Jahr 1991 auseinandersetzen.

Alle anderen der Geschichte der Sowjetdeutschen gewidmeten Dokumentenveröffentlichungen enthalten nur vereinzelte die Mennoniten bzw. das Phänomen des religiösen Dissenses der Brežnev-Zeit betreffende Informationen. Zu erwähnen sind an dieser Stelle zwei den regionalen Gruppen der in der Kama-Region[55] und in Kirgisien[56] lebenden Russlanddeutschen gewidmete Sammelbände, die allerdings angesichts der relativ geringen Präsenz der Mennoniten in diesen Regionen nur eine kleine Zahl die Anhänger des Kirchenrats der Evangeliumschristen-Baptisten betreffender Dokumente enthalten.

3. Methodik und Terminologie

In einer ihrer jüngsten Publikationen machte Laura Engelstein, Professorin an der Universität Yale, einige prinzipielle Anmerkungen zur postsowjetischen, Revolution und Bürgerkrieg gewidmeten Geschichtsschreibung, die gewissermaßen die Wahl der von den Autoren der vorliegenden Monografie verfolgten Forschungsansätze illustrieren. Im Einzelnen schreibt Engelstein: „Das Bemerkenswerte an der Arbeit der russischen Kollegen war nicht etwa, dass sie die alten Klischees in Frage stellten, sondern dass sie der Versuchung widerstanden, ein neues dominierendes Narrativ zu schaffen. Stattdessen haben sie eine penible empirische Arbeit betrieben, Primärquellen veröffentlicht und jene intellektuelle Arbeit verrichtet, die nötig war, um aus dem Rahmen der ideologischen Kategorien auszubrechen".[57] Dieser Unwillen, ein „neues dominierendes Narrativ zu schaffen", führte in der Terminologie Engelsteins zu einer „Revolution der Interpretationen" und veranlasste die russischen Historiker, auf unterschiedlichste sowohl traditionelle als auch innovative Forschungsansätze zurückzugreifen.

Der aufmerksame Leser des vorliegenden Buches wird ohne Mühe feststellen können, dass die Autoren eklektisch drei methodische Instrumentarien zur Anwendung bringen: die Methoden der traditionellen politischen Geschichte, der Alltagsgeschichte sowie die Methode der kollektiven Biografien (Prosopografie). Diese Auswahl entspringt nicht allein den persönlichen Vorlieben der Autoren, sondern wurde geradezu zwangsläufig durch die Besonderheiten der genutzten historischen Quellenkomplexe diktiert. So wurden die Kapitel 1, 2, 3 und 6 größtenteils in den Bahnen der politischen Geschichte und die Kapitel 4 und 5

---

52 Toews (Hrsg.), Ethnoconfession.
53 Savin (Hrsg.), Ėmigracija i repressii.
54 Ders., Religioznye dissidenty.
55 Lejbovič, Kimerling u.a. (Hrsg.), Nemcy.
56 Ajsfel'd (Hrsg.), Iz istorii nemcev.
57 Ėngel'štejn, Revoljucija, S. 227.

im Geiste der Alltagsgeschichte verfasst, während Kapitel 7 (Autor: Johannes Dyck) letztlich nichts anderes als den Versuch darstellt, eine kollektive Biografie zu erschaffen.

Da die der Geschichte der deutschen Gemeinden der Anhänger des Kirchenrats der Evangeliumschristen-Baptisten der Brežnev-Zeit gewidmeten Kapitel den Kern dieses Buches darstellen, erscheint es angebracht, an dieser Stelle ein wenig ausführlicher auf den Ansatz der Alltagsgeschichte einzugehen. Im Gefolge von Alf Lüdtke und Sheila Fitzpatrick verstehen die Autoren unter dem Begriff Alltagsgeschichte nicht etwa die Geschichte des Alltagslebens im engeren Sinne des Wortes, sondern die Geschichte der von einzelnen Individuen, gesellschaftlichen Gruppen und Instituten entwickelten Verhaltensstrategien, -modelle und -mechanismen, mit deren Hilfe sich diese an politische Systeme bzw. Regime anpassen bzw. nicht anpassen.

Die Frage der sich zwischen Machthabern und Gesellschaft vollziehenden politischen Anpassungsprozesse wurde erst vor relativ kurzer Zeit zu einem Gegenstand sowohl der russischen als auch der ausländischen Geschichtswissenschaft, was sich vor allem durch die Dominanz der Totalitarismustheorie (Hannah Arendt, Carl Joachim Friedrich u.a.) in den der Erforschung der sowjetischen Geschichte gewidmeten Arbeiten der 1950er–1970er Jahre erklärt. Der duale Charakter des von einem allmächtigen Staat und einer passiven, staatlichem Zwang und Terror unterworfenen Gesellschaft ausgehenden totalitären Konzepts ließ keinen Platz für adaptive Konstruktionen.

Der „eingefrorene Dualismus" des totalitären Ansatzes wurde erst durch die Forschung der sogenannten Revisionisten (Robert Ch. Tucker, Leopold H. Haimson u.a.) überwunden, die Sowjetrussland praktisch neu entdeckten, indem sie zu zeigen versuchten, dass der sowjetische Staat nicht totalitär war und nie jene von den Vertretern der Totalitarismustheorie behauptete totale Kontrolle über die Gesellschaft ausübte. Zwar ließen sich die Thesen der Revisionisten, welche die Schwäche der Stalinschen Macht, den hohen Grad der Beteiligung der Gesellschaft an der Lenkung des Staates, den „Enthusiasmus" der Bevölkerung und die soziale Unterstützung betrafen, im Zuge der Archivrevolution der 1990er Jahre nicht bzw. nur bedingt bestätigen und musste die Revision nach den Worten Manfred Hildermeiers revidiert werden. Doch erwies sich die von den Revisionisten vertretene Vorstellung von einer sowjetischen Gesellschaft, die sich aktiv an die Macht anpasste und auf die Macht einwirkte, als überaus fruchtbar und findet auch in der vorliegenden Monografie umfassende Berücksichtigung.

Die Erforschung von Anpassungsstrategien und -praktiken unterschiedlicher Bevölkerungsgruppen lässt sich ohne Übertreibung als neuer Trend der Erforschung der sowjetischen Geschichte bezeichnen. So wurden interdisziplinäre, am Schnittpunkt von Soziologie, Wirtschaftswissenschaft, Philosophie, Psychologie und Ethnologie angesiedelte Forschungsarbeiten veröffentlicht, die konkret-empirisches Material und ein hohes theoretisches Abstraktionsniveau miteinander verbinden. Dabei fällt auf, dass es praktisch keine dem Thema der Koadaption von Macht und Gesellschaft gewidmeten Arbeiten gibt, in denen der Staat als anpassende Seite auftritt. In völliger Übereinstimmung mit der Totalitarismustheorie wird die Macht auch weiterhin als autarkes Subjekt angesehen, nur dass das Hauptaugenmerk nun der auf die Umformung der Gesellschaft nach ihren Schablonen und auf die Formung wünschenswerter Verhaltensmuster gerichteten Politik des Staates gilt und die Forscher ihre Aufmerksamkeit nicht mehr der Repression, sondern der Propaganda und Indoktrination widmen (David L. Hoffmann, David Brandenberger).

Was die Prozesse der Koadaption von Staat und Gesellschaft der Brežnev-Zeit betrifft, haben die Autoren als Arbeitshypothese zur Klärung der zwischen Staat und Bevölkerung bestehenden Beziehung das Modell des „Little Deal" gewählt, mit dem der amerikanische Politologe und Wirtschaftswissenschaftler James R. Millar 1985 den sogenannten Brežnevschen Stillstand als Resultat eines langanhaltenden Prozesses der Koadaption zwischen dem politischen Regime und der Gesellschaft erklärte.[58] Das Hauptmerkmal des „Little Deal" bestand nach Millar darin, dass der Staat auf politische Repressionen verzichtete und seinen Bürgern soziale Sicherheit und ein gewisses Wohlstandsniveau garantierte, während die Bürger im Gegenzug ihre Loyalität gegenüber der Staatsmacht bekundeten und die offiziellen Dogmen nicht offen in Zweifel zogen.

Nur in diesem Kontext konnte unseres Erachtens das Phänomen des religiösen Dissidententums bzw. das spezifische Brežnevsche Modell der Beziehungen zwischen Staat und Kirche entstehen, bei dem eine zahlenmäßig kleine religiöse Minderheit einen ausreichenden Grad an Selbstorganisation, Intellekt, Gewissensstärke und Mut erreichte, um unter den Bedingungen des Monopols der Kommunistischen Partei nicht nur zu überleben, sondern auch aus einer Position der moralischen Stärke heraus in Dialog mit dem Staat zu treten. Zweifellos kann eine objektive Analyse der Besonderheiten der politischen Koadaption zwischen dem Staat und den religiösen Dissidenten der 1960er–1990er Jahre auch helfen, die in Geschichtswissenschaft und Gesellschaft gleichermaßen verbreitete Ansicht zu relativieren, dass es sich bei der Regierung Brežnevs um eine Zeit des Stillstands gehandelt habe, und zu einem angemessenen Verständnis der Ursachen der langfristigen Transformation des sowjetischen politischen Regimes und seiner historischen Niederlage im Jahr 1991 beitragen.

Abschließend noch einige Worte zur Terminologie. Zunächst zum Gebrauch des Terminus „Sekte" bzw. seiner Ableitungen (Sektenanhänger, Sektenschaft usw.): Wie auch andere Begriffe, die in den offiziellen sowjetischen Dokumenten Verwendung finden (Kollektivierung, Industrialisierung, Kulturrevolution, Spekulation, Lišinec, Kulak usw.), war der Begriff „Sekte" ein Pseudobegriff des sowjetischen Neusprech, der sich durch den Gebrauch in offiziellen Dokumenten aufdrängt. Um nicht in der Sprache der Dokumente gefangen zu bleiben und sich die Möglichkeit zu bewahren, die Ereignisse anders als von der offiziellen Ideologie vorgesehen zu beschreiben, muss der Historiker alle ihm zur Verfügung stehenden Instrumente der Hermeneutik nutzen.[59] Deshalb verwenden die Autoren Termini wie „Freikirchen", „evangelische Kirchen", „evangelische/freikirchliche Gläubige" oder „religiöse Dissidenten". Wenn der Begriff „Sekte" von den Autoren außerhalb unmittelbarer Zitate verwendet wird, dann nur in seiner entpolitisierten und entideologisierten Bedeutung zur Bestimmung einer von der Hauptrichtung abgespaltenen religiösen Gruppe.

---

58 Im Unterschied zum theoretischen Modell des „Big Deal", mit dem Vera S. Dunham 1976 den zwischen dem Stalinschen Staat und der neuen Funktionselite geschlossenen Kompromiss bezeichnete, dessen Ziel in der Befriedigung der gewachsenen materiellen Ansprüche der Eliten bestand.

59 Siehe zu dieser Frage auch: Pavlova, Mechanizm, S. 39.

Danksagung

Die Autoren danken allen Kollegen, die ihnen durch ihre Publikationen und Hinweise auf Dokumente bei der Arbeit an der vorliegenden Monografie behilflich waren. Unser besonderer Dank gilt Professor Dr. Detlef Brandes, der die schwierige Aufgabe des ersten Lesers und Lektors des Manuskripts auf sich genommen hat. Für große Hilfe bei den Korrekturen des Textes danken wir auch Dr. Elisabeth Haid. Unter den Archivmitarbeitern möchten die Autoren vor allem der Direktorin des GARF Larisa A. Rogovaja, dem Wissenschaftlichen Mitarbeiter der Publikationsabteilung des RGANI Nikita Ju. Pivovarov sowie der früheren Direktorin des GAAK Galina D. Ždanova ihren Dank aussprechen. Ohne ihre uneigennützige Hilfe und Unterstützung hätte dieses Buch nie geschrieben werden können. Die russischsprachigen Kapitel (Kapitel 1–4) dieses Buches wurden von Lars Nehrhoff ins Deutsche übersetzt.

Andrej Savin möchte persönlich den Mitgliedern der Familie des Mennoniten Peter Dick (Walter und Marina Unger, John Dick, Elfrieda und Vera Heinrichs, Debra und Philip Classen) seinen Dank aussprechen, die ihm bei der Zusammenstellung der dreibändigen Dokumentensammlung „Ethnokonfession im Sowjetstaat" unschätzbare Hilfe leisteten. Die im Zuge der Arbeit an dieser Dokumentensammlung zusammengetragenen Dokumente dienten als wichtigste Quellenbasis der vorliegenden Arbeit. Die Leitung und Koordinierung der Arbeit an diesem Projekt lag bei Dr. Paul Toews (1940–2015), dem Direktor des „Center for Mennonite Brethren Studies" (Fresno, USA). Mit ihrer Arbeit möchten die Autoren seinem Gedenken Ehre erweisen.

Unseren besonderen Dank für die Unterstützung bei der Beschaffung der eindrucksvollen Illustrationen möchten wir dem Missionswerk FriedensBote, dem Hilfskomitee Aquila und dem Omsker Staatlichen Museum für Geschichte und Heimatkunde aussprechen.

1. Die Freikirchen und das Problem des religiösen Pazifismus (1920er bis Anfang der 1930er Jahre)

1917 kamen die Bolschewiki in einem Land an die Macht, das nicht nur multinational, sondern auch multikonfessionell geprägt war. So hatten sie, als sie Religion und Kirche pauschal den Krieg erklärten, womöglich zunächst gar keine konkrete Vorstellung, welche Schwierigkeiten sich aus der Vielfalt der Konfessionen und Glaubensgemeinschaften ergaben, die sie im Kampf um die kulturelle Hegemonie zu vernichten oder an den Rand der Gesellschaft zu drängen gedachten. Selbst in solch populären antireligiösen sowjetischen Losungen wie „Nieder mit den Mönchen, Rabbinern und Popen!" fand sich nur Platz für die Hauptgegner an der „antireligiösen Front". Doch die Bolschewiki sollten schnell lernen. Schon Anfang der 1920er Jahre hatten sie offensichtlich verstanden, dass jede Konfession eine jeweils eigene Herangehensweise erforderlich machte. Während allerdings die sowjetische Politik gegenüber den großen Glaubensbekenntnissen und insbesondere gegenüber der Orthodoxen Kirche auch im Detail weitgehend erforscht ist, herrscht hinsichtlich der spezifischen Ausrichtung der gegenüber den kleineren Konfessionen verfolgten sowjetischen Kirchenpolitik und den dabei zum Einsatz gebrachten Mitteln und Methoden weiterhin erheblicher Forschungsbedarf.

Die sowjetische Kirchenpolitik verfolgte in den 1920er Jahren vor allem das Ziel, die einzelnen Konfessionen von innen zu zersetzen, Konflikte zwischen den unterschiedlichen religiösen Strömungen zu provozieren und die Gläubigen in mehrere einander bekämpfende Lager zu spalten. Wichtige Hebel zur Umsetzung dieser Politik waren willkürliche Verwaltungsakte, eine kleinliche Reglementierung und eine umfassende Kontrolle der Gemeinden durch ein engmaschiges Agenten- bzw. Informantennetz der Organe der Staatssicherheit.

Dass die bolschewistische Führung die Politik der Spaltung als eine Art Allheilmittel betrachtete und gegenüber nahezu allen Konfessionen zum Einsatz brachte, geht anschaulich aus den Protokollen der sogenannten Antireligiösen Kommission beim ZK der RKP(b)-VKP(b)[1] hervor, die in den Jahren 1922–1929 unter Führung des sowjetischen „Oberatheisten" Emel'jan Jaroslavskij[2] praktisch die alleinige Verantwortung für die Ausarbeitung und Umsetzung der sowjetischen Kirchenpolitik und die effektive Bekämpfung der als ideologisch „schädlich" wahrgenommenen Religionsgemeinschaften trug.[3] So sahen sich

---

1 Offiziell: Kommission zur Umsetzung des Dekrets über die Trennung von Kirche und Staat beim ZK der VKP(b).
2 Siehe ausführlicher: Dahlke, Individuum.
3 Die Protokolle der Kommission sind in deutscher Sprache veröffentlicht: Partei und Kirchen im frühen Sowjetstaat. Die Protokolle der Antireligiösen Kommission beim Zentralkomitee der Russischen Kommunistischen Partei (Bol'ševiki). 1922–1929. In Übersetzung hrsg. von Ludwig

auch Lutheraner, Buddhisten und Muslime[4] massiven Spaltungsversuchen ausgesetzt und teilten letztlich das Schicksal der in „Erneuerer" und „Tichonovcy" gespaltenen Orthodoxen Kirche.[5]

Mit besonderer Intensität ging die Antireligiöse Kommission dabei gegen die evangelischen Freikirchen der Baptisten, Evangeliumschristen, Adventisten des Siebenten Tags, Mennoniten und Molokanen[6] vor. Die Bestrebungen, diese im sowjetischen Sprachgebrauch durchweg als Sekten titulierten Glaubensgemeinschaften in einander feindlich gesinnte Strömungen und Gruppen zu spalten, standen hinsichtlich ihrer Intensität nur den Maßnahmen zur Bekämpfung der Orthodoxen Kirche nach. Dies mag auf den ersten Blick paradox wirken, da gerade die Freikirchen in den ersten Jahren der Sowjetmacht von den revolutionären Veränderungen profitierten. Doch war es wohl gerade die immens gestiegene Popularität der evangelischen Freikirchen, die sie in den Augen der Bolschewiki in immer größerem Maße zu einem gefährlichen und ernst zu nehmenden Gegner werden ließ. Während die Orthodoxe Kirche infolge ihrer von den Bolschewiki betriebenen Zerschlagung und der weitgehenden Passivität der Gläubigen zunehmend an Bedeutung verlor, wurde der protestantische Teil des religiösen Spektrums zunächst zum Nutznießer der durch die Trennung von Kirche und Staat hervorgerufenen Veränderungen. So hatten die evangelischen Freikirchen in den 1920er Jahren erheblichen Zulauf und entwickelten sich zu einem wichtigen gesellschaftlichen und politischen Faktor. Die neu gewonnene Freiheit, zu predigen und Missionsarbeit zu leisten, das Angebot eines reformierten Bekenntnisses, das in einem brüderlichen, auf solidarischer Hilfe und wirtschaftlichem Erfolg basierenden Gemeindeleben Ausdruck fand,

---

Steindorff, in Verbindung mit Günther Schulz, unter Mitarbeit von Matthias Heeke, Julia Röttjer und Andrej Savin. Berlin 2007 (Geschichte: Forschung und Wissenschaft, Bd. 11). Die Veröffentlichung der Protokolle gibt den mit den Beziehungen zwischen Sowjetstaat und Kirche befassten Historikern die Möglichkeit, die Faktenbasis ihrer Untersuchungen erheblich auszuweiten und die Mechanismen der Entscheidungsfindung im Bereich der Kirchenpolitik an der Spitze der „Machtpyramide" zu untersuchen. Die der Wissenschaft zugänglich gemachten Dokumente erlauben eine weitgehende Korrektur des bislang verbreiteten Standpunkts, bei der bolschewistischen Kirchenpolitik der 1920er Jahre habe es sich um eine Art „religiöse NĖP" gehandelt. Rezension M.V. Skarovskijs zur Veröffentlichung der Kommissionsprotokolle, siehe: Istoričeskij žurnal „Klio" (SPb.) (2007), Nr. 3 (38), S. 133-136.

4   Am 3. April 1923 erteilte die Kommission zur Umsetzung des Dekrets über die Trennung von Kirche und Staat beim ZK der VKP(b) dem Chef der Ostabteilung der GPU Jakov Ch. Peters den Auftrag, die muslimischen Glaubensorganisationen durch Gründung einer Gruppe von „Erneuerern" zu spalten. Dafür wurde der unter Aufsicht der OGPU vom 10. bis 17. Juni 1923 in Ufa durchgeführte Konvent der moslemischen Geistlichkeit genutzt. Den Delegierten dieses Konvents wurde verboten, das populäre Projekt einer Vereinigung aller russischen Moslems unter einem Muftiat (der zentralen geistlichen Führung der russischen Moslems) auch nur zu diskutieren. In den Resolutionen des Konvents ist die umfassende Unterstützung des gesamten Programms der sozialistischen Umgestaltung im Land festgehalten. Siehe: Steindorff (Hrsg.), Partei, S. 94; Sulaev, Musul'manskie s'ezdy, S. 142.

5   Zur Geschichte der „Freien Lebendigen Kirche" (Freie evangelisch-lutherische und lutherische Kirche innerhalb des Luthertums) siehe: Licenberger, Evangeličesko-ljuteranskaja cerkov'. Zur Spaltung des Buddhismus und zu den Aktivitäten des Hauptideologen der Erneuererbewegung A. Doržiev siehe: Gerasimova, Obnovlenčeskoe dviženie.

6   Die Molokanen (russisch: *molokane*) sind eine Gemeinschaft des spirituellen Christentums, die sich gegen die Institutionen der Russisch-Orthodoxen Kirche wandte. Die Molokanen berufen sich allein auf die Bibel als religiöses Zeugnis.

die Befreiung vom Wehrdienst und schließlich die Abgrenzung gegenüber dem Sowjetstaat – all dies waren Faktoren, die die Zugehörigkeit zu einer der evangelischen Konfessionen insbesondere für das bäuerliche Milieu attraktiv machten und den evangelischen Freikirchen in den Jahren der NEP einige Hunderttausend neue Mitglieder beschert haben dürften. Aber es war eben just diese „Vitalität der religiösen Minderheiten"[7], die diese in den Augen der Bolschewiki zu einem als gefährlich wahrgenommenen Gegner heranwachsen ließ.

Mehr noch als durch die tatsächlichen Zahlen waren die Bolschewiki dabei durch von Zeitgenossen kolportierte maßlos übertriebene Zuwachsraten alarmiert. In einer Zeit, in der kaum belastbare statistische Angaben vorlagen, nährten zahlreiche Aussagen sowohl aus den Reihen der Bolschewiki als auch von Vertretern der Kirchen selbst den Mythos, dass die Zahl der „Sektenmitglieder" explosionsartig zunahm. So hatte der Allrussische Bund der Evangeliumschristen[8] nach Aussagen seines Vorsitzenden Ivan Prochanov 1922 zwei Millionen Mitglieder und Anhänger. Die Molokanen bezifferten die Zahl ihrer Mitglieder im September 1924 auf ihrem 2. Allrussischen Konvent mit zwei Millionen Menschen. Der Tolstojaner Ivan Tregubov, einer der führenden Verfechter der Idee einer Zusammenarbeit von Freikirchlern und Bolschewiki beim kommunistischen Aufbau, operierte mehrfach mit einer Zahl von 25 bis 30 Millionen Gläubigen. Auf Seiten der Bolschewiki schätzte der bekannte Kenner des Sektenwesens Vladimir Bonč-Bruevič die Zahl der „Sektenanhänger" auf 35 Millionen Gläubige (zehn Millionen Angehörige von Freikirchen und 25 Millionen Altgläubige). Und auch Grigorij Zinov'ev sprach von „vielen Millionen urkommunistischen Sektenanhängern", die sich in frappierender Weise von der Masse der übrigen Bauern unterschieden, als er auf dem 13. Parteitag der RKP(b) die gegenüber den Freikirchen zu verfolgende Taktik formulierte.

Führende Mitarbeiter der politischen Polizei, die dienstlich mit der Bekämpfung der religiösen Organisationen beschäftigt waren, schätzten die Zahl der „Sektenanhänger" realistischer ein. So sprach der Chef der Geheimabteilung der OGPU Terentij Deribas 1924 zwar von „unzähligen Sektengemeinden mit Millionenmitgliedschaft" und „Pazifisten der Bürgerkriegszeit", nannte aber konkret eine Zahl von zwei Millionen Regimegegnern aus dem freikirchlichen Milieu, die unter ständige Kontrolle gestellt werden sollten.[9] Die Geheimabteilung der OGPU nannte Baptisten und Evangeliumschristen in einem Bericht vom 27. Mai 1924 als größte in der UdSSR bestehende Sektengruppen und bezifferte deren Anhängerschaft auf 2,5 bis drei Millionen Gläubige.[10] Zweieinhalb Jahre später schätzte der Chef der 6. Abteilung der Geheimabteilung der OGPU Evgenij Tučkov, dass die Zahl der evangelischen Gläubigen zwischen 1917 und Mitte der 1920er Jahre von 300 000 auf drei Millionen gestiegen sei, und verwies auf die Tatsache, dass von den „mystischen Sektenanhängern" (Baptisten, Evangelisten, Adventisten, Molokanen und Duchoborcen[11]) zweifellos

---

7 Plaggenborg, Revolutionskultur, S. 313.
8 Der Allrussische Bund der Evangeliumschristen (VSECh) wurde zwischen 1922 und 1925 in Allunionsrat der Evangeliumschristen umbenannt.
9 Izmozik, Glaza i uši režima, S. 115 f.
10 Bericht der Geheimabteilung der OGPU „Baptisten und Evangelisten", 27.05.1924 [ohne Unterschrift]. Autor des Dokuments war offenbar E.A. Tučkov. RGASPI, f. 17, op. 87, d. 176, l. 184-187.
11 Duchoborcen (Duchoborzen/„Geisteskämpfer"/russisch: *duchoborcy*) – eine von der Russisch-Orthodoxen Kirche abweichende christliche Religionsgemeinschaft, die eine weltliche Regierung,

sehr viel größere Gefahr ausgehe als von den Altgläubigen.[12] Ähnliche Zahlen nannte auch der Vorsitzende der Antireligiösen Kommission beim ZK der VKP(b) Emel'jan Jaroslavskij am 10. Dezember 1928 auf einer Sitzung des Organisationsbüros des ZK der VKP(b): Die Zahl der „Sektenanhänger"[13] sei seit der Revolution von 0,5 Millionen auf 2,5 Millionen gestiegen.[14] 1929 schätzte der antireligiöse Aktivist F.M. Putincev auf dem 2. Kongress des „Bundes der Militanten Atheisten" der UdSSR die Gesamtzahl der Freikirchler auf eine Million Menschen und kritisierte Vladimir Bonč-Bruevič heftig für dessen unglaubwürdige Aussagen bezüglich der Mitgliederzahlen der evangelischen Kirchen. Die von diesem genannte Zahl von 35 Millionen „Sektenmitgliedern" verwies Putincev völlig zu Recht ins Reich der Phantasie und erklärte, dass derartige Zahlen unter den Partei- und Sowjetarbeitern Panik auslösten. Baptisten, Evangeliumschristen und Adventisten seien kämpferische und potentiell gefährliche Sekten, die tendenziell steigende Mitgliederzahlen aufwiesen und neue Methoden zur Beeinflussung der Jugend anwendeten. Daraus folge, dass man über sie reden müsse, ohne allerdings in Panik zu verfallen.[15]

Versucht man die Mitgliederzahlen aller Freikirchen realistisch zu schätzen, ist in den 1920er Jahren von insgesamt kaum zwei Millionen Gläubigen auszugehen, wobei diese Zahl offensichtlich nicht nur tatsächliche, sondern auch potentielle Gemeindemitglieder einschließt, die zur Taufe bereit waren. Dabei lag die Gesamtzahl der Evangeliumschristen und Baptisten nach eigener Einschätzung gegen Ende der 1920er Jahre unter einer Million Menschen. Die Mennoniten hatten etwa 100 000, die Adventisten etwa 20 000 Mitglieder. Eine unbekannte Größe stellten die Molokanen dar, deren Führung Ende der 1920er Jahre von einer Million Gläubigen ausging.[16]

Ungeachtet der Tatsache, dass die zuständigen Mitarbeiter der Staatssicherheitsorgane und informierte Aktivisten der antireligiösen Bewegung zu Beginn der Kollektivierung eine recht klare Vorstellung von der realen Situation hatten, geisterte der Mythos der viele Millionen Menschen starken und schnell wachsenden „Sektenarmee" immer wieder durch die sowjetische Presse und die Parteidokumente und trug wesentlich dazu bei, die evangelischen Freikirchen als reale Gefahr erscheinen zu lassen. So spielte der Mythos zweifelsohne eine negative Rolle in den Ereignissen des Großen Terrors, indem er eine übertriebene Gefahr suggerierte und Partei und NKVD zu entsprechenden Gegenmaßnahmen provozierte.

---

die göttliche Inspiration der Bibel und die Göttlichkeit Jesu ablehnt. Die Duchoborcen sind strenge Pazifisten und verweigern den Kriegsdienst.

12 Bericht E.A. Tučkovs „Über die Lage des Sektentums und seine politische und ökonomische Rolle in der UdSSR", 24.09.1926. RGASPI, f. 89, op. 4, d. 119, l. 9.

13 Damit sind zum größten Teil Angehörige der Freikirchen gemeint.

14 Bericht E.M. Jaroslavskijs über Maßnahmen zur Intensivierung der antireligiösen Arbeit, 10.12.1928. RGASPI, f. 89, op. 4, d. 26, l. 4.

15 Bericht F.M. Putincevs auf dem II. Kongress des Bundes der Militanten Atheisten der UdSSR. Undatiert. GARF, f. 5407, op. 1, d. 35, l. 45. Vgl. dazu: Dönninghaus, Bor'ba, S. 74-85; ders., Azbuka kommunizma, S. 92-112; ders., Savin, Religioznye organizacii, S. 119-135; Dönninghaus, Kommunistischer Jugendverband, S. 103-117; ders., Immer bereit!, S. 35-59; ders. Sowjetisierung, S. 47-67.

16 Zur Zahl der „Sektenanhänger" siehe auch: Referat Fedor M. Putincevs „Über das Sektenwesen" auf der antireligiösen Konferenz bei der Agitpropabteilung des ZK der VKP(b), 28.04.1926. RGASPI, f. 17, op. 60, d. 792, l. 87-88.

Auch wenn die evangelischen Freikirchen im Verlauf der 1920er Jahre immer mehr in den Fokus antireligiöser Kampagnen gerieten, hatte die Staatsführung ihnen gegenüber zunächst eine ambivalente Haltung eingenommen. Einige einflussreiche Partei- und Sowjetaktivisten mit Vladimir Bonč-Bruevič an der Spitze hatten das nicht-orthodoxe Christentum vor der Revolution mit Unterstützung Lenins als Ausdruck der sozialen Unzufriedenheit und eines weltfremden Protests der Bauernschaft gegen die Zarenherrschaft interpretiert. Auch die Verfolgungen, denen die Angehörigen der Freikirchen vor der Revolution seitens der Orthodoxen Kirche ausgesetzt waren, machten sie in den Augen einzelner Bolschewiki zu potentiellen Verbündeten. Überdies war das Regime daran interessiert, das ökonomische Potential und die umfassenden Auslandskontakte der evangelischen Kirchen zu nutzen. Attraktiv waren für die sowjetischen Führer zudem die „gesellschaftlich-kommunistischen" Aspekte der freikirchlichen Glaubenslehre, die sie Ideen der sozialen und ökonomischen Gleichheit predigen ließen. Gerade die „Sekten-Kommunisten", dieses vorgeblich viele Millionen starke „Volk im Volk", sollten für die Bolschewiki als Beweis dafür dienen, dass der uralte Traum der Narodniki[17] vom kommunistischen Charakter der russischen Bauernschaft eine reale Grundlage hatte. All dies nährte Anfang der 1920er Jahre den weitverbreiteten Mythos, dass die „Sekten-Kommunisten" ehrliche Anhänger der Sowjetmacht seien[18], und ließ auf Seiten der Bolschewiki die Bereitschaft aufkommen, den Freikirchen entgegenzukommen, um sie für die kommunistische Sache zu gewinnen. Das wichtigste praktische Zugeständnis war dabei das von Lenin unterzeichnete Dekret „Über die Befreiung von der Wehrpflicht aus religiöser Überzeugung" vom 4. Januar 1919, das den Freikirchlern zur Zeit des blutigen Bürgerkriegs das Privileg der Befreiung vom Dienst in der Roten Armee gewährte.

Andererseits gab es in den Reihen der Bolschewiki von Beginn an zahlreiche Stimmen, die für ein entschlossenes Vorgehen gegenüber den Freikirchen eintraten. Ein erheblicher Teil der Parteimitglieder und der Organe der politischen Polizei vertrat eine a priori kompromisslose Haltung gegenüber den „Sekten". Eine ausgeprägt ablehnende Haltung nahmen auch die meisten Mitglieder der Antireligiösen Kommission beim ZK der RKP(b)-VKP(b) ein, deren Führung (Emel'jan Jaroslavskij, Petr Krasikov und Evgenij Tučkov) die Aktivitäten der „Sektenanhänger" als den Versuch kulakischer Elemente im Dorf interpretierte, die Religion an die Bedingungen der neuen Zeit anzupassen. So betrieb die Kommission im gesamten Zeitraum ihres Bestehens (bis 1929) eine aktive Antisektenpolitik[19], zumal auch die Anhänger der Idee der „Sektenutopie" in den Reihen der Bolschewiki selbst schnell einsehen mussten, dass die vor allem unter den alten russischen Sekten zu findenden „progressiven Gruppen urkommunistischer Sektenanhänger" im Vergleich zu den „kleinbürgerlich" geprägten freikirchlichen Gemeinden eine passive Minderheit bildeten. So stellten „kleinbürgerlich" orientierte Baptisten auf dem im März 1921 stattfindenden Allrussischen Kongress

---

17 Narodniki (Volkstümler) – sozialrevolutionäre Bewegung in Russland, die in der zweiten Hälfte des 19. Jahrhunderts in Erscheinung trat und in der Dorfkommune, die aus ihrer Sicht die wichtigsten Elemente einer sozialistischen Gesellschaft enthielt, eine Möglichkeit sah, die Entwicklung zum Kapitalismus zu umgehen und auf direktem Wege den Sozialismus zu erreichen.
18 Vgl. Müller, Opportunismus, S. 509-533; Ėtkind, Russkie sekty, S. 275-319, ders.: Chlyst.
19 Siehe ausführlicher: Savin, Antireligioznaja komissija, S. 83-106; vgl. dazu: Steindorff (Hrsg.), Partei.

der Landwirtschaftlichen und Gewerblichen Sektenkooperativen eindeutig die Mehrheit. In einem der auf diesem Kongress verabschiedeten Dokumente hieß es: „Die Gefängnisse, Konzentrationslager und andere Orte des Freiheitsentzugs beginnen sich wieder mit Glaubensmärtyrern zu füllen, die aufgrund ihrer religiösen Überzeugung oder aus Gewissensgründen nicht weiter am Kriegswerk teilnehmen wollen. [...] In manchen Fällen werden solche Leute sogar erschossen".[20] Mit dem Verlauf des Kongresses waren V.I. Lenin und V.D. Bonč-Bruevič ganz und gar nicht zufrieden. Letzterer sprach von einem „Zerrspiegel des Sektentums", V.I. Lenin äußerte sich noch deutlich abschätziger.[21]

Als ernst zu nehmenden Gegner nahm die bolschewistische Führung die „Sekten" endgültig im Zuge der Kampagne zur Konfiskation von Kirchenschätzen 1922/23 wahr, als die Freikirchen ihre Fähigkeit demonstrierten, eine beträchtliche Zahl von Anhängern zu mobilisieren, unter denen auch viele von der Orthodoxie abgefallene Gläubige waren. Bestärkt sahen sich die Verfechter eines harten Kurses gegenüber den Freikirchen auch durch die Einschätzung, dass es sich beim „Sektentum" um den Versuch handelte, „die Religion an die neuen Bedingungen anzupassen". So erklärte das ZK der RKP(b) die „Sekten" am 4. Februar 1922 erstmals offen zum Feind und wies explizit auf die Gefahr hin, dass die „Sekten" unter dem Deckmantel der Religion eine bourgeoise Agenda verfolgten: „Insbesondere im religiösen Bereich ist mit einer Verbrämung des mystischen, bislang religiösen Weltbilds und mit dessen Ausnutzung durch bourgeoise Elemente zu rechnen. Es muss deutlich gemacht werden, dass diese Tendenz zum religiösen Rationalismus (in protestantischer Richtung) die Gefahr in sich birgt, die Massen in geistigen Fragen erneut zu versklaven".[22]

Der Punkt, an dem die gesamte Ambivalenz der von den Bolschewki gegenüber den Freikirchen verfolgten Politik besonders deutlich zu Tage trat, war das Recht auf Wehrdienstverweigerung aus religiösen Gründen.

Ursprünglich eingeführt, um die Freikirchler für sich zu gewinnen, wurde das Recht auf Wehrdienstverweigerung schnell zu einem gefährlichen Privileg, da es den Kirchen ebenjene Popularität bescherte, die den massiven Verfolgungsdruck provozierte, dem die Freikirchen im gesamten Verlauf der 1920er Jahre ausgesetzt waren. Schließlich nutzten die Bolschewiki die Wehrdienstverweigerung als Instrument, um Zwietracht in die Kirchen zu tragen und deren Repräsentationsorgane zu spalten.

Im vorrevolutionären Russland hatte nur eine Bevölkerungsgruppe das Privileg einer Befreiung vom Wehrdienst genossen – die Mitglieder der religiösen Gemeinde der Mennoniten, denen Katharina II. und Paul I. dieses Privileg „auf ewige Zeiten" verliehen hatten, um die gerade wegen ihrer pazifistischen Überzeugung von Seiten der preußischen Regierung verfolgten Mennoniten zur Übersiedlung nach Russland zu bewegen. Bis 1874 waren die Mennoniten im Russischen Reich vollständig vom Militärdienst befreit. Vom 1. Januar 1874 an unterlagen sie zwar grundsätzlich der Wehrpflicht, waren aber vom Dienst an der Waffe befreit und leisteten in den Werkstätten des Seeministeriums, in Feuerbrigaden und in Sonderkommandos der Forstbehörde einen zivilen Ersatzdienst.[23] Auch wenn infolge dieser

---

20 Pavlova, Istoričeskie sud'by, S. 34.
21 Siehe: Ėtkind, Chlyst, S. 655.
22 Rundschreiben „Über die Organisation der antireligiösen Propaganda", 04.02.1922. RGASPI, f. 89, op. 4, d. 184, l. 3-4; GANO, f. p. 1, op. 2, d.107, l. 18.
23 Hildebrandt, Kolonisation, S. 302.

Entscheidung zwischen 1874 und 1890 etwa 18 000 Mennoniten Russland verließen[24], zeigte sich der größere Teil der Gemeinden doch kompromissbereit und akzeptierte die Pflicht zum zivilen Ersatzdienst, den die jungen Männer im wehrfähigen Alter vor allem in neun Förstereien ableisteten, die mit Mitteln der mennonitischen Gemeinden Russlands gegründet und unterhalten wurden. Während des Ersten Weltkriegs wurden etwa 22 000 Mennoniten im Alter bis zu 45 Jahren mobilisiert, von denen etwa 5 000 als Sanitäter in Sanitätszügen dienten, die Verwundete ins Hinterland brachten[25], während der größere Teil der einberufenen Mennoniten mit der Waldrodung, Holzgewinnung und Köhlerei in Kommandos der Forstverwaltung beschäftigt war.

Anfang des 20. Jahrhunderts praktizierten auch viele Anhänger anderer Religionsgemeinschaften in Russland die Wehrdienstverweigerung – allen voran die Baptisten. So war zwar der religiöse Pazifismus kein fester Bestandteil des baptistischen Bekenntnisses, doch hatten nach Angaben des Innenministeriums der Provisorischen Regierung vom Ausbruch des Ersten Weltkriegs bis zum 1. April 1917 114 Baptisten den Kriegsdienst verweigert.[26] Mit ähnlicher Konsequenz wie die Mennoniten unterstützten Duchoborcen und Stundisten[27] das Prinzip des Pazifismus. Eine wichtige Rolle spielte für die Verbreitung des Pazifismus in Russland auch die große Popularität der Morallehre Lev N. Tolstojs, dessen Anhänger unter den nicht-orthodoxen Gläubigen zweifellos großes Ansehen genossen. So war es sicher kein Zufall, dass gerade Tolstojaner nach der Revolution den Vereinigten Rat der religiösen Gemeinden und Gruppen anführten und 1921 zur Führung des Allrussischen Komitees für Hungerhilfe gehörten. Es lässt sich festhalten, dass es bei vielen Baptisten, Evangeliumschristen und Adventisten durch den Einfluss der Lehren Tolstojs und unter dem Eindruck der Schrecken des Weltkriegs und der Revolution zu einem Bewusstseinswandel kam und das Bekenntnis zum Pazifismus zum Zeitpunkt der Revolution bereits zu einem integralen Bestandteil ihrer Glaubenslehre geworden war.

Mit Ausbruch des Bürgerkriegs stellte sich mit neuer Schärfe die Frage, ob die zwischen dem Staat und den mennonitischen Gemeinden in der Frage der Wehrdienstverweigerung bestehenden Vereinbarungen auch weiterhin gelten sollten. So paradox es auch scheinen mag, bestätigten alle wesentlichen Konfliktparteien des Bürgerkriegs die Privilegien der Mennoniten. So gab das Kriegsministerium der Allrussischen Provisorischen Regierung eine entsprechende Erklärung ab.[28] Im August 1918 wies das Kriegsministerium der Sibirischen Provisorischen Regierung das Außenministerium an, Mennoniten nur zu Sanitätseinheiten einzuziehen.[29] Und auch in der Armee Kolčaks diente die mennonitische Jugend ohne Waffe in der Hand. So setzten alle antibolschewistischen Regierungen in der Frage der Wehrdienstverweigerung auf Kontinuität.

---

24 Ebenda.
25 Rahn, Mennoniten, S. 60 f.
26 Kaliničeva, Social'naja suščnost', S. 50.
27 Die stundistische Bewegung (russisch: *štundisty*) entstand u.a. durch den Kontakt orthodoxer Russen und anderer slawischer Völker mit vom Pietismus geprägten deutschen Kolonisten, vor allem in Südrussland. Psalmengesang, Bibelauslegung und das freie Gebet spielten in den Versammlungen der Stundisten eine herausragende Rolle.
28 Hildebrandt, Kolonisation, S. 303.
29 Verordnung des Kriegsministeriums der Provisorischen Regierung Sibiriens über die Ordnung der Einberufung der Mennoniten zum Kriegsdienst, August 1918. GARF, f. 182, op. 1, d. 4, l. 235.

Was die Haltung der Bolschewiki betrifft, fanden Gläubige, die aus religiöser Überzeugung den Dienst an der Waffe verweigerten, erstmals im Dekret des Allrussischen Zentralexekutivkomitees (VCIK) vom 22. April 1918 „Über die verpflichtende Ausbildung zur Kriegskunst" Erwähnung, dem zufolge sie im Rahmen der Ausbildung nur zu solchen Pflichten herangezogen werden sollten, die nicht mit dem Gebrauch der Waffe verbunden waren. Am 22. Oktober 1918 erließ der Revolutionäre Kriegsrat der Republik auf Grundlage seines Beschlusses „Über die Befreiung von der Wehrpflicht aus religiöser Überzeugung" vom 10. Oktober 1918 Befehl Nr. 30, der den Pazifisten erlaubte, den Militärdienst durch einen alternativen Sanitätsdienst zu ersetzen.[30] Am 4. Januar 1919 bestätigte der Rat der Volkskommissare der RSFSR diesen Befehl durch das Dekret „Über die Befreiung vom Wehrdienst aus religiöser Überzeugung", das Personen, die aus religiös-ethischen Gründen den Dienst an der Waffe verweigerten, die Möglichkeit eines Ersatzdienstes gewährte. Der Wehrdienst wurde für diesen Personenkreis dem Beispiel der Mennoniten folgend durch einen alternativen Sanitätsdienst vor allem in Quarantänehospitälern oder vergleichbare gemeinnützige Arbeit nach Wahl des Einberufenen ersetzt.[31]

Das Dekret basierte auf dem Prinzip, dass das Moskauer Volksgericht auf Grundlage eines Gutachtens des Moskauer Vereinigten Rats der religiösen Gemeinden und Gruppen in jedem Einzelfall über die Zulässigkeit der Wehrdienstverweigerung entscheiden sollte.[32] Außerhalb Moskaus sollten Bevollmächtigte des Rats der religiösen Gemeinden und Gruppen für die Gutachten zuständig sein.

Schon sehr bald nach Verabschiedung des Dekrets kamen die Bolschewiki allerdings zu dem Schluss, dass eine Ermunterung pazifistischer Ideen ihren Interessen zuwiderlief und die negativen Folgen unter den Bedingungen des Bürgerkriegs alle denkbaren Vorteile deutlich überwogen. Die kriegsmüde Bauernschaft, die nicht an einem weiteren bewaffneten Konflikt teilnehmen wollte, verstand das Dekret als Freibrief, die eigene Position zu legalisieren. So schrieb der Mitarbeiter der Agitpropabteilung beim ZK der VKP(b) F.M. Putincev rückblickend:

„Die Abschottung und Neutralität der Sekten verschaffte der Neutralität des Mittelbauern durch defätistische Friedenslosungen wie ‚Du sollst nicht töten', ‚Alle Menschen sind Brüder' usw. eine religiös-ideologische Unterfütterung [...] Desertion und Sektenbeitritt gingen Hand in Hand und waren zur Zeit des Bürgerkriegs am größten. In den Augen der neutral-kleinbürgerlichen Bevölkerungsschichten bekamen Desertion und die Feindesliebe der Sekten eine religiös-ideelle und sogar ‚sowjetisch dekretierte' Recht-

---

30 Dekrety sovetskoj vlasti, S. 263.
31 Ebenda, S. 262 f. Nach Angaben des Führers der Tolstojaner V.G. Čertkov wurde das Dekret auf Initiative von Lenin, Trockij, Bonč-Bruevič und Muralov vorbereitet. Čertkov selbst wurde mehrfach zur Konsultation in den Kreml eingeladen. 1924 erinnerte sich Čertkov, dass „Vladimir Il'ic an dieser Sache höchst aktiven Anteil nahm und sich höchst aufmerksam und gründlich mit der Sache bekannt machte". Siehe: GARF, f. 353, op. 8, d. 8, l. 48.
32 Zum Vereinigten Rat der religiösen Vereinigungen und Gruppen (OSROG) gehörten die Moskauer Gruppe der Mennoniten, die Moskauer Gemeinden der Evangeliumschristen, der Evangeliumschristen-Baptisten, der Adventisten des Siebenten Tags, die Gesellschaft der wahren Freiheit in Erinnerung an L.N. Tolstoj und die Arbeitskommune „Nüchternes Leben".

fertigung. [...] Die kleinbürgerliche Zwischenlage der Bauernschaft zwischen Bourgeoisie und Proletariat brauchte eine kleinbürgerliche religiöse Zwischenideologie".[33]

Nach Ansicht des Historikers V.L. Telicin bildete sich zur Zeit des Bürgerkriegs im russischen Dorf eine „echte pazifistische Opposition", die von den Tschekisten als ausschließlich religiös wahrgenommen wurde, tatsächlich aber „weltanschaulich begründet und prinzipiell war, von der Sehnsucht des Kleinbürgers nach Frieden und einem ruhigen geordneten Leben zeugte" und Mobilisierung, Militärdienst und militärische Ausbildung nachdrücklich ablehnte.[34]

Beunruhigt durch steigende Verweigererzahlen ergriff die Staatsführung bereits 1920 Maßnahmen, um das Dekret vom 4. Januar 1919 zu relativieren und die Kompetenzen des Vereinigten Rats der religiösen Gemeinden und Gruppen zu begrenzen. Ein erster die Geltung des Dekrets einschränkender Akt war das Rundschreiben des Volkskommissars für Justiz der RSFSR Nr. 694 „Über die Anwendung des Dekrets über die Befreiung vom Militärdienst aus religiöser Überzeugung" vom 5. Juli 1919[35], in dessen Einleitung eine Häufung von Fällen behauptet wird, in denen Personen eine Befreiung vom Wehrdienst beantragt hätten, die „Organisationen angehören, die nicht nur ihre aktive Beteiligung an den imperialistischen Kriegen der Vergangenheit und Gegenwart nicht leugnen, sondern sich auch äußerst aktiv an diesen beteiligt haben".[36] Um einen derartigen Missbrauch auszuschließen, machte das Volkskommissariat für Justiz der RSFSR die Mitglieder des Vereinigten Rats der religiösen Gemeinden und Gruppen persönlich dafür haftbar, die Glaubwürdigkeit der pazifistischen Überzeugung eines Antragstellers zu prüfen. Das Gericht wiederum wurde befugt, schriftliche Gutachten der Experten des Vereinigten Rats der religiösen Gemeinden und Gruppen jederzeit abweisen zu können, „wenn sich aus dem Antrag selbst oder durch Zeugenaussagen Zweifel an der aufrichtigen Zugehörigkeit dieser Person zu einer religiösen Sekte oder an der Aufrichtigkeit der pazifistischen religiösen Überzeugungen ergeben".[37]

Am 4. August 1920 schränkte das Volkskommissariat für Justiz der RSFSR die Rechte der Pazifisten vor Gericht mit der Begründung weiter ein, das Dekret vom 4. Januar 1919 werde von „Egoisten" missbraucht.[38] Die für diesen Missbrauch angeblich verantwortlichen Experten des Vereinigten Rats der religiösen Gemeinden und Gruppen sollten nur noch eine beratende Funktion ausüben, während das letzte Wort für die Gewissensprüfung beim Gericht liegen sollte: „Die Expertisen, Bescheinigungen und Urkunden aller Art, die dem Antragsteller vom sogenannten Vereinigten Rat der religiösen Gemeinden und Gruppen oder von anderen religiösen Gruppen, Privatorganisationen und Personen ausgestellt werden, [...] dürfen auf keinen Fall irgendeine offizielle Bedeutung oder Kraft haben, die über ihre unmittelbare Bestimmung hinausgeht, als Teil des der Überprüfung und Erörterung

---

33 Referat Fedor M. Putincevs „Über das Sektenwesen" auf der antireligiösen Konferenz bei der Agitpropabteilung des ZK der VKP(b), 28.04.1926. RGASPI, f. 17, op. 60, d. 792, l. 91-92.
34 Telicyn, Fenomen, S. 133.
35 Siehe: Izvestija VCIK (Moskva), Nr. 161, v. 24.07.1919; GARF, f. 130, op. 5, d. 893, l. 87.
36 Ebenda.
37 Ebenda.
38 Rundschreiben „Über die Nichterfüllung der Wehrpflicht aus sogennter religiöser Überzeugung", 04.08.1920. GARF, f. 353, op. 4, d. 412, l. 9.

durch das Gericht unterliegenden Gerichtsmaterials zu dienen".[39] Bei den Gläubigen stieß diese Neuerung auf entschiedene Ablehnung. Nach Ansicht des Vorsitzenden des Vereinigten Rats der religiösen Gemeinden und Gruppen des Gouvernements Tula Bulygin kam das Rundschreiben des Volkskommissariats für Justiz vom 4. August 1920 faktisch einer Aufhebung des Dekrets des Rats der Volkskommissare gleich und annullierte das Recht jedes Bürgers, „unter der Bedingung aufrichtiger religiöser Überzeugung einen nichtmilitärischen Ersatzdienst leisten zu dürfen".[40]

Die Bolschewiki ließen sich von solchen Einwänden in keiner Weise beeindrucken. Schon wenige Monate später folgte die nächste Verschärfung der Regeln. Durch das Dekret des Rats der Volkskommissare der RSFSR „Über die Befreiung von der Wehrpflicht aufgrund religiöser Überzeugungen" vom 14. Dezember 1920 verlor der Vereinigte Rat der religiösen Gemeinden und Gruppen als eine „negativen Einfluss auf die Rote Armee ausübende" Organisation das exklusive Recht auf Expertise in Verweigerungsfällen und wurde auf diese Weise endgültig jeder juristischen Bedeutung beraubt.[41] Immerhin durfte das Gericht weiterhin „kundige und vertrauenswürdige Vertreter der entsprechenden religiösen Glaubenslehren einladen, um Expertise zu geben".

Zweieinhalb Monate später beschloss das Kollegium der Allrussischen Sonderkommission (VČK) am 15. Februar 1921 nach Anhörung des Mitarbeiters der Geheimabteilung der VČK I.A. Špicberg[42], Repressionen gegen den Vereinigten Rat der religiösen Gemeinden und Gruppen einzuleiten und einen Schauprozess gegen dessen Führung zu organisieren, der vor der Sondersession des Moskauer sowjetischen Gouvernementsvolksgerichts stattfinden und einen „eindeutig politischen Charakter" tragen sollte. Die gesamte Dokumentation und Korrespondenz des Vereinigten Rats der religiösen Gemeinden und Gruppen wurde beschlagnahmt und der Gerichtsakte beigefügt. Über die Gründe der Beschlagnahmung wurde in der Presse berichtet. P.A. Krasikov (8. Abteilung des Volkskommissariats für Justiz), A.A. Sol'c (ZK der RKP(b)) und I.A. Špicberg (VČK) sollten eine Kommission bilden, um neben dem als Hauptankläger vorgesehenen N.V. Krylenko einen zweiten – dem Arbeitermilieu entstammenden – Ankläger zu suchen, die Ankläger zu instruieren und entsprechende Regierungserklärungen auszuarbeiten. Die Geheimabteilung der VČK sollte ihre Aktivitäten im Milieu der gläubigen Pazifisten bis zum Prozessbeginn intensivieren und vegetarische Kantinen, den Abstinenzlerbund und andere im Dunstkreis des Vereinigten Rats der religiösen Gemeinden und Gruppen bestehende Organisationen unter ständige Beobachtung stellen. Sol'c wurde beauftragt, dem ZK Bericht zu erstatten.[43]

---

39 Ebenda.

40 Schreiben Bulygins an Vladimir I. Lenin, August 1920. GARF, f. 130, op. 4, d. 462, l. 48.

41 Sbornik uzakonenij, S. 527.

42 Von Januar 1921 an leitete I.A. Špicberg die 7. Abteilung der Geheimabteilung der VČK, deren Aufgabe in der „Arbeit gegen verschiedene Parteien" bestand. Im Februar 1921 bat Špicberg die 8. Abteilung des Volkskommissariats für Justiz, ihm angesichts der von ihm durchgeführten Untersuchung der Aktivitäten des Vereinigten Rats der religiösen Gemeinden und Gruppen diesen betreffende Akten zu schicken. Siehe: Lubjanka, Organy VČK, S. 17; GARF, f. 353, op. 4, d. 416, l. 96.

43 Auszug aus dem Sitzungsprotokoll des Kollegiums der VČK, 15.02.1921. Unterzeichnet vom Sekretär des Präsidiums der VČK N. Meščerjakov. RGASPI, f. 17, op. 112, d. 132, l. 97. Zugleich wurde gegen V.G. Čertkov ein Ausreiseverbot verhängt.

Am 3. März billigte das Organisationsbüro des ZK der RKP(b) nach Anhörung eines Berichts „Über die Tätigkeit des Vereinigten Rats der religiösen Gemeinden und Gruppen" den Vorschlag der VČK, gegen den Rat „in Gestalt des Genossen Vorsitzenden Šochor-Trockij und anderer" Anklage wegen missbräuchlicher Ausstellung von Bescheinigungen zur Befreiung vom Wehrdienst zu erheben.[44] Ferner bestätigte es die Entscheidung des Kollegiums der VČK, der Gerichtsverhandlung einen „explizit politischen Charakter" zu geben. Am 11. März 1921 wies die VČK in einem von F.È. Dzeržinskij gezeichneten Rundschreiben ihre Gouvernementsvertretungen an, alle Dokumente des Vereinigten Rats der religiösen Gemeinden und Gruppen zu beschlagnahmen. Das Ziel der Aktion sollte darin bestehen, „Organisationen zu bekämpfen, die unter religiöser Flagge offen Agitation zur Zersetzung der Roten Armee und gegen die Erfüllung von Getreidebeschlagnahmungen und Arbeitsverpflichtungen betreiben".[45] Bei der Umsetzung der in dem Rundschreiben anvisierten Ziele sollten die Tschekisten diplomatisch vorgehen und von allen Maßnahmen Abstand nehmen, die die Sowjetmacht dem Vorwurf aussetzen konnten, der Wirtschaft zu schaden oder die Religionsfreiheit einzuschränken.[46] Auf Grundlage eines Beschlusses des Organisationsbüros des ZK der RKP(b) wurde der Prozess gegen die Vertreter des Vereinigten Rats der religiösen Gemeinden und Gruppen umgehend organisiert und fand noch im März 1921 statt.[47]

Während die allgemeine Tendenz dahin ging, die Möglichkeiten der Wehrdienstverweigerung immer weiter einzuschränken, versuchte das Volkskommissariat für Landwirtschaft im Frühjahr 1921 einen Gesetzesakt durch den Rat der Volkskommissare zu bringen, der alle Mennoniten im wehrfähigen Alter verpflichtet hätte, einen zivilen Ersatzdienst in der Landwirtschaft zu leisten.[48] Das vom Volkskommissariat für Landwirtschaft ausgearbeitete Projekt sah ferner vor, die Mennoniten ausschließlich aufgrund ihrer korporativen Zugehörigkeit zu einem pazifistischen Glaubensbekenntnis vom Militärdienst zu befreien, widersprach also in einem wesentlichen Punkt den bereits angenommenen Dokumenten, die eine individuelle Gewissensprüfung vorsahen. Motiviert war diese Herangehensweise in erster Linie durch die ökonomischen Interessen des Kommissariats, das daran interessiert war, das Arbeitspotential der Mennoniten zu nutzen.

Gegen das Projekt wandte sich der Leiter der Abteilung für Gesetzesvorhaben und Kodifizierung des Volkskommissariats für Justiz A.G. Gojchbarg mit dem Hinweis, dass die sowjetische Gesetzgebung als Grundregel festgesetzt habe, dass die formale Zugehörigkeit

---

44　Sitzungsprotokoll des Organisationsbüros des ZK der RKP(b) Nr. 101, p. 34 (anwesend waren Krestinskij, Serebrjakov, Stalin, Tomskij u.a.). RGASPI, f. 17, op. 112, d. 132, l. 5.

45　A.A. Plechanov, A.M. Plechanov (Hrsg.), Dzeržinskij, S. 266 f.

46　Ebenda.

47　Pavlova, Istoričeskie sud'by, S. 34. Čertkov schrieb von einem „Kreuzzug" des Volkskommissariats für Justiz und der GPU gegen den Vereinigten Rat der religiösen Gemeinden und Gruppen, der auf eine „Verwüstung seines Gebäudes, des Archivs und des Besitzes sowie auf die offizielle Ablehnung der Organisation selbst von Seiten der genannten Behörden" hinauslief. Siehe: GARF, f. 353, op. 8, d. 8, l. 72.

48　„Über die Heranziehung der Mennoniten der Einberufungsjahrgänge zu landwirtschaftlichen Arbeiten". Projekt eines Dekrets des Rats der Volkskommissare der RSFSR, 23.05.1921. GARF, f. 130, op. 4, d. 893, l. 79.

zu einer pazifistischen religiösen Gemeinschaft allein für eine Befreiung vom Militärdienst nicht ausreiche.[49] Um den Interessen des Volkskommissariats für Landwirtschaft Rechnung zu tragen und zugleich nicht von der eingeschlagenen Linie abzuweichen, schlug Gojchbarg einen Kompromiss vor: Die lokalen Exekutivkomitees sollten dem Gericht geprüfte Listen der Mennoniten im wehrfähigen Alter vorlegen, während das Gericht sich verpflichtete, die pazifistischen Überzeugungen der mennonitischen jungen Männer im Zuge einer beschleunigten Gewissensprüfung zu klären. Nach der Gerichtsentscheidung sollten die Mennoniten für die Zeit, in der ihre Altersgenossen Militärdienst leisteten, „intensive" forstwirtschaftliche und landwirtschaftliche Arbeiten verrichten. Auf diese Weise ließ sich nach Einschätzung Gojchbargs vermeiden, dass Personen, die nur formal den Mennoniten angehörten, unter religiöser Flagge massenhaft den Wehrdienst verweigerten.[50]

Unter Berücksichtigung der Vorschläge Gojchbargs wurde das Projekt des Volkskommissariats für Landwirtschaft überarbeitet und als Verordnung des Rats der Volkskommissare der RSFSR „Über die Gewährung des Rechts für die Mennoniten, den Militärdienstes entsprechend dem Dekret vom 14. Dezember 1920 durch Mobilisierung zu forst- und landwirtschaftlichen Arbeiten im Volkskommissariat für Landwirtschaft zu ersetzen" dem Kleinen Rat der Volkskommissare zur Bestätigung vorgelegt, der das Dokument auf seiner Sitzung vom 13. Juni 1921 prüfte und prinzipiell billigte.[51]

Angesichts der Tatsache, dass in der Folgezeit keine Mennoniten auf Grundlage dieser Verordnung zu landwirtschaftlichen Arbeiten eingezogen wurden, ist davon auszugehen, dass das Dokument nie in Kraft trat. Wir vermuten, dass dies dadurch bedingt war, dass die Verordnung die Mennoniten aus der restlichen Masse der pazifistischen Wehrpflichtigen herausgehoben hätte und dem bereits etablierten einheitlichen, auf einer individuellen Gewissensprüfung basierenden Genehmigungsansatz zuwiderlief, dessen Ziel darin bestand, die Zahl der vom Militärdienst befreiten Personen ständig zu reduzieren.

Angesichts des sich abzeichnenden Endes des Bürgerkriegs und der Verlagerung der Kampfhandlungen in die Peripherie erließ das VCIK am 16. September 1921 das Dekret „Über die Überprüfung von Fällen verurteilter Wehrdienstverweigerer aus religiöser Überzeugung", das die Volksrichter verpflichtete, eine vorzeitige Haftentlassung ausnahmslos aller von den Gerichtsorganen, Kommissionen zur Bekämpfung der Desertion und Sonderkommissionen wegen Wehrdienstverweigerung und Desertion aus religiösen Gründen verurteilten Personen zu prüfen.[52] Sondersessionen bei den Gouvernementssowjets der Volksrichter sollten die Fälle inhaftierter Wehrdienstverweigerer prüfen und diese in jenen Fällen, in denen sich die Aufrichtigkeit ihrer Überzeugungen belegen ließ, entweder ganz vom Militärdienst befreien, wenn ihre Einberufungsjahrgänge bereits demobilisiert waren, oder den Freiheitsentzug durch Arbeitsdienst in der Landwirtschaft oder entsprechend der Qualifika-

---

49 Gesuch Aleksandr G. Gojchbargs an den Rat der Volkskommissare der RSFSR, 28.05.1921. Ebenda, l. 77-78.

50 Ebenda.

51 Sitzungsprotokoll Nr. 697 des Kleinen Rats der Volkskommissare der RSFSR, Punkt 4, 13.06.1921, l. 104.

52 In der durch Dekret des Rats der Volkskommissare „Über den Freiheitsentzug und die Ordnung der vorzeitigen Entlassung von Häftlingen auf Bewährung" vom 21. März 1921 festgelegten Ordnung.

tion ersetzen, wenn die Altersgenossen der Verweigerer noch im Dienst der Roten Armee standen.[53]

Nachdem das Recht auf Wehrdienstverweigerung zwar immer weiter eingeschränkt, letztlich aber doch nicht gänzlich abgeschafft worden war, eröffneten die Staats- und Parteiorgane Ende 1922 eine andere Front im antireligiösen Kampf. Zum Jahreswechsel 1922/23 führte die GPU in einer Reihe von Gouvernements eine großangelegte Repressionskampagne durch, die auf eine faktische Liquidierung der Organisationsstrukturen der evangelischen Kirchengemeinden abzielte.

Vorwand der Operation war die bereits im August 1922 an die örtlichen Behörden ergangene Anweisung, die Registrierung aller nicht kommerziellen Gesellschaften, Verbände und Vereine zu überprüfen und zum 1. Januar 1923 alle nicht registrierten zu schließen.[54] Dies galt auch für die religiösen Gemeinden, deren Registrierung vor April 1923 nicht eigens geregelt war.

So wurde die Registrierung der Gemeinden, die in der Geschichte des Konflikts zwischen Sowjetstaat und religiösen Dissidenten in den 1960–1980er Jahren eine Schlüsselrolle spielen sollte, für die freikirchlichen Gemeinden 1923 erstmals zu einem Problem von existentieller Bedeutung. Einerseits nutzte die Legalisierung den Gläubigen, da sie ihnen eine legale Grundlage bot, ihre Religion auszuüben, ein Gotteshaus zu unterhalten, der Jugend außerhalb der staatlichen Schulen Religionsunterricht zu erteilen, Gemeindemitgliedern bei Gericht in der Frage der Befreiung vom Wehrdienst zu helfen usw. Andererseits lehnte ein Teil der Gemeinden die Idee einer Registrierung grundsätzlich ab, da sie darin einen die Religionsfreiheit und ihre Persönlichkeitsrechte einschränkenden Akt sahen. Auch waren sich die Gläubigen durchaus der Tatsache bewusst, dass gerade eine Registrierung ihre Gemeinden angreifbar machte, da sie aufgrund der Nutzungsverträge für Gotteshäuser und Kirchenbesitz verpflichtet waren, die mit dem Besitz verbundenen Instandhaltungs- und Versicherungskosten sowie Steuern und lokale Gebühren zu tragen, die wiederum von den lokalen Exekutivkomitees oft bewusst so hoch angesetzt wurden, dass es die Existenz der Gemeinden gefährdete.[55] Vor anderen Zahlungen waren die registrierten Gemeinden gleichfalls nicht sicher. So verfügte z.B. das Exekutivkomitee des Kreises Slavgorod am 29. April 1922, von den mennonitischen Gemeinden als Zahlung für die Befreiung vom Militärdienst eine zusätzliche Weizensteuer einzuziehen.[56] Oft verlangten die örtlichen Behörden, wenn ihnen infolge der Registrierung eine Liste der Gemeindemitglieder vorlag, auch eine Sonderabgabe in Höhe von fünf bis zehn Rubeln pro Gemeindemitglied für die Erteilung einer Erlaubnis zur Durchführung von Versammlungen. Und nicht zuletzt war eine Registrierung für die Gemeinden deshalb gefährlich, weil die Tschekisten auf diese Weise aus erster Hand Informationen über ihre Führer und aktivsten Mitglieder bekamen und bei Bedarf auf diese Druck ausüben oder sie repressieren konnten.

---

53 Sbornik dokumentov po istorii, S. 103.
54 Dekret des VCIK und des Rats der Volkskommissare vom 3. August 1922 sowie Instruktion des VCIK vom 10. August. GAOO, f. 32, op. 1, d. 275, l. 31.
55 Siehe z.B.: Direktive Nr. 32/s der Omsker Gouvernementsabteilung der Verwaltung an alle Kreisexekutivkomitees über Maßnahmen zur Ausmerzung des Baptismus, 06.02.1923. Ebenda, l. 70.
56 Anordnung des Slavgoroder Kreisexekutivkomitees, 29.04.1922. Ebenda, d. 77, l. 143; GANO, f. r, op. 1, d. 884a, l. 146.

Angesichts der angeführten Umstände hatten sich zahlreiche evangelische und mennonitische Gemeinden bis Dezember 1922 noch nicht registrieren lassen und bestanden halblegal oder illegal, also ohne von den Behörden bestätigte Statuten oder Nutzungsverträge für das gottesdienstliche Inventar. Über diese Gemeinden hatten die Behörden keine verlässlichen Informationen. So charakterisierte die Bevollmächtigte Vertretung der GPU für Sibirien die Mennoniten und Molokanen selbst noch 1923 als „kleine Einzelsekten, die ein abgeschottetes Leben führen", obwohl diese hinsichtlich ihrer Mitgliederzahlen und ihres Organisationsgrads allenfalls den Baptisten nachstanden.[57]

Aber selbst wenn sie wollten, war es für die religiösen Gemeinden schwer, alle für die Registrierung benötigten Dokumente innerhalb der von den lokalen Behörden festgelegten Fristen bereitzustellen. In Sibirien mussten alle evangelischen Gemeinden die entsprechenden Dokumente bis zum 10. Januar 1923 einreichen, wovon sie mit Absicht nicht rechtzeitig in Kenntnis gesetzt worden waren. So meldete der Chef der Omsker Gouvernementsabteilung der GPU V.F. Tiunov Anfang Januar 1923 an die Führung, dass die Fristen für die Registrierung aller religiösen Kulte im Gouvernement absichtlich so kalkuliert worden seien, dass eine fristgerechte Registrierung faktisch unmöglich sei, und unmittelbar nach Ablauf der Frist ein Versammlungsverbot für nichtregistrierte Gemeinden ergehen werde.[58] Offenbar hatten die Gemeinden, die doch noch rechtzeitig von der Registrierung erfahren hatten, vom 3. Januar bis zum 9. Januar 1923 Zeit. Erschwerend kam hinzu, dass die Gläubigen just in diesem Zeitraum mit feierlichen Gebetswochen das Ende des winterlichen Festzyklus begingen, so dass schließlich ein großer Teil der Gemeinden aller Konfessionen unregistriert blieb.

Unmittelbar nach Ablauf der Registrierungsfrist schritten die Organe der GPU am 10. Januar zur Liquidierung des „Sektentums" in Sibirien.

Erste Opfer der Operation wurden die Baptistengemeinden. Am 10. Januar 1923 forderte die Bevollmächtigte Vertretung der GPU Sibiriens ihre Gouvernementsabteilungen auf, die Gotteshäuser der Baptistengemeinden „wegen nicht erfolgter Registrierung" zu versiegeln und die Gemeinden selbst für aufgelöst zu erklären. Auch der organisatorisch der Sibirischen Abteilung des Allrussischen Baptistenbundes angehörende Deutsche Baptistenbund musste seine Tätigkeit einstellen.[59] Der Schließung unterlagen zudem alle Gemeinden und Verbände der Adventisten des Siebenten Tags.[60] Außerdem lösten die Tschekisten den Sibirischen Bund der Evangeliumschristen auf und zerschlugen unter dem Vorwand der illegalen Existenz dessen Gemeinden.

Um die evangelischen Gemeinden vor Ort faktisch zu liquidieren, wurden deren Führer und aktive Mitglieder „vorübergehend isoliert". Zu diesem Zweck wurden gegen „besonders aktive Gemeindeführer und Aktivisten" extrem hohe Geldstrafen (in der Regel 1 500 Rubel)

---

57 Bericht der Bevollmächtigten Vertretung der GPU über die Lage des Sektentums in Sibirien nach Stand zum 15.07.1923. GANO, f. p. 1, op. 2, d. 372, l. 135.

58 Telegramm des Chefs der Omsker Gouvernementsabteilung der GPU an den Bevollmächtigten Vertreter der GPU für Sibirien. Frühestens 12.01.1923. GAOO, f. 32, op. 1, d. 275, l. 63.

59 Telegramm Nr. 121 der Geheimabteilung der Bevollmächtigten Vertretung der GPU für Sibirien an die Omsker Gouvernementsabteilung der GPU, 10.01.1923. GAOO, f. 32, op. 1, d. 275, l. 59.

60 Direktive Nr. 1048/s der Omsker Gouvernementsabteilung der GPU an das Omsker Gouvernementsexekutivkomitee über Maßnahmen zur Liquidierung der Gemeinden der Adventisten des Siebenten Tags und der Baptisten, 28.02.1923. Ebenda, l. 79.

verhängt, die diese unmöglich begleichen konnten.[61] Anschließend wurde die Strafe durch dreimonatige Zwangsarbeit ersetzt.

Auch die Gemeinden der Mennoniten waren von der Kampagne betroffen. So verhängte das Slavgoroder Kreisexekutivkomitee am 30. März 1923 gegen 14 mennonitische Gemeindevorsteher des Kreises (Ja. Otto, A. Rejmer, D. Gejde, I. Kraun, K. Fast, D. Bekker, F. Frizen, P. Vibe, I. Dirksen, Ja. Ėpp, G. Frizen, G. Gejmsbuch, P. Bergen, N. Vins) Strafen in Höhe von 1 500 Rubeln oder drei Monaten Zwangsarbeit, weil sich ihre Gemeinden nicht registrieren lassen hatten.[62] Darüber hinaus konfiszierte das Slavgoroder Kreisexekutivkomitee die Gebäude der örtlichen Mennonitenschule und des Bethauses, um sie dem Kreiswehramt zur Einrichtung von Kasernen zu überlassen, in denen „vorübergehend" das 36. Schützenregiment einquartiert werden sollte. Diese „vorübergehende" Nutzung dauerte auch im August 1925 noch an, als die Gebäude noch immer mit Pritschen und Liegen für über 2 000 Menschen ausgestattet waren.[63]

Die Operation zur Liquidierung der Freikirchen zog sich sowohl in Sibirien als auch in ganz Russland mit immer größerem Schwung bis April 1923 hin, so dass der Stellvertretende Vorsitzende der GPU in Sibirien B.A. Bak und der Chef der Geheimabteilung B.N. Velikosel'cev schließlich vermelden konnten: „Die Direktiven, unter einem wohlklingenden Vorwand alle Führungsorgane der Sektenorganisationen und ihre Bethäuser zu schließen und die Gemeinden selbst aufzulösen, wurden in ganz Sibirien umgesetzt".[64]

Im weiteren Verlauf nahmen die Ereignisse allerdings eine für die Tschekisten unerwartete Wendung. Die meisten Gemeinden zeigten sich unbeeindruckt und bestanden ungeachtet aller Verbote und Repressionen illegal fort. So berichtete z.B. der Leiter der Slavgoroder Kreisabteilung für Volksbildung I.I. Šipillo, dass die Mennoniten ihre „verderbliche Arbeit" einfach fortsetzten, häufig illegale Versammlungen abhielten und sogar neue Prediger anstellten.[65] Als gejagte und verfolgte Märtyrer gewannen die „Sektenanhänger" unter der dörflichen Bevölkerung sogar an Ansehen.[66] Die Gläubigen, denen nur zu bewusst war, dass sie nicht wegen ihrer Weigerung, sich registrieren zu lassen, sondern für ihre Überzeugung verfolgt wurden, fochten das selbst im Rahmen der bestehenden Rechtsordnung illegale Vorgehen des Staates auf allen Instanzen bis hin zum VCIK und zum NKVD an und zwangen das Zentrum auf diese Weise zu einer Reaktion.

Am 3. April 1923 verbot die administrative Abteilung des Volkskommissariats für Innere Angelegenheiten in einem vom Stellvertretenden Volkskommissar für Innere Angele-

61 Telegramm des Chefs der Omsker Gouvernementsabteilung der GPU an den Bevollmächtigten Vertreter der GPU für Sibirien. Frühestens 12.01.1923. Ebenda, l. 63.
62 Liste der im Kreis Slavgorod für die Nichterfüllung der die Registrierung der religiösen Gemeinden betreffenden Anordnung verhängten Strafzahlungen, 30.03.1923. Ebenda, d. 146, l. 8.
63 Protokoll der Überprüfung der Ausstattung der Stadt Slavgorod mit Sammelpunkten für den Mobilisierungsfall, August 1925. Ebenda, f. 28, op.1, d. 370, l. 52.
64 Direktive Nr. 476/s der Bevollmächtigten Vertretung der OGPU für Sibirien an die Chefs der Gouvernementsabteilungen der GPU über die Bekämpfung des Sektentums, 28.06.1923. GANO, f. p. 1, op. 2, d. 372, l. 24.
65 Bericht des Bevollmächtigten für die Aufklärung der nationalen Minderheiten des Kreises Slavgorod I.I. Šipillo an den Vorsitzenden des Rats für nationale Minderheiten der Omsker Gouvernementsabteilung für Volksbildung. Frühestens 06.06.1923. GAOO, f. 32, op. 1, d. 276, l. 46.
66 Siehe ausführlicher: Savin, Kirchenkampf, S. 27-31; Savin (Hrsg.), Sovetskoe gosudarstvo, S. 20-29, 113-141.

genheiten A.G Beloborodov und dem Stellvertretenden Vorsitzenden der GPU I.S. Unšlicht gezeichneten Rundschreiben die verbreitete Praxis, Verträge mit Gläubigen ohne gesetzliche Grundlage zu kündigen und die Bethäuser der Sekten zu beschlagnahmen. In Zukunft sollten Verträge mit Gläubigen nur nach Abstimmung mit den Gouvernementsexekutivkomitees gekündigt werden dürfen, wenn der entsprechende Besitz missbräuchlich genutzt oder veruntreut worden war.[67] Am 17. April 1923 trat eine Instruktion der Volkskommissariate für Innere Angelegenheiten und für Justiz in Kraft, die die Registrierung der religiösen Vereinigungen und die Genehmigung der Einberufung ihrer Konvente regelte. Die örtlichen Gouvernementsexekutivkomitees wurden verpflichtet, die Gemeinden im Einklang mit den neuen Regelungen zu registrieren, was die Tschekisten des von ihnen gewählten formalen Vorwands zur Bekämpfung der Freikirchen beraubte. Die Registrierungsfrist für bereits bestehende Gemeinden wurde zunächst auf den 1. August 1923 gelegt und am 30. Juli bis zum 1. November 1923 verlängert. Die Annahme von Anträgen neugegründeter Gemeinden war durch keine Fristen beschränkt.[68]

Im Mai 1923 stellten die Tschekisten die antireligiöse Kampagne nach und nach ein. Die lokalen Behörden begannen erneut, die religiösen Gemeinden zu registrieren. Am 28. Juni 1923 wurden die Chefs aller Gouvernementsabteilungen der GPU in Sibirien angewiesen, die Repressionen gegen die evangelischen Freikirchen einzustellen und einer Registrierung und Wiederaufnahme der Tätigkeit der Sekten keine Steine in den Weg zu legen.[69] Alle Kreisexekutivkomitees wurden über die Aufhebung aller früheren die Registrierung der religiösen Gemeinden betreffenden Anordnungen in Kenntnis gesetzt.

Diese Kehrtwende zeugt davon, dass sich die Führung der GPU durchaus bewusst war, dass die Strategie der grobschlächtig angeordneten Kirchenschließungen gescheitert war und neue Methoden der „Sektenbekämpfung" gesucht werden mussten. Unter den gegebenen Umständen hielten es die Tschekisten für effektiver, ihre Aktivitäten darauf auszurichten, die Gemeinden von innen zu zersetzen und Konflikte zwischen einzelnen Strömungen zu provozieren.[70] Das aber machte eine Legalisierung der Gemeinden erforderlich, denn nur auf diese Weise ließen sich umfangreiche Informationen über sie sammeln. So wies das Sibirische Büro des ZK der RKP(b) am 16. Juli 1923 alle Gouvernementsparteikomitees an, von administrativen Repressionen Abstand zu nehmen, die Registrierung der Sektengemeinden nicht zu behindern und diesen die Legalisierung zu ermöglichen, „damit sie sich in unserem Blickfeld befinden".[71]

Genau einen Monat später verabschiedete das ZK der RKP(b) am 16. August 1923 ein Dokument, das in aller Deutlichkeit davon zeugt, dass sich die Partei gezwungen sah, wenigstens vorübergehend von ihrer Position der kompromisslosen Verfolgung der Religion

---

67 Rundschreiben Nr. 840/s der Administrativabteilung des NKVD der RSFSR an die Gouvernementsabteilungen der Verwaltung und die Gouvernementsabteilungen der GPU, 03.04.1923. GAOO, f. 32, op. 1, d. 275, l. 71.

68 Kuricyn, Stanovlenie, S. 104; GANO, f. 1349, op. 1, d. 468, l. 64.

69 Direktive Nr. 476/s der Bevollmächtigten Vertretung der OGPU für Sibirien an die Chefs der Gouvernementsabteilungen der GPU über die Bekämpfung des Sektentums, 28.06.1923. GANO, f. p. 1, op. 2, d. 372, l. 24.

70 Ebenda.

71 Rundschreiben Nr. 673/s des Sibirischen Büros des ZK der RKP(b) über die neue Taktik der Bekämpfung des Sektentums, 16.06.1923. Ebenda, d. 245, l. 188.

allgemein und der Freikirchen im Besonderen abzurücken: Das von Stalin gezeichnete Rundschreiben Nr. 30 „Über die Beziehung zu den religiösen Organisationen" führte zahlreiche
schwerwiegende, von den Parteiorganisationen der RSFSR, Transkaukasiens, der Ukraine
und Weißrusslands tolerierte Gesetzesverstöße „im Bereich der Beziehung zu Gläubigen und
Kulten" auf und schob die Schuld für die Beeinträchtigungen der Glaubensfreiheit nach tra-
ditionellem Muster voll und ganz den lokalen Machtorganen zu. Diese wurden angewiesen,
die Praxis der Schließung von Kirchen, Bethäusern und Synagogen aufgrund der Nichterfüllung der die Registrierung betreffenden Verwaltungsauflagen zu verbieten und bereits
erfolgte Schließungen unverzüglich zurückzunehmen. Die Hauptmethode des antireligiösen
Kampfs sollte nicht mehr darin bestehen, die Gläubigen zu verfolgen, sondern „tolerante
und durchdachte Kritik an den religiösen Vorurteilen" zu üben.[72]

Nachdem die lokalen Behörden den Beschluss des ZK der RKP(b) zur Kenntnis genommen hatten, waren auch die letzten Hindernisse beseitigt, die Rechte der freikirchlichen
evangelischen Gemeinden wiederherzustellen. Die Wiedereröffnung der versiegelten Bethäuser, die Rücknahme der Beschlagnahmungen, die Aufhebung des Verbots der Tätigkeit
der Verwaltungsorgane der Konfessionen, die ohne Einschränkung fortlaufende Registrierung – all dies ließ die Gläubigen an einen realen Kurswechsel glauben. In der Folge
ließ sich die überwältigende Mehrheit der evangelischen Gemeinden registrieren, um einen
legalen Status zu erlangen.

Auch wenn die Existenz der Freikirchen letztlich legalisiert wurde, blieb die Aktion der
Tschekisten nicht folgenlos. Eine Repressionskampagne solchen Ausmaßes führte den Vertretern der Religionsgemeinschaften in aller Deutlichkeit vor Augen, welche Maßnahmen
den Machthabern für den Fall zur Verfügung standen, dass die Gläubigen keine Zugeständnisse machten – insbesondere in jenen Fragen, denen der Staat prinzipielle Bedeutung
beimaß.

Von August 1923 an begann die Führung der politischen Polizei mit direkter Unterstützung der Partei- und Staatsorgane, eine weniger grobschlächtige Politik gegenüber den
Freikirchen zu verfolgen, die vor allem zwei einander ergänzenden Zielen dienen sollte: 1)
die Führung der Konfessionen dazu zu bringen, sich „freiwillig" vom pazifistischen Credo
loszusagen, und 2) die freikirchlichen Gemeinden in Anhänger und Gegner einer „freiwilligen" Anerkennung des Wehrdienstes zu spalten, um sie in den Augen breiter Volksmassen
zu diskreditieren. Dabei diente die Frage der „freiwilligen" Anerkennung der Wehrpflicht als
Instrument, um Zwietracht in die kirchlichen Organisationen zu tragen und die evangelische
Bewegung auf diese Weise zu spalten und zu zersetzen.

Mit ihrer Strategie, mithilfe des „Dekrets vom 4. Januar 1919" Druck auf die evangelischen Konfessionen auszuüben, konnten die Tschekisten an entsprechende Initiativen
der Antireligiösen Kommission beim ZK der RKP(b)-VKP(b) anknüpfen, die schon früher
demonstriert hatte, dass sie entschieden für eine weitgehende Beschränkung des Perso-
nenkreises eintrat, der das Recht auf Wehrdienstverweigerung aus religiöser Überzeugung
beanspruchen dürfen sollte. So hatte sich die Kommission bereits am 28. November 1922
dafür ausgesprochen, das Recht auf Wehrdienstverweigerung nur jenen Sekten zuzugestehen,
die dieses Privileg bereits vor der Revolution genossen hatten, und das Volkskommissariat

---

72 Pokrovskij, Petrov (Hrsg.), Politbjuro i cerkov', Bd. 1, S. 414-417.

für Justiz angewiesen, eine Verordnung über das Verbot religiöser Propaganda in der Roten Armee auszuarbeiten.

Unmittelbar nach Abschluss der Antisektenoperation der GPU entschied die Antireligiöse Kommission im Juni 1923 in der Frage der Wehrdienstverweigerung der „Sektenangehörigen" in die Offensive zu gehen und die Schockwirkung der Operation dazu zu nutzen, die einheitliche pazifistische Position der evangelischen Freikirchen zu brechen. Am 26. Juni 1923 beschloss die Kommission gleich in drei Stoßrichtungen vorzugehen: Agitation und Propaganda, juristischer Druck und Geheimdienstoperationen. Das Kommissionsmitglied N.N. Popov sollte die pazifistische Position der Sekten in der Presse auf jede erdenkliche Weise kompromittieren. Das Kommissionsmitglied P.G. Smidovič sollte das Zentralexekutivkomitee dazu bewegen, auf seiner nächsten Session eine Änderung des Dekrets über die Befreiung der Freikirchler vom Militärdienst zu beschließen, um den bislang praktizierten Missbrauch zu verhindern. Die GPU sollte ihre Aktivitäten zur „Zersetzung des Sektenwesens" intensivieren.[73]

Welches Spaltpotential der Frage der „freiwilligen" Anerkennung des Militärdienstes innewohnte, sollte sich zeigen, als sich Evangeliumschristen und Baptisten anschickten, ihre verwandten Religionsgemeinschaften zu vereinigen, was die Machthaber im Sinne ihrer Politik des „Teile und herrsche" um jeden Preis zu verhindern suchten.[74]

Zunächst wurde der Widerstand der Evangeliumschristen gebrochen. Eine wichtige Rolle spielte dabei der Druck, den die Tschekisten auf deren Führer I.S. Prochanov ausübten. Die Antireligiöse Kommission billigte auf ihrer Sitzung vom 12. Juni 1923 den Vorschlag der GPU, „Prochanov zu nutzen, um die Sicht der Sektenanhänger auf die Rote Armee zu ändern".[75] So plante der Chef der 6. Abteilung der Geheimabteilung der OGPU E.A. Tučkov, intensiven Druck auf den zu diesem Zeitpunkt inhaftierten I.S. Prochanov auszuüben und ihn zu nötigen, die Lossagung der Evangeliumschristen von pazifistischen Überzeugungen zu verkünden. Da I.S. Prochanov als autoritärer Führer galt und seinen Bund mit harter Hand führte, stand außer Zweifel, dass der Allunionsverband der Evangeliumschristen ihm folgen würde.

Die weitere Entwicklung sollte zeigen, dass die Machthaber die „richtige" Taktik gewählt hatten. Als Gegenleistung für seine Freilassung musste Prochanov in einer „an alle Gemeinden und alle einzelnen Brüder der in der UdSSR lebenden Evangeliumschristen" gerichteten Botschaft seine Glaubensbrüder dazu aufrufen, „aufrichtig und untadelig" in allen sowjetischen militärischen und zivilen Einrichtungen zu arbeiten und auf keinen Fall den Dienst in der Roten Armee zu verweigern.[76] Seine Lossagung von einer Position, die zu diesem Zeitpunkt längst zum Credo der Evangeliumschristen geworden war, motivierte

---

73 Ebenda, S. 116.
74 Siehe z. B.: Savin, Iz dokumentov rukovodstva OGPU, S. 74-78.
75 Steindorff (Hrsg.), Partei, S. 111. In der ursprünglichen Variante war die Formulierung ein bisschen anders und spiegelte die Absichten der Tschekisten deutlicher: „Vorschlag der GPU über die Nutzung Prochanovs zur Zersetzung des Sektentums". Dieser Beschluss hob die Anordnung der Kommission vom 20. März 1923 auf, I.S. Prochanov wegen antisowjetischer Agitation aus der UdSSR auszuweisen.
76 Aufruf des Obersten Rats der Evangeliumschristen an alle Gemeinden und alle einzelnen Brüder der in der UdSSR lebenden Evangeliumschristen [Sommer 1923]. GARF, f. 353, op. 7, d. 13, l. 2-4.

Prochanov damit, „Missverständnisse" zwischen seiner Konfession und der Sowjetregierung „ausräumen" zu wollen, die als „einzige [Regierung] der Welt tatsächlich für die Interessen der werktätigen Massen" kämpfe. Alle Mitglieder wurden darüber in Kenntnis gesetzt, dass Evangeliumschristen, die den Wehrdienst oder die Zahlung von Steuern verweigerten, aus den Gemeinden ausgeschlossen würden.[77] Um der Freilassung des in der Haft erkrankten Prochanov nicht im Wege zu stehen, unterschrieben auch andere herausragende Repräsentanten des Allunionsverbands der Evangeliumschristen wie V.T. Pelevin, A.L. Andreev und F.S. Savel'ev den Aufruf.[78] Am 17. Juli 1923 billigte die Antireligiöse Kommission dessen Text und beschloss, ihn nach der Rückkehr einer Delegation russischer Evangeliumschristen vom Dritten Weltkongress der Baptisten in Stockholm in der Presse zu veröffentlichen.[79] Am 12. August 1923 erschien der Aufruf in den „Izvestija VCIK".

Die nächste Aufgabe der Tschekisten bestand darin, den IX. Konvent der Evangeliumschristen, der vom 1. bis 10. September 1923 mit 303 stimmberechtigten Delegierten in Petrograd stattfinden sollte, zur Anerkennung des Militärdienstes zu zwingen. Direkt am ersten Tag wurden Prochanov und einige weitere Delegierte demonstrativ zu Tučkov gerufen. Am 4. und 5. September kam es zu einer Aussprache über die Frage des Militärdienstes, in deren Verlauf sich 46 Delegierte zum Thema äußerten. Schließlich stimmten 205 Delegierte für die „Botschaft", 20 dagegen, 33 enthielten sich. Tučkov war an diesem Tag demonstrativ anwesend und übte persönlich Druck auf die Delegierten aus.[80] Mit ihrem Beschluss, die Wehrpflicht anzuerkennen, versuchten die Evangeliumschristen, den Machthabern ihre Loyalität zu demonstrieren. Darüber hinaus beschlossen sie, keine Agitation gegen den Militärdienst und die Steuerzahlung zuzulassen, und verurteilten „alle der Sowjetmacht feindlichen kapitalistischen Kräfte".[81]

Auch wenn der Konvent seine Anerkennung des Wehrdienstes unter den Vorbehalt stellte, die konkrete Entscheidung über dessen Ableistung in jedem Einzelfall dem Gewissen des einzelnen Gläubigen zu überlassen[82], konstatierte Tučkov einen „sehr erfolgreichen Verlauf" des Konvents.[83] Auch die Führung der Antireligiösen Kommission zeigte sich mit den

---

77 Ebenda.
78 Petition der Evangeliumschristen-Temperenzler an das ZK der RKP(b), 15.05.1924. GARF, f. 353, op. 8, d. 8, l. 26.
79 Steindorff (Hrsg.), Partei, S. 121 f.
80 Petition der Evangeliumschristen-Temperenzler an das ZK der RKP(b), 15.05.1924. GARF, f. 353, op. 8, d. 8, l. 26. Die die Abstimmungsresultate betreffenden Angaben E.A. Tučkovs weichen von den Angaben der Evangeliumschristen selbst ab: 204 Delegierte stimmten für die Anerkennung der Wehrpflicht, 26 dagegen, 36 enthielten sich. Siehe: Bericht E.A. Tučkovs „Über Kirchenleute und Sektenangehörige", 18.09.1923. RGASPI, f. 89, op. 4, d. 118, l. 4-6.
81 Siehe dazu auch: Pokrovskij, Petrov (Hrsg.), Politbjuro i cerkov', Bd. 2, S. 409-411; Savel'ev, Bog i komissary, S. 164-216; Mitrochin, Baptizm, S. 367-369.
82 Notiz „Über die Wiederaufnahme der Tätigkeit der Sonderkommission „Organisationskomitee Sekten" (Orgkomsekt) beim Volkskommissariat für Landwirtschaft und die allgemeine Reform zur Sektenfrage im Zusammenhang mit den Beschlüssen des XIII. Parteitags der RKP", gezeichnet von den Mitgliedern des Rats der Moskauer Gemeinde der Evangeliumschristen. Adressiert an Grigorij E. Zinov'ev, Michail I. Kalinin, Lev B. Kamenev, Nikolaj N. Popov und Petr G. Smidovič. GARF, f. 353, op. 8, d. 8, l. 14.
83 Bericht E.A. Tučkovs „Über Kirchenleute und Sektenangehörige", 18.09.1923. RGASPI, f. 89, op. 4, d. 118, l. 5.

Ergebnissen zufrieden und erteilte N.N. Popov am 18. September 1923 den Auftrag, die wichtigsten Beschlüsse des Konvents und seine Hauptresolution in einigen Aufsätzen in der Presse darzulegen. Als „Dankeschön" für ihr Entgegenkommen erteilte die Kommission den Evangeliumschristen die Erlaubnis, eine Lieferung religiöser Literatur aus dem Ausland entgegenzunehmen.[84]

Bei vielen Gemeinden sowohl der Evangeliumschristen als auch der Baptisten stieß der Beschluss, die Wehrpflicht anzuerkennen, auf heftigen Protest. So schrieb Tučkov am 18. September 1923, dass der Beschluss der Evangeliumschristen bei den Baptisten für große Aufregung und Unzufriedenheit gesorgt habe.[85] Der Vorbehalt, dass die Entscheidung über die Ableistung der Wehrpflicht letztlich dem Gewissen des einzelnen Gläubigen überlassen sein sollte, konnte die pazifistisch eingestellten Gläubigen vor allem aus den Reihen der Baptisten nicht befriedigen. Der Mechanismus der Spaltung der evangelischen Gemeinden war in Gang gesetzt. Der auf dem IX. Konvent des Allunionsverbands der Evangeliumschristen gefasste Beschluss, die Aktivitäten zur Vereinigung mit den Baptisten „bis zur völligen Verschmelzung" fortzusetzen und einen gemeinsamen Rat einzurichten, blieb auf dem Papier. Es liegt auf der Hand, dass dies exakt der Lauf der Dinge war, auf den die Führung der GPU spekuliert hatte. Dafür spricht auch, dass in den Quellen eine Direktive der geheim-operativen Verwaltung der GPU „Über die Spaltung der Evangeliumschristen und Baptisten" erwähnt wird.[86]

Die Machthaber hatten nicht vor, sich auf dem Erreichten auszuruhen, und nahmen umgehend den für Dezember 1923 geplanten XXV. Baptistenkonvent ins Visier, in dessen Vorfeld das Volkskommissariat für Justiz der RSFSR den Geltungsbereich des Dekrets vom 4. Januar 1919 am 5. November 1923 erneut erheblich einschränkte.[87] Konkret sollten nur noch die Mitglieder jener Konfessionen ein Recht auf Befreiung vom Wehrdienst haben, deren Glaubenslehre die Kriegsdienstverweigerung bereits vor der Revolution als verpflichtendes Dogma anerkannt hatte. Als solche wurden Duchoborcen, Mennoniten, Molokanen und sogenannte „Netovcy"[88] anerkannt. Mitglieder anderer evangelischer Kirchen sollten nur dann befreit werden können, wenn „der Antragsteller selbst oder dessen Familie unter dem Zarismus wegen der Kriegsdienstverweigerung gelitten" hatte[89], was letztlich darauf hinauslief, dass Pazifisten aus der gläubigen Jugend, die vor der Revolution noch nicht das

---

84 Steindorff (Hrsg.), Partei, S. 140 f.
85 Bericht E.A. Tučkovs „Über Kirchenleute und Sektenangehörige", 18.09.1923. RGASPI, f. 89, op. 4, d. 118, l. 5.
86 Direktive Nr. 50870 vom 4. Juli 1923. Angaben zu dieser Direktive sind im Rundschreiben der Führung der OGPU Nr. 51342 vom 20. Dezember 1923 enthalten.
87 Rundschreiben Nr. 237 „Über die Ordnung der Auswertung der Befreiung vom Militärdienst aus religiöser Überzeugung", gezeichnet vom Volkskommissar für Justiz D.I. Kurskij und vom Vorsitzenden des Obersten Gerichts der UdSSR P.I. Stučka. GARF, f. 353, op. 8, d. 8, l. 70.
88 Netovcy – eine der Strömungen der Altgläubigen unter den „Bespopovcy". Entstand Ende des 17. Jahrhundert im Gouvernement Nižnij Novgorod in den dortigen Siedlungen der Altgläubigen (Kerženskie skity). Die Anhänger dieser Richtung glauben, dass es in der Welt keine Weihesakramente, keine Sakramente und keine Gnade geben dürfe (daher der Name). Erlöst wird nur der, der auf den Erlöser (Christus) baut und zu ihm betet.
89 Bezüglich der Tolstojaner kamen die Autoren des Rundschreibens zu dem Schluss, dass das „tolstojanische Lebensverständnis" keine religiöse Lehre darstelle und das Dekret vom 4. Januar 1919 folglich für Tolstojaner nicht gelte.

Einberufungsalter erreicht hatten, kaum auf eine positive Entscheidung des Gerichts hoffen konnten. Noch schlechter standen die Dinge bei jenen jungen Männern, deren Eltern ihre religiöse Überzeugung nicht teilten. V.G. Čertkov, einer der führenden Köpfe der Tolstojaner, kommentierte den Beschluss völlig zu Recht als Einführung eines „dynastischen" Prinzips und Schaffung einer „ganzen Reihe äußerst komplizierter bürokratischer Formalitäten".[90] Die Evangeliumschristen-Temperenzler reagierten in ihrer Petition an das ZK der RKP(b) vom 15. Mai 1924 emotionaler: „Das Gewissen der religiösen Wehrdienstverweigerer wird von Seiten der Judikative mit Füßen getreten und die aufrichtigsten und ehrlichsten russischen Bürger finden für sich keinen besseren Platz als hinter Gefängnisgittern oder in der Verbannung".[91] Es liegt auf der Hand, dass das Volkskommissariat für Justiz sein Rundschreiben just zu diesem Zeitpunkt mit dem Hintergedanken verschickt hatte, den Baptisten auf ihrem Konvent die Annahme des geforderten Beschlusses zu „erleichtern", da es nun ohnehin äußerst problematisch war, von seinem Recht auf Wehrdienstverweigerung Gebrauch zu machen.

Die Beschlüsse des IX. Allunionskonvents der Evangeliumschristen hatten dem Allrussischen Kollegium der Baptisten unmissverständlich vor Augen geführt, was die Machthaber von ihnen erwarteten. Auch wenn sie sich nicht vom pazifistischen Credo lossagen wollten, beeilten sich die Baptisten, ihre Loyalität zu bekunden. Im Zuge der Vorbereitung des XXV. Allrussischen Baptistenkonvents schickte die Führung den Gemeinden neben anderen Materialien auch eine Botschaft, in der sie sich von „antisowjetisch tätigen" Anhängern distanzierte und die Bereitschaft der Baptisten erklärte, alle staatlichen Pflichtdienste zu erfüllen und den Militärdienst mit der Waffe in der Hand durch gemeinnützige Arbeiten und Sanitätsdienste zu ersetzen. Darüber hinaus verpflichteten sich die Baptisten, keine „antimilitaristische Propaganda zu betreiben".[92]

Den Machthabern gingen diese Zugeständnisse nicht weit genug. Dass sich die baptistische Führung just in der Schlüsselfrage nicht kompromissbereit zeigte, zog eine harsche Reaktion von Seiten der Antireligiösen Kommission nach sich, die am 13. November 1923 die GPU aufforderte, in den baptistischen Gemeinden eine gegen das Allrussische Kollegium der Baptisten und dessen antisowjetisches und antimilitaristisches Auftreten gerichtete Kampagne loszutreten.[93]

Der XXV. Allrussische Baptistenkonvent fand vom 30. November bis 8. Dezember 1923 in Moskau in einer äußerst angespannten Atmosphäre statt. Die Tschekisten setzten alles daran, einen Beschluss über die vorbehaltlose Anerkennung des Militärdienstes mit der Waffe in der Hand zu erwirken, der vollständig dem Beschluss des IX. Konvents der Evangeliumschristen gefolgt wäre.[94] Während des Konvents wurden immer wieder Delegierte zu

---

90 Notiz über die Notwendigkeit der Rücknahme des Rundschreibens des Volkskommissariats für Justiz Nr. 237 vom 5. November 1923 „Über die Ordnung der Prüfung von Fällen der Befreiung vom Wehrdienst aufgrund religiöser Überzeugungen", 09.06.1924. Autor: Vladimir G. Čertkov. GARF, f. 353, op. 8, d. 8, l. 52.
91 Petition der Evangeliumschristen-Temperenzler an das ZK der RKP(b), 15.05.1924. Ebenda, l. 28.
92 Dokumentenanlage zum „Überblick der Bevollmächtigten Vertretung der OGPU für Sibirien über die Tätigkeit des Sektentums in Sibirien nach Stand zum 1. November 1923". GANO, f. p. 1, op. 2, d. 372, l. 229.
93 Steindorff (Hrsg.), Partei, S. 146.
94 An der Arbeit des Konvents beteiligten sich 193 Delegierte, die alle baptistischen Gemeinden

E.A. Tučkov vorgeladen. Und auch auf dem Konvent selbst waren Mitarbeiter der OGPU präsent. Dennoch gelang es den Tschekisten nicht, die entschlossene Haltung der Delegierten zu brechen[95], die ungeachtet des auf sie ausgeübten massiven Drucks die folgende Resolution zur Frage der Wehrpflicht verabschiedeten: „Der Konvent konstatiert, dass Baptisten einmütig [zwar] die Erfüllung aller staatlichen Pflichtdienste anerkennen, aber das Vergießen menschlichen Blutes für nicht zulässig erachten. Was die Haltung zur Wehrpflicht und den Formen ihrer Erfüllung betrifft, sind die Baptisten zu keiner einheitlichen Meinung gelangt. [...] Die Haltung zu Formen der Erfüllung der Wehrpflicht unterliegt dem persönlichen Gewissen jedes einzelnen Baptisten".[96]

Als Hauptgrund für den unbefriedigenden Verlauf des Konvents führte die Geheimabteilung der OGPU dessen ungünstige Zusammensetzung an. So habe die überwältigende Mehrheit sowohl der Delegierten als auch des Präsidiums vom ersten Tag an einen entschieden antimilitaristischen Standpunkt vertreten und es habe erhebliche Mühe gekostet, die Resolution wenigstens in ihrer vorliegenden Form zu erwirken.[97] In seinem Bericht über die im Jahr 1923 geleistete Arbeit der 6. Abteilung der Geheimabteilung der OGPU sprach E.A. Tučkov ohne Umschweife aus, wer den konformistischen Teil der Delegierten des Baptistenkonvents gestellt hatte: „Unsere Informanten".[98]

Unmittelbar nach Beendigung des Konvents konnten die Tschekisten 13 deutsch-baptistische und einige aus den kaukasischen Gemeinden stammende Delegierte dazu bringen, sich mit dem die Wehrpflicht betreffenden Beschluss nicht einverstanden zu erklären und ihrer Bereitschaft Ausdruck zu verleihen, aufgrund ihrer Ablehnung der auf dem Konvent gefassten Beschlüsse eigenständige Organe zu gründen.[99] Diese Entscheidung der deutschen Baptisten veröffentlichten die Behörden umgehend in der Zeitung „Izvestija" (16. Dezember 1923).

Der vergleichsweise unbefriedigende Verlauf des Konvents änderte nichts an der Entschlossenheit der Machthaber, die Baptisten zur „freiwilligen" Anerkennung der Wehrpflicht zu zwingen. Bereits am 5. Dezember 1923 hatte die Antireligiöse Kommission nach Anhörung eines Berichts von Tučkov die OGPU angewiesen, den noch laufenden Konvent zu spalten, wenn er zur Frage der Wehrpflicht keine genehme Resolution herausbringe, und zu versuchen, die abgespaltenen Wehrpflichtbefürworter mit den Evangeliumschristen zu verschmelzen. Auf der gleichen Sitzung gab die Kommission grünes Licht für die Verhaf-

---

des Landes mit Ausnahme des Fernen Ostens repräsentierten. Wie die Führung der OGPU in ihrer Bewertung der Resultate des Konvents konstatierte, hatte der Allrussische Baptistenkonvent recht deutlich gezeigt, dass die Baptisten in ihrer überwiegenden Mehrheit keine Anhänger der Sowjetmacht seien. Ihre Reden, Gebete und Gedichte seien ebenso wie die Gespräche hinter den Kulissen von antisowjetischem Geist durchdrungen gewesen. Siehe: Direktive OGPU Nr. 51342, 20.12.1923. GAKK, f. p. 1, op. 1, d. 748, l. 19-19ob.; Istorija evangel'skich christian-baptistov, S. 197.

95 Siehe ausführlicher: Nežnyj, Komissar, S. 109-111, 126; Krapivin, Lejkin u.a., Sud'by, S. 91 f.
96 Resolution des XXV. Allrussischen Konvents der Baptisten zur Frage der Wehrpflicht. GAKK, f. p. 1, op. 1, d. 748, l. 20-20ob.
97 Direktive Nr. 51342 der OGPU, 20.12.1923. Ebenda, l. 19-19ob.
98 Nežnyj, Komissar, S. 110. Das Dokument ist vollständig veröffentlicht in: Pokrovskij, Petrov (Hrsg.), Politbjuro i cerkov', Bd. 2, S. 395-413.
99 In das Kollegium des Konvents wurden P.V. Pavlov als Vorsitzender und M.D. Timošenko und P.V. Ivanov-Klyšnikov als Mitglieder gewählt.

tung besonders renitenter Delegierter[100], was dann tatsächlich elf Verhaftungen nach sich zog.[101] Am 14. Dezember 1923 wurde auch der Presbyter der Moskauer Gemeinde der Evangeliumschristen, F.S. Savel'ev, verhaftet und nach viermonatiger Haft auf die Solovki-Inseln verbannt, weil er die Botschaft des Allunionsverbands der Evangeliumschristen zwar zunächst unterschrieben, seine Unterschrift dann aber mit der Begründung zurückgezogen hatte, die Anerkennung des Militärdienstes widerspreche der Wahrheit des Evangeliums.[102] Am 12. Dezember 1923 erteilte die Antireligiöse Kommission der OGPU den Auftrag, ihre Bemühungen fortzusetzen, die Baptisten in der Frage der Anerkennung der Wehrpflicht zu spalten. Dabei setzte die Kommission vor allem auf den bevorstehenden Konvent der kaukasischen Baptistengemeinden, der sich unter dem Einfluss der OGPU für die Einberufung eines weiteren Allrussischen Baptistenkonvents in Moskau einsetzen sollte[103], der wiederum von den Tschekisten dahingehend manipuliert werden sollte, die Beschlüsse des vorhergehenden Konvents zu verurteilen, in der Frage der Wehrpflicht einen Beschluss im Geiste der Evangeliumschristen zu fassen und in Moskau ein paralleles Baptistenkollegium zu schaffen.[104]

Aufschluss darüber, welche Rolle die Organe der Geheimpolizei bei den oben beschriebenen Ereignissen spielten, gibt die am 20. Dezember 1923 an alle Chefs der Gouvernementsabteilungen verschickte Direktive Nr. 51342, in der die Führung der OGPU die von den örtlichen Organen im Vorfeld des XXV. Allrussischen Konvents geleistete Arbeit bewertete und Anweisungen zur Ergreifung weiterer Maßnahmen zur Provozierung einer Spaltung gab.[105]

---

100   Steindorff (Hrsg.), Partei, S. 153.
101   A. Nežnyj führt die folgende Aussage E.M. Jaroslavskijs an: „„Teile und herrsche' – das ewige Prinzip der Politik wurde zu unserem Leitprinzip in Kirchenfragen [...] die Baptisten entzweien, indem man sie mit der Stirn auf die Militärfrage stieß, dann mithilfe von eingeschleusten Agenten die Verschmelzung der Militaristen unter den Baptisten mit jenen Evangeliumschristen erreichen, die schon nach unserer Pfeife tanzten und bereit waren, die Waffe zur Verteidigung der Arbeiter- und Bauernmacht in die Hand zu nehmen [...] und wenn es sein muss, soll Tučkov Tichončenko und Šilov wegen antisowjetischen Auftritten auf dem Baptistenkonvent verhaften [...]. Religion wird es in absehbarer Zukunft in Sowjetrussland sowieso nicht mehr geben; aber in jener historisch gesehen kurzen Zeit, die ihr noch verbleibt, kann sie nur existieren, wenn sie ausschließlich sowjetisch ist". Siehe: Nežnyj, Komissar, S. 43. Der Quellennachweis wurde von Nežnyj nicht korrekt ausgeführt. Aufgrund des Kontexts dürfte das Zitat aus einem Brief Jaroslavskijs an seine Frau stammen. Für die Authenzität des Textes spricht auch die falsche Schreibweise des Namens Tichončenko. Tatsächlich dürfte es sich um den Baptisten M.D. Timošenko handeln.
102   GARF, f. 353, op. 8, d. 8, l. 26. Insgesamt befanden sich Anfang 1924 40 Mitglieder unterschiedlicher „Sekten" in Narym in der Verbannung. Offensichtlich war diese für die frühen 1920er Jahre recht hohe Zahl verbannter „Sektenangehöriger" durch die Haltung der Gläubigen zur Frage der Wehrpflicht bedingt. In den folgenden Jahren, in denen die „Militärfrage" allmählich ihre Schärfe verlor, ging die Zahl der verbannten Freikirchler im Unterschied zu Vertretern anderer repressierter Gruppen erheblich zurück. Im Februar 1927 waren in der Region Narym nur noch sechs verbannte Freikirchler registriert. Siehe: Krasil'nikov (Hrsg.), Marginaly, S. 247 f.
103   Steindorff (Hrsg.), Partei, S. 155.
104   Direktive Nr. 51342 der OGPU, 20.12.1923. GAKK, f. p. 1, op. 1, d. 748, l. 19-19ob.
105   Ebenda. Das Dokument ist veröffentlicht in: Savin, Iz dokumentov rukovodstva OGPU, S. 74-78. Offensichtlich wurde dieses vom Stellvertretenden Vorsitzenden der OGPU V.R. Menžinskij selbst, vom Chef der Geheimabteilung der OGPU T.D. Deribas und vom Chef der 6. Abteilung

In ihrer Direktive zeigte sich die Führung der OGPU mit den Ergebnissen des Baptisten-konvents weitgehend unzufrieden, da es in der entscheidenden Frage der Anerkennung der Wehrpflicht keinen eindeutigen Beschluss gegeben habe. Verantwortlich für diesen Misser-folg seien jene Gouvernementsabteilungen und Bevollmächtigten Vertretungen der OGPU, die sich der Bedeutung der Bekämpfung des Sektenwesens und des von deren pazifistischer Propaganda ausgehenden Schadens nicht ausreichend bewusst seien.[106] Einzig in Südost-russland und Transkaukasien hätten die örtlichen Tschekisten unter den Baptisten eine be-friedigende Vorbereitungsarbeit geleistet und dafür gesorgt, von ihnen geworbene Leute als Delegierte auf den Konvent zu entsenden. Scharfe Kritik übte die Führung der OGPU an den Petrograder Tschekisten, die nicht verhindert hätten, dass unter den acht aus der Hauptstadt des Nordens kommenden Delegierten vier frühere Offiziere gewesen seien.[107]

Allen Misserfolgen zum Trotz fanden die Tschekisten allerdings auch positive Momente. So hieß es etwa in dem von der Informationsabteilung der OGPU ausgearbeiteten „Überblick über die politisch-ökonomische Lage der UdSSR für November–Dezember 1923"[108]: „Der angenommene Beschluss vertieft die Kluft zu den Evangeliumschristen, die die Resolu-tion für die Wehrpflicht auf ihrem Konvent angenommen haben, und macht eine wie auch immer geartete Vereinigung unmöglich. Die Baptisten intensivieren in diesem Zusammen-hang ihre auf eine Spaltung der Evangeliumschristen in der Frage der Wehrpflicht gerichtete Arbeit".[109]

Mit dem Ziel, die Spaltung sowohl zwischen Evangeliumschristen und Baptisten als auch innerhalb der jeweiligen Konfessionen zu provozieren, wies die Führung der Geheimpolizei die lokalen Organe an, auf den „bevorstehenden Kreisversammlungen" auf eine Unterstüt-zung ihrer Position hinzuarbeiten und die kompakt von Baptisten besiedelten Rayone z.B. im Kaukasus, in der Ukraine und in Weißrussland „gänzlich vom Zentrum abzuspalten". Ihre Position sollten die abtrünnigen Baptisten damit motivieren, dass der Konvent in der Frage der Wehrpflicht „einen unklaren und falschen Standpunkt" eingenommen habe. Im Endef-fekt dienten diese Manipulationen dem Ziel, auf Initiative der „Kaukasier" einen weiteren Allrussischen Baptistenkonvent einzuberufen.

Die Erfolgsaussichten eines solchen Plans hingen unmittelbar davon ab, wie viele Infor-manten und Agenten vor Ort geworben werden konnten. Alle Gouvernementsabteilungen und Bevollmächtigten Vertretungen der OGPU wurden angewiesen, mit äußerster Sorgfalt an die Vorbereitungsarbeiten heranzugehen, ein möglichst umfassendes Informantennetz aufzubauen und sowohl die von den Gemeinden beschlossenen Resolutionen als auch die

---

der Geheimabteilung der OGPU E.A. Tučkov gezeichnete Dokument von der 6. Abteilung der Geheimabteilung der OGPU der UdSSR ausgearbeitet und unmittelbar von Tučkov selbst verfasst.

106 Ebenda.
107 Darüber, dass sich unter den Delegierten ehemalige zaristische Offiziere befanden, wurde offen-sichtlich auch die Antireligiöse Kommission beim ZK der RKP(b) in Kenntnis gesetzt, die am 12. Dezember 1923 die OGPU anwies, unter den Baptisten alle früheren zaristischen Offizie-re zu verhaften, die den Gemeinden nach der Revolution beigetreten waren. Siehe: Steindorff (Hrsg.) Partei, S. 155.
108 Gezeichnet vom Stellvertretenden Vorsitzenden der OGPU Genrich G. Jagoda und dem Chef der Informationsabteilung Vitol'd F. Asmarin.
109 Sevost'janov, Christoforov u.a. (Hrsg.), Lubjanka – Stalinu, S. 976.

Aufstellung der auf den Konvent entsandten Delegierten zu kontrollieren. Die Direktive schloss mit dem Hinweis, dass die bevorstehende Arbeit nicht nur der weiteren Schwächung der Baptisten diene, sondern auch für die Außenwirkung in Europa von zentraler Bedeutung sei. Außerdem wurden die lokalen Stellen verpflichtet, der Geheimabteilung der OGPU bis zur Zusammenkunft des Konvents regelmäßig Bericht über den Stand der Vorbereitungsarbeiten zu erstatten.[110]

Welche Hoffnungen die Antireligiöse Kommission und die Tschekisten mit dem Kaukasischen Konvent verbanden, zeigt auch die Summe von 10 000 Tscherwonzy[111], die die OGPU auf Beschluss der Kommission vom 13. Februar 1924 von der Regierung für dessen Vorbereitung und Durchführung fordern sollte.[112] Am 26. Februar 1924 beschloss die Kommission, den Kaukasischen Baptistenkonvent um zwei Monate zu verschieben, um die Haltung des Allrussischen Kollegiums der Baptisten zur Wehrpflicht in dieser Zeit endgültig klären und den Kaukasischen Konvent entsprechend beeinflussen zu können.[113] Als der 5. Kaukasische Baptistenkonvent schließlich im Mai/Juni 1924 in Pjatigorsk stattfand, sollte er eine deutlich bescheidenere Rolle spielen als ursprünglich geplant und lediglich den Text eines an die Gemeindemitglieder gerichteten Aufrufs des Baptistenbunds vom 1. Februar 1924 billigen, in dem sich dessen Führung zu weiteren Zugeständnissen in der Frage der Anerkennung der Wehrpflicht bereit erklärt hatte.[114] Just dieses Dokument, das E.A. Tučkov als „Aufruf im Geiste Prochanovs" charakterisierte, veranlasste die Machthaber offenbar, ihre die Spaltung des Baptistenbunds betreffenden Pläne zu ändern. Befriedigt konstatierte Tučkov jedenfalls am 27. Februar 1924:

„Sobald die Masse der Baptisten von diesem Aufruf erfahren wird, wird es auch bei ihnen wie bei den Evangeliumschristen unausweichlich zu einer Spaltung kommen, was wiederum darauf hinauslaufen dürfte, dass sich baptistische und evangeliumschristliche Antimilitaristen zusammenschließen werden. So sorgen Evangeliumschristen und Baptisten durch die Anerkennung der Wehrpflicht in ihren eigenen Reihen für eine Spaltung. Das wird das weitere Wachstum der Sekten zweifellos stoppen und dessen moralische Zersetzung provozieren".[115]

Welche Bedeutung die Machthaber dem unvermindert bestehenden Spaltungspotential der „Militärfrage" beimaßen, lässt sich daran ablesen, dass die Möglichkeit zur Wehrdienstverweigerung aus religiösen Gründen auch in dem im Zuge der Militärreform am 18. September 1925 verabschiedeten Gesetz „Über die Wehrpflicht" nicht vollständig abgeschafft wurde.[116] Offensichtlich wollten die Machthaber dieses Instrument weiter bewahren, um Zwietracht in die freikirchlichen Gemeinden zu tragen. Nach dem neuen Gesetz konnten Gläubige jener Konfessionen per Gerichtsbeschluss vom Wehrdienst befreit werden, deren Glaubenslehre

---

110 Direktive Nr. 51342 der OGPU, 20.12.1923. GAKK, f. p. 1, op. 1, d. 748, l. 19-19ob.
111 Tscherwonez (russisch: *červonec*) – eine sowjetische Goldmünze. Ab 1922 wurde der Tscherwonez als Währungsbezeichnung auf den sowjetischen Einer-, Dreier- und Zehner-Banknoten verwendet, die 1947 im Zuge der Währungsreform abgeschafft wurden.
112 Steindorff (Hrsg.), Partei, S. 162.
113 Ebenda, S. 165.
114 Siehe ausführlicher: Krapivin, Lejkin u.a., Sud'by, S. 94 f.
115 Pokrovskij, Petrov (Hrsg.), Politbjuro i cerkov', Bd. 2, S. 413.
116 Siehe: Sobranie zakonov.

die Wehrdienstverweigerung bereits vor 1917 festgelegt hatte. Das Gericht war nicht mehr verpflichtet, ein Gutachten über die Aufrichtigkeit der religiösen Überzeugungen des Verweigerers einzuholen, sondern konnte diese Frage nach eigenem Ermessen entscheiden. Die vom Wehrdienst befreiten „Religiösen" waren verpflichtet, gemeinnützige Arbeit etwa bei der Bekämpfung von Epidemien, Tierseuchen und Waldbränden oder bei der Durchführung von Erdarbeiten zu leisten. Organisiert werden sollten diese Arbeiten von den Innenministerien der Unionsrepubliken und deren lokalen Organen. Im Kriegsfall sollten die Pazifisten in Sonderkommandos Hilfsarbeiten für Etappe und Front verrichten.[117]

Mit ihrer Entscheidung, die Möglichkeit zur Befreiung vom Wehrdienst aus religiöser Überzeugung beizubehalten, gingen die Machthaber kein großes Risiko ein. In der Praxis kam es in der ersten Hälfte der 1920er Jahre nur äußerst selten vor, dass junge Männer tatsächlich per Gerichtsbeschluss vom Wehrdienst befreit wurden. So räumte V.D. Bonč-Bruevič 1924 ein, dass in fünf Jahren gerade einmal 657 Personen vom Militärdienst befreit worden waren.[118]

Zum Zeitpunkt der Verabschiedung des Gesetzes am 18. September 1925 hatten auch die Adventisten des Siebenten Tags auf ihrer vom 16. bis 23. August 1923 stattfindenden V. Allunionskonferenz die Wehrpflicht anerkannt. Die Molokanen fassten auf ihrem im Februar 1926 in Samara stattfindenden 3. Allunionskonvent ebenfalls einen entsprechenden Beschluss, was die Antireligiöse Kommission als Erfolg ihrer „richtigen Politik gegenüber dem Sektentum" verbuchte.[119]

Und auch die Baptisten beschlossen schließlich auf ihrem vom 14. bis 18. Dezember 1926 in Moskau stattfindenden XXVI. Allunionskonvent die vorbehaltlose Anerkennung der Wehrpflicht. Die Organe der OGPU hatten die Veranstaltung sorgfältig vorbereitet und sowohl auf die Führung des Baptistenbundes als auch auf die Gemeinden vor Ort erheblichen Druck ausgeübt. Hatten die Tschekisten in ihrer „Übersicht über die politische Lage der UdSSR für Dezember 1925" noch festgehalten, dass die Führungsspitze der Baptisten in ihrer Haltung zur Wehrpflicht gespalten sei, konstatierten sie zehn Monate später bereits einen offensichtlichen Fortschritt: „Im Zusammenhang mit dem bevorstehenden Allunionskonvent stellt sich die Frage des Dienstes in der Roten Armee erneut mit besonderer Schärfe. Auf dem letzten Plenum des Rats, auf dem die in dieser Frage einzunehmende Position des Konvents ausgearbeitet werden sollte, wurde der Vorsitzende ausgetauscht, dessen Platz jetzt ein Befürworter der vorbehaltlosen Anerkennung der Wehrpflicht eingenommen

---

117 Sitzungsprotokoll der von Gen. Kujbyšev in Vollzug des Beschlusses des Rats der Volkskommissare über die Ordnung der Einziehung der den Wehrdienst aus religiöser Überzeugung verweigernden Bürger zum Wehrdienst einberufenen Sitzung, 17.06.1925. Ebenda, l. 16-17; Krivova, Vlast', S. 230.

118 Ėtkind, Chlyst, S. 653. Selbst wenn V.D. Bonč-Bruevič die Zahl der vom Wehrdienst befreiten „Religiösen" bewusst niedrig ansetzte, kann die reale Zahl der vom Wehrdienst Befreiten nicht groß gewesen sein. Gleichzeitig war selbst nach Ende des Bürgerkriegs die Zahl der jungen Männer, die aus religiösen Gründen einen Antrag auf Befreiung vom Wehrdienst stellten, sehr hoch. Nach Angaben von E.A. Tučkov wurden allein im Gouvernement Kiev 1922/23 über tausend entsprechende Anträge gestellt. Siehe: Bericht E.A. Tučkovs an das Organisationsbüro des ZK der VKP(b) „Über die Lage des Sektentums in der UdSSR und seine politische und ökonomische Rolle". Spätestens 24.09.1926. RGASPI, f. 89, op. 4, d. 119, l. 16.

119 Klibanov (Hrsg.), Kritika, S. 38.

hat".[120] Ohne Zweifel handelte es sich bei diesem „Befürworter" um N.V. Odincov.[121] Es gibt keinen Grund für den Verdacht, dieser altgediente baptistische Aktivist habe sich von den Organen der OGPU anwerben lassen. Gegen eine solche Vermutung spricht auch die Tatsache, dass er Anfang der 1930er Jahre eine mutige Haltung an den Tag legen sollte. Aller Wahrscheinlichkeit nach handelte es sich um einen erzwungenen Kompromiss mit den Machthabern.

Mit seiner geheimen Beschlussfassung „Über das Sektentum" vom 7. April 1927, die die Freikirchen zu einem der Hauptgegner der Sowjetordnung erklärte und deren Aktionsradius erheblich einschränkte, setzte das ZK der VKP(b) faktisch den Schlusspunkt unter die Frage der Wehrdienstverweigerung.[122] Zu Beginn der Kollektivierung sah die kommunistische Führung in den „Sektenorganisationen" einen Gegner, der flexibler, wendiger und gefährlicher war als die orthodoxen Gemeinden.[123] Die Entscheidung, die Sekten zum Feind Nr. 1 an der religiösen Front zu erklären, war sicherlich auch dadurch motiviert, dass nahezu alle antireligiösen Maßnahmen der NĖP-Jahre – mit Ausnahme der administrativen – nur einen minimalen Effekt gehabt hatten. Um dem antireligiösen Kampf neuen Schwung zu verleihen, brauchte man einen Anreiz in Gestalt eines starken und hinterlistigen Feindes. Die orthodoxen Geistlichen waren für diese Rolle in ihrer Masse schon nicht mehr geeignet. Im Gegensatz dazu waren die Freikirchen für die Rolle des „Lautsprechers des Klassenfeinds" und Ideologen des Kulakentums die Idealbesetzung. Punkt 4 der Beschlussfassung wies die Präsidien der Zentralexekutivkomitees der Unionsrepubliken an, innerhalb eines Monats Leitlinien auszuarbeiten, denen zufolge „nur jene neu entstandenen Sektengruppen und -gemeinden sowohl alter als auch neuer Sekten registriert" werden sollten, die sich in ihren Statuten ausdrücklich für die Erfüllung aller staatlichen Pflichten und insbesondere der Wehrpflicht aussprachen oder einen entsprechenden Beschluss zu diesen Fragen vorlegten. Im Umkehrschluss sollte die Registrierung aller neu entstehenden Gruppen und Gemeinden verboten werden, sofern sich diese weigerten, die Steuerzahlung, die Wehrpflicht oder andere gegenüber dem Staat bestehende Verpflichtungen anzuerkennen.[124]

---

120 Sevost'janov, Christoforov u.a. (Hrsg.), Lubjanka – Stalinu, Teil 1, S. 644; Teil 2, S. 725.

121 Odincov, Nikolaj Vasil'evič (1870–1939): herausragender Vertreter der baptistischen Bewegung in Russland, 1909 zum Presbyter geweiht. Im Dezember 1924 zum Assistenten des Vorsitzenden des Baptistenbunds und Schatzmeister gewählt, ab 1925 Redakteur und Herausgeber der Zeitschrift „Baptist", ab 1926 Vorsitzender des Föderativen Bunds der Baptisten der UdSSR. Leitete 1928 die Delegation des Föderativen Bunds der Baptisten auf dem 4. Weltkongress der Baptisten (Toronto/Kanada). Verhaftet in der Nacht vom 5. auf den 6. November 1933, am 27. Februar 1934 zu drei Jahren Freiheitsentzug verurteilt, saß die Strafe im Gefängnis in Jaroslavl' ab. Durfte am 28. September 1936 seinen Wohnsitz in Enisejsk (Region Krasnojarsk) nehmen, wo er im Dorf Makovskoe lebte. Verhaftet am 1. Oktober 1937, vom Militärkollegium des Obersten Sowjets der UdSSR zum Tod durch Erschießen verurteilt, vollstreckt am 7. März 1939 in Moskau.

122 Text des Dokuments siehe: Savin (Hrsg.), Sovetskoe gosudarstvo, S. 217-219.

123 Siehe z.B. das von E.M. Jaroslavskij auf der Sitzung des Organisationsbüros des ZK der VKP(b) vom 10. Dezember 1928 gehaltene Referat über Maßnahmen der Intensivierung der antireligiösen Arbeit, das sich vor allem gegen die evangelischen Kirchen richtete, die er als Hauptfeinde an der „religiösen Front" bezeichnete. Siehe: RGASPI, f. 89, op. 4, d. 26, l. 4; ebenda, f. 17, op. 3, d. 723, l. 9-10.

124 Savin (Hrsg.), Sovetskoe gosudarstvo, S. 217-219.

Nach dem XXVI. Allunionskonvent der Baptisten waren die Mennoniten faktisch die letzte verbliebene Konfession in der UdSSR, deren Mitglieder sich sowohl nach dem Gesetz als auch mit Unterstützung ihrer eigenen Führungsorgane vom Wehrdienst befreien lassen konnten.[125] Der Gerechtigkeit halber sei angemerkt, dass sich die mennonitischen Gemeinden keinem solch beispiellosen Druck ausgesetzt sahen wie Baptisten und Evangeliumschristen. So bewahrte die Sowjetmacht paradoxerweise, wenn auch in beschnittener Form, das „pazifistische Privileg", das die Mennoniten bereits im Russischen Reich genossen hatten. Trotzdem bestanden die mennonitischen Gemeinden weiterhin auf einer uneingeschränkten Befreiung aller Mennoniten vom Militärdienst. Noch im Januar 1925 forderte der Allunionskonvent der mennonitischen Gemeinden in einer an M.I. Kalinin adressierten Deklaration an das Zentralexekutivkomitee, die Mennoniten sowohl von der Wehrpflicht als auch vom allgemeinen Wehrkundeunterricht zu befreien, diesen Dienst durch gemeinnützige Arbeiten und den Eid durch ein einfaches Treuegelöbnis zu ersetzen.[126] Die für die Arbeit unter den Mennoniten zuständige Kommission bei der Agitpropabteilung des ZK der RKP(b) erachtete es nach Durchsicht der von den Mennoniten erhobenen Forderungen für „nicht zweckmäßig, den Mennoniten irgendwelche Ausnahmen von den die Sekten und religiösen Gemeinden betreffenden allgemeinen Gesetzesbestimmungen zuzugestehen".[127] Im Dezember 1926 wandten sich die Mennoniten des Kreises Slavgorod mit dem Gesuch an das Zentralexekutivkomitee, „die Mennoniten von der Wehrpflicht einschließlich des allgemeinen Wehrkundeunterrichts zu befreien und diese durch gemeinnützige Arbeit für den Staat zu ersetzen".[128] Eine solche Position der Mennoniten konnte den Machthabern nicht genehm sein und provozierte geradezu zwangsläufig entsprechende Gegenmaßnahmen. Schließlich versuchten die Behörden vor allem über die Gerichte, die Zahl der vom Militärdienst befreiten jungen Männer niedrig zu halten.

Die für die Prüfung der religiösen Zugehörigkeit und der „Wahrhaftigkeit" der von den Wehrpflichtigen vorgebrachten Gewissensgründe zuständigen Gerichtsorgane sanktionierten in der Regel nur sehr unwillig die Verweigerung der „Verteidigung des sozialistischen Vaterlands" und griffen zu unterschiedlichen juristischen Kniffen, um den Wehrpflichtigen ihr Recht auf Wehrdienstverweigerung vorzuenthalten. Im Staatlichen Archiv des Gebiets Omsk liegt ein die Befreiung der Mennoniten vom Militärdienst in den Jahren 1925–28 betreffender Aktenkomplex des Omsker Gouvernements- und des Sibirischen Regionsgerichts[129], aufgrund dessen sich der Verlauf eines entsprechenden Gerichtsverfahrens rekonstruieren

---

125 Einen kompromisslosen Pazifismus demonstrierten zu diesem Zeitpunkt sonst nur noch die Tolstojaner. Siehe z. B.: Papkov (Hrsg.), Založniki, S. 176-184.

126 Schreiben des Allunionskonvents der Delegierten der evangelisch-mennonitischen Gemeinden der UdSSR an den Vorsitzenden des VCIK M.I. Kalinin, 13.01.1925. GARF, f. 353, op. 8, d. 8, l. 92-93. Siehe dazu auch: Klibanov, Mennonity, S. 103.

127 Aktennotiz der Kommission für Arbeit unter den Mennoniten bei der Agitpropabteilung des ZK der RKP(b) an das Sekretariat des ZK der RKP(b). Frühestens 28.10.1925. RGASPI, f. 17, op. 112, d. 776, l. 10.

128 Erläuternde Notiz des Bevollmächtigten der mennonitischen Gemeinden des Bezirks Slavgorod Iogann G. Derksen, 30.12.1926. GANO, f. p. 2, op. 1, d. 1642, l. 16.

129 GAOO, f. 138 – Omsker Gouvernementsgericht (1923–1925); f. 502 – Omsker Kreisgericht (1926–1930). Siehe z. B.: f. 138, op. 1, d. 177, 179, 180, 188, 192, 193, 195, 2444, 2445, 2454, 2458; f. 502, op. 1, d. 40, 41, 42, 43.

lässt: Der wehrpflichtige Mennonit stellte einen Antrag bei Gericht, legte seine Gründe für die Verweigerung von Militärdienst und Wehrkundeunterricht dar und bat um einen Ersatzdienst als Sanitäter. Das Gesuch des Wehrpflichtigen wurde durch eine Bescheinigung des Dorfsowjets bestätigt, in der verpflichtend anzugeben war, ob sich in der Vergangenheit Familienmitglieder an Kriegshandlungen beteiligt hatten. Ferner war ein durch das geistliche Oberhaupt der Gemeinde beglaubigter Auszug aus dem Geburtsregister einzureichen. Neben dem Wehrpflichtigen musste bei der Gerichtssitzung auch ein Experte auftreten. Diese Rolle erfüllten in Sibirien in der Regel die Prediger der mennonitischen Gemeinde Aleksandrovka P.P. Freze und D.A. Dirksen. Unter Berücksichtigung ihrer Aussage traf das Gericht nach dem Auftritt des Staatsanwalts seine Entscheidung.

In der Regel lehnte das Gericht die Anträge ab. Es gibt zwar keine genaue Statistik, aber nach den in dem bereits erwähnten Gesuch der Slavgoroder Mennoniten enthaltenen Angaben befreite das Sibirische Regionsgericht im Mai 1926 nur 4% der religiös motivierten Wehrdienstverweigerer vom Dienst an der Waffe.[130] Zur Begründung der Ablehnung nutzten die Richter unterschiedliche Argumentationsmuster, von denen das folgende am weitesten verbreitet war: „Mennonit nach Abstammung, aber nicht nach Überzeugung, die religiösen Überzeugungen sind nichts irgendwie Angeborenes, Unveränderliches, Unbewegliches, Ständiges".[131] Eine Absage erteilte das Gericht auch in Fällen, in denen Familienangehörige gedient hatten oder der Wehrpflichtige selbst vor der Einberufung im Rahmen der vormilitärischen Ausbildung an der Waffe ausgebildet worden war, wenn er nicht qualifiziert auf Fragen zur Geschichte der Mennoniten oder zum Evangelium antworten konnte oder zum Zeitpunkt des Gerichtstermins noch nicht getauft war. Viele junge Männer fanden sich 1926–1928 in der Roten Armee wieder, weil sie ihren Antrag zu spät bei Gericht eingereicht hatten. Die Entscheidung des Gerichts musste spätestens sechs Monate vor der Einberufung – also in der Zeit zwischen dem 15. März und dem 15. September – gefällt werden.

1927/28 kam es nicht selten vor, dass junge Mennoniten die Behörden dazu provozierten, ihnen das Wahlrecht abzuerkennen, indem sie z.B. demonstrativ Tagelöhner anheuerten oder mit landwirtschaftlichen Produkten „spekulierten", weil sie lieber den gefährlichen Status eines Menschen zweiter Klasse hatten, als in der Armee zu dienen. Nicht selten waren auch Fälle von Taufen und Gemeindebeitritten im Alter von 12 bis 16 Jahren, um vor Gericht nicht mit dem Vorwurf konfrontiert zu werden, erst unmittelbar vor der Einberufung der Gemeinde beigetreten zu sein.

Zugleich trugen aber sowohl der von den Behörden auf die Mennoniten ausgeübte Druck als auch entsprechende Agitpropaktionen mit der Zeit Früchte. Nach und nach begann ein Teil der mennonitischen Jugend zur Einberufung zu erscheinen. Im Frühjahr 1927 wurde im Kreis Slavgorod erstmals ein Fall dokumentiert, in dem zwei junge Mennoniten, die auf Beschluss des Sibirischen Regionsgerichts vom Militärdienst befreit worden waren,

---

130 Erläuternde Notiz des Bevollmächtigten der mennonitischen Gemeinden des Bezirks Slavgorod Iogann G. Derksen, 30.12.1926. GANO, f. p. 2, op. 1, d. 1642, l. 16.

131 Siehe z. B.: Urteil des Omsker Gouvernementsgerichts zur Frage der Befreiung des Bürgers des Dorfsowjets Pučkovo (Rayon Isil'kul' / Kreis Omsk) G.P. Izaak vom Wehrdienst aus religiöser Überzeugung, 28.01.1926. GAOO, f. 138, op. 1, d. 195, l. 10.

freiwillig zur Einberufung erschienen und ihren Wunsch erklärten, in der Roten Armee zu dienen.[132]

Auch wenn bereits seit 1919 die Möglichkeit bestand, religiöse Wehrdienstverweigerer zu Ersatzdiensten heranzuziehen, gingen die Machthaber erst Ende der 1920er Jahre im Zuge des Übergangs von der NĖP zur Stalinschen Revolution von oben dazu über, die Frage des zivilen Ersatzdienstes durch eine ganze Reihe gesetzgeberischer Akte konkret zu regeln und die Wehrdienstverweigerer im großen Stil als billige Arbeitskraft auszubeuten.

Auf dem Papier hatte schon das Dekret des Rats der Volkskommissare der RSFSR vom 4. Januar 1919 die religiösen Wehrdienstverweigerer verpflichtet, anstelle des Militärdienstes einen „Sanitätsdienst in Quarantänehospitälern oder vergleichbare gemeinnützige Arbeit nach eigener Wahl" zu leisten.[133] Die möglichen Einsatzbereiche zur Ableistung des Ersatzdienstes waren durch die Anordnung des Präsidiums des VCIK vom 16. September 1921 „Über die Prüfung der Fälle von nach religiösen Motiven verurteilten Personen" weiter ausgeweitet worden: So konnten sie in der Landwirtschaft oder entsprechend ihrer Qualifikation eingesetzt werden.[134] Allerdings bleibt die Frage, wie viele Pazifisten zur Zeit des Bürgerkriegs tatsächlich einen zivilen Ersatzdienst ableisteten, bis zum heutigen Tag ebenso wenig erforscht wie der Umfang der im Rahmen des Ersatzdienstes geleisteten Arbeiten. Allem Anschein nach gab es zu diesem Zeitpunkt noch keine einheitliche Praxis des Arbeitseinsatzes der „Religiösen", die offenbar nur in Einzelfällen und auf Initiative der lokalen Behörden tatsächlich zu Arbeitsdiensten herangezogen wurden. Angesichts der ökonomischen Realitäten der NĖP verfügte der Staat nicht über die Mittel, die Arbeit der religiösen Wehrdienstverweigerer zu organisieren, und war gezwungen, auf deren Einsatz zu verzichten. So schildert das Beschwerdebüro der Arbeiter- und Bauern-Inspektion in einem Bericht an das Leningrader Gouvernementsexekutivkomitee vom 18. Februar 1924 eine für die Zeit typische Situation:

„Verschiedene Einrichtungen, zu denen [Wehrdienstverweigerer] entsendet werden, um besonders schwere körperliche Arbeit (z.B. als Hilfspersonal in Quarantänehospitälern und psychiatrischen Anstalten der Gouvernementsgesundheitsabteilung) zu leisten, weigern sich unter Verweis auf feste Personalzahlen und fehlende Kredite, diesen irgendeine Art von Unterhalt zu gewähren. Das hat für die zur Arbeit entsendeten [Ersatzdienstleistenden] zur Folge, dass ihnen jede Existenzgrundlage fehlt, was im Widerspruch zum geltenden Recht steht und deshalb absolut unzulässig ist".[135]

Das am 18. September 1925 verabschiedete Gesetz „Über die Wehrpflicht" verpflichtete alle Wehrdienstverweigerer, die in Friedenszeiten nicht zu Ersatzdiensten herangezogen wurden, zur Zahlung einer Sondersteuer zugunsten von Kriegsinvaliden.[136] So war es für die überwältigende Mehrheit der anerkannten religiösen Wehrdienstverweigerer bis Ende der 1920er

---

132 Bericht der Deutschen Sektion beim Slavgoroder Bezirkskomitee der VKP(b). Frühjahr 1927. GANO, f. p. 2, op. 1, d. 1642, l. 203.
133 Dekrety sovetskoj vlasti, Bd. 4, S. 262 f.
134 Text des Beschlusses siehe: GARF, f. 353, op. 5, d. 238, l. 187.
135 Text der Notiz siehe: GARF, f. 353, op. 4, d. 413, l. 244.
136 Text des Gesetzes siehe: RGASPI, f. 17, op. 3, d. 509, l. 16-17.

Jahre gängige Praxis, den alternativen Zivildienst durch die Zahlung einer „Militärsteuer" zu ersetzen.

Eine solche Praxis empfanden sowohl Parteifunktionäre als auch Armeevertreter als unbefriedigend, da sie darin eine Ermunterung pazifistischer Überzeugungen sahen. So war es nur folgerichtig, dass das Thema des Arbeitseinsatzes der religiösen Wehrdienstverweigerer schließlich am 24. Dezember 1926 auf einer Sitzung der Antireligiösen Kommission beim ZK der VKP(b), auf der auch zahlreiche weitere Parteifunktionäre zugegen waren, diskutiert wurde. Nach Anhörung von Referaten P.G. Šmidovičs und des Vorsitzenden des Revolutionären Kriegsrats V.N. Levičev fasste die Kommision den Beschluss, dass das Gesetz vom 18. September 1925 dahingehend geändert werden müsse, die vom Militärdienst befreiten Gläubigen zur Ableistung eines Ersatzdienstes zu verpflichten, dessen Dauer mindestens dem Militärdienst entsprechen sollte, und sie darüber hinaus mit einer Sondersteuer zu belegen.[137]

Schon bald fand sich auch ein interessierter Arbeitgeber: 1927 hatte die Führung des für die Terpentinproduktion zuständigen Staatstrusts „Lesochim"[138], der angesichts der extrem harten Arbeitsbedingungen in diesem Gewerbe unter einem erheblichen Arbeitskräftemangel litt, die Idee, die religiösen Wehrdienstverweigerer zu diesen Arbeiten heranzuziehen. Zu dieser Zeit war in der Ukraine bereits ein erstes aus Sektenangehörigen bestehendes Arbeitsbataillon zusammengestellt worden, das im Sommer 1927 beim Eisenbahnbau eingesetzt wurde.[139]

So wurden die gläubigen Pazifisten 1928 erstmals im Terpentingewerbe eingesetzt, nachdem das Volkskommissariat für Innere Angelegenheiten aufgrund einer Sonderverordnung die Mobilisierung von insgesamt 600 gläubigen Wehrdienstverweigerern (100 in der RSFSR und 500 in der Ukraine) angeordnet hatte. Tatsächlich erschienen schließlich 540 religiöse Wehrdienstverweigerer zur ersten Einberufung, die zu Arbeiten in die Gouvernements Kostroma, Nižnij Novgorod und in das Uralgebiet entsendet wurden. Die Arbeitsnormen waren für unerfahrene Arbeiter viel zu hoch angesetzt, so dass die Ersatzdienstler eine unmenschliche Arbeitslast zu bewältigen hatten. Glaubt man dem bekannten Aktivisten des Bunds der Militanten Atheisten F.M. Putincev, sprachen die religiösen Wehrdienstverweigerer mit Blick auf ihren Arbeitsdienst selbst von einer „ägyptischen Gefangenschaft" und äußerten die Vermutung, dass man sie in die feuchten Wälder gejagt habe, um sie dort alle sterben zu lassen. Dennoch konnte der Widerstand der „Religiösen" mithilfe harter Repressionsmaßnahmen gebrochen werden, so dass sie bis zum Ende der ersten Arbeitssaison

---

137 Steindorff (Hrsg.), Partei, S. 260 f.

138 Der Trust „Lesochim" war im Bereich der Gewinnung von Ausgangsstoffen für die Kolophonium- und Terpentinproduktion in der UdSSR tätig. Er wurde 1926 mit Unterstützung des Vorsitzenden des Obersten Rats der Volkswirtschaft Feliks Dzeržinskij unter dem Namen „Russkaja Smola" („Russisches Harz") auf Initiative des Rats für Arbeit und Verteidigung gegründet.

139 1928 wurde das Arbeitsbataillon in der Ukraine erneut organisiert, die Gläubigen arbeiteten beim Bau einer Brücke. Am 15. Februar 1928 wurde die Frage des „Sektenbataillons" von der Antireligiösen Kommission beim ZK der VKP(b) diskutiert. Dem Sekretär der Kommission und Chef der 6. Abteilung des Geheimabteilung der OGPU E.A. Tučkov wurde aufgetragen, dringend Informationen über das Bataillon anzufordern und Vorschläge zur Durchführung der in diesem zu leistenden Politarbeit vorzustellen. Siehe: Steindorff (Hrsg.), Partei, S. 298.

565,5 Tonnen Scharrharz destillierten. Aus Sicht der Behörden war das Experiment von Erfolg gekrönt.[140]

In den folgenden zwei Jahren fiel die Ausbeutung der Arbeitskraft der „Religiösen" in die unmittelbare Zuständigkeit des Volkskommissariats für Innere Angelegenheiten, das ihre Einberufung organisierte, die Einheiten zusammenstellte und die zu leistenden Arbeitsnormen festlegte.

Aufgrund von Befehl Nr. 108 des Volkskommissars für Innere Angelegenheiten V.N. Tolmačev vom 31. Mai 1929[141] wurden die auf dem Gebiet der RSFSR lebenden religiösen Wehrdienstverweigerer der Einberufungsjahrgänge 1924–1928 für die Zeit vom 10. Juli bis 15. Oktober 1929 für Arbeiten in den Waldgewerben des Staatstrusts „Lesochim" mobilisiert.[142] Zu den Arbeiten innerhalb der Grenzen der Region Sibirien wurden Bürger aus der Region Sibirien sowie aus den Bezirken Petropavlovsk, Pavlodar und Semipalatinsk der Kasachischen ASSR herangezogen.[143] Durch die Einführung des Zwangsdienstes konnten die Machthaber nicht nur ein Kontingent billiger und rechtloser Arbeitskräfte für das Terpentingewerbe rekrutieren[144], sondern schufen sich auch ein probates Druckmittel gegen die religiösen Pazifisten. Dem harten Zwangsdienst konnten die Gläubigen nur entgehen, indem sie sich von ihren pazifistischen Überzeugungen lossagten. Wer eine entsprechende schriftliche Erklärung abgab, wurde nicht zur Arbeit herangezogen. Wer keine der beiden möglichen Varianten akzeptierte, dem drohten strafrechtliche Konsequenzen und die Zwangsentsendung zum Arbeitsdienst.

Am 12. März 1930 ließ das Volkskommissariat für Innere Angelegenheiten aufgrund von Befehl Nr. 180 erneut anerkannte Wehrdienstverweigerer der Einberufungsjahre 1925–1929 zu Arbeiten in den sibirischen Waldgewerben des Staatstrusts „Lesochim" einziehen. Dieser Befehl bedeutete für die Wehrdienstverweigerer eine weitere Verschärfung ihrer Arbeitsbedingungen. Ihre Dienstzeit wurde von drei auf sechs Monate verlängert (20. April – 20. Oktober 1930). Wer sich erst nach Aufnahme des Arbeitsdienstes von seinen Überzeugungen lossagte, musste vor seiner Entsendung zur Armee trotzdem zunächst seinen Arbeitsdienst ableisten.[145]

Gestützt auf diesen Befehl des Volkskommissariats für Innere Angelegenheiten veröffentlichte das Omsker Bezirksexekutivkomitee Mitte August 1929 eine eigene Verordnung, der zufolge die auf dem Gebiet des Bezirks lebenden religiösen Wehrdienstverweigerer vom 20. August 1929 an bei landwirtschaftlichen Arbeiten in den Sowchosen eingesetzt

---

140 Sektanty v trudčastjach, S. 72-77.
141 „Über die Nutzung der Arbeitskraft von Bürgern, die aufgrund ihrer religiösen Überzeugung vom Wehrdienst befreit sind".
142 Text des Befehls siehe: Savin (Hrsg.), Sovetskoe gosudarstvo, S. 247-249.
143 Eine analoge Anordnung wurde auch dem NKVD der Ukrainischen SSR gegeben.
144 Unter Terpentinproduktion ist hier die Gewinnung von Harz aus Kiefern zu verstehen, des sogenannten *živica*, der einen wichtigen Ausgangsstoff für die Produktion von Kolophonium und Terpentin darstellt, die breite Anwendung in der Seifen-, Papier- und Lackindustrie sowie im Rüstungsbereich fanden. Angesichts der besonderen Produktionsbedingungen (ein Arbeiter war Ende der 1920er Jahre für eine Waldfläche von etwa 10 Hektar zuständig) konnten für diese Arbeiten keine Häftlinge eingesetzt werden.
145 Text des Befehls siehe: Kolchoznaja pravda, Nr. 7, v. 09.04.1930 g. Siehe auch dazu: Krasil'nikov, Na izlomach, S. 23.

werden sollten. Zu diesen Arbeiten wurden alle vom Militärdienst befreiten Einberufungsjahrgänge der vergangenen fünf Jahre herangezogen[146]. Aufgrund dieser Verordnung wurden im Dezember 1929 etwa 200 mehrheitlich mennonitische Gläubige aus den im Bezirk
Omsk gelegenen Rayonen Isil'kul', Ljubinskij und Poltavka zu Waldarbeiten herangezogen,
die vom Omsker „Arbeitsbesserungshaus" auf dem Gebiet der Taraer Försterei organisiert
wurden.

Eine Vorstellung von den Arbeitsbedingungen der „Arbeitsdienstler" vermittelt die im
Januar 1930 von der Omsker Bezirksabteilung der OGPU angelegte Akte „Über die Sabotierung der Waldarbeiten durch Religiöse (‚Zwängler'[147])". Um die Gläubigen zur Erfüllung
der angesichts der unmenschlichen Arbeitsbedingungen (kein passendes Schuhwerk, keine
passende Arbeitskleidung, schlechte Ernährung) kaum zu bewältigenden täglichen Arbeits-
norm von 20 Kubikmeter Holz für eine aus fünf Personen bestehende Brigade zu zwingen,
fabrizierten die Tschekisten einen Fall, bei dem die am 25./26. Dezember 1929 von den
Mennoniten begangene Weihnachtsfeier als illegale religiöse Versammlung eingestuft wurde. Aussagen der Gläubigen, dass sie nicht ewig dienen würden und der Tag komme, an
dem sie den Feiertag zu Hause in der althergebrachten Form begehen könnten, wurden
als eine auf Sabotierung der Waldarbeiten zielende Agitation eingestuft.[148] Die „Sabotage"
hatte nach Berechnungen der Tschekisten in der Zeit vom 27. Dezember 1929 bis zum 7.
Januar 1930 zu einem Produktionsausfall von etwa 1 000 Kubikmeter Holz geführt, was
zum Anlass für die Verhaftung von sechs Personen genommen wurde.[149]

Durch die Auflösung des Volkskommissariats für Innere Angelegenheiten[150] und das
daraus zwangsläufig resultierende organisatorische Durcheinander wurde die Nutzung der
Arbeitskraft der religiösen Wehrdienstverweigerer Ende 1930 zwischenzeitlich ausgesetzt.
Das von diesem Zeitpunkt an für den Arbeitseinsatz der religiösen Wehrdienstverweigerer zuständige Volkskommissariat für Arbeit der UdSSR führte im Frühjahr 1931 keine
Mobilisierung durch und erklärte diesen Schritt damit, dass keine entsprechende Regie-
rungsverordnung über die Übergabe dieses Kontingents in seinen Zuständigkeitsbereich vorliege.[151]

Die ohne die Arbeitskraft der angelernten Wehrdienstverweigerer verbleibende Führung
der chemischen Industrie schlug umgehend Alarm. Am 24. April 1931 wandte sich der
Trust „Moslesprom" mit der nachdrücklichen Bitte an das Volkskommissariat für Arbeit
der UdSSR, kurzfristig alle auf dem Gebiet der RSFSR und der Ukrainischen SSR lebenden religiösen Wehrdienstverweigerer der Jahrgänge 1904–1908 zu mobilisieren und in
seine Verfügung zu überstellen. Begründet wurde dieses Ansinnen damit, dass es ohne den

146 Rabočij put', Nr. 186 v. 17.08.1929.
147 „Zwängler" (russisch: prinudčiki).
148 Text der Anklageschrift gegen die Angehörigen der Arbeitsarmee siehe: Savin (Hrsg.), Sovetskoe
    gosudarstvo, S. 272 f.
149 Ebenda.
150 Die Verordnungen des CIK und des Rats der Volkskommissare der UdSSR über die Auflösung
    der Kommissariate für Innere Angelegenheiten der Unions- und Autonomen Republiken und
    die Übertragung der Führung über die Miliz und Kriminalfahndung an die Organe der OGPU
    wurden am 15. Dezember 1930 verabschiedet.
151 Notiz des Volkskommissariats für Arbeit an den Zentralrat des Bundes der Militanten Atheisten,
    24.04.1931. GARF, f. 5263, op. 1, d. 19, l. 234.

Einsatz der „Religiösen" als „erfahrene, qualifizierte Arbeitskraft" mit dreijähriger Arbeitserfahrung als Harzeinsammler unmöglich sei, die der chemischen Industrie vom ZK der VKP(b) und von der Regierung gestellte strategische Aufgabe zu erfüllen, die Terpentinproduktion so weit zu entwickeln, dass bereits 1931 auf den Import von Konopholium in die UdSSR verzichtet werden könne. Das Ansuchen der „Chemiker" wurde auch vom Zentralrat des Bundes der Militanten Atheisten unterstützt, der in der Konzentration von Sektenanhängern in gesonderten Baracken ideale Bedingungen für die Durchführung antireligiöser Propaganda unter den Gläubigen sah.[152] Nach Aussagen der militanten Atheisten hatten sich dank der Arbeit spezieller Politoffiziere aus den Reihen ihres Zentralrats in den Jahren 1928–1930 jedes Jahr etwa 10% der in den „Sektenbrigaden" eingesetzten Gläubigen von ihren religiösen Überzeugungen losgesagt.[153]

Anhand des Archivmaterials lässt sich feststellen, dass die religiösen Wehrdienstverweigerer bereits vor der Verabschiedung entsprechender normativer Dokumente über die Einrichtung eigener Arbeitseinheiten des Volkskommissariats für Arbeit der UdSSR vor Ort bereits Ende 1931 zur Ableistung ihres Arbeitsdienstes in Einheiten der Baubrigaden der sogenannten Heimwehr (*tylovoe opolčenie*) eingezogen wurden. So wurden z.B. im Dezember 1931 zum in Leninsk-Kuzneckij stationierten und im Kohlebergbau eingesetzten 2. Regiment der Baubrigaden der Heimwehr I.N. Ėzau und A.Ja. Vins eingezogen. Im Unterschied zu den übrigen „Heimwehrlern", bei denen es sich um sogenannte nicht werktätige Elemente (Kulaken, Ehemalige usw.) handelte, die ihren Wehrdienst nicht in den regulären Einheiten der Roten Armee ableisten durften, war den beiden 1927 von der Wehrpflicht befreiten, in den Rayonen Novaja Omka bzw. Omsk lebenden Mennoniten nicht das Wahlrecht aberkannt worden. Es ist anzunehmen, dass zusammen mit I.N. Ėzau und A.Ja. Vins noch weitere religiöse Wehrdienstverweigerer ihre Dienstpflicht in den sibirischen Baubrigaden der Heimwehr ableisteten.[154]

Nachdem sie bis April 1932 in dem Regiment gedient hatten, waren die beiden Mennoniten desertiert, aber schon wenig später gefasst und verurteilt worden.[155] Grund ihrer Desertion waren die harten Arbeitsbedingungen in dem Bergwerk, in dem sie ihren Dienst ableisten mussten. Wie aus einem Brief des Oberrichters des Leninsker Industrierayons Grigor'ev an die Führung des Regionsgerichts hervorgeht, häuften sich zu dieser Zeit im Leninsker Regiment der Heimwehr die Fälle von Arbeitsverweigerung von Seiten der Kula-

---

152 Am 16. Mai 1931 wurde der Vorschlag des Zentralrates des Bundes der Militanten Atheisten „Über die Nutzung von aus religiöser Überzeugung vom Wehrdienst befreiten Personen zu Arbeiten" auf der Sitzung der Kommission für Fragen der Kulte beim Präsidium des VCIK angehört. Der Beschluss lautete folgendermaßen: „Zur Ausarbeitung dieser Frage in der Kommission beim Rat der Volkskommissare der UdSSR die genannte Kommission bitten, die Ausarbeitung zu beschleunigen und das ausgearbeitete Projekt an die Kommission für Kultfragen zu schicken". Siehe: GARF, f. 5263, op. 1, d. 14, l. 145.

153 Nach Angaben F.M. Putincevs gab es nach Ablauf von zwei Arbeitssaisons etwa 300 Anträge arbeitspflichtiger Sektenangehöriger auf Verlegung in Kadereinheiten der Roten Arbeiter- und Bauernarmee. Siehe: Sektanty v trudčastjach, S. 6.

154 Der Anteil der „Religiösen" lag 1932 im Prokop'evsker Regiment der Heimwehr bei 2,5%, im Anžeroer Regiment bei 3,5%. Siehe: Krasil'nikov, Na izlomach, S. 28.

155 Text der Anklageschrift gegen Ežau und Vins siehe: Savin (Hrsg.), Sovetskoe gosudarstvo, S. 290.

ken, die ganz bewusst das Risiko einer Verurteilung und des Freiheitsentzugs eingingen[156], was in ihren Augen offensichtlich das kleinere Übel darstellte. So erklärten sie etwa: „In diesem Gefängnis [gemeint ist das Regiment der Heimwehr – V.D., A.S.] sitzt man drei Jahre, und der Paragraph sieht nur zwei Jahre vor, und freier ist es da auch". Die Zahl der Arbeitsverweigerungen erreichte ein solches Ausmaß, dass das Kommando des Regiments gezwungen war, in großem Umfang Haft im Strafkarzer anzuordnen, da es, wie Grigor'ev mit Bedauern bemerkte, unmöglich war, alle vor Gericht zu stellen.[157]

Die zunehmende Zahl der Einberufungen religiöser Wehrdienstverweigerer zu Arbeitsdiensten fand auch in der Gesetzgebung Niederschlag. So drohte Personen, die aus religiöser Überzeugung vom Wehrdienst befreit waren oder ihren Wehrdienst in den Arbeitsbrigaden der Heimwehr ableisten mussten, nach Artikel 19 des Strafgesetzbuchs (Abteilung „Bestimmungen über Staatsverbrechen") mindestens ein Jahr Freiheitsentzug, wenn sie sich der Einberufung zu Arbeitsdiensten entzogen.[158] Am 10. Januar 1932 wurden die entsprechenden Artikel des Strafgesetzbuchs der RSFSR auf Beschluss des Allrussischen Zentralexekutivkomitees und des Rats der Volkskommissare weiter verschärft: Die Verweigerung gemeinnütziger Arbeitsdienste wurde nun bereits mit bis zu zwei Jahren Freiheitsentzug oder Zwangsarbeit bis zu einem Jahr oder einer Strafe in Höhe von bis zu 1 000 Rubeln bestraft.

1932 wurde die Einberufung der religiösen Wehrdienstverweigerer zum Dienst in den entsprechenden Arbeitseinheiten des Volkskommissariats für Arbeit der UdSSR geregelt. Am 15. März 1932 wurde dem Volkskommissariat für Arbeit durch die Beschlussfassung Nr. 336 des Rats der Volkskommissare[159] die Aufgabe übertragen, religiöse Wehrdienstverweigerer zu Ersatzdiensten heranzuziehen und in Abstimmung mit dem Volkskommissariat für Militär- und Flottenangelegenheiten und anderen interessierten Ämtern eine Instruktion für den Arbeitseinsatz der „Religiösen" auszuarbeiten, die sich an den für die Heimwehr geltenden Regeln orientieren sollte. Allerdings sollten die religiösen Wehrdienstverweigerer ihren Arbeitsdienst von den Heimwehrlern getrennt in gesonderten Arbeitsbrigaden ableisten.[160] Hier ist die Befürchtung mit Händen zu greifen, dass die Gläubigen einen negativen Einfluss auf das ohnehin unzuverlässige Kontingent der Heimwehrler ausüben könnten.

Gemäß dieser Instruktion sollten religiöse Pazifisten in Friedenszeiten parallel zur Einberufung ihrer Altersgenossen zur Armee in spezielle Arbeitseinheiten des Volkskommissariats für Arbeit eingezogen werden und Arbeiten „verteidigungsstrategischer Bedeutung im Zuständigkeitsbereich des Volkskommissariats für Verkehr, der Zentralverwaltung für Straßenbau und der Industrie der UdSSR" ausführen. Ihr Einsatz sollte mit dem Volkskommissariat für Heeres- und Flottenangelegenheiten abgestimmt werden. Personen, die sich (nach der Einziehung zum Arbeitsdienst) von ihren pazifistischen Überzeugungen lossag-

---

156 Schreiben des Obersten Richters des Leninsker Industrierayons Grigor'ev an die Führung des Westsibirischen Regionalgerichts über die Situation im Regiment der Heimwehr, 01.05.1932. GANO, f. r. 1027, op. 1, d. 2841, l. 49.
157 Ebenda. Dokumente, die die Besonderheiten der Ableistung des alternativen Zivildienstes in den Einheiten der Heimwehr 1933–1937 charakterisieren, liegen den Autoren nicht vor.
158 Sbornik dokumentov po istorii, S. 324.
159 Verordnung Nr. 336 des Rats der Volkskommissare der UdSSR, gezeichnet vom Stellvertretenden Vorsitzenden des Rats der Volkskommissare Jan Rudzutak.
160 Text der Instruktion siehe: GARF, f. 5263, op. 1, d. 19, l. 216.

ten, durften nur nach einem besonderen Antrag des Kommandostabs der Arbeitseinheiten zur Roten Armee. Im Unterschied zu den Heimwehrlern dienten die „Religiösen" nicht drei, sondern nur zwei Jahre und konnten auf eine Entlohnung in Höhe von 20% der erarbeiteten Summe rechnen (statt 10% bei den Heimwehrlern). Ferner sah die Instruktion eine spezielle polit-erzieherische Arbeit unter den „Religiösen" vor, die der Zentralrat des Bundes der Militanten Atheisten durchführen sollte.[161]

Abgesehen von diesen Details unterschied sich der juristische Status der religiösen Wehrdienstverweigerer kaum noch von dem der Heimwehrler. Wie die Einheiten der Heimwehr unterstanden auch die Arbeitsbrigaden der Wehrdienstverweigerer der Zentralverwaltung der Heimwehr beim Volkskommissariat für Arbeit der UdSSR. Gemäß Punkt 19 der Instruktion sollten die Verwaltungen der Heimwehr jener Ressorts, denen die entsprechenden Arbeitsbrigaden zugeteilt waren, für die Aufstellung, Organisation und Versorgung der Arbeitsdienstler sowie für die unter diesen zu leistende politische Erziehungsarbeit zuständig sein.

Im Herbst 1933 wurden die Einheiten der Heimwehr erneut umstrukturiert. Aufgrund der Beschlussfassung des Zentralexekutivkomitees und des Rats der Volkskommissare der UdSSR „Über die Heimwehr" vom 27. September 1933 wurden die Einheiten der Heimwehr aus dem Zuständigkeitsbereich des mittlerweile aufgelösten Volkskommissariats für Arbeit in den Zuständigkeitsbereich des Volkskommissariats für Militär- und Flottenangelegenheiten überstellt. Offensichtlich wurden im Zuge dieser Umstrukturierung auch die gesonderten Arbeitsbrigaden der religiösen Wehrdienstverweigerer aufgelöst, die nun mit den Lišency[162] zusammen das Hauptkontingent der Heimwehrler stellten. Allerdings sollten die Gläubigen auch weiterhin möglichst in gesonderten Einheiten zusammengefasst werden (in der Regel in einem Zug), damit sie keinen negativen Einfluss auf die übrige Masse der Heimwehrler ausüben konnten. Am 27. Februar 1934 wurden aufgrund der Beschlussfassung des Zentralexekutivkomitees und des Rats der Volkskommissare der UdSSR auch solche rechtswidrigen Taten zu Militärverbrechen erklärt, die von Angehörigen der Heimwehr oder in den Arbeitsbrigaden dienenden religiösen Wehrdienstverweigerern begangen wurden.

Der Anteil der „Religiösen" unter den in den Einheiten der Heimwehr dienenden Personen war bis zu deren Auflösung im Februar 1937 eher gering und überstieg in den Jahren 1932–1935 nie 4%. Rechnet man diese Zahlen hoch, lässt sich davon ausgehen, dass pro Jahr maximal 1 500 Gläubige ihren Dienst in den Einheiten der Heimwehr ableisteten.[163] Die

---

161 Instruktionsentwurf „Über die Ordnung der Einberufung und Ableistung des Dienstes religiöser Wehrdienstverweigerer in speziellen Arbeitseinheiten". Spätestens 10.04.1932. GARF, f. 5263, op. 1, d.19, l. 217-221.

162 Lišenec – inoffizielle Bezeichnung eines Bürgers der UdSSR, dem 1918–1936 das Wahlrecht entzogen war.

163 Die Gesamtzahl der Heimwehrler betrug im Februar 1933 etwa 42 000 Personen, im Januar 1934 47 300 Personen, 1935 etwa 42 200, 1936 43 000, 1937 24 500. Eine solch abrupte Abnahme der Zahl der Heimwehrler nach 1936 war durch den erheblichen Rückgang der Gesamtzahl der Lišency und der „Religiösen" im Land bedingt. Während 1934 18 500 und 1935 15 400 Personen zu den Einheiten der Heimwehr einberufen wurden, sollten 1936 weniger als 6 000 Personen einberufen werden – und tatsächlich waren es sogar noch deutlich weniger. Siehe: Krasil'nikov, Na izlomach, S. 26 f.

Frage einer genaueren Bestimmung der Zahl der Gläubigen, die einen zivilen Ersatzdienst leisteten, bleibt ebenso wie die Frage, ob die Befreiung vom Militärdienst aus religiöser Überzeugung im weiteren Verlauf der 1930er Jahre praktiziert wurde, weiter offen.

Nach Annahme der neuen Verfassung der UdSSR im Dezember 1936, die eine Aberkennung des Wahlrechts nicht mehr vorsah, wurden die Einheiten der Heimwehr auf Befehl des Volkskommissars für Verteidigung vom 20. Februar 1937 zu Baubrigaden der Roten Arbeiter- und Bauernarmee umformiert.[164] Im Gesetz der UdSSR vom 1. September 1939 „Über die allgemeine Wehrpflicht" fanden die Privilegien für gläubige Pazifisten keinerlei Erwähnung mehr. Die Frage der Befreiung vom Militärdienst aus religiöser Überzeugung wurde auf lange Jahrzehnte dem Vergessen überlassen.

Ludwig Steindorff hat völlig zu Recht darauf hingewiesen, dass die gängige Vorstellung, die 1920er Jahre seien ein Goldenes Zeitalter der Sekten in Russland gewesen, nicht zutreffend ist.[165] Die evangelisch-freikirchlichen Gemeinden wurden zum Objekt einer zynischen Politik des „Teile und herrsche", deren Höhepunkt gerade in die 1920er Jahre fiel. Einzig pragmatische Erwägungen zwangen die Machthaber dazu, das Recht auf Befreiung vom Wehrdienst aus religiöser Überzeugung zu verkünden und dieses als „Zankapfel" zu instrumentalisieren, um die Spaltung der Freikirchen zu provozieren. Die 1920er und die erste Hälfte der 1930er Jahre lassen sich als Prozess der allmählichen Einschränkung des Rechts der pazifistisch eingestellten Gläubigen auf Befreiung vom Wehrdienst betrachten. Sowohl für die Pazifisten als auch für jene Bürger, die die Behörden aus ideologischen Gründen nicht zur Armee einberiefen, wurde die nach Lagermaßstäben organisierte paramilitärische Zwangsarbeit für lange Zeit zur einzigen Alternative zum Dienst an der Waffe. Aber selbst in dieser Form entsprach die Existenz eines zivilen Ersatzdienstes nicht den Interessen der Machthaber, so dass dieser im Vorfeld des Zweiten Weltkriegs faktisch abgeschafft wurde. Die einzigen, die den Pazifismus der evangelisch-freikirchlichen Gläubigen nicht vergaßen, waren die Tschekisten: So gehörten Formulierungen in der Art von „Rief die Jugend gegen den Dienst in der Roten Armee auf", „Gab den zur Roten Armee gehenden Baptisten klare Anweisungen zum Verrat bei der Verteidigung der UdSSR bei einem Angriff der kapitalistischen Staaten" zum Standardrepertoire der gegen die Aktivisten der freikirchlichen Gemeinden zur Zeit des Großen Terrors bzw. in den unmittelbaren Vorkriegsjahren erhobenen Anklagen.

---

164 Ebenda, S. 26. Gemäß Artikel 137 der Verfassung der UdSSR wurde die „Verteidigung des Vaterlands" als „heilige Pflicht jedes Bürgers" definiert.
165 Steindorff, Bürokratie, S. 141 f.

2. Die endgültige Lösung der religiösen Frage?
Die gegen die Angehörigen der Freikirchen gerichteten Repressionen der 1930er Jahre

Die Stalinsche Revolution von oben bedeutete das Ende der vergleichsweise friedlichen Koexistenz des Sowjetstaats und der Religionsgemeinschaften, wie sie im Rahmen der NĖP praktiziert worden war. Vor allem zur Zeit der Kollektivierung und forcierten Industrialisierung, als ausnahmslos alle Religionsgemeinschaften unter der Losung „Der Kampf gegen die Kirche ist der Kampf für den Sozialismus" als ideologische und politische Feinde der Sowjetordnung galten, wurde der antireligiöse Kampf mit unerbittlicher Härte geführt. Das Signal für die Verschärfung der gegenüber den Freikirchen verfolgten politischen Linie hatte Ende der 1920er Jahre Stalin persönlich gegeben.

In seiner berühmten Stalin-Biografie erwähnt der Historiker D.A. Volkogonov eine Notiz Stalins zu den Ordnungsprinzipien seiner persönlichen Bibliothek, in der dieser seinen Sekretär I.P. Tovstucha anwies, wichtige Bücher nach 32 Schlüsselthemen zu ordnen, weniger wichtige nach Autoren zu klassifizieren und *„allerlei Lehrbücher, unbedeutende Zeitschriften, antireligiöses Altpapier usw."*[1] ganz aus der Klassifizierung herauszunehmen und zur Seite zu legen.[2] Die hier ganz nebenbei zum Ausdruck kommende verächtliche Haltung zu Fragen der antireligiösen Agitation und Propaganda zeugt bei weitem nicht von mangelndem Verständnis Stalins für die Rolle und Stellung der religiösen Organisationen in Sowjetrussland, ist aber trotzdem höchst symptomatisch: Stalin griff selten zu antireligiöser Rhetorik und widmete sich noch seltener „kirchlichen" Fragen. Im Verlauf der 1920er Jahre geschah dies eigentlich nur zweimal: im August 1923 und im Mai 1928. In beiden Fällen kann man von Schlüsselmomenten des Paradigmenwechsels der von Staat und Partei gegenüber den religiösen Organisationen verfolgten Politik sprechen. Während Stalin aber im ersten Fall, als er am 16. August 1923 das Rundschreiben des ZK der RKP(b) Nr. 30 „Über die Haltung gegenüber den religiösen Organisationen" unterzeichnete, praktisch den Rückzug der Partei von einer kompromisslosen Verfolgung der Religion erklärte, zielte Stalins Initiative im zweiten Fall in die diametral entgegengesetzte Richtung.

Am 17. Mai 1928 war eine „Mitteilung des Genossen Stalin über 1.) Baptisten und 2.) das islamische Seminar"[3] Punkt 25 der Tagesordnung einer Sitzung des Politbüros des ZK der VKP(b), auf der N.I. Bucharin, L.M. Kaganovič, K.E. Vorošilov, Ja.E. Rudzutak, M.P. Tomskij, S.V. Kosior und N.A. Uglanov anwesend waren. Soweit sich dem lakonischen Sitzungsprotokoll entnehmen lässt, setzte Stalin seine Mitstreiter über den „empörenden"

---

1 Kursiv von den Autoren.
2 Volkogonov, Triumf, Bd. 1, Teil 2, S. 119 f.
3 Protokoll Nr. 25, Punkt 25, 17.05.1928. RGASPI, f. 17, op. 3, d. 687, l. 6.

Umstand in Kenntnis, dass die Abteilung für Umsiedlungen des Volkskommissariats für Landwirtschaft der RSFSR den Baptisten die Gründung einer „Religiösen Stadt" in Sibirien erlaubt habe, und brachte seine entschieden ablehnende Haltung gegenüber solchen Plänen zum Ausdruck.

Bereits eine Woche später wies das Politbüro des ZK der VKP(b) auf seiner Sitzung vom 25. Mai 1928 nach Anhörung eines Berichts E.M. Jaroslavskijs das Volkskommissariat für Landwirtschaft an, das Projekt der vom Allunionsrat der Evangeliumschristen in Sibirien geplanten Gründung der Stadt Evangel'sk unverzüglich zu stoppen und die zuständigen Exekutivkomitees über diesen Beschluss in Kenntnis zu setzen.[4]

Diese Entscheidung des Politbüros steht höchst symbolisch für die Wende der sowjetischen Religionspolitik, die nun nicht mehr auf vereinzelte Repressionen auf dem Verwaltungsweg oder durch Gerichtsurteile und eine auf die Zersetzung der Kirchen von innen gerichtete Aktivität der Tscheka setzte, sondern auf Methoden des „Sturm und Drang" zurückgriff. In den höchsten Kreisen der Macht wehte insbesondere nach Stalins Sibirienreise im Januar 1928 ein neuer Wind – der Wind der Kollektivierung und revolutionären Umgestaltung. Unter diesen Bedingungen erschienen die komplizierten Manipulationen, mit denen die Tscheka im Verlauf der 1920er Jahre die Kirchen von innen zu spalten versucht hatte, zunehmend als überflüssiger Anachronismus. An ihre Stelle sollten klare und unzweideutige restriktive und repressive Methoden treten.

Die nächste Etappe der Verschärfung der Religionspolitik wurde auf der Sitzung des Organisationsbüros des ZK der VKP(b) vom 10. Dezember 1928 eingeleitet, auf der E.M. Jaroslavskij über Maßnahmen zur Intensivierung der antireligiösen Arbeit berichtete. Der Furor seines Auftritts richtete sich nicht zuletzt gegen die Freikirchen, die ihre Mitgliederzahlen nach Aussage Jaroslavskijs seit der Revolution von 0,5 auf 2,5 Millionen Menschen hatten steigern können und de facto zum Hauptfeind an der „religiösen Front" geworden waren: „Es ist anzumerken, dass die orthodoxen Organisationen zerfallen. Nutznießer dieses Verfalls der orthodoxen Gemeinden sind die wachsenden Sektenorganisationen. [...] Sie sind bereits eine fest formierte, von NĖP-Gewinnlern und Kulaken geprägte Organisation mit einer sehr flexiblen Anpassungsideologie".[5] Auch die Tatsache, dass die evangelischen Freikirchler infolge des massenhaften Zuzugs von Bauern verstärkt unter den städtischen Arbeitern aktiv waren, galt als Indiz ihrer Gefährlichkeit.

Was die „Sektenangehörigen" in den Augen Jaroslavskijs besonders gefährlich machte, waren ihre Auslandskontakte vor allem zu amerikanischen religiösen Organisationen, die angeblich sowohl die Arbeit der Prediger und als auch die Anmietung von Gebäuden zur Nutzung als Bethäuser aktiv finanzierten. Ein weiterer Punkt bestand darin, dass die religiösen Periodika der Freikirchler noch immer über „weitreichende Einflussmöglichkeiten" verfügten. Und auch die Möglichkeit, legal Konvente und Konferenzen durchzuführen, sollte nach Ansicht Jaroslavskijs weitgehend eingeschränkt werden.

---

4 Protokoll Nr. 26, Punkt 15, 25.05.1928. RGASPI, f. 17, op. 162, d. 6, l. 94. Siehe auch: ebenda, op. 3, d. 688. Nicht besser erging es den Moslems, deren Pläne, in Ufa eine Medrese zu errichten, ebenfalls abgelehnt wurden.

5 Stenogramm des Auftritts Emel'jan Jaroslavskijs auf der Sitzung des Organisationsbüros des ZK der VKP(b), 10.12.1928. RGASPI, f. 89, op. 4, d. 26, l. 4.

Jaroslavskij gab sich alle Mühe, zu beweisen, dass die Freikirchen de facto „starke politische Organisationen" seien und letztlich nichts anderes als einen legalen „Agitpropapparat" kapitalistischer Elemente und insbesondere des Kulakentums darstellten. Mit sicherem Gespür für den neuen Wind erklärte der sowjetische Oberatheist, dass sich die Sowjetmacht gegenüber Klerus und Sekten hundertmal passiver verhalte als die Revolutionäre der Großen Französischen Revolution, und forderte, die administrativen und repressiven Maßnahmen des antireligiösen Kampfes zu intensivieren.[6]

Im weiteren Verlauf entwickelten sich die Ereignisse zügig und ohne den üblichen Papierkrieg des Apparats. Bereits wenige Wochen nach Jaroslavskijs Bericht (7. Januar 1929) arbeitete das Organisationsbüro des ZK der VKP(b) ein Resolutionsprojekt über Maßnahmen zur Intensivierung der antireligiösen Arbeit aus, das das Politbüro am 24. Januar 1929 in Gänze billigte und zur endgültigen Ausarbeitung an eine aus E.M. Jaroslavskij, L.M. Kaganovič, N.K. Krupskaja und P.G. Smidovič bestehende Kommission weiterreichte. Schließlich wurde der unter dem Titel „Über Maßnahmen zur Intensivierung des antireligiösen Kampfes" an alle Parteiorganisationen verschickte Beschluss zum ersten bedeutsamen Dokument der Parteiführung, das die Grundlinien der staatlichen Religionspolitik unter den Bedingungen der einsetzenden Revolution von oben definierte.

In der Einleitung des Dokuments wurde konstatiert, dass sich insbesondere die freikirchlichen religiösen Organisationen die Schwierigkeiten des Sozialistischen Aufbaus aktiv zunutze machten, um die reaktionären und wenig bewussten Elemente in ihre Reihen zu ziehen. An gleicher Stelle wurde die bereits von Jaroslavskij geäußerte Befürchtung zum Ausdruck gebracht, dass die massenhaft in die Städte ziehende Bauernschaft ihren Einfluss auch in religiöser Hinsicht geltend machen könne. Insbesondere die Sektenorganisationen würden massenhaft Arbeiter rekrutieren und „christusbeterische" evangelische und baptistische Zirkel, Bruder- und Schwesternschaften gründen usw.[7]

Den religiösen Organisationen wurde nach Ansicht des Politbüros vor Ort nicht genug Gegenwehr entgegengebracht. Der Bund der Militanten Atheisten sei noch immer keine Massenorganisation, die sich den Aktivitäten der religiösen Organisationen in den Weg stellen könne. Etwa die Hälfte der lokalen Parteikomitees habe (Stand erste Hälfte 1928) Fragen der antireligiösen Propaganda noch gar nicht erörtert und unterschätze die „politischen Auftritte der Sektenanhänger, [...] die umfassende Entwicklung der ökonomischen und organisatorischen Aktivitäten der Sektengemeinden (Ausbau der Sektenkooperativen, Solidaritätskassen, Wohltätigkeit usw.)".[8]

Auch wenn die Autoren des Beschlusses – der politischen Linie der 1920er Jahre Tribut zollend – administrative Maßnahmen des antireligiösen Kampfes verurteilten, war dies kaum mehr als ein Lippenbekenntnis. Denn de facto forderten sie nichts anderes als eben eine Rehabilitierung solcher Maßnahmen. So wiesen sie darauf hin, dass die „Sektenführer" die bisherige Zurückhaltung bei der Ergreifung administrativer Maßnahmen dazu missbrauchten, bei jeder sich bietenden Gelegenheit unter der Flagge der Religion antisowjetische Propaganda zu betreiben und zur Nichtbefolgung sowjetischer Gesetze und Anordnungen

---

6 Ebenda, l. 1-9.
7 Rundschreiben des ZK der VKP(b) „Über Maßnahmen zur Intensivierung der antireligiösen Arbeit" (vom ZK der VKP(b) am 24. Januar 1929 bestätigt). RGASPI, f. 17, op. 3, d. 723, l. 9-10.
8 Ebenda.

aufzurufen. Derartige Aktivitäten seien nicht zu tolerieren. Entsprechend forderte der Beschluss alle Partei- und Sowjetorganisationen auf, die „Bedeutung des antireligiösen Kampfes nicht mehr zu unterschätzen".

Besonders zweideutig klang die an NKVD und OGPU gerichtete Forderung, entschieden gegen antisowjetische Gesetzesverstöße vorzugehen, da es sich bei den religiösen Organisationen um die einzigen über Einfluss auf die Massen verfügenden legal agierenden konterrevolutionären Organisationen handele.[9]

Höchst symbolisch war im Kontext des im Vorfeld der Massenkollektivierung eingeleiteten religionspolitischen Kurswechsels auch die am 5. Dezember 1929 vom Politbüro beschlossene Auflösung der Kommission zur Trennung von Staat und Kirche beim ZK der VKP(b) (Antireligiöse Kommission), deren letzte Sitzung am 4. November 1929 stattfand. Die als deren Rechtsnachfolger eingesetzte Kommission für Angelegenheiten der Kulte beim Zentralen Exekutivkomitee (VCIK) war innerhalb der Staats- und Parteihierarchie deutlich niedriger angesiedelt und in der Regel nur für „technische" Fragen zuständig. Vor dem Hintergrund einer Politik, die „einfache" Lösungen präferierte, war die Antireligiöse Kommission in ihrer bisherigen Form zur Zeit der Kollektivierung – in ihrer Rolle als Experte und zuweilen auch Anwalt der religiösen Organisationen – schlicht überflüssig geworden.

Ende 1929 kam es zu einem Ereignis, das die Haltung der Sowjetmacht gegenüber den Mennoniten als religiöser Gemeinschaft und nationaler Gruppe für das folgende Jahrzehnt in vielerlei Hinsicht prägen sollte. Die Rede ist von der vor allem durch die Kollektivierung und die Unzufriedenheit der Deutschen mit den Einschränkungen der Religionsfreiheit und dem massenhaften Entzug des Wahlrechts für „Kulaken" und Prediger ausgelösten Massenemigrationsbewegung der Sowjetdeutschen im Herbst 1929.[10] Unmittelbarer Anlass für den massenhaften Aufbruch der Deutschen nach Moskau war die Entscheidung des Präsidiums des Zentralexekutivkomitees vom 5. August 1929, 25 mennonitischen Familien (91 Personen) ausnahmsweise die Ausreise zu gestatten. Auch wenn das Zentralexekutivkomitee die Erteilung von Ausreisegenehmigungen bereits am 16. September 1929 per Verordnung für beendet erklärte, kamen den gesamten Herbst über immer mehr Deutsche nach Moskau, so dass sich Mitte Oktober 1929 bereits über 3 000 ausreisewillige Mennoniten und anderen Konfessionen zugehörige Deutsche in der Hauptstadt aufhielten. Nach Verhandlungen mit Vertretern der deutschen Regierung beschloss die sowjetische Staatsführung, einem Teil der Ausreisewilligen eine Ausreisegenehmigung zu erteilen. Schließlich konnten insgesamt 673 Personen in zwei Gruppen das Land verlassen. Mitte November warteten in Moskau und Umgebung allerdings immer noch mindestens 12 500 Personen auf eine Ausreisegenehmigung, von denen 73% Mennoniten, 20% Lutheraner und 6% Katholiken waren. Der weitaus größte Teil der ausreisewilligen Mennoniten und Deutschen kam aus Westsibirien. Die deutsche Regierung erklärte sich zunächst zur Aufnahme von 4 000 Emigranten (17.

---

9 Ebenda. Die Verordnung des Zentralen Exekutivkomitees und des Rats der Volkskommissare der RSFSR „Über religiöse Vereinigungen" vom 8. April 1929, die das für die folgenden Jahrzehnte wichtigste das Verhältnis von Kirche und Staat betreffende Dokument der Sowjetmacht darstellte, blieb hinsichtlich ihrer Schärfe deutlich hinter dem zitierten Dokument zurück.

10 Ausführlicher zur Geschichte der versuchten Massenemigration im Jahr 1929 siehe z.B.: Belkovec, Bol'šoj terror; Mick, Propaganda; Brandes, Savin, Die Sibiriendeutschen; Dönninghaus, Minderheiten in Bedrängnis; Dönninghaus, V teni „Bol'šogo brata".

November 1929) und später zur Aufnahme aller in Moskau befindlichen Ausreisewilligen bereit.[11]

Da der verzweifelte Versuch, aus der UdSSR zu emigrieren, die Aufmerksamkeit der internationalen Gemeinschaft auf sich zog, ließ sich die Sowjetregierung aus außenpolitischen Erwägungen auf einen Kompromiss ein. Am 25. November 1929 beschloss das Politbüro des ZK der VKP(b), „kulakische Elemente der Mennoniten" in einzelnen Gruppen aus der UdSSR ausreisen zu lassen.[12] So konnten schließlich jene Ausreisewilligen die UdSSR verlassen, die auch noch nach den von den Organen der OGPU im November 1929 vollzogenen Verhaftungen und Zwangsrückführungen an die Wohnorte in der Hauptstadt ausharrten. Insgesamt gelang 5 761 Personen (darunter 3 885 Mennoniten) die Emigration, von denen nach Berechnungen von Detlef Brandes 4 410 Personen aus den russlanddeutschen Siedlungen Westsibiriens stammten.[13]

Die Zwangsrückführung der Ausreisewilligen an ihre vor allem in Sibirien gelegenen Wohnorte (größtenteils in den Bezirken Slavgorod[14] und Omsk) provozierte den massenhaften Widerstand der Mennoniten gegen die Maßnahmen der Sowjetorgane. Nach ihrer Rückführung in die Heimatorte waren die Ausreisewilligen in der Regel vollkommen mittellos, da sie ihre Höfe für lächerliche Summen verkauft hatten bzw. der zurückgelassene Besitz an die Kolchosen gefallen war. Ein Großteil der Remigranten verweigerte den Eintritt in die Kolchosen und sabotierte in der Hoffnung, doch noch emigrieren zu können, im Frühjahr 1930 die Saatkampagne. Diesen Widerstand konnten die Machthaber nur durch Massenrepressionen brechen.

Zu ersten Verhaftungen Ausreisewilliger kam es in Sibirien bereits im Januar 1929, als Slavgoroder Tschekisten in der im Deutschen Rayon gelegenen Siedlung Ravnopol' den früheren Vorsitzenden des Dorfsowjets I.I. Gercen, den Predigerkandidaten der mennonitischen Gemeinde G.I. Ėvert sowie die Mennoniten Ė.G. Kurfes, G.A. Dik, A.I. Zuderman und I.I. Flaming „aushoben". Zur Last gelegt wurde ihnen Widerstand gegen die Maßnahmen der Sowjetmacht und Organisation der Emigration, die Entsendung eines Bittstellers nach Moskau sowie die Erteilung von Auskünften an potentielle Emigranten, was angeblich dazu geführt hatte, dass in der Slavgoroder Bezirksverwaltung zwischen dem 18. Dezember 1928 und dem 1. April 1929 334 Anträge auf Erteilung eines Auslandspasses gestellt worden waren.[15] Aber die Verhaftung dieser Gruppe bildete nur den Auftakt zu weiteren Massenverhaftungen.

Als in dem oben erwähnten von Stalin gezeichneten Beschluss des Politbüros vom 25. November 1929 die Entscheidung festgehalten wurde, „gegen die arglistigen Anstifter dieser

---

11 Zur Analyse der Emigration der Mennoniten im Jahr 1929 aus der Perspektive neuer Dokumente des Volkskommissariats für Äußere Angelegenheiten der UdSSR siehe: Savin, Emigration of Mennonites, S. 45-57. Siehe dazu auch: Dönninghaus, Minderheiten in Bedrängnis, S. 407-435.

12 Das Dokument ist veröffentlicht in: Savin (Hrsg.), Annotirovannyj perečen', S. 321 f.

13 Siehe: Brandes, Savin, Die Sibiriendeutschen, S. 287, 296 f.

14 Anfang Dezember 1929 wurden allein in den Bezirk Slavgorod 2 340 Personen aus Moskau zurückgeführt.

15 Anklageschrift der Slavgoroder Bezirksabteilung der OGPU zum Fall Nr. 93 bezüglich der gegen die mennonitischen Bewohner der Siedlung Ravnopol' erhobenen Anschuldigung, organisierten Widerstand gegen die Maßnahmen der Sowjetmacht geleistet zu haben. Spätestens 21.04.1929. OSD GAAK, f. p. 2, op. 7, d. 5763, l. 114-117.

[Emigrations-]Bewegung Repressionsmaßnahmen einzuleiten", war ein erheblicher Teil der in Moskau befindlichen Sibiriendeutschen bereits von den Mitarbeitern der Abteilung für Spionageabwehr der OGPU der UdSSR verhaftet worden. Allein in der Nacht vom 15. auf den 16. November 1929 wurden etwa 500 Personen verhaftet und ins Butyrki-Gefängnis gebracht. Die im moskaunahen Kljaz'ma in Freiheit verbliebenen Ausreisewilligen hielten eine Versammlung ab, in deren Folge etwa 100 Familien ihre Absicht erklärten, freiwillig an ihre Wohnorte zurückzukehren. Gegen einen Teil der Verhafteten leiteten die Mitarbeiter der 8. Unterabteilung der Abteilung für Spionageabwehr strafrechtliche Ermittlungen ein, die in der Folge den Tschekisten der Slavgoroder Bezirksabteilung der OGPU übergeben werden sollten.[16] Die ersten Mennoniten, gegen die die sibirischen Tschekisten am 11. Dezember das Ermittlungsverfahren abschlossen, waren der Prediger der Mennonitengemeinde der im Deutschen Rayon gelegenen Siedlung Chorošee I.G. Derksen und der in der im Deutschen Rayon gelegenen Siedlung Šumanovka ansässige P.G. Fot, die am 5. Dezember verhaftet worden waren. Ihnen wurde zur Last gelegt, bereits nach Verhängung des Ausreiseverbots Ende November bis Anfang Dezember Mennoniten zur Ausreise angestiftet zu haben.[17] Am 11. Januar 1930 wurde die Anklageschrift gegen die in der Siedlung Nikolaevka (Rayon Blagoveščenka) ansässigen Mennoniten P.Ju. Janzen, G.G. Fot, Ja.B. Kippenštejn sowie den Prediger I.P. Garder ausgearbeitet und dem Kollegium der OGPU zur Prüfung vorgelegt. Die Angeklagten wurden beschuldigt, im Herbst 1929 die Emigration der überwältigenden Mehrheit der Bewohner der Siedlung Nikolaevka organisiert zu haben.

Aber die wirkliche „Ernte" der gegen die Emigrationswilligen eingeleiteten Strafverfahren wurde erst im März 1930 eingefahren.[18] Am 12. März 1930 wurde die Anklageschrift gegen den in der Siedlung Podsnežnoe (Deutscher Rayon) ansässigen B.B. Vins erstellt, einen früheren Lehrer, der aus dem Schuldienst entlassen worden war, weil er den Kindern Religionsunterricht erteilt hatte. Angelastet wurde Vins vor allem, im Herbst 1929 die Getreidebeschlagnahmungen sabotiert und sich aktiv an der Emigrationsbewegung beteiligt zu haben.[19] Zwei Tage später (14. März 1930) wurde das Ermittlungsverfahren gegen die in der Siedlung Redkaja Dubrava (Deutscher Rayon) ansässigen M.A. Ėnns, I.A. Petkau, Ja.Ja. Lorenc und B.I. Unru abgeschlossen. Dieser Gruppe mennonitischer Lišency mit dem Prediger

---

16 In den Standardbeschlüssen der 8. Unterabteilung der Abteilung für Spionageabwehr der OGPU hieß es mit Blick auf die verhafteten Mennoniten: „Angesichts der konterrevolutionären antisowjetischen Agitation [...], seiner kategorischen Weigerung, an seinen Wohnort zurückzukehren, schlage ich vor: den Bürger [...] unter Geleit zusammen mit seiner Ermittlungsakte über die Bevollmächtigte Vertretung der OGPU der Region Sibirien zur Slavgoroder Bezirksabteilung der OGPU zu bringen, um die Ermittlungen am Wohnort zu führen". Siehe: Beschlüsse zu den Fällen von V.B. Ėpp und D.D. Rempel', in: Savin (Hrsg.), Annotirovannyj perečen', S. 322 f.

17 Anklageschrift der Slavgoroder Bezirksabteilung der OGPU zum Fall Nr. 38 bezüglich der gegen die Bewohner des Deutschen Rayons P.G. Fot und I.G. Derksen nach Artikel 17 und 58-10 des Strafgesetzbuchs der RSFSR erhobenen Anschuldigung, 11.12.1929. OSD GAAK, f. p. 2, op. 7, d. 13018, l. 35-40. Das Kollegium der OGPU verurteilte I.G. Derksen am 23. Februar 1930 nach Artikel 58-10 des Strafgesetzbuchs der RSFSR zu fünf Jahren Freiheitsentzug.

18 Am 6. Februar 1930 ordnete das Organisationsbüro des ZK der VKP(b) nach Anhörung der Frage über „die Emigrationsbewegung der deutschen Bauern" an: „Die OGPU anweisen, eine Reihe notwendiger Maßnahmen gegen die arglistigen Anführer der konterrevolutionären Arbeit in den deutschen Rayonen zu ergreifen". Siehe: Rogova, Bordjugov, Ėmigracionnoe dviženie, S. 104.

19 Siehe: Fast, V setjach OGPU, S. 64-67.

I.A. Petkau an der Spitze wurde zur Last gelegt, unter dem Deckmantel religiöser Rituale antisowjetische Agitation betrieben und die Massenausreise von etwa 80% der Einwohner der Siedlung organisiert zu haben.[20] Am 20. März 1930 bereiteten die Tschekisten Material für die Anklage der im Deutschen Rayon ansässigen Prediger mennonitischer Kirchengemeinden I.Ja. Gassen und Ja.S. Bol'dt sowie Ja.P. Penner, I.K. Dik und V.I. Konrad vor, die beschuldigt wurden, im Winter 1929/30 die Emigration angestachelt zu haben.[21] Am Folgetag wurde die gleiche Anklage auch gegen den in der Siedlung Orlovo (Deutscher Rayon) ansässigen mennonitischen Prediger D.G. Gercen sowie gegen Ja.P. Isaak, A.A. Rechert und P.P. Janzen erhoben, am 24. März gegen die Bewohner der Siedlungen Mirnoe, Čistoe und Protasovo (Deutscher Rayon) I.K. Dik, P.M. Tissen und Ja.Ja. Nikkel'. Der Prediger der Mennonitengemeinde der Siedlung Mirnoe I.K. Dik war im Namen der Bevölkerung als Bittsteller nach Moskau gefahren und Ende November 1929 von den Organen der OGPU verhaftet und im Butyrki-Gefängnis festgehalten worden. Dem Standard entsprechend wurde allen Angeklagten zur Last gelegt, sich im Winter 1930 aktiv an der Organisation der Emigrationsbewegung beteiligt und eine auf Untergrabung der Kollektivierung und der frühjährlichen Saatkampagne von 1930 gerichtete Agitation betrieben zu haben.[22]

Am 26. März wurde die Anklageschrift gegen die folgenden in den Siedlungen Degtjarka und Petrovka (Deutscher Rayon) ansässigen Emigrationsaktivisten vorbereitet: den Prediger der mennonitischen Brudergemeinde G.K. Mattis, die Prediger der mennonitischen Kirchengemeinde G.K. Jancen und P.G. Vibe, sowie Ja.I. Vibe und G.P. Vibe[23] Am 28. März gegen eine Gruppe „Kulaken" und Prediger aus den Siedlungen Markovka und Stepnoe (Deutscher Rayon): B.B. Ėpp, G.G. Ėpp, B.I. Ėpp, V.B. Ėpp, A.P. Derksen, D.D. Rempel', D.I. Frizen und P.I. Blok.[24] Am 31. März wurde das Ermittlungsverfahren gegen einen weiteren Organisator der Emigrationsbewegung abgeschlossen, den im Dorf Chortica (Deutscher Rayon) ansässigen Prediger der Gemeinde der „Bibelforscher" Ja.Ja. Nikkel', der in Moskau für die Vorbereitung der Ausreise der aus 263 Personen bestehenden sogenannten 6. Emigrantengruppe verantwortlich gewesen war.[25] Außerdem wurde im März 1930 gegen eine Gruppe

---

20 Anklageschrift der Slavgoroder Bezirksabteilung der OGPU zum Fall der gegen die mennonitischen Bewohner der Siedlung Redkaja Dubrava (Deutscher Rayon) erhobenen Anschuldigung, antisowjetische Agitation betrieben zu haben, 14.03.1930. OSD GAAK, f. p. 2, op. 7, d. 19301, l. 80-83.

21 Anklageschrift der Slavgoroder Bezirksabteilung der OGPU zum Fall der gegen die mennonitischen Bewohner des Deutschen Rayons erhobenen Anschuldigung, antisowjetische Agitation betrieben zu haben, 20.03.1930. Ebenda, d. 19592, l. 59-62.

22 Anklageschrift der Slavgoroder Bezirksabteilung der OGPU zum Fall der gegen die Mennoniten der Siedlungen Mirnoe, Čistoe und Protasovo (Deutscher Rayon) I.K. Dik, P.M. Tissen und Ja.Ja. Nikkel' nach Artikel 58-10 des Strafgesetzbuchs der RSFSR erhobenen Anschuldigung, 24.03.1930. Ebenda, d. 19255, l. 66-69.

23 Anklageschrift der Slavgoroder Bezirksabteilung der OGPU zum Fall Nr. 151 bezüglich der gegen die mennonitischen Bewohner der Siedlungen Degtjarka und Petrovka (Deutscher Rayon) erhobenen Anschuldigung, antisowjetische Agitation betrieben zu haben, 26.03.1930. Ebenda, d. 19591, l. 67-71.

24 Savin (Hrsg.), Annotirovannyj perečen', S. 325-329.

25 Anklageschrift der Slavgoroder Bezirksabteilung der OGPU zum Fall Nr. 115 bezüglich der gegen Ja.Ja. Nikkel' nach Artikel 58-10 des Strafgesetzbuchs der RSFSR erhobenen Anschuldigung, 31.03.1930. OSD GAAK, f. p. 2, op. 7, d. 19424, l. 35-36.

von in den Siedlungen Chortica und Karatal (Deutscher Rayon) ansässigen „Kulaken" und Predigern ermittelt, der D.D. Bekker, G.B. Klassen, P.P. Nejfel'd, N.N. Funk und Ja.I. Richardt angehörten, die die Emigration organisiert und die frühjährliche Saatkampagne und die Kollektivierung sabotiert haben sollten.[26]

Wie der Chef der Sonderabteilung des Sibirischen Militärbezirks M.M. Podol'skij später sagte, wurde die Emigration durch „Aushebung der Anführer" gestoppt.[27] Gerade die Verhaftung der über besondere Autorität verfügenden religiösen und gesellschaftlichen Aktivisten des sibirischen deutschen Dorfs erlaubte der Geheimpolizei Ende 1929 bis Anfang 1930, den Widerstand der Deutschen gegen die Kollektivierung für eine gewisse Zeit niederzuschlagen. Trotzdem hieß es am 15. April 1930 in einer von der Abteilung für Spionageabwehr der Bevollmächtigten Vertretung der OGPU in Sibirien zusammengestellten Übersicht zum Stand der Emigrationsbewegung in den deutschen Dörfern der Region Sibirien: „Die unter den lutherischen und katholischen Kolonisten zu verzeichnende [...] teilweise Wende in Richtung eines Abflauens der Emigrationsneigung wirkt sich in keiner Weise auf die große Masse der Mennoniten aus, die größtenteils immer noch von der Emigrationsstimmung infiziert sind".[28]

In den Rayonen der flächendeckenden Kollektivierung vollzog sich der Kampf der Sowjetmacht gegen die Emigrationsbewegung der Mennoniten Anfang 1930 vor dem Hintergrund der massenhaften Schließung von orthodoxen Kirchen, Moscheen, buddhistischen Tempeln (Dazan), katholischen Kirchen, Synagogen und Bethäusern, die der Überzeugung geschuldet war, dass Kolchosordnung und Religion einander ausschlossen. Die Kirchenschließungen gingen mit Gotteslästerungen, mit der Entfernung von Glocken, mit der Zerstörung oder Plünderung von Kircheninventar, der „Erschießung" von Ikonen usw. einher. Die für „kultur-aufklärerische Ziele" genutzten früheren Gotteshäuser wurden in der Regel in einem unhygienischen und ungepflegten Zustand gehalten. Währenddessen begannen die Organe der OGPU der UdSSR den Befehl Nr. 44/21 „Über die Liquidierung des Kulakentums als Klasse" vom 2. Februar 1930 umzusetzen und verhafteten Geistliche und in den Kirchenräten der „Religions- und Sektengemeinschaften aller Art" aktive „Kulaken".[29] Insgesamt wurde in der UdSSR 1930 nach Angaben der OGPU der UdSSR gegen 13 354 Geistliche aller Konfessionen Anklage erhoben.[30] Was Sibirien betrifft, wurde nach Angaben des Sibirischen Regionsrats der Militanten Atheisten bis Juni 1930 fast die Hälfte „aller Popen" strafrechtlich zur Verantwortung gezogen.[31]

Die massive Attacke auf die Kirche stieß bei der Bevölkerung auf heftige Gegenwehr, die zum Teil in gewaltsamem Widerstand gegen Kirchenschließungen, in Massenbeschwer-

---

26 Savin (Hrsg.), Annotirovannyj perečen', S. 342-346.
27 CDNITO, f. 341, op. 1, d. 53, l. 124-125. Für den Hinweis auf das Zitat danken wir A.G. Tepljakov.
28 Sammelbericht der Abteilung für Spionageabwehr der Bevollmächtigten Vertretung der OGPU für Sibirien über die Emigrationsbewegung in den deutschen Kolonien der Region Sibirien nach Stand zum 15. April 1930. Gezeichnet von Leonid M. Zakovskij. Frühestens 15.04.1930. GANO, f. r. 47, op. 1, d. 1164, l. 114.
29 Danilov (Hrsg.), Tragedija, Bd. 2, S. 163-167.
30 Siehe: Ivnickij, Kollektivizacija, S. 115; Berelovič, Danilov (Hrsg.), Sovetskaja derevnja, Bd. 3, Buch 1, S. 484, 522; Junge, Binner, Sekretnyj prikaz, S. 28; Mozochin, Pravo, S. 246-472.
31 Informationsnotiz Nr. 4 des Sibirischen Regionsrats der Militanten Atheisten, Mai 1930. GANO, f. p. 3, op. 3, d. 332, l. 21.

den und in Antikolchosdemonstrationen Ausdruck fand. Als die Machthaber nach der Veröffentlichung von Stalins Aufsatz „Vor Erfolgen von Schwindel befallen. Zu Fragen der
kollektivwirtschaftlichen Bewegung" in der „Pravda" vom 2. März 1930 an der „Kollekti-
vierungsfront" vorübergehend den Rückzug antraten, wurde auch die Praxis der Ausübung
administrativen Drucks im Rahmen des antireligiösen Kampfes verurteilt. So charakterisierte das ZK der VKP(b) die gegen den Willen der überwältigenden Mehrheit der Dorfbewohner erfolgenden Kirchenschließungen am 14. März 1930 als „völlig unzulässige Verzerrung
der im Bereich der Bekämpfung religiöser Vorurteile verfolgten Parteilinie", da eine solche
Maßnahme in der Regel nur die religiösen Vorurteile stärke.[32] Entscheidungen über Kirchenschließungen sollten in Zukunft von den Regions- bzw. Gebietsexekutivkomitees bestätigt werden. Die für die „verletzenden Ausfälle gegen die religiösen Gefühle der Bauern
und Bäuerinnen" Verantwortlichen sollten mit äußerster Strenge zur Rechenschaft gezogen
werden.[33]

Die Führung der OGPU der UdSSR reagierte umgehend auf die neue Parteilinie. Am 22.
März erhielten alle lokalen Verwaltungen der OGPU Anweisungen, wie sie unter den neuen
Bedingungen agieren sollten.[34] Das Rundschreiben bekräftigte zwar, dass die Kirchen als
„Zentren der kirchlichen Konterrevolution" im Interesse des „sozialistischen Umbaus des
Dorfes" liquidiert werden müssten, forderte aber angesichts des gescheiterten Versuchs, dies
durch administrativen Druck zu erreichen, die Praxis der von oben angeordneten Kirchenschließungen zu beenden. In Zukunft sollten die Organe der OGPU jede Kirchenschließung
ernsthaft und umfassend vorbereiten – flankiert von Maßnahmen der Partei und der gesellschaftlichen Organisationen. Insbesondere sollten die Tschekisten für eine schnelle Aussiedlung der nach der Schließung von Kirchen und Bethäusern verbleibenden Geistlichen
sorgen. Kirchendiener, gegen die kompromittierendes Material vorlag, sollten per Beschluss
der Sonderkonferenz beim Kollegium der OGPU zwangsausgesiedelt werden, allen anderen
sollte „taktvoll nahegelegt werden", die zu kollektivierenden Dörfer und Siedlungen auf
eigene Kosten zu verlassen und in die Städte oder in nicht flächendeckend kollektivierte
Rayone zu ziehen.[35]

Die Führung der Geheimpolizei bestritt nicht die Notwendigkeit, administrativen Druck
und Repressionen anzuwenden, bestand aber auf einer sorgfältigen Vorbereitung und Durchführung entsprechender Maßnahmen.[36] So sollten besonders „wertvolle Informanten" aus
den Reihen der Kirchendiener auf ihrem Posten bleiben. Während Geistliche generell dazu
ermuntert wurden, in den Laienstand zu treten, sollten Agenten unter den Geistlichen diesen
Schritt nur tun, wenn dies einen erheblichen Beitrag zur Zersetzung und Diskreditierung der
Kirche spielen konnte, wenn der Agent enttarnt war oder für die unter den Kirchenleuten zu

---

32 Beschluss „Über den Kampf gegen Verzerrungen der Parteilinie in der Kolchosbewegung".
33 KPSS v rezoljucijach, S. 550 f.
34 Rundschreiben Nr. 37 „Über Stand und Perspektiven der Kirchenbewegung und die anstehenden
    Aufgaben der Organe der OGPU". Unterzeichnet von: Chef der Geheimen Einsatzverwaltung der
    OGPU der UdSSR Efim G. Evdokimov, Assistent des Chefs der Geheimabteilung der OGPU der
    UdSSR Evgenij A. Tučkov. Moskau, 1930.
35 Rundschreiben Nr. 37 „Über Stand und Perspektiven der Kirchenbewegung und die anstehenden
    Aufgaben der Organe der OGPU", S. 6.
36 Ebenda, S. 7.

leistende Arbeit keinen Wert mehr hatte.[37] Die Tschekisten wurden verpflichtet, im Fall der Schließung von Kirchen und Bethäusern auch für die Auflösung der Gemeinderäte zu sorgen. Wo die Kirchen noch weiterbestanden, sollten Maßnahmen zum Aufbau und Unterhalt eines umfassenden Informantennetzes ergriffen werden, um sicherzustellen, dass sich die Gemeinderäte aus der Sowjetmacht gegenüber loyal gesinnten Leuten zusammensetzten.[38]

Symptomatisch ist, dass das Rundschreiben hinsichtlich der gegenüber den Kirchen zu verfolgenden Politik klar zwischen flächendeckend kollektivierten und anderen Rayonen differenzierte. In den letzteren sollte die von den Tschekisten verfolgte Strategie auch weiterhin darauf abzielen, innerhalb der religiösen Organisationen Konflikte zu provozieren: „Wir dürfen auf keinen Fall zulassen, dass sich eine kirchliche Einheitsfront bildet, die womöglich mit einer Vereinigung aller heute bestehenden Kirchenströmungen einhergeht", hieß es in dem Rundschreiben. Die Arbeit sei so zu organisieren, dass alle Gruppierungen reaktionärer Kirchenleute und alle Untergrundkirchen unter strenger Beobachtung stünden.[39]

Die faktische Abkehr von dem Versuch, die Kirchenorganisationen im Zuge der Kollektivierung vollständig zu liquidieren, und die Rückkehr zu einer Politik der Spaltung der Konfessionen zeigte sich in aller Deutlichkeit, als die Organe der politischen Polizei die im Spätwinter und Frühjahr 1930 durchgeführte Kampagne zur Neuregistrierung der religiösen Gemeinden in ihrem Interesse instrumentalisierten. Die Führung der Geheimabteilung der OGPU forderte in Gestalt ihres Abteilungschefs Agranov und seines Assistenten E.A. Tučkov von ihren Untergebenen, den Prozess der Neuregistrierung mit der geheimdienstlichen Arbeit unter den „Kirchenleuten" zu verbinden und alle Möglichkeiten zu nutzen, um die Spaltung auf Kosten anderer Strömungen zu vertiefen und die religiöse Bewegung in der Bevölkerung zu schwächen.[40] Einige tschekistische Apparate vor Ort, die die Direktive des Zentrums nur schleppend umgesetzt hatten, unterzog Tučkov heftiger Kritik, da diese Trägheit dazu geführt habe, dass Kirchenleute und Kulakenschaft die Neuregistrierung zur Stärkung der religiösen Bewegung und als Mittel des Kampfes gegen den Kolchosaufbau ausgenutzt hätten.[41] Schließlich gelang es Tučkov, die Kampagne zur Neuregistrierung der religiösen Organisationen in die von den Organen geforderten Bahnen zu lenken.

Unterdessen setzten die Machthaber die gegen die sibirischen Mennoniten gerichteten Repressionen ungeachtet ihres vorübergehenden Rückzugs an der „religiösen Front" unvermindert fort, da deren Widerstand gegen die Kollektivierung im April–Mai 1930 erneut organisierten Massencharakter annahm und die Bevölkerung einer Reihe von Siedlungen kollektiv Ausreisefreiheit forderte. Das wiederum war nicht zuletzt eine Reaktion auf den Druck, den die Machthaber auf die sogenannten „Nichtsäer" ausübten. So reagierte etwa die erweiterte Versammlung der Mennoniten des Dorfsowjets Čistoe (Deutscher Rayon) am 3. Mai 1930 auf Aufrufe des Stellvertretenden Volkskommissars für Bildungswesen der RSFSR und Bevollmächtigten des VCIK V.A. Kurc, die Saatkampagne einzuleiten, mit dem Beschluss, zu emigrieren und nicht auszusäen.[42] Am 22. Mai 1930 wandte sich

---

37 Ebenda.
38 Ebenda, S. 8.
39 Ebenda, S. 10.
40 Zitiert nach: Tumšis, VČK, S. 108.
41 Ebenda.
42 Savin (Hrsg.), Annotirovannyj perečen', S. 346 f.

der Sekretär des Slavgoroder Bezirksparteikomitees I.G. Konončuk mit der Bitte an den Sekretär des Sibirischen Regionsparteikomitees R.I Ejche, einige Gerichtsprozesse gegen „kulakisch-wohlhabende Elemente" durchzuführen, um den Widerstand der Deutschen zu brechen, deren überwältigende Mehrheit die Aussaat kategorisch verweigere.[43] Eine harte Linie verfolgten gegenüber den Mennoniten auch die Organe der OGPU. Am 20. Mai 1930 schlug der Bevollmächtigte Vertreter der OGPU für Sibirien L.M. Zakovskij mit Blick auf die Emigrationsbewegung vor, die Repressionen gegen provokative Gerüchte verbreitende Personen zu intensivieren und sich dabei vor allem auf Kulaken und Geistliche zu konzentrieren.[44] Besonders alarmiert zeigten sich die Machthaber angesichts dessen, dass die Mennoniten des Rayons Blagoveščenka im Juni 1930 eine sogenannte Emigrationskommission gegründet hatten, die Bittsteller an das Zentralexekutivkomitee und die deutsche Botschaft in Moskau entsenden sollte. Als es den Führern der Kommission Ja.N. Fast und N.B. Fast tatsächlich gelang, die deutsche Botschaft in Moskau aufzusuchen, und sie am 1. Juli 1930 beim Volkskommissariat für Innere Angelegenheiten für 300 mennonitische Familien des Bezirks Slavgorod Ausreiseanträge einreichten, wurde der Volkskommissar für Innere Angelegenheiten der RSFSR V.N. Tolmačev umgehend informiert.[45]

Kulminationspunkt des gegen die Maßnahmen der Sowjetmacht gerichteten mennonitischen Widerstands war der sogenannte Halbstadter Aufstand vom 2. Juli 1930.[46] Nach dessen Niederschlagung und der Verhaftung der Organisatoren und aktiven Teilnehmer der Emigrationsbewegung durch die Organe der OGPU[47] fügten sich die Sibiriendeutschen unter dem Eindruck der Repressionen der Kollektivierung. Unmittelbar nach den Ereignissen schrieb der Leiter der Organisationsgruppe des ZK der VKP(b) B. Rodin am 3. Juli 1930 an den Sekretär des Slavgoroder Bezirksparteikomitees V.P. Kuželev: „Zu den weiteren Schritten. Härte [...] ist dringend geboten. Man darf nicht davor haltmachen, die der GPU bekannten antisowjetischen Anführer konsequent auszuheben, und [zwar] nicht nur zu verhaften, sondern auch entweder laut hörbar zu verurteilen oder auf Entscheidung der GPU weit weg

---

43 Ebenda, S. 347.

44 Ebenda, S. 352.

45 Rapport des kommissarischen Chefs der Administrativverwaltung des NKVD Bel'ko an den Volkskommissar für Innere Angelegenheiten der RSFSR Vladimir N. Tolmačev über ein Gesuch der Vertreter der sibirischen Mennoniten, 06.07.1930. GARF, f. 1235, op. 141, d. 765, l. 107.

46 Anklageschrift vom 5. August 1930 gegen 30 Beteiligte des Halbstadter Aufstands. Siehe: Savin (Hrsg.), Annotirovannyj perečen', S. 371-389. Beschreibung und Analyse des Aufstands siehe: Brandes, Kulakenaufstand, S. 98-116; Belkovec, Bol'šoj terror, S. 111-115; Brul', Gal'bstadtskoe vosstanie, S. 461 f.; Brandes, Savin, Die Sibiriendeutschen, S. 346-358.

47 Neben den 30 Beteiligten des Aufstands wurden im Juli 1930 auch 26 Mennoniten verhaftet, die in dem Fall der Emigrationskommission des Bezirks Slavgorod involviert waren. Die in dem Fall Angeklagten wurden am 18. Februar 1931 vom Kollegium zu Freiheitsstrafen unterschiedlicher Länge verurteilt. Insgesamt wurden nach Angaben der Herausgeber des „Buchs der Erinnerung an die Opfer der politischen Repressionen in der Region Altaj" [Kniga pamjati žertv političeskich repressij v Altajskom krae"] (Bd. 1, Barnaul 1998) auf dem Gebiet der Region in den Jahren 1919–1930 147 Deutsche repressiert. Die überwältigende Mehrheit dieser Zahl fällt in die Jahre 1929/30. Auf dem Gebiet des Bezirks Omsk wurde nach unseren auf dem „Buch der Erinnerung an die Opfer der politischen Repressionen im Bezirk Omsk" [Kniga pamjati žertv političeskich repressij Omskoj oblasti"] (Bd. 1–9, Omsk 2000–2003) basierenden Berechnungen 1929–1931 104 Deutsche repressiert.

zu schicken – zur Not auch ins Jenseits".[48] Ungeachtet dieser markigen Worte ist allerdings anzumerken, dass die überwiegende Mehrheit der angeklagten Emigrationswilligen zu fünf bis zehn Jahren Freiheitsentzug verurteilt wurde. Nur fünf der im Zusammenhang mit dem Halbstadter Aufstand Angeklagten wurden am 31. August 1930 durch die Sondertroika der Bevollmächtigten Vertretung der OGPU für die Region Westsibirien zum Tod durch Erschießen verurteilt.[49] Weitere Todesurteile verhängte die Troika am 2. November 1930 gegen die Bewohner der Siedlung Aleksandrovka (Deutscher Rayon) D.I. Gizbrecht und A.A. Peters, die zusammen mit K.G. Ėsterlajn, P.A. Richardt und I.I. Abragamson wegen „illegaler" Tätigkeit zur Organisation der Emigration im Sommer 1930 sowie wegen Führung und aktiver Teilnahme am Halbstadter Aufstand vom 2. Juni 1930 angeklagt waren.[50]

Neben den Repressionen trieb auch materielle Not viele Mennoniten in die Kolchosen, da nur Kolchosmitglieder Lebensmittel und Kredite für den Erwerb von Saatgut, landwirtschaftlichem Inventar und Zugvieh bekommen konnten. Die Behörden der Region Sibirien ergriffen ihrerseits eine Reihe von Maßnahmen zum Wiederaufbau der deutschen Landwirtschaft, teilten den deutschen Kolchosen technisches Inventar zu, bewilligten Darlehen und halfen mit Saatgut und Vieh. Ende 1931 war die Kollektivierung der deutschen Wirtschaften abgeschlossen. Beschleunigt wurde dieser Prozess durch die im Sommer 1931 durchgeführte Massendeportation deutscher „Kulaken"[51] zur Sondersiedlung.

Auch die gegen die emigrationswilligen Mennoniten gerichteten Repressionen wurden in der zweiten Hälfte des Jahres 1930 fortgesetzt und zogen sich bis 1932 hin. Im Dezember 1930 wurde eine weitere Gruppe verhaftet, zu der A.A. Reger, G.M. Freze, F.F. Vibe, Ė.F. Moric, A.Ja. Ruf, M.M. Krauze und A.P. Peters gehörten, denen zur Last gelegt wurde, die religiösen Versammlungen der Slavgoroder mennonitischen Gemeinde im Herbst 1930 zur Organisierung der Emigration missbraucht und antisowjetische Propaganda betrieben zu haben.[52] Besonders alarmiert zeigten sich die Tschekisten angesichts von Versuchen der Mennoniten, durch illegalen Grenzübertritt am Amur über China oder durch Anheuern im Fischfang in Sachalin über Japan nach Amerika auszureisen. Am 9. Dezember 1930

---

48 Schreiben des Leiters der Organisationsgruppe des ZK der VKP(b) B. Rodin an den Sekretär des Slavgoroder Bezirkskomitees der VKP(b) Vasilij P. Kuželev über die Gründe des antisowjetischen Auftretens der Mennoniten, 03.07.1930. GANO, f. p. 2, op. 2. d. 470, l. 377.

49 Insgesamt wurden 1930 16 553 Personen von der Troika der OGPU für Westsibirien verurteilt, davon 4 762 zur Verbannung und 8 756 zu Lagerhaft. Siehe: Mozochin, Gladkov, Menžinskij, S. 402 f.

50 Auszug aus dem Sitzungsprotokoll Nr. 207 der Sondertroika bei der Bevollmächtigten Vertretung der OGPU für die Region Westsibirien, 02.11.1930. OSD GAAK, f. p. 2, op. 7, d. 14583, l. 143. Das Kollegium der OGPU der UdSSR ersetzte am 28. Februar 1931 die Todesstrafe für D.I. Gizbrecht und A.A. Peters durch zehn Jahre Freiheitsentzug. Für K.G. Ėsterlajn und P.A. Richardt wurde die Freiheitsstrafe auf drei Jahre Bewährung reduziert.

51 Kulak („Faust") – Bezeichnung für wohlhabende Bauern im Russischen Reich und in der Sowjetunion. Im Rahmen der Zwangskollektivierung der Landwirtschaft (1928–1933) wurde die Bedeutung des Begriffs „Kulak" auf alle selbstständigen Bauern ausgedehnt. Diese Personen und ihre Angehörigen wurden im Rahmen der Entkulakisierung (1929–1932) als Klassenfeinde deportiert oder erschossen. Siehe dazu auch: Dönninghaus, Stalins Politbüro, S. 34-63; ders., Politbjuro CK VKP(b), S. 69-98; ders., Territorija lojal'nosti, S. 196-226.

52 Anklageschrift der Slavgoroder Rayonsabteilung der OGPU, 30.12.1930. OSD GAAK, f. p. 2, op. 7, d. 19780, l. 68-73.

wurden die Bewohner der im Deutschen Rayon gelegenen Siedlung Polevoe Ja.I. Tejchrib und I.I. Tevs verhaftet und anschließend angeklagt, weil sie versucht haben sollten, die Ausreise der Bewohner der Siedlung zum Amur und die weitere Flucht nach Charbin zu organisieren. Allein schon die Absicht von Mennoniten, in den Fernen Osten zu fahren, wurde als Entfesselung der Emigration und mit Freiheitsentzug zu bestrafendes Verbrechen gewertet.[53] So verurteilte die Sonderkonferenz beim Kollegium der OGPU der UdSSR am 12. Oktober 1931 eine Gruppe sibirischer Mennoniten zu Freiheitsstrafen unterschiedlicher Länge: D.D. Dik zu drei Jahren Lagerhaft, P.G. Fot zu drei Jahren Verbannung nach Kasachstan. G.B. Frizen, G.V. Fast und D.D. Frizen wurden freigesprochen, durften aber für drei Jahre nicht an zwölf Orten der UdSSR leben. Gegen acht weitere Angeklagte wurde das Verfahren eingestellt. Zur Last gelegt wurde den Mennoniten der Versuch, über Sachalin nach Amerika zu emigrieren und der japanischen Spionageabwehr Informationen über die politische und ökonomische Lage im Deutschen Rayon zu übermitteln.[54]

Das offenbar letzte in den 1930er Jahren gegen potentielle Emigranten in Sibirien geführte Strafverfahren war der Fall des früheren Predigers der Slavgoroder mennonitischen Brüdergemeinde D.Ja. Penner und seines Neffen I.I. Dik, die beschuldigt wurden, in aktivem Kontakt mit den deutschen Konsulaten in Novosibirsk, Leningrad und mit der deutschen Botschaft in Moskau zu stehen, diesen Informationen über das Leben der deutschen Bevölkerung Westsibiriens zu übermitteln und Agitation für die Emigration aus der UdSSR zu betreiben. In einem Gesuch an die Behörden schrieb der inhaftierte D.Ja. Penner:

„Und so möchte ich darum bitten, dass uns die OGPU nicht als Agitatoren und Feinde sieht und behandelt, sondern sich in unsere Lage versetzt: Erstens hatten wir doch das Recht auf Ausreise, was in der Sache bewiesen ist, da viele ausgereist sind. Ebenso haben wir 1929 von Kalinin selbst die Freiheit erhalten. Später, als wir in Moskau bei der OGPU waren, wurde uns gesagt, dass man uns ziehen lassen würde, aber Amerika uns nicht aufnehmen wolle. Jetzt hat mir der deutsche Konsul persönlich gesagt, dass wir ausreisen dürften, wenn wir Auslandspässe hätten. Deshalb bitten wir Sie wieder und wieder, sich in unsere Lage zu versetzen und uns in Freiheit zu lassen, mit dem Recht, zu unserem Ziel zu fahren".[55]

Aber die Sowjetmacht blieb für solche Appelle taub. Die Emigrationsbewegung der Sowjetdeutschen sollte für einige Jahrzehnte beendet sein.

Die nächste unmittelbar gegen die Mennoniten gerichtete Massenrepression der 1930er Jahre stand in Zusammenhang mit der sogenannten „Hitlerhilfe". Die Opfer dieser in den Jahren 1934/35 durchgeführten Repressionswelle waren deutsche Sowjetbürger, die im Rahmen der in Deutschland organisierten Aktion „Brüder in Not" Lebensmittelpakete und Geldüberweisungen aus dem Ausland erhalten hatten. Zur Last gelegt wurde ihnen, Informationen über die schwierige Lage und die durch mehrere aufeinander folgende Missernten und die Kollektivierung ausgelöste Hungersnot unter den Deutschen ins Ausland übermittelt zu haben.

---

53 Anklageschrift des Rayonsapparats des Deutschen Rayons der Bevollmächtigten Vertretung der OGPU für die Region Westsibirien, 04.01.1931. Ebenda, d. 19787, l. 69-74.
54 Anklageschrift des Omsker operativen Sektors der Bevollmächtigten Vertretung der OGPU für die Region Westsibirien, 25.03.1931. Ebenda, d. 6143, l. 293-304.
55 Savin (Hrsg.), Annotirovannyj perečen', S. 391 f.

Die Repressionskampagne richtete sich vor allem gegen Freikirchler, deren Auslandskontakte nach Aussagen der Tschekisten bei der Organisation der „Hitlerhilfe" eine Schlüsselrolle spielten, während zugleich die Prediger und Führer der mennonitischen Gemeinden
Hauptempfänger der Hilfe und „Organisatoren der konterrevolutionären Verbindungen der
Sektenangehörigen mit dem Ausland" waren.[56]

In einer Reihe von Rayonen bekamen die Deutschen bereits seit 1932 Pakete und Geldüberweisungen aus Deutschland, worüber die Organe der Geheimpolizei bestens informiert
waren. Im Juli 1932 wies die OGPU ihre lokalen Organe an, die Sowjetdeutschen unter
strengere Beobachtung zu stellen.[57] Im Einzelnen sollten sie Personen deutscher Nationalität ausmachen, die in Korrespondenz mit Verwandten in Deutschland und anderen Ländern
standen, sowie die Überwachung der in der Rüstungsindustrie arbeitenden deutschen Spezialisten und der deutschen Wehrdienstleistenden der Roten Armee intensivieren. Vorgeworfen
wurde den Sowjetdeutschen vor allem, faschistische Propaganda zu betreiben, die u.a. darin
bestand, die Lebensbedingungen in Deutschland und in der Sowjetunion zu vergleichen und
„faschistische" Literatur zu verbreiten.[58]

Im Rayon Slavgorod (Region Westsibirien) erhielt die deutsche Bevölkerung im Som-
mer 1932 über die Außenhandelsgesellschaft „Torgsin" oder unmittelbar auf dem Postweg
Devisenüberweisungen, als deren Absender das „Komitee für Hilfsleistungen an die in der
UdSSR lebenden Deutschen" firmierte. Mit dem auf diesem Wege erhaltenen Geld konn-
ten Bevollmächtigte aus den Reihen der örtlichen Mennoniten in den „Torgsin"-Geschäften
Waren und Lebensmittel kaufen und an Not leidende Deutsche verteilen – vor allem an
Familien verurteilter früherer Prediger. Im Januar 1933 wurden die Bevollmächtigten des
Komitees I.G. Genrichs und Ja.Ja. Špenst verhaftet, was aber lediglich bedeutete, dass die
Tschekisten einen von vielen Kanälen der Hilfsleistungen unterbrachen.[59] Nach Angaben
der Verwaltung des NKVD für die Region Westsibirien gingen allein zwischen Januar und
Juli 1934 beim Deutschen Konsulat in Novosibirsk über tausend Hilfsgesuche ein. So hätten sich die Bürger des Deutschen Rayons und der Rayone Slavgorod, Ljubinskij, Šerbakul'
(Region Westsibirien) hilfesuchend an das Konsulat und an deutsche Wohltätigkeitsorganisationen gewandt und dabei „erfundene Angaben über Hunger, fehlende Kleidung usw."
vorgebracht. Um die „konterrevolutionären Aktionen" der Deutschen zu unterbinden, liquidierten die sibirischen Tschekisten bis Ende August 1934 neun „antisowjetische Gruppen",
denen angeblich insgesamt 50 Personen angehörten.[60]

Am 5. November 1934 wies das ZK der VKP(b) die lokalen Parteiorganisationen und
die Organe des NKVD in seinem berühmt-berüchtigten Telegramm[61] an, Strafmaßnahmen
gegen die „konterrevolutionären und antisowjetisch gestimmten Elemente" der deutschen
Rayone einzuleiten. Den ersten Anstoß, dieses Telegramm zu verfassen, gab offenbar ein

---

56 Orientirovka Osobogo otdela, S. 13.
57 Rundschreiben „Über die Bekämpfung der Spionage- und Sabotagetätigkeit der deutschen Fa-
    schisten gegen die UdSSR".
58 Text des Rundschreibens siehe: Chaustov, Repressii, S. 75 f.
59 Siehe: Savin (Hrsg.), Annotirovannyj perečen', S. 392-395.
60 Berelovič, Danilov (Hrsg.), Sovetskaja derevnja, S. 626 f. [mit Verweis auf: CA FSB RF, f. 3, op.
    1, d. 724, 1. 61-79].
61 Der Text des Telegramms wurde erstmals von V.I. Šiškin veröffentlicht in: Sovetskie nemcy:
    u istokov; siehe auch die gleichnamige Publikation: Sovetskie nemcy: u istokov tragedii, S. 102 f.

Schreiben des Chefs der Politabteilung der Maschinen-Traktoren-Station Akkarža (Rayon Spartakovka / Gebiet Odessa) M. Poljanskij vom 21. April 1934 an den Ersten Sekretär des ZK der KP(b)U S.V. Kosior, in dem davon die Rede war, dass die Deutschen „Almosen von Hitler" erhielten.[62] Während das Mitglied des Politbüros des ZK der VKP(b) L.M. Kaganovič Poljanskij riet, die Kolchosbauern durch entsprechende Arbeit unter den Massen dazu zu drängen, auf das Geld zugunsten des ZK der Internationalen Roten Hilfe zu verzichten, wies Kosior die Organe der OGPU der Ukraine an, ihm detaillierte Information zukommen zu lassen.

Schließlich erhielten S.V. Kosior und der Sekretär des ZK der KP(b)U P.P. Postyšev am 22. Mai 1934 eine vom Vorsitzenden der GPU der Ukraine V.A. Balickij gezeichnete Aktennotiz über die „Hitlerhilfe", in deren Einleitung es hieß, dass die deutschen Konsulate und nationale Organisationen ihre Aktivitäten in der Ukraine seit Hitlers Machtergreifung ausgeweitet hätten und sich dabei auf das antisowjetische Aktiv der deutschen Kolonien (Geistlichkeit, Lehrerschaft, Kulaken und deutsche Staatsangehörige) stützen könnten. Wichtigstes Instrument zur Einflussnahme auf die in der Ukraine lebende deutsche Bevölkerung sei „die Gewährung materieller Hilfe", die über den „Bund der Auslandsdeutschen"[63] abgewickelt werde, der eine Filiale des deutschen Nachrichtendienstes sei und in den deutschen Kolonien der Ukraine über gute Verbindungen verfüge. Als Mittler zwischen den verschiedenen Wohltätigkeitsorganisationen wie z.B. „Brüder in Not" und der in der Ukraine ansässigen deutschen Bevölkerung träten seinerzeit nach Deutschland emigrierte „deutsche Pastoren und Prediger" auf. Des Weiteren informierte Balickij die Führung der Ukraine über den Umfang der von den Deutschen empfangenen Hilfe.

Das Hauptvergehen der Deutschen bestand nach Ansicht Balickijs darin, massenhaft „provokative Briefe über Hunger und Tod in der Ukraine" nach Deutschland zu schicken, um möglichst viel Hilfe zu bekommen. Die „Hitlerhilfe" sei maßgeblich dafür verantwortlich, dass die Deutschen antisowjetisch gestimmt seien, sich weigerten, den Kolchosen beizutreten, ihre Wohnorte verließen und in den Kolchosen massenhaft die Arbeit verweigerten. Abschließend teilte der Vorsitzende der GPU der Ukraine die Verhaftung von 85 aktiven Organisatoren der „Hitlerhilfe" mit, bei denen es sich größtenteils um „Pastoren, Sektenprediger, Küster, Personen aus dem Kirchenaktiv und Kulaken" handele. Etwa 60 weitere Personen seien zur Verhaftung ausgeschrieben, das Agentennetz der Tscheka betreibe „Zersetzungsarbeit" unter den Kolchos- und Einzelbauern, um diese zum Verzicht auf die „Hitlerhilfe" zu bewegen.[64]

---

62 Chaustov, Naumov u.a. (Hrsg.), Lubjanka. Stalin i VČK, S. 527-529 [mit Verweis auf: AP RF, f. 3, op. 58, d. 268, l. 11-17]; Sergijčuk, Vznos Gitlera. Bereits 1933 erreichte die von Deutschland geleistete Hilfe ein solches Ausmaß, dass in den deutschen Kolonien der Ukraine eine Sonderkommission zur Untersuchung der Lage gegründet wurde, die im September 1933 eine Aktennotiz für das Politbüro des ZK der KP(b)U vorbereitete. Siehe: Čencov, Tragičeskie sud'by, S. 73.

63 Der „Bund der Auslandsdeutschen" wurde 1933 in „Volksbund für das Deutschtum im Ausland" (VDA) umbenannt.

64 Schapowal, Balitzki, S. 99. Nach den von Čencov angeführten Daten hoben die Organe der GPU der Ukraine im ersten Halbjahr 1934 in 240 deutschen Orten 85 faschistische Organisationen aus und verhafteten dabei über 250 Personen, von denen 150 verurteilt wurden. Siehe: Čencov, Tragičeskie sud'by, S. 68.

Die höchste Führung der Ukraine reagierte unverzüglich: Am 3. Juni 1934 wandten sich P.P. Postyšev und der Vorsitzende des Rats der Volkskommissare der Ukrainischen SSR P.P. Ljubčenko mit der Bitte an Stalin, „zusätzliche Maßnahmen von Seiten des ZK der VKP(b)" zu ergreifen, die wenn nicht zur völligen Einstellung, so doch wenigstens zu einer deutlichen Begrenzung der offenkundig provokativen, den Charakter einer offenen politischen faschistischen Kampagne tragenden Geldsendungen führen würden.[65] Ein solches Gesuch des höchsten politischen Führers der Ukraine konnte natürlich nicht ohne Antwort von Seiten des ZK der VKP(b) bleiben. Am 5. August 1934 bestätigte das Politbüro des ZK den durch Befragung der Mitglieder des Politbüros vom 25. Juli 1934 angenommenen Beschluss „Über die deutsche Hungerkampagne", dem zufolge eine „Kommission aus dem Volkskommissariat für Äußere Angelegenheiten (Genosse Krestinskij), der Staatsbank (Genosse Arkus) und Torgsin" beauftragt wurde, konkrete Vorschläge zur Unterbindung der aus Deutschland kommenden Geldtransfers auszuarbeiten. Gleichzeitig schickte das Volkskommissariat für Äußere Angelegenheiten eine Anordnung an die örtlichen Stellen, die jegliche auf die Verteilung humanitärer Hilfe bzw. die Durchführung „provokativer Arbeit" gerichteten Aktivitäten der deutschen Konsulate verbot.[66]

Im Sommer 1934 folgte die Anordnung des Stellvertretenden Volkskommissars für Innere Angelegenheiten der UdSSR Ja.S. Agranov, entschiedener gegen Sowjetdeutsche vorzugehen, die Informationen über den Hunger an den Westen gaben – nach sowjetischer Lesart also „Verleumdungen über den Hunger in der UdSSR" verbreiteten. Damit reagierte er auf eine Sondermitteilung der Führung des NKVD, der zufolge in den USA, in Frankreich und in der Schweiz Serien von Diapositiven über den Hunger in der UdSSR aufgetaucht waren, die der frühere Direktor der deutsch-sowjetischen landwirtschaftlichen Konzession „DRUSAG"[67] im Nordkaukasus F. Ditlov gesammelt hatte.[68] Die Konzession selbst wurde Anfang 1934 aufgrund der Beschuldigung liquidiert, ihre Führung habe faschistische Spionagearbeit betrieben.[69]

Die weitere Entwicklung der gegen Mennoniten und andere Sowjetdeutsche gerichteten Repressionen stand bereits unter dem Einfluss des Telegramms des ZK der VKP(b) vom 5. November 1934. In Sibirien hatten diese Repressionen wie schon im Fall des Kampfes gegen die deutsche Emigrationsbewegung Massencharakter. Am 13. November 1934 wies das Büro des Regionsparteikomitees Westsibirien die Partei- und Sowjetorgane sowie die Organe des NKVD an, Repressionen gegen die deutsche Bevölkerung der Region einzuleiten.[70] Im Einzelnen hieß es in dem Beschluss:

„Die Organe des NKVD, der Staatsanwaltschaft und der Gerichte verpflichten, Fälle faschistischer, Sabotage- und sonstiger konterrevolutionärer Elemente im Deutschen Rayon

---

65 Chaustov, Naumov u.a. (Hrsg.), Lubjanka. Stalin i VČK, S. 527 f.; Sergijčuk, Vznos Gitlera.
66 Dönninghaus, Minderheiten in Bedrängnis, S. 518.
67 Deutsch-russische Saatbau AG (DRUSAG).
68 Chaustov, Repressii, S. 76. Die Konzession „DRUSAG" wurde 1924 auf dem Gebiet der Region Nordkaukasus (nach 1928 Territorium des deutschen Rayons Vannovskoe im Bezirk Armavir) gegründet und war im Bereich der Züchtung von Edelsamen und der Selektion von Vieh tätig.
69 Cencov, Tragičeskie sud'by, S. 71.
70 Beschluss „Über Maßnahmen zur Bekämpfung konterrevolutionärer Elemente unter der deutschen Bevölkerung".

und in den deutschen Kolchosen anderer Rayone schneller zu prüfen. Organisatoren und Verteiler von ‚Hitlerhilfe' verhaften. Fälle konterrevolutionärer Elemente, deren Schuld an anderen konterrevolutionären Verbrechen außer der Organisation und Verteilung von ‚Hitlerhilfe' festgestellt wurde, an den örtlichen Gerichten verhandeln und gegen diese harte Strafen verhängen. Die Rayonsparteikomitees anweisen, über die Rayonsexekutivkomitees und die Dorfsowjets auf den allgemeinen Versammlungen von der deutschen Bevölkerung zu verlangen, jegliche Verbindungen zu ausländischen bourgeoisfaschistischen Organisationen abzubrechen und auf ‚Hitlerhilfe' zu verzichten, und sie zu warnen, dass sie im Falle der Nichtbeachtung dieser Forderung zur Verantwortung gezogen werden. Die Organe des NKVD verpflichten, in Zukunft alle, die diesen Forderungen nicht Folge leisten, zu verhaften".[71]

Am 15. November 1934 wurden Eingreiftruppen des NKVD in die Rayone mit deutschen Siedlungen der Region Westsibirien geschickt. Auf Anordnung des Regionsparteikomitees vom 13. November 1934 führte das Sonderkollegium des Regionsgerichts in der Zeit zwischen dem 17. November und dem 9. Dezember 1934 in vier Siedlungen des Deutschen Rayons Schauprozesse durch. Am 17./18. November wurden die in der Siedlung Djagilevka (Dorfsowjet Orlovo) ansässigen Mennoniten und Mitglieder der Kolchose „Arbeiterfreund" P.Ja. Gerbrandt, I.Ja. Derksen, K.G. Ėpp und der Vorsitzende der Kolchose „Arbeiterfreund" G.F. Unru, bei denen es sich um frühere Teilnehmer der Emigrationsbewegung handelte, angeklagt, systematisch für den Zerfall der Kolchose und die Gründung einer Emigrationsgruppe agitiert zu haben, und zum Tod bzw. zu langen Freiheitsstrafen aufgrund konterrevolutionärer Sabotage nach Artikel 58-14 des Strafgesetzbuchs der RSFSR verurteilt.[72] Am 19./20. November 1934 standen in der im Deutschen Rayon gelegenen Siedlung Petrovka die Mitglieder der Kolchose „Bol'ševik" F.F. Berch, P.G. Buller, A.Ja. Vibe und G.G. Jancen vor Gericht, weil sie sich geweigert hatten, zur Erfüllung der Planzahlen unreifes Getreide zu ernten. Das Gericht verurteilte den früheren Prediger der mennonitischen Gemeinde F.F. Berch und den Kulaken P.G. Buller zum Tod durch Erschießen und A.Ja. Vibe und G.G. Jancen zu zehn bzw. fünf Jahren Freiheitsentzug.[73] Am 6. Dezember 1934 wurden in der Siedlung Černavka (Dorfsowjet Aleksandrovskoe) die Mitglieder der Kolchose „Chleborob" I.G. Tissen, F.F. Šreder, D.P. Unru und A.A. Vall wegen konterrevolutionärer Agitation gegen den Kolchosaufbau, Sabotage, Verbindungen zum deutschen Konsul in Novosibirsk und „Hilfsgesuche an Hitler" zu Freiheitsstrafen zwischen einem und fünf Jahren verurteilt.[74] Auf der folgenden auswärtigen Sitzung des Sonderkollegiums des Westsibirischen

---

71 GANO, f. p. 3, op. 1, d. 600v, l. 85-88. Veröffentlicht: Sovetskie nemcy: u istokov tragedii. Publikation vorbereitet von V.I. Šiškin, in: Nauka v Sibiri (1992), Nr. 28; siehe auch die gleichnamige Publikation: Sovetskie nemcy: u istokov tragedii, S. 103-106.

72 Urteil der Auswärtigen Verhandlung des Sonderkollegiums des Westsibirischen Regionsgerichts bezüglich der Mitglieder der Kolchose „Arbeiterfreund" des Deutschen Rayons Petr Ja. Gerbrandt, Ivan Ja. Derksen, Klass G. Ėpp, Genrich F. Unru, 18.11.1934. GANO, f. r. 1027, op. 2, d. 134, l. 7-8.

73 Urteil der Auswärtigen Verhandlung des Sonderkollegiums des Westsibirischen Regionsgerichts, 20.11.1934. Ebenda, d. 146, l. 3-5.

74 Urteil der Auswärtigen Verhandlung des Sonderkollegiums des Westsibirischen Regionsgerichts, 06.12.1934. Ebenda, d, 153, l. 3-5. Vgl. dazu: OSD GAAK, f. p. 2, op. 7, d. 8701, tom 8, l. 388-390. Das Urteil ist veröffentlicht in: Savin (Hrsg.), Annotirovannyj perečen', S. 414-416.

Regionsgerichts wurden für konterrevolutionäre Sabotage, Untergrabung der Erntearbei-
ten und der Getreideabgabe sowie kolchos- und „traktorenfeindliche" Stimmungen die in
der im Deutschen Rayon gelegenen Siedlung Kusak ansässigen Mennoniten V.Ja. Kazdorf,
D.A. Fast, G.G. Rejmer, M.M. Ėns und I.G. Mantljar verurteilt.[75]

Die Eingreiftruppen des NKVD fuhren eine noch deutlich größere „Ernte" an Opfern
ein. Am 25. Dezember 1934 berichtete der Chef der Verwaltung des NKVD für die Region
Westsibirien N.N. Alekseev, dass 1934 in den deutschen Kolonien im Zuge der Maßnahmen
zur Spionageabwehr insgesamt fünf konterrevolutionäre Organisationen, 84 Gruppierungen
und 33 Einzeltäter liquidiert und insgesamt 577 Personen zur Rechenschaft gezogen worden
seien.[76]

Einer der größten gegen die Mennoniten gerichteten Fälle war die angeblich vom Vorsitzenden der Kolchose „Ėlektrik" K.K. Dik geführte sogenannte konterrevolutionäre faschistische Organisation des Rayons Rodino. Von den 18 in diesem Fall verurteilten Personen
figurierten in den Dokumenten vier als Prediger mennonitischer oder baptistischer Gemeinden (D.B. Garder, I.I. Gibert, I.K. Plet und P.K. Unru), einer als Lehrer- und Predigersohn
(A.D. Garder), einer als Vorsitzender des Rats der baptistischen Gemeinde (G.P. Nejman)
und drei als „aktive Sektenangehörige" (A.Ja. Dik, P.I. Zimens und Ja.F. Cil'ke). Ein weiterer Verurteilter (I.P. Plet) war nach Auskunft des Dorfsowjets Gljaden' Prediger der Sekte
der Subbotniki.[77] So wurden zehn Personen auch für ihre religiöse Überzeugung verurteilt.

In Vollzug der im Telegramm vom 5. November 1934 enthaltenen Anweisung des ZK
der VKP(b), in den deutschen Kolonien antisowjetische Elemente zu verhaften und zu erschießen, führten das Westsibirische Regionsparteikomitee und die Verwaltung des NKVD
für die Region Westsibirien eine antideutsche Repressionsaktion durch, in deren Folge Hunderte Bauernfamilien nach Narym deportiert wurden und allein bis Ende 1934 etwa 600
Deutsche zur strafrechtlichen Verantwortung gezogen wurden.[78] In seinem Bericht über die
Umsetzung des Beschlusses des ZK der VKP(b) vom 5. November 1934 an das ZK der
VKP(b) konstatierte R.I. Ejche befriedigt, dass die Zahl der von der Bevölkerung des Deutschen Rayons beim deutschen Konsulat in Novosibirsk eingereichten Hilfsgesuche von 248

---

75 Urteil der Auswärtigen Verhandlung des Sonderkollegiums des Westsibirischen Regionsgerichts,
   09.12.1934. GANO, f. r. 1027, op. 2, d. 138, l. 2-3.
76 Bericht der Führung der Verwaltung für Staatssicherheit der Westsibirischen Regionsverwaltung
   des NKVD an den Sekretär des Regionskomitees der VKP(b) Robert I. Ejche „Über die Ergebnisse
   der in den deutschen Kolonien der Region Westsibirien geleisteten operativen Arbeit nach Stand
   zum 19.12.1934", 25.12.1934. GANO, f. p. 3, op. 2, d. 595, l. 55-60. Veröffentlicht in: Sovetskie
   nemcy: u istokov, Nr. 30. Siehe auch die gleichnamige Publikation: Sovetskie nemcy: u istokov
   tragedii, S. 112-117.
77 Die Subbotniki (deutsch: Sabbatianer) ist eine mosaische Religionsgemeinschaft. Da sie am Samstag (russisch: *subbota*) die Arbeit ruhen ließen, entstand daraus ihre Selbstbezeichnung.
78 Aktennotiz des Sekretärs des Rayonskomitees der VKP(b) des Deutschen Rayons Julius Berger an
   das ZK der VKP(b) über den Gang der Umsetzung der die Arbeit unter der deutschen Bevölkerung
   betreffenden Anordnung des ZK vom 4. November 1934, 11.12.1934. Gosudarstvennyj archiv
   Altajskogo kraja [Staatliches Archiv der Region Altaj, GAAK], f. p. 1892, op. 1, d. 20, l. 40-
   41; Aktennotiz des Sekretärs des Westsibirischen Regionskomitees der VKP(b) Robert I. Ejche
   „Über die Umsetzung der den Kampf gegen das konterrevolutionäre faschistische Element in
   den deutschen Kolonien betreffenden Anordnung des ZK der VKP(b) vom 5. November 1934".
   Februar 1935. GANO, f. p. 3, op. 2, d. 595, l. 79-85.

im Juli 1934 in den Folgemonaten bis Februar 1935 auf null gesunken sei. Im gleichen Zeitraum sei die Zahl der aus dem Rayon Slavgorod eingegangenen Hilfsgesuche von 24 auf null und im Rayon Moškovo von fünf auf nur noch eines gefallen[79].

Im Januar 1935 berichtete G.G. Jagoda Stalin über die Resultate der von den Organen des NKVD auf Grundlage der Direktiven des ZK der VKP(b) gegen die „faschistischen konterrevolutionären Organisationen" eingeleiteten Maßnahmen: Die Aktivitäten der Organisationen „Brüder in Not" und „Bund der Auslandsdeutschen", deren Aktivisten den in der Ukraine, im Nordkaukasus und in der ASSR der Wolgadeutschen lebenden Sowjetdeutschen über 600 000 Mark und 14 500 Dollar übergeben hätten, seien unterbunden worden.

Insgesamt wurden im Rahmen der gegen die Empfänger von „Hitlerhilfe" gerichteten Repressionen im Jahr 1934 etwa 4 000 Sowjetdeutsche verhaftet.[80] In den Jahren 1934–1936 führten die Organe der Hauptverwaltung für Staatssicherheit des NKVD der UdSSR die großangelegte Kampagne „Braunes Spinnennetz" durch, in deren Verlauf alle Personen unter Beobachtung gestellt wurden, die in irgendeiner Beziehung zu reichsdeutschen diplomatischen Vertretungen standen.[81]

In den Jahren 1935/36 deckten die Organe des NKVD mehrere große „Spionagefälle" auf, als deren Hauptakteure Sowjetdeutsche firmierten. Die Sonderabteilung der Hauptverwaltung für Staatssicherheit des NKVD der UdSSR hob am 5. September 1935 hervor, dass sich sowohl „in den städtischen Betrieben als auch in den deutschen Dörfern der Ukraine, Transkaukasiens, der Region Saratov und anderer Rayone [...] neue illegale faschistische Kader" formiert hätten.[82] Im Verlauf des Jahres 1935 „entlarvte" das NKVD der UdSSR 24 angeblich unter dem Deckmantel der „DRUSAG" in der Region Azov-Schwarzmeer, in der ASSR der Wolgadeutschen, in der Region Kujbyšev und in der Ukraine agierende Gruppierungen und repressierte 103 Personen.[83] In der Region Azov-Schwarzmeer wurden im Rahmen einer Operation zur „Ausmerzung des aus früher bei der DRUSAG beschäftigten Deutschen, Kulaken und Mennoniten bestehenden faschistischen Untergrunds" etwa 70 Mennoniten verurteilt.[84] Im Rayon Koški (Region Kujbyšev) wurden im April 1935 eine aus acht Personen bestehende „faschistische Gruppe mennonitischer Prediger und deutscher Kulaken" und eine aus fünf Personen bestehende, angeblich von dem früheren Mitarbeiter der „DRUSAG" und Mennoniten G.L. Penner gegründete „Gruppe faschistischer Jugend" liquidiert, die „systematisch illegale Versammlungen organisiert, faschistische Agitation betrieben und unter der deutschen Bevölkerung ‚Hitlerhilfe' verteilt" haben sollte.[85]

In der ASSR der Wolgadeutschen und der Region Saratov wurden in der zweiten Jahreshälfte 1935 im Zusammenhang mit fünf „faschistischen deutschen Organisationen" und 17

---

79 Ebenda.
80 Chaustov, Repressii, S. 77; ders.: Inostrancy, S. 223. Chaustov merkt an, dass die gegen die Deutschen gerichteten Fälle in erheblichem Maße ausschließlich auf der Anschuldigung basierten, materielle Hilfe verteilt und Verleumdungen über den unter den Sowjetdeutschen herrschenden Hunger ins Ausland übermittelt zu haben.
81 Ebenda, S. 224.
82 Orientierungsschreiben „Über die Tätigkeit des reichsdeutschen Nachrichtendienstes im ersten Halbjahr 1935".
83 Čencov, Tragičeskie sud'by, S. 71.
84 Orientirovka Osobogo otdela, S. 9.
85 Ebenda.

Gruppen insgesamt 218 Personen verhaftet, bei denen es sich größtenteils um frühere Unternehmer, Kulaken, Freikirchler und Angehörige der nationalen Intelligenz handelte.[86] Im Fall „Raketa" wurde gegen 18 Mennoniten ein Verfahren eröffnet.[87] In den in der ASSR der Wolgadeutschen gelegenen Kantonen Balzer und Krasnyj Jar wurden „Sektengruppen" der Betbrüder aufgrund der Anschuldigung liquidiert, „unter dem Deckmantel von Versammlungen" Maßnahmen von Partei und Regierung untergraben und den Zerfall der Kolchosen betrieben zu haben.[88] Grundsätzlich zeigte sich die Führung des NKVD der UdSSR mit der von den Tschekisten in den deutschen Dörfern geleisteten „Arbeit" höchst zufrieden. So begründete z.B. der Chef der Sonderabteilung der Hauptverwaltung für Staatssicherheit des NKVD der UdSSR M.I. Gaj im Juli 1935 seine Anweisung, der Arbeit unter den in den großen städtischen Zentren lebenden Deutschen größere Aufmerksamkeit zukommen zu lassen, mit der Feststellung, dass der Kampf gegen die deutsche Spionage und faschistische Konterrevolution in den Städten viel weniger intensiv geführt werde als in den deutschen Dörfern.[89]

1936 wurden die Auslandskontakte der Sowjetdeutschen noch weiter kriminalisiert. Im Juni 1936 fasste die Führung des NKVD den Beschluss, alle Verbindungen der Sowjetdeutschen zu den reichsdeutschen Vertretungen in der UdSSR zu kappen. So weist V.N. Chaustov darauf hin, dass es Ende 1936 bei der Überwachung der Umgebung der reichsdeutschen Vertretungen in sehr viel größerem Maße als in den vorangegangenen Jahren darum ging, deren Mitarbeiter vollständig von Sowjetbürgern zu isolieren.[90] Allein im November 1936 wurden in der UdSSR im Zusammenhang mit deutschen Spionagefällen 136 Personen verhaftet, unter denen 21 reichsdeutsche Staatsangehörige, vier Bürger anderer Staaten und 111 Sowjetbürger waren.[91]

Auch wenn Angehörige der Freikirchen immer wieder ins Visier der Sicherheitsorgane gerieten, ging es bei den gegen die deutschen Freikirchler gerichteten Repressionen in den 1930er Jahren bis zum Beginn des Großen Terrors vor allem darum, die Aktivitäten einer potentiellen „Fünften Kolonne" zu unterbinden, während der antireligiöse Kampf nur noch im Hintergrund eine Rolle spielte. Dafür gab es durchaus Gründe. Der massive Rückgang der Zahl der Gotteshäuser und Kirchendiener im Kolchosdorf, die Einstellung der Tätigkeit des Bundes der Militanten Atheisten, die Tatsache, dass nur noch selten in größeren Auflagen antireligiöse Publikationen veröffentlicht wurden, und das faktische Fehlen entsprechender Beschlüsse der Führung der VKP(b) zur „religiösen" Frage führten in den 1930er Jahren dazu, dass der Kampf gegen die Religion nicht mehr als eine Aufgabe höchster Priorität angesehen wurde und sich vor allem in der Provinz die Vorstellung verbreitete, die Religion nicht mehr bekämpfen zu müssen, weil sie ohnehin von allein absterbe.

So war der antireligiöse Kampf in der ersten Hälfte der 1930er Jahre vor allem darauf ausgerichtet, die Gemeinden aus ihren Kirchen und Bethäusern zu verdrängen. Die Schließung von Gotteshäusern folgte in der Regel dem folgenden Schema: Entweder wurde

---

86 Ebenda, S. 26 f.
87 Chaustov, Repressii, S. 81.
88 Orientirovka Osobogo otdela, S. 30 f.
89 Ebenda, S. 18.
90 Chaustov, Inostrancy, S. 224.
91 Ebenda, S. 225.

das Gebäude zielgerichtet mit so hohen Steuern und Abgaben (Grundsteuer, Versicherungszahlungen) belegt, dass die Gläubigen diese unmöglich zahlen konnten, oder der örtliche Sowjet stellte fest, dass Instandhaltungsarbeiten nicht durchgeführt worden seien, der Brandschutz nicht gewährleistet sei oder der den Gläubigen zur Miete überlassene Kirchenbesitz „veruntreut" werde, was dann zur Folge hatte, dass der Nutzungsvertrag für das Gebäude nicht verlängert wurde. Das Fehlen einer Kirche hatte wiederum automatisch zur Folge, dass die Gemeinde nicht neu registriert wurde. Parallel wurde die Zahl der Kirchendiener immer kleiner, weil die Geistlichen entweder willkürlich repressiert oder durch überhöhte Besteuerung gezwungen wurden, in den Laienstand zu treten.

Eine verbreitete Herangehensweise, bei der die „Lösung" der religiösen Frage für die Behörden mit besonders geringem Aufwand verbunden war, bestand darin, die Gotteshäuser durch deren „vorübergehende" Nutzung als Getreidespeicher faktisch zu schließen. So war es in Sibirien bereits 1933 gängige Praxis, Kirchen und Bethäuser unter dem Vorwand fehlender Lagerhallen ohne Sanktionierung durch die Regionsbehörden zur Aufschüttung von Getreide und Saatgut zu nutzen.[92] Auf diese Weise wurde die überwältigende Mehrheit der Gotteshäuser der Region im Herbst 1934 „vorübergehend" zur Getreideaufschüttung zweckentfremdet. Das Getreide wurde – oft mit voller Absicht – über einen langen Zeitraum nicht aus den Gotteshäusern geholt. Nach Angaben der Kommission für Kultangelegenheiten beim Präsidium des Zentralexekutivkomitees der UdSSR gab es zum 1. Januar 1936 in der Sowjetunion noch 30 543 Gotteshäuser, die zu einem Drittel (9 878) nicht für Gottesdienste genutzt werden konnten, da sie als Lagergebäude dienten – vor allem zur vorübergehenden Aufschüttung von Getreide.[93]

Mit der Verabschiedung der Verfassung von 1936 und der Vorbereitung der Wahlen zum Obersten Sowjet der UdSSR wurde das Problem des antireligiösen Kampfes erneut aktuell. Angesichts der Tatsache, dass die Verfassung auch früheren Lišency – und somit auch den Geistlichen – das Wahlrecht zugestand, kam bei einem Teil der Bevölkerung tatsächlich die Hoffnung auf, dass sich der Staat von der Verfolgung der Religion lossagen würde. Überall in der Sowjetunion wurden Forderungen laut, den Gläubigen Kirchen und Bethäuser zurückzugeben und die Abhaltung religiöser Rituale zu erlauben, was sowohl die Partei- und Sowjetführung als auch die Organe des NKVD in Alarmbereitschaft versetzte.

Eine klare Vorstellung davon, wie die Staatssicherheitsorgane ihre gegen die religiösen Organisationen in der UdSSR gerichtete Arbeit im Vorfeld des Großen Terrors aktivierten, vermittelt das Rundschreiben Nr. 3 der Geheimpolitischen Abteilung der Hauptverwaltung für Staatssicherheit des NKVD der UdSSR „Über die die Kirchen- und Sekten-Konterrevolution betreffende agentur-operative Arbeit" vom 10. Januar 1936, dessen Einleitung eine Zunahme der konterrevolutionären Aktivitäten konstatierte: Die Tatsache, dass in vielen Regionen konterrevolutionäre Kirchen- und Sektenformationen liquidiert worden seien, zeuge ebenso wie die vorliegenden Agentenberichte von einer Zunahme der von den Kirchenleuten und Sektenangehörigen betriebenen konterrevolutionären Aktivität, von einem Wachsen des Untergrunds, von der Wiederherstellung organisatorischer Verbindungen

---

92 Siehe ausführlicher: Savin, Kolesnikov, Delo svjaščennika, S. 288-295.
93 Notiz der Kommission für Fragen der Kulte beim Präsidium des Zentralexekutivkomitees der UdSSR über die Lage der Konfessionen. Spätestens 14.02.1937. GARF, f. 1235, op. 141, d. 2021, l. 7-10.

und dem Bestehen von Führungszentren.[94] Nach Ansicht der Tschekisten ging die Wiedergeburt der Gemeinden maßgeblich von den aus der Lagerhaft bzw. Verbannung zurückkehrenden „illegalen professionellen [Kirchendienern], Kirchen- und Sektenführern" aus. Die Liste der von den Tschekisten liquidierten „religiösen" Organisationen enthielt deutlich mehr freikirchliche als orthodoxe Organisationen. Auch wenn die Mennoniten an dieser Stelle nicht ausdrücklich genannt werden, gibt es doch indirekte Hinweise darauf, dass sie stark vertreten waren: So ist in dem Rundschreiben von einem „zahlenmäßig großen Untergrund pazifistischer Sektenmitglieder" im Gebiet Dnepropetrovsk und „einer Reihe ernst zu nehmender Formierungen von Kirchenleuten und Sektenangehörigen" im Gebiet Orenburg die Rede.[95] Beide Regionen waren kompakte Siedlungsgebiete der Mennoniten. Der Maßnahmenkatalog, mit dem die Staatssicherheitsapparate vor Ort gegen die zunehmenden Aktivitäten der „Kirchenleute und Sektenangehörigen" vorgehen sollten, lief im Wesentlichen darauf hinaus, die geheimdienstlichen Aktivitäten unter den Gläubigen zu intensivieren. In allen Fällen, in denen bereits „aktive konterrevolutionäre Aktivitäten" aufgedeckt worden waren, wurden Verhaftungen angeordnet, bei denen „kein einziger Beteiligter des konterrevolutionären Untergrunds unrepressiert bleiben" sollte. Außerdem sollte das Agenten- und Informantennetz durch Anwerbungen unter den aus dem Lager zurückkehrenden oder noch im Lager bzw. in der Verbannung befindlichen Kirchen- und Sektenführern erneuert und ausgeweitet werden. Alle in die Freiheit zurückkehrenden Gläubigen sollten „unter strenge Beobachtung gestellt werden".[96]

Davon, dass die die Mennoniten betreffenden Forderungen dieses Rundschreibens tatsächlich umgesetzt wurden, zeugt der Fall einer im September 1936 vom NKVD der Ukraine liquidierten „deutschen konterrevolutionären Sabotage- und Aufstandsorganisation", die sich angeblich bereits 1931 aus deutschen früheren Gutsbesitzern, Weißgardisten, Mitgliedern des mennonitischen „Bunds der holländischen Auswanderer in der Ukraine" und einem gewissen „Allunionszentrum der deutschen Baptisten" gebildet haben sollte. Zellen dieser Organisation wurden in den deutschen Kolonien der Gebiete Doneck und Dnepropetrovsk sowie in Unternehmen in Artemovsk, Dnepropetrovsk, Konstantinovka, Kramatorsk und Slavjansk „aufgedeckt".[97]

1936 liquidierte die Verwaltung des NKVD für die Region Nordkaukasus im Rayon Aleksandrovka eine von dem früheren Einwohner des Bezirks Slavgorod N.A. Rejmer angeführte „faschistische Mennonitengruppe", deren Ziel angeblich darin bestand, im Kriegsfall Kader zur Destabilisierung des Hinterlands der Roten Armee zusammenzustellen. Inspirator und faktischer Gründer der Gruppe war laut Ermittlungsverfahren der aus dem Lager geflohene und im illegalen Untergrund lebende frühere Vorsitzende der mennonitischen „Kommission für Kirchenangelegenheiten" Ja.A. Rempel'.[98]

---

94 Rundschreiben der Geheimpolitischen Abteilung.
95 Ebenda, S. 2.
96 Ebenda, S. 4.
97 Čencov, Tragičeskie sud'by, S. 84.
98 „Sammelband Nr. 2 der Auskünfte der Omsker Gebietsverwaltung des NKVD zu konterrevolutionären Formationen der Sektenanhänger und Kirchenleute". Abteilung „Mennoniten (die deutsche religiöse Sekte und ihr konterrevolutionäres Wesen)", August 1940. GASPITO, f. 3894, op. 1, d. 69, l. 5-6.

Im Januar 1937 berichtete der Stellvertretende Leiter der Kultur- und Bildungsabteilung des ZK der VKP(b) S.M. Tamarkin den Sekretären des ZK L.M. Kaganovič, A.A. Andreev und N.I. Ežov über den beklagenswerten Zustand der antireligiösen Arbeit in der UdSSR und die zunehmenden Aktivitäten der Kirchenleute aller Konfessionen. Seinen Angaben zufolge gab es auf dem Gebiet der Sowjetunion 20 000 Kirchen und Moscheen sowie 24 000 Geistliche und 600 000 Kirchenaktivisten, die Zersetzungsarbeit betrieben. Während die antireligiöse Arbeit überall zum Stillstand gekommen sei[99], gewännen die religiösen Gemeinden infolge der Rückkehr der Ende der 1920er bzw. Anfang der 1930er Jahre verurteilten Gläubigen aus der Haft zunehmend an Boden. Weitverbreitet seien die in der Regel illegal existierenden sogenannten „Hauskirchen". Vom Scheitern der antireligiösen Aktivitäten zeugte auch die im Januar 1937 in der gesamten Sowjetunion durchgeführte Volkszählung, bei der 56,7% der Bevölkerung über 16 Jahren (55,3 Millionen Personen) angaben, der einen oder anderen Glaubensgemeinschaft anzugehören. 0,7% aller Gläubigen (392 393 Personen) gaben an, einer christlichen Freikirche anzugehören.[100]

Vor diesem Hintergrund sahen die Machthaber in den Freikirchen erneut einen besonders gefährlichen Gegner, da diese aufgrund der Besonderheiten ihres Glaubensbekenntnisses ohne Kirchenorganisation und geweihte Geistliche auskamen und ihre Religion deshalb auch ohne offizielle Registrierung ausüben konnten. Dies wiederum machte die Angehörigen der Freikirchen zu einer der Hauptzielgruppen der Säuberungen von 1937/38.

Von August 1937 bis November 1938 führten die Organe des NKVD der UdSSR eine Reihe großangelegter Repressionskampagnen durch, die später unter dem Sammelbegriff Großer Terror bekannt werden sollten. Die meisten Opfer wurden im Rahmen der Massenoperation nach Befehl Nr. 00447 des NKVD vom 30. Juli 1937 (also der sogenannten „Kulakenoperation")[101] sowie im Rahmen der gegen die als illoyal geltenden nationalen Minderheiten gerichteten sogenannten „Nationalen Operationen" repressiert.[102] Die uns bekannten Direktiven der Führung des NKVD der UdSSR aus der Zeit des Großen Terrors enthalten keinerlei direkte Hinweise auf gezielt gegen Mennoniten gerichtete Repressionen. Lediglich in dem nach einer Reise des Volkskommissars für Innere Angelegenheiten der UdSSR N.I. Ežov in die Ukraine im Februar 1938 ausgearbeiteten Projekt des Befehls des NKVD der UdSSR „Über Fehler der Vorbereitung und Durchführung der Massenoperationen in der Ukraine" fand die Forderung Ežovs Niederschlag, „das Aktiv der früher existierenden deutschen pangermanischen Organisationen und Gruppen (‚Bund der Men-

---

99   Baberowski, Feind, S. 756 f.
100 Man kann davon ausgehen, dass die tatsächliche Zahl der protestantischen Gläubigen über den in der Volkszählung angegebenen Zahlen lag. So weist V.B. Žiromskaja darauf hin, dass sich insbesondere die Freikirchler oft weigerten, die Frage nach der Religionszugehörigkeit zu beantworten, da sie in dieser Frage ausschließlich Gott gegenüber Rechenschaft schuldig seien. Als Beispiel verweist sie auf die Weigerung von 200 Mitgliedern der Gemeinde der Evangeliumschristen, an der Volkszählung teilzunehmen. Siehe: Žiromskaja, Demografičeskaja istorija, S. 191, 194, 206. Zur Interpretation der Resultate der Volkszählung siehe: Freeze, Stalinist Assault, S. 229 f.
101 Vgl. dazu: Binner, Bonwetsch u.a. (Hrsg.), Stalinismus.
102 Siehe ausführlicher: Dönninghaus, Minderheiten in Bedrängnis, S. 538-575; ders., Elimination of the „Fifth Column, S. 69-85; ders., Likvidacija „pjatoj kolonny", S. 63-75.

noniten', ‚Bund der Kolonisten deutscher Rasse', ‚Bund der Schwarzmeerdeutschen') [...] umfassend zu repressieren".[103]

Das Fehlen direkter Anweisungen zur Repressierung der Mennoniten bedeutet allerdings nicht, dass gegen diese keine zielgerichteten Repressionen durchgeführt wurden. Im Rahmen der „Kulakenoperation" wurden Mennoniten als besonders aktive und strenggläubige Vertreter des „Sektentums" hingerichtet oder zu Lagerhaft verurteilt, im Rahmen der „nationalen Operationen" als Teil der deutschen Diaspora. Vor diesem Hintergrund lassen sich die gegen die Mennoniten gerichteten Repressionen der Jahre 1937/38 nur im Kontext der Massenoperationen des NKVD angemessen erforschen. Es ist zu klären, nach welchen Kriterien die Auswahl der Opfer der jeweiligen Operationen erfolgte und in welchem Umfang die Opfer „Risikogruppen" angehörten, die sich auch vorher schon im Visier der Organe von OGPU-NKVD befunden hatten, wie etwa die Teilnehmer der Emigrationsbewegung von 1929/30, Geistliche, Priester und Prediger, Empfänger von „Hitlerhilfe", Entkulakisierte, Sondersiedler, Besucher ausländischer Konsulate, Personen mit Auslandskontakten usw. Darüber hinaus sind die Unterschiede zwischen den nach der „Kulakenoperation" und den nach der „deutschen Operation" durchgeführten Aktionen sowie die Besonderheiten der gegen die Mennoniten bzw. allgemein gegen die Angehörigen der Freikirchen gerichteten Repressionen gezielt zu untersuchen. Schließlich ist die für den Großen Terror allgemein zentrale Frage zu klären, inwieweit die Auswahl der Opfer zufällig oder planmäßig erfolgte.

Am 2. Juli 1937 verabschiedete das Politbüro des ZK der VKP(b) seinen berühmtberüchtigten Beschluss „Über antisowjetische Elemente", dem zufolge alle aus der Verbannung zurückkehrenden Kulaken und Kriminellen erfasst werden sollten, „um die besonders feindlich gesinnten umgehend zu verhaften und nach Aburteilung durch Troikas zu erschießen und die weniger gefährlichen zu verbannen". Am folgenden Tag leitete die Führung des NKVD den entsprechenden Befehl mit dem chiffrierten Telegramm Nr. 266 an die Leiter seiner lokalen Verwaltungen weiter.[104]

Eine der Hauptzielgruppen der Repressionen waren Gläubige, darunter auch Mitglieder der Religionsgemeinschaften der Baptisten, Evangeliumschristen, Mennoniten, Adventisten des Siebenten Tags, der Pfingstler und anderer. Gemäß Befehl Nr. 00447 des Volkskommissars für Innere Angelegenheiten der UdSSR N.I. Ežov vom 30. Juli 1937, der den Beginn der größten Massenrepressionsoperation des NKVD zur Vernichtung der letzten „nichtsozialistischen Elemente" und „Liquidierung der Aufstandsbasis" für den Kriegsfall markierte, sollten die „Sektenangehörigen" als einer der „Hauptinitiatoren antisowjetischer Sabotageverbrechen jeglicher Art" eliminiert werden. Die Repressionen sollten auch auf die zum Zeitpunkt des Operationsbeginns in Gefängnissen, Lagern, Arbeitssiedlungen und -kolonien internierten, „aktivsten [...] Sektenaktivisten und Kirchenleute" ausgeweitet werden.[105]

Dass gerade die Freikirchler zu einer der Opfergruppen des Großen Terrors werden sollten, wird durch die Materialien des Februar-März-Plenums des ZK der VKP(b) 1937 bestätigt. Die Richtung der auf dem Plenum geführten Diskussion gab der Sekretär des ZK

---

103 Danilov (Hrsg.), Tragedija, Bd. 5, Buch 2, S. 50-56.
104 Junge, Bordjugov, u.a., Vertikal'.
105 Siehe: Text des Befehls mit Kommentaren. Ebenda, S. 98-114.

der VKP(b) A.A. Ždanov mit seinem Bericht über die im Zusammenhang mit den bevor-stehenden allgemeinen Wahlen anstehenden Aufgaben vor. Ždanov rief die Parteiorganisa-tionen nicht nur allgemein dazu auf, auf die nach der neuen Verfassung für Dezember 1937 geplanten Wahlen vorbereitet zu sein, sondern nannte auch explizit die potentiellen Geg-ner, die die sich bietenden „legalen Möglichkeiten" aktiv auszunutzen gedachten: nämlich „Popen aller Ränge und Färbung".[106] Gleich mehrere Parteifunktionäre bliesen bei ihren Auftritten ins gleiche Horn. So lenkte vor allem der exponierte Tschekist und Sekretär des Regionsparteikomitees Azov-Schwarzmeer E.G. Evdokimov die Aufmerksamkeit Stalins auf das „Sektenproblem". Im Einzelnen erklärte er: „In unserer Region und im benachbarten Nordkaukasus befand sich im alten zaristischen Russland das Zentrum der Sektenbewe-gung. Jetzt stehen wir vor dem Problem, dass niemand die Sektenanhänger beobachtet, die [militanten] Atheisten tun nichts [...]. Die Parteiorganisationen wissen nicht, was die Sek-tenanhänger bei ihnen treiben. Und nicht nur das. Man muss auch sagen, Nikolaj Ivanovič [Ežov], dass auch die Tschekisten sie nicht beobachten". Als Reaktion auf Stalins Replik „Und was machst du, Genosse Evdokimov" folgte die Beteuerung, Repressionsmaßnahmen vorzubereiten.[107] Der auf dem Plenum kritisierte Führer des Bundes der Militanten Athe-isten der UdSSR E.M. Jaroslavskij rief ebenfalls dazu auf, den Kampf gegen die von ihm als „Organisation zur Vorbereitung antisowjetischer Wahlen" charakterisierten religiösen Gemeinschaften nicht abzuschwächen. Nach Angaben Jaroslavskijs gab es zu diesem Zeit-punkt in der UdSSR etwa 39 000 registrierte Gemeinden und Gruppen, die etwa eine Million aktive Gemeindemitglieder vereinten, sowie einige Tausend weitere „nicht registrierte, im Untergrund aktive, illegale Sektenorganisationen".[108] Letztere seien besonders gefährlich, da sich gerade in diesem religiösen Untergrund die zügellosesten Leute versammelten und antisowjetische Gruppen organisierten.[109]

Indirekt, aber durchaus symptomatisch ging auch der Chef des NKVD N.I. Ežov auf die Frage der Freikirchler ein. Mit Blick auf die Methoden der Unterwanderung und Durch-setzung der Kirchengemeinden mit Informanten und Agenten, wie sie im NKVD unter G.G. Jagoda praktiziert worden waren, erklärte er: „Plötzlich haben sie zufällig gesehen, dass in irgendeinem Gebiet irgendwelche Sektenangehörige oder Popen ein bisschen aktiv geworden sind. Und dann wird gefragt, ob sie da ein Agentennetz haben. Haben sie nicht. Also kommt die Direktive: Mach schon, wirb Agenten an. Und ein paar Tage oder eine Woche später wird schon gemeldet, dass 200 Agenten angeworben wurden. Der reinste Aktionismus ist das".[110] Wenige Tage nach Abschluss des Plenums führte Ežov am 11. März 1937 bei einem Auftritt vor zur Arbeit im NKVD mobilisierten jungen Kommunisten und Komsomolzen bezeichnenderweise erneut die „Sektenangehörigen" als Beispiel an, als er den frischgebackenen Tschekisten die Besonderheiten der zur Zersetzung religiöser Organisationen betriebenen Arbeit erklärte. Nach Ansicht Ežovs bestand eine der vorran-gigen Aufgaben der Organe des NKVD darin, „eine starke Kirchenagentur" anzuwerben,

---

106 Materialy fevral'sko-martovskogo plenuma, in: Voprosy istorii, Moskau 1993, Nr. 5, S. 4-5.
107 Ebenda, Nr. 7, S. 10. Nach Jörg Baberowski trat auch L.M. Kaganovič für Repressionen gegen die Evangeliumschristen und Baptisten ein. Siehe: Baberowski, Terror, S. 188.
108 Materialy fevral'sko-martovskogo plenuma, Nr. 5, S. 14.
109 Ebenda, S. 15.
110 Ebenda, in: Voprosy istorii, Moskau 1994, Nr. 10, S. 17.

die nicht nur Informationen liefern, sondern auch Zersetzungsarbeit betreiben sollte, um die Bewegung von innen „zu zersetzen, zu spalten und zu zermalmen".[111]

Bereits am 27. März 1937 forderte das NKVD der UdSSR seine lokalen Stellen in einem Rundschreiben auf, die Agententätigkeit unter den „Kirchenleuten und Sektenangehörigen" zu intensivieren. Ganz im Geiste des gerade beendeten Plenums des ZK der VKP(b) wurde auch in der Einleitung dieses Dokuments betont, dass die „Kirchenleute und Sektenangehörigen" ihre Aktivitäten nach der Verabschiedung der neuen Verfassung intensiviert hätten und sich auf die Sowjetwahlen vorbereiteten, um in die unteren Sowjetorgane vorzudringen. Die Organe des NKVD sollten die Herde der illegale Arbeit organisierenden Kirchenleute und Sektenangehörigen aufspüren und sofort ausschalten, Spaltung in die Kirchengemeinden tragen, die materielle Basis der Kirche schwächen und die Teilnahme an den Wahlen erschweren.[112] Der Text dieses Rundschreibens des NKVD ist Forschern auch weiterhin nicht zugänglich, aber sein Inhalt lässt sich wenigstens teilweise aufgrund der vom NKVD der Ukrainischen SSR zusammengetragenen „Materialien über die organisierte Tätigkeit der Kirchen- und Sekten-Konterrevolution" vom 25. April 1937 rekonstruieren, die offensichtlich auf diesem Rundschreiben des Zentrums basierten. Im Einzelnen hieß es in diesem „ukrainischen" Dokument:

„Nach der Bestätigung der Stalinschen Verfassung haben Klerus, Kirchenleute und Sektenangehörige ihre auf eine Belebung der religiösen Aktivitäten der Bevölkerung gerichtete Arbeit intensiviert und werden in der bevorstehenden Wahlkampagne ohne Zweifel versuchen, sich ihre Positionen in den Sowjets zu erobern. Die im Land bestehenden 39 000 legal registrierten Kirchenorganisationen, die ein etwa eine Million Menschen starkes Kirchenaktiv repräsentieren, stellen insbesondere in der Zeit der Wahlkampagne fertige Formationen für antisowjetische Aktivitäten dar. Die unionsweite Volkszählung hat uns gezeigt, dass die Kirchen- und Sektenleute großen Einfluss auf die Bevölkerung ausüben können. An vielen Orten hat sich ein erheblicher Teil der Bevölkerung unter dem Einfluss konterrevolutionärer Popen, Prediger und ähnlicher Kirchenelemente als gläubig bezeichnet".[113]

Für die Annahme, dass die „Sektenangehörigen" auf Initiative höchster Parteifunktionäre zu einer gesonderten Zielgruppe des Terrors erklärt wurden, spricht auch eine Notiz G.M. Malenkovs an Stalin[114], in der dieser am 20. Mai 1937 vorschlug, das Dekret des VCIK und des Rats der Volkskommissare der RSFSR „Über religiöse Vereinigungen" vom 8. Januar 1929 – mithin das wichtigste die Beziehungen zwischen Kirche und Staat in der UdSSR regelnde offizielle Dokument[115] – aufzuheben, da dieses nach Einschätzung Malenkovs einen

---

111 Lubjanka: Organy VČK, S. 576-578.
112 Siehe: Ochotin, Roginskij, Bol'šoj terror.
113 Für die Bereitstellung des Dokuments danken die Autoren M. Junge.
114 Für die Interpretation dieses Dokuments ist es wichtig, sich Malenkovs Stellung innerhalb der Nomenklatur zu gewärtigen. Da G.M. Malenkov zu diesem Zeitpunkt als Leiter der Abteilung für die Führungsorgane der Partei des ZK der VKP(b) auch für die Betreuung des NKVD zuständig war, ist anzunehmen, dass er in diesem Fall eine Initiative der NKVD-Führung zur Sprache brachte.
115 Erste Erwähnung dieser Notiz siehe: Odincov, Choždenie, S. 57. Siehe auch: Notiz P.A. Krasikovs vom 16. August 1937 an das Politbüro des ZK der VKP(b) zur Frage der Aufhebung

idealen Nährboden für die Entstehung organisierter Strukturen der aktivsten Kirchenleute und Sektenangehörigen darstellte. Mit Blick auf den Passus des Gesetzes, dem zufolge die Registrierung einer religiösen Gemeinschaft einer Erklärung von 20 Gründern bedurfte, schrieb Malenkov:

> „Wie wir sehen, ist die Registrierung selbst so geregelt, dass sich zwanzig besonders aktive Kirchenleute organisiert zusammenschließen müssen. Im Dorf sind diese Leute gemeinhin unter der Bezeichnung Zwanziger bekannt. In der Ukraine braucht man für die Registrierung einer religiösen Gemeinschaft nicht zwanzig, sondern fünfzig Gründer. [...] Ich halte es für sinnvoll, dieses Dekret abzuschaffen, da es den Organisationsgrad der Kirchenleute erhöht. Mir scheint, dass man die Zwanziger liquidieren und eine solche Praxis der Registrierung religiöser Gemeinschaften etablieren muss, die die aktivsten Kirchenleute nicht zusammenbringt. Außerdem sollte man den Verwaltungsorganen der Kirchenleute in ihrer heutigen Form ein Ende bereiten".

Abschließend wies Malenkov noch einmal explizit darauf hin, dass man durch das Dekret selbst eine weitverzweigte, sowjetfeindliche legale Organisation geschaffen habe. Insgesamt würden in der UdSSR etwa 600 000 Leute zu den „Zwanzigern" gehören.[116] Mit der Notiz Malenkovs wurden laut einem handschriftlichen Vermerk Stalins die Mitglieder und Kandidaten des Politbüros des ZK der VKP(b) Andreev, Vorošilov, Ždanov, Kaganovič, Kalinin, Mikojan, Molotov, Petrovskij, Postyšev, Čubar' und Ėjche bekannt gemacht. Unterstützung fand Malenkov vor allem bei N.I. Ežov, der in einem an Stalin adressierten Schreiben erklärte, dass das Dekret des VCIK vom 8. April 1929 die Kirche durch die Legalisierung der Organisationsformen des Kirchenaktivs stärke. Weiter schrieb Ežov: „Aus der Praxis des Kampfes gegen die kirchliche Konterrevolution [...] sind uns zahlreiche Fakten bekannt, bei denen das antisowjetische Kirchenaktiv die legal bestehenden ‚Kirchenzwanziger' als fertige Organisationsform und Deckmantel für antisowjetische Arbeit nutzt". Zusammen mit dem Dekret vom 8. April 1929 sollte nach Ansicht Ežovs auch die Instruktion der Ständigen Kommission für Kultangelegenheiten beim Präsidium des VCIK vom 16. Januar 1931 „Über die Ordnung der Umsetzung der die Kulte betreffenden Gesetzgebung" aufgehoben werden, die den religiösen Vereinigungen seines Erachtens einen Status zubilligte, der sie den sowjetischen gesellschaftlichen Organisationen fast gleichstellte. Im Einzelnen ging es dabei um die Punkte 16 und 27 der Instruktion, denen zufolge religiöse Umzüge und Zeremonien bzw. die Einberufung religiöser Konvente zulässig waren.[117]

Ungeachtet einer solch eindeutigen Position Ežovs und Malenkovs übergab Stalin die Frage zur Erörterung an P.A. Krasikov und M.I. Kalinin, die sich beide gegen Malenkovs Initiative aussprachen. Krasikovs Hauptargument lief (am 16. August 1937) auf die Überlegung hinaus, dass sich die Kirchenaktivisten bei der bestehenden Gesetzeslage besser kontrollieren ließen als im Untergrund. In vielen Gegenden der Sowjetunion hätten erst die Exzesse der forcierten „Liquidation der Religion" Gläubige aus den Reihen der Sektenangehörigen in den Untergrund gedrängt und dadurch zu Feinden und Konterrevolutionären

---

des Beschlusses des VCIK und des Rats der Volkskommissare der RSFSR vom 8. April 1929. RGASPI, f. 78, op. 7, d. 209, l. 10-14.

116   Notiz Georgij M. Malenkovs an I.V. Stalin, 20.05.1937. RGANI, f. 3, op. 60, d. 5, l. 34-35.
117   Notiz N.I. Ežov an I.V. Stalin, 02.06.1937. Ebenda, l. 36-37.

gemacht.[118] Offensichtlich überzeugte eine solche Argumentation Stalin – das Dekret vom 8. April 1929 blieb in Kraft.

Im Zuge der unmittelbaren Vorbereitung der nach Befehl Nr. 00447 anberaumten Operation, d.h. in der Zeit vom 2. Juli bis zum 5. August 1937, beschäftigte sich die höchste Führung der UdSSR offenbar noch mehrmals mit Fragen der Bekämpfung der Freikirchler. In der Regel geschah dies im Rahmen zynischer Deals zwischen dem Moskauer Zentrum und den lokalen Organen über den Umfang der sogenannten Limits – also der Kontingente von Opfern, die erschossen (1. Kategorie) oder zu Lagerhaft verurteilt (2. Kategorie) werden sollten. So schlug der Chef der Gebietsverwaltung West des NKVD V.A. Karuckij am 9. Juli 1937 vor, auch „aktive Sektenangehörige" in den zu repressierenden Personenkreis einzubeziehen.[119] Am 2. August 1937 informierte schon Stalin persönlich den zu einer Strafmission in die ASSR der Wolgadeutschen entsandten A.A. Andreev darüber, dass das ZK der VKP(b) grünes Licht für die „Aushebung der Anführer der deutschen Sektengruppe der Betbrüder" gegeben habe.[120]

Auch im Verlauf der Umsetzung der nach Befehl Nr. 00447 durchgeführten Operation figurierten die „Sektenanhänger" mehrfach in den an die Partei- und Sowjetführung der UdSSR adressierten Dokumenten. So berichtete z.B. die Moskauer Gebietsverwaltung des NKVD Mitte August 1937 Ežov über eine Reihe „Aufmerksamkeit verdienender Fälle", zu denen auch eine im Rayon Kolomna aufgedeckte, aus 65 Personen bestehende konterrevolutionäre Organisation „antimilitaristischer Sektenangehöriger" gehöre, die sich zum Ziel gesetzt habe, aktiv gegen den Dienst in der Roten Armee zu agitieren.[121] Ežov selbst teilte Stalin am 1. September 1937 in einem ersten Fazit der „Kulakenoperation" mit, dass unter den insgesamt 146 255 verhafteten Personen 710 Mitglieder „den Kirchen bzw. Sekten zugehöriger faschistischer Aufstandsgruppen" seien. Unter anderem sei im Gebiet West eine aus 102 Personen bestehende „große Aufstandsorganisation" aufgedeckt worden, bei deren Mitgliedern es sich größtenteils um baptistische Pazifisten handele.[122]

Die Notwendigkeit, eine größere Zahl „Sektenangehöriger" zu repressieren, fand auch regelmäßig in den Gesuchen lokaler Stellen Erwähnung, in denen um eine Ausweitung der Limits zur „Kulakenoperation" gebeten wurde. So begründete die Führung der Verwaltung des NKVD für Kasachstan ihr Gesuch, das Limit für die 1. Kategorie von 200 auf 500 Personen anzuheben, am 6. September 1937 damit, dass bereits 315 Personen zum Tod durch Erschießen verurteilt worden seien, darunter 72 Mitglieder einer „faschistischen, konterrevolutionären, kulakischen Kirchen- und Sektenformation". Der Sekretär des Gebietsparteikomitees Smolensk Savinov untermauerte in seinem an Stalin und Ežov adressierten Telegramm vom 21. November seine Bitte, das Limit für die 1. Kategorie um 1 000

118 Notiz P.A. Krasikov an I.V. Stalin, 16.08.1937. RGASPI, f. 78, op. 7, d. 209, l. 10-14.
119 Chaustov, Samuel'son, Stalin, NKVD i repressii, S. 265.
120 Chiffriertes Telegramm I.V. Stalins an A.A. Andreev über Verhaftungen in der Republik der Wolgadeutschen vom 2. August 1937, in: Jakovlev (Hrsg.), Lubjanka, S. 297. „Betbrüder" waren Anhänger des Pietismus, einer Ende des 17. Jahrhunderts in Deutschland entstandenen und dem Baptismus nahestehenden religiösen Bewegung innerhalb des Protestantismus.
121 Aktennotiz der Moskauer Gebietsverwaltung des NKVD an N.I. Ežov „Über den Verlauf der Aushebung des konterrevolutionären kulakischen und kriminellen Elements", frühestens 15. August 1937, gezeichnet von S.F. Redens, in: Danilov (Hrsg.), Tragedija, Bd. 5, Buch 1, S. 350.
122 Chaustov, Samuel'son, Stalin, NKVD i repressii, S. 269.

Personen zu erhöhen, mit dem Verweis darauf, dass im Zusammenhang mit dem nahenden Abschluss der Operation im Gebiet die Verurteilung von über 2 000 „aktiven Konterrevolutionären – Popen, Sektenangehörige, Organisatoren konterrevolutionärer Formationen, Terroristen" bevorstehe. Am 28. Juli 1938 bat der Stellvertretende Volkskommissar für Innere Angelegenheiten der UdSSR M.P. Frinovskij darum, ein Limit von 15 000 zu repressierenden konterrevolutionären Elementen der 1. Kategorie für die Region Fernost zu bestätigen. Darunter fielen auch 777 vom Regionsapparat des NKVD erfasste „Kirchenleute und Sektenangehörige". Dem Gesuch Frinovskijs war eine Serie von Direktiven der Hauptverwaltung für Staatssicherheit des NKVD der UdSSR über die Intensivierung der Repressionen in der Region Fernost vorausgegangen (6.–12. Juli 1938), in denen im Einzelnen befohlen wurde, „innerhalb einer Frist von sieben Tagen eine Massenoperation zur Aushebung [...] antisowjetischer Elemente aus früheren Partisanen, dem antisowjetischen Aktiv, Kirchenleuten und Sektenangehörigen" vorzubereiten.[123] Es ist zu vermuten, dass sich die lokalen Stellen, wenn sie in ihren die Ausweitung der Limits betreffenden Gesuchen die „Sektenangehörigen" erwähnten, begründete Hoffnung auf eine zustimmende Reaktion des Zentrums machten.

Auch auf dem Plenum des ZK der VKP(b) vom 11./12. Oktober 1937 ließen die Parteifunktionäre keinen Zweifel daran, wen sie im Zusammenhang mit den bevorstehenden Wahlen für die gefährlichsten Feinde hielten. Die Auftritte der Sekretäre der Gebietsparteikomitees Doneck (È.K. Pramnek), Rostov (E.G. Evdokimov), Dnepropetrovsk (N.V. Margolin), Archangel'sk (D.A. Kontorin) und Gor'kij (Ju.M. Kaganovič) sowie des Ersten Sekretärs des ZK der KP(b) Weißrusslands A.A. Volkov waren im Wesentlichen der Sabotagetätigkeit der von „Kirchenleuten" und „Sektenanhängern" angeführten Volksfeinde gewidmet. Am detailliertesten ging Volkov auf das „Sektenproblem" ein. Am Beispiel einer Versammlung von Gläubigen im Rayon Loev zog er das Fazit, dass die Sektenanhänger ihre konterrevolutionäre Arbeit unter dem Deckmantel der Stalinschen Verfassung legalisiert hätten. Pramnek berichtete auf Stalins Frage, wie viele Leute demonstrativ die Teilnahme an der Wahl verweigerten, ausführlich über die Aktivitäten der Baptistengemeinde der Stadt Stalino, die ihre Tätigkeit intensiviert habe und bestrebt sei, alternative Kandidaten aufzustellen.[124] Bei der Bewertung dieser Auftritte ist zu berücksichtigen, dass ausnahmslos alle Ersten Sekretäre der Gebiets- und Regionsparteikomitees Mitglieder der berüchtigten Troikas des NKVD waren und folglich bestens über Ausmaß und Ausrichtung der gegen die Gläubigen gerichteten Repressionen informiert waren.

Wie schon nach dem Februar-März-Plenum reagierte die Führung des NKVD der UdSSR auch auf das Oktoberplenum 1937 umgehend mit einer Sonderdirektive zur Bekämpfung der „Kirchenleute und Sektenangehörigen". Im Einzelnen verlangte das Dokument von den Ausführenden vor Ort, „in den nächsten Tagen für eine schnelle Zerschlagung des konterrevolutionären Kirchen- und Sektenkollektivs zu sorgen und alle Mitglieder von Spionage-, Aufstands- und Terrorformationen zu verhaften, darunter auch jene, die versuchen, im Zusammenhang mit den Wahlen zum Obersten Sowjet der UdSSR Zersetzungstätigkeit zu

---

123 Siehe: Danilov (Hrsg.), Tragedija, Bd. 5, Buch 1, S. 360, 285; Vert, Mironenko (Hrsg.), Istorija, S. 300.
124 Žukov, Stalin, S. 480-484.

betreiben".[125] Die Tatsache, dass die lokalen Verwaltungen des NKVD wiederholt explizit dazu angehalten wurden, Organisationen der Gläubigen zu „zerschlagen", zeugt anschaulich davon, welche Bedeutung das Zentrum dieser Strafaktion beimaß.

Je näher der für Ende des Jahres 1937 geplante Abschluss der nach Befehl Nr. 00447 durchgeführten Operation rückte, desto intensiver wurde die gegen die religiösen Organisationen gerichtete Kampagne betrieben. Am 13. November 1937 leitete der Chefredakteur der „Pravda" L.Z. Mechlis den Brief eines früheren Redakteurs der Zeitung „Zvezda" über den Einfluss der Kirche in Weißrussland an Stalin weiter, dessen lapidare Reaktion lautete: „An den Genossen Ežov: Man sollte den Herren Kirchenleuten richtig Druck machen".[126] Der Volkskommissar für Innere Angelegenheiten der UdSSR reagierte umgehend auf diese Anweisung. Bereits am 15. November 1937 wies der Chef der Geheimpolitischen Abteilung der Hauptverwaltung für Staatssicherheit des NKVD der UdSSR in einem chiffrierten Telegramm die lokalen Stellen an, innerhalb von 24 Stunden Material über die gegen Kirchenleute und Sektenangehörige gerichteten Repressionen für die Monate August–November 1937 bereitzustellen.

Die Reaktion der lokalen Stellen auf diese Anordnung Moskaus lässt sich an der Direktive des Volkskommissars für Innere Angelegenheiten der Ukraine I.M. Leplevskij vom 17. November 1937 ablesen, in der dieser alle Chefs der Verwaltungen des NKVD anwies, innerhalb von 24 Stunden folgende Informationen bereitzustellen:

> „1) Zahl der verhafteten Kirchenleute und gesondert der Sektenangehörigen für den Zeitraum August–November mit Unterteilung für die folgenden Gruppen – Bischöfe, Popen, Mönche, Kirchenaktiv, Sektenprediger; 2) Zahl der verurteilten Kirchenleute und gesondert der Sektenangehörigen mit Angabe des Strafmaßes für die genannten Gruppen; 3) Zahl der Popen und Sektenprediger im Gebiet nach einzelnen Konfessionen; 4) Zahl der aktiven und gesondert der nicht aktiven, aber formal nicht geschlossenen Kirchen nach Konfessionen".[127]

Auf Grundlage der von den örtlichen Stellen eingehenden Angaben wurde „eine Sondermitteilung über Kirchenleute und Sektenangehörige" zusammengestellt, die Ende November 1937 mit Unterschrift Ežovs an Stalin ging.[128]

Dieses Dokument verdient im Kontext der staatlichen Kirchenpolitik zur Zeit des Großen Terrors besondere Aufmerksamkeit. In seiner Einleitung wird mitgeteilt, dass „diesen Elementen ein umfassender operativer Schlag" versetzt worden sei. Innerhalb von vier Monaten seien im Zuge der „Kulakenoperation" 31 359 „Kirchenleute und Sektenangehörige" verhaftet worden, darunter 166 Metropoliten und Bischöfe, 9 116 Geistliche, 2 173 Mönche sowie 19 904 dem „kulakischen Kirchen- und Sektenaktiv" zuzurechnende Personen. Von diesen wurden 13 671 Personen zum Tod durch Erschießen verurteilt, darunter 81 Bischöfe, 4 629 „Popen", 934 Mönche und 7 004 Personen aus dem „kulakischen Kirchen- und Sektenaktiv". Damit lag der Anteil der Hingerichteten unter den „Religiösen" bei 43,6%, was etwas

125 A.B. Roginskij und N.G. Ochotin datieren das Dokument auf die Zeit zwischen 12. Oktober und 5. November 1937. Siehe: Ochotin, Roginskij, Bol'šoj terror.
126 Chaustov, Samuel'son, Stalin, NKVD i repressii, S. 272.
127 Das Dokument ist veröffentlicht in: Junge, Binner u.a. (Hrsg.), Kulackaja operacija, S. 210 f.
128 Chaustov, Samuel'son, Stalin, NKVD i repressii, S. 407-414.

unter dem für die „Kulakenoperation" üblichen Verhältnis zwischen hingerichteten und zu Lagerhaft verurteilten Personen lag, dass die Historiker mit 1:1 ansetzen. Ežov versicherte, der Schlag habe sich ausschließlich gegen das „Organisations- und Führungsaktiv der Kirchenleute und Sektenangehörigen" gerichtet, was praktisch zu einer völligen Liquidierung der Bischöfe der Orthodoxen Kirche geführt habe, während die Zahl der Popen und Prediger etwa halbiert worden sei. Die von Ežov genannten Zahlen der noch in Freiheit verbliebenen „Religiösen" zeugen einerseits vom Umfang der vom NKVD bereits durchgeführten kolossalen Repressionsaktivität, andererseits davon, welche „Arbeit" den Tschekisten noch bevorstand: Nach unvollständigen Angaben standen noch immer etwa 9 570 „Popen" und über 2 000 Sektenprediger unter Beobachtung des NKVD. Ežov führte zahlreiche Belege von Versuchen des „religiösen Kirchen- und Sektenaktivs aller religiösen Strömungen" an, eine antisowjetische Einheitsfront zu bilden, und schloss mit der Mitteilung, dass 17 bislang untätigen Gebietsverwaltungen des NKVD Anweisung erteilt worden sei, „alle konterrevolutionären Kirchen- und Sektenformationen unverzüglich zu liquidieren".[129]

Aus dem statistischen Bericht über die von den Organen des NKVD der UdSSR 1937/38 geleistete Arbeit ist mittlerweile bekannt, dass im Rahmen der nach Befehl Nr. 00447 durchgeführten Operation insgesamt 50 769 „Kirchenleute und Sektenangehörige" repressiert wurden: 37 331 im Jahr 1937 und 13 438 im Jahr 1938.[130] Wenn man die Zahl der im Dezember 1937 verhafteten „Kirchenleute und Sektenangehörigen" mit 5 972 ansetzt (37 331 minus 31 359) und diese Zahl zu den 13 438 im Jahr 1938 repressierten addiert, kommt man auf eine Zahl von 19 410 Personen. Das heißt, dass die Organe des NKVD zum Ende der Massenoperation ausnahmslos alle 11 570 unter Beobachtung stehenden „Kirchenleute und Sektenangehörigen" repressierten (9 570 plus 2 000), die sich Ende 1937 noch in Freiheit befanden, und zusätzlich noch fast 8 000 „Religiöse" ausfindig machten und repressierten, die zuvor gar nicht erfasst waren, also in der Regel aufgrund neuer im Zuge von Verhören erhaltener Angaben verhaftet wurden. In relativen Zahlen stellten die repressierten Gläubigen aller Konfessionen (Geistliche und Gemeindeaktiv) etwa 6,6 % aller Opfer der „Kulakenoperation".

Es ist interessant, diese Zahlen mit den Daten der Kommission für Kultangelegenheiten beim Präsidium des VCIK der UdSSR zu vergleichen, nach deren nicht vollständigen Angaben[131] es zum 1. Januar 1936 in der Sowjetunion 24 146 „registrierte Geistliche" gab.[132] Selbst wenn man berücksichtigt, dass die Zahl der aktiven Geistlichen 1937 ein wenig

---

129 Ebenda, S. 414.

130 Junge, Binner, Sekretnyj prikaz, S. 172; Binner, Junge, Vernichtung, S. 523; Mozochin, Pravo, S. 337, 341.

131 Die angegebenen Daten berücksichtigten nicht die Zahl der Geistlichen in der Region Westsibirien, in den Gebieten Orenburg, Omsk und Čeljabinsk sowie in der Kasachischen und Burjat-Mongolischen ASSR. Siehe: Aktennotiz „Über die Lage der religiösen Organisationen in der UdSSR, ihre Haltung zum Projekt der neuen Verfassung, die Arbeit der Kommission für Kulte des Zentralexekutivkomitees der UdSSR und die Praxis der Umsetzung der Religionsgesetze (nach Materialien der Kommission vom 1.01.–1.09.1936)". Frühestens 01.09.1936. GARF, f. 1235, op. 141, d. 2021, l. 28-60a.

132 Notiz der Kommission für Kultangelegenheiten beim Präsidium des CIK der UdSSR zum Bericht über die Lage der Konfessionen auf der Sitzung der Parteigruppe des Präsidiums des CIK der UdSSR. Spätestens 14.02.1937. GARF, f. 1235, op. 141, d. 2021, l. 7-10.

höher lag und im Zuge der nach Befehl Nr. 00447 durchgeführten Operation auch massenhaft Geistliche repressiert wurden, die im Moment der Verhaftung bereits „ohne feste Beschäftigung" oder in den Laienstand getreten waren, folgt daraus, dass im Verlauf der „Kulakenoperation" die überwältigende Mehrheit der Geistlichen aller Konfessionen und darüber hinaus auch der besonders aktive Teil des Kirchen- und Sektenaktivs (vor allem die Vorsitzenden, Sekretäre und Schatzmeister der Gemeinderäte) repressiert wurden. Angesichts dieser Zahlen war die religiöse Frage in der UdSSR vom Standpunkt der Machthaber aus faktisch gelöst bzw. stand kurz vor der Lösung.

Die Vorbereitung und Durchführung der gegen die Gläubigen gerichteten Repressionen ging mit einer Propagandakampagne in der Presse einher. 1937 begann die sowjetische Presse, die zuvor mehrere Jahre lang so gut wie gar nicht über den antireligiösen Kampf geschrieben hatte, plötzlich überall Anzeichen der Belebung kirchlicher Aktivitäten zu bemerken, berichtete über einen Anstieg der Anträge auf Öffnung von Kirchen und Bethäusern usw. Am 7. Mai 1937 polemisierte die „Pravda" in ihrem Leitartikel gegen die „verkommene Theorie", dass die Religion in der Sowjetunion praktisch keine Rolle mehr spiele, und rief die Partei-, Komsomol- und Gewerkschaftsorganisationen dazu auf, ihre antireligiöse Propaganda zu intensivieren. Die zuständigen Sowjet- und Parteiarbeiter wurden nicht müde zu betonen, dass die „Kirchenleute" angesichts der vernachlässigten antireligiösen Arbeit versuchen würden, die Verfassung und die Wahlen zum Obersten Sowjet aktiv für ihre konterrevolutionären Interessen zu nutzen. Je näher die für den 12. Dezember 1937 angesetzten Wahlen rückten, desto mehr Aufmerksamkeit widmete die Presse Fragen des antireligiösen Kampfes. Die Wiederbelebung des Mythos der hinterhältigen, sich plötzlich wieder vermehrenden „Sektenangehörigen" sollte die niederen und mittleren Parteifunktionäre zu größeren Anstrengungen bei der Vorbereitung der Wahlen motivieren und außerdem als ideologische Begleitmusik und Begründung der Repressionen dienen. Am 18. Oktober 1937 rief der Vorsitzende der sowjetischen Gewerkschaften N.M. Švernik unter Verweis auf die Aktivitäten baptistischer Arbeiter im Gebiet Kursk, die in ihrem Bethaus verstärkt das Wahlgesetz studieren würden, um feindliche Agitation zu betreiben, in der „Pravda" alle Gewerkschaften des Landes auf, die antisowjetischen Intrigen der „Kirchenleute, Sektenanhänger und anderer konterrevolutionärer Elemente" im Zuge der Wahlkampagne verstärkt zu entlarven. Die Behauptung, „reaktionäre Sektenanhänger" würden in die Sowjets zu schlüpfen versuchen und „unter dem Deckmantel des Bethauses stinkende, widerwärtige Sabotagearbeit betreiben", wurde im Oktober/November 1937 zu einem der Allgemeinplätze des den Wahlen gewidmeten Materials der Partei- und Sowjetpresse.

Die Untersuchung der gemäß Befehl Nr. 00447 in Westsibirien durchgeführten Operationen lässt die Besonderheiten der gegen die „Sektenanhänger" gerichteten Repressionen deutlich zu Tage treten. Selbst im Vergleich zum orthodoxen Klerus stellten die Freikirchler für die Organe des NKVD ein Kontingent dar, bei dem die Durchführung und bürokratische Abwicklung von Strafaktionen ohne die geringsten Schwierigkeiten abliefen. Das wurde durch eine Reihe von Faktoren begünstigt. Erstens standen die Prediger und Gemeindeaktivisten in der Regel schon lange unter strenger Beobachtung. Da ihre Korrespondenz mitgelesen wurde, verfügten die Organe des NKVD schon zu Beginn der Operation über kompromittierendes Material in ausreichender Menge, um bereits in den ersten Wochen der Operation massenhafte Verhaftungen vornehmen zu können. Zweitens war eine erhebliche Zahl von Freikirchlern bereits in der einen oder anderen Weise stigmatisiert: Der überwältigenden Mehrheit der Presbyter und Prediger war das Wahlrecht entzogen, ein erheblicher Teil der Gläubigen war früher entkulakisiert, zur Sondersiedlung ausgewiesen oder verurteilt worden.

Drittens erleichterte der religiöse Alltag der freikirchlichen Gläubigen die Ermittlungsarbeiten des NKVD erheblich, da sich die Sektenangehörigen regelmäßig zu Versammlungen trafen, die angesichts der Tatsache, dass die meisten Gemeinden nicht offiziell registriert waren, leicht als illegal eingestuft werden konnten. So wurde die Beschuldigung, illegale Zusammenkünfte in Privatwohnungen abgehalten zu haben, im Zuge der Massenoperationen zu einem der am weitesten verbreiteten Straftatbestände. Regelmäßig suchten Prediger und Presbyter auch benachbarte Dörfer auf, um dort „illegale" Taufen durchzuführen. Einfache Gemeindemitglieder zogen es bei Reisen in andere Orte vor, sich bei „Brüdern und Schwestern" einzuquartieren, und nahmen dann an religiösen Veranstaltungen der örtlichen Gemeinde teil. Diese als Anwerbung eingestuften Kontakte lieferten den Tschekisten einen Vorwand, um Gruppenfälle zu konstruieren, und untermauerten so die Version, es existiere eine allgemeine antisowjetische Sektenverschwörung.

Viertens stritten die Freikirchler ihre Zugehörigkeit zur Religionsgemeinschaft im Verlauf des Ermittlungsverfahrens in der Regel nicht ab, bestätigten die Teilnahme an Versammlungen und gemeinsamen Bibellesungen, was bereits eine ausreichende Grundlage für die Anklageerhebung darstellte.[133] In vielen Fällen war ein solch offenes Auftreten der Gläubigen bei den Ermittlungsverfahren durch die Bereitschaft motiviert, „für den Glauben zu leiden", wenn so viele unschuldige Menschen zu Tod und Qualen der Lagerhaft verdammt waren. Das wiederum hatte zur Folge, dass die sowjetische Staatsanwaltschaft bei der in den Jahren 1939/40 erfolgten Teilrehabilitierung der Opfer des Großen Terrors keine Grundlage hatte, die von den Troikas verhängten Urteile gegen Freikirchler zu revidieren, da es sich offensichtlich tatsächlich um „Gegner der Sowjetmacht" handelte.

Alle aufgezählten Faktoren steigerten die Verwundbarkeit der Freikirchler als Zielgruppe der Operation erheblich und trugen maßgeblich zum Ausmaß der Repressionen und einer hohen Zahl an Todesurteilen bei. In der Region Westsibirien[134] wurden nach unseren ausschließlich auf zugänglichen Quellen basierenden vorsichtigen Schätzungen etwa 1 100 Personen als Angehörige protestantischer Sekten repressiert. Diese Zahlen berücksichtigen lediglich jene Personen, die in den Protokollen der Troikas als Presbyter, Prediger, Chorleiter, Mitglieder der Kirchenräte der religiösen Gemeinden sowie als aktive Sektenmitglieder figurierten.

Die zuverlässigste Ziffer stellt die Zahl der von der Troika der Regionsverwaltung Altaj des NKVD zwischen dem 30. Oktober 1937 und dem 15. März 1938 verurteilten evangelischen Gläubigen dar – 294 Personen. In diese Zahl haben wir auch jene von der Troika der Regionsverwaltung des NKVD verurteilten Mennoniten einbezogen, deren Prozesspro-

---

133 Gleichzeitig behaupteten nicht wenige Gläubige, die nach der Version der Ermittlungsbehörden als Prediger oder Presbyter galten, einfache Gemeindemitglieder zu sein. Eine Rolle spielten dabei einerseits die offensichtlichen Schwierigkeiten der Predigereinsegnung, was in vielen Fällen zur Folge hatte, dass die Gemeinden von den „aktivsten" Brüdern geführt wurden, andererseits das Bestreben der Mitarbeiter des NKVD, den Status der Verurteilten und damit auch des Falles selbst zu heben.

134 Ab Oktober 1937 im Gebiet Novosibirsk und in der Region Altaj.

tokolle eindeutige Hinweise darauf enthalten, dass es sich um Prediger oder Angehörige des Kirchenaktivs der mennonitischen Gemeinden handelte. Zu diesem Kontingent gehörten zwischen dem 31. Oktober und dem 29. Dezember 1937 elf Verurteilte (zehn Prediger und ein früherer Leiter des Kirchenchors). Bei diesen Personen steht zweifelsfrei fest, dass sie als Sektenangehörige repressiert wurden und zu einer der Hauptzielgruppen der „Kulakenoperation" gehörten. 1938 begegnen in den Protokollen der „Kulakentroika" keine Mennoniten.[135]

Ein typisches Beispiel für die gegen mennonitische Prediger im Zuge der „Kulakenoperation" gerichteten Repressionen ist der am 31. Oktober 1937 von der Troika der Region Altaj untersuchte, von der Andreevskaer Rayonsabteilung des NKVD eingereichte Fall Nr. 35543, in dem drei in den Dörfern Antonovka und Šenfel'd ansässige Prediger figurierten: I.K. Peters, geboren 1868, Kulak, 1929 nach Artikel 61 des Strafgesetzbuchs der RSFSR zu zwei Jahren Freiheitsentzug verurteilt, hatte in der Siedlung Antonovka angeblich eine konterrevolutionäre faschistische Gruppe organisiert, für die er die kulakischen Prediger L.G. Krangard (geboren 1894) und F.F. Gejger (geboren 1895) geworben haben sollte. Krangards Vergehen bestand darin, seine Wohnung für illegale religiöse Versammlungen zur Verfügung gestellt zu haben, Gejger hatte angeblich für eine Übersiedlung in die Ukraine agitiert, um sich im Kriegsfall auf von Deutschland besetztem Gebiet zu befinden. Alle drei Prediger wurden zum Tod verurteilt.[136]

Insgesamt wurden nach unseren Berechnungen auf dem Gebiet der Region Altaj zwischen Juli und September 1937 229 Mennoniten verhaftet[137], wobei sich den Dokumenten nicht immer eindeutig entnehmen lässt, ob sie im Rahmen der „Kulakenoperation" oder der „deutschen Operation" repressiert wurden. Gregory Freeze hat darauf hingewiesen, dass das Hauptziel der radikalen antireligiösen Maßnahmen der Sowjetmacht zur Zeit der Kollektivierung nicht mehr die Kirche, die Geistlichkeit oder der Aberglaube, sondern eher die Kirchenleute und Gemeinden selbst gewesen seien.[138] Und auch der Große Terror brachte eine neue Qualität der gegen die Gläubigen gerichteten Repressionen: Anders als in den Jahren zuvor wurden 1937/38 nicht mehr nur die Führer der Kirchenorganisationen und -gemeinden oder sonstige traditionell repressierte Gruppen zu Opfern, sondern immer öfter auch einfache Kirchenmitglieder. Dabei stieg die Zahl der einfachen Gemeindemitglieder unter den Opfern in dem Maße, in dem die Tschekisten nicht mehr auf erfasste Kirchenvertreter zurückgreifen konnten. Dennoch steht außer Zweifel, dass die Mehrheit der repressierten „einfachen" Mennoniten Mitglieder legaler oder illegaler Kirchengemeinden waren, was sowohl als Verhaftungsgrund als auch als Grundlage für die Verurteilung im Rahmen beider Massenoperationen figurierte, auch wenn sich dies nicht immer in den Dokumenten des NKVD niederschlug.

---

135 Siehe: Savin (Hrsg.), Annotirovannyj perečen', S. 214-219. Im Januar und Februar 1938 war die „Kulakentroika" der Regionsverwaltung Altaj des NKVD nicht aktiv. Der 15. März 1938 war der letzte Tag, an dem die Regionstroika Opfer der Kulakenoperation verurteilte.

136 Verhandlungsprotokoll Nr. 2/4 der Troika der Regionsverwaltung Altaj des NKVD vom 31.10.1937, in: OSD GAAK, f. p. 2, op. 5, d. 17, l. 19-20.

137 Die Zugehörigkeit der Opfer zu den Mennoniten wurde von uns aufgrund typischer Familiennamen und Wohnorte mithilfe des Martyrologiums „Opfer der politischen Repressionen in der Region Altaj" bestimmt. Siehe: Žertvy političeskich repressij.

138 Freeze, Stalinist Assault, S. 231 f.

Was das Gebiet Omsk als zweiten Ort der kompakten mennonitischen Siedlung bzw. der deutschen Diaspora insgesamt betrifft, sind die Protokolle der Troika der Omsker Gebietsverwaltung des NKVD bis zum heutigen Tag für die Forschung leider nicht zugänglich. Gestützt auf die längst nicht vollständigen von V.M. Samosudov veröffentlichten Daten lässt sich behaupten, dass die Troika der Omsker Gebietsverwaltung des NKVD zwischen August und Dezember 1937 etwa 250 Gläubige allein aus dem Grund repressierte, dass sie Mitglieder „spezieller Sektengruppierungen" waren.[139] Die Gesamtzahl der im Gebiet Omsk repressierten Baptisten, Evangeliumschristen, Adventisten, Molokanen und Mennoniten lag sicher noch höher, da viele Gläubige in den Protokollen der Troika ohne Angabe der konfessionellen Zugehörigkeit pauschal als „Kirchenleute" geführt wurden.

Im Zuge der „Kulakenoperation" versetzten die Organe des NKVD den mennonitischen Gemeinden den ersten gezielten Schlag, der sich vor allem gegen die besonders exponierten „Ehemaligen" des mennonitischen Dorfs richtete: bereits früher verurteilte religiöse Funktionsträger und Gemeindeaktivisten, aus der Sondersiedlung geflohene „Kulaken", Teilnehmer antisowjetischer Aktionen usw. Aber auch die im Rahmen der „deutschen Operation" gegen die Mennoniten gerichteten Repressionen hatten Massencharakter.

Ende 1937 bzw. 1938 führten die Organe des NKVD im Zuge des Großen Terrors eine Reihe von Repressionskampagnen gegen nationale Minderheiten und als konterrevolutionär geltende Bevölkerungsgruppen durch: Polen, Deutsche[140], Letten, Esten, Finnen, Bulgaren, Mazedonier, Griechen, Iraner, Afghanen, Chinesen, Koreaner und sogenannte Charbincy – frühere Mitarbeiter der Chinesischen Osteisenbahn. Das Ziel dieser im Tschekistenjargon Linienoperationen genannten Kampagnen bestand darin, im Vorfeld des Eintritts der UdSSR in einen großen Krieg potentielle Spionage- und Sabotagebasen für eine „Fünfte Kolonne" zu vernichten[141].

Die Umsetzung der „Linienoperationen" wurde in der Regel durch Direktiven und normative Dokumente des NKVD der UdSSR in Form operativer Befehle, Memoranden und Anordnungen geregelt (Befehl Nr. 00439 vom 25. Juli 1937 „Über die Operation zur Repressierung der Spionage verdächtiger deutscher Staatsangehöriger"; operativer Befehl Nr. 00485 vom 11. August 1937 „Über die Operation zur Repressierung von Mitgliedern der polnischen Militärorganisation, Kriegsgefangenen der polesischen[142] Armee, Überläufern aus Polen, Politemigranten und ausgetauschten politischen Häftlingen aus Polen, ehemaligen Mitgliedern der Polnischen Sozialistischen Partei und anderer polnischer politischer Parteien" usw.). Eigene Befehle zur Durchführung der deutschen, rumänischen, estnischen, finnischen, chinesisch-koreanischen, bulgarischen und mazedonischen Operation in der Art des Befehls Nr. 00485 über die Durchführung der polnischen Operation gab es nicht. Von einem bestimmten Moment an wurden die Anweisungen zur Repressierung dieser nationalen Kontingente in die die bereits laufenden „Linienoperationen" regelnden allgemeinen Direktiven des NKVD der UdSSR eingeschlossen[143].

---

139   Samosudov, Bol'šoj terror.
140   Siehe ausführlicher: Kokin, Nemeckaja operacija, S. 81-121.
141   Siehe ausführlicher: Dönninghaus, Minderheiten in Bedrängnis, S. 538-575.
142   Polesien (polnisch: Polesie) ist eine historische Landschaft in Polen, Weißrussland, der Ukraine und Russland.
143   Dönninghaus, Minderheiten in Bedrängnis, S. 538-575.

Im Unterschied zu der nach Befehl Nr. 00447 durchgeführten Operation gab es bei den „nationalen Operationen" weder Limits noch eine einheitliche Ordnung der Verurteilung. Verurteilt wurden die Opfer der „nationalen Operationen" nicht nur von den im Zuge der „Kulakenoperation" gegründeten Troikas, sondern auch durch Sondersitzungen beim NKVD der UdSSR, das Militärkollegium des Obersten Gerichts der UdSSR und Militärtribunale, wobei die meisten „Nationalen" von der Kommission des NKVD und dem Staatsanwalt der UdSSR in der sogenannten „Albumordnung" verurteilt worden sein dürften[144]. Die vom NKVD im Rahmen des Großen Terrors erstmals praktizierte „Albumordnung" sah vor, für jeden Verhafteten vor Ort nach Abschluss des Ermittlungsverfahrens das anvisierte Strafmaß (Erschießung oder 5–10 Jahre Lagerhaft) auf Karteikarten festzuhalten, die dann zu einer speziellen Liste (eben dem „Album") zusammengefasst und von einer aus zwei Personen[145] bestehenden Kommission unterschrieben nach Moskau geschickt wurden, wo der Volkskommissar für Innere Angelegenheiten (N.I. Ežov) und der Staatsanwalt der UdSSR (A.Ja. Vyšinskij) das endgültige Urteil fällten. Die Verurteilungen wurden nach Rücksendung der „Alben" an die örtliche Verwaltung des NKVD vollstreckt.[146]

Im Rahmen der nationalen Operationen hatten drei Linien für die Führung des NKVD Priorität: die polnische, die deutsche und die „Charbin-japanische". Alle die Durchführung von Repressionen gegen die eine oder andere nationale Diasporagruppe betreffenden Befehle wiederholten Struktur und Logik des Operativbefehls Nr. 00485, so dass die polnische Operation praktisch das Modell für die Umsetzung aller sonstigen nationalen Massenoperationen darstellte. In der Einleitung der entsprechenden Befehle ist in der Regel die Behauptung enthalten, die Spionageorgane des entsprechenden Landes hätten ihre Aktivitäten auf dem Gebiet der UdSSR intensiviert und betrieben nicht mehr nur reine Spionage, sondern auch Terror-, Sabotage- und Aufstandtätigkeit. Im Weiteren folgten eine Auflistung der zu repressierenden Zielgruppen, die Nennung vorrangig zu säubernder Bereiche, Umsetzungsfristen und Formen der Berichterstattung.[147]

Auch wenn die Kategorien der im Rahmen der „Linienoperationen" zu repressierenden Personenkreise je nach Direktive des Zentrums oder Besonderheit der Region variierten, lassen sich einige Hauptopfergruppen ausmachen: frühere ausländische/russische Kriegsgefangene des Ersten Weltkriegs, Politemigranten und Überläufer, Mitglieder sozialistischer Parteien, ehemalige ausländische Staatsbürger, die in der UdSSR im Rüstungssektor oder im Transportwesen arbeiteten oder gearbeitet hatten, frühere Angestellte vorrevolutionärer ausländischer Unternehmen oder sowjetischer Konzessionen, das „konterrevolutionäre Aktiv" der nationalen Rayone und Kolonien, Besucher ausländischer Konsulate, Personen mit Verwandten im Ausland, Empfänger humanitärer Hilfen aus dem Ausland, Geistliche und das religiöse Gemeindeaktiv. Bei den meisten Opfern der Linienoperationen handelte es sich um sowjetische Staatsbürger.[148]

---

144 Ebenda.
145 Dem Chef der Gebiets- bzw. Regionsverwaltung des NKVD und dem Staatsanwalt (daher die umgangssprachliche, in der offiziellen Korrespondenz nicht gebräuchliche Bezeichnung „Dvojka"). Siehe dazu: Eisfeld, Nemeckaja operacija, S. 279-281.
146 Siehe ausführlicher: Dönninghaus, Minderheiten in Bedrängnis, S. 538-575.
147 Ebenda.
148 Ebenda.

Wie auch im Fall der „Kulakenoperation" wurden die Durchführungsfristen der nationalen Linienoperationen von der politischen Führung der UdSSR mehrfach verlängert. Am 3. November 1937 forderte N.I. Ežov in seiner Direktive Nr. 49721, die Operationen bis zum 10. Dezember 1937 abzuschließen. Ebendieses Telegramm Ežovs lässt sich als eine Art Ersatz eines speziellen Befehls zur Durchführung der „deutschen Operation" betrachten. Der Text dieses Telegramms selbst wurde nie veröffentlicht, sein Inhalt lässt sich allerdings anhand eines Telegramms des Volkskommissars für Innere Angelegenheiten der Ukraine I.M. Leplevskij vom 4. November 1937 rekonstruieren, das Ežovs Direktive vollständig wiedergibt. Das Telegramm beginnt mit der Feststellung, dass die gegen antisowjetische Elemente, Deutsche, Polen, Charbincy [und] Frauen von Vaterlandsverrätern durchgeführten Operationen in einer Reihe von Gebieten nur äußerst schleppend anliefen: „Die Operation gegen Kulaken [und] Verbrecher, die der 2. Kategorie zuzuordnen sind, hat noch keine Fahrt aufgenommen". Weiter zählt Ežov die im Rückstand liegenden Verwaltungen des NKVD auf. In diesem Zusammenhang weist er mit Blick auf die gegen Deutsche gerichtete Operation explizit darauf hin, dass diese in den Gebieten Gor'kij und Rostov nur schwach geführt werde. Schließlich fordert er, die gegen antisowjetische Elemente, Deutsche, Polen, Charbincy und Frauen von Vaterlandsverrätern gerichteten Operationen zu forcieren, und weist darauf hin, dass nach dem 10. Dezember 1937 „keinerlei Gesuche um Verlängerung der Frist angenommen" würden. Zum 15. Dezember 1937 sollten die lokalen Stellen Bericht erstatten sowie Schlussfolgerungen für die zukünftige Arbeit einreichen.[149]

Am 11. Dezember 1937 wurde die Frist zum Abschluss der Operation durch das chiffrierte Telegramm Ežovs Nr. 50194 auf den 1. Januar 1938 und die Berichterstattung auf den 15. Januar 1938 verlegt. Die Intensivierung der gegen die nationalen „Sonderkontingente" gerichteten Repressionen folgte auf den Beschluss Nr. 57/49 des Politbüros des ZK der VKP(b) vom 31. Januar 1938, dem zufolge das NKVD der UdSSR die Operation zur Zerschlagung der „Spionage- und Sabotagekontingente aus den Reihen der Polen, Letten, Deutschen, Esten, Finnen, Griechen, Iraner, Charbincy, Chinesen und Rumänen (sowohl ausländische als auch sowjetische Staatsangehörige)" bis zum 15. April 1938 verlängern durfte.[150]

Diesen Beschluss des Politbüros des ZK duplizierte die Direktive Nr. 233 des NKVD der UdSSR vom 1. Februar 1938, in der Ežov anordnete, entsprechend den in Befehl Nr. 00485 aufgezählten Kategorien auch alle der Spionage-, Sabotage- und sonstigen antisowjetischen Aktivitäten verdächtigen Deutschen mit sowjetischer Staatsangehörigkeit zu verhaften. Nachdem die Massenoperation nach Befehl Nr. 00447 des NKVD zum Frühjahr 1938 allmählich zum Abschluss kam, wurden die Operationen nach „nationalen Linien" einschließlich der „deutschen Operation" von März 1938 an zur Hauptrichtung der Massenrepressionen.

---

149   Das Dokument ist veröffentlicht in: Junge, Binner u.a (Hrsg.), Kulackaja operacija, S. 177.

150   Eine im Internet veröffentlichte Fotokopie des Beschlusses des Politbüros vom 31. Januar 1938 mit den Unterschriften der Mitglieder des Politbüros mit Stalin an der Spitze zeugt davon, dass in der ersten Variante des Beschlusses der 1. Mai 1938 als Frist für den Abschluss der Operation genannt wurde, aber Stalin diese Frist handschriftlich auf den 15. April 1938 korrigierte. Diese Korrektur kann als Beweis gesehen werden, dass die nationalen Linienoperationen zentral kontrolliert und geleitet wurden.

Vier Monate später fasste das Politbüro des ZK der VKP(b) am 26. Mai 1938 den Beschluss, die vereinfachte Ordnung der Prüfung der Fälle „für der Spionage-, terroristischer und sonstiger antisowjetischer Tätigkeit überführte Personen polnischer, deutscher, lettischer, estnischer, finnischer, bulgarischer, mazedonischer, griechischer, rumänischer, iranischer, afghanischer, chinesischer Nationalität" bis zum 1. August 1938 zu verlängern.[151]

Im Frühjahr und Sommer 1938 liefen die nationalen Operationen mit besonderer Intensität. Die Massenverhaftungen bedingten, dass das Zentrum die von den örtlichen Stellen eingehenden „Alben" nicht sofort bearbeiten konnte, so dass sich im Sommer 1938 in Moskau „Alben" gegen über 100 000 Personen angehäuft hatten. Das hatte zur Folge, dass die Gefängnisse überlastet waren und Häftlinge, die faktisch bereits zur Erschießung verurteilt waren, noch lange inhaftiert bleiben mussten. Schließlich wurde die „Albumordnung" auf Beschluss des Politbüros vom 15. September 1938 abgeschafft. Durch Befehl Nr. 00606 des NKVD der UdSSR vom 17. September 1938[152] wurden zur schnelleren Prüfung der Ermittlungsmaterialien bei den Regions- und Gebietsverwaltungen des NKVD sogenannte Sondertroikas gegründet, denen der Erste Sekretär des Gebiets- bzw. Regionsparteikomitees oder des ZK der nationalen Kommunistischen Partei, der Chef der entsprechenden Verwaltung des NKVD und der Staatsanwalt des Gebiets, der Region oder der Republik angehörten. Die Troikas, deren Tätigkeit auf zwei Monate beschränkt wurde, prüften nur Fälle gegen Personen, die vor dem 1. August 1938 verhaftet worden waren. Eigens betont wurde, dass die von der Troika gefällten Todesurteile umgehend vollstreckt werden sollten.

Die Troikas beendeten ihre Tätigkeit fristgerecht zum 15. November 1938. Im Zuge der nationalen Operationen verurteilten sie innerhalb von zwei Monaten insgesamt etwa 100 000 Personen. Am 17. November 1938 verkündeten das ZK der VKP(b) und der Rat der Volkskommissare der UdSSR in einem gemeinsamen Beschluss das Ende aller Massenoperationen. Die „Linienoperationen" zeichneten sich durch besondere Grausamkeit aus, der größere Teil der Verhafteten (etwa 70%) wurde erschossen. Insgesamt wurden nach Zahlen des NKVD der UdSSR bis zum 1. November 1938 im Zuge der nationalen Operationen etwa 365 000 Personen verhaftet. Heutige Forscher schätzen die Zahl der Opfer der „nationalen Operationen" auf etwa 340 000–350 000 Personen, darunter etwa 55 000 Opfer der „deutschen Operation", von denen etwa 42 000 erschossen wurden.[153]

Nach verbreiteter Einschätzung traten Absurdität, Willkür und Blindheit des Großen Terrors im Zuge der „nationalen Operationen" besonders deutlich zu Tage, als das Hauptmoment bei der Auswahl der Opfer nicht die individuelle Schuld des Verurteilten und nicht einmal dessen soziale Herkunft war, sondern ausschließlich dessen Zugehörigkeit zu einer ethnischen Gruppe, gegen die das Zentrum einen Repressionsbeschluss gefasst hatte. Untersucht man allerdings die Umsetzung der „deutschen Operation" in der Region Altaj und im Gebiet Omsk – Orten der kompakten Siedlung von Mennoniten und Deutschen in Westsibirien –, lässt sich eine solche Interpretation nur bedingt halten. In vielerlei Hinsicht liegt

---

151 Jakovlev (Hrsg.), Lubjanka, S. 538.
152 „Über die Bildung von Sondertroikas zur Prüfung von Fällen gegen aufgrund des Befehls des NKVD der UdSSR Nr. 00485 und anderer Verhaftete".
153 Siehe: Ochotin, Roginskij, Iz istorii „nemeckoj operacii", S. 64-66. Vgl. dazu: Eisfeld, Nemeckaja operacija, S. 211-302.

der Schlüssel zum Verständnis der „nationalen Linienoperationen" in einem Vergleich mit der nach Befehl Nr. 00447 durchgeführten Operation. Für die Historiker des Großen Terrors ist der sekundäre Charakter der „nationalen Operationen" an sich und der „deutschen Operation" im Speziellen gegenüber der „Kulakenoperation" offensichtlich. Sowohl hinsichtlich der zeitlichen Abfolge als auch der Methoden war die „Kulakenoperation" eine Art „Motor" und Hauptmuster für die „nationalen Operationen".

Noch vor kurzem galt das der Feder des amerikanischen revisionistischen Historikers J. Arch Getty entstammende Bild eines „Verrückten, der von einem Turm aus wahllos in die Menge schießt", als passende Metapher für die „Kulakenoperation". Dank der Forschung der vergangenen 35 Jahre wurde dieses Bild des „exzessiven" Terrors allerdings einer erheblichen Korrektur unterzogen[154], die sich schon nicht mehr ignorieren lässt.[155] Trotzdem bleibt die Versuchung groß, zwar das Jahr 1937 als Jahr einer vom Zentrum kontrollierten und nach den Maßstäben des Regimes rationalen „sozialen" Säuberung zu sehen, die in erster Linie Bevölkerungsgruppen betraf, die schon immer im Fokus der bolschewistischen Repressionen gestanden hatten, aber 1938 zum Jahr einer ethnischen Säuberung zu erklären, bei der der Staat in der Tat wie ein Amokläufer das Feuer auf seine nationalen Diasporagruppen eröffnete, ohne sich darum zu kümmern, wen diese Kugeln trafen.

Das überaus komplexe und differenzierte Bild der „nationalen" Operationen lässt sich nicht verlässlich zeichnen, ohne zu verstehen, dass deren konkrete Umsetzung durch die geografischen und ökonomischen Besonderheiten der jeweiligen Regionen der UdSSR sowie durch das Vorhandensein bzw. die Abwesenheit von Gruppen ethnischer „Sonderkontingente" in diesen Territorien vorgegeben wurde. Bei der Einschätzung der von den Organen des NKVD im Rahmen der „nationalen" Operationen durchgeführten Strafaktionen muss immer differenziert werden, ob diese an den Orten kompakter Siedlung der nationalen Minderheiten (nationale Dorfsowjets, Rayone, Autonome Gebiete, Republiken) oder an den Orten ihrer Diasporasiedlung durchgeführt wurden.

Berücksichtigt man diese Faktoren, ist zu erkennen, dass es in hauptstädtischen, industriellen und grenznahen Regionen, in großen industriellen und „regimenahen" Produktionsstätten, in Partei- und Sowjetorganen sowie in Militäreinheiten in der Tat zu einer Jagd nach Personen mit ausländischen Familiennamen und zur Aufspürung von „Nationalen" nach Fragebögen von Behörden und Unternehmen kam, wobei sich der Strafeffekt unweigerlich potenzierte, wenn mehrere dieser Faktoren zusammenkamen. Offensichtlich lässt sich nicht leugnen, dass eine pauschale Massenvernichtung von Opfern nach dem Merkmal der Zugehörigkeit zu einer „konterrevolutionären" Nationalität dort, wo die Organe des NKVD den Versuch unternahmen, „homogene moderne Landschaften" zu schaffen, in der Tat stattfand.[156] Wo solche Bedingungen vorlagen, konnte ein Befehl wie die folgende

---

154 Insbesondere dank des internationalen Projekts „Stalinismus in der sowjetischen Provinz 1937–1938. Die Massenaktion aufgrund des operativen Befehls Nr. 00447", das von einer Gruppe russischer und ukrainischer Historiker unter Leitung von B. Bonwetsch, M. Junge und R. Binner durchgeführt wurde.

155 Siehe auch: Junge, Massenverfolgungen, S. 77–98.

156 In ähnlicher Weise argumentiert Amir Weiner, wenn er von einem „Reinigungsdrang" (*purification drive*) spricht, der dem Stalin'schen „Gärtner-Staat" eigen gewesen sei, der danach gestrebt habe, im Interesse der Gründung einer harmonischen sozialistischen Ordnung klassenfremde

Anordnung Stalins an Ežov vom 20. Juli 1937 tatsächlich ausgeführt werden: „Alle Deutschen in unseren militärischen, halbmilitärischen und chemischen Fabriken, in Kraftwerken und auf Baustellen in allen Gebieten verhaften".[157] Hohe Risiken bestanden auch für kommunistische Politemigranten, Überläufer, ehemalige Kriegsgefangene Deutschlands und Österreich-Ungarns, Mitglieder ausländischer sozialistischer Parteien, frühere ausländische Staatsbürger, die in der UdSSR in der Industrie oder im Transportwesen arbeiteten, frühere Mitarbeiter vorrevolutionärer ausländischer Unternehmen oder sowjetischer Konzessionsbetriebe und „Nationale", die der sowjetischen Militär-, Verwaltungs- und Wirtschaftselite angehörten. Diese wurden praktisch durchgängig repressiert. Diese Strafpraktiken fügen sich gut in die Theorie der „Ethnisierung" des inneren Feindes.

Anders sah es aber an den Orten kompakter Siedlung der Diasporagruppen und insbesondere in den nationalen Rayonen und Republiken aus, wo eine Verhaftung des gesamten ethnischen „Sonderkontingents" physisch unmöglich und absurd gewesen wäre und jede der „nationalen" Operationen vor allem eine soziale Säuberung im Geiste der nach Befehl Nr. 00447 durchgeführten Operationen darstellte.

Bildlich gesprochen wirkte jeder der nationalen Befehle wie ein Vergrößerungsglas, das die Aufmerksamkeit der Organe des NKVD für die konkrete nationale Gruppe schärfen sollte. Wer ohnehin im Fokus der Stalinschen Verfolgungspolitik stand, für den bedeutete die Zugehörigkeit zu einer nationalen Minderheit ein zusätzliches Risiko.

Die Untersuchung der „deutschen Operation" in Westsibirien und insbesondere in der Region Altaj und im Gebiet Omsk belegt, dass an den Orten kompakter deutscher Siedlung in der Regel eine zielgerichtete Vorauswahl der Opfer getroffen wurde, wobei diese Selektion in Zusammenarbeit mit dem Dorfaktiv von den gleichen Mitarbeitern des NKVD durchgeführt wurde, die parallel auch an der Umsetzung der „Kulakenoperation" beteiligt waren. Kriterien für eine Verhaftung waren „Verbindungen zu Kulaken, Vorstrafen, schlechte Arbeitsleistung in der Kolchose, Beteiligung an antisowjetischen Aktionen, Zugehörigkeit zu religiösen Gemeinden bzw. Sekten" usw. Es gibt keine seriöse Grundlage, daran zu zweifeln, dass die Tschekisten im Zuge der „deutschen Operation" just auf diese Weise agierten, auch wenn die – selbst im Vergleich zur „gewöhnlichen" Praxis der nach Befehl Nr. 00447 durchgeführten Operation – bis zum Äußersten vereinfachte Prozedur von Verhaftung und Aburteilung den Mitarbeitern des NKVD ohne Zweifel großen Raum für Missbrauch bot[158].

Es ist offensichtlich, dass die meisten Opfer der „Linienoperationen" in den nationalen Rayonen jenen „Risikogruppen" angehörten, die sich schon immer im Blickfeld der Organe der sowjetischen Geheimpolizei befunden hatten, und das Kriterium der sozialen Vergangenheit, auch wenn sich die Rolle von blindem Zufall und Willkür nicht ganz von der Hand weisen lässt, bei der Auswahl der Opfer entscheidend war. So gehörten die Opfer der „deutschen" Operation in Westsibirien den folgenden „Risikogruppen" an: Pfarrer, Priester und Prediger, Empfänger von „Hitlerhilfe", Entkulakisierte und Vorbestrafte, Besucher reichsdeutscher Konsulate bzw. der Botschaft, Personen mit Verwandten im Ausland. Die

---

und feindliche Elemente zu entfernen. Weiner nimmt an, dass die Feinde der sowjetischen Gesellschaft mit Beginn des Zweiten Weltkriegs in größerem Maße ethnisch als sozial waren. Siehe: Weiner, Second World War.

157 Zitiert nach: Ochotin, Roginskij, Iz istorii „nemeckoj operacii", S. 35.
158 Vgl. dazu: Dönninghaus, Minderheiten in Bedrängnis, S. 538-575.

Hauptrisikogruppe stellten unter den Sibiriendeutschen allerdings die Beteiligten der Massenemigrationsbewegung der Jahre 1929/30 dar und unter diesen vor allem die Mennoniten.

Welch herausragende Rolle der letztgenannte Faktor für die Umsetzung der „deutschen" Operation in Westsibirien spielte, wird deutlich, wenn man deren Resultate in der Region Altaj und im Gebiet Omsk miteinander vergleicht[159], in denen 1937 jeweils etwa 30 000 Deutsche lebten. Während in der Region Altaj zwischen November 1937 und November 1938 nach unseren Berechnungen etwa 2 000 Deutsche verhaftet wurden, waren es im gleichen Zeitraum im Gebiet Omsk nur etwa 600.[160] Ein solch großer Unterschied bei den Opferzahlen der „deutschen" Operation lässt sich schwerlich durch höhere Blutrünstigkeit oder besonders ausgeprägten Deutschenhass unter den Altajer Tschekisten erklären.

Geht man allerdings davon aus, dass das Hauptziel des gegen die Deutschen gerichteten Terrors in den Jahren 1937/38 in der zielgerichteten Aufspürung und Vernichtung ehemaliger „Emigranten" bestand, lässt sich diese Diskrepanz leicht dadurch erklären, dass just die Mennoniten des Altaj das Hauptkontingent der Emigrationsbewegung gestellt hatten: 1929 emigrierten aus der UdSSR 5 761 Personen, von denen 4 400 aus den deutschen Siedlungen in Westsibirien ausreisten, davon 3 800 aus dem Gebiet der künftigen Region Altaj und nur 250 aus dem Gebiet Omsk.[161] Es ist also anzunehmen, dass es ebendiese massenhafte Beteiligung an der Emigrationsbewegung war, die den im Altaj lebenden Deutschen zum Verhängnis wurde und den Tschekisten einen Vorwand lieferte, die Verhaftungen und Verurteilungen der Jahre 1937/38 gerechtfertigt erscheinen zu lassen. Diese Kausalität geht auch aus einem Schreiben T.U. Baranovs – eines der aktiv an der Umsetzung der Operation in der Region Beteiligten – an Stalin hervor: „Die Emigration der Deutschen ins Ausland [war], wie bereits bewiesen wurde, das Resultat [ihres] Hasses auf die Sowjetmacht".[162]

Davon, dass die Organe des NKVD im Zuge der „deutschen Operation" nicht blind vorgingen, sondern vielmehr eine zielgerichtete Selektion der Opfer vornahmen, zeugt die Geschichte der gegen die Deutschen und Mennoniten gerichteten Repression im Rayon

---

159   Im Zuge der nach Befehl Nr. 00447 durchgeführten Operation versetzten die Organe des NKVD der deutschen Diaspora der Region einen ersten und besonders gezielten Schlag, in dessen Verlauf vor allem besonders auffällige „Ehemalige" des deutschen Dorfes repressiert wurden: Kirchen- und Sektenangehörige, Vorbestrafte, aus der Verbannung entwichene „Kulaken", die in ihre Dörfer zurückgekehrt waren, Teilnehmer antisowjetischer Aktionen usw. So wurden auf dem Gebiet der späteren Region Altaj (die am 28. September 1937 von der Region Westsibirien abgetrennt wurde) von Juli bis Oktober etwas mehr als 100 Deutsche verhaftet. Die Massenanklagen des deutschen „Sonderkontingents" wurden schon durch die deutsche Operation gewährleistet. Ausführlicher siehe: Savin (Hrsg.), Ėmigracija i repressii, S. 32-55.

160   In seinem am 3. November 1937 an alle Volkskommissare für Innere Angelegenheiten der Sowjetrepubliken und Chefs der Verwaltungen des NKVD verschickten Telegramm forderte Ežov, die „Durchführung der Operationen gegen antisowjetische Elemente, Deutsche, Polen, Charbincy und Frauen von Vaterlandsverrätern zu forcieren" und die Durchführung dieser Operationen bis zum 10. Dezember 1937 abzuschließen. Ebendieses Telegramm kann als Ersatz für einen eigenen Befehl zur Durchführung der „deutschen Operation" in der UdSSR angesehen werden. Auf diese Weise markiert der November 1937 den Beginn der „deutschen Linienoperation" in Sibirien, die von diesem Zeitpunkt an in der Großregion parallel zur Kulakenoperation lief. Davon zeugen auch die in der Region Altaj in der ersten Dekade des Monats November vollzogenen Massenverhaftungen von Deutschen.

161   Siehe: Brandes, Savin, Die Sibiriendeutschen, S. 287, 296 f.

162   Savin (Hrsg.), Annotirovannyj perečen', S. 466 f.

Novo-Kievskij (Kulunda) der Region Altaj. In der Zeit vom 20. bis 23. Juni 1938 kam der Chef der 3. Abteilung (Abteilung für Spionageabwehr) der Regionsverwaltung Altaj des NKVD Oberleutnant der Staatssicherheit I.K. Lazarev zur Inspektion in den kompakt von Deutschen besiedelten Rayon. Vor seiner Ankunft hatten die Mitarbeiter der Rayonsabteilung des NKVD innerhalb einer Nacht für alle etwa 150 deutschen Verhafteten Listen mit „Charakteristika ihrer praktischen konterrevolutionären Tätigkeit" zusammengestellt, in denen aufgrund der Aussagen der Verhafteten deren soziale Stellung, Beteiligung an der Emigrationsbewegung von 1929 und Bezug von „Hitlerhilfe" in den Hungerjahren 1933/34 erfasst wurden. Die Zahl der „Emigranten" und „Hilfsempfänger" lag bei etwa 60 Personen. Nach Durchsicht der Liste befahl Lazarev, die Verfahren gegen diese 60 Personen fortzusetzen und die übrigen 90 nach und nach freizulassen, was dann auch so gemacht wurde. Diese Anordnung rief bei den Mitarbeitern der Rayonsabteilung des NKVD wenig Begeisterung hervor, da sie die bereits abgeschlossenen Untersuchungsakten entsprechend umschreiben mussten. Aus dem Gefängnis der Stadt Slavgorod, wo weitere 150 von der Novokievsker Rayonsabteilung des NKVD verhaftete Deutsche inhaftiert waren, ließ Lazarev ebenfalls etwa die Hälfte entlassen. In Haft blieben auch in diesem Fall die Teilnehmer der Emigrationsbewegung und die Empfänger von „Hitlerhilfe".[163]

Wenn wir die These aufstellen, dass das rationale Moment bei den vom NKVD im Rahmen der „deutschen Operation" durchgeführten Aktionen erheblich größer war als bislang angenommen, soll damit keineswegs bestritten werden, dass der Grad des Rationalen selbst an Orten der kompakten Siedlung nationaler Minderheiten je nach konkreten Bedingungen vor Ort stark variieren konnte. Ein Faktor, der erheblichen Einfluss auf den Verlauf eines Verfahrens haben konnte, war die den Organen zur Verfügung stehende Zeit. So wurden im Rahmen des berüchtigten, von der 3. Abteilung (Spionageabwehr) der Regionsverwaltung Altaj des NKVD fabrizierten „Slavgoroder Falls" in der Zeit vom 19. bis 21. Dezember 298 Deutsche verhaftet und bereits wenige Tage später (29. Dezember 1937) ausnahmslos alle von der Troika der Verwaltung des NKVD für die Region Altaj zum Tod durch Erschießen verurteilt. Es ist offensichtlich, dass sowohl der Maßstab des Falles als auch das Tempo und die beispiellose Härte der Urteile dadurch zu erklären ist, dass alle Akteure unter großem Zeitdruck handelten, nachdem der Volkskommissar für Innere Angelegenheiten der UdSSR Ežov in seiner Direktive Nr. 50104 vom 11. Dezember 1937 die Fristen für den Abschluss der nationalen Operationen und die entsprechende Berichterstattung auf den 1. Januar bzw. 15. Januar 1938 festgesetzt hatte.

Doch selbst in diesem Fall legen die von den Mitarbeitern der Regionsverwaltung Altaj des NKVD 1939/40 gemachten Aussagen nahe, dass die Verhaftungen der im „Slavgoroder Fall" angeklagten Deutschen von den Mitgliedern der operativen Sonderbrigade der Verwaltung des NKVD nicht blind durchgeführt wurden, sondern sich an Listen orientierten, die ihnen der Chef der deutschen Rayonsabteilung des NKVD K.G. Kester ausgehändigt hatte. Angesichts dessen, dass Kester[164] ein gut informierter Experte für das deutsche „Sonder-

---

163 Ebenda, S. 690 f.
164 In den Jahren 1925–1930 war Kester zunächst Bevollmächtigter und dann Oberbevollmächtigter der Geheimabteilung und Stellvertretender Leiter der Slavgoroder Bezirksabteilung der Bevollmächtigten Vertretung der OGPU der Region Sibirien. Er war aktiv an der Bekämpfung der Emigrationsbewegung der Deutschen beteiligt. Von 1935 an war er Stellvertretender Leiter bzw.

kontingent" war, ist davon auszugehen, dass die in den entsprechenden Proskriptionslisten aufgelisteten Personen ihre Illoyalität gegenüber dem Regime demonstriert oder notorisch abweichlerisches Verhalten an den Tag gelegt hatten.

Wenn man zu dem Schluss kommt, dass im Zuge der „deutschen Operation" der „sehende" über den „blinden", von exzessiven Repressionen geprägten Terror dominierte, dann wurde folglich die Zugehörigkeit zu einer evangelischen Freikirche für die Mennoniten wie schon im Rahmen der nach Befehl Nr. 00447 durchgeführten Operation zu einem der Schlüsselmomente, die den hohen Grad ihrer Gefährdung als Opfer bestimmten. Im Vergleich zu den vorhergehenden Jahren unterschieden sich die gegen die Freikirchler gerichteten Repressionen der Jahre 1937/38 vor allem durch ihre Größenordnung und die Grausamkeit der verhängten Urteile, die auf die physische Vernichtung der Führung und des Aktivs der Gemeinden zielten. Als Initiator der Repressionen traten die höchste Partei- und Sowjetführung der UdSSR und das NKVD der UdSSR auf. Die Tätigkeit fand volles Verständnis und Unterstützung vor Ort, bis hinunter zur Ebene der Führung der Dorfsowjets und Kolchosen, da sie gegen die gewohnte „feindliche" soziale Gruppe gerichtet war, die immer als eine Quelle von Problemen wahrgenommen wurde.

Der entscheidende Faktor bei der Verhaftung von Angehörigen der Freikirchen war für die Organe des NKVD deren Zugehörigkeit zur religiösen Gemeinde, was in der Regel automatisch die Anklage der Beteiligung an illegalen Aktivitäten nach sich zog. Übrigens befreite die Stigmatisierung einer großen Zahl der Gläubigen in den 1920er–1930er Jahren (unbedingte Aberkennung des Wahlrechts der Geistlichen, Entkulakisierung der traditionell wohlhabenden Freikirchler, Verurteilung nach Anklage wegen antisowjetischer Agitation, Vorhandensein verurteilter Verwandter, Erhalt humanitärer Hilfe von Seiten ausländischer Glaubensbrüder usw.) die Mitarbeiter des NKVD vor Ort in der Regel von der Notwendigkeit, eine Verhaftung „sozial" zu begründen.

Der Große Terror konnte das „Problem" der Säuberung der sowjetischen Gesellschaft von „Sektenangehörigen" ungeachtet des Maßstabs und der Brutalität der Repressionen nicht endgültig „lösen". Zwar wurde die Zahl der legalen, also von den Behörden registrierten freikirchlichen Gemeinden in den Jahren 1939–1941 tatsächlich auf ein absolutes Minimum reduziert, aber dafür fanden sogenannte „Hauskirchen" weite Verbreitung, die illegal in privaten Häusern und Wohnungen betrieben wurden. So gingen auch die gegen Gläubige gerichteten Repressionen nach dem Ende des Großen Terrors weiter: In der Statistik des NKVD wurden 987 der insgesamt 44 731 Personen, die die Tschekisten 1939 in der UdSSR verhafteten, als „Kirchenleute und Sektenangehörige" geführt.[165] 1940 bis Anfang 1941 verhafteten die Organe des NKVD der UdSSR 1 988 „Kirchenleute und Sektenangehörige" als angebliche Mitglieder „antisowjetischer Gruppen und Organisationen".[166] Die allmähliche Wiedergeburt der Kirchenorganisationen und die partielle Legalisierung des religiösen Lebens wurden bereits in den Jahren des Deutsch-Sowjetischen Kriegs im Rahmen der von der Stalinschen Führung eingeleiteten kirchenpolitischen Wende umgesetzt.

Leiter der deutschen Rayonsabteilung der Verwaltung des NKVD für die Regionen Westsibirien und Altaj.

165 Mozochin, Pravo, S. 346.
166 Čebrikov u.a. (Hrsg.), Istorija, S. 323.

3. Die Stalinschen und Brežnevschen Wendepunkte in der antireligiösen Politik und die Freikirchen

In der Geschichte der sowjetischen Religionspolitik kam es immer wieder zu heftigen, auf eine völlige Liquidierung der Religion zielenden Kampagnen, auf die jeweils Rückzüge folgten, die die Angriffe zurücknahmen und eine gewisse Liberalisierung markierten. Insgesamt lassen sich mindestens vier solcher Wendepunkte ausmachen. Erstmals ließ sich dieses Muster im August 1923 beobachten, als die Bolschewiki von ihrem Frontalangriff auf alles Religiöse abrückten und im Rahmen der Neuen Ökonomischen Politik eine Phase vergleichsweise friedlicher Koexistenz einleiteten. Die zweite Wende fiel in den März 1930, als das ZK der VKP(b) nach dem ersten stürmischen Drang der Kollektivierung die Praxis der „administrativ angeordneten Kirchenschließungen" verurteilte, de facto also nicht mehr die völlige Liquidierung der Konfessionen anstrebte, sondern zu einer Politik zurückkehrte, die die Kirchen an den Rand der Gesellschaft abdrängen sollte. Die dritte und wohl nachhaltigste Wende fiel in die Jahre des Zweiten Weltkriegs, als die Stalinsche Führung die Kirchenorganisationen nach den Massenverfolgungen des Großen Terrors wiedererstehen ließ und die Religionsausübung erneut legalisierte.

Die vierte liberale Wende, die faktisch bis zum Zusammenbruch der Sowjetunion den Modus Vivendi der Koexistenz des Sowjetstaats und der religiösen Organisationen bestimmen sollte, wurde wenige Monate nach seinem Regierungsantritt von Brežnev eingeleitet und stellte eine Reaktion auf die von Chruščev initiierte großangelegte Antikirchenkampagne der frühen 1960er Jahre dar.

Mit dem Versuch, die Beziehungen zwischen Staat und Kirche zu normalisieren, kehrte Brežnev zu jener Religionspolitik zurück, die das Stalinsche Regime bereits während des Zweiten Weltkriegs praktiziert hatte. Vor diesem Hintergrund scheint es gerechtfertigt, den Stalinschen „Neuen Kurs" und die Brežnevsche „Wende" als einheitlichen Prozess parallel zu betrachten.

Im vorliegenden Kapitel wollen wir uns vor allem auf die folgenden Fragen konzentrieren: Durch welche Faktoren war die Liberalisierung der Kirchenpolitik in den Jahren des Zweiten Weltkriegs bedingt? Wodurch waren die Rahmen und Grenzen dieser Liberalisierung bestimmt? Wie entwickelten sich die Beziehungen zwischen Kirche und Staat in den ersten Jahren der Regierung Brežnev und welche Folgen hatte die unter Stalin und Brežnev eingeleitete Wende konkret für die Freikirchen? Wodurch wurde die Entstehung einer religiösen Dissidentenbewegung in der Brežnev-Zeit ermöglicht und worin bestanden deren Besonderheiten?

Dass es eine religiöse Dissidentenbewegung gab, war unter Spezialisten wenigstens in groben Zügen schon lange bekannt. So bemerkte bereits Nicolas Werth mit Blick auf die Formen des gesellschaftlichen Protestes der Brežnev-Zeit: „Die aktivsten Protestformen waren vor allem für die folgenden drei Gesellschaftsschichten charakteristisch: kreative Intelligenz, Gläubige und nationale Minderheiten".[1] Während wir heute allerdings viel über das Dissidententum der Intelligenz und der diskriminierten Diasporagruppen wissen, bleibt die Protestbewegung der Gläubigen immer noch weitgehend unerforscht.

Ganz im Sinne der treffenden Aussage Michail Prišvins, dass der Staat den Gläubigen früher oder später das Beten erlauben werde, wenn sie denn wenigstens ein Gebet für die Sowjetmacht sprächen[2], gestand die Stalinsche Führung in den Jahren des Deutsch-Sowjetischen Kriegs wenigstens den größeren religiösen Organisationen das Recht auf einen Platz in Gesellschaft und Staat zu.

Am 4. September 1943 kam es im Kreml zu jenem historischen Treffen Stalins mit den drei Metropoliten der Russisch-Orthodoxen Kirche, in dessen Folge Stalin die Anweisung gab, einen Patriarchen zu wählen und die Eröffnung kirchlicher Lehranstalten zuzulassen. Ein Jahr später wurde am 27. Oktober 1944 auf einer gemeinsamen Konferenz der Führer der Evangeliumschristen und der Baptisten der Allunionsrat der Evangeliumschristen-Baptisten gegründet, was wiederum der Legalisierung der freikirchlichen Gemeinden den Weg bereitete. All dies sind allgemein bekannte Fakten.

Historiker haben sich mehrfach mit diesen Ereignissen befasst und verschiedene Erklärungsversuche unternommen. Heute herrscht in der historischen Forschung weitgehend Konsens hinsichtlich der diesem „Neuen Kurs" zugrunde liegenden Motive. So kann sich I.A. Kurljandskij sicherlich auf den Common Sense stützen, wenn er in seiner einschlägigen Monografie als Hauptgründe das Bestreben nennt, die Kirche in der schwierigen Kriegssituation für innen- und außenpolitische Ziele zu instrumentalisieren, den Kirchenorganisationen den Nimbus der Verfolgten zu nehmen, sie enger an den Sowjetstaat zu binden und sie auf diese Weise in den Augen der Gläubigen zu diskreditieren.[3] Man muss Kurljandskij sicherlich auch in dem Punkt zustimmen, dass die Kirchenvertreter bei dieser „Stalinschen Renaissance" angesichts zahlreicher bürokratischer und administrativer Beschränkungen und Verbote von Beginn an so wenig Spielraum hatten[4], dass man kaum von einem fundamentalen Kurswechsel sprechen kann.

Und doch möchten wir mutig behaupten, dass ein prinzipieller Aspekt der Aufmerksamkeit der Kollegen entgangen ist: Während sich die staatliche Kirchenpolitik in ihren Zielsetzungen tatsächlich kaum änderte und alle Neuerungen taktisch motiviert gewesen sein dürften, verschob sich ihr innerer Vektor um 180 Grad. War die antireligiöse Politik vor dem Krieg durch das taktische Credo der Formel „Teile und herrsche" geprägt, lautete es in der Kriegs- und Nachkriegszeit „Vereine und herrsche". Waren die Machthaber in den 1920er und 1930er Jahren bestrebt, Spaltungstendenzen innerhalb der Kirchen aller Bekenntnisse zu provozieren und Meinungsverschiedenheiten unter den Gläubigen zu vertiefen, waren nun alle Anstrengungen der entsprechenden Institute des Staatsapparats darauf ausgerichtet, alle Gläubigen unter dem Dach großer gesamtsowjetischer Kirchenorganisationen zu vereinen.

---

1 Vert, Istorija sovetskogo gosudarstva, S. 415.
2 Prišvin, Dnevniki, S. 502.
3 Kurljandskij, Stalin, S. 576-578. Siehe auch: Odincov, Russkaja pravoslavnaja cerkov', S. 261-272.
4 Kurljandskij, Stalin, S. 587.

Die erste Geige bei der Umsetzung des „Neuen Kurses" spielten zwei eigens beim Rat der Volkskommissare der UdSSR gegründete Organe: der Rat für Angelegenheiten der Russisch-Orthodoxen Kirche und der Rat für Angelegenheiten der religiösen Kulte, deren Aufgabe formal darin bestand, als Mittler zwischen sowjetischen und religiösen Organen aufzutreten und die Geistlichkeit bei der Wiedererrichtung der Kirchenstrukturen zu unterstützen. Neben Vermittlungs- und Koordinierungsaufgaben erfüllten die Räte auch Funktionen der Kontrolle und Informationsvermittlung. Die Bevollmächtigten der beiden Räte vor Ort unterstanden unmittelbar den Vorsitzenden der Gebiets- bzw. Regionsexekutivkomitees und übten ihre Tätigkeit in der Praxis allein im Namen dieser Organe der Staatsmacht aus.

Es stellt sich die Frage, warum die Stalinsche Führung die Mehrzahl der religiösen Organisationen nicht nur legalisierte, sondern deren Vereinigung unter dem Dach einiger weniger großer Kirchenstrukturen offenbar für so wichtig hielt, dass sich z.B. der Vorsitzende des Rats für Angelegenheiten der religiösen Kulte I.V. Poljanskij im November 1945 beim Stellvertretenden Vorsitzenden des Rats der Volkskommissare V.M. Molotov dafür einsetzte, 22 Mitarbeiter bzw. Bevollmächtigte des Rats für ihre Verdienste um den Zusammenschluss der Evangeliumschristen und Baptisten mit Orden und Medaillen der UdSSR auszuzeichnen, nachdem sie dem Allunionsrat der Evangeliumschristen und Baptisten die Pfingstkirchen sowie die ursprünglich selbstständigen Bünde der Evangeliumschristen und Baptisten in Litauen, Lettland und Estland angeschlossen hatten.[5]

Die Antwort auf diese Frage besteht darin, dass ein erheblicher Teil sowohl der höchsten Würdenträger der Russisch-Orthodoxen Kirche als auch der Führer der Freikirchen, die den Großen Terror überlebt hatten, zum Zeitpunkt des Kriegsbeginns bereits entweder inoffizielle Mitarbeiter des NKVD waren oder aber den Machthabern offen ihre Loyalität und Kollaborationsbereitschaft demonstriert hatten.[6] So konnte die Stalin'sche Führung schließlich die Früchte der jahrelangen gegen die Kirchenorganisationen gerichteten Repressionen und Verfolgungen ernten. Von Mitte der 1940er Jahre an traten die Kirchenführungen selbst als Vermittler der staatlichen Politik auf und zeigten sich bereit, für das eigene Überleben und die legale Existenz der Kirchenstrukturen den hohen Preis der Kollaboration mit der Geheimpolizei und anderen Organen der Staatsmacht zu zahlen. Angesichts der Tatsache, dass die Kirchenorganisationen in den Kriegsjahren bereits absolut loyale „Sowjetkirchen" darstellten, wurde jeder Abspaltungsversuch im Unterschied zu den Vorkriegsjahren als antisowjetischer Akt eingestuft und entsprechend verfolgt.

Die erzwungene Zusammenarbeit der Würdenträger und Geistlichen unterschiedlicher Konfessionen mit den Organen der politischen Polizei ist deshalb als spezifische Form der Anpassung an das Sowjetregime zu betrachten. Bei der Auseinandersetzung mit einem solch heiklen Thema liegt es uns fern, Masken abreißen oder moralisieren zu wollen. Es geht uns vielmehr darum, diese für die gesamte Nachkriegsgeschichte der Beziehungen zwischen Kirche und Staat elementaren Prozesse angemessen verstehen zu können. Hinzuweisen ist auch auf den Umstand, dass der folgende historische Exkurs zur Genese des Problems in den 1920er–1930er Jahren angesichts der immer noch bestehenden strengen Beschränkungen des

---

5   Notiz Poljanskijs an Molotov über die Tätigkeit des Rats für Angelegenheiten der religiösen Kulte vom 21.11.1945. GARF, f. 6991, op. 3, d. 10, l. 153-154.

6   Zur erzwungenen Kollaboration der höchsten Würdenträger der Russisch-Orthodoxen Kirche mit den Organen von NKVD bzw. NKGB siehe: Kurljandskij, Stalin, S. 540 f.

Zugangs zu den Archiven der sowjetischen Geheimpolizei notgedrungen lückenhaft bleiben muss. So konzentrieren sich auch nahezu alle dem Problem der Beziehungen zwischen Staat und Kirchen gewidmeten Publikationen vor allem auf die Nachkriegszeit[7] und beschränken sich im Wesentlichen auf die Feststellung, dass unter den Gläubigen und Führern der religiösen Organisationen ein engmaschiges Netz geheimer Mitarbeiter und Informanten bestand.[8]

Ursprünglich hatte die von Dzeržinskij geführte VČK, in deren Hand faktisch die gesamte Umsetzung der staatlichen Religions- und Kirchenpolitik lag, auf eine schnellstmögliche Liquidierung der Kirchenorganisationen durch operative Methoden gezielt.[9] Aber schon bald wurde diese auf eine sofortige Beseitigung der Religion gerichtete radikale Position revidiert und die Anwerbung von Informanten und Agenten aus den Reihen der Geistlichen, Prediger und Priester als effektiveres Instrument der antireligiösen Politik angesehen. So erklärte M.I. Lacis, einer der Schöpfer der tschekistischen „Kirchenpolitik", am 3. Februar 1920 bei einem Auftritt auf der 4. Konferenz der VČK die Vorteile einer geheimdienstlichen Durchdringung der Kirchen gegenüber rein repressiven Maßnahmen folgendermaßen:

„Den Popen, der vom Patriarchen den Befehl bekommen hat, die Sowjetarbeiter zu exkommunizieren, haben wir erschossen. Aber da die meisten unserer Bauern und Arbeiter immer noch in die Kirche gehen und diesem Popen-Zauberer zuhören, haben wir beschlossen, unsere Taktik zu ändern [...]. Wenn es in den dunklen Ecken des Dorfs blinde gläubige Leute gibt, die um einen Segen bitten, bevor sie zur Front aufbrechen, dann ist es in unserem Interesse, dass sie diesen Segen vom Popen bekommen. Uns kann es egal sein, wenn dieser blinde Bauer seinen Segen bekommt, aber wenn dieser Bauer vom Popen hört, dass diese Macht von Gott ist, dann müssen wir uns nicht mit den Bauernaufständen herumplagen, die es jetzt gibt. [...] Wenn wir die Popen zwingen können, diesen Segen zu geben, dann werden wir dadurch keine Aufstände haben".

Zur Massenanwerbung von Geistlichen, die sich durch ihre Unterschrift zur geheimen Zusammenarbeit mit den Organen der VČK verpflichteten, bemerkte Lacis: „Ich habe von vielen Kommissionen [der VČK] Bericht erhalten, dass sich die Lage schon geändert hat und die Popen zu unseren Mitarbeitern wurden. Und wenn sie erst einmal bei uns unterschrieben haben, gibt es für sie kein Zurück mehr".[10]

Eine Vorstellung sowohl von den seitens der Tschekisten in diesem Bereich in den 1920er Jahren erzielten Erfolgen als auch von der Dichte ihres Informantennetzes in kirchlichen

---

7 Maslova, cerkov' i KGB, S. 86-96; dies., Vatikanskoe napravlenie, S. 11-14; Gorbatov, KGB, S. 128-132; Smykalin, Ideologičeskij kontrol', S. 30-40. Bezeichnenderweise taucht die Frage auch in der Belletristik nur in Bezug auf die Nachkriegszeit auf. So wird z.B. der Held der Erzählung B. Okudžavas „Pochoždenija sekretnogo baptista" [Abenteuer des geheimen Baptisten] 1955 von einem Mitarbeiter des KGB angeworben, um in eine der sibirischen Baptistengemeinden einzudringen.

8 Hier eine typische Behauptung dieser Art: „In den meisten religiösen Gemeinden gab es einen Informanten oder geheimen Mitarbeiter, der über alles berichtete, was passierte. Auch die Gemeinde Tjumen' stellte da keine Ausnahme dar". Siehe: Bobrov (Hrsg.), Protestantizm, S. 89.

9 Siehe ausführlicher: Bordjugov, Pravila, S. 34 f.; Krapivin, Dokladnaja zapiska, S. 91-102.

10 Stenogramm des Auftritts von Lacis vom 03.02.1920. CA FSB RF, f. 1, op. 4, d. 6, l. 27-28. Die Autoren danken dem Kandidaten der Historischen Wissenschaft A.G. Tepljakov für die bereitgestellte Information.

Kreisen vermittelt eine „Aufstellung der Aufwendungen für die Arbeit unter den religiösen Gruppierungen der Ukraine im ersten Halbjahr 1928".[11] Allein die Spitze des aus den Reihen der „religiösen und Sektengruppierungen" rekrutierten Informantennetzes umfasste 41 für die „Betreuung" der religiösen Organisationen in den 41 Bezirken der Ukrainischen SSR zuständige geheime Mitarbeiter, die jeweils zehn Rubel pro Monat erhielten. Weitere Mittel wurden für Informanten aus den Reihen der „Führungsorgane religiöser und Sektengruppierungen", für Fahrtkosten und Dienstreisen der geheimen Mitarbeiter „aller Gruppierungen in allen Bezirken der Ukraine" und unvorhergesehene Ausgaben angewiesen.[12]

In einer erläuternden Notiz zu dieser Kostenaufstellung erklärte der Chef der Geheimabteilung der GPU der Ukraine V.M. Gorožanin, dass insgesamt 383 geheime Mitarbeiter im Kirchen- und Sektenmilieu aktiv seien und besonders wertvollen Mitarbeitern bis zu 60 Rubel und mehr pro Monat gezahlt werden müsse. Die Gesamtsumme der Zuweisungen in Höhe von 28 640 Rubel für sechs Monate hielt er vor diesem Hintergrund für „minimal". Des Weiteren konstatierte er zynisch, dass sich orthodoxe Popen ohne große Schwierigkeiten anwerben ließen, wenn man sie für ihre Dienste bezahle, während Sektenanhänger insbesondere aus den Reihen der „mystischen Sekten" wegen ihres Fanatismus nur sehr schwer und unter hohem finanziellen Aufwand für die geheime Arbeit zu werben seien. Besondere Aufmerksamkeit widmeten die Tschekisten dem Bestreben, die Führungsorgane der „Kirchengruppierungen und Sekten" unter ihre Kontrolle zu bringen. „Um unsere dauerhafte Führung in diesen Organen sicherzustellen, müssen wir die relative Mehrheit der Mitglieder der kirchlichen Führungsgremien unter unseren Einfluss bringen. Über sie führen wir eine entsprechende Politik durch und erhalten Informationen über das Verhalten einzelner Mitglieder", konstatierte Gorožanin. Von besonderer Wichtigkeit sei die „Arbeit" unter den deutschen Mennoniten, die eine der stärksten in der Ukraine aktiven Sekten darstellten und dem sowjetischen Einfluss immer noch erfolgreich Widerstand entgegensetzen könnten.[13] Übrigens lernte auch die spätere Geheimdienstlegende P.A. Sudoplatov bei der Anwerbung von Agenten im Mennonitenmilieu das ABC des Tschekistenhandwerks.[14] Ein weiterer bekannter mit den Mennoniten befasster Tschekist war D.K. Sorokin, der persönlich den Plan zur Ergreifung der Brüder Antonov, der Anführer des Tambover Aufstands, ausgearbeitet hatte und als Chef der Geheimabteilung der Bevollmächtigten Vertretung der OGPU der Krim damit befasst war, die mennonitische Jugend mit Tschekamethoden zur Anerkennung der Wehrpflicht zu bringen.[15]

Einen großen strategischen Erfolg erzielten die Tschekisten im freikirchlichen Milieu 1933, als gleich zwei geheime Mitarbeiter der OGPU an der Spitze des Föderativen Bunds der Baptisten der UdSSR standen: Vorsitzender war ein Agent mit dem Decknamen „Sovetskij", sein Sekretär ein Agent mit dem Decknamen „Bobrov" („Il'in"). Ersterer arbeitete mindestens seit 1927, der Zweite seit 1925 mit den Geheimdienstorganen zusammen. Von

---

11 Unterschrieben vom Chef der Geheimabteilung der GPU der Ukraine V.M. Gorožanin.
12 Das Dokument ist veröffentlicht in: Neobratimye desjatiletija, S. 276.
13 Ebenda, S. 276 f.
14 Sudoplatov, Razvedka, S. 7. Sudoplatov war zu dieser Zeit Mitarbeiter der Melitopoler Bezirksabteilung der OGPU.
15 Vorschlag des Mitarbeiters der OGPU Dmitrij Sorokin zur Auszeichnung mit dem Rotsternorden, 13.10.1930, GARF, f. 1235, op. 141, d. 829, l. 2.

diesem Augenblick an standen sämtliche Aktivitäten der immer noch legal existierenden freikirchlichen Gemeinden bis 1935 unter der unmittelbaren Kontrolle des NKVD. Allerdings fanden die Karrieren dieser beiden geheimen Mitarbeiter im März 1935 ein abruptes Ende, als sie unter dem Vorwurf verhaftet wurden, die von ihnen erstellten Berichte einander zu lesen gegeben und sich so voreinander als geheime Mitarbeiter der Geheimpolitischen Abteilung der Hauptverwaltung für Staatssicherheit dekonspiriert zu haben. Laut Anklageschrift vom 5. April 1935 hatten sie versucht, „in eigennützigem Interesse das NKVD zu provozieren". Zwei Tage später verurteilte die Sondersitzung beim NKVD der UdSSR die beiden Angeklagten zu fünf Jahren Lagerhaft.[16]

Durch die Anwerbung der Führer der religiösen Organisationen erhielten die Tschekisten aus erster Hand Informationen über deren Aktivitäten. So wurde im Januar 1938 einer der Führer des Allunionsrats der Evangeliumschristen verhaftet und zu acht Jahren Lagerhaft verurteilt, weil er „als geheimer Mitarbeiter der Hauptverwaltung für Staatssicherheit des NKVD der UdSSR ihm bekannte Fakten über antisowjetische Aktivitäten ihm verbundener Sektenangehöriger verheimlicht hatte und Bevollmächtigten der Evangelisten Adressen von aus der UdSSR ausgewiesenen evangelischen Aktivisten verraten hatte [...]".[17] Langjähriger Informant des NKVD war auch der im Dezember 1937 erschossene Bevollmächtigte der Evangeliumschristen für Westsibirien, dem zur Last gelegt wurde, „als geheimer Mitarbeiter des NKVD konterrevolutionäre Arbeit zur Aktivierung der antisowjetischen Tätigkeit der Sektengruppen" betrieben zu haben.[18]

An dieser Stelle ist grundsätzlich anzumerken, dass sowohl die Gläubigen als auch in besonderem Maße die Prediger und Presbyter der freikirchlichen Gemeinden als überaus unzuverlässige „inoffizielle Mitarbeiter" galten. Da sie ihr Einverständnis zur Zusammenarbeit in der Regel nur unter massivem Zwang gaben, sabotierten sie nicht selten die Erfüllung der ihnen übertragenen Aufgaben und dekonspirierten sich oft gegenüber ihren Gemeindemitgliedern, indem sie offen über ihre Anwerbung sprachen. Davon zeugen z.B. zwei im Oktober 1939 bzw. im August 1940 von der Führung der Omsker Gebietsverwaltung des NKVD zusammengestellte, der „konterrevolutionären Tätigkeit der Kirchenleute und Sekten" gewidmete Handreichungen, mit deren Hilfe die neuen Einsatzkräfte eingearbeitet werden sollten, die erst nach den Säuberungen der „Ežov-Kader" zu den Organen des NKVD gestoßen waren und nur über geringe theoretische und praktische Erfahrung im Bereich der geheimpolizeilichen Arbeit insbesondere im Sekten- und Kirchenmilieu verfügten.[19] Der Inhalt dieses für jede einzelne Kirchenorganisation gesondert ausgearbeiteten Informationsmaterials gibt uns einen wertvollen Einblick in Art und Umfang der in der unmittelbaren Vorkriegszeit im kirchlichen Milieu betriebenen Geheimdienstaktivitäten.

---

16 Neobratimye desjatiletija, S. 64 f.
17 Anklageschrift der Hauptverwaltung für Staatssicherheit des NKVD der UdSSR gegen geheime Mitarbeiter. Januar 1938. AUFSB po NSO, d. 5038, l. 164.
18 Savin (Hrsg.), Sovetskoe gosudarstvo, S. 323.
19 Kompilationen von Auskünften zur konterrevolutionären Tätigkeit der Kirchenleute und Sekten, Oktober 1939. GASPITO, f. 3894, op. 1, d. 64, l. 5-8, siehe auch: Černyšev, Protestantskie religioznye tečenija, S. 89 f.

Das Hauptaugenmerk galt dabei Fragen der Anwerbung von aus den Reihen der Baptisten und Evangeliumschristen stammenden Agenten. Dabei wurde ausdrücklich auf die hohe Resistenz der Baptisten verwiesen:

„Es ist anzumerken, dass unsere Arbeit unter den Baptisten einen besonderen Zugang und großes Geschick bei der Auswahl der Informanten erfordert. Die Erfahrung der unter den Baptisten geleisteten Arbeit zeigt, dass die in diesem Milieu angeworbenen Informanten häufig ein doppeltes Spiel spielen und Desinformation betreiben. Unter den Baptisten Informanten anzuwerben, ist ausgesprochen mühselig, insbesondere wenn man es mit dem fanatischen Teil des Aktivs zu tun hat. In der Regel weigern sich diese Leute [...] unter Verweis auf die biblische Nächstenliebe, mit uns zusammenzuarbeiten".[20]

Eine erfolgreiche Anwerbung gelinge in der Regel nur dann, wenn man sich auf Personen, gegen die umfangreiches kompromittierendes Material vorliege, oder abtrünnige Gläubige konzentriere, die „reuig" in die Reihen der Gemeinde zurückkehrten. In allen anderen Fällen wurde von Anwerbungsversuchen abgeraten, da diese gewöhnlich mit einem Misserfolg endeten.

Aber allem Widerstand der Gläubigen zum Trotz verfügten die Mitarbeiter der Staatssicherheitsorgane zu Beginn des Deutsch-Sowjetischen Kriegs über alle Möglichkeiten zur Kontrolle und Manipulierung der religiösen Organisationen. So konnte A.V. Gorbatov mit Fug und Recht konstatieren: „Ungeachtet aller Proteste und Erklärungen der Geistlichen und ihrer Sympathisanten, dass dieses Problem grundsätzlich nicht bestehe, lässt sich nicht leugnen, dass es innerhalb der religiösen Organisationen Informanten und Agenten gab [...]. Diese Beziehungen durchdrangen nicht selten die gesamte religiöse Organisation: vom höchsten bis zum niedrigsten Glied der kirchlichen Karriereleiter".[21] Einerseits war es gerade die Zusammenarbeit mit den Organen der Staatssicherheit, die es den religiösen Organisationen überhaupt erst ermöglichte, unter den Bedingungen der harten Diskriminierungs- und Repressionspolitik des Sowjetstaats in den 1920er–1930er Jahren zu überleben. Andererseits gab die konformistische Position der Kirchenführungen den Machthabern ein Gefühl der Gewissheit, dass die unter ihrer Kontrolle stehenden religiösen Organisationen auf dem Feld des ideologischen Gegensatzes keine ernsthaften Konkurrenten mehr darstellten und von ihnen keine Gefahr mehr ausging. Gerade die Kooperation der höchsten Kirchenhierarchie mit den „Organen" erlaubte es den religiösen Organisationen mit der Zeit, in den Augen der kommunistischen Führung als „sowjetische" Kirchen wahrgenommen zu werden und ihre Tätigkeit im sowjetischen Nachkriegsstaat zu legalisieren.

Kaum ein anderes Dokument mag die Prioritäten des „neuen" Stalinschen Kirchenkurses so eindeutig symbolisieren wie eine an den Ersten Stellvertreter des Vorsitzenden des Rats der Volkskommissare Molotov gerichtete Notiz des Vorsitzenden des Rats für Angelegenheiten der religiösen Kulte beim Rat der Volkskommissare I.V. Poljanskij vom 6. September 1945, in der dieser darum bat, den Kauf eines für den führenden Mitarbeiter der Evangeliumschristen-Baptisten Ja.I. Židkov bestimmten Geschenks im Wert von

---

20 Auskunft „Baptisten und Evangelisten" der Omsker Gebietsverwaltung des NKVD, Oktober 1939. GASPITO, f. 3894, op. 1, d. 64, l. 9.
21 Gorbatov, Gosudarstvo, S. 80.

7 000–8 000 Rubel zu sanktionieren, dessen 60. Geburtstag bevorstand.[22] Der nach Stalin zweite Mann im Staat entschied die Frage über ein Geschenk an einen Mann, der zwischen 1938 und 1943 in Kolyma in Lagerhaft gesessen hatte und im sowjetischen Staatssystem als „Lagerstaub" figurierte. Aber die Perspektive, eine sowjetloyale baptistische Kirche zu schaffen, ließ einen solchen Schritt offenbar lohnenswert erscheinen.

Vor dem Hintergrund einer solch totalen Durchdringung der Kirchen war die Anfang der 1960er Jahre von N.S. Chruščev losgetretene radikale Antikirchenkampagne kontraproduktiv, da sie nur unnötige Spannungen schuf und völlig loyale Werktätige aus den Reihen der Gläubigen zu unerbittlichen Gegnern der Sowjetmacht machte. Wie einer der ersten Biografen Chruščevs bemerkte, hatte „diese Antikirchenkampagne keine vernünftige Erklärung und stellte einen Akt der Willkür und des Machtmissbrauchs von Seiten Chruščevs und einiger Leute aus seinem Umfeld dar".[23] Ähnlich schätzte die Chruščevsche Antikirchenkampagne im Dezember 1964 auch der Vorsitzende des KGB der UdSSR V.E. Semičastnyj ein: „[...] In der relativ kurzen Zeit von ein bis zwei Jahren wurden in einer Reihe von Gebieten jeweils 5–10 Personen verurteilt und verbannt, bei denen es sich vielfach um ungebildete Leute handelte, die in der Produktion arbeiteten und große Familien hatten [...], was die Gläubigen gegen die Machtorgane aufbrachte".[24] Insgesamt wurden in den Jahren 1961–1964 806 Freikirchler, Katholiken und Moslems nach den Artikeln 142, 143 und 227 des Strafgesetzbuchs der RSFSR und den entsprechenden Artikeln der Strafgesetzbücher der Unionsrepubliken zu Freiheitsstrafen unterschiedlicher Höhe verurteilt. Weitere 400 wurden als Sozialschmarotzer verbannt, weil sie nicht erwerbstätig waren.[25]

Der faktische Verzicht auf den zeitnahen Aufbau des Kommunismus und die zentristische Position der Brežnevschen Führung minderten für die meisten Religionsgemeinschaften und vor allem für die Russisch-Orthodoxe Kirche den Anpassungsdruck an das Sowjetregime. In dieser Hinsicht entsprach die konformistische Position der meisten Religionsgemeinschaften

---

22 Notiz Poljanskijs an Molotov über die Anweisung von Finanzmitteln für ein Geschenk an Židkov im Zusammenhang mit dessen 60. Geburtstag, 06.09.1945. GARF, f. 6991, op. 3, d. 10, l. 78.

23 Siehe: Medvedev, Chruščev, S. 226 f.

24 Notiz Semičastnyjs an die Ideologie-Abteilung des ZK der KPdSU, 09.12.1964. RGANI, f. 3, op. 60, d. 15, l. 106.

25 Siehe: Auskunft des Rats für Angelegenheiten der religiösen Kulte beim Ministerrat der UdSSR über die Zahl der in den Jahren 1961–1965 verurteilten und ausgesiedelten Gläubigen vom 20. September 1965. Veröffentlicht in: Savin (Hrsg.), Annotirovannyj perečen', S. 85-91. Der „Auskunft" beigefügt war eine Namensliste der Verurteilten für 683 Personen, von denen sich die folgenden Gläubigen als Mennoniten identifizieren lassen: D.D. Peters (5 Jahre Verbannung, verurteilt in Orenburg 1964 aufgrund des Erlasses über Schmarotzertum); E.D. Peters (5 Jahre Verbannung, verurteilt in Orenburg 1964 aufgrund des Erlasses über Schmarotzertum); K.K. Kreker (5 Jahre Verbannung, verurteilt in Kemerovo 1962 nach Artikel 227 des Strafgesetzbuchs); E.Ja. Janc (wohnhaft in der Region Altaj, 3 Jahre Lagerhaft, verurteilt 1963 nach Artikel 227 des Strafgesetzbuchs); I.K. Tevs (wohnhaft im Gebiet Pavlodar, 3 Jahre Lagerhaft, verurteilt 1962 nach Artikel 201 des Strafgesetzbuchs); [o. Vorname] Mantler (wohnhaft im Gebiet Pavlodar, 3 Jahre Lagerhaft, verurteilt 1962 nach Artikel 201 des Strafgesetzbuchs); A.P. Klassen (wohnhaft im Gebiet Alma-Ata, vier Jahre Lagerhaft, verurteilt 1964 nach Artikel 200 des Strafgesetzbuchs); P.I. Vol'f (wohnhaft im Gebiet Alma-Ata, laufende Ermittlungen nach Artikel 200 des Strafgesetzbuchs); Ja. Ėzau (wohnhaft im Gebiet Alma-Ata, laufende Ermittlungen nach Artikel 200 des Strafgesetzbuchs); K. Martens (wohnhaft im Gebiet Kustanaj, verurteilt zu fünf Jahren Verbannung); M. Dik (wohnhaft im Gebiet Kustanaj, verurteilt zu fünf Jahren Verbannung).

der in der sowjetischen Gesellschaft der Brežnev-Zeit vorherrschenden Grundhaltung, für deren System der gegenseitigen Anpassung des politischen Regimes und der Bevölkerung der amerikanische Historiker James Millar den Begriff „Little Deal" geprägt hat, der im Kern darin bestand, dass der Staat der Bevölkerung ein Mindestmaß an sozialer Sicherheit und Wohlstand garantierte und die Augen vor der Schattenwirtschaft und der geringen Arbeitsproduktivität verschloss, während sich die Gesellschaft im Gegenzug dem Regime gegenüber loyal gab und die offiziellen Normen und ideologischen Dogmen nicht offen in Zweifel zog.[26]

Brežnevs liberale Wende in der Kirchenpolitik war allerdings längst nicht so erfolgreich, wie sich der Staat dies erhofft hatte. Bei weitem nicht alle religiösen Organisationen waren gewillt, auf den Weg des Kompromisses mit den Machthabern zurückzukehren, so dass in der Sowjetunion eine religiöse Dissidentenbewegung entstand. Im Zentrum des Konflikts zwischen den Gläubigen und dem Staat standen dabei die Gemeinden der Freikirchen, die sich infolge der Chruščevschen Politik der strengen Kontrolle, kleinlichen Reglementierung und strafrechtlichen Verfolgung der kirchlichen Organisationen auf ihre traditionelle „Staatsferne" besannen, die in dem Bestreben Ausdruck fand, sich von der Gesellschaft als Quelle der Verweltlichung und Träger schädlicher Einflüsse zu isolieren.

Ausgelöst wurde die Entstehung der religiösen Dissidentenbewegung durch zwei Dokumente, die das Plenum des Allunionsrats der Evangeliumschristen-Baptisten im Dezember 1959 unter massivem Druck verabschiedete: das „Statut über den Bund der Evangeliumschristen-Baptisten in der UdSSR" und das „Instruktionsschreiben an alle Seniorpresbyter des Bundes der Evangeliumschristen-Baptisten". In diesen Dokumenten wurde den lokalen baptistischen Organisationen nahegelegt, den Zugang zur Taufe für junge Leute unter 30 zu beschränken, keine Kinder zum Gottesdienst mitzubringen, Auftritte ortsfremder Prediger ebenso wie Reisen in andere Gemeinden zu unterlassen und die Bedürftigenhilfe ebenso wie die Deklamation von Gedichten zu verbieten. Die Presbyter wurden aufgefordert, sich streng an die Religionsgesetze zu halten. Die Umsetzung der in diesen Dokumenten enthaltenen Forderungen ließ unter den Gläubigen eine erbitterte Protestbewegung entstehen, die sich im August 1961 organisatorisch zusammenschloss[27] und als „Initiativbewegung" bzw. „Bewegung der Initiativler" bekannt werden sollte.[28] An der Spitze dieser religiösen Dissidentenbewegung stand 1962 ein selbsternanntes Organisationskomitee, das sich später „Kirchenrat der Evangeliumschristen-Baptisten" nannte und Ende 1965 bereits von etwa 12 000 Gläubigen unterstützt wurde.[29] In sowjetischen Dokumenten und in der antireligiösen Literatur wurde die Bewegung der religiösen Dissidenten „Initiativbewegung" genannt, ihre Teilnehmer figurierten als „Initiativler", „Sektenspalter" und „religiöse Extremisten".

---

26 Millar, Little Deal, S. 697 f.

27 Ausführlicher siehe z.B.: Nikol'skaja, Russkij protestantizm, S. 173-215.

28 Die Etymologie dieses Begriffs ist folgende: Die mit der servilen Führung des Allunionsrats der Evangeliumschristen-Baptisten unzufriedenen Gläubigen traten mit der Initiative auf, einen Allunionskonvent der Baptisten einzuberufen, der die Schlüsselfragen des Kirchenlebens entscheiden sollte, nicht zuletzt die Wahl einer neuen Kirchenführung.

29 Notiz Puzins an das ZK der KPdSU „Über Maßnahmen zur Bekämpfung der illegalen Aktivitäten der Sektenangehörigen", 13.11.1965. RGANI, f. 3, op. 60, d. 15, l. 147.

Offensichtlich stellte sich die Einsicht, in der Religionspolitik einen Kurswechsel einleiten zu müssen, bereits vor Brežnevs Machtantritt ein. So wurde die Forderung, die administrativen Exzesse zu beenden, schon im Juni 1964 auf einer Sondersitzung der Republiks-, Regions- und Gebietsbevollmächtigen des Rats für Angelegenheiten der religiösen Kulte beim Ministerrat der UdSSR diskutiert, deren Material an alle lokalen Führungsorgane verschickt wurde.[30] Einen Monat später berief die KGB-Führung der UdSSR eine Sitzung der Mitarbeiter des zentralen KGB-Apparats und der lokalen KGB-Verwaltungen einer Reihe besonders „vom Sektentum befallener" Gebiete der RSFSR, der Ukraine, Weißrusslands, Moldawiens, Kasachstans und Kirgisiens ein, um „mögliche Fehler in Zukunft zu vermeiden und für die Arbeit unter den Sektenangehörigen der Evangeliumschristen-Baptisten eine einheitliche Linie auszuarbeiten".[31] Außerdem erhielten die Partei- und Sowjetorgane der Republiken vom Rat für Angelegenheiten der religiösen Kulte beim Ministerrat der UdSSR ausgearbeitetes Material zur Frage der antireligiösen Exzesse und die Staatsanwaltschaft und das Oberste Gericht der UdSSR eine Sammlung von Dokumenten, in denen von den Gerichtsorganen tolerierte, gegen die Gläubigen gerichtete „Verstöße gegen die sowjetische Gesetzesordnung" dokumentiert waren.

Diese Tendenzen wurden durch Brežnevs Machtantritt nur verstärkt. Bereits die ersten von der neuen Führung eingeleiteten kirchenpolitischen Schritte zielten darauf ab, den früheren Konsens wiederherzustellen. Alle Partei- und Sowjetorganisationen wurden ebenso wie die Organe des KGB, der Gerichte und der Staatsanwaltschaft dahingehend instruiert, administrative Methoden des antireligiösen Kampfes in Zukunft zu unterlassen und „Exzesse" zu korrigieren. Von Ende 1964 an überprüften die Staatsanwaltschaft der UdSSR und das Gerichtskollegium des Obersten Gerichts der UdSSR alle Fälle von zu Lagerhaft oder Gefängnisstrafen verurteilten Gläubigen und hoben nach unvollständigen Angaben bis September 1965 in der RSFSR 110, in der Ukrainischen SSR 45, in der Kasachischen SSR 36 und in der Litauischen SSR zwei Verurteilungen bzw. Verbannungen auf.[32] Die Büros der Gebietsparteikomitees wurden verpflichtet, Beschwerden von Gläubigen auf ihren Sitzungen zu erörtern. Und auch die Führung der Staatssicherheit musste ihre Verantwortung für die „Exzesse" eingestehen. So erklärte der KGB-Vorsitzende V.E. Semičastnyj im Dezember 1964, dass einige Organe des KGB insbesondere bei der Beschränkung der religiösen Aktivitäten der Evangeliumschristen-Baptisten ihre Kompetenzen überschritten hätten. In diesem Zusammenhang wurden die Apparate der Spionageabwehr und die regionalen Verwaltungen

30 Dennoch war auf der Konferenz auch von einer „Unterbindung der illegalen Tätigkeit der baptistischen Organisationen" die Rede. Siehe: Notiz Puzins „Über die Tätigkeit des sogenannten Organisationskomitees der abtrünnigen Baptisten". Spätestens 12.12.1964. RGANI, f. 3, op. 60, d. 15, l. 102.
31 Notiz Semičastnyjs an die Ideologie-Abteilung des ZK der KPdSU, 09.12.1964. Ebenda, l. 105-106. Die Autoren danken dem Mitarbeiter des RGANI, Kandidat der Historischen Wissenschaften N.Ju. Pivovarov, der ihnen half, sich mit der Sammlung der Aktennotizen und Vermerke des KGB der UdSSR, der Agitpropabteilung des ZK der UdSSR und des Rats für Religionsangelegenheiten beim Ministerrat der UdSSR der Jahre 1964–1969 bekannt zu machen. Diese Dokumente werden hier erstmals für die Wissenschaft erschlossen.
32 Auskunft des Rats für Angelegenheiten der religiösen Kulte beim Ministerrat der UdSSR über die Zahl der in den Jahren 1961–1965 verurteilten und ausgesiedelten Gläubigen vom 20.09.1965. GARF, f. 6991, op. 4, d. 173, l. 187-196.

des KGB nachdrücklich ermahnt, sich bei ihrer unter Kirchenleuten und Sektenangehörigen betriebenen Arbeit strikt an die Befehle der KGB-Führung zu halten.[33]

Das Ziel der „Brežnevschen Wende" bestand zweifellos darin, die negativen Folgen der radikalen Politik Chruščevs zu minimieren und insbesondere die unter den Baptisten entstandene gefährliche Spaltung zu überwinden, die die Grundlagen der Politik des „Vereine und herrsche!" zu unterminieren drohte. So war es zwar nicht ganz aufrichtig, aber dafür umso sprechender, wenn die Führung des Rats für Angelegenheiten der religiösen Kulte beim Ministerrat der UdSSR im Dezember 1964 erklärte: „Grundsätzlich haben wir nichts gegen Spaltungen in den religiösen Organisationen. Das ist deren innere Angelegenheit. Es ist nur zu fragen, was die Gründe der Spaltung sind und welche Ziele dabei verfolgt werden. Die baptistischen Spalter verfolgen [...] Ziele, mit denen man auf keinen Fall einverstanden sein kann". Im Einzelnen sollten diese Ziele darin bestehen, das Führungspersonal des Allunionsrats der Evangeliumschristen-Baptisten abzusetzen, „um [...] uneingeschränkte Propaganda der Religion vor allem unter Kindern, Heranwachsenden und Jugendlichen zu betreiben".[34] Ins gleiche Horn blies auch der Stellvertretende KGB-Vorsitzende N.S. Zacharov, der am 17. April 1965 erklärte, das Hauptziel der Initiativler bestehe darin, die „Kirche der Evangeliumschristen-Baptisten der Kontrolle der Staatsorgane zu entziehen".[35]

Auch wenn diese Einschätzung dafür spricht, dass sich die Brežnevsche Führung der radikalen Einstellung der religiösen Dissidenten durchaus bewusst war, hegte sie trotzdem die Hoffnung, die Spaltung ohne Einleitung von Repressionen beseitigen und die Abtrünnigen wieder unter die Kontrolle des Allunionsrats der Evangeliumschristen-Baptisten bringen zu können, wenn nur die schlimmsten Exzesse der Chruščevschen antireligiösen Kampagne zurückgenommen würden. Ende 1964 waren die Generalstaatsanwaltschaft und das Oberste Gericht der UdSSR noch immer damit beschäftigt, die Fälle verurteilter Freikirchler zu überprüfen. Die Resultate der Überprüfung der Beschwerden von Gläubigen wurden auf den Sitzungen der Büros einer Reihe von Gebietsparteikomitees erörtert. Viele Parteiorgane fassten in dieser Frage eigens Beschlüsse.

Im November 1964 versuchten sowohl die „Mehrheitsbaptisten" als auch Vertreter der Staatsmacht, mit der Führung des „Organisationskomitees" in Dialog zu treten und gemeinsam einen Modus Vivendi zu finden. So richtete ein der Frage der „Einheit der Gläubigen" gewidmetes erweitertes Plenum des Allunionsrats der Evangeliumschristen-Baptisten einen Appell an das „Organisationskomitee". Der Rat für Angelegenheiten der religiösen Kulte beim Ministerrat der UdSSR wiederum beantwortete über seine Bevollmächtigten alle bei den zentralen Machtorganen eingehenden Briefe und Beschwerden der Initiativler und lud deren Führer G.K. Krjučkov, G.P. Vins und P.S. Zinčenko mehrfach zu Treffen ein. Auf einem dieser Treffen wurde am 15. Dezember 1964 deren Bitte erörtert, einen gesamtsowjetischen Baptistenkonvent abhalten zu dürfen. Auch wenn die Einberufung eines Konvents der Initiativler letztlich abgelehnt und den „Baptistenführern" angedroht wurde,

---

33 Notiz Semičastnyjs an die Ideologie-Abteilung des ZK der KPdSU, 09.12.1964. RGANI, f. 3, op. 60, d. 15, l. 105.

34 Notiz Puzins „Über die Tätigkeit des sogenannten Organisationskomitees der abtrünnigen Baptisten". Spätestens 12.12.1964. Ebenda, l. 101.

35 Notiz des Stellvertretenden KGB-Vorsitzenden Zacharov an das ZK der KPdSU, 17.04.1965. Ebenda, l. 110.

sie zur Verantwortung zu ziehen, wenn die „illegale Arbeit des Organisationskomitees" fortgesetzt werde, war allein schon die Tatsache bemerkenswert, dass es überhaupt zu einem Dialog zwischen den Gläubigen und den Machthabern kam.[36]

Aber die liberale Kirchenpolitik Brežnevscher Prägung stieß recht schnell an ihre Grenzen. Zwar waren die Machthaber im Rahmen des „Little Deal" zu Kompromissen mit den Anhängern der Freikirchen bereit, allerdings nur zu ihren eigenen Bedingungen. Als sie erkennen mussten, dass ihre Abschwächung der antireligiösen Politik nicht wie erhofft zu einer Überwindung der Spaltung und Wiedererrichtung einer unter ihrer Kontrolle stehenden einheitlichen baptistischen Religionsgemeinschaft führte, sondern den diametral entgegengesetzten Effekt erzielte – also eine Vertiefung der Spaltung und die Gründung einer unabhängigen Kirchenorganisation, deren Aktivitäten die Theorie des „natürlichen Absterbens der Religion in der UdSSR" in Zweifel zogen –, mehrten sich die Stimmen, die eine Rückkehr zum altbewährten „Allheilmittel" der Repression forderten.

Die Rolle des Verfechters und Vorkämpfers einer harten Linie gegenüber den religiösen Dissidenten erfüllten traditionell die Organe der Staatssicherheit. Unter Verweis auf die Notiz der Ideologischen Abteilung des ZK der KPdSU „Über die Häufung der Aktivitäten des sogenannten Organisationskomitees der Initiativler" (Juli 1964) wurde der KGB bereits im November/Dezember 1964 aktiv, um die „illegale Tätigkeit des Organisationskomitees der baptistischen Spalter" zu unterbinden. Im Einzelnen wies die KGB-Führung ihre Mitarbeiter an, die geheimpolizeiliche Arbeit unter den Initiativlern zu intensivieren, um Rädelsführer und Hintermänner ausfindig zu machen und zu kompromittieren und die einfachen Gläubigen deren Einfluss zu entziehen. Besorgt zeigten sich die Tschekisten angesichts der Tatsache, dass die Initiativbewegung gerade unter der „ideologisch rückständigen Jugend" großen Rückhalt fand. Aus diesem Grund sollten die „bestehenden Möglichkeiten der KGB-Organe" genutzt werden, um die von den Initiativlern unter Jugendlichen geleistete Missionstätigkeit einzuschränken.[37] Infolge dieses Maßnahmenpakets konnten die Aktivitäten einiger Mitglieder des Organisationskomitees nach Beteuerung der KGB-Führung schon Ende 1964 zurückgedrängt und einige Gemeinden ihrem Einfluss entzogen werden.

Aber selbst diese Maßnahmen gingen den Tschekisten nicht weit genug, so dass sie das ZK der KPdSU mehrfach aufforderten, die Führung der Initiativler in Person von G.K. Krjučkov, G.P. Vins und P.S. Zinčenko strafrechtlich zur Verantwortung zu ziehen, wenn diese sich weiterhin weigern sollten, die Aufstachelung der Gläubigen zu antisowjetischen Akten zu beenden. Zunächst sollten die Führer der Gläubigen im Zuge vorbeugender „Ansprachen" zur Einstellung ihrer „illegalen Sektenarbeit" bewegt werden. Für den Fall, dass diese auf derartige Warnungen nicht reagierten, empfahl V.E. Semičastnyj den Sekretären des ZK der KPdSU im Dezember 1964, die Führer der Dissidenten strafrechtlich zur Verantwortung zu ziehen, um dadurch den Zerfall der Initiativlergruppe voranzutreiben. Ferner schlug Semičastnyj vor, den Allunionsrat der Evangeliumschristen-Baptisten und die lokalen Bevollmächtigten des Rats für Angelegenheiten der religiösen Kulte aktiver einzubinden, damit sich die Gläubigen mit all ihren Fragen und Problemen ausschließlich an diese richteten.[38]

---

36 Notiz Puzins „Über die Tätigkeit des sogenannten Organisationskomitees der abtrünnigen Baptisten". Spätestens 12.12.1964. Ebenda, l. 103.
37 Notiz Semičastnyjs an die Ideologie-Abteilung des ZK der KPdSU, 09.12.1964. Ebenda, l. 107.
38 Ebenda, l. 108.

Aber die Führung der Ideologie-Abteilung des ZK der KPdSU sprach sich einstweilen gegen Repressionen aus. So erklärten deren Stellvertretender Leiter I.I. Udal'cov und der Sektionsleiter M.A. Morozov am 10. Februar 1965, dass sie es angesichts der positiven Effekte der bereits ergriffenen Maßnahmen für voreilig hielten, die Baptisten vor Gericht zu stellen.[39] Damit bezogen sie sich vor allem auf die Beschlussfassung des Präsidiums des Obersten Sowjets der UdSSR „Über einige die Gläubigen betreffende Fälle von Verstößen gegen die sowjetische Gesetzesordnung" vom 27. Januar 1965, auf deren Grundlage zahlreiche gegen die Gläubigen gerichtete administrative Exzesse rückgängig gemacht worden waren, was – wie der Vorsitzende des Rats für Angelegenheiten der religiösen Kulte A.A. Puzin am 13. November 1965 rückblickend schrieb – dem „Organisationskomitee" den Wind aus den Segeln genommen habe. Der Zuwachs der „abtrünnigen Baptisten" habe gestoppt werden können, einige Gläubige, die sich zuvor von den registrierten baptistischen Gemeinden abgespalten hatten, seien in diese Gemeinden zurückgekehrt.[40] Vor diesem Hintergrund konnte ein einziges Schreiben des KGB nicht für einen Umschwung in Richtung einer härteren politischen Linie sorgen. Doch die Tschekisten ließen nicht locker und ließen den Sekretären des ZK der KPdSU immer wieder Informationen über die antisowjetischen Aktivitäten der Gläubigen zukommen. In einer dieser an das ZK der KPdSU adressierten Notizen übte der Stellvertretende KGB-Vorsitzende N.S. Zacharov am 17. April 1965 indirekte Kritik an den zur Überprüfung von Übergriffen und zur Rücknahme von Verurteilungen ergriffenen Maßnahmen, die den Initiativlern angeblich erst den Weg für ihre antisowjetischen Taten geebnet hatten.

In diesem Zusammenhang hob Zacharov explizit die kategorische Weigerung der die Initiativler unterstützenden Gemeinden hervor, sich vom Staat registrieren zu lassen. Darüber hinaus finde die religiöse Aktivität immer öfter auch außerhalb der Bethäuser im öffentlichen Raum statt. So würden die Initiativler ihre Versammlungen in Kirgisien auf der Straße, in öffentlichen Verkehrsmitteln oder an ähnlichen Orten abhalten. Aus der Region Altaj und aus Kasachstan werde von Versuchen einzelner „religiöser Fanatiker" berichtet, mit religiösen Predigten vor Nichtgläubigen aufzutreten.[41] Für besonderen Unmut sorgte auf Seiten der Tschekisten der Umstand, dass die Mitglieder des Organisationskomitees durchs Land fuhren, um unter den Gläubigen die Botschaft des Organisationskomitees zu verbreiteten und mit ihren Anhängern organisatorische und taktische Fragen zu erörtern.[42] Der Stellvertretende KGB-Vorsitzende schloss sein Schreiben mit dem Hinweis, dass die Tschekisten operative Maßnahmen zur Vertiefung der innerhalb der Initiativbewegung zu verzeichnenden Spaltungstendenzen und zur Kompromittierung einzelner Führungsmitglieder des Organisationskomitees ergriffen hätten, und forderte nachdrücklich, den Rat für Angelegenheiten der religiösen Kulte und seine Bevollmächtigten vor Ort anzuhalten, die Einhaltung der Religionsgesetze strenger zu kontrollieren und gegen „arglistige Ge-

---

39 Notiz Udal'covs und Morozovs an das ZK der KPdSU, 10.02.1965. Ebenda, l. 99.
40 Notiz Puzins an das ZK der KPdSU „Über Maßnahmen zur Bekämpfung der illegalen Aktivitäten der Sektenangehörigen", 13.11.1965. Ebenda, l. 149.
41 Notiz des Stellvertretenden KGB-Vorsitzenden Zacharov an das ZK der KPdSU, 17.04.1965. Ebenda, l. 112.
42 Notiz Puzins „Über die Tätigkeit des sogenannten Organisationskomitees der abtrünnigen Baptisten". Spätestens 12.12.1964. Ebenda, l. 103.

setzesbrecher" entschiedenere Maßnahmen als bloß die „gesellschaftliche Einwirkung" zu ergreifen. Außerdem schlug er ein weiteres Mal vor, die Führung des Organisationskomitees mithilfe der Organe der Staatsanwaltschaft zur Einstellung ihrer „organisatorischen und hetzerischen Aktivitäten" zu bewegen und die Mitglieder des Organisationskomitees im Falle einer Weigerung hinter Gitter zu bringen. Handlungsbedarf bestehe nicht zuletzt dadurch, dass auch Adventisten des Siebenten Tags und Pfingstler nach Erkenntnissen der Tschekisten ihre Forderungen nach dem Vorbild der Initiativler offen zu artikulieren gedächten.[43]

Am 26. Juni 1965 ging beim ZK der KPdSU eine weitere den Initiativlern gewidmete Notiz der KGB-Führung ein, deren Inhalt die Führung der Agitpropabteilung des ZK der KPdSU einen Monat später folgendermaßen zusammenfasste: „Das Komitee für Staatssicherheit [...] teilt mit, dass die baptistischen Initiativler zu provokativen antisowjetischen Aktionen übergehen, und [...] stellt die Frage nach der Notwendigkeit wirksamerer Maßnahmen [...] von Seiten der Staatsanwaltschaft der UdSSR und des Rats für Angelegenheiten der religiösen Kulte, sowie nach einer Aktivierung der von den lokalen Parteiorganen unter den Baptisten geleisteten Erziehungsarbeit".[44] V.E. Semičastnyj hielt sogar von den Initiativlern organisierte Massenunruhen für möglich, an denen sich „auch einige Schichten der nicht gläubigen Bevölkerung" beteiligen könnten, was sowohl in der Sowjetunion als auch im Ausland für antisowjetische Ziele missbraucht werden könne.[45] Seine Hauptaufgabe sah der KGB zu diesem Zeitpunkt darin, die Führung der Initiativler in den Augen der ausländischen baptistischen Gemeinden zu kompromittieren, um einer offiziellen internationalen Anerkennung des Organisationskomitees entgegenzuwirken. Zugleich bestand Semičastnyj erneut darauf, die „Anführer" der Baptisten mit Krjučkov, Vins und Zinčenko an der Spitze strafrechtlich zur Verantwortung zu ziehen sowie differenzierter an die Prüfung der Fälle inhaftierter Freikirchler heranzugehen, um keine aktiven Unterstützer des Organisationskomitees und insbesondere nicht den 1962 zu fünf Jahren Freiheitsentzug verurteilten ersten faktischen Führer der Initiativbewegung A.F. Prokof'ev aus der Haft zu entlassen.[46] Die weiteren Empfehlungen der Tschekisten klangen traditionell: Der Rat für Angelegenheiten der religiösen Kulte sollte aktiver auf die registrierten baptistischen Gemeinden und den Allunionsrat der Evangeliumschristen-Baptisten einwirken, um die „Abtrünnigen" als „Personen, die baptistische Gesetze verletzen" von der Masse der Gläubigen zu isolieren; die Partei- und Sowjetorgane vor Ort sollten die unter der Bevölkerung geleistete Erziehungsarbeit intensivieren.

Bei ihrem nächsten Versuch, das ZK der KPdSU zur Ergreifung härterer Maßnahmen zu bewegen, fuhr die Führung des KGB in Gestalt des Ersten Sekretärs des Moskauer Gebietsparteikomitees V.I. Konotop bereits „schwerere Geschütze" auf. Letzterer beschrieb in einer an das ZK der KPdSU gerichteten Notiz vom 20. September 1965 in drastischen Tönen die „Aktivierung der gesetzwidrigen Arbeit der Initiativler" unter den im Gebiet Moskau

---

43 Notiz des Stellvertretenden KGB-Vorsitzenden Zacharov an das ZK der KPdSU, 17.04.1965. Ebenda, l. 114-115.
44 Auskunft der Agitpropabteilung des ZK der KPdSU, 23.07.1965. Ebenda, l. 116.
45 Notiz Semičastnyjs an das ZK der KPdSU, 26.06.1965. Ebenda, l. 119.
46 Ebenda, l. 120.

lebenden Gläubigen und forderte, die Einhaltung der Gesetze schärfer zu kontrollieren und entschiedenere Maßnahmen gegen die Mitglieder des Organisationskomitees zu ergreifen.[47]

Am 21. September 1965 erklärte Semičastnyj in einer an das ZK der KPdSU gerichteten Notiz die Politik des „Little Deal" mit Blick auf die Initiativler für praktisch gescheitert. Zur Bekräftigung seiner Einschätzung, dass die Hoffnung der Machthaber, eine friedliche Koexistenz zu ihren eigenen Bedingungen zu erreichen, jeglicher Grundlage entbehre, verwies Semičastnyj auf öffentliche Massenaktionen in Moskau, Novosibirsk, Kiev und L'vov, an denen sich Hunderte Sektenanhänger beteiligt hätten. Dabei waren „Maßnahmen vorbeugender Ansprache" und „Aufrufe und Erklärungen der lokalen Sowjet- und Verwaltungsorgane", dass die Gesetze einzuhalten seien, nach Aussage Semičastnyjs ins Leere gelaufen.[48] Entsprechend forderte er eine Verschärfung von Artikel 142 des Strafgesetzbuchs der RSFSR bzw. der entsprechenden Artikel in den Strafgesetzbüchern der Unionsrepubliken, die die strafrechtliche Verantwortung für Verstöße gegen die Trennung von Kirche und Staat sowie Schule und Kirche regelten, da der Artikel in seiner aktuellen Fassung in der Praxis „kaum Anwendung finde".[49]

Im November schloss sich auch der Erste Sekretär des ZK der KP der Ukraine P.E. Šelest den Befürwortern einer harten Linie an. Zur Begründung seiner Position verwies er in einem an das ZK der KPdSU gerichteten Schreiben vom 10. November 1965 auf die Resultate eines Treffens zwischen dem Vorsitzenden des Präsidiums des Obersten Sowjets A.I. Mikojan und einer Gruppe „baptistischer Spalter" am 22. September 1965, bei dem das Organisationskomitee der Abtrünnigen zwar angeblich versprochen habe, seine Sicht auf die sowjetische Gesetzgebung zu überprüfen und von öffentlichen Aktivitäten abzusehen, ohne dieser Ankündigung allerdings Taten folgen zu lassen.[50] Zur Illustration beschrieb Šelest ausführlich die angeblich von der liberalen Position Moskaus inspirierten rechtswidrigen Aktivitäten der ukrainischen Initiativlergemeinden. Wie vor ihm schon Konotop und Semičastnyj forderte auch Šelest, die Staatsanwaltschaft der UdSSR anzuweisen, die Anführer der Abtrünnigen für ihre „antisowjetische Tätigkeit" konsequent zur Verantwortung zu ziehen. Besonders empört zeigte sich Šelest über den Umstand, dass zwar die Behörden angewiesen seien, sich streng an die Religionsgesetze zu halten und keine gegen die Gläubigen gerichteten Gesetzesverletzungen zuzulassen, die Einhaltung der Gesetze aber nicht mit gleicher Strenge von den Gläubigen eingefordert werde.[51]

Interessanterweise schloss sich die Führung des Rats für Angelegenheiten der religiösen Kulte beim Ministerrat der UdSSR in Person A.A. Puzins dieser konzertierten Aktion des KGB der UdSSR, des ZK der KP der Ukraine und des Moskauer Gebietsparteikomitees für eine harte Position nicht an. Vielmehr formulierte Puzin in seiner am 13. November 1965 an das ZK der KPdSU gerichteten Notiz „Über Maßnahmen zur Bekämpfung der illegalen Aktivitäten der Sektenangehörigen" ungeachtet des kämpferischen Titels eine Reihe höchst liberaler Ideen. So gab er den lokalen Machtorganen eine Mitschuld an der entstandenen Situation, da diese den Gläubigen die Registrierung ihrer Gemeinden verweigert und

---

47 Notiz Konotops an das ZK der KPdSU, 20.09.1965. Ebenda, l. 138-141.
48 Notiz Semičastnyjs an das ZK der KPdSU, 21.09.1965. Ebenda, l. 131-137.
49 Ebenda, l. 136.
50 Notiz Šelests an das ZK der KPdSU, 10.11.1965. Ebenda, l. 142.
51 Ebenda, l. 144.

erzieherische Arbeit durch administrative Maßnahmen ersetzt hätten. Insbesondere gegenüber den Sektenangehörigen kämen grobschlächtige Zwangsmaßnahmen zur Anwendung:
Schließung der Bethäuser trotz einer großen Zahl Gläubiger, Auflösung von Versammlungen
durch Kräfte der Miliz und der Bürgerwehr, Geldbußen, strafrechtliche Verurteilung für die
Zugehörigkeit zu einer nichtregistrierten Sektengemeinde sowie Verbannung von Gläubigen
als Sozialschmarotzer.[52] Einen Teil der Schuld sah Puzin auch bei der sowjetischen Presse,
die alle Sektenangehörigen als Feinde des Sowjetstaats, moralische Krüppel, Fanatiker und
Arbeitsscheue darstelle. „Viele lassen noch nicht einmal den Gedanken zu", schrieb Puzin,
„dass der Sektenangehörige ein ehrlicher Mensch sein kann". Einen anderen Teil der Schuld
sah Puzin bei den Sektenführern und Predigern, die ihrerseits alles täten, um einen Keil
zwischen Gläubige, Atheisten und Behörden zu treiben. Auf diese Weise versuchte Puzin,
die einfachen Gläubigen aus der Schusslinie zu nehmen, „ehrliche sowjetische Leute", die
er als Geiseln der Konfrontation zwischen den Anführern des Organisationskomitees und
den inkompetenten Machtorganen vor Ort darstellte.[53]

Einen Ausweg sah Puzin darin, die Tätigkeit der religiösen Organisationen in größtmöglichem Maße zu legalisieren. Dafür sei es geboten, die „Methoden zur Bekämpfung
der Glaubenslehre der Sekten" vollständig zu ändern und insbesondere von jeglicher Form
sowohl der Administrierung als auch der Verletzung der Gefühle der Gläubigen Abstand
zu nehmen. Vor allem sei es nötig, die Presse anzuweisen, keine Schauergeschichten mehr
über die Sektenangehörigen zu verbreiten, die diese unnötig an den Pranger stellten, die
Gläubigen weder bei der Aufnahme einer Arbeit noch im Zuge der Arbeitstätigkeit selbst zu
diskriminieren, in der Schule die plumpe antireligiöse Arbeit mit den Kindern der Gläubigen einzustellen, jeglichen Zwang und Spott gegenüber den religiösen Gefühlen der Kinder
zu vermeiden, die Bibel und Gebetbücher herauszugeben, Predigerkurse einzurichten usw.
Der wichtigste Vorschlag Puzins bestand aber darin, die Prozedur der Registrierung der
Gemeinden in größtmöglichem Umfang zu vereinfachen und „alle faktisch schon bestehenden aktiven religiösen Vereinigungen" zu registrieren, sofern diese gesetzestreu seien. Dabei
solle man darauf verzichten, die Sekten in verbotene und nicht verbotene zu unterteilen, und
für Gesetzesverstöße nicht die Gemeinde oder Sekte als Ganzes, sondern nur die konkret
Schuldigen bestrafen.[54]

Währenddessen war die Situation vor Ort kaum angetan, die Position Puzins zu stärken.
Das neue Kräfteverhältnis an der „religiösen Front", das den Vertretern einer harten Linie
so sehr missfiel, trat im November 1965 durch eine öffentliche Aktion der Altajer Baptisten
deutlich zu Tage. Wie der Stellvertretende Vorsitzende des Regionsexekutivkomitees I. Švec
der Führung des Altajer Regionsparteikomitees am 26. November 1965 mitteilte, war eine
fast hundert Mann starke Gruppe „abtrünniger Baptisten" im Regionsexekutivkomitee aufgetaucht, um ein Treffen mit dem Vorsitzenden des Regionsexekutivkomitees S.V. Kal'čenko
zu fordern.[55] Als man ihnen das Treffen verwehrt habe, hätten die Gläubigen das gesamte

---

52 Notiz Puzins an das ZK der KPdSU „Über Maßnahmen zur Bekämpfung der illegalen Aktivitäten
   der Sektenangehörigen", 13.11.1965. Ebenda, l. 146.
53 Ebenda.
54 Projekt „Maßnahmen zur Bekämpfung der illegalen Sektentätigkeit (in Ergänzung der Vorschläge
   des KGB der UdSSR)", spätestens 13.11.1965. Ebenda, l. 151-153.
55 Mitteilung des Stellvertretenden Vorsitzenden des Altajer Regionsexekutivkomitees Švec an den

Vestibül des Hauses der Sowjets besetzt, die Bürger am Zutritt gehindert und dabei immer wieder laut Psalmen gesungen und religiöse Predigten gehalten.[56] Die Protestaktion dauerte den ganzen Tag fast bis neun Uhr abends an und es bedurfte der Intervention des Chefs der Regionsverwaltung des Ministeriums für Öffentliche Ordnung E.F. Dorochov und des Regionsstaatsanwalts N.V. Vikukin sowie der Kräfte der Bürgerwehr, um die Gläubigen aus dem Gebäude herauszubekommen. Am folgenden Tag versuchten etwa 70 baptistische Initiativler erneut, in das Gebäude vorzudringen, wurden dieses Mal aber nicht durchgelassen. Daraufhin blockierten sie faktisch den Zugang zum Regionsexekutivkomitee und zwangen die Verwaltung, Besucher durch einen anderen Eingang in das Gebäude zu bringen. Den Vorschlag, den Stellvertretenden Vorsitzenden des Regionsexekutivkomitees M.S. Andreev zu treffen, lehnten die Gläubigen ab, und zogen am Ende des Arbeitstags schließlich unter Absingen religiöser Hymnen über den Lenin-Prospekt, die Hauptstraße Barnauls. Schließlich sah sich der Vorsitzende des Regionsexekutivkomitees Kal'čenko am Montag, den 29. November 1965, gezwungen, etwa 100 Baptisten in Gegenwart des Staatsanwalts und des Leiters der Regionsabteilung für Volksbildung persönlich zu empfangen.

Unmittelbarer Anlass der Protestaktion waren harte administrative Willküräkte der lokalen Behörden, die dem liberalen Kurs des Zentrums entgegenliefen. So schrieben die Aktivisten in einem an S.V. Kal'čenko gerichteten Schreiben vom 26. November 1965, dass ihre Glaubensbrüder ungeachtet der „Proteste der Generalstaatsanwaltschaft und ihrer Rehabilitierung durch die Obersten Gerichte" vor Ort keine „Wiederherstellung der Gesetzlichkeit" erführen, sondern im Gegenteil erneut baptistische Christen wegen ihres Glaubensbekenntnisses Verfolgungen ausgesetzt seien.[57] Anlässe für solch eine Klage gab es in der Tat mehr als genug. So war gegen die Aktivisten der Slavgoroder Gemeinde P.Ja. Janc, A.A. Gizbrecht, V.N. Rudenko und O.F. Šnagatkina im November 1965 ein Strafverfahren eingeleitet worden, weil sie eine Sonntagsschule organisiert hatten. Die Leitung der Sowchose „Serebropol'skij" (Dorf Chorošee / Rayon Kulunda) hatte den Mennoniten G.G. Fast, K.F. Fast, G.G. Frizen, A.I. Frizen und anderen die Auszahlung des ihnen zustehenden Getreides verweigert. In der im Rayon Chabary gelegenen Lenin-Kolchose hatte man gegen die Gläubigen P.P. Levin, P.Ja. Berg, Ja.M. Ėns, I.M. Ėns und andere gesetzwidrig Geldstrafen verhängt. In Barnaul hatten die Behörden ein Privathaus konfisziert, das die Gemeinde für religiöse Versammlungen erworben und umgebaut hatte. In den Schulen der Stadt Slavgorod und den Dörfern Kulunda, Chorošee, Nekrasovo, Aleksandrovka und Orlovo hatten die Lehrer den Kindern der Gläubigen Informationen abgepresst, an welchen Orten illegale religiöse Versammlungen stattfanden, und sie gezwungen, darüber „offizielle Unterschriften zu leisten".[58]

Sekretär des Altajer Regionskomitees der KPdSU T.A. Kulakov über eine gesellschaftsfeindliche Aktion der Anhänger des Kirchenrats der Evangeliumschristen-Baptisten in der Stadt Barnaul, 23.12.1965. GAAK, f. 1692, op. 1, d. 73, l. 120-123.

56 Ebenda.
57 Eingabe der Gläubigen der Gemeinden der Evangeliumschristen-Baptisten der Region Altaj an den Vorsitzenden des Altajer Regionsexekutivkomitees S.V. Kal'čenko, 26.11.1965. Ebenda, l. 111-112.
58 Ebenda.

Die Reaktion der Behörden der Region Altaj auf diesen noch wenige Jahre zuvor völlig undenkbaren öffentlichen Auftritt der Initiativler war symptomatisch. Auch wenn den Gläubigen klargemacht wurde, dass ihr Verhalten falsch gewesen sei, und ihnen strafrechtliche Konsequenzen für die Verletzung der öffentlichen Ordnung und der sowjetischen Religionsgesetze angedroht wurden, gingen die Konsequenzen aus diesem Zwischenfall letztlich in die entgegengesetzte Richtung:

> „Das Regionsexekutivkomitee und seine Organe vor Ort ergreifen Maßnahmen zur Beseitigung der Mängel und Rücknahme der gegenüber den Gläubigen ergriffenen ungerechtfertigten Maßnahmen, konzentrieren sich bei der Bekämpfung des religiösen Glaubens der Leute auf ideologische Formen der Arbeit, lassen grobe administrative Maßnahmen gegenüber den Gläubigen und die Beleidigung ihrer religiösen Gefühle nicht zu und verstärken die Kontrolle über die Einhaltung der sowjetischen Religionsgesetze von Seiten der Stadt- und Rayonsexekutivkomitees".[59]

Sowohl die Protestaktionen der Initiativler als auch die Reaktionen der Partei- und Sowjetorgane veranschaulichen deutlich, wie sehr sich die Beziehungen zwischen den religiösen Dissidenten und den Behörden gewandelt hatten und kaum noch etwas mit den noch wenige Jahre zuvor praktizierten Anpassungsmechanismen an die antireligiöse sowjetische Politik zu tun hatten. In den 1920er–1950er Jahren hatten die Gläubigen spezifische soziale Praktiken und Überlebensstrategien entwickelt, sich geschickt an die widrigen politischen Bedingungen angepasst und waren zu jeglichen Kompromissen mit den Machthabern bereit, um den legalen Status ihrer Gemeinden zu bewahren. Zu diesem Zweck hatten sie umfassend die politische Mimikry als klassische Waffe der Schwachen zum Einsatz gebracht. Das Spektrum der Verstellung war dabei recht weit: von einem Versteckspiel in Form des Singens religiöser Lieder nach Motiven revolutionärer Märsche, Grußworten religiöser Organe und Konvente, Beteuerungen der Bereitschaft, sich aktiv am sozialistischen Umbau des Lebens zu beteiligen, bis hin zur Umkehrung der traditionellen sozialen Rollen- und Geschlechtermodelle in den Gemeinden und der Gründung von Sektenkooperativen und -kolchosen.

Nun aber war ein erheblicher Teil der freikirchlichen Gemeinden nicht mehr bereit, sich um des bloßen „Überlebens" willen zu verbiegen. Der Vektor der Gruppenadaption drehte sich in Richtung aktive Verteidigung der eigenen Rechte und zeigte auf Angriff. So wich die Kompromissbereitschaft immer mehr einem konsequenten religiösen Nonkonformismus, der die Strategie der „politischen Mimikry" vollständig umkehrte und in letzter Konsequenz darauf hinauslief, die Initiativlergemeinden vollständig vom Staat zu isolieren.

Und doch bliebe die Analyse der Situation unvollständig, wenn man nicht noch einen weiteren wichtigen Umstand berücksichtigte: Die gleichen Leute, die den Machthabern im Bereich der religiösen Freiheiten auch nur das geringste Entgegenkommen verweigerten, empfahlen sich im sozialen Bereich in der Regel als vorbildliche Sowjetbürger. Dieser Umstand war auch der höchsten politischen Führung der UdSSR durchaus bewusst. So erklärte

---

59 Mitteilung des Stellvertretenden Vorsitzenden des Altajer Regionsexekutivkomitees Švec an den Sekretär des Altajer Regionskomitees der KPdSU T.A. Kulakov über eine gesellschaftsfeindliche Aktion der Anhänger des Kirchenrats der Evangeliumschristen-Baptisten in der Stadt Barnaul, 23.12.1965. Ebenda, l. 123.

das nominelle Staatsoberhaupt, der Vorsitzende des Präsidiums des Obersten Sowjets der UdSSR Anastas Mikojan, im Juli 1965: „Die Sowjetdeutschen[60] haben sich während des Krieges und nach dem Krieg gut geführt und führen sich auch jetzt gut. Sie arbeiten gut. Heute wäre es im Neulandgebiet völlig unmöglich, die Landwirtschaft ohne die Deutschen zu betreiben".[61] Wenn er eine solch hohe Einschätzung der Rolle der Sowjetdeutschen in der Wirtschaft und vor allem bei der Erschließung von Neuland in Sibirien und Kasachstan abgab, war der für seine politische Wendigkeit berüchtigte Mikojan ausnahmsweise höchst objektiv. Als gewissenhafte und gut qualifizierte Arbeiter konnten die Deutschen ihre wichtigste soziale Strategie realisieren: sich von dem Schandmal des Verrats reinzuwaschen und sich, wenn nicht formal, so doch wenigstens faktisch zu rehabilitieren.[62] So schloss der religiöse Nonkonformismus der deutschen Freikirchler keineswegs aus, einen annehmbaren Modus Vivendi mit der Staatsmacht zu finden. Nur war es in der gegebenen Situation vom Standpunkt der religiösen Dissidenten aus eben am Staat, Zugeständnisse zu machen. Diese von den Freikirchlern eingenommene Position illustriert mustergültig die treffende Bemerkung des Schriftstellers Vasile Ernu, dass die sowjetischen Dissidenten das Produkt des Zusammenwirkens von sowjetischen und antisowjetischen Elementen darstellten.[63]

Aber die Machthaber waren zu Zugeständnissen nur bedingt bereit und setzten der Liberalisierung der Kirchenpolitik klare Grenzen. Am 31. Dezember 1965 schickten der Stellvertretende Leiter der Agitpropabteilung des ZK der KPdSU A.N. Jakovlev und der Stellvertretende Leiter der Abteilung für Administrative Organe des ZK der KPdSU N.I. Savinkin den Entwurf einer Beschlussfassung „Über die Regelung der die religiösen Kulte betreffenden Gesetzgebung" mitsamt einem Begleitschreiben an die Sekretäre des ZK KPdSU, in dem sich der spätere „Architekt der Perestroika" und sein „Kollege General" uneingeschränkt auf die Seite des KGB stellten und nachdrücklich dazu rieten, das Strafmaß für Verstöße gegen die Religionsgesetze deutlich anzuheben.

Was wiederum die Vorschläge Puzins betraf, reagierten Jakovlev und Savinkin überaus kühl und empfahlen, die Regions- und Gebietsexekutivkomitees aufzufordern, zusammen mit den Bevollmächtigten des Rats für Religionsangelegenheiten beim Ministerrat der UdSSR die Frage der Registrierung der Vereinigungen der abtrünnigen Baptisten und anderer nach geltendem Recht zu registrierender religiöser Strömungen positiv zu entscheiden.[64] Aus dem Kontext des von Puzin vorgeschlagenen Maßnahmenkatalogs gerissen, konnte diese Empfehlung kaum zur Konfliktlösung beitragen. Vor diesem Hintergrund mussten repressive Methoden den Machthabern deutlich attraktiver erscheinen.

Die Beschlussfassung des Präsidiums des ZK der KPdSU „Über die Regelung der die religiösen Kulte betreffenden Gesetzgebung" vom 15. März 1966 setzte den Schlusspunkt der Brežnevschen Wende in der Kirchenpolitik und definierte unmissverständlich die für Staat und Partei akzeptablen Grenzen der Liberalisierung.[65] Aufgrund dieses Beschlusses wurden

---

60 Neben Lutheranern und Katholiken gehörten dazu auch die Angehörigen der Freikirchen.
61 Siehe in: Vormsbecher, Protuberancy.
62 Ochotnikov, „Samodejatel'naja" reabilitacija, S. 151-162; ders.: Nemcy, S. 129-158.
63 Ernu, Roždennyj v SSSR, S. 178.
64 Notiz Jakovlevs und Savinkins an das ZK der KPdSU, 31.12.1965. RGANI, f. 3, op. 60, d. 15, l. 129.
65 Das Projekt der Verordnung wurde auf der Sitzung des Sekretariats des ZK der KPdSU vom 8. Februar 1966 vorläufig gebilligt. Siehe: RGANI, f. 3, op. 60, d. 15, l. 127.

die Erlasse des Präsidiums des Obersten Sowjets der RSFSR „Über die ordnungsrechtliche Haftung für Verstöße gegen die Religionsgesetze" und „Über Ergänzungen zu Artikel 142 des Strafgesetzbuchs der RSFSR" verabschiedet. Den Zentralkomitees der nationalen kommunistischen Parteien und Präsidien der Obersten Sowjets der Unionsrepubliken wurde „empfohlen", entsprechende Ergänzungen in ihre Gesetzgebung aufzunehmen.

Es überrascht, dass eine solch profunde Kennerin der Geschichte der russischen Freikirchen wie T.K. Nikol'skaja den Erlass des Präsidiums des Obersten Sowjets der UdSSR „Über die ordnungsrechtliche Haftung für Verstöße gegen die Religionsgesetze" vom 18. März 1966 angesichts „der zahlreichen gegen die Gläubigen gerichteten missbräuchlichen Gerichtsurteile" als Versuch interpretiert, „ein System milderer Strafen für religiöse Aktivisten auszuarbeiten, die nur unerhebliche Gesetzesverstöße begangen haben".[66] Tatsächlich ging es nicht um eine Abschwächung, sondern um eine Verschärfung der Gesetzgebung bzw. der Religionspolitik insgesamt. Aufgrund des Erlasses wurden Vergehen wie die Nichtregistrierung religiöser Vereinigungen bei den Behörden oder die Nichteinhaltung der gesetzlichen Vorgaben für die Organisation und Durchführung von religiösen Versammlungen, Prozessionen und anderen kultischen Zeremonien sowie von Kinder- und Jugendversammlungen, Arbeitsgruppen, Literaturzirkeln und ähnlichen Veranstaltungen mit einer Strafe von bis zu 50 Rubeln belegt.[67] Was den Erlass über die Anwendung von Artikel 142 des Strafgesetzbuchs der RSFSR betraf („Verstöße gegen das Gesetz über die Trennung von Kirche und Staat"), hatte dieser zuvor eine Strafe in Form von Besserungsarbeit bis zu einem Jahr oder eine Geldstrafe in Höhe von bis zu 50 Rubeln vorgesehen[68] und wurde nun um den Strafbestand der Wiederholungstat erweitert: Personen, die bereits wegen Verstößen gegen die Gesetze über die Trennung von Kirche und Staat vorbestraft waren, konnten fortan mit Freiheitsentzug bis zu drei Jahren bestraft werden, was die Möglichkeit bot, die Aktivisten der Initiativbewegung für eine lange Zeit aus dem Verkehr zu ziehen.[69]

Zugleich legte die Beschlussfassung des Präsidiums des Obersten Sowjets der RSFSR „Über die Anwendung von Artikel 142 des Strafgesetzbuchs der RSFSR" fest, was konkret unter der Verletzung des Gesetzes über die Trennung von Kirche und Staat zu verstehen war: zwangsweise Erhebung von Abgaben und Gebühren zugunsten religiöser Organisationen und Kirchendienern; Herstellung und massenhafte Verbreitung von Aufrufen, Schreiben, Flugblättern und anderen Dokumenten, die zur Nichteinhaltung der sowjetischen Religionsgesetze aufriefen; Organisation und Durchführung von religiösen Versammlungen, Prozessionen und anderen die öffentliche Ordnung störenden kultischen Zeremonien (unter diesen Punkt fiel auch die Durchführung religiöser Akte unter freiem Himmel ohne Erlaubnis der Machtorgane); Organisation und systematische Durchführung von Religionsunterricht für Minderjährige; Vollzug betrügerischer Akte mit dem Ziel, unter der Masse der Bevölkerung religiösen Aberglauben zu wecken; Verweigerung der Einstellung zur Arbeit oder der Aufnahme in eine Lehranstalt, Entlassung von der Arbeit oder Ausschluss aus

66 Nikol'skaja, Russkij protestantizm, S. 218 f.
67 Erlass des Präsidiums des Obersten Sowjets der UdSSR „Über die ordnungsrechtliche Haftung für Verstöße gegen die Religionsgesetze", 18.03.1966. RGANI, f. 3, op. 60, d. 15, l. 123.
68 Nikiforov (Hrsg.), Naučno-praktičeskij kommentarij, S. 304.
69 Erlass des Präsidiums des Obersten Sowjets der UdSSR „Über die Einfügung von Ergänzungen zu Artikel 142 des Strafgesetzbuchs der RSFSR", 18.03.1966. RGANI, f. 3, op. 60, d. 15, l. 124.

einer Lehranstalt sowie Verweigerung gesetzlich vorgesehener Vergünstigungen aufgrund der Einstellung zur Religion. Auch wenn sich der letzte Punkt eindeutig gegen die von der Partei verurteilten „administrativen Willkürakte" richtete, steht die grundsätzliche Stoßrichtung des Dokuments außer Zweifel. Auch wenn die Formulierungen allgemein gehalten waren und die baptistischen Initiativler an keiner Stelle explizit genannt wurden, diente die Gesetzesverschärfung ohne Zweifel dem Kampf gegen die aus den Reihen der Freikirchler stammenden religiösen Dissidenten.[70]

Im Bestreben, den erreichten Erfolg auszubauen, handelte die KGB-Führung schnell. Nur einen Tag nach der Annahme der oben erwähnten Beschlussfassung des Präsidiums des ZK der KPdSU brachte der KGB am 16. März 1966 zusammen mit der Staatsanwaltschaft der UdSSR und dem Ministerium für Schutz der Öffentlichen Ordnung „im Zusammenhang mit den nationalistischen Aktivitäten der Krimtataren und der von den deutschen Autonomisten und baptistischen Initiativlern an den Tag gelegten Aktivität" eine Reihe von Vorschlägen vor das ZK der KPdSU. Das Dokument war unmittelbar an den Sekretär des ZK der KPdSU I. V. Kapitonov gerichtet. Zu diesem Zeitpunkt war der KGB-Führung noch nicht bewusst, dass es im Fall der Initiativler in vielerlei Hinsicht um deutsche Mennoniten ging, die sich nicht nur der Initiativbewegung angeschlossen hatten, sondern schon bald auch deren Avantgarde bilden sollten.

Die Verfechter einer Abkehr vom liberalen Kurs der antireligiösen Politik konnten sich durch eine Reihe von Vorkommnissen bestätigt fühlen, die in der sowjetischen Geschichte beispiellos waren: Am 16./17. Mai 1966 organisierten etwa 400 eigens nach Moskau gereiste Initiativler eine Demonstration vor dem Gebäude des ZK der KPdSU, um von Brežnev empfangen zu werden. Schließlich wurden 410 aus 126 Städten und Ortschaften der UdSSR kommende Personen von den Ordnungskräften festgenommen. Die Behörden beschlossen, etwa 30 der verhafteten Aktivisten nach dem „frischgebackenen" Teil 2 von Artikel 142 des Strafgesetzbuchs der RSFSR zur strafrechtlichen Verantwortung zu ziehen. 71 Demonstranten wurden wegen minderschweren Rowdytums verurteilt, 58 Personen mit Geldstrafen belegt.[71] Am 21. Mai 1966 versicherten der Generalstaatsanwalt der UdSSR R.A. Rudenko, der Vorsitzende des KGB V.E. Semičastnyj und der Minister für Schutz der Öffentlichen Ordnung der RSFSR V.S. Tikunov gegenüber dem ZK der KPdSU, alles Nötige zur „Verbesserung der die Sektenangehörigen und Kirchenleute betreffenden Arbeit" zu tun. So wurden auch zusätzliche Maßnahmen zur „Stärkung der verdeckten Positionen in diesem Milieu" beschlossen.[72] A.A. Puzin, der auf eine größtmögliche Liberalisierung der staatlichen Kirchenpolitik gesetzt hatte, wurde 1966 in den Ruhestand versetzt und auf dem Posten des Vorsitzenden des Rats für Religionsangelegenheiten beim Ministerrat der UdSSR[73] durch V.A. Kuroedov ersetzt. Die Zahl der für Verstöße gegen die Religionsgesetze verurteilten

---

70 Anordnung des Präsidiums des Obersten Sowjets der RSFSR „Über die Anwendung von Artikel 142 des Strafgesetzbuchs der RSFSR", 18.03.1966. Ebenda, l. 125-126.

71 Aktennotiz Rudenkos, Semičastnyjs und Tiunovs an das ZK der KPdSU, 21.05.1966. RGANI, f. 3, op. 60, d. 15, l. 162-164.

72 Ebenda, l. 163.

73 Dieses Machtorgan wurde im Dezember 1965 im Zuge der Zusammenlegung des Rats für Angelegenheiten der Russisch-Orthodoxen Kirche beim Ministerrat der UdSSR und des Rats für Angelegenheiten der religiösen Kulte beim Ministerrat der UdSSR gegründet.

Personen schnellte erneut nach oben. Waren 1965 nur etwa zehn Personen aufgrund der entsprechenden Artikel des Strafgesetzbuchs der UdSSR strafrechtlich zur Verantwortung gezogen worden, waren es 1966 bereits 184. Dabei handelte es sich bei diesen „groben Verstößen" gegen die Religionsgesetze vor allem um die folgenden Vergehen: Verbreitung von religiöser, zu Gesetzesverstößen aufrufender Literatur; systematischer Religionsunterricht für Kinder; Organisation und Durchführung von religiösen Versammlungen, Prozessionen, Zusammenkünften und anderen die öffentliche Ordnung störenden Zeremonien; gegen die Einhaltung der Religionsgesetze gerichtete Organisationstätigkeit der „Sektenführer" und Verbreitung „verleumderischer Hirngespinste" über die Verfolgung von Gläubigen in der UdSSR.[74]

So endete die liberalste Phase der staatlichen Kirchenpolitik der Brežnev-Zeit bereits im Frühjahr/Sommer 1966. Mag dieses „liberale" Zwischenspiel auch kurz gewesen sein, bildete sich doch just zu dieser Zeit ein prinzipiell neues Modell der Beziehungen zwischen den religiösen Organisationen und den Behörden heraus. So wurden in der ersten Hälfte der 1960er Jahre die Grundlagen der religiösen Dissidententätigkeit gelegt, die das Verhältnis zwischen dem Staat und den Initiativlergemeinden von der zweiten Hälfte der 1960er bis in die 1980er Jahre prägen sollten. Dabei ging es vor allem um die Weigerung der religiösen Gemeinden, sich vom Staat registrieren zu lassen, da eine solche Registrierung nach Ansicht der Initiativler ihre religiöse Freiheit erheblich eingeschränkt hätte. Hinter dieser staatsoffiziellen Formulierung „staatliche Registrierung der Gemeinden" verbarg sich in der Tat die Schlüsselfrage des legalen oder eben illegalen Charakters der religiösen Praxis der Freikirchler und in letzter Konsequenz die Frage der Überwindung der Spaltung und der Etablierung staatlicher Kontrolle über die Tätigkeit der religiösen Gemeinden. Die Initiativlergemeinden, die sich seit Anfang der 1960er Jahre kategorisch weigerten, sich vom Staat registrieren zu lassen, verweigerten dadurch dem Staat auch das Recht auf jegliche Einmischung und jegliche Kontrolle, stellten sich außerhalb des Gesetzes und nahmen das Risiko, verfolgt zu werden, bewusst in Kauf. Beide Konfliktparteien waren sich bestens bewusst, was auf dem Spiel stand: Die Weigerung der Gemeinden, sich vom Staat registrieren zu lassen, untergrub die Grundpfeiler der neuen staatlichen Kirchenpolitik, die nicht mehr auf Massenrepressionen, sondern auf eine effektive Kontrolle und Manipulierung der religiösen Organisationen „von innen" setzte.

Ein weiterer „Zankapfel" bestand in dem Umstand, dass die Gläubigen das Verbot des organisierten Religionsunterrichts für Kinder und Jugendliche unter 18 Jahren ignorierten. Von ständigen Konflikten begleitet waren auch religiöse Massenfeiern und öffentliche Versammlungen der Gläubigen, die nach Einschätzung der Behörden illegale Aktionen darstellten und aufgelöst werden mussten. Besonderen Unmut rief bei den Partei- und Sowjetorganen auch die Tatsache hervor, dass sich die Gläubigen regelmäßig an Unterschriftenaktionen zugunsten der „Gefangenen des Gewissens" beteiligten und immer wieder versuchten, ihre Forderungen vor die Führung der UdSSR und die Weltöffentlichkeit zu bringen. Diese neuartigen Praktiken erlaubten den Initiativlern, sich als echte „Bewegung von Brüdern" zu

---

74 Aktennotiz des Rats für Religionsangelegenheiten beim Ministerrat der UdSSR über die Zahl der im Zeitraum 1966 – erste Hälfte 1969 für Verstöße gegen die Religionsgesetze Verurteilten. Frühestens 01.07.1969. GAAK, f. 1692, op. 1, d. 102, l. 46-47.

fühlen, die ihre eigenen Führer, Helden und Märtyrer hervorbrachte, eine eigene Geschichte hatte und im Namen der Verteidigung der Religionsfreiheit agierte.

Die Anfänge der religiösen Dissidentenbewegung in den ersten Jahren der Regierungszeit L.I. Brežnevs zu verorten, ist insofern angebracht, als just zu dieser Zeit die Aktivitäten der nichtregistrierten Gemeinden politisiert wurden. Einerseits waren es die Machthaber selbst, die die Spaltung im baptistischen Milieu bewusst politisch aufluden. Andererseits waren es auch die Gläubigen, die politische Forderungen wie etwa die Freilassung der „Gefangenen des Gewissens", das Recht, auch an öffentlichen Orten offen die Religion zu propagieren, die Abkehr vom Atheismus als Staatspolitik oder eine Reform der Religionsgesetze erhoben.

Zugleich muss man sich klarmachen, dass der neuerliche Rückfall der Behörden zu einer harten Position, wie er im März 1966 zu beobachten war, ebenfalls seine Grenzen hatte, da eine intensivere Repressionspolitik gegenüber der Kirche nach dem Muster der Stalin- oder auch nur der Chruščev-Zeit kaum mit den Bedingungen des Brežnevschen „Little Deal" vereinbar gewesen wäre. So stand den Partei- und Staatsorganen und den Organen der Staatssicherheit aus dem Arsenal der Repressionsinstrumente faktisch nur noch die berüchtigte „Administrierung" zur Verfügung, die unter den Bedingungen einer aktiven Protestbewegung der Gläubigen nur minimalen Effekt zeitigte. Dies alles führte dazu, dass der „Kampf gegen die Religion" in der Brežnev-Zeit immer mehr zur bürokratischen Routine wurde, die auf Beobachtung und Kontrolle im Rahmen formalisierter Prozeduren hinauslief.

4. Zwischen Illegalität und Legalität:
Das Religionsleben der russlanddeutschen freikirchlichen Gemeinden und das Problem der staatlichen Registrierung (1960er–1980er Jahre)

Im Jahr 1961 wurde das Dritte Programm der KPdSU verabschiedet, das der „heutigen Generation sowjetischer Menschen" versprach, in naher Zukunft im Kommunismus zu leben, der XXII. Parteitag der KPdSU bestätigte den von der Partei eingeschlagenen Kurs der Entstalinisierung und der Rückkehr zu den „Leninschen Normen", und in der größten freikirchlichen Organisation der UdSSR – dem Allunionsrat der Evangeliumschristen-Baptisten – kam es zur Spaltung.

Auf den ersten Blick hatten die Ereignisse in der großen sowjetischen Politik und der Konflikt im „religiösen Lager" nichts miteinander zu tun. Tatsächlich aber waren sie unauflöslich miteinander verbunden. Dabei erschließt sich der äußere Zusammenhang noch recht einfach: Die Partei schickte sich an, in absehbarer Zukunft den Kommunismus aufzubauen, was geradezu zwangsläufig darauf hinauslief, die religiösen Organisationen unter strengere Kontrolle zu stellen. Die daraus resultierende antireligiöse Kampagne Chruščevs wiederum provozierte den Widerstand eines Teils der Angehörigen der freikirchlichen Gemeinden, die sich nicht mehr bedingungslos anpassen wollten und im August 1961 in Form des Kirchenrats der Evangeliumschristen-Baptisten eine unabhängige religiöse Organisation gründeten.

Weniger offensichtlich, aber nicht minder bedeutsam war allerdings der innere Zusammenhang. Die religiösen Dissidenten widersetzten sich in den letzten dreißig Jahren der Existenz der Sowjetunion kompromisslos jeglicher Einmischung von Staat und Partei in ihr Gemeindeleben. Diese unbeugsame Konformitätsverweigerung bedeutete einen radikalen Bruch mit der Praxis der Anpassung, die das Verhalten der religiösen Organisationen in den zurückliegenden Jahrzehnten geprägt hatte. Ein solcher Schritt ist nur zu verstehen, wenn man sich in Erinnerung ruft, dass auch die Bewegung der Anhänger des Kirchenrats der Evangeliumschristen-Baptisten ein Kind ihrer Zeit war. So waren die Initiativler in vielerlei Hinsicht vom gleichen romantischen und utopieberauschten Zeitgeist der 1960er Jahre[1] beseelt wie ihre „Doppelgänger" auf Seiten der sowjetischen „Sechziger". Wenn sie die Machthaber dazu aufriefen, zu den „Leninschen Normen" der Koexistenz von Kirche und Staat zurückzukehren, waren sie ebensolche Idealisten und Romantiker wie die eingefleischtesten Anhänger des „Moralkodex der Erbauer des Kommunismus".

---

1   Vajl', Genis, Mir sovetskogo čeloveka.

Das entscheidende Leitmotiv der Initiativler war dabei ihre Forderung, die Beziehungen zwischen Kirche und Staat auf dem Prinzip der „Aufrichtigkeit" fußen zu lassen. Petr Vajl' und Aleksandr Genis haben mit Blick auf die nach der Veröffentlichung des Dritten Programms der KPdSU vorherrschende Geisteshaltung geschrieben: „Die gemeinsame Arbeit, die Idee der gemeinsamen Sache an sich war undenkbar ohne die Aufrichtigkeit der zwischenmenschlichen Beziehungen. Das war das Schlüsselwort der Epoche – Aufrichtigkeit".[2] In ihren an die Machthaber adressierten Schreiben erklärten die Initiativler immer wieder, dass sie sich ja formal durchaus wie alle loyalen Konfessionen verhalten könnten, dass es für sie einfacher wäre, den Weg des geringsten Widerstands zu gehen und sich doppelzüngig zu zeigen, die sowjetischen Gesetze nur klammheimlich zu verletzen und auf diese Weise direkten Konflikten mit den Behörden aus dem Weg zu gehen. Aber unter den Bedingungen der neuen Zeit weigerten sich diese religiösen Romantiker und Utopisten rundheraus, „um des Überlebens willen" Kompromisse nach dem Muster der Stalinzeit einzugehen, an denen ihre aufrichtige Haltung zum Glauben, zu den Menschen und sogar zum Staat hätte Schaden nehmen können.

Der Konflikt zwischen der Staatsmacht und den den Initiativlern nahestehenden deutschen religiösen Organisationen entzündete sich dabei immer wieder an der Weigerung der Dissidenten, ihre Gemeinden vom Staat registrieren zu lassen. Hinter dieser scheinbaren Formalität verbarg sich in der Tat die Schlüsselfrage der Loyalität. Der für eine friedliche Koexistenz zu zahlende Preis erschien den illegalen Glaubensgemeinschaften zu hoch – die Einhaltung der sowjetischen Religionsgesetze war nicht mit ihrem Verständnis von Glaubensfreiheit und ihrer Forderung nach Aufrichtigkeit in religiösen Dingen vereinbar. Vor diesem Hintergrund verblassten alle Vorteile, die die vom Staat registrierten Gemeinden genossen.

4.1. Registrieren oder Registrierung ablehnen: Die staatliche Politik im Bereich der Legalisierung der Tätigkeit der freikirchlichen Gemeinden (1945–1991)

Als die Stalinsche Führung den loyalen religiösen Vereinigungen in den Jahren des Zweiten Weltkriegs das Recht auf einen Platz in der sowjetischen Gesellschaft zugestand, musste sie zugleich festlegen, wie groß die aus dieser Entscheidung resultierenden Freiräume sein sollten. Anders gesagt implizierte die Legalisierung der Religionsausübung zugleich deren Beschränkung. Das wichtigste Instrument der Limitierung der vom Staat tolerierten Religionsausübung war dabei die staatliche Registrierung der religiösen Gemeinden und Gruppen, durch die deren Existenz legalisiert wurde.

Die Registrierung religiöser Organisationen und die Öffnung von Gotteshäusern wurden zur Zeit des Stalinschen „Neuen Kurses"[3] durch die Beschlussfassungen des Rats der Volkskommissare der UdSSR „Über die Ordnung der Öffnung von Kirchen" vom 28. November 1943 und „Über die Ordnung der Öffnung von Betgebäuden der religiösen Kulte"

---

2 Ebenda, S. 15.
3 In der Historiografie sind verschiedene Bezeichnungen für diesen Prozess zu finden – von „Konkordat" bis „Wiedergeburt der Kirche".

vom 19. November 1944 detailliert geregelt. Zugleich war es aufgrund der Beschlussfassung des Rats der Volkskommissare „Über die Betgebäude der religiösen Gemeinschaften" vom 28. Januar 1946 verboten, von den religiösen Gemeinschaften genutzte Gotteshäuser ohne Genehmigung des Rats für Angelegenheiten der Russisch-Orthodoxen Kirche bzw. des Rats für Angelegenheiten der religiösen Kulte zu schließen bzw. nicht genutzte Gotteshäuser zweckzuentfremden oder verfallen zu lassen.[4] Nach einmütiger Einschätzung nahezu aller Historiker wurden die die Registrierung der religiösen Gemeinden betreffenden Entscheidungen bis 1948 ohne große bürokratische Hürden recht schnell getroffen, so dass sich die Zahl der legal in der Sowjetunion bestehenden religiösen Gemeinden im Zeitraum 1945–1948 annähernd verdoppelte (siehe Tabelle 1). So wurden z.B. in Westsibirien in den Jahren 1943–1948 56 russisch-orthodoxe Gotteshäuser, zwei Kirchen der Altgläubigen, vier Moscheen, zwei Synagogen und etwa 20 Bethäuser der Evangeliumschristen-Baptisten eröffnet.[5]

Tabelle 1:[6] Entwicklung der Zahl der legalen religiösen Vereinigungen in der UdSSR (1945–1953)

Jahr	Zahl der registrierten religiösen Organisationen	davon	
		orthodox	andere Konfessionen
1945	etwa 11 000	10 243	etwa 500
1946	etwa 16 000	10 547	etwa 5 500
1947	etwa 20 000	13 813	etwa 6 200
1948	20 459	14 189	6 270
1949	19 774	14 329	5 445
1950	19 503	14 274	5 229
1951	19 013	13 867	5 146
1952	18 864	13 740	6 124
1953	18 591	13 509	5 082

Aber bereits 1949 stellten die Behörden die Registrierung der religiösen Gemeinden und Gruppen vollständig ein, so dass sich in den letzten Lebensjahren Stalins ein stetiger Rückgang der Zahl der legalen religiösen Vereinigungen verzeichnen ließ. Wegweisend war in diesem Zusammenhang der Beschluss des Politbüros des ZK der VKP(b) „Über die die Öffnung von Kirchen und Bethäusern betreffenden Anordnungen des Ministerrats der UdSSR" vom 28. Oktober 1948, der die von K.E. Vorošilov gezeichneten Anordnungen des Ministerrats der UdSSR vom 27. März und 10. August 1948 aussetzte, denen zufolge die „Öffnung neuer Kirchen und Betgebäude in einer Reihe von Ortschaften" erlaubt werden sollte.[7] Diese neuerliche „Abkühlung" der Beziehungen zwischen Staat und Kirche konnte

---

4   Text der Beschlussfassung siehe: GARF, f. 6991, op. 3, d. 34, l. 1-2.
5   Savin, Soskovec, Religioznye men'šinstva, S. 85.
6   Tabelle zusammengestellt nach: Odincov, Veroispovednaja politika, S. 492.
7   Beschlussfassung veröffentlicht in: Chlevnjuk, Gorlickij, u.a. (Hrsg.), Politbjuro CK VKP(b), S. 273.

auch der „Hauptspezialist für Kirchenfragen" und Vorsitzende des Rats für Angelegenheiten der Russisch-Orthodoxen Kirche G.G. Karpov nicht abwenden, der sich im November 1948 in einer an Stalin gerichteten Notiz dafür aussprach, die Politik der Registrierung und Öffnung der Kirchen fortzusetzen, da man nur so darauf hoffen könne, eine Ausweitung der „illegalen Kirchentätigkeit" zu verhindern und die Zahl der Unzufriedenen unter den Gläubigen zu verringern.[8]

Ausgelöst wurde das Einfrieren des Stalinschen „Neuen Kurses" nach Einschätzung Igor' Kurljandskijs durch die Notiz „Über die Zunahme der religiösen und antisowjetischen Aktivitäten der Kirchen- und Sektenelemente", die der Minister für Staatssicherheit der UdSSR V.S. Abakumov 1948 gleich zweimal an Stalin sandte. Während Stalin am 25. Juni für die Warnungen der Staatssicherheit noch taub blieb, traf die gleiche Notiz drei Monate später (18. September 1948) auf offene Ohren. Im Kern lief Abakumovs Argumentation darauf hinaus, dass der „Einfluss der Kirchenleute und Sektenanhänger beschränkt" werden müsse, da die „Religiösen" die sich durch die offizielle Registrierung bietenden legalen Möglichkeiten für ihre antisowjetischen Aktivitäten zu nutzen versuchten und just aus diesem Grund alles daransetzten, ihre Existenz zu legalisieren. Nach Angaben Abakumovs lagen den Räten für Angelegenheiten der Russisch-Orthodoxen Kirche bzw. für Angelegenheiten der religiösen Kulte im Juni 1948 „über 1 000 Anträge auf Öffnung neuer Bethäuser, Kirchen und Moscheen" zur Prüfung vor. Zudem sei mit einer weiteren Zunahme der Zahl der Anträge zu rechnen, da auch „feindliche Sektengruppierungen" wie die Molokanen, die Altgläubigen, die Duchoborcen und die Reformadventisten verstärkt versuchen würden, sich offiziell registrieren zu lassen. Das Ausmaß der von den Mitgliedern der registrierten religiösen Vereinigungen betriebenen antisowjetischen Tätigkeit stelle sogar die Aktivitäten des „Kirchen- und Sektenuntergrunds" in den Schatten.[9]

Wahrscheinlich fiel Abakumovs Notiz auf bereits bereiteten Boden – jedenfalls kam die Stalinsche Führung zu dem Schluss, dass eine weitere Ausweitung der legalen Kirchenaktivitäten nicht wünschenswert sei, und stellte die Registrierung neuer religiöser Vereinigungen ein. Einige Historiker verweisen zudem auf den Umstand, dass Stalin nach dem Scheitern seiner großangelegten außenpolitischen Pläne, das Zentrum der Orthodoxie nach Moskau zu verlegen, das Interesse an der Kirche verloren haben könnte.[10]

Unabhängig davon, dass in den Jahren 1949–1953 praktisch keine religiösen Vereinigungen mehr registriert wurden, blieb die Registrierung für die überwiegende Mehrheit der Konfessionen einschließlich der Evangeliumschristen-Baptisten und Mennoniten auch zur Zeit des Spätstalinismus attraktiv. So versuchten die Gläubigen ungeachtet der geringen Erfolgsaussichten auch weiterhin hartnäckig, sich registrieren zu lassen. Eine Ausnahme stellten in diesem Zusammenhang nur die Anhänger der Wahren Orthodoxen Kirche bzw. der Wahren Orthodoxen Christen[11], die Zeugen Jehovas, ein Teil der Adventisten und

---

8 Odincov, Veroispovednaja politika, S. 497.
9 Text der Notiz veröffentlicht in: Kurljandskij, Stalin, S. 559-575.
10 Siehe z.B.: Čumačenko, V rusle vnešnej politiki, S. 89-99.
11 Wahre Orthodoxe Kirche / Wahre Orthodoxe Christen – nichtkanonische religiöse Strömung orthodoxer Ausrichtung, die in der zweiten Hälfte der 1920er Jahre aus Protest gegen die loyale Haltung der Russisch-Orthodoxen Kirche gegenüber der Sowjetmacht entstand. Die Wahren Orthodoxen Christen erkannten die von Metropolit Sergij (Stragorodskij) verkörperte höchste kanonische

Pfingstler sowie eine Reihe kleinerer Sekten dar, die eine bewusst isolationistische Haltung an den Tag legten. Dabei war das Bestreben der Gläubigen, ihren Status legalisieren zu lassen, sicherlich auch durch die harte Repressionspolitik von Seiten der Organe der Staatssicherheit motiviert. Die Gefahr, im Lager oder in der Verbannung zu landen, war für die Mitglieder der legalen Gemeinden weitaus geringer als für Vertreter des „Kirchen- und Sektenuntergrunds". So geht aus der bereits erwähnten Notiz Abakumovs hervor, dass allein in der Zeit vom 1. Januar 1947 bis zum 1. Juni 1948 1 968 „Religiöse" wegen angeblicher antisowjetischer Tätigkeit von den Organen des Ministeriums für Staatssicherheit verhaftet wurden, unter denen 1 065 „Sektenangehörige" und 679 „orthodoxe Kirchenleute" waren.[12] Ein eindeutiges Indiz für die Verschärfung der Religionspolitik war auch die Deportation von Sektenangehörigen nach Sibirien. So wurden 1951 im Rahmen der Operation „Norden" 6 140 Zeugen Jehovas aus der Ukraine und etwa 1 500 Gläubige aus Moldawien deportiert.[13] Was wiederum die sibirischen Mennoniten betrifft, bildete offenbar der Prozess gegen die Mitglieder einer aus Mennoniten der Rayone Michajlovskoe, Slavgorod und Znamenka (Region Altaj) bestehenden illegalen religiösen Organisation den Schlusspunkt der Stalinschen Repressionen, der im Oktober 1952 mit der Verurteilung aller sieben Angeklagten zu 25 Jahren Lagerhaft endete.[14]

Man sollte meinen, dass sich die religiösen Organisationen nach Stalins Tod berechtigte Hoffnungen auf eine erleichterte Legalisierung machen konnten. Auf den ersten Blick war eine solche Erwartung auch durchaus begründet. So kritisierte das ZK der KPdSU in seinem am 10. November 1954 gefassten Beschluss „Über Fehler der unter der Bevölkerung betriebenen wissenschaftlich-atheistischen Propaganda" erstmals nach vielen Jahren öffentlich die Anwendung administrativer Willkürmaßnahmen bei der Bekämpfung der Religion und beleidigende Ausfälle gegenüber Geistlichen und Gläubigen, was wiederum einen sprunghaften Anstieg der Anträge auf Registrierung nach sich zog. So stieg z.B. die Zahl der beim Rat für Angelegenheiten der Russisch-Orthodoxen Kirche eingehenden Registrierungsanträge innerhalb weniger Jahre von 985 im Jahr 1954 auf 2 265 im Jahr 1957 und die Zahl der beim Rat für Angelegenheiten der religiösen Kulte eingehenden Anträge von 1 157 im Jahr 1955 auf 1 633 im Jahr 1957.[15] Soweit sich den veröffentlichten Statistiken entnehmen lässt, stimmten die Machtorgane der Registrierung aber auch weiterhin nur widerwillig und äußerst selten zu. So war die Gesamtzahl der religiösen Organisationen den von M.I. Odincov angeführten Daten zufolge in den Jahren 1953–1958 sogar leicht rückläufig und sank im genannten Zeitraum von 18 591 auf 18 564.[16] Zugleich ging der Rat nach dem 10. November 1954 weniger hart gegen nichtregistrierte Gemeinden vor. So wurden alle Bevollmächtigten davon in Kenntnis gesetzt, dass der Rat keine administrativen Maßnahmen gegen nichtre-

---

Kirchenmacht nicht an und traten dafür ein, zu einer geheimen „Katakombenexistenz" überzugehen. Die Wahren Orthodoxen Christen verweigerten demonstrativ jeglichen Dialog mit Vertretern der Staatsmacht sowie jegliche Zahlung von Steuern und Abgaben usw. Siehe z.B.: Škarovskij, Istinno-pravoslavnye, S. 320-356; Beglov, Cerkovnoe podpol'e.

12　Kurljandskij, Stalin, S. 574.

13　Siehe z.B.: Brandes, Sundhaussen u.a. (Hrsg.), Lexikon der Vertreibungen, S. 440, 672.

14　Siehe z.B.: Fast, Nezakonnoe „sborišče".

15　Notiz der Agitpropabteilung des ZK der KPdSU „Über Mängel der wissenschaftlich-atheistischen Propaganda", 12.09.1958. RGANI, f. 4, op. 16, d. 554, l. 7.

16　Odincov, Veroispovednaja politika, S. 501.

gistrierte Gruppen von Gläubigen mehr ergreife, die sich zur Abhaltung von Gottesdiensten und Ritualen in Privatwohnungen treffen.[17]

1958 ließ sich ein Rückfall in Richtung einer erneuten Verschärfung der gegenüber Religion und Kirche verfolgten Politik verzeichnen, der offensichtlich auf eine Initiative der Agitpropabteilung des ZK der KPdSU zurückging, deren Führung eine Abschwächung der atheistischen Propaganda und antireligiösen Arbeit und daraus folgend eine Stärkung der Position der Kirchen konstatierte. Konkret hieß es in einer von der Agitpropabteilung verfassten Notiz vom 12. September 1958: „Die Geistlichkeit fordert von den Sowjetorganen unter Ausnutzung bestimmter Gruppen von Gläubigen hartnäckig die Öffnung neuer Kirchen und Bethäuser [und] die Registrierung neugegründeter religiöser Gemeinden und Sekten [...]. Die Zahl der Anträge auf Öffnung von Kirchen und Bethäusern steigt beständig an".[18] Vermerkt wurde in dem Dokument zudem, dass die Zahl der „Sektenanhänger" im Zeitraum 1954–1957 in der Ukraine von 92 000 auf 103 000 und in der RSFSR von 32 000 auf 40 000 gestiegen sei. Zum Beleg der sowjetfeindlichen Ausrichtung der Sektenorganisationen verwiesen die Verfasser des Dokuments auf den Umstand, dass der Anteil früherer Lagerinsassen unter den Predigern und Presbytern bei etwa 22% lag. Als Hauptursache der entstandenen „widrigen" Lage wurde der geringe Stellenwert der antireligiösen Arbeit in „vielen Parteiorganisationen" genannt. Von der Kritik blieben auch die Mitarbeiter der Räte für Angelegenheiten der Russisch-Orthodoxen Kirche bzw. der religiösen Kulte nicht verschont, die ihren Aufgaben nicht nachkämen, sich am „Gängelband der Geistlichkeit" führen ließen, „unbegründete Forderungen" der Gläubigen unterstützten und die Partei- und Sowjetorgane nicht rechtzeitig informierten.[19]

Im September 1959 folgten die ebenfalls von der Agitpropabteilung des ZK der KPdSU verfasste Notiz „Über die illegale Tätigkeit der Kirchenleute und Sektenangehörigen" sowie der Entwurf einer gleichnamigen Beschlussfassung des ZK der KPdSU, denen zufolge die Zahl sowohl der religiösen Organisationen als auch der von diesen begangenen Verstöße gegen die sowjetischen Religionsgesetze stark angestiegen sei, was wiederum die Führungen der beiden Religionsräte zu verantworten hätten. Nachdem das ZK der KPdSU am 13. Januar 1960 die geheime Beschlussfassung „Über Maßnahmen zur Liquidierung der von den Geistlichen begangenen Verstöße gegen die sowjetischen Religionsgesetze" verabschiedet hatte und am 6. Februar 1960 der Vorsitzende des Rats für Angelegenheiten der Russisch-Orthodoxen Kirche beim Ministerrat der UdSSR G.G. Karpov zurückgetreten war, war der Weg zur Entfesselung der Chruščevschen antireligiösen Kampagne frei. So brach 1960 „eine neue Zeit" an, die nach Einschätzung T.A. Čumačenkos dadurch geprägt war, dass „Losungen und ideologische Vorgaben des ZK der KPdSU" die Staatsinteressen in den Hintergrund drängten.[20]

---

17 Anfrage des Bevollmächtigten des Rats für Angelegenheiten der religiösen Kulte für das Gebiet Omsk zur Politik des Rats gegenüber den nichtregistrierten religiösen Gemeinden, 13.04.1956. GARF, f. 6991, op. 3, d. 780, l. 56.
18 Notiz der Agitpropabteilung des ZK der KPdSU „Über Mängel der wissenschaftlich-atheistischen Propaganda", 12.09.1958. RGANI, f. 4, op. 16, d. 554, l. 7.
19 Ebenda, l. 17.
20 Čumačenko, Ob otstavke G.G. Karpova, S. 143.

Die Chruščevsche antireligiöse Kampagne lief bekanntlich auf die Massenschließung von Kirchen und Bethäusern sowie einen rapiden Rückgang der Zahl der registrierten religiösen Organisationen hinaus.[21] Unter diesen Rahmenbedingungen konnte von einer Registrierung neuer Gemeinden oder irgendwelchen anderen liberalen Neuerungen in Fragen der Legalisierung der Religionsausübung keine Rede sein. Ganz im Gegenteil wurden die Gläubigen, wie das Oberste Gericht der UdSSR konstatierte, erneut nicht aufgrund konkreter Gesetzesverstöße, sondern „faktisch allein aufgrund der Zugehörigkeit zu der einen oder anderen von den örtlichen Behörden nicht registrierten religiösen Gruppe bzw. für ihre religiösen Überzeugungen" verurteilt.[22] Insgesamt wurden in der RSFSR im Zeitraum 1962–1964 218 Personen nach Artikel 227 des Strafgesetzbuchs der RSFSR für „Übergriffe auf die Persönlichkeitsrechte der Bürger in Gestalt der Ausführung religiöser Handlungen" verurteilt. Ihren Höhepunkt erreichte die Repressionskampagne im Jahr 1963, in dessen Verlauf 113 Personen zu Freiheitsstrafen unterschiedlicher Länge verurteilt wurden. Ausgehend von einer Auswahl von 85 Fällen und insgesamt 169 Verurteilten waren die Pfingstler mit 61 Personen Spitzenreiter unter den Repressierten, gefolgt von den Zeugen Jehovas (57 Verurteilte), den Wahren Orthodoxen Christen (18), den Evangeliumschristen-Baptisten (14) und den Adventisten des Siebenten Tags (fünf Verurteilte) – die übrigen Verurteilten waren Mitglieder kleinerer Sekten. 73 weitere Personen wurden nach anderen Artikeln des Strafgesetzbuchs der RSFSR zur Verantwortung gezogen – davon 46 nach Artikel 80 (Wehrdienstverweigerung) und sieben nach Artikel 142[23], wobei es sich bei ausnahmslos allen Verurteilten um Baptisten handelte. Außerdem wurden gegen 195 Personen Ordnungsstrafen verhängt, von denen wiederum 162 als sogenannte „Sozialschmarotzer" belangt wurden.[24] Insgesamt wurden in der UdSSR im Zeitraum 1961–1964 1 234 Personen aus „religiösen Motiven" verurteilt, von denen wiederum 906 Mitglieder religiöser Vereinigungen waren, die in den Zuständigkeitsbereich des Rats für Angelegenheiten der religiösen Kulte beim Ministerrat der UdSSR fielen.[25]

Infolge der Chruščevschen antireligiösen Kampagne änderten insbesondere die späteren Anhänger des Kirchenrats der Evangeliumschristen-Baptisten radikal ihre Sicht auf die staatliche Registrierung, die nun nicht mehr als Möglichkeit zur legalen Ausübung des Glaubens, sondern als grobe Einmischung des Staats in die inneren Angelegenheiten der

---

21 Zu Daten über die Mitgliederzahl der wichtigsten religiösen Vereinigungen Ende der 1960er Jahre siehe Kapitel 6. In der Geschichtswissenschaft herrscht Konsens, dass sich die Zahl der Kirchen der Russisch-Orthodoxen Kirche infolge der Chruščevschen Verfolgungen ungefähr halbierte.

22 Projekt der Beschlussfassung des Obersten Gerichts der UdSSR „Über die Arbeit der Richter der UdSSR zur Prüfung der Kultdiener und Mitglieder von Sekten und anderen religiösen Organisationen und Gruppen betreffenden Fälle", April 1965. RGANI, f. 5, op. 34, d. 120, l. 70.

23 Siehe ausführlicher im Kapitel 3.

24 Ebenda. Gemäß dem Erlass des Präsidiums des Obersten Sowjets „Über die Intensivierung des Kampfes gegen Personen, die sich der gesellschaftlich nützlichen Arbeit entziehen und einen gesellschaftsfeindlichen parasitären Lebensstil führen" vom 4. Mai 1961. Aufgrund dieses berüchtigten Erlasses, dem auch der spätere Nobelpreisträger Josif Brodskij zum Opfer fiel, unterlagen die „Sozialschmarotzer" der Ausweisung aus ihrem Wohnort.

25 Vedeneev, Ateisty, S. 267; Auskunft des Rats für Angelegenheiten der religiösen Kulte beim Ministerrat der UdSSR über die Zahl der verurteilten und ausgesiedelten Gläubigen in der UdSSR in den Jahren 1961–1965, 20.09.1965. GARF, f. 6991, op. 4, d. 173, l. 187-196.

Kirche und Verletzung des Kirchendienstes „nach dem Wort Gottes" gesehen wurde.[26] „Eine solche Registrierung sollte die Gemeinde, egal was es kostet, verweigern", erklärte die Führung des Kirchenrats der Evangeliumschristen-Baptisten im November 1965: „[...] Für die Kirche Jesu Christi ist es nicht das Wichtigste, registriert zu sein und ein Bethaus zu haben, sondern, ohne die Lehre Jesu Christi zu verraten, eine Kirche Gottes zu bleiben [...]. Wenn wir aber [...] nicht auf gesetzlicher Grundlage registriert werden, dann müssen wir zu jeglicher Einschränkung bereit sein, um unsere Treue gegenüber dem Herrn unserer Kirche und Erlöser unseres Lebens Jesus Christus zu bewahren".[27] Zugleich betonte die Führung des Kirchenrats der Evangeliumschristen-Baptisten unermüdlich ihre prinzipielle Bereitschaft, das Registrierungsverfahren anzuerkennen, sofern eine solche „staatliche Registrierung" die Unabhängigkeit der Kirche vom Staat nicht antaste. Die geltende Variante der Registrierung betrachteten die religiösen Dissidenten allerdings als „atheistische Registrierung". „Eine staatliche [Registrierung] akzeptieren wir, die atheistische [...] nicht", verkündete der Kirchenrat der Evangeliumschristen-Baptisten im Januar 1972.[28]

Im Zuge der Brežnevschen religionspolitischen Wende kam es zu einer radikalen Neuausrichtung der die Registrierung der religiösen Gemeinden betreffenden Politik. Auch wenn sich, wie bereits erwähnt, längst nicht die liberalste Variante durchsetzen konnte, für die 1965 der Vorsitzende des Rats für Angelegenheiten der religiösen Kulte A.A. Puzin eintrat[29], erkannte der Staat trotzdem offiziell an, dass der staatlichen Registrierung bei der Bekämpfung des „Sektenuntergrunds" eine zentrale Rolle zukam. Vor diesem Hintergrund empfanden die Behörden die von den dissidentischen Anhängern des Kirchenrats der Evangeliumschristen-Baptisten praktizierte demonstrative Verweigerung der staatlichen Registrierung als offene Provokation. Bei ihrer die „Sektengemeinden" und insbesondere die Evangeliumschristen-Baptisten betreffenden Arbeit konzentrierten sich die Bevollmächtigten des Rats für Religionsangelegenheiten zum einen darauf, alle loyalen, zur Anerkennung der sowjetischen Religionsgesetze bereiten Gemeinden zu registrieren, was den Nährboden für das religiöse Dissidententum austrocknen und dem Kirchenrat der Evangeliumschristen-Baptisten potentielle Anhänger abspenstig machen sollte. Zum anderen drängten sie den illoyalen Gemeinden die staatliche Registrierung geradezu auf und boten ihnen zahlreiche Vergünstigungen und Zugeständnisse, sofern sie bereit waren, die sowjetischen Religionsgesetze anzuerkennen. Eines dieser Zugeständnisse bestand darin, den Gemeinden die Option zu gewähren, sich als „autonom" registrieren zu lassen, was in der Praxis hieß, dass die Gläubigen nach dem Prinzip der Parität weder den Allunionsrat noch den Kirchenrat der Evangeliumschristen-Baptisten als ihr Führungszentrum anerkennen und lediglich die Einhaltung der sowjetischen Gesetze garantieren mussten. Die ersten autonomen Gemeinden der Evangeliumschristen-Baptisten wurden in der UdSSR 1969 registriert.

An dieser Stelle ist einschränkend anzumerken, dass die Politik des „Aufdrängens der Registrierung" nicht für solche Sekten galt, deren Glaubenslehre und -praxis in den Augen

---

26 Vgl. dazu: Dönninghaus, Savin, Meždu nelegal'nost'ju, S. 282-289.
27 Bratskij listok, S. 42 f.
28 Ebenda, S. 226.
29 A.A. Puzin schlug im November 1965 vor, das Registrierungsverfahren radikal zu vereinfachen und alle faktisch bestehenden religiösen Vereinigungen anzuerkennen, sofern diese die Gesetze befolgten. Siehe ausführlicher Kapitel 3.

der Sowjetmacht einen „staatsfeindlichen und fanatischen Charakter" aufwies. Im Fall dieser Glaubensgemeinschaften ging die Liberalisierung des Brežnevschen Regimes nicht darüber hinaus, die den Gläubigen durch das Regime der Sondersiedlung auferlegten rechtlichen Beschränkungen aufzuheben. So wandten sich am 13. August 1965 der KGB in Person seines Stellvertretenden Vorsitzenden N.S. Zacharov und die Staatsanwaltschaft der UdSSR in Person des Generalstaatsanwalts R.A. Rudenko mit der Bitte an die Abteilung für Administrative Organe des ZK der KPdSU, die Aufhebung der Sondersiedlung für die Zeugen Jehovas, die Wahren Orthodoxen Christen, die Innozentisten[30] und Reformadventisten sowie deren Familienangehörige zu prüfen.[31] Bereits am 30. September 1965 folgte ein Erlass des Präsidiums des Obersten Sowjets, dem zufolge alle Beschränkungen aufgehoben wurden, denen die in der Sondersiedlung lebenden Gläubigen unterlagen. Das schloss allerdings weder eine Rückgabe des bei der Aussiedlung konfiszierten Besitzes noch ein Rückkehrrecht an die früheren Wohnorte ein. So konnten die früheren Sondersiedler nur dann an ihre ursprünglichen Wohnorte zurückkehren, wenn sie eine Genehmigung der Exekutivkomitees der entsprechenden Gebiets- bzw. Regionssowjets erhielten.[32]

Weitere Schritte in Richtung einer Legalisierung der Tätigkeit dieser Sekten waren von staatlicher Seite nicht vorgesehen. Gemäß der „Instruktion über die Erfassung von religiösen Vereinigungen, Bethäusern und Betgebäuden sowie die Ordnung der Registrierung der Exekutivorgane und Geistlichen religiöser Vereinigungen" vom 31. Oktober 1968 sollten die sogenannten extremistischen Sekten – Zeugen Jehovas, Christen Evangelischen Glaubens (Pfingstler), Wahre Orthodoxe Christen, Wahre Orthodoxe Kirche, Reformadventisten und Muraškovcy[33] – nicht registriert werden. Diese Instruktion wurde erst 1988 aufgehoben.[34]

Eine angemessene Interpretation der von der Brežnevschen Führung in der Frage der Registrierung der Gemeinden der Evangeliumschristen-Baptisten und Mennoniten verfolgten Politik ist ohne Berücksichtigung der Haltung des Komitees für Staatssicherheit der UdSSR nicht möglich. Nachdem sich die Tschekisten im März 1966 gegen die Verfechter einer liberaleren Religionspolitik hatten durchsetzen können, hofften sie, den Kirchenrat der Evangeliumschristen-Baptisten innerhalb kürzester Zeit zu liquidieren. Am 21. Mai 1966

---

30 Innozentisten (russisch: Innokent'evcy) sind eine ursprünglich russische Glaubensgemeinschaft. Sie entstand 1908 durch den orthodoxen Hieromönch Innocent (Inochentie), wovon auch ihr Name abgeleitet ist. Er sah sich als Verkörperung des Heiligen Geistes, von seinen Anhängern wurde die Aufgabe von Eigentum und Familie gefordert und ein Selbstmordkult eingeführt. Die Innozentisten waren gegen die revolutionäre Bewegung und riefen zur Unterstützung der russischen Monarchie auf.

31 Siehe: RGANI. Kartothek der Dokumente der Allgemeinen Abteilung des ZK der KPdSU. Auf der Karte sind Titel, genaues Datum, Autoren und Empfänger des Dokuments sowie eine Kurzbeschreibung des Inhalts enthalten. Das ursprüngliche, an M.A. Suslov adressierte Gesuch vom 27. Juli 1965 bezog sich nur auf die Zeugen Jehovas.

32 Siehe: Erlass des Präsidiums des Obersten Sowjets der UdSSR Nr. 4020-VI „Über die Aufhebung der aus der Sondersiedlung resultierenden Beschränkungen für die Mitglieder der Sekten der ‚Zeugen Jehovas', der ‚Wahren Orthodoxen Christen', der ‚Innozentisten', der Reformadventisten und deren Familienangehörige", 30.09.1965. GARF, f. 6991, op. 4, d. 119, l. 15.

33 Evangeliumschristen Heilige Zionisten (Muraškovcy) – in den 1930er Jahren in Westweißrussland von dem früheren Baptisten Ivan Muraško gegründete Gemeinschaft, die zu den radikalen Pfingstlern gehört.

34 Beljakova, Vlast', S. 126.

wandte sich ein aus dem KGB-Vorsitzenden V.E. Semičastnyj, dem Minister für Schutz der Öffentlichen Ordnung der RSFSR V.S. Tikunov und dem Generalstaatsanwalt der UdSSR R.A. Rudenko bestehendes Trio mit der Bitte an M.A. Suslov, den Rat für Religionsangelegenheiten zu einer strengeren Kontrolle der Einhaltung der Religionsgesetze anzuhalten, die Frage der Registrierung der Sektengemeinden zu lösen und die antireligiöse Propaganda zu intensivieren. Die Organe des KGB wiederum sollten sich darum kümmern, die Anführer der Initiativler von der Masse der Bevölkerung zu isolieren.[35] Auf welche Weise die Vertreter der Ordnungskräfte diese Aufgabe zu erfüllen gedachten, geht anschaulich aus einer die Verhaftung des Führers der baptistischen Initiativler der Stadt Prokop'evsk (Gebiet Kemerovo) A.S. Gončarov betreffenden Notiz V.S. Tikunovs hervor, die zwei Tage später, am 23. Mai 1966, auf dem Schreibtisch Suslovs und Brežnevs lag.[36]

Nachdem Ende 1966 mit G.K. Krjučkov und G.P. Vins zwei der wichtigsten Führer des Kirchenrats der Evangeliumschristen-Baptisten verurteilt worden waren, stand für den KGB-Vorsitzenden offenbar fest, dass die Bewegung der religiösen Dissidenten am Ende war. So charakterisierte Semičastnyj den Kirchenrat der Evangeliumschristen-Baptisten am 7. Dezember 1966 in seinem den Resultaten des Prozesses gegen Krjučkov und Vins gewidmeten Bericht an das ZK der KPdSU folgendermaßen, wobei er bewusst in der Vergangenheitsform schrieb: „Bei der Prüfung des Falls wurde bestätigt, dass die baptistischen Initiativler eine weitverzweigte und im Kern konspirative Organisation darstellten, die über eigene Drucktechnik und in Gestalt des Kirchenrats der Evangeliumschristen-Baptisten über ein eigenes Führungsorgan verfügte".[37] Es scheint, dass die Hoffnung der Tschekisten, die Abtrünnigen endgültig besiegt zu haben, auch durch das statistische Material des Rats für Religionsangelegenheiten beim Ministerrat der UdSSR genährt wurde: So wurde der Kirchenrat der Evangeliumschristen-Baptisten nach Stand zum November 1966 nur noch von etwa 100 Gemeinden gestützt, während weitere 540 evangeliumschristlich-baptistische Gemeinden, die zuvor den Kirchenrat unterstützt hatten, ihre illegale Tätigkeit angeblich eingestellt hatten und sich nach Aussage des Rats für Religionsangelegenheiten im Zustand der Orientierungslosigkeit befanden – einige Gemeinden waren angeblich bereit, unter die Jurisdiktion des Allunionsrats der Evangeliumschristen-Baptisten zurückzukehren, andere hätten eine autonome Registrierung beantragt oder eine abwartende Haltung eingenommen.[38]

Um den vermeintlichen Sieg zu sichern, sollten die innerhalb des KGB mit der Bekämpfung der Kirchen befassten Strukturen ausgebaut werden. In einem geheimen Lehrbuch zur Geschichte der sowjetischen Staatssicherheitsorgane hieß es 1977: „Unter dem Einfluss der sich zuspitzenden internationalen Lage war in den Jahren 1961, 1967 und 1968 eine Belebung der von den Kirchenleuten, Sektenanhängern und anderen antisowjetischen Elementen betriebenen feindlichen Tätigkeit zu beobachten. Die größte Aktivität legten dabei die Katholiken und Unierten sowie die Mitglieder der illegal agierenden Sekten der Zeugen Jehovas, der Pfingstler und der abtrünnigen Baptisten an den Tag".[39] Vor

---

35 Siehe: RGANI. Kartothek der Dokumente der Allgemeinen Abteilung des ZK der KPdSU.
36 Siehe ausführlicher: Serova, Obščiny, S. 26.
37 Text der Notiz siehe: RGANI, f. 5, op. 58, d. 366, l. 200-202, zitierter Text auf l. 201.
38 Auskunft V.A. Kuroedovs an die Propagandaabteilung des ZK der KPdSU „Über den Allunionskonvent der Evangeliumschristen-Baptisten", 15.11.1966. RGANI, f. 5, op. 58, d. 23, l. 137.
39 Čebrikov, Istorija, S. 545.

diesem Hintergrund wurde der Kampf gegen die „ideologische Diversion" zur vorrangigen Aufgabe der Staatssicherheitsorgane erklärt. Vom 17. Juli 1967 an wurden innerhalb der Struktur des KGB und seiner lokalen Organe Spionageabwehrabteilungen eingerichtet, die einer selbstständigen 5. Verwaltung des KGB der UdSSR unterstanden und der Bekämpfung der „ideologischen Diversion" dienen sollten. Innerhalb dieser 5. Verwaltung fielen „Kirchenleute und Sektenangehörige" in den Zuständigkeitsbereich der 4. „antireligiösen" Abteilung.[40]

Bis Anfang der 1970er Jahre waren Aufrufe, die Arbeit zur Registrierung der religiösen Gemeinden zu intensivieren, eher Lippenbekenntnisse als Ausdruck der realen Politik. So bekannte sich das Sekretariat des ZK der KPdSU in seinem Entwurf der die Religionspolitik erheblich verschärfenden[41] Beschlussfassung des Präsidiums des ZK der KPdSU vom 15. März 1966 zwar zunächst zu der liberalen Forderung, „die ZKs der Kommunistischen Parteien der Unionsrepubliken sowie die Regions- und Gebietsparteikomitees zu verpflichten, entschiedene Maßnahmen zur Beseitigung administrativer Willkürakte gegenüber den Gläubigen zu ergreifen [und] die Frage der Registrierung der Vereinigungen der Baptisten und anderer nach dem Gesetz zu registrierender religiöser Strömungen zu lösen", bevor es als zweiten Punkt die Projekte der „repressiven" Erlasse des Präsidiums des Obersten Sowjets der RSFSR „Über die ordnungsrechtliche Haftung für Verstöße gegen die Religionsgesetze" und „Über die Einfügung von Ergänzungen zu Artikel 142 des Strafgesetzbuchs der RSFSR" billigte.[42]

So passt es ins Bild, dass die Propagandaabteilung des ZK der KPdSU 1967 das neue „Statut über die religiösen Vereinigungen in der UdSSR" abblitzen ließ[43], das nach den Vorstellungen des Rats für Religionsangelegenheiten an die Stelle der seit dem 8. April 1929 die Beziehungen zwischen Staat und Kirche regelnden Beschlussfassung des VCIK und des Rats der Volkskommissare der RSFSR „Über die religiösen Vereinigungen in der UdSSR" treten sollte und das Verfahren der Registrierung religiöser Vereinigungen und der Öffnung bzw. Schließung von Gotteshäusern detailliert geregelt und vereinheitlicht hätte. Darüber hinaus hatte der Rat für Religionsangelegenheiten geplant, den Gesetzestext öffentlich zu machen, was angesichts des geheimen Charakters der sowjetischen Religionsgesetze ebenfalls zur Normalisierung der Beziehungen zwischen Staat und Kirche beigetragen hätte.

So lief die gegenüber dem „Sektenuntergrund" in den Jahren 1966–1970 verfolgte Politik letztlich darauf hinaus, alle eindeutig loyalen Gemeinden zu registrieren, alle anderen innerhalb kürzester Zeit aufzulösen und in Zukunft keinerlei illegale Tätigkeit mehr zu tolerieren. Im Juli 1968 verpflichtete der Ministerrat der RSFSR die Exekutivkomitees der Sowjets der Werktätigendeputierten durch den Beschluss „Über die Intensivierung der Kontrolle über die Einhaltung der Religionsgesetze", die Aktivitäten der religiösen Organisationen aufmerksam zu beobachten, der Registrierung der gesetzestreuen Gemeinden keine Steine in den

---

40 Über die Tätigkeit der 5. Verwaltung des KGB siehe ausführlicher: Smykalin, Ideologičeskij kontrol', S. 30-40.
41 Siehe ausführlicher Kapitel 3.
42 Materialien zum Protokoll Nr. 133 der Sitzung des Sekretariats des ZK der KPdSU vom 08.02.1966. RGANI, f. 4, op. 18, d. 972, l. 8-9. In der Endfassung des Beschlusses des Präsidiums des ZK der KPdSU vom 15. März 1966 war der „liberale" Teil nicht enthalten.
43 Notiz A.N. Jakovlevs an das ZK der KPdSU, 07.10.1967. RGANI, f. 4, op. 18, d. 972, l. 13.

Weg zu legen und zugleich konsequent gegen alle religiösen Vereinigungen vorzugehen, die gegen die bestehenden Gesetze verstießen.[44] Was die „registrierten oder in das Kontrollregister aufgenommenen" loyalen religiösen Organisationen betraf, sollte unter den Gläubigen Überzeugungsarbeit geleistet und nur in Ausnahmefällen auf administrative Methoden zurückgegriffen werden. Als Konfessionen, deren lokale Vereinigungen durch Registrierung unter Kontrolle und Einfluss von Seiten der Exekutivkomitees der Sowjets gestellt werden sollten, wurden in erster Linie die Russisch-Orthodoxe Kirche, die Altgläubigen und die Lutherische Kirche sowie die dem Allunionsrat angehörigen Evangeliumschristen-Baptisten genannt. Was die Gruppen betraf, die die Gesetze nicht anerkannten und eigenmächtig und illegal agierten, sollten die einfachen Gläubigen dem Einfluss der „extremistischen Elemente" entzogen werden, um auf diese Weise eine völlige Einstellung der Aktivitäten der Untergrundgemeinden zu erreichen. Dabei sollte den einfachen Gläubigen gegenüber auf Überzeugungsarbeit und den Anführern und Organisatoren gegenüber auf Zwang gesetzt werden.

Aber diese Pläne sollten nicht aufgehen. Bereits Ende der 1960er Jahre zeigte sich, dass die Bewegung des Kirchenrats der Evangeliumschristen-Baptisten allen gegen ihre Führungspersonen und Aktivisten gerichteten Repressionen zum Trotz[45] überleben und organisatorisch sogar gestärkt werden konnte. Ende 1969 bzw. Anfang 1970 gab es nach Angaben des Rats für Religionsangelegenheiten in der UdSSR 1 121 nichtregistrierte evangeliumschristlich-baptistische Vereinigungen mit insgesamt 42 900 Gläubigen, von denen 470 Vereinigungen mit etwa 20 000 Gläubigen den Kirchenrat und 651 den Allunionsrat der Evangeliumschristen-Baptisten unterstützten.[46] Von der ungebrochenen Aktivität der Initiativler zeugt auch die Tatsache, dass die KGB-Führung und der Rat für Religionsangelegenheiten regelmäßig entsprechende Berichte an das ZK der KPdSU sandten. So wandte sich V.A. Kuroedov am 25. März 1969 mit einer Mitteilung über „Maßnahmen zur Intensivierung der Bekämpfung der gesetzwidrigen Tätigkeit der evangeliumschristlich-baptistischen Anhänger des sogenannten Kirchenrats" an den Sekretär des ZK der KPdSU und Kandidaten für das Politbüro des ZK der KPdSU P.N. Demičev.[47] Am 14. April 1969 informierte der Stellvertretende KGB-Vorsitzende S.K. Cvigun das ZK der KPdSU über Maßnahmen zur „Verhinderung unerwünschter Exzesse von Seiten der abtrünnigen Baptisten, zur Klärung der weiteren Absichten der dem Sektenaktiv angehörenden, feindlich gesinnten Personen und zur Unterbindung von Versuchen, kriminelle Verbindungen ins Ausland herzustellen".[48] Am 28. November 1969 teilte Kuroedov Demičev und Suslov mit, dass im November 1969 in der Nähe von Kiev eine Zusammenkunft von Verwandten der wegen Verstößen gegen die Religionsgesetze verurteilten Häftlinge stattgefunden habe, und bat, das Ministerium für

---

44 Soskovec, Religioznye organizacii, S. 164.
45 Nach Angaben V.A. Kuroedovs wurden allein in den Jahren 1968/69 140 Sektenführer und Kirchenleute für grobe Verstöße gegen die Religionsgesetze strafrechtlich zur Verantwortung gezogen.
46 Informationsbericht über die Lage der muslimischen, katholischen, protestantischen, buddhistischen Religion, der Kirche der Evangeliumschristen-Baptisten und der Sekten (nach Materialien der Berichte der Bevollmächtigten des Rats für Religionsangelegenheiten für das Jahr 1969), 22.05.1970. RGANI, f. 5, op. 62, d. 38, l. 203.
47 RGANI. Kartothek der Dokumente der Allgemeinen Abteilung des ZK der KPdSU.
48 Ebenda. Laut handschriftlichem Vermerk K.U. Černenkos vom 14. April 1969 wurde das Dokument an alle Mitglieder und Kandidaten des Politbüros des ZK der KPdSU gesandt.

Innere Angelegenheiten und die Staatsanwaltschaft der UdSSR anzuweisen, Maßnahmen zur Unterbindung der gesetzwidrigen Tätigkeit des „Rats der Verwandten der inhaftierten Evangeliumschristen-Baptisten" zu ergreifen und über das Allunionsradio und die Presseagentur APN Sondersendungen und Pressematerial für das Ausland zu organisieren.[49] Am 7. Oktober 1970 sandte der Stellvertretende KGB-Vorsitzende G.K. Cinev das Orientierungsschreiben Nr. 56 „Über die Zersetzungsarbeit der ausländischen religiösen Propagandazentren und der aus den Reihen der Sektenanhänger der Evangeliumschristen-Baptisten, Pfingstler und Mennoniten kommenden antisowjetischen Elemente auf dem Gebiet der UdSSR" an die Abteilung für Administrative Organe des ZK der KPdSU.[50] Am 16. Oktober 1970 teilte Kuroedov Demičev mit, dass die Führer des „baptistischen religiösen Untergrundzentrums" G.K. Krjučkov, G.P. Vins, N.G. Baturin, S.G. Dubovoj, P.A. Jakimenkov und M.T. Šaptala ihre „gesetzwidrige Tätigkeit" wiederaufgenommen hätten.[51]

Angesichts des von den religiösen Dissidenten in dieser Situation an den Tag gelegten hartnäckigen Widerstandsgeistes reifte bei der Führung des Rats für Religionsangelegenheiten schließlich die Erkenntnis, dass der Kampf gegen den Kirchenrat der Evangeliumschristen-Baptisten kurzfristig nicht zu gewinnen sei und man sich vielmehr auf einen langwierigen Prozess einstellen müsse, bei dem die Registrierung und die mit dieser verbundenen Begünstigungen die wichtigste Waffe in der Hand der Behörden darstellten. „Registrierung aller loyalen Gemeinden und Gruppen – nur dann ist eine effektive Kontrolle über die Tätigkeit der Kirchenleute und Sektenanhänger möglich", schrieb Kuroedov am 24. August 1970. Und auch der KGB war zu einer gewissen Kurskorrektur bereit und zog die Notwendigkeit, den „Sektenuntergrund" durch Registrierung zu legalisieren, nicht mehr in Zweifel. So schlugen Mitarbeiter der Verwaltung des KGB für die Region Altaj bei einem Treffen mit dem zuständigen Mitarbeiter des Rats für Religionsangelegenheiten A.A. Nurullaev bezeichnenderweise von sich aus vor, den abtrünnigen Baptisten zu erlauben, in ihren Registrierungsanträgen den Kirchenrat als ihr Zentrum anzugeben, und Pfingstler selbst dann zu registrieren, wenn sie das Zungenreden[52] praktizierten, „sofern diese Rituale nicht offen fanatischen und Massencharakter tragen".[53] So war letztlich selbst die härteste Variante der Brežnevschen Antireligionspolitik noch liberaler als die Chruščevschen und spätstalinistischen (1949–1953) Muster, da sie insbesondere für die Freikirchen eine Ausweitung der legalen Religionsausübung vorsah.

Von Beginn der 1970er Jahre dominierte die Politik, den freikirchlichen Gemeinden eine Registrierung geradezu aufzudrängen, praktisch bis zum Zerfall der Sowjetunion das Vorgehen der Machtorgane – zusätzlich befeuert durch den Beschluss des Rats für Religionsangelegenheiten „Über Maßnahmen zur Ordnung des Netzes der aus Bürgern deutscher Nationa-

---

49 Ebenda.
50 Ebenda.
51 Ebenda. Nach handschriftlichem Vermerk P.N. Demičevs waren alle Sekretäre des ZK der KPdSU mit der Notiz bekannt gemacht worden.
52 Unter „Zungenrede" (bzw. in Zungen reden, oder Sprachengebet) versteht man unverständliches Sprechen, insbesondere im Gebet. Nach dem Neuen Testament ist es eine Gnadengabe des Heiligen Geistes. Die Pfingstbewegung sieht in der Zungenrede eine Gebetsform, die die besondere Unmittelbarkeit des Betens zu Gott betont.
53 Informationsschreiben des Bevollmächtigten des Rats für Religionsangelegenheiten für die Region Altaj, 26.12.1977. GARF, f. 6991, op. 6, d. 1164, l. 44-47.

lität bestehenden religiösen Vereinigungen und zur Intensivierung der Kontrolle über deren Tätigkeit" vom 28. August 1974[54], mit dem der Rat auf den Umstand reagierte, dass gerade die Gemeinden der Mennoniten und der deutschen Baptisten eine zentrale und womöglich sogar führende Rolle in der religiösen Dissidentenbewegung spielten. Nach Angaben des Rats für Religionsangelegenheiten gehörten Anfang 1974 etwa 25 000 Brüdermennoniten dem Allunionsrat der Evangeliumschristen-Baptisten an, während die übrigen etwa 8 500 Mennoniten, von denen wiederum zwei Drittel Brüdermennoniten und ein Drittel Kirchenmennoniten waren, eigenständige Vereinigungen bildeten.[55] In der RSFSR gab es 5 800 „eigenständige" Mennoniten, von denen etwa 2 000 im Gebiet Omsk, etwa 2 500 im Gebiet Orenburg, etwa 1 000 in der Region Altaj, 1 700 in der Kasachischen SSR (davon 1 300 im Gebiet Karaganda), etwa 1 000 in der Kirgisischen SSR und etwa 100 in der Tadschikischen SSR lebten. Insgesamt gab es in der UdSSR nach Stand zum 1. Januar 1974 116 nicht dem Allunionsrat der Evangeliumschristen-Baptisten angeschlossene, eigenständige mennonitische religiöse Vereinigungen, von denen nur neun mit insgesamt etwa 1 600 Mitgliedern registriert waren. So waren in der Kirgisischen SSR zwei von neun, in der Kasachischen SSR nur eine von 13, im Gebiet Orenburg eine von 45, im Gebiet Omsk eine von 25 und in der Region Altaj keine einzige von elf mennonitischen Vereinigungen registriert. Die überwältigende Mehrheit der nichtregistrierten mennonitischen Gemeinden vertrat Positionen des Kirchenrats der Evangeliumschristen-Baptisten. Nach Aussage der Führung des Rats für Religionsangelegenheiten war die Frage der Registrierung der mennonitischen Gemeinden lange Jahre nicht entschieden worden, obwohl viele von ihnen immer wieder entsprechende Anträge an die Exekutivkomitees der Rayonssowjets gerichtet hatten. Stattdessen hätten sich die örtlichen Organe vor allem darauf konzentriert, die Aktivitäten der mennonitischen Gruppen auf administrativem Weg zu unterbinden, was aber bloß den „Extremisten" einen Vorwand geliefert habe, in „demagogischen Erklärungen" über die Verfolgung des Glaubens zu klagen.[56]

---

54 Der Text des Beschlusses wurde mehrfach veröffentlicht. Siehe z.B.: Savin (Hrsg.), Annotirovannyj perečen', S. 251 f. Der Beschluss des Rats für Religionsangelegenheiten vom 28. August 1974 war eine unmittelbare Folge des Beschlusses des Sekretariats des ZK der KPdSU vom 26. Juni 1974 „Über Maßnahmen zur Verbesserung der unter den Sowjetbürgern deutscher Nationalität betriebenen Arbeit", durch den die Gebiets- Stadt- und Rayonsparteikomitees verpflichtet wurden, Maßnahmen zur Verbesserung der unter der deutschen Bevölkerung betriebenen ideologischen Erziehungsarbeit und atheistischen Arbeit zu ergreifen und die Lage der religiösen Vereinigungen „mit deutschen Gläubigen" zu regeln.

55 Bericht über die Tätigkeit des Rats für Religionsangelegenheiten beim Ministerrat der UdSSR für 1974, gezeichnet vom Vorsitzenden des Rats V.A. Kuroedov, 31.12.1974. RGANI, f. 5, op. 67, d. 115, l. 179. Die sowjetische Statistik der religiösen Vereinigungen ist mit Vorsicht zu betrachten. Die Zahlen differieren nicht selten zwischen verschiedenen Behörden oder sogar innerhalb ein und derselben Behörde. So gingen die Mitarbeiter des KGB im Januar 1971 von etwa 16 000 „eigenständigen" Mennoniten in der UdSSR aus. Siehe: Auskunft für das ZK der KPdSU „Über die religiöse Lage in der UdSSR (Russisch-Orthodoxe Kirche und Sektentum)", gezeichnet vom Stellvertretenden Chef der 5. Verwaltung des KGB beim Ministerrat der UdSSR S.M. Seregin, 18.01.1971 [weiter als: Auskunft über die religiöse Lage von S.M. Seregin, 18.01.1971]. RGANI, f. 5, op. 63, d. 89, l. 10-11.

56 Bericht über die Tätigkeit des Rats für Religionsangelegenheiten beim Ministerrat der UdSSR für 1974, gezeichnet vom Vorsitzenden des Rats V.A. Kuroedov, 31.12.1974. RGANI, f. 5, op. 67, d. 115, l. 182.

Es ist nicht abschließend zu klären, wer von den beiden involvierten Akteuren – KGB oder Rat für Religionsangelegenheiten – zuerst auf den Gedanken kam, den Kirchenrat der Evangeliumschristen-Baptisten durch ein „Herausbrechen" der Mennoniten aus seinen Reihen schwächen oder sogar paralysieren zu können. Einiges spricht für den auf den Kampf gegen den „Sektenextremismus" spezialisierten Rat für Religionsangelegenheiten. So fällt auf, dass die Führung des Rats mehrfach „Extremisten aus der hauptsächlich aus durch Verwandtschaft und nationale Tradition verbundenen Deutschen bestehenden Barnauler Gruppe der Anhänger des sogenannten Kirchenrats der Evangeliumschristen-Baptisten" als Hauptinitiatoren der „gesetzwidrigen Taten" der Gemeinden des Kirchenrats nannte.[57] Aber auch der KGB ist nicht gänzlich auszuschließen. So informierte der KGB-Vorsitzende Ju.V. Andropov am 13. Juli 1972 das ZK der KPdSU, dass er es für zweckmäßig halte, die entsprechenden Abteilungen des ZK der KPdSU zu beauftragen, „sorgfältig die die Deutschen, die Krimtataren und Mescheten betreffenden Fragen zu prüfen und dazu die lokalen Parteikomitees und zentralen Ämter und Behörden heranzuziehen".[58] Sicherlich standen dabei für den KGB-Vorsitzenden Fragen der Autonomiebewegung der Sowjetdeutschen und der unter diesen verbreiteten Emigrationsneigung im Vordergrund[59], doch spielte zweifelsohne auch die „religiöse Frage" ihre Rolle, zumal die Forderung nach Glaubensfreiheit für viele Sowjetdeutsche den wichtigsten Emigrationsgrund darstellte.

In seiner Beschlussfassung vom 28. August 1974 wies der Rat für Religionsangelegenheiten darauf hin, dass die von Lutheranern, Mennoniten, Katholiken, Evangeliumschristen-Baptisten und Pfingstlern eingereichten Registrierungsanträge immer wieder verschleppt oder ohne Grundlage abgewiesen würden, *„obwohl die Gläubigen die sowjetischen Religionsgesetze anerkannten"*[60], was wiederum zur Folge habe, dass von „580 größtenteils aus deutschen Gläubigen bestehenden Gemeinschaften und Gruppen nur 89 Vereinigungen registriert" seien. Diese Anomalie wiederum erlaube es „feindlich gesinnten Leuten, arglistigen Extremisten und religiösen Fanatikern", grob gegen die Religions- und Kirchengesetze zu verstoßen. Zur Korrektur dieser Situation wurde den Bevollmächtigten des Rats und den lokalen Machtorganen eine Frist von zwei Monaten eingeräumt, innerhalb derer alle loyalen religiösen Vereinigungen der Deutschen registriert und alle illoyalen aufgelöst werden sollten.[61]

Zweifellos waren sich V.A. Kuroedov und die anderen Autoren des Beschlusses vollauf bewusst, dass eine solche Frist vollkommen irreal war, so dass davon auszugehen ist, dass ein solcher Zeitplan bestimmten bürokratischen Vorgaben geschuldet war. Selbst wenn es ausschließlich um die Registrierung der loyalen, zur Anerkennung sämtlicher Religionsgesetze bereiten Gemeinden gegangen wäre, hätten der Rat und seine Bevollmächtigten innerhalb solch kurzer Zeit kaum den Widerstand der lokalen Machtorgane brechen kön-

---

57 Ebenda, l. 168.
58 RGANI. Kartothek der Dokumente der Allgemeinen Abteilung des ZK der KPdSU.
59 Am 12. Oktober 1973 berichteten Ju.V. Andropov und der Minister für Innere Angelegenheiten der UdSSR N.A. Ščelokov dem ZK der KPdSU über die Zunahme der Emigrationsneigung unter den Sowjetbürgern deutscher Nationalität, die in die BRD ausreisen wollten, und forderten eine Intensivierung der politischen Erziehungsarbeit. RGANI, Kartothek der Dokumente der Allgemeinen Abteilung des ZK der KPdSU.
60 Kursiv von den Autoren.
61 Savin (Hrsg.), Annotirovannyj perečen', S. 251 f.

nen, deren ablehnende Haltung gegenüber der Legalisierung der religiösen Gemeinschaften sich wie ein roter Faden durch die gesamte Nachkriegsgeschichte der Beziehungen zwischen Kirche und Staat zog. Auch wenn das Moskauer Zentrum sich in der Frage der Registrierung unzweideutig festgelegt hatte und ganz auf die Legalisierung der religiösen Tätigkeit setzte, leisteten die örtlichen Machtorgane auf jede erdenkliche Art Widerstand gegen die Entstehung neuer legaler religiöser Vereinigungen auf dem ihnen unterstellten Territorium, da eine Zunahme der Zahl der registrierten Gemeinden und Gruppen als Eingeständnis des Scheiterns der zur atheistischen Erziehung der Bevölkerung geleisteten Arbeit wahrgenommen worden wäre. Dabei reichte das Spektrum des von den Partei- und Sowjetbürokraten vor Ort gegen die Registrierung geleisteten Widerstands von stiller „Sabotage" wie etwa der jahrelangen Verschleppung von Anträgen bis hin zu aktiver Opposition gegen die Politik des Rats für Religionsangelegenheiten und Klagen an die Adresse des ZK der KPdSU.

An dieser Stelle seien nur zwei charakteristische Beispiele angeführt, bei denen sich das ZK der KPdSU als „Schiedsrichter" in den Konflikt einmischen musste. Am 1. November 1967 registrierte der Rat für Religionsangelegenheiten die aus etwa 250 Mennoniten bestehende Gemeinde der Evangeliumschristen-Baptisten im Dorf Kičkas (Rayon Perevolockij / Gebiet Orenburg). Die im Rayon Perevolockij ansässigen Mennoniten hatten 1945, 1948, 1957 und 1965 Anträge auf Registrierung gestellt, die allerdings allesamt abgewiesen worden waren. Die Registrierung dieser Gemeinde betrachtete der Rat für Religionsangelegenheiten als einen ersten Schritt zur Legalisierung von 35 aktiven Mennonitengemeinden, denen insgesamt etwa 3 800 Gläubige angehörten. Aber das Vorgehen des Rats für Religionsangelegenheiten wurde von der Führung des Orenburger Gebietsparteikomitees scharf kritisiert, dessen ablehnende Haltung M.S. Chromova, eine der Sekretäre des Gebietskomitees, im persönlichen Gespräch mit dem Bevollmächtigten des Rats damit begründete, dass die Registrierung einer religiösen Gemeinschaft eine Flut analoger Anträge anderer nichtregistrierter Gemeinden nach sich ziehen und eine positive Entscheidung im Vorfeld des Jubiläums der Oktoberrevolution bei der Parteiorganisation des Gebiets für Unverständnis sorgen würde.[62] Das Orenburger Gebietskomitee wiederum begründete seine Ablehnung der Registrierung in einem Schreiben an die Propagandaabteilung des ZK der KPdSU damit, dass ein solcher Schritt die Sektengemeinden und den Einfluss des mennonitischen Aktivs auf seine Glaubensbrüder stärke. Ein erheblicher Teil der Deutschen, der zum gegenwärtigen Zeitpunkt keine Vorstellung von den Grundlagen der evangelischen Glaubenslehre der Mennoniten habe, werde in offenen Bethäusern einer systematischen religiösen Beeinflussung ausgesetzt, was wiederum den Fanatismus anheize. All dies führe letztlich zu einem Anstieg der Mitgliederzahlen der Gemeinde, da ein offizielles Bethaus auch von Menschen aufgesucht werde, die die Versammlungen bisher aus Sorge vor Konflikten mit dem Gesetz mieden.[63] Außerdem wiesen die Parteifunktionäre darauf hin, dass eine Registrierung der Brüdergemeinde den „Reaktionären" erlaube, Baptisten und Kirchenmennoniten an sich zu

---

62 Notiz des Stellvertretenden Abteilungsleiters des Rats für Religionsangelegenheiten A.F. Bukarin und des Inspektors des Rats I.Ju. Bončkovskij an das ZK der KPdSU. Spätestens 07.02.1968. RGANI, f. 4, op. 20, d. 989, l. 57-60.
63 Notiz an das ZK der KPdSU (ohne Titel), gezeichnet vom Sekretär des Orenburger Gebietsparteikomitees der KPdSU A.V. Kovalenko, ohne Datum. RGANI, f. 4, op. 20, d. 989, l. 53-54.

binden, die den sowjetischen Religionsgesetzen loyal gegenüberstünden, was nur den ideologischen Feind stärke.[64] In dieser konkreten Konfliktsituation zog es die Propagandaabteilung des ZK der KPdSU vor, sich auf die Seite des Rats für Religionsangelegenheiten zu stellen und darauf zu verweisen, dass es keine Grundlage für eine Ablehnung der Registrierung der Mennoniten gebe, da diese die Religionsgesetze anerkannten und dem Staat gegenüber loyal eingestellt seien und man im Fall einer Ablehnung der Registrierung zudem administrativ gegen diese vorgehen müsse.[65]

Ein weiterer Konflikt entspann sich auf höchster Ebene, als der Rat für Religionsangelegenheiten im September 1969 auf dem Gebiet der Kalmückischen ASSR zwei größtenteils aus Deutschen bestehende Gemeinden der Evangeliumschristen-Baptisten registrierte, was bei den örtlichen Behörden auf heftige Kritik stieß, da ein erheblicher Teil größtenteils deutscher Frauen unter dem Einfluss der Baptisten nicht ins Kino oder in Konzerte gehe und nicht Radio höre und die Kinder sich weigerten, den Pionieren und dem Komsomol beizutreten. Unterstützt wurde diese Position auch von Seiten des Kalmückischen Gebietsparteikomitees und des Ministerrats der Kalmückischen ASSR, die sich am 14. November 1969 mit der Forderung an das ZK der KPdSU wandten, die „unbegründete" Entscheidung des Rats für Religionsangelegenheiten zu revidieren.[66]

Im Verlauf der 1970er Jahre konnte sich der Rat für Religionsangelegenheiten mit Unterstützung des ZK der KPdSU schließlich doch noch durchsetzen und die örtlichen Beamten im Großen und Ganzen davon überzeugen, dass die unbegründete Ablehnung von Registrierungen und die Ausübung administrativen Drucks auf die Gläubigen den Untergrundsekten den Boden bereitete und deren Bekämpfung erschwerte.[67]

Auch wenn einerseits der Rat für Religionsangelegenheiten bei der Überwindung der „bürokratischen Sabotage" Anfang der 1980er Jahre einen Erfolg verbuchen konnte, gelang es ihm andererseits nicht, den „Eigensinn" der Anhänger des Kirchenrats der Evangeliumschristen-Baptisten zu brechen. Selbst wenn die Gemeinden der Anhänger des Kirchenrats offizielle Registrierungsanträge stellten, banden sie ihre Bereitschaft zur Registrierung an für die Machthaber absolut inakzeptable Bedingungen. So erklärten sich 1973 23 Vereinigungen des Kirchenrats der Evangeliumschristen-Baptisten bereit, das staatliche Registrierungsverfahren zu durchlaufen, wenn der Staat den Kirchenrat und sein Statut offiziell anerkenne.[68] Mehrfach erklärten Initiativler, sich nur registrieren lassen zu wollen, wenn sie die Er-

---

64 Ebenda.

65 Notiz an das ZK der KPdSU, gezeichnet vom Stellvertretenden Leiter der Propagandaabteilung des ZK der KPdSU A.N. Dmitrov und dem Stellvertretenden Abteilungsleiter M. Morozov, 14.02.1968. RGANI, f. 4, op. 20, d. 989, l. 51-52.

66 Notiz an das ZK der KPdSU und den Ministerrat der UdSSR, gezeichnet vom Sekretär des Kalmückischen Gebietsparteikomitees I.E. Namsinov und dem Vorsitzenden des Ministerrats der Kalmückischen ASSR E.Č. Mandžiev, 14.11.1969. RGANI, f. 5. op. 61, d. 32, l. 151.

67 Informationsbericht über die Lage der muslimischen, katholischen, protestantischen und buddhistischen Religion, der Kirche der Evangeliumschristen-Baptisten und der Sekten (nach Materialien der Berichte der Bevollmächtigten des Rats für Religionsangelegenheiten für das Jahr 1969), ohne Unterschrift und Datum. RGANI, f. 5, op. 62, d. 38, l. 203.

68 Tätigkeitsbericht des Rats für Religionsangelegenheiten beim Ministerrat der UdSSR für 1974, gezeichnet vom Vorsitzenden des Rats V.A. Kuroedov, 31.12.1974. RGANI, f. 5, op. 67, d. 115, l. 162.

laubnis zum Religionsunterricht für die Kinder oder zur Missionstätigkeit erhielten. Einige besonders kompromisslose Gemeinden machten sogar die Freilassung der „Gefangenen des Gewissens", die Rückgabe konfiszierter Güter, Bücher und Broschüren religiösen Inhalts sowie die Wiedererrichtung zerstörter Bethäuser zur Bedingung für eine Registrierung. Bis zum Schluss und selbst noch in den Jahren der Perestroika begründeten die Gläubigen ihre ablehnende Haltung gegenüber der Registrierung mit einer „unaufrichtigen" Position der Behörden. So erklärten z.B. die Mennoniten des Dorfes Chorošee (Rayon Tabuny) im Mai 1985 bei einem Treffen mit dem Bevollmächtigten des Rats für die Region Altaj, dass die Frage der Registrierung nicht so einfach sei, wie es auf den ersten Blick scheine. Wenn die Gläubigen einer Registrierung zustimmen und entsprechende Verpflichtungen eingehen würden, müssten sie diese auch erfüllen. Andererseits hätten sie keinerlei Garantien, dass gegenüber ihrer Gemeinschaft nach der Registrierung nicht irgendwelche neuen Forderungen gestellt würden: „Es gibt nur ein Gesetz, aber das wird unterschiedlich verstanden und angewendet".[69]

Was wiederum die Kampagne zur Registrierung der „teilweise oder vollständig aus Personen deutscher Nationalität bestehenden" religiösen Vereinigungen betraf, ließ sich vier Jahre nach deren Beginn im August 1974 das folgende Bild zeichnen: In dieser Zeit waren etwa 100 „deutsche" religiöse Gemeinschaften registriert worden, denen etwa 11 000 Personen angehörten. Zugleich gab es aber noch immer etwa 500 Gemeinschaften und 200 Gruppen, die größtenteils deutsche Mitglieder hatten und ohne Registrierung agierten. So hieß es in einem Rundschreiben des Rats, dass sich ein „erheblicher Teil der Vereinigungen (Zeugen Jehovas, Anhänger des Kirchenrats der Evangeliumschristen-Baptisten, extreme Mennoniten, Pfingstler und Adventisten) der Registrierung entziehe und unter diesen eine entsprechende Erklärungs- und Erziehungsarbeit geleistet werden müsse".[70] In den folgenden drei Jahren wurden weitere 76 „deutsche" religiöse Vereinigungen registriert. In seiner Beschlussfassung vom 29. Mai 1981 erklärte der Rat für Religionsangelegenheiten das langsame Registrierungstempo in traditioneller Manier mit der „falschen Einstellung einiger zuständiger Personen", die Registrierungen immer noch als „Zugeständnis an Kirchenleute und Sektenangehörige" sähen und deshalb oft ablehnten, was wiederum dazu geführt habe, dass die Zahl der Gruppierungen des Kirchenrats der Evangeliumschristen-Baptisten, der extremen Mennoniten, Pfingstler und Zeugen Jehovas in den zurückliegenden Jahren nicht nur nicht zurückgegangen, sondern „in einigen Gebieten, Regionen und Republiken" sogar gestiegen sei.[71] In der Summe gab es in der UdSSR 1981 929 religiöse Gemeinschaften und

---

69 Information des Bevollmächtigten des Rats für Religionsangelegenheiten für die Region Altaj über die Tätigkeit der aus Anhängern des Kirchenrats bestehenden Mennonitengemeinde des Dorfes Chorošee (Rayon Tabuny). Frühestens 15.05.1985. GAAK, f. 1692, op. 1, d. 262, l. 14-16.

70 Rundschreiben des Rats für Religionsangelegenheiten beim Ministerrat der UdSSR über die Fortsetzung der Arbeit und Berichterstattung über die Umsetzung der Beschlussfassung vom 28. August 1974 „Über Maßnahmen zur Ordnung des Netzes der aus Bürgern deutscher Nationalität bestehenden religiösen Vereinigungen und zur Intensivierung der Kontrolle über deren Tätigkeit" vom 28. Juni 1978, gezeichnet vom Ersten Stellvertretenden Vorsitzenden des Rats M.M. Rachmankulov, in: Lejbovič, Kimerling, u.a. (Hrsg.), Nemcy, S. 277.

71 Beschlussfassung des Rats für Religionsangelegenheiten beim Ministerrat der UdSSR über den Gang der Umsetzung der Beschlussfassung des Rats vom 28. August 1974 „Über Maßnahmen zur Ordnung des Netzes der aus Bürgern deutscher Nationalität bestehenden religiösen Vereinigungen

Gruppen mit insgesamt 58 300 deutschen Mitgliedern, von denen 280 Vereinigungen mit insgesamt 37 600 Mitgliedern (64,5%) registriert waren. Nach Angaben des Rats waren die 20 700 den 649 nichtregistrierten Vereinigungen angehörenden Deutschen etwa zur Hälfte Loyalisten (vor allem Lutheraner, mit 220 Vereinigungen), die registriert werden müssten. Was die „illoyalen Gemeinden und Gruppen" betraf, lag deren Zahl 1981 in der RSFSR sowie in der Kasachischen, Kirgisischen, Usbekischen und Tadschikischen SSR bei 262. Insgesamt waren etwa 11 000 Deutsche den religiösen Dissidenten zuzurechnen. Von diesen wiederum gehörten etwa 4 600 Personen (100 Vereinigungen) unmittelbar dem Kirchenrat der Evangeliumschristen-Baptisten an.[72] Die Gesamtlage schätzte der Rat folgendermaßen ein:

> „In zwölf Gebieten der Kasachischen SSR, an einer Reihe von Orten in der Kirgisischen und der Usbekischen SSR, in der Region Altaj sowie in den Gebieten Omsk, Kemerovo, Sverdlovsk und einigen anderen Gebieten der RSFSR vertreten aus deutschen Gläubigen bestehende Vereinigungen äußerst extremistische Positionen [...]. Die extremistischen Ansichten werden zuweilen nicht nur von einigen nichtregistrierten Vereinigungen der Mennoniten (Region Altaj, Gebiete Orenburg und Omsk), sondern auch von registrierten Gemeinschaften der Evangeliumschristen-Baptisten sowie der Brüdermennoniten geteilt".

Insgesamt standen nach den dem Rat vorliegenden Angaben bis zu 20% der deutschen Gläubigen unter dem Einfluss der „Extremisten".[73]

Letztlich konnte die Registrierung nicht einmal den Zuwachs an neu von den Behörden erfassten Gemeinden ausgleichen. Nach Stand zum 1. November 1984 waren von den 1 028 „deutschen" Gemeinden und Gruppen bereits 560 registriert (etwa 66 000 Deutsche). Unter den nichtregistrierten „deutschen" Vereinigungen entzogen sich 272 aktiv der Registrierung (etwa 16 000 Personen), von denen 105 Anhänger des Kirchenrats der Evangeliumschristen-Baptisten, 29 der „extremen" Mennoniten, 63 der Pfingstler und 30 der Zeugen Jehovas waren.[74]

---

und zur Intensivierung der Kontrolle über deren Tätigkeit" vom 29.05.1981. GAAK, f. 1692, op. 1, d. 281, l. 2-4.

72 Was wiederum die Mennoniten betraf, ging die Zahl der eigenständigen mennonitischen Gemeinden im Zeitraum 1980–1984 vor allem infolge des formalen Anschlusses an den Kirchenrat der Evangeliumschristen-Baptisten von 107 auf 92 zurück (so erklärten z.B. in der Region Altaj elf Mennonitengemeinden ihren Anschluss an den Kirchenrat). Exakt die Hälfte der 92 mennonitischen Vereinigungen waren registriert (46 Gemeinden und Gruppen). Die Gesamtzahl der Mitglieder der eigenständigen mennonitischen Vereinigungen lag 1980 bei 7 800 und 1983 bei 8 400 Gläubigen. Siehe: Auskunft des Rats für Religionsangelegenheiten beim Ministerrat der UdSSR über religiöse Vereinigungen der Mennoniten, 06.12.1984. GAAK, f. 1692, op. 1, d. 163, l. 2-5.

73 Auskunft der Abteilung für Angelegenheiten der protestantischen Kirchen, der jüdischen Religion und der Sekten über den Gang der Umsetzung der Beschlussfassung des Rats für Religionsangelegenheiten beim Ministerrat der UdSSR vom 28.08.1981. GAAK, f. 1692, op. 1, d. 281, l. 5-10.

74 Auskunft des Rats für Religionsangelegenheiten beim Ministerrat der UdSSR „Über den Gang der Ordnung des Netzes der ganz oder teilweise aus Bürgern deutscher Nationalität bestehenden religiösen Vereinigungen", frühestens 01.01.1985. GAAK, f. 1692, op. 1, d. 290, l. 3-9.

Was die Gesamtzahl der religiösen Vereinigungen des Kirchenrats der Evangeliumschristen-Baptisten betrifft, blieb diese im gesamten Zeitraum 1970–1984 praktisch unverändert. 1970 gab es etwa 470, 1984 460 Vereinigungen der religiösen Dissidenten (452 nichtregistrierte und acht registrierte), denen etwa 20 000 Personen angehörten.

Letztlich konnte die Aufgabe, den religiösen Gemeinschaften eine Registrierung „aufzudrängen", bis zum Zerfall der Sowjetunion nicht gelöst werden.[75] Es entstand eine Pattsituation: Einerseits konnten die Machtorgane die überwiegende Mehrheit der Gemeinden des Kirchenrats der Evangeliumschristen-Baptisten nicht dazu zwingen, sich registrieren zu lassen. Andererseits gelang es den religiösen Dissidenten nicht, ihre Reihen durch Übertritte loyaler Baptisten nennenswert zu erweitern. Davon, dass die Politik des „Zwangs zur Registrierung" ungeachtet der offensichtlichen Zunahme der Zahl der registrierten evangelischen Gemeinden den Widerstand der religiösen Dissidenten nicht brechen konnte, zeugt auch die Statistik der gegen die Gläubigen verhängten ordnungs- und strafrechtlichen Sanktionen für die Jahre 1983/84.[76]

In der Rolle des lachenden Dritten und Hauptprofiteurs der gegenüber den religiösen Dissidenten verfolgten Politik des Zwangs zur Registrierung fanden sich schließlich die loyalen Gemeinden der evangelischen religiösen Gemeinschaften. Während die Zahl der registrierten Gemeinden der Russisch-Orthodoxen Kirche im gesamten Verlauf der Brežnev-Zeit konstant oder sogar leicht rückläufig war, stieg die Zahl der registrierten Gemeinden der Evangeliumschristen-Baptisten und sogar der Pfingstler und der Adventisten des Siebenten Tages in den 1970er Jahren beständig an. Einige Autoren insbesondere aus dem Umfeld der Russisch-Orthodoxen Kirche interpretieren diese Zunahme der Zahl der legalen freikirchlichen Gemeinden bei gleichzeitigem Rückgang der Zahl der orthodoxen Gemeinschaften als Folge einer Politik der Verfolgung der Orthodoxie und Ermunterung „destruktiver" Sekten, „hinter deren Rücken oft Strippenzieher aus den Geheimdiensten der Feinde der UdSSR standen".[77] Tatsächlich aber kann für die 1970er und frühen 1980er Jahre keine Rede von einer Politik sein, die die „Schleusen für Sekten und Neokulte öffnete", schon gar nicht von Seiten der Organe des KGB. Die Ausweitung des Handlungsspielraums der legalen religiösen Gemeinschaften war lediglich eine indirekte Folge der Bekämpfung der religiösen Dissidenten.

---

75 Die wahrscheinlich letzte Beschlussfassung des Rats für Religionsangelegenheiten beim Ministerrat der UdSSR zum Thema des „Zwangs zur Registrierung" wurde am 25. Oktober 1989 angenommen. Das Dokument trug den Titel „Über Maßnahmen zur Intensivierung der Arbeit mit den protestantischen Vereinigungen, die sich der juristischen Anerkennung (Registrierung) entziehen". In der Beschlussfassung hieß es, dass sich etwa die Hälfte aller protestantischen Vereinigungen in der RSFSR (etwa 900 von 1 800) auch weiterhin ungeachtet aller Prozesse der Demokratisierung der Registrierung entzogen, wobei der Kirchenrat der Evangeliumschristen-Baptisten in dieser Schlüsselfrage weiterhin eine unversöhnliche Haltung einnehme. GAAK, f. 1692, op. 1, d. 327, l. 1-3.

76 Siehe ausführlicher Kapitel 6.

77 Vedeneev, Ateisty, S. 308.

4.2. Das Bethaus im Kontext der Epoche

Kirchengebäude bzw. Bethaus bilden bei den allermeisten Konfessionen traditionell den zentralen Ort des Gemeindelebens. Angesichts einer staatlichen Politik, die darauf abzielte, die Zahl der Gotteshäuser auf ein Minimum zu reduzieren, kam dem Kirchengebäude bzw. dem Bethaus in sowjetischer Zeit sogar eine noch weit größere Bedeutung zu als in gewöhnlichen Zeiten. Einerseits war der legale Besitz eines Kirchengebäudes eine der wesentlichen Voraussetzungen der legalen Existenz einer religiösen Gemeinde. Nur wenn sie über ein offiziell registriertes Kultgebäude verfügten, konnten die Gläubigen regelmäßig zusammenkommen und religiöse Rituale abhalten, ohne jedes einzelne Mal die Erlaubnis der lokalen Behörden einholen zu müssen, was ihnen wenigstens einen Anschein von Autonomie in Glaubensdingen verlieh. Andererseits stellte ein „Kultgebäude" aber immer auch die Achillesferse einer Gemeinde dar, da die Gläubigen nach der Enteignung der Kirchen im Jahr 1918 aufgrund der „Nutzungsverträge" verpflichtet waren, alle mit der Nutzung des Kultgebäudes und des Kirchenbesitzes verbundenen Ausgaben (Beheizung, Versicherung, Bewachung, Instandhaltung, Brandschutz, diverse Steuerzahlungen, örtliche Gebühren usw.) zu tragen. Diese finanziellen Verpflichtungen lasteten in der Regel schwer auf den Schultern der Gemeinde, zumal die örtlichen Behörden über ein umfangreiches Instrumentarium verfügten, die Zahlungen insbesondere von Steuern in zuweilen schwindelerregende Höhe zu heben. Das Damoklesschwert aus Steuern und Gebühren drohte jederzeit auf die Köpfe der Gläubigen niederzugehen, so dass die Angst um das Bethaus ein effektives Druckmittel darstellte, um die Gläubigen zur Loyalität anzuhalten.

So stellte der legale Besitz eines Bethauses für die Gläubigen ein zweischneidiges Schwert dar, da die unbestreitbaren Vorteile mit ernsthaften Gefahren einhergingen. Die legale Möglichkeit, ein als Versammlungsraum zu nutzendes Gebäude zu bauen, zu kaufen oder umzubauen war eine begehrte Belohnung, die allerdings mit makelloser Loyalität zu erkaufen war. Und die Kirchenverfolgungen zur Zeit des Großen Terrors, in den letzten Jahren der Stalinzeit oder im Rahmen der Chruščevschen antireligiösen Kampagne hatten allen nur zu deutlich vor Augen geführt, dass auch die reinste Loyalität kein Garant für den legalen Besitz eines Kultgebäudes war, wenn der Staat seine Religionspolitik verschärfte.

„Gott ist nicht in den Holzbohlen, sondern in den Rippen" – auf dieses ursprünglich von den russischen Duchoborcen formulierte Prinzip besannen sich nach der faktischen Liquidierung der legalen, d.h. registrierten und offiziell erfassten religiösen Gemeinden auch die sowjetischen Freikirchler, nachdem ihre Kultgebäude Ende der 1930er Jahre geschlossen worden waren und sie selbst sich massiver Verfolgung ausgesetzt sahen. Also gingen sie den einzig verbliebenen Weg ihrer Selbsterhaltung als Religionsgemeinschaft und verlegten alle brüderlichen Zusammenkünfte in den Bereich privater Wohnungen und Häuser. So lässt sich ohne Übertreibung behaupten, dass das von den Gläubigen bis zum Zusammenbruch der Sowjetunion praktizierte Phänomen der sogenannten „Hauskirchen" just in den letzten Vorkriegsjahren seinen Anfang nahm.

Ein großer Vorteil der „Hauskirchen" bestand zweifelsfrei darin, dass sich die Kontrolle über die Aktivitäten der Gemeinden auf diese Weise vermeiden oder wenigstens minimieren ließ. Für die Anhänger des Kirchenrats der Evangeliumschristen-Baptisten, die die staatliche Registrierung und somit auch die Möglichkeit, irgendwann einmal auf legalem Weg an ein Bethaus zu kommen, bewusst verweigerten, wurden die „Hauskirchen" zu einer der wichtigsten Formen der „brüderlichen Zusammenkunft". Dabei nahmen die religiösen Dissidenten bewusst die offensichtlichen Nachteile der „Hauskirchen" in Kauf, zu denen nicht zuletzt die regelmäßige Verhängung von Geldbußen und die Auflösung von Versammlungen gehörten, wobei den Organisatoren im Wiederholungsfall auch strafrechtliche Konsequenzen bis hin zu längeren Freiheitsstrafen drohten. Und auch die rein „technischen" Nachteile einer „Hauskirche" waren kaum von der Hand zu weisen: Privatwohnungen oder Häuser boten in der Regel nicht allen Gläubigen Platz und waren nicht in entsprechender Form ausgestattet. Zudem gebot es die Konspiration, den Versammlungsort regelmäßig zu wechseln, was insbesondere für die älteren Gemeindemitglieder eine erhebliche Belastung darstellte.

Angesichts solcher Unannehmlichkeiten blieb der Unterhalt eines eigenen festen Bethauses selbst für die Initiativler erstrebenswert. Allerdings gab es für sie nur zwei mögliche Wege, ein solches Anliegen zu realisieren. Die erste Variante erforderte die Absage der Gemeinde an das religiöse Dissidententum und die Rückkehr in den Schoß des staatsloyalen Gemeindeverbands – unter den Schirm des Allunionsrats der Evangeliumschristen-Baptisten. Die zweite Variante ging in die diametral entgegengesetzte Richtung und lief darauf hinaus, ein illegales festes Bethaus zu unterhalten und darauf zu hoffen, dass die Behörden davor zurückschrecken würden, den formal einer physischen Person gehörenden Bau zu beschlagnahmen oder zu zerstören. Beide Varianten stellten im Verlauf der letzten dreißig Jahre der UdSSR für die deutschen Initiativlergemeinden eine seltene Ausnahme dar, so dass sich die allermeisten Gemeinden des Kirchenrats der Evangeliumschristen-Baptisten in „Hauskirchen" zum Gottesdienst trafen.

Man sollte meinen, dass die Vertreter der Staatsmacht – von der Miliz bis hin zu den Bevollmächtigten des Rats für Religionsangelegenheiten – den Hauskirchen des Kirchenrats der Evangeliumschristen-Baptisten mit strengen Verboten entgegengetreten wären. Jede religiöse Veranstaltung einer nichtregistrierten Gemeinde und vor allem natürlich die Abhaltung von Gottesdiensten war nach geltendem Recht illegal, so dass es nur folgerichtig gewesen wäre, jede einzelne Versammlung konsequent aufzulösen und gegen die Organisatoren und Teilnehmer Strafen zu verhängen. Doch das reale Leben lässt sich bekanntlich nicht immer in „einfache" Schemata pressen.

Zunächst mussten die lokalen Behörden, um erfolgreich Jagd auf die „Hauskirchen" zu machen, überhaupt erst einmal wissen, wo eine illegale Versammlung stattfand, was in größeren Dörfern gar nicht so einfach war, wenn die Gläubigen sich an die elementaren Regeln der Konspiration hielten. So schrieb der Bevollmächtigte des Rats für Religionsangelegenheiten für die Region Altaj mit Blick auf die Aktivitäten der im Dorf Polevoe (Rayon Chabary) ansässigen Mennoniten:

> „Die religiöse Organisation agiert autonom. Die meisten Kultveranstaltungen (Bet- und Mitgliederversammlungen) werden im Verborgenen und in [kleinen] Gruppen abgehalten, Zeit und Ort der Versammlungen ändern sich, die Gläubigen machen ein Geheimnis um ihre Religion. Die Sektenanhänger weigern sich, ihr Glaubensbekenntnis zu nennen, und bezeichnen sich einfach als ‚gläubiger Christ', ohne über die Struktur und zahlenmäßige Größe der Organisation, ihre Führer und Kultdiener oder Zeit und Ort der Begehung der Rituale Auskunft zu geben".[78]

---

78 Auskunft des Bevollmächtigten des Rats für Religionsangelegenheiten für die Region Altaj Koro-

Zwei Jahre später wurde die gleiche Gemeinde noch einmal in nahezu gleicher Weise beschrieben:

> „In der Gemeinde sind 100–105 Gläubige [...]. Die Versammlungen werden im Verborgenen abgehalten. Um sich der Beobachtung durch die Behörden zu entziehen, treffen sie sich jedes Mal an einem anderen Ort und informieren die Gläubigen heimlich über den Ort des kommenden Treffens. Wenn es einem Vertreter des Dorfsowjets gelingt, anwesend zu sein, wird in den Predigten demonstrativ auf die angebliche Unterdrückung der Gläubigen hingewiesen: ‚Christus wurde verfolgt und auch wir werden verfolgt, Christus hat gelitten und auch wir müssen leiden und Glaubensfestigkeit zeigen‘“.[79]

Geleitet wurde die betreffende Gemeinde zu jener Zeit von Nikolaj Gizbrecht, der unter Stalin fast zwanzig Jahre Lagerhaft (1937–1954) abgesessen hatte. Der Bevollmächtigte merkte an, dass Gizbrecht sich in der Regel „tagsüber, heimlich" mit Mennoniten aus den Nachbardörfern traf, die bei ihm Rat suchten. Gizbrecht selbst hatte dem Vorsitzenden des Dorfsowjets gegenüber angeblich erklärt: „Ich bin erfahren und gewieft, mich auf frischer Tat zu erwischen, ist unmöglich, alle Beweisstücke (Literatur, Briefe und andere Dokumente) verwahre ich nicht und verbrenne sie".[80]

Die Hinweise darauf, dass die Initiativler ihre Versammlungen unter größtmöglicher Geheimhaltung abhielten, wanderten im gesamten Zeitraum der dreißig Jahre währenden Spaltung der Religionsgemeinschaft der Evangeliumschristen-Baptisten von einem Dokument der Bevollmächtigten des Rats für Religionsangelegenheiten in das nächste. Das konspirative Vorgehen der Gläubigen stellte die für die Bekämpfung der Religion zuständigen Behördenvertreter offensichtlich vor große Schwierigkeiten. So beschrieb der Bevollmächtigte des Rats für Religionsangelegenheiten für die Region Altaj Korobejščikov 1968 anschaulich die Probleme:

> „Mir z.B. ist nicht klar, wer uns Informationen über die illegalen Aktivitäten der Sektenanhänger geben soll. Die Organe der Verwaltung für den Schutz der Öffentlichen Ordnung[81] betreiben in den Sekten keine operative Arbeit. Wir auch nicht. Die Sicherheitsorgane haben ihre eigenen spezifischen Aufgaben. Aber die Sektenanhänger halten illegale Versammlungen ab, entscheiden heimlich ihre Angelegenheiten, darunter auch karitative, finanzielle, personelle, den Religionsunterricht und die Einberufung illegaler Versammlungen betreffende usw. Aus welchen Quellen können wir von all dem erfahren? Wenn wir diese Informationen bekommen, dann nicht, weil irgendjemand dazu verpflichtet wäre, sondern aus Gefälligkeit".[82]

---

bejščikov über die Tätigkeit der Brüdermennoniten im Dorf Polevoe (Rayon Chabary), 18.06.1974. GAAK, f. 1692, op. 1, d. 66, l. 34-40.

79 Information des Bevollmächtigten des Rats für die Region Altaj über die den abtrünnigen Baptisten zugehörigen Mennoniten des Dorfes Polevoe (Rayon Chabary), ohne Datum. Ebenda, d. 247, l. 5-6.

80 Ebenda.

81 So hießen die Organe des MVD offiziell zur Regierungszeit Chruščevs.

82 Vorschläge des Bevollmächtigten des Rats für Religionsangelegenheiten für die Region Altaj I.Ja. Korobejščikov „Über die Ordnung der Zusammenarbeit mit anderen Ressorts in der Sache der Kontrolle der religiösen Kulte und der Unterbindung illegaler Sektentätigkeit", 1968. GAAK, f. 1692, op. 1, d. 200, l. 16-17.

Wie weit die „Gefälligkeit" der Mitarbeiter des KGB bei der Zusammenarbeit mit den Bevollmächtigten des Rats ging, darüber lässt sich nur spekulieren, solange den Historikern die entsprechenden Dokumente der Staatssicherheitsorgane der Brežnev-Zeit nicht zugänglich sind. Was wiederum die Miliz betrifft, beschwerten die Bevollmächtigten sich bei der Führung immer wieder darüber, dass ihnen die Abteilungen der Miliz bei der „Aufdeckung und Dokumentierung dieser Vergehen" kaum halfen.

Gleichwohl hatte die Konspiration der „Hauskirchen" des Kirchenrats der Evangeliumschristen-Baptisten ihre Grenzen. Legten die Bevollmächtigten des Rats, die lokalen Machtorgane und insbesondere die Mitglieder der Ausschüsse für die Kontrolle der Einhaltung der Religionsgesetze eine entsprechende Hartnäckigkeit an den Tag, verfügten sie durchaus über zahlreiche Mittel und Wege, die Orte illegaler Versammlungen zu finden. Und natürlich war es auch für niemanden ein Geheimnis, dass die Versammlungen von Zeit zu Zeit in den Häusern oder Wohnungen der Presbyter und Prediger stattfanden.[83] Zuweilen bedurfte es nur des aufmerksamen Auges des Bevollmächtigten des Rats, um sich davon zu überzeugen. So fielen dem Bevollmächtigten z.B. im Hof des Hauses des Führers der abtrünnigen Mennoniten im Dorf Blagoveščenka (Rayon Blagoveščenka, Region Altaj) Petr Klassen zusammengeklappte Bänke auf, auf denen im Fall einer Betversammlung 30–40 Personen Platz finden konnten. Anschließend war es nicht allzu schwer, den Ort der Versammlungen ausfindig zu machen.[84]

Hilfreich war für die Vertreter der Staatsmacht auch der Umstand, dass die Versammlungen der Gläubigen naturgemäß zu festen Zeiten stattfanden. So organisierten die Mitglieder des Ausschusses für die Kontrolle der Einhaltung der Religionsgesetze des Rayonsexekutivkomitees Kulunda (Region Altaj) 1977 einen aus drei Gruppen bestehenden Wachdienst, der jeden Sonntag und Mittwoch mögliche Versammlungsorte der Gemeinde überwachte.[85] Nicht selten versuchten die Mitglieder des Ausschusses auch, mithilfe der Schullehrer von den aus gläubigen Familien stammenden Kindern Informationen über die Versammlungsorte herauszubekommen – eine Praxis, die bei den Gläubigen für besonderen Unmut sorgte.

Aber selbst wenn es den Behördenvertretern gelang, den Ort einer illegalen Betversammlung ausfindig zu machen, war dies nicht mehr als ein erster Schritt auf dem dornigen Weg, die illegalen religiösen Aktivitäten der Gemeinden des Kirchenrats der Evangeliumschristen-Baptisten auch tatsächlich zu unterbinden. Unter den Bedingungen der Brežnevschen Wende in der Religionspolitik, bei der das Regime weitgehend von strafrechtlichen Repressionen absah und sich fast ausschließlich auf die Verhängung von Geldstrafen beschränkte, erwies es sich als alles andere als einfach, der Renitenz der religiösen Dissidenten entgegenzutreten.

Abgesehen davon, dass das Spektrum möglicher Repressionsmaßnahmen im Vergleich zu früheren Jahren generell eingeschränkt war, wurde ein entschiedeneres Vorgehen gegen

---

83 Information des Bevollmächtigten des Rats für Religionsangelegenheiten für die Region Altaj Korobejščikov über die Tätigkeit der Brüdermennoniten des Dorfes Anan'evka (Rayon Kulunda), 10.10.1974. Ebenda, d. 111, l. 9-13.

84 Information des Bevollmächtigten des Rats für Religionsangelegenheiten für die Region Altaj Korobejščikov über die Tätigkeit der „abtrünnigen Baptisten" (Mennoniten) des Rayons Blagoveščenka, 09.10.1973. Ebenda, d. 230, l. 1-2.

85 Auskunft des Rayonsexekutivkomitees Kulunda (Region Altaj) „Über die zur Kontrolle der Einhaltung der Religionsgesetze im Rayon Kulunda geleistete Arbeit", 30.12.1977. Ebenda, d. 52, l. 1-3.

die religiösen Dissidenten auch durch die immer wieder durch die Dokumente des Rats für Religionsangelegenheiten beim Ministerrat der UdSSR geisternde Forderung ausgebremst, zwischen einfachen Gläubigen – also ehrlichen, aber angeblich vom rechten Weg abgekommenen sowjetischen Leuten – und „extremistischen Sektenführern" zu differenzieren und nur Letztere durch Geldstrafen oder gar strafrechtliche Verfolgung zu belangen. So instruierte der Vorsitzende des Rats für Religionsangelegenheiten beim Ministerrat der UdSSR V.A. Kuroedov seine Untergebenen im Mai 1969 folgendermaßen: „Der Rat hebt hervor, dass der Arbeit unter den einfachen Gläubigen bei der Umsetzung der der Liquidierung des Sektenuntergrunds dienenden Maßnahmen besondere Aufmerksamkeit zukommen und zugleich der gesetzwidrige gesellschaftsfeindliche Charakter der Tätigkeit ihrer Anführer entlarvt werden muss und entschiedene Maßnahmen gegen die arglistigen Verletzer der Religionsgesetze zu ergreifen sind".[86] Ins gleiche Horn bliesen auch die Bevollmächtigten des Rats vor Ort. So forderte der Bevollmächtigte des Rats für die Region Altaj 1973, „bei der Aufdeckung grober Verstöße die vom Gesetz vorgesehenen Maßnahmen zu ergreifen, ohne aber die Strafmaßnahmen auf einen breiten Kreis einfacher Gläubiger auszuweiten".[87]

Allerdings stand die Forderung, ausschließlich die Presbyter und Prediger der Initiativlergemeinden zu belangen, oft im Widerspruch zur realen Praxis der lokalen Machtorgane und ließ deren Anstrengungen nicht selten ins Leere laufen. Das Problem bestand darin, dass sich die Behördenvertreter, wenn sie den Ort einer illegalen Betversammlung aufgespürt hatten, bei der Aufsetzung des Protokolls meist an die Wohnungs- bzw. Hausbesitzer hielten, die in der Regel einfache Gemeindemitglieder waren. So verhängte z.B. der Ausschuss zur Kontrolle der Einhaltung der Religionsgesetze des Slavgoroder Exekutivkomitees (Region Altaj) Strafen gegen fünf einfache Gläubige, die ihre Häuser für Versammlungen zur Verfügung gestellt hatten, während die „Führer und Organisatoren dieser Versammlungen nicht ausgemacht werden konnten und ungestraft blieben". Die lokalen Behördenvertreter waren gezwungen, in dieser Art vorzugehen, da es angesichts der Verschwiegenheit der Gläubigen anders als bei den Hausbesitzern alles andere als einfach war, die Identität der tatsächlichen Organisatoren der Versammlungen festzustellen.

Nicht selten konnten die Gläubigen die aufgrund des Erlasses des Präsidiums des Obersten Sowjets vom 18. März 1966 gegen sie verhängten Geldstrafen erfolgreich anfechten. So verfasste die im Dorf Tabuny (Rayon Kulunda) ansässige Marta Gibner im Juni 1973 eine gegen den Vorsitzenden des Regionsexekutivkomitees Altaj gerichtete Beschwerde, in der sie zugab, tatsächlich eine Gruppe von Glaubensbrüdern aus Kulunda eingeladen zu haben, um ihr Bedürfnis nach Kommunikation zu befriedigen. Unmittelbar nach deren Ankunft seien Mitarbeiter der Miliz, der Verkehrspolizei und des Rayonsexekutivkomitees sowie Bürgerwehrler zu ihr gekommen, hätten sie aufgefordert, ihre Gäste aus dem Haus zu schicken, und diese schließlich gewaltsam aus dem Haus gebracht. Für die Organisation einer „illegalen Versammlung" verhängte die Verwaltungskommission des Rayonsexeku-

---

86 Direktive an die Bevollmächtigten des Rats für Religionsangelegenheiten beim Ministerrat der UdSSR über das weitere Vorgehen gegenüber den Gemeinden des Kirchenrats der Evangeliumschristen-Baptisten, 14.05.1969. Ebenda, d. 102, l. 39–44.

87 Maßnahmenplan des Bevollmächtigten des Rats für Religionsangelegenheiten für die Region Altaj Korobejščikov gegenüber einer Gruppe von Mennoniten im Dorf Chorosee (Rayon Tabuny), 1973. Ebenda, d. 43, l. 46 ob.

tivkomitees am 22. Mai 1973 eine Strafe in Höhe von 50 Rubeln gegen Gibner, ohne zu berücksichtigen, dass diese nur eine monatliche Rente in Höhe von 28 Rubeln bekam. So konnte Gibner in ihrem Schreiben darauf verweisen, „zwei Monate nichts essen zu können", um die Strafe zu begleichen.[88] Der Bevollmächtige des Rats erklärte die Beschwerde für begründet, da die Strafe gegen eine nicht zu den Führern der religiösen Organisation gehörende Person verhängt worden sei, und empfahl, die auferlegte Strafe in eine Verwarnung umzuwandeln.[89]

Aber selbst wenn die Entscheidungen der Verwaltungskommission des Exekutivkomitees juristisch wasserdicht waren und den politischen Vorgaben entsprachen, gelang es längst nicht immer, die „Schuldigen" zu bestrafen und die Strafe tatsächlich einzuziehen. So lieferten sich z.B. die Behörden des Rayons Blagoveščenka Anfang der 1980er Jahre einen regelrechten „Verwaltungskrieg" mit Ivan Dencel', als sie versuchten, den Aktivisten der Blagoveščenkaer Gemeinde des Kirchenrats der Evangeliumschristen-Baptisten dafür zur Verantwortung zu ziehen, sein Haus[90] systematisch für Betversammlungen zur Verfügung gestellt zu haben. Am 6. April 1980 setzten die Deputierten des Blagoveščenkaer Siedlungssowjets ein Protokoll über die Durchführung einer von etwa 180 Gemeindemitgliedern besuchten Versammlung der Evangeliumschristen-Baptisten auf. Dabei weigerte sich der als „Organisator und Führer [...] des Kults" auftretende Dencel' sowohl, der Aufforderung nachzukommen, die Versammlung aufzulösen, als auch, das Protokoll zu unterschreiben. Die gegen ihn verhängte Strafe ignorierte er. Die Behörden konnten ihrerseits das Geld nicht einfach einziehen, da der als Schäfer arbeitende Dencel' seinen Lohn „auf die Hand" bekam. Schließlich verjährte die Strafe. Am 22. Februar 1981 setzte die Kommission des Exekutivkomitees erneut ein Protokoll über eine von insgesamt 160 Gläubigen besuchte Versammlung in Dencel's Haus auf. Dieses Mal konnte die Strafe eingezogen werden, da Dencel' vorübergehend im örtlichen Getreidesilo arbeitete. Im Dezember 1981 wiederholte sich die Geschichte ein drittes Mal. Die Kommission setzte erneut ein Protokoll über die Durchführung einer von vielen Leuten besuchten Betversammlung in Dencel's Haus auf, der wie gewohnt jegliche Kooperation mit den Behörden verweigerte. Im Februar 1982 war die Strafe noch immer nicht eingezogen.[91]

Letztlich scheiterte der Kampf gegen die „Hauskirchen" nicht nur am „Eigensinn" der Gläubigen, sondern auch daran, dass sich die Verhängung von Geldstrafen als wenig effektive Form der Bestrafung erwies. Um wirklich wirken zu können, hätten die Geldbußen strikt zur Anwendung kommen müssen, was aber aus einer Reihe von Gründen – so paradox dies auch klingen mag – nicht im Interesse der lokalen Behörden lag.

---

88 Beschwerde der im Dorf Dorf Tabuny (Rayon Tabuny) wohnhaften Marta Ja. Gibner an den Vorsitzenden des Altajer Regionsexekutivkomitees über das illegale Vorgehen der örtlichen Behörden, 01.06.1973. Ebenda, d. 43, l. 39-39 ob.

89 Direktive des Bevollmächtigten des Rats für Religionsangelegenheiten für die Region Altaj Korobejščikov an das Rayonsexekutivkomitee anlässlich der Beschwerde von Marta Ja. Gibner, 02.08.1973. Ebenda, l. 38.

90 Unter der Adresse ul. Mičurina 44 in der Arbeitersiedlung Blagoveščenka (Region Altaj).

91 Auskunft des Staatsanwalts des Rayons Blagoveščenka über die Prüfung der Grundlage und Gesetzmäßigkeit der gegen Ivan I. Dencel für Verstöße gegen die Religionsgesetze verhängten Strafe, 09.02.1982. GAAK, f. 1692, op. 1, d. 216, l. 28-29.

Erstens wäre ein solches Vorgehen mit einem erheblichen Aufwand verbunden gewesen, was die Sowjetbeamten vor Ort offenkundig veranlasste, in schwierigen Fällen eher auf die Bremse zu treten. So brachte es die Verwaltungskommission des Rayonsexekutivkomitees Chabary in den Jahren 1972–1974 fertig, nicht einen einzigen Verstoß gegen die Religionsgesetze zu verfolgen, obwohl es im Rayon mehrere mennonitische Gemeinden des Kirchenrats der Evangeliumschristen-Baptisten gab. Noch darüber hinaus zeigte die Kommission keinerlei Eile, das von den örtlichen Dorfsowjets gegen Gesetzesverletzer eingereichte Material zu bearbeiten.[92]

Eine solch nachlässige Einstellung der lokalen Behörden war alles andere als eine Ausnahme. So bemängelte der Rat für Religionsangelegenheiten beim Ministerrat der UdSSR im Januar 1985, dass die Rayons- und Stadtexekutivkomitees der Sowjets über keine Pläne zur Unterbindung der gesellschaftsfeindlichen Handlungen der extremistischen Gruppen verfügten und an den meisten Orten weder über die personelle Zusammensetzung dieser Gruppierungen noch über das soziale und moralische Profil der Sektenführer und die Wurzeln ihrer extremistischen Ansichten im Bilde seien. An einigen Orten sei sogar nicht einmal das Netz der deutschen Gemeinden des Kirchenrats der Evangeliumschristen-Baptisten vollständig erfasst. Das alles hatte zur Folge, dass die Aktivitäten der „Sektenanhänger" nur sporadisch verfolgt wurden. So entdeckten und protokollierten die Behörden im Rayon Isil'kul' nur jede zehnte illegale Versammlung der Mennoniten.

Zweitens lagen der passiven Haltung der örtlichen Behörden die gleichen Motive zugrunde, die sie auch davon absehen ließen, die Registrierung der religiösen Gemeinden zu forcieren. Legte ein Rayon gar zu viel Eifer beim Kampf gegen „religiöse Extremisten" an den Tag, riskierte er bloß, die Aufmerksamkeit höherstehender Instanzen auf sich zu ziehen und womöglich als besonders religiös eingestuft zu werden, was wiederum Tadel und Beschuldigungen und im schlimmsten Fall auch ernsthafte Rügen für die Vernachlässigung der antireligiösen Arbeit nach sich ziehen konnte. Vor diesem Hintergrund war es für die Rayonsbehörden opportun, eine günstige „religiöse Lage" zu melden, keinen Ausschuss zur Kontrolle der Einhaltung der Religionsgesetze einzurichten und die rechtswidrigen Aktivitäten der Gläubigen einfach zu ignorieren.

Drittens hatten die Gläubigen unter den Bedingungen des „Little Deal" gelernt, für ihre Rechte zu kämpfen, und zeigten keinerlei Scheu, sich über die Handlungen der örtlichen Behörden zu beschweren – und das bis ganz nach oben. Da die von den örtlichen Behörden eingeleiteten Strafmaßnahmen weder im juristischen noch im politischen Sinne immer einwandfrei waren, fanden sich die höherstehenden Machtorgane nicht selten in der Rolle des unfreiwilligen Anwalts der Gläubigen wieder. So mussten die lokalen Behörden, wenn sie Geldbußen gegen die Gläubigen verhängten, sowohl damit rechnen, dass ihre Entscheidungen mehrfach auf ihre Rechtsgültigkeit hin geprüft wurden, als auch damit, dass eine von den Gläubigen eingereichte Beschwerde bis vor das ZK der KPdSU kommen konnte.

Die fehlende Initiative von Seiten der lokalen Behörden hatte nach Einschätzung des Bevollmächtigten des Rats für Religionsangelegenheiten für die Region Altaj aus dem Jahr

---

92 Auskunft des Bevollmächtigten des Rats für Religionsangelegenheiten für die Region Altaj Korobejščikov über die Tätigkeit der Brüdermennoniten im Dorf Polevoe (Rayon Chabary), 18.06.1974. Ebenda, d. 66, l. 34-40.

1976 zur Folge, dass die nichtregistrierten Vereinigungen außerhalb jeder Kontrolle agierten, in der Regel nicht beobachtet wurden und ungehindert gegen die Gesetze verstoßen konnten. Um Schwierigkeiten aus dem Weg zu gehen, würden die lokalen Behörden weder erzieherische noch Strafmaßnahmen ergreifen. Ja.G. Ēns, einer der Führer der Slavgoroder abtrünnigen Baptisten, habe in aller Offenheit erklärt: „Lasst besser alles so, wie es ist, zwingt mich nicht dazu, entschiedene Gegenmaßnahmen zu ergreifen". Eine solche Haltung bestärke die Gesetzesbrecher in dem Bewusstsein, straflos zu bleiben, und gebe ihnen das Gefühl, dass die tolerierten rechtswidrigen Handlungen rechtmäßig seien.[93]

Als der Bevollmächtigte des Rats für die Region Altaj die Behörden des Rayons Slavgorod dafür kritisierte, im gesamten Verlauf der Jahre 1979/80 gerade einmal acht Hausfrauen verwarnt zu haben, weil diese ihre Wohnungen für Versammlungen zur Verfügung gestellt hatten, erklärte der Vorsitzende des Slavgoroder Rayonsexekutivkomitees V.N. Choreev zu seiner Rechtfertigung, dass man in der Vergangenheit für die Ausweitung administrativer Maßnahmen schwer gerügt worden sei und nun schlicht keine weitere Rüge riskieren wolle. Eine solche Zurückhaltung bei der Ahndung selbst schwerer Verstöße gegen die Religionsgesetze war nach Ansicht des Bevollmächtigten des Rats sowohl unter den Mitarbeitern der Sowjet- und Verwaltungsorgane als auch bei der Führung der Regionsstaatsanwaltschaften und der Miliz weitverbreitet.[94] Den gleichen Unwillen, selbst gegen „extremistisch gestimmte Anführer" des Kirchenrats der Evangeliumschristen-Baptisten Sanktionen zu verhängten, konstatierten auch die im Frühling 1983 eigens in die Region Altaj abkommandierten Mitarbeiter des Rats für Religionsangelegenheiten.[95]

Infolge der genannten Faktoren wurden Geldbußen in der Regel nur sporadisch verhängt. Aber selbst wenn sie tatsächlich gezahlt wurden, hatten sie kaum Einfluss auf das Verhalten der Gläubigen. So wurden in der Region Altaj, wo es 23 Vereinigungen der Anhänger des Kirchenrats der Evangeliumschristen-Baptisten gab, im Jahr 1982 insgesamt 80 Geldbußen gegen Gemeindeführer verhängt, ohne dass sich dies irgendwie auf die Praxis der Gemeinden ausgewirkt hätte. So konnte der Mitarbeiter des Rats nur konstatieren: „Die gelegentliche Zahlung selbst einer Summe von 50 Rubeln erscheint den Extremisten nicht übermäßig; sie zahlen sie regelmäßig, stellen ihre Aktivitäten aber nicht ein und halten [auch weiterhin] illegale Versammlungen ab".[96] Im Februar 1983 stellte der Bevollmächtigte des Rats G.I. Lisenkov erneut die Schlüsselfrage: „Die Strafen werden gezahlt, aber die Gesetzesverstöße hören nicht auf. Jetzt haben sie sogar auch noch angefangen, provokative Gerüchte zu verbreiten, dass ihre Kinder wegen der übermäßigen Strafen hungern und ohne

93 Aktennotiz des Vorsitzenden des Rats für Religionsangelegenheiten beim Ministerrat der UdSSR Vladimir A. Kuroedov über eine von Mitarbeitern des Rats in die Region Altaj zur Überprüfung der Kontrolle über die aus Personen deutscher Nationalität bestehenden religiösen Vereinigungen unternommene Dienstreise. Frühestens 03.07.1976. Ebenda, d. 130, l. 4-9.

94 Aktennotiz der Mitarbeiter der Abteilung für Angelegenheiten der protestantischen Kirchen, der jüdischen Religion und der Sekten des Rats für Religionsangelegenheiten beim Ministerrat der UdSSR an den Vorsitzenden des Rats Vladimir A. Kuroedov „Über die Dienstreise in die Region Altaj", 10.07.1980. Ebenda, d. 151, l. 1-8.

95 Aktennotiz über die Dienstreise des Instrukteurs des Rats für Religionsangelegenheiten beim Ministerrat der UdSSR E.V. Černecov in die Region Altaj, 01.06.1983. Ebenda, d. 290, l. 30-36.

96 Ebenda.

Schuhe und Kleidung herumlaufen würden. Man könnte natürlich das Kommando geben, für jede einzelne Versammlung eine Strafe zu verhängen (und das sind jedes Jahr etwa 150). Aber irgendwo muss es doch eine Grenze geben?"[97]

Die lokalen Bevollmächtigten des Rats sahen die einzige Möglichkeit, eine klare „Grenze" zu ziehen, darin, die Strafen für Verstöße gegen die Religionsgesetze zu verschärfen und insbesondere Wiederholungstäter strafrechtlich zur Verantwortung zu ziehen. Anders ausgedrückt sollte die x-te Strafe automatisch eine Freiheitsstrafe nach sich ziehen. Aber das Brežnevsche Regime war ein Gegner allzu weitgehender Repressionen. So waren die Bevollmächtigten des Rats gezwungen, sich bei ihrem Kampf gegen die „Untergrundkirchen" auf die durch den Erlass des Präsidiums des Obersten Sowjets der UdSSR vom 18. März 1966 vorgegebenen Maßnahmen zu beschränken, so dass bis 1987 nur vergleichsweise wenige religiöse Dissidenten tatsächlich ins Lager kamen. Um zu einer Haftstrafe verurteilt zu werden, reichte es gewöhnlich nicht aus, bloß einige illegale Versammlungen organisiert zu haben. In der Regel fanden sich die Presbyter und Aktivisten des Kirchenrats der Evangeliumschristen-Baptisten nur dann auf der Anklagebank wieder, wenn sie über die illegale religiöse Tätigkeit hinaus beschuldigt wurden, Religionsunterricht für Kinder und Jugendliche organisiert zu haben.

Um das Thema der administrativen Strafen abzuschließen, soll noch dem beim Leser möglicherweise entstandenen Eindruck entgegengetreten werden, dass die gegen die Gläubigen verhängten Geldstrafen eine unbedeutende oder leicht zu verschmerzende Sache dargestellt hätten. So ineffektiv die Geldstrafen als Instrument zur Bekämpfung der illegalen „Hauskirchen" des Kirchenrats der Evangeliumschristen-Baptisten auch gewesen sein mögen, waren sie letztlich doch alles andere als „harmlos" oder „unbedeutend". Da nicht jede Abfassung eines Protokolls mit einer Geldstrafe endete und nicht bei jeder von den Behörden aufgespürten illegalen Versammlung ein Protokoll verfasst wurde, kam es sicherlich öfter zu Störungen religiöser Versammlungen, als es die offiziellen Zahlen nahelegen. So war es die Allgegenwart des „allsehenden Auges", die Einmischung fremder Leute in den intimen religiösen Alltag, die das Leben der Gläubigen ohne Zweifel vergiftete und diesen immer wieder die strafende Hand des Staates in Erinnerung rief.

Sobald auch nur eine der beiden Konfliktparteien den Rahmen der eingespielten Routine verließ, konnte die Situation zudem schnell eskalieren. So leisteten die bereits mehrfach „wegen Verweigerung der Registrierung einer religiösen Vereinigung und illegaler Durchführung von Versammlungen" bestraften Führer der mennonitischen Gemeinde des Dorfes Orlovo (Rayon Chabary) 1982 der Aufforderung der Mitarbeiter des Rayonsexekutivkomitees und der Miliz, eine Versammlung aufzulösen, keine Folge, woraufhin es zu einem Handgemenge kam. Als das Volksgericht daraufhin mehrere Mennoniten zu sieben bis zwölf Tagen Arrest verurteilte, untersagten die Ehefrauen und Verwandten der Bestraften ihren Kindern den Schulbesuch, was wiederum eine Geldstrafe von jeweils 30 Rubeln nach sich

---

97 Auftritt G.I. Lisenkovs auf der Allunionskonferenz der Bevollmächtigten des Rats für Religionsangelegenheiten „Über die zur Aufdeckung und Unterbindung gesetzwidriger Aktivitäten von Mennoniten und früheren Mennoniten betriebene Arbeit des Bevollmächtigten des Rats für die Region Altaj und der lokalen Sowjet- und Verwaltungsorgane". Karaganda, 24.02.1983. Ebenda, d. 292, l. 4-13.

zog. Es dauerte einige Zeit, bis die Kinder wieder zur Schule gingen und sich – mit den Worten des Bevollmächtigten – die „Glut des extremistischen Ausbruchs abkühlte".[98]

Die unten angeführte Statistik über den Vollzug des Erlasses des Präsidiums des Obersten Sowjets der RSFSR vom 18. März 1966 „Über die ordnungsrechtliche Haftung für Verstöße gegen die Religionsgesetze" mag unvollständig und fragmentarisch sein, lässt aber doch klar erkennen, dass die administrativen Repressionen in den 1970er Jahren zunächst abklangen, um dann in der ersten Hälfte der 1980er Jahre noch einmal Fahrt aufzunehmen. Offensichtlich rückten die Behörden in Sachen „Kampf gegen den religiösen Extremismus" Mitte der 1980er Jahre von der eingespielten Routine ab und versuchten mit einem Nachdruck, wie er seit dem Krieg nicht mehr praktiziert worden war, die freikirchlichen religiösen Gemeinden zur Registrierung zu zwingen.[99] Im Jahr 1967, als der Erlass vom 18. März 1966 erstmals über das volle Jahr Anwendung fand, wurden nach den dem Rat für Angelegenheiten der Religionen beim Ministerrat der UdSSR vorliegenden nicht vollständigen Angaben in allen Republiken gegen etwa 1 300 Personen Strafen verhängt, davon 520 in der RSFSR, 400 in der Ukraine, 140 in Weißrussland, 45 in Kirgisien, 30 in Kasachstan, 44 in Moldawien, 18 in Lettland, jeweils eine in Litauen und Estland, neun in Georgien und drei in Tadschikistan. Von diesen 1 300 Personen gehörten 800 den Gemeinden des Kirchenrats oder des Allunionsrats der Evangeliumschristen-Baptisten, 90 den Pfingstlern, 20 den Adventisten des Siebenten Tags und 80 der Orthodoxen Kirche an.[100] In der Region Altaj wurden 1968 aufgrund von Verstößen gegen die Religionsgesetze gegen 31 Personen Strafen verhängt, von denen sechs Adventisten, vier Baptisten aus Gemeinden des Allunionsrats sowie 21 Presbyter und Prediger des Kirchenrats der Evangeliumschristen-Baptisten waren.[101] 1971 wurden in der Region Altaj für „in den Sekten aufgedeckte grobe Gesetzesverstöße" gegen zwölf Personen Strafen verhängt, unter denen vier Mennoniten, sieben Baptisten des Kirchenrats der Evangeliumschristen-Baptisten und ein Baptist des Allunionsrats waren.[102] 1977 wurden im Gebiet Omsk 73 „Sektenangehörige" für Verstöße gegen die Religionsgesetze zur Verantwortung gezogen, von denen 60 mit Geldstrafen belegt und 13 verwarnt wurden.[103] 1982 wurden in der Region Omsk 80 Geldstrafen aus-

---

98 Information G.I. Lisenkovs über die zur Ordnung des Netzes der aus Bürgern deutscher Nationalität bestehenden religiösen Einrichtungen in der Region Altaj betriebene Tätigkeit, 10.08.1982. Ebenda, d. 287, l. 35-37.

99 Siehe auch den entsprechenden Abschnitt oben.

100 Überblicksbericht der Juristischen Abteilung des Rats für Religionsangelegenheiten beim Ministerrat der UdSSR über die Praxis der Anwendung der Erlasse der Präsidien der Obersten Sowjets der Unionsrepubliken „Über die ordnungsrechtliche Haftung für Verstöße gegen die Religionsgesetze". Spätestens 13.01.1969. GAAK, f. 1692, op. 1, d. 102, l. 31-38.

101 Informationsbericht des Bevollmächtigten des Rats für Religionsangelegenheiten Korobejščikov „Über die religiöse Lage und den Stand der Kontrolle über die Einhaltung der Religionsgesetze in der Region Altaj für das Jahr 1968", 25.02.1969. GAAK, f. 1692, op. 1, d. 99, l. 1-36. Angaben über die Gesamtzahl der in der UdSSR, in der RSFSR und in der Region Altaj bestehenden Gemeinden des Kirchenrats der Evangeliumschristen-Baptisten siehe Unterkapitel 4.1 und Kapitel 6.

102 Informationsbericht des Bevollmächtigten des Rats für Religionsangelegenheiten für die Region Altaj Korobejščikov für das Jahr 1971. Frühestens 31.12.1971. GAAK, f. 1692, op. 1, d. 115, l. 1-41.

103 Notiz des Bevollmächtigten des Rats für das Gebiet Omsk A.I. Eremenko „Über die religiöse

gesprochen, größtenteils gegen „Organisatoren illegaler Zusammenkünfte von Anhängern des Kirchenrats der Evangeliumschristen-Baptisten".[104] Im Gebiet Omsk wurden allein im ersten Halbjahr 1983 130 Ordnungsstrafen verhängt sowie 90 „Sektenführer" vorbeugend verwarnt.[105] 1984 wurden in der Region Altaj offiziell 138 Verstöße gegen die Religionsgesetze registriert, in die 200 „Sektenaktivisten" involviert waren. Dabei unterstrich der Bevollmächtigte des Rats, dass es sich bei dieser Zahl nur um einen Bruchteil der tatsächlichen Verstöße gegen die Religionsgesetze handelte. Im Endeffekt wurden gegen 109 „arglistige Gesetzesbrecher" Strafen verhängt, die Fälle von acht Personen wurden auf Bürgerversammlungen, 39 auf Versammlungen der Arbeitskollektive „erörtert".[106] 1985 wurden in der Region Altaj 143 „Sektenangehörige" zur Verantwortung gezogen, 1986 waren es 272. Insgesamt wurden Strafen in Höhe von 19 165 Rubeln verhängt.[107]

Die Bevollmächtigten des Rats für Religionsangelegenheiten waren sich bestens bewusst, mit welchen Unannehmlichkeiten der Unterhalt einer „Hauskirche" für die Gläubigen verbunden war, und versuchten deshalb nicht selten, die Gläubigen durch das Versprechen, ein eigenes festes Bethaus zu bekommen, zu loyalem Verhalten zu animieren. Eine solche Strategie war insbesondere in den 1970er Jahren klar zu erkennen, nachdem die führenden „antireligiösen" Organe der Staatsmacht ihre Haltung zur Frage der Registrierung der Sektengemeinden geklärt hatten und auf eine Legalisierung der religiösen Tätigkeit setzten.

Eine Vorstellung davon, wie diese Strategie in die Praxis umgesetzt wurde, vermittelt der im Frühjahr 1983 vom Bevollmächtigten des Rats und einem eigens aus Moskau nach Barnaul entsandten Instrukteur des Rats gemeinsam „geschmiedete" Plan, wenigstens ein oder zwei Vereinigungen der Anhänger des Kirchenrats der Evangeliumschristen-Baptisten unter die Fittiche des „staatlichen" Baptistenbundes zu locken. Zunächst wurden die in den Dörfern Nikolaevka (Rayon Blagoveščenka), Nekrasovo (Rayon Slavgorod) und Dvorskoe (Rayon Chabary) gelegenen Mennonitengemeinden als „schwächstes Glied in der Kette" ausgemacht. „Am Beispiel dieser Vereinigungen", schrieb der Bevollmächtigte des Rats, „lässt sich den anderen Gruppierungen der Anhänger des Kirchenrats der Evangeliumschristen-Baptisten zeigen, dass die Registrierung längst nicht so ein Schreckgespenst ist, wie es die Extremistenführer darzustellen versuchen, die die Gläubigen von der Legalisierung ihrer Tätigkeit abhalten". Unmittelbar nach der Registrierung plante der

Lage im Gebiet und ernsthafte Mängel der die Einhaltung der Religionsgesetze betreffenden Arbeit einzelner Rayons- und Stadtexekutivkomitees", 04.05.1978. GARF, f. 6991, op. 6, d. 1398, l. 89-92.

104 Aktennotiz über die Dienstreise des Instrukteurs des Rats für Religionsangelegenheiten beim Ministerrat der UdSSR E.V. Černecov in die Region Altaj, 01.06.1983. GAAK, f. 1692, op. 1, d. 290, l. 30-36.

105 „Angaben über das Netz und die Zahl der Gläubigen der vollständig oder teilweise aus Gläubigen deutscher Nationalität bestehenden religiösen Vereinigungen für das Gebiet Omsk nach Stand zum 1. Juli 1983", 07.07.1983. GARF, f. 6991, op. 6, d. 2680, l. 50-50a.

106 Notiz des Bevollmächtigten des Rats für Religionsangelegenheiten für die Region Altaj G.I. Lisenkov „Über Maßnahmen zur Intensivierung der Bekämpfung des religiösen Extremismus und zur Ordnung des Netzes der religiösen Vereinigungen in der Region", 14.03.1985. GAAK, f. 1692, op. 1, d. 271, l. 29-33.

107 Informationsbericht G.I. Lisenkovs „Über die Tätigkeit der religiösen Organisationen und den Stand der Kontrolle über die Einhaltung der Religionsgesetze in der Region Altaj im Jahr 1986", 26.01.1987. Ebenda, d. 309, l. 1-30.

Bevollmächtigte, den ihre Loyalität erklärenden Gemeinden zu helfen, innerhalb kürzester Zeit „die Frage eines Bethauses zu lösen", was seines Erachtens einen „weiteren Faktor" darstellte, um „die Extremisten in Schach zu halten".[108]

Aber selbst in den 1970er Jahren bedeutete eine Registrierung nicht automatisch, dass die Gemeinden das heißersehnte eigene Bethaus auch wirklich bekamen. So ließ sich die über 100 Mitglieder starke Gemeinde der Brüdermennoniten im Dorf Solncevka (Rayon Isil'kul' / Gebiet Omsk) im Juni 1972 zwar ordnungsgemäß registrieren, bekam aber trotzdem sechs Jahre lang keine Baugenehmigung für ein eigenes festes Bethaus. Zur Erklärung verwies die Führung des Isil'kul'er Rayonsexekutivkomitees auf das Veto des Sekretärs des Isil'kul'er Rayonsparteikomitees, der auf dem ihm unterstellten Territorium keinen legalen „Herd" der Sektentätigkeit haben wollte.[109] Im Sommer 1975 rissen die Rayonsbehörden noch darüber hinaus sogar das „illegal errichtete Bethaus" der Gemeinde ab, worüber der Stellvertretende Vorsitzende des Omsker Gebietsexekutivkomitees den Rat für Religionsangelegenheiten informierte.[110]

In dieser Situation sah sich der Bevollmächtigte des Rats für das Gebiet Omsk A.I. Eremenko gezwungen, im Sinne der Gemeinde zu intervenieren und den Rat für Religionsangelegenheiten beim Ministerrat der UdSSR zu bitten, „im Dorf Solncevka (Rayon Isil'kul') den Bau eines Bethauses mit einer Grundfläche von 8 x 14 m und eines Umkleideraums mit einer Fläche von 8 x 3,5 m zu erlauben". Zur Begründung verwies der Bevollmächtigte auf die „schwierige religiöse Situation im Rayon"[111], was wohl so zu verstehen ist, dass eine Aufrechterhaltung des Verbots die zu diesem Zeitpunkt loyale Mennonitengemeinde ins Lager der religiösen Dissidenten getrieben und Letzteren ein weiteres Argument gegen die Registrierung in die Hände gespielt hätte.

Eine solche Konstellation, bei der der Bevollmächtigte des Rats eine flexiblere, um nicht zu sagen liberalere Position einnahm als die lokalen Behörden und de facto in die Rolle des Anwalts der legalen bzw. legalisierungswilligen Gemeinden schlüpfte, war insbesondere in den 1970er und frühen 1980er Jahren absolut keine Ausnahme. Als sich die religiöse Vereinigung der Kirchenmennoniten des Dorfs Griškovka (Rayon Slavgorod), die sich von ihrer „extremistischen Position" losgesagt hatte und am 12. August 1981 registriert worden war, im Januar 1988 mit dem Gesuch an den Bevollmächtigten des Rats wandte, einen Teil eines Wohnhauses erwerben und zu einem Bethaus umbauen zu dürfen, genehmigte dieser umgehend den Umbau. Zur Begründung seiner Entscheidung verwies er darauf, dass es in

---

108 Aktennotiz über die Dienstreise des Instrukteurs des Rats für Religionsangelegenheiten beim Ministerrat der UdSSR E.V. Černecov in die Region Altaj, 01.06.1983. Ebenda, d. 290, l. 30-36.

109 Notiz des Bevollmächtigten des Rats für das Gebiet Omsk A.I. Eremenko „Über die religiöse Lage im Gebiet und ernsthafte Mängel der die Einhaltung der Religionsgesetze betreffenden Arbeit einzelner Rayons- und Stadtexekutivkomitees", 04.05.1978. GARF, f. 6991, op. 6, d. 1398, l. 89-92.

110 Information des Stellvertretenden Vorsitzenden des Omsker Gebietsexekutivkomitees P.A. Žukov an den Rat für Religionsangelegenheiten beim Ministerrat der UdSSR zur Frage der Registrierung der im Dorf Solncevka (Rayon Isil'kul') bestehenden Gemeinde der Brüdermennoniten, 02.07.1975. Ebenda, d. 790, l. 28.

111 Gutachten des Bevollmächtigten des Rats für Religionsangelegenheiten für das Gebiet Omsk zur Frage des Baus eines Bethauses der im Dorf Solncevka (Rayon Isil'kul') bestehenden Gemeinde der Brüdermennoniten, 05.04.1978. Ebenda, d. 1398, l. 44-45.

dem Dorf neben der loyalen Gemeinde der Kirchenmennoniten auch eine aus Anhängern des Kirchenrats der Evangeliumschristen-Baptisten bestehende Gemeinde der Brüdermennoniten gab, deren Aktiv einen „negativen Einfluss" auf die „Loyalisten" ausübe und diese davon zu überzeugen versuche, dass man auf legalem Weg kein festes Kultgebäude bekommen könne. Vor diesem Hintergrund erschien es dem Bevollmächtigten als kleineres Übel, wenn auf der Karte der Region Altaj ein weiteres legales Bethaus auftauchen würde.[112] Wie in diesem Fall profitierten die registrierten Gemeinden auch sonst oft von der Nachbarschaft dissidentischer Gemeinden, da eine solche Konstellation ihre Chancen erhöhte, den Behörden als Gegenleistung für ihre Loyalität Zugeständnisse abzuringen.

Die religiösen Dissidenten verstanden nur zu gut die Feinheiten dieses Spiels, bei dem die Aussicht auf ein eigenes Bethaus als Köder fungierte, um die Gläubigen zur Aufgabe ihrer Überzeugungen zu bringen. Dies lässt sich z.B. gut an zwei öffentlichen Veranstaltungen ablesen, auf denen der Bevollmächtige des Rats und die Führung des Rayons Tabuny (Region Altaj) am 13. Februar 1988 mit Vertretern der Mennoniten zusammentrafen. So erklärten die Mennoniten im Dorf Serebropol', nachdem ihnen der Bevollmächtige alle Vorzüge einer Registrierung dargelegt hatte, dass ihnen die Registrierung zwar die Errichtung eines eigenen Gotteshauses ermöglichen würde, sie aber kein Gotteshaus bräuchten, sondern Glauben.[113] Im Dorf Chorošee lobte der Direktor der örtlichen Sowchose nicht nur die gewissenhafte Arbeit der Gläubigen in der Produktion, sondern versprach den mennonitischen Aktivisten der Gemeinde des Kirchenrats der Evangeliumschristen-Baptisten auch, ihnen beim Bau eines Bethauses zu helfen, wenn sie sich registrieren ließen. Zur Antwort erklärte das Gemeindemitglied G.G. Fast: „Für die Gläubigen stellt sich die Frage des Baus eines Bethauses nicht, da dies nur ein Trick der Behörden ist. Die Gläubigen schenken den Zusicherungen der Führung Glauben und bauen ein Haus, das dann konfisziert wird. So war es in Slavgorod und auch hier in Chorošee. Wenn die Behörden den Gläubigen ihren guten Willen zeigen wollen, sollen sie erst einmal die früher beschlagnahmten Bethäuser und gesetzwidrig eingezogenen Strafen zurückgeben".[114]

Da ein festes Bethaus per definitionem wesentlich praktischer als eine „Hauskirche" war, gingen die Dissidentengemeinden von Zeit zu Zeit das Risiko ein, ein festes illegales Bethaus zu errichten. So unterhielt z.B. die bekannteste Gemeinde des Kirchenrats der Evangeliumschristen-Baptisten in der Region Altaj (die etwa 200 Mitglieder starke Barnauler Gemeinde) über viele Jahre „direkt vor der Nase" der Regionsbehörden ein festes Bethaus, über dessen Existenz unter der Adresse ul. Severo-Zapadnaja Nr. 144 in Barnaul

---

112 Gutachten des Bevollmächtigten des Rats für Religionsangelegenheiten für die Region Altaj über die Zweckmäßigkeit der der Gemeinde der Kirchenmennoniten des Dorfes Griškovka erteilten Erlaubnis, ein Privathaus zu erwerben. Frühestens Januar 1988. GAAK, f. 1692, op. 1, d. 255, l. 17–18.
113 Information des Stellvertretenden Bevollmächtigten des Rats für Religionsangelegenheiten für die Region Altaj über ein Treffen mit Gläubigen der im Dorf Serebropol' (Rayon Tabuny) gelegenen Gemeinde des Kirchenrats der Evangeliumschristen-Baptisten. Frühestens 13.02.1988. Ebenda, d. 269, l. 6–8.
114 Information des Bevollmächtigten des Rats für Religionsangelegenheiten für die Region Altaj über ein Treffen mit dem den Kirchenrat der Evangeliumschristen-Baptisten unterstützenden Aktiv der Mennonitengemeinde des Dorfes Chorošee (Rayon Tabuny). Frühestens 13.02.1988. Ebenda, d. 262, l. 17–19.

sowohl die Rayonsbehörden als auch die Mitarbeiter des Rats für Religionsangelegenheiten bestens im Bilde waren.

So absurd dies auf den ersten Blick scheinen mag, entsprach es letztlich doch nur der Logik der Zeit. Unter den Bedingungen des Brežnevschen „Little Deal" versuchten die Machthaber gar zu extremen Formen der öffentlichen Konfrontation aus dem Weg zu gehen, auf die der Versuch, den Aktivitäten der Barnauler Gemeinde des Kirchenrats der Evangeliumschristen-Baptisten ein Ende zu setzen, zwangläufig hinausgelaufen wäre. Die größtenteils aus Sowjetdeutschen bestehende Gemeinde stand im Ruf, eine der aktivsten, wenn nicht gar die aktivste aller „abtrünnigen" Gemeinden der Sowjetunion zu sein, deren Mitglieder in den 1970er Jahren für zahlreiche aufsehenerregende Aktionen verantwortlich waren – so etwa das Eindringen in die Botschaft der Vereinigten Staaten in Moskau, die Verweigerung sowjetischer Pässe oder die Übergabe einer Petition an L.I. Brežnev während dessen Besuchs in Barnaul 1972. Darüber hinaus operierte die Gemeinde gekonnt mit den „Waffen der Schwachen", schickte Massenschreiben und Beschwerden der Gläubigen „an die Machthaber" und war zudem auch im Westen bekannt.[115] So stellte der Bevollmächtigte des Rats für die Region Altaj im Januar 1979 bloß fest, dass die Barnauler abtrünnigen Baptisten offen darüber sprächen, in ihrem Bethaus unter der Adresse Severo-Zapadnaja 144 zusammenzukommen. In einem ihrer letzten Schreiben hätten sie sogar offen die Frage aufgeworfen, wie das Haus geschützt werden könne. Ein Jahr zuvor hätten die Führer der Gemeinde im Zusammenhang mit der Klärung der Frage der Grundsteuer eine Flut von Telegrammen und Briefen aus unterschiedlichen Gebieten und Regionen an die Regierungsorgane provoziert, in denen ihre Glaubensgenossen gefordert hätten, „die Absichten der Behörden einzustellen, den Gläubigen der Stadt Barnaul ihr Bethaus zu nehmen".[116]

Vor diesem Hintergrund kann es nicht verwundern, dass es die Behörden lange Jahre vorzogen, die Augen vor diesem illegalen Bethaus zu verschließen, das ohne Anmeldung in einer der größten Städte Sibiriens bestand. Währenddessen wurden in dem Gebäude, das sich im Privatbesitz der Baptisten Budimir und Dorn befand (wobei Letzterer sogar emigriert war und längst bundesdeutscher Staatsbürger war), alle Bedingungen für die Durchführung „gesetzwidriger Versammlungen der Anhänger des Kirchenrats" geschaffen. Das Bethaus hatte einen Saal sowie ein Zimmer für den Presbyter und war mit technischen Geräten (Tonbandgeräte, Verstärker, Mikrofone, Diaprojektoren usw.) und Musikinstrumenten ausgestattet.

Von solchen Bedingungen konnte die loyale Gemeinde des Allunionsrats der Evangeliumschristen-Baptisten in Barnaul nur träumen: Das Mitte der 1920er Jahre erbaute Gebäude des Bethauses war baufällig und entsprach nicht den sanitären und feuerpolizeilichen Vorschriften, es fehlte ein Hof mit angrenzendem Grundstück usw. Die baptistischen Loyalisten stellten beim Barnauler Stadtexekutivkomitee mehrfach den Antrag, ihr Bethaus umbauen und um das an das Haus angrenzende Grundstück erweitern zu dürfen, bekamen aber keine Genehmigung, obwohl sie der Bevollmächtigte des Rats unterstützte, der in seinen Schreiben an das Stadtexekutivkomitee und das Barnauler Stadtparteikomitee davor warn-

---

115 Siehe ausführlicher in Kapitel 5.
116 Auskunft des Bevollmächtigten des Rats für Religionsangelegenheiten für die Region Altaj „Über die Lage und Maßnahmen zur Unterbindung der gesetzwidrigen Tätigkeit der Sektenangehörigen in der Region", 26.01.1979. GAAK, f. 1692, op. 1, d. 271, l. 5-9.

te, dass ein falsches Vorgehen der Behörden die religiösen Extremisten stärke, ihnen die Gläubigen aus den registrierten Gemeinden in die Arme treibe und Letztere dazu bringen könne, sich an die zentralen Sowjetorgane zu wenden oder gesetzwidrige Handlungen zu begehen. Schließlich riefen die Loyalisten sogar dazu auf, dem Beispiel des Kirchenrats der Evangeliumschristen-Baptisten folgend ohne Genehmigung der Behörden eigenmächtig den Bau eines neuen Hauses zu beginnen.

Erst im Juli 1986 wagten es die Barnauler Behörden bereits an der Schwelle zur Perestroika, entschieden gegen das Bethaus der Barnauler Gemeinde des Kirchenrats der Evangeliumschristen-Baptisten vorzugehen. Der Ausschuss zur Kontrolle der Einhaltung der Religionsgesetze des Exekutivkomitees des Barnauler Stadtrayons Železnodorožnoe mobilisierte Milizionäre und Bürgerwehrler, um die Gläubigen daran zu hindern, in dem Haus „illegale" Versammlungen abzuhalten. Gleichzeitig wurden auch mögliche Ausweichorte für die Durchführung von Versammlungen kontrolliert. Das Exekutivkomitee verpflichtete den Mitbesitzer des Gebäudes, Budimir, alle illegal errichteten Anbauten abzureißen, und kündigte an, den Abriss im Falle einer Weigerung auf dessen Kosten selbst vorzunehmen. Die gesamte zweite Hälfte des Jahres 1986 war das Bethaus geschlossen, Versammlungen fanden nicht statt. „Es ist davon auszugehen, dass die Gläubigen mithilfe der ausländischen religiösen Organisationen entsprechenden Druck ausüben werden", schrieb der Bevollmächtigte des Rats.[117]

Das illegale Bethaus der Barnauler Gemeinde des Kirchenrats der Evangeliumschristen-Baptisten war sowohl hinsichtlich seines Standorts als auch hinsichtlich seines langen Bestehens sicherlich einzigartig. Aber es war längst nicht das einzige Beispiel für eine Situation, in der die Behörden vor dem „Eigensinn" der Gläubigen einknickten. Davon zeugt die Geschichte der aus Anhängern des Kirchenrats der Evangeliumschristen-Baptisten bestehenden Mennonitengemeinde im Dorf Nikolaevka (Rayon Blagoveščenka / Region Altaj). Zwar hatte die Gemeinde 1975 beim Rayonsexekutivkomitee einen Antrag auf Registrierung ihrer Gemeinde gestellt und die sowjetischen Religionsgesetze anerkannt, doch hatte das Rayonsexekutivkomitee Blagoveščenka aus Sorge, die „religiöse Statistik" zu verderben, den Antrag so lange verschleppt, dass schließlich die Anhänger des Kirchenrats der Evangeliumschristen-Baptisten in der Gemeinde zu dominieren begannen und sich die Gläubigen 1978 eigenmächtig zum Bau eines Bethauses entschlossen. Wie der Bevollmächtigte des Rats für Religionsangelegenheiten konstatierte, bestrafte das Rayonsexekutivkomitee zwar den Vorsitzenden des Dorfsowjets, ging aber nicht gegen die Nutzung des Bethauses vor.[118] Soweit sich den Quellen entnehmen lässt, bestand das Bethaus bis mindestens 1985 weiter.

Mit der etwa 450 Mitglieder starken Gemeinde des Kirchenrats der Evangeliumschristen-Baptisten der Stadt Slavgorod hielt noch eine weitere große und aktive Gemeinde der Region Altaj ihre Versammlungen in den Privathäusern ihrer in der Stadt lebenden Glaubensbrüder – also in „Hauskirchen" – ab. Infolge des von Seiten des städtischen Ausschusses zur

---

117 Informationsbericht G.I. Lisenkovs über die Tätigkeit der religiösen Organisationen und den Stand der Kontrolle über die Einhaltung der Religionsgesetze in der Region Altaj im Jahr 1987, 10.12.1987. Ebenda, d. 309, l. 1-30.

118 Auskunft des Bevollmächtigten des Rats für Religionsangelegenheiten für die Region Altaj „Über die Lage und Maßnahmen zur Unterbindung der gesetzwidrigen Tätigkeit der Sektenangehörigen in der Region", 26.01.1979. Ebenda, d. 271, l. 5-9.

Kontrolle der Einhaltung der Religionsgesetze ausgehenden Überwachungsdrucks und des entschiedenen Vorgehens der Miliz verlegten die Gläubigen ihre Aktivitäten Anfang der 1980er Jahre allmählich in das dörfliche Umland auf das Gebiet des Slavgoroder Dorfsowjets. Im weiteren Verlauf entwickelten sich die Dinge wie in einem Krimi. Beim Landhaus von K.K. Dik, einem gläubigen Pensionär, wurde 1986 aus Kanthölzern und Eternitplatten ein provisorischer Bau errichtet, der angeblich als Schuppen für Heu und Brennholz dienen sollte. Aber den Mitarbeitern des Dorfsowjets wurde mit der Zeit bekannt, dass die Gläubigen innerhalb dieses Schuppens begannen, Steinwände zu mauern. Als die örtlichen Behörden schließlich verstanden, dass die Mennoniten faktisch ein Bethaus bauten, forderten sie die Gläubigen auf, die illegale Bautätigkeit einzustellen. Statt der Aufforderung Folge zu leisten, forcierte die Führung der Gemeinde die Arbeiten, schloss innerhalb weniger Tage den Bau eines massiven, beheizbaren Anbaus mit einer Grundfläche von 9 x 16 Metern ab und begann, an alle möglichen Instanzen einschließlich der Auslandsvertretung des Kirchenrats der Evangeliumschristen-Baptisten von fast 500 Gläubigen der Stadt Slavgorod und des Rayons Chabary unterschriebene Briefe zu schicken, in denen sie forderten, „den für Gottesdienste zu nutzenden Anbau des Hauses von K.K. Dik unangetastet zu lassen".[119] Zur gleichen Zeit erbauten die Anhänger des Kirchenrats in der unweit von Slavgorod in der Kasachischen SSR gelegenen Stadt Pavlodar von den lokalen Machtorganen völlig ungestört auf dem Grundstück des Gemeindeaktivisten V.V. Ljust nicht nur ein Bethaus mit einer Grundfläche von 130 Quadratmetern, sondern richteten, wie die Führung des Rats für Religionsangelegenheiten beim Ministerrat der UdSSR empört konstatierte, auch „einen unterirdischen Bunker ein, der für gesetzwidrige Ziele genutzt werden kann".[120]

Infolge der Laisser-faire-Haltung der lokalen Behörden, die die Augen vor den illegalen Bethäusern der Gemeinden des Kirchenrats der Evangeliumschristen-Baptisten verschlossen, um ihre Ruhe zu haben und die Statistik nicht zu verderben, stieg die Zahl der eigenmächtig errichteten festen Bethäuser Mitte der 1980er Jahre merklich an und lief womöglich sogar den „Hauskirchen" allmählich den Rang ab. Auch wenn die Autoren hinsichtlich der Zahl der illegal errichteten Bethäuser über keine belastbaren Daten verfügen, lassen sich aufgrund einiger Einschätzungen des Rats für Religionsangelegenheiten und dessen Bevollmächtigter indirekte Schlüsse ziehen. So konstatierte der Bevollmächtigte des Rats in seiner Bilanz des „Kampfes gegen den religiösen Extremismus" nicht nur, dass in den vergangenen fünf Jahren in der Region Altaj nicht eine einzige der „die Religionsgesetze nicht anerkennenden Vereinigungen" ihre Aktivitäten eingestellt habe, sondern wies auch auf den Umstand hin, dass viele dieser Gemeinschaften eigene Bethäuser unterhielten, regelmäßig gesetzwidrige Bet- und sonstige Versammlungen durchführten und Kulthandlungen vollzögen. Oft seien die Gebäude unter Umgehung der geltenden Normen und Regeln erbaut oder erworben worden.[121]

---

119 Informationsbericht G.I. Lisenkovs über die Tätigkeit der religiösen Organisationen und den Stand der Kontrolle über die Einhaltung der Religionsgesetze in der Region Altaj im Jahr 1987, 10.12.1987. Ebenda, d. 173, l. 1-21.

120 Auskunft des Rats für Religionsangelegenheiten beim Ministerrat der UdSSR „Über den Gang der Ordnung des Netzes der vollständig oder teilweise aus Gläubigen deutscher Nationalität bestehenden religiösen Vereinigungen". Frühestens 01.01.1985. Ebenda, d. 290, l. 3-9.

121 Notiz des Bevollmächtigten des Rats für Religionsangelegenheiten für die Region Altaj G.I. Li-

Ungeachtet ihrer offenkundigen Niederlage an diesem Abschnitt der „antireligiösen Front" war die Staatsmacht zu Zeiten Brežnevs, Andropovs und sogar des frühen Gorbačevs längst nicht immer passiv und zahnlos. Den sowjetischen Olymp mag in den Jahren der Perestroika der Wind der demokratischen und pluralistischen Veränderungen umweht haben, aber in den Beziehungen zwischen Kirche und Staat waren die Veränderungen zumal in der Provinz frühestens in den Jahren 1988/89 zu spüren. Eine gewisse Zäsur markierten in diesem Bereich die Feierlichkeiten aus Anlass des 1 000. Jahrestags der Taufe der Rus' im April 1988 und das Treffen M.S. Gorbačevs mit Papst Johannes Paul II. im Dezember 1989. Bis zu dieser Zeit war nicht eine einzige Gemeinde vor Verfolgungen und Repressionen sicher, die Organe der Miliz führten unter Führung des KGB von Zeit zu Zeit immer noch Hausdurchsuchungen durch, um Jagd auf religiöse Literatur zu machen, deren Vorhandensein einen wichtigen Indikator der religiösen Zweckentfremdung von Wohnraum darstellte. So wurde am 26. Dezember 1985 in Slavgorod im Zuge der Durchsuchung zweier „Hauskirchen" des Kirchenrats der Evangeliumschristen-Baptisten die gesamte religiöse Literatur beschlagnahmt: Bibeln, Gesangbücher, Notensammlungen, Ausgaben des vom Kirchenrat der Evangeliumschristen-Baptisten veröffentlichten Journals „Bratskij listok" usw. Fünf Tage nach der Durchsuchung schrieben 68 Mennoniten mit K.K. Dik an der Spitze in einem Schreiben an Gorbačev: „Nun sind doch schon in der Praxis unsere Rechte offenbart, das lebendige Wort Gottes zu nutzen. All diese Literatur ist mit der Mühe und dem Blut Hunderter Gefangener bezahlt und kann nur denen gehören, bei denen sie beschlagnahmt wurde".[122]

Was die festen Bethäuser des Kirchenrats der Evangeliumschristen-Baptisten betraf, konnte es immer noch dazu kommen, dass die Behörden zum Abriss eines Gebäudes schritten. So wurde z.B. am 26. Oktober 1985 das Bethaus abgerissen, das die von den Predigern G.Ja. Zimens und A.A. Fast geführte nichtregistrierte Mennonitengemeinde des Dorfs Chortica (Rayon Nižnjaja Omka / Gebiet Omsk) 1983 errichtet hatte. Es lässt sich mit hoher Wahrscheinlichkeit annehmen, dass die Partei- und Sowjetführung des Rayons unter Führung des Bevollmächtigten des Rats für Religionsangelegenheiten für das Gebiet Omsk ein Exempel statuieren wollte, um die Gläubigen demonstrativ für ihre Kompromisslosigkeit und ihren „Eigensinn" zu bestrafen. Nach der Entdeckung des „illegalen Baus" hatten die Behörden zunächst versucht, das Bethaus als Hebel zu nutzen, um die Gemeinde zur Registrierung zu zwingen. So wurden die Gläubigen im Juli 1985 vor die Alternative gestellt, das Gebäude entweder innerhalb eines Monats abzubauen oder aber in ein Wohnhaus umzuwandeln und vorübergehend nicht als Versammlungsraum zu nutzen. Für den zweiten Fall wurde ihnen in Aussicht gestellt, das Gebäude nach der Registrierung wieder zur Durchführung von Versammlungen nutzen zu dürfen. Auch wenn die Behörden die Frist für den Abriss noch zweimal verlängerten (bis zum 4. bzw. zum 29. September), um den Gläubigen Bedenkzeit zu geben, ging die Gemeinde nicht auf den Kompromiss ein, so dass das Bethaus am 26. Oktober 1985 schließlich tatsächlich abgerissen wurde. In den Generalbebauungsplan des Dorfes Chortica wurden entsprechende Korrekturen eingefügt,

---

senkov „Über Maßmahmen zur Intensivierung der Bekämpfung des religiösen Extremismus und zur Ordnung des Netzes der religiösen Vereinigungen in der Region", 14.03.1985. Ebenda, d. 271, l. 29-33.

122 Schreiben der Evangeliumschristen-Baptisten der Stadt Slavgorod an den Generalsekretär des ZK der KPdSU M.S. Gorbačev, 30.12.1985. Ebenda, d. 274, l. 136-138.

und an der Stelle, wo die „Versammlungen der Obskuranten" stattgefunden hatten, sollte ein Kinderspielplatz gebaut werden.[123]

In der Geschichte der „Hauskirchen" und illegalen Bethäuser der Gemeinden des Kirchenrats der Evangeliumschristen-Baptisten spiegelt sich die alles in allem von Mitte der 1960er bis Mitte der 1980er Jahre in den Beziehungen zwischen Kirche und Staat vorherrschende ambivalente Situation. Im gesamten Zeitraum der Regierungszeit Brežnevs und Andropovs praktizierten die Behörden ein schablonenhaftes Spektrum an Maßnahmen – Bußgelder, Auflösung von Versammlungen, Beschlagnahmung von Kirchenliteratur und anderen kulturellen Besitzes, um die Arbeit der „Hauskirchen" und illegalen Bethäuser der nichtregistrierten Gemeinden zu lähmen. Aber die Effektivität dieser „Instrumente" ließ deutlich zu wünschen übrig. Die Möglichkeit, repressive Maßnahmen zu ergreifen, wurde zusätzlich durch das Bestreben der Machthaber eingeschränkt, die „einfachen" Gläubigen nicht durch Bestrafungen gegen sich aufzubringen, keine Beleidigung ihrer religiösen Gefühle zuzulassen und Konfliktsituationen möglichst aus dem Weg zu gehen. Der Versuch, die Gläubigen von den Vorteilen einer staatlichen Registrierung zu überzeugen, dominierte über die repressive Erzwingung von Loyalität. Zusätzlich untergraben wurde die staatliche Politik durch bürokratische Routine und fehlende Planung sowie die Neigung der lokalen Behörden, vor Verstößen gegen die Religionsgesetze die Augen zu verschließen. Infolgedessen konnten die Behörden schließlich keine angemessene Antwort finden, um mit der Herausforderung durch den „Eigensinn" der Gläubigen fertigzuwerden.

4.3. Der Kampf um die Jugend

Am 17. September 1973 berichtete der Erste Stellvertretende Vorsitzende des Rats für Religionsangelegenheiten A. Barmenkov der Propagandaabteilung des ZK der KPdSU in einer ausführlichen Notiz von Plänen der Anhänger des Kirchenrats der Evangeliumschristen-Baptisten, unter dem Namen „Der Gute Samariter" ein weitverzweigtes Netz von Jugendorganisationen zu gründen.[124] Im Tätigkeitsbericht des Rats für Religionsangelegenheiten für das Jahr 1973 las sich dieser Sachverhalt folgendermaßen: „Anfang 1973 wurden an einer Reihe von Orten Versuche dokumentiert, ein weitverzweigtes Netz religiöser Jugendorganisationen aufzubauen, [...] die unter Führung des sog. Kirchenrats der Evangeliumschristen-Baptisten agieren und militante ‚Kämpfer' für das Evangelium heranziehen sollen". Der Rat für Religionsangelegenheiten informierte umgehend seine Bevollmächtigten und die lokalen Machtorgane über die drohende Entstehung einer „klerikalen Organisation" und forderte, die von den Schulen und gesellschaftlichen Jugendorganisationen unter den Kindern der Sektenangehörigen geleistete Erziehungsarbeit zu intensivieren.[125]

---

123 Aktennotiz des Bevollmächtigten des Rats für das Gebiet Omsk O.P. Osipov „Über den Abriss eines eigenmächtig errichteten und illegal als Bethaus genutzten Privathauses im Dorf Chortica (Rayon Nižnjaja Omka / Gebiet Omsk)", 06.12.1985. GARF, f. 6991, op. 6, d. 3008, l. 13-14.

124 Text der Notiz siehe: RGANI, f. 5, op. 66, d. 141, l. 56-61.

125 Informationsbericht an das ZK der KPdSU über die Tätigkeit des Rats für Religionsangelegenheiten beim Ministerrat der UdSSR für 1974, gezeichnet von V.A. Kuroedov, 31.12.1974. RGANI, f. 5, op. 67, d. 115, l. 165.

Die Gründung einer illegalen Jugendorganisation berührte eine der Urängste der Sowjetführung – die tiefsitzende Furcht, dass sich junge Leute aus „sozial-fremden Milieus" und
die Kinder der Repressierten zu organisierter antisowjetischer Tätigkeit zusammenfinden
könnten. So hatte das Volkskommissariat für Staatssicherheit bereits 1945 Befürchtungen
formuliert, die Jugend könne auf einen sowjetfeindlichen Weg geraten: „Der politisch labile
Teil der Jugend lässt sich schnell von Hasardeuren jeglicher Art ködern und versucht be-
rauscht von der Romantik des Illegalen bei seiner antisowjetischen Arbeit zu den schärfsten
Formen des Kampfes gegen die Sowjetmacht zu greifen".[126] Und auch noch dreißig Jahre
später sahen die Analytiker des Komitees für Staatssicherheit unter Führung des Stellvertretenden KGB-Vorsitzenden V.M. Čebrikov in der Jugend einen besonders labilen und „fremden Einflüssen" gegenüber offenen Teil der sowjetischen Bevölkerung. So behaupteten sie
mit Blick auf die Sowjetunion der 1970er Jahre: „Die feindlichen Elemente konzentrieren
ihre Anstrengungen vor allem darauf, unter ihren Gesinnungsgenossen und unter den in politischer Hinsicht labilen Bürgern antisowjetische Agitation und Propaganda zu betreiben,
illegale antisowjetische Gruppen zu gründen und politisch unreife sowjetische Leute vor allem aus den Reihen der Jugend für diese Gruppen zu werben".[127] Da die „Kirchenleute und
Sektenangehörigen" neben den „Nationalisten" und sonstigen „antisowjetischen Elementen"
nach Einschätzung Čebrikovs die Hauptzielgruppe feindlicher Einflussnahme darstellten[128],
reagierten die Machthaber äußerst empfindlich auf jegliche Versuche, die religiöse Jugend zu
organisieren, insbesondere, wenn entsprechende Initiativen von den „illegalen" Freikirchlern
ausgingen.

Mit seiner alarmistischen Notiz an das ZK der KPdSU instrumentalisierte Barmenkov
diese Furcht vor organisierten antisowjetischen Jugendaktivitäten schamlos für seine eigenen Zwecke, zumal der „Gute Samariter" nur auf dem Papier existierte – in Form einer
anonymen Satzung, die auf welche Weise auch immer ihren Weg in die Hände des Rats
für Religionsangelegenheiten gefunden hatte. So bot sich dem Rat ein willkommener Anlass, die Aufmerksamkeit des ZK der KPdSU auf die Missstände zu lenken, die seines
Erachtens auf dem Gebiet der atheistischen Erziehung der aus den Familien der Anhänger
des Kirchenrats der Evangeliumschristen-Baptisten stammenden Kinder und Jugendlichen
bestanden. Die von den religiösen Dissidenten unter den Jugendlichen betriebene Arbeit
wurde in der Notiz folgendermaßen beschrieben:

> „Sie organisieren regionale und überregionale Treffen junger Männer und Frauen, so-
> genannte ‚gemeinsame Mahlzeiten' [večera ljubvi], Konzerte und Theatervorstellungen,
> sie animieren junge Gläubige zur aktiven Predigt des Evangeliums, zur Anfertigung und
> Verbreitung religiöser Literatur usw. Die Sektenführer versuchen [ferner], ihren Ein-
> fluss [auch] auf die Sektenjugend der registrierten Gemeinden der Evangeliumschristen-
> Baptisten auszudehnen, [und] impfen den jungen Leuten den Gedanken ein, sich auf

---

126 Direktive des Volkskommissariats für Staatssicherheit der UdSSR Nr. 12 „Über die Intensivie-
     rung der agentur-operativen Arbeit zur Bearbeitung des antisowjetischen Elements unter der
     Jugend und in den in den Jahren 1943–44 aufgedeckten feindlichen Organisationen und Grup-
     pen". Moskau 1945, S. 1 (Zur speziellen Nutzung als Broschüre herausgegeben).
127 Čebrikov, Istorija, S. 545.
128 Čebrikov, Bor'ba organov KGB, S. 162.

einer Mission als ‚Kämpfer für den Glauben der Väter' und zur der ‚Rettung der Sündigen' zu befinden".[129]

Die aktive Beteiligung der aus gläubigen Familien stammenden Kinder und Jugendlichen am Gemeindeleben der baptistischen Vereinigungen resultierte in vielerlei Hinsicht aus der Praxis des in Sonntagsschulen und Bibelkreisen für die Kinder organisierten religiösen Gruppenunterrichts. Nach den sowjetischen Religionsgesetzen durften die Bürger Religion nur privat und individuell lehren oder lernen. Eltern oder Erziehungsberechtigte durften ihre Kinder also nur selbst und in der eigenen Wohnung in religiösen Dingen unterweisen. Der Vollzug religiöser Rituale an Minderjährigen wurde nur mit Wissen und Einverständnis beider Elternteile bzw. Erziehungsberechtigten toleriert. Jegliche Form religiösen Gruppenunterrichts für Minderjährige wurde als Gesetzesverstoß eingestuft und sowohl ordnungs- als auch strafrechtlich verfolgt. Gemäß Erlass des Präsidiums der Obersten Sowjets der RSFSR vom 18. März 1966 durften Geistliche weder „Kinder- und Jugendversammlungen" noch „Arbeits-, Literatur- oder sonstige Zirkel, die nicht unmittelbar mit dem Kult zu tun hatten" organisieren.[130] Aufgrund Artikel 142 des Strafgesetzbuchs der RSFSR konnte die „Organisation und systematische Durchführung von Religionsunterricht für Minderjährige" zudem mit bis zu drei Jahren Freiheitsentzug bestraft werden.

Wie schon bei den illegalen Versammlungen erwiesen sich die Strafmaßnahmen auch in diesem Fall letztlich als stumpfes Schwert, das die Gläubigen nicht davon abhalten konnte, ihren Kindern Religionsunterricht zu erteilen. Die Gründe dafür sind in der Anwendung der Religionsgesetze zu suchen, wie sie in der Brežnev-Zeit praktiziert wurden. So kam das wirksamste Instrument – die strafrechtliche Verurteilung der Gläubigen – in der Regel nur dann zur Anwendung, wenn die betreffende Person gleich gegen mehrere Gesetze verstoßen hatte. Um sich auf der Anklagebank wiederzufinden, musste ein Presbyter oder Prediger einer Initiativlergemeinde und erst recht natürlich ein einfaches Gemeindemitglied die Aufmerksamkeit der Behörden durch gleich mehrere Taten aus dem folgenden Register auf sich ziehen: Ignorierung der Forderung, die religiöse Tätigkeit registrieren zu lassen, Durchführung illegaler Bet- oder vergleichbarer Versammlungen, Verbreitung und Nutzung des religiösen Samizdat, Beteiligung an „verleumderischen Schreiben" an die Machtorgane sowie Organisation und Durchführung der religiösen Bildung und Erziehung von Kindern und Jugendlichen. Dabei wog die Anschuldigung, religiöse Schulen und Zirkel

---

129 Informationsnotiz des Rats für Religionsangelegenheiten beim Ministerrat der UdSSR an die Propagandaabteilung des ZK der KPdSU „Über Versuche der Anhänger des sogenannten Kirchenrats der Evangeliumschristen-Baptisten, ein weitverzweigtes Netz von Sektenjugendorganisationen aufzubauen", gezeichnet von A. Barmenkov, 17.09.1973. RGANI, f. 5, op. 66, d. 141, l. 56.

130 Zitiert nach: Sbornik normativnych aktov, S. 236. Die Sammlung ist vor allem deshalb interessant, weil sie eine spezielle Auswahl von Dokumenten zur staatlichen Religionspolitik enthält, mit denen die einfache Mitarbeiter des KGB Ende der 1960er Jahre bekannt sein sollte. Im Einzelnen: Dekret über die Trennung von Kirche und Staat und von Schule und Kirche (23.01.1918), Auszug aus der Verfassung der UdSSR, Beschlussfassung des VCIK und des Rats der Volkskommissare der RSFSR „Über religiöse Vereinigungen" (08.04.1928), Statut über den Rat für Religionsangelegenheiten beim Ministerrat der UdSSR (10.05.1966) und Erlass des Präsidiums des Obersten Sowjets der RSFSR „Über die ordnungsrechtliche Haftung für Verstöße gegen die Religionsgesetze" (18.03.1966).

organisiert zu haben, in der Regel besonders schwer, wobei allerdings auch diese Vergehen gleich mehrfach dokumentiert sein mussten, um strafrechtliche Konsequenzen nach sich zu ziehen. Mit anderen Worten hatten die Presbyter und Prediger jener Gemeinden des Kirchenrats der Evangeliumschristen-Baptisten die „besten Chancen", im Lager zu landen, in denen ungeachtet vielfacher Warnungen und der Verhängung von Ordnungsstrafen regelmäßig Religionsunterricht für Kinder und Jugendliche stattfand. Diese Einschätzung wird praktisch durch alle uns bekannten Gerichtsprozesse gestützt, bei denen in Sibirien baptistische oder mennonitische Anhänger des Kirchenrats der Evangeliumschristen-Baptisten verurteilt wurden. Der wahrscheinlich erste Gerichtsprozess, bei dem in Sibirien „Abtrünnige" verurteilt wurden, war der Prozess gegen die Führer und Aktivisten der Barnauler Gemeinde des Kirchenrats der Evangeliumschristen-Baptisten D.V. Minjakov, G.D. Lebedev, A.A. Štercer und Ju.I. Michal'kov, die am 10. Mai 1963 vom Altajer Regionsgericht nach Artikel 227 des Strafgesetzbuchs der RSFSR „für die Organisierung einer illegalen Baptistengruppe" zu Freiheitsstrafen unterschiedlicher Länge verurteilt wurden. Als strafverschärfender Umstand figurierte in dem Urteil die Tatsache, dass auch Minderjährige in diese Gruppe hineingezogen worden waren.[131] Wenig später wurden im Dezember 1963 auch die „Führer der abtrünnigen Baptistengruppe in der Arbeitersiedlung Kulunda", Subbotin und die zwei Brüder Chmara, verurteilt. Am 13. Oktober 1965 leitete die Staatsanwaltschaft der Region Altaj ein Strafverfahren gegen die Aktivisten der Barnauler Gemeinde des Kirchenrats der Evangeliumschristen-Baptisten V.N. Rudenko, P.Ja. Jancen, A.A. Gizbrecht und O.F. Šnagatkina ein, denen allen zur Last gelegt wurde, in sogenannten Sonntagsschulen Religionsunterricht für Kinder organisiert zu haben. Am 11. Januar 1966 leitete die Staatsanwaltschaft des Rayons Chabary (Region Altaj) ein Strafverfahren nach Artikel 227 des Strafgesetzbuchs der RSFSR gegen die Mennoniten P.Ja. Berg, I.M. Ênns, P.P. Leven, M.P. Nissen und E.P. Varkentin ein, die beschuldigt wurden, in den Dörfern Orlovo und Aleksandrovka (Rayon Chabary) Sonntagsschulen organisiert und Vorschulkinder zu deren Besuch gezwungen zu haben.[132] Am 21. April 1967 wurden in Barnaul der Presbyter der Barnauler Gemeinde des Kirchenrats der Evangeliumschristen-Baptisten Ja.Ja. Bil' sowie die Gemeindeaktivisten P.I. Gibert, Ja.A. Paul's, L.A. Nejfel'd, L.G. Šterger, A.Ja. Dik und V.O. Lovkajtis nach Artikel 142 des Strafgesetzbuchs der RSFSR zu ein bis drei Jahren Freiheitsentzug verurteilt. Ihnen wurde u.a. die Gründung einer Sonntagsschule für Kinder und eines Kinderchors sowie die Anfertigung größerer Mengen geistlicher Kinderliteratur zur Last gelegt.[133] 1968 verurteilte das Altajer Regionsgericht Vanclava Lovkajtis und Lidija Nejfel'd zu jeweils drei Jahren Freiheitsentzug, weil sie „illegalen Religionsunterricht für Kinder" organisiert hatten. Im Folgejahr wurde unter der gleichen Beschuldigung Lidijas Bruder D.A. Nejfel'd (Pivnev), Presbyter der Kulundaer Gemeinde und Mitglied der

---

131   Das Urteil wurde 1965 im Zuge der Brežnev'schen Wende in der staatlichen Religionspolitik vom Obersten Gericht der UdSSR aufgehoben.

132   Rapport des Staatsanwalts der Region Altaj an den Staatsanwalt der Abteilung für Überwachung der Ermittlungsarbeit in den Staatssicherheitsorganen der Staatsanwaltschaft der UdSSR Oberjustizrat Pochlebin über das Vorgehen der Gerichtsorgane gegenüber Gläubigen, 13.04.1966. GAAK, f. 1692, op. 1, d. 37, l. 185-188.

133   Urteil des Volksgerichts des Rayons Železnodorožnyj (Stadt Barnaul) im Fall von Jakov Ja. Bil'. Petr Ja. Gibert und „anderer Anführer der nichtregistrierten Barnauler Gemeinde der abtrünnigen Baptisten", 21.04.1967. GAAK, f. 1692, op. 1, d. 58, l. 31-39.

Führung des Kirchenrats der Evangeliumschristen-Baptisten, verhaftet und zu drei Jahren Freiheitsentzug verurteilt.[134] Am 30. August 1974 verurteilte das Omsker Gebietsgericht den Prediger der Mennonitengemeinde des Dorfes Miroljubovka (Rayon Moskalenki) I.F. Tevs und die Gemeindeaktivisten Ja.Ja. Ėnns und P.G. Adrian[135], am 30. Juli 1975 die Führer der Gemeinde der Brüdermennoniten der Stadt Isil'kul' Ja.D. Kriger und A.I. Laukert. Ihnen allen wurde „systematischer Religionsunterricht für Kinder" zur Last gelegt. Darüber hinaus waren bei Kriger und Laukert „große Mengen Literatur religiösen Inhalts sowie für den organisierten Religionsunterricht für Kinder bestimmte Kartotheken" beschlagnahmt worden.[136] Am 14. Mai 1981 wurden die Führer der illegalen Gemeinde der Brüdermennoniten des Dorfes Apollonovka (Rayon Isil'kul') I.A. Vall und Ja.F. Dirksen zu fünf Jahren Freiheitsentzug und Einzug des Besitzes und die Gemeindeaktivistinnen E.A. Panina und M.P. Tevs zu vier Jahren Freiheitsentzug verurteilt. In der Urteilsbegründung hieß es: „Vall und Dirksen haben systematischen Religionsunterricht für Kinder und Heranwachsende organisiert, den Unterricht führen sie selbst oder ziehen dazu aktive Sektenmitglieder wie Panina und Tevs heran. Der Religionsunterricht für Kinder findet im Rahmen eigens organisierter Zusammenkünfte oder auf allgemeinen Versammlungen statt, auf denen die Kinder gesondert sitzen und vor den Erwachsenen mit Liedern oder Rezitationen auftreten".[137] Am 28./29. Juli 1981 standen in der Arbeitersiedlung Mar'janovka (Rayon Mar'janovka, Gebiet Omsk) die Prediger der illegalen Gemeinde des Kirchenrats der Evangeliumschristen-Baptisten N.M. Dikman und A.E. Lavrenec vor Gericht und wurden für systematische Verstöße gegen die Religionsgesetze einschließlich der Durchführung von Religionsunterricht für Kinder zu Bewährungsstrafen verurteilt. Der Gerichtsprozess wurde unter großer Anteilnahme der Öffentlichkeit (bei den Sitzungen waren etwa 400 „Werktätige" anwesend), der örtlichen Presse und des Gebietsfernsehens inszeniert.[138]

Für die These, dass vor allem die Durchführung von Religionsunterricht strafrechtliche Konsequenzen nach sich zog, spricht auch die fragmentarische Statistik der strafrechtlichen Verfolgung der Gläubigen. So wurden nach den unvollständigen Angaben des Rats für Religionsangelegenheiten allein im Jahr 1973 in der UdSSR 65 „Sektenführer" strafrechtlich und über 800 „Gesetzesbrecher" ordnungsrechtlich belangt, wobei insbesondere die Organisatoren von Religionsunterricht mit strafrechtlichen Konsequenzen rechnen mussten. „Vor allem für solche Taten wurden einige Sektenführer in den Regionen Krasnodar, Krasnojarsk und Stavropol' sowie in den Gebieten Kemerovo, Novosibirsk, Omsk, Vorošilovgrad, Krim,

---

134 Informationsbericht des Bevollmächtigten des Rats für Religionsangelegenheiten Korobejščikov „Über die religiöse Lage und den Stand der Kontrolle über die Einhaltung der Religionsgesetze in der Region Altaj für das Jahr 1968", 25.02.1969. GAAK, f. 1692, op. 1, d. 99, l. 1-36.

135 Darüber hinaus liegen Informationen darüber vor, dass in den Jahren 1972–1974 die „Anführer" der nichtregistrierten Gruppen der Brüdermennoniten der Rayone Isil'kul' und Moskalenki (Gebiet Omsk) I.A. Vall, I.Ja. Vins, Ja.F. Dirksen, Penner und Fast verurteilt wurden.

136 Urteil des Isil'kul'er Rayonsgerichts des Gebiets Omsk im Fall der Mennoniten Jakov D. Kriger und Al'fred Ch. Laukert, 30.07.1975. GARF, f. 6991, op. 6, d. 992, l. 13-17.

137 Urteil des Gerichtskollegiums für Strafsachen des Omsker Gebietsgerichts zu den Führern der illegalen Gemeinde der Brüdermennoniten des Dorfs Apollonovka (Rayon Isil'kul'), 14.05.1981. Ebenda, d. 2105, l. 30-35.

138 Urteil des Gebietsgerichts Omsk im Fall der Prediger der Gemeinde des Kirchenrats der Evangeliumschristen-Baptisten N.M. Dikman und A.E. Lavrenc, 29.06.1981. Ebenda, l. 43-47.

Chmel'nickij, Gomel' und Minsk strafrechtlich zur Verantwortung gezogen", hieß es im Bericht des Rats für Religionsangelegenheiten.[139]

Bedenkt man, dass der Religionsunterricht für Kinder flächendeckend in fast allen Gemeinden des Kirchenrats der Evangeliumschristen-Baptisten erteilt wurde, ist die Zahl der Verurteilungen allerdings verhältnismäßig klein. Eine solche Praxis der Anwendung der Gesetze war symptomatisch für die staatliche Strafpolitik Brežnevscher Prägung. So teilte der Stellvertretende KGB-Vorsitzende V.M. Čebrikov am 26. Mai 1977 bei einem Auftritt vor Vertretern der Sicherheitsorgane der sozialistischen Bruderstaaten mit seinen Kollegen die geheime Information, dass nach Stand zum 10. Mai 1977 in der UdSSR 122 „für antisowjetische Agitation und Propaganda verurteilte" Personen in Arbeitsbesserungsanstalten inhaftiert seien.[140] Diese vergleichsweise niedrige Zahl „politischer Häftlinge" erklärte Čebrikov folgendermaßen: „Für uns sind repressive Maßnahmen nur die Ultima Ratio. Der KGB geht davon aus, dass solche Maßnahmen [nur] dann zur Anwendung kommen müssen, wenn alle anderen Mittel zur Verhinderung unerwünschter Erscheinungen und Taten ausgeschöpft sind".[141] Dabei nannte er neben dem „Agenturapparat" vorbeugende Gespräche und an die Adresse potentieller „Sowjetfeinde" gerichtete Warnungen von Seiten des KGB als wichtigste Maßnahmen, um gegen die Aktivitäten sowjetfeindlicher Elemente vorzugehen.

Tatsächlich weist die Regierungszeit Brežnevs den niedrigsten Koeffizienten der Tätigkeit des Strafapparats gegenüber „antisowjetischen Elementen" aus. Während unter Chruščev in den Jahren 1956–1964 durchschnittlich 636 Personen pro Jahr für antisowjetische Agitation und Propaganda verurteilt wurden, wurden unter Brežnev in den Jahren 1965–1982 nur durchschnittlich 115 vermeintliche oder tatsächliche Gegner des kommunistischen Regimes nach Artikel 70 des Strafgesetzbuchs der RSFSR bzw. den entsprechenden Artikeln der Strafgesetzbücher der Unionsrepubliken („antisowjetische Agitation und Propaganda") verurteilt.[142] In der ersten Hälfte des Jahres 1980 stellten die Organe des KGB z.B. 243 Personen vor Gericht, von denen 59 für besonders gefährliche Staatsverbrechen (davon wiederum 18 Personen für Landesverrat), 40 als „aktive Antisowjetler" und 94 als Schmuggler und Währungsspekulanten angeklagt wurden.[143] Es versteht sich von selbst, dass diese Statistik nicht das gesamte Spektrum der politischen Repressionen abdeckt. So wurden religiöse Dissidenten auch nach den Artikeln 142 und 227 des Strafgesetzbuchs der RSFSR bzw. den entsprechenden Artikeln der Strafgesetzbücher der Unionsrepubliken verurteilt, deren Zahl aber offensichtlich mit der Zahl der verurteilten „Antisowjetler" korrelierte.[144] Bekannt ist

139 Informationsbericht an das ZK der KPdSU über die Tätigkeit des Rats für Religionsangelegenheiten beim Ministerrat der UdSSR für 1974, gezeichnet von V.A. Kuroedov, 31.12.1974. RGANI, f. 5, op. 67, d. 115, l. 167.
140 Čebrikov, Bor'ba organov KGB, S. 154.
141 Ebenda, S. 156 f.
142 Kozlov, Mironenko (Hrsg.), Kramola., S. 36.
143 Aktennotiz Ju.V. Andropovs an das ZK der KPdSU. Frühestens 01.07.1980. RGANI, f. 89, op. 51, d. 4, l. 2-3.
144 Im Zeitraum von 1961 bis in die erste Hälfte 1964 wurden in der UdSSR 806 „Religiöse" nach diesen Artikeln verurteilt, während die Zahl der verurteilten „Antisowjetler" 1961–1964 bei 1 052 Personen lag. Siehe: Auskunft des Rats für religiöse Kulte beim Ministerrat der UdSSR über die Zahl der Verurteilten und Verbannten aus den Reihen der Gläubigen in der UdSSR in den Jahren 1961–1965, 20.09.1965. GARF, f. 6991, op. 4, d. 173, l. 187.

auch die Praxis, politische Regimegegner nach „kriminellen" Artikeln zu verurteilen oder zwangsweise in die Psychiatrie einzuweisen. Aber trotzdem spiegelt die oben angeführte Statistik die allgemeine Tendenz adäquat wider: Die Organe der Staatssicherheit ersetzten repressive Praktiken in immer größerem Maße durch „Vorbeugemaßnahmen". So brachen in der UdSSR unter Brežnev mit den Worten Anna Achmatovas „vegetarische Zeiten" an.

Beide Konfliktparteien waren sich bestens bewusst, was auf dem Spiel stand. Für die Machthaber bedeutete die „Verjüngung" der Gemeinden durch die gläubigen Familien entstammenden Kinder das Ende der Theorie des „natürlichen Absterbens" der Religion, der zufolge „dunkle Gestalten" fortgeschrittenen Alters das Hauptkontingent der Gläubigen stellten, mit deren Tod die „religiöse Frage" in der Gesellschaft des siegreichen Sozialismus in absehbarer Zukunft ein für allemal gelöst sei. Den Gläubigen wiederum war klar, dass ihre Kirchen ohne Nachwuchs aus der jungen Generation dem Untergang geweiht waren und der Glaube dem Vergessen anheimfallen würde. Außerdem glaubten die Eltern, sich an ihren Kindern zu vergehen, wenn sie ihnen den Religionsunterricht verweigerten und ihnen dadurch die wegweisenden biblischen Wahrheiten und die Hoffnung auf Erlösung vorenthielten. Die folgende Erklärung des Predigers der im Dorf Apollonovka (Gebiet Omsk) gelegenen Mennonitengemeinde I.E. Jancen lässt sich als Credo der religiösen Dissidenten betrachten:

> „Uns kann niemand zwingen, auf den Unterricht und die Erziehung [unserer] Kinder im Geiste Gottes zu verzichten. Als Eltern stehen wir für sie in der Verantwortung vor Gott, weil weder ihr (d.h. die Machtorgane) noch irgendwelche Regierungsverordnungen für uns verpflichtend sein können. Wir kennen unsere Verpflichtungen vor den Kindern und vor Gott und werden den Geboten folgen. Wir begehen eine unverzeihliche Sünde, wenn wir von unseren Kindern wegtreten [und] sie ohne Gebet und Belehrung auf den Weg ins Himmelreich lassen".[145]

Vor diesem Hintergrund stellte die Frage der Legalisierung der religiösen Erziehung der Kinder neben der offiziellen Anerkennung des Kirchenrats der Evangeliumschristen-Baptisten die zweite zentrale Forderung der Initiativler dar, an deren Erfüllung sie eine Änderung ihrer Einstellung zum Problem der staatlichen Registrierung der Gemeinden banden. Die Gläubigen gingen nicht ohne Grund davon aus, dass eine Registrierung ihrer Gemeinden mit der Verpflichtung einhergehen würde, die religiöse Unterweisung ihrer Kinder auf die individuelle Belehrung durch die Eltern zu beschränken. So erklärte der Bevollmächtigte des Rats für Religionsangelegenheiten für das Gebiet Omsk im Juli 1975 mit Blick auf die Lage in den mennonitischen Gemeinden: „Das Verhalten der Führer dieser Gemeinden ist demonstrativ und [zeigt] einen ausgeprägten Nationalismus. Kinder und Jugend, der Kampf um sie, der spezielle Religionsunterricht, ihre Erziehung im Geiste des Hasses auf die atheistische Wirklichkeit – eine Tätigkeit, die den sowjetischen Religionsgesetzen entschieden zuwiderläuft – sind Gründe und Motive dafür, dass sie sich der Registrierung entziehen".[146]

---

145 Informationsbericht an das ZK der KPdSU über die Tätigkeit des Rats für Religionsangelegenheiten beim Ministerrat der UdSSR für 1974, gezeichnet von V.A. Kuroedov, 31.12.1974. RGANI, f. 5, op. 67, d. 115, l. 183.
146 Informationsnotiz des Bevollmächtigten des Rats für das Gebiet Omsk D.I. Ivanov an den Vorsitzenden des Rats für Religionsangelegenheiten V.A. Kuroedov über die Arbeit zur Umsetzung

Selbst in jenen Gemeinden des Kirchenrats der Evangeliumschristen-Baptisten, die ihre Kompromissbereitschaft gegenüber den Behörden signalisierten, blieb die Forderung nach freiem religiösem Gruppenunterricht für Kinder und Jugendliche ein ständiger Streitpunkt. So erklärte der Führer der im Dorf Nekrasovo (Rayon Slavgorod) gelegenen Gemeinde des Kirchenrats der Evangeliumschristen-Baptisten Gergard Varkentin im April 1983 gegenüber dem Bevollmächtigten des Rats für Religionsangelegenheiten, dass es gegen die Registrierung keine Einwände gebe, wenn die Gläubigen neben der Erlaubnis, sich als Gemeinde des Kirchenrats der Evangeliumschristen-Baptisten registrieren zu lassen und Missionstätigkeit betreiben zu dürfen, auch das Recht erhielten, Religionsunterricht für die Kinder zu organisieren.[147]

Zusätzliche Brisanz kam der Frage des religiösen Gruppenunterrichts für Minderjährige durch die Tatsache zu, dass sie eng mit dem Problem der Anwesenheit von Heranwachsenden auf den Versammlungen verbunden war. Zwar war die bloße Anwesenheit bzw. passive Teilnahme Minderjähriger an Versammlungen im Unterschied zu deren aktiver Beteiligung einschließlich von Chor und Orchester nicht strafrechtlich relevant, doch wurde selbst dieses erlaubte Minimum – der Besuch einer Versammlung durch Heranwachsende und Kinder in Begleitung ihrer Eltern – von den Behörden äußerst ungern gesehen. Dies wiederum hatte zur Folge, dass die lokalen Behörden die Eltern nicht selten allein dafür bestraften, dass sie ihre Kinder zum Gottesdienst mitnahmen, wobei dieses gesetzwidrige Vorgehen durch den Umstand begünstigt wurde, dass die sowjetischen Religionsgesetze einschließlich der Beschlussfassung des VCIK und des Rats der Volkskommissare der RSFSR „Über religiöse Vereinigungen" vom 8. April 1929 weitgehend geheim waren. Die Bevollmächtigten des Rats für Religionsangelegenheiten wiederum erwirkten von den erwachsenen Gläubigen der loyalen Gemeinden die „freiwillige" Verpflichtung, ihre Kinder nicht auf Versammlungen mitzunehmen. So fassten z.B. die Mitglieder der im Jahr 1972 von den Behörden registrierten Mennonitengemeinde des Dorfes Gljaden' (Rayon Blagoveščenka / Region Altaj) den Beschluss, ihre „Kinder nicht auf die Versammlung mitzunehmen und die schulische Erziehung nicht zu stören".[148] Eine solch restriktive Haltung der Behörden selbst gegenüber der rechtskonformen Anwesenheit von Kindern auf Versammlungen bestärkte die religiösen Dissidenten nur in ihrem Bestreben, all diesem zum Trotz Sonntagsschulen zu gründen.

Im gesamten Verlauf der späten 1960er – 1980er Jahre war die organisierte religiöse Erziehung der Jugend praktisch das „Aushängeschild" der baptistischen Initiativler. So nannte der KGB-Vorsitzende Vladimir Semičastnyj 1966 in seinem die Ergebnisse des Prozesses gegen die Führer des Kirchenrats der Evangeliumschristen-Baptisten G.K. Krjučkov und G.P. Vins betreffenden Bericht an das ZK der KPdSU die „Gründung von Sonntagsschulen

---

der Anordnung des Rats vom 28.08.1974 „Über Maßnahmen zur Ordnung des Netzes der aus Bürgern deutscher Nationalität bestehenden religiösen Vereinigungen und die Intensivierung der Kontrolle über deren Tätigkeit", 15.07.1975. GARF, f. 6991, op. 6, d. 790, l. 65-69.

147 Information des Bevollmächtigten des Rats für Religionsangelegenheiten für die Region Altaj G.I. Lisenkov über die Tätigkeit der religiösen Vereinigung des Kirchenrats der Evangeliumschristen-Baptisten des Dorfes Nekrasovo (Rayon Slavgorod). Frühestens 11.04.1983. GAAK, f. 1692, op. 1, d. 240, l. 8-10.

148 Bericht des Bevollmächtigten des Rats für Religionsangelegenheiten für die Region Altaj Korobejščikov „Lage der Religionen in der Region und Stand der Kontrolle über die Einhaltung der Religionsgesetze", 15.08.1972. Ebenda, d. 221, l. 1-12.

für Kinder" als eines der Hauptbetätigungsfelder des Kirchenrats der Evangeliumschristen-
Baptisten.[149] In den Materialien des Rats für Religionsangelegenheiten und den Berichten
seiner Bevollmächtigten ist die Tätigkeit der illegalen Religionsschulen in den gesamten
18 Jahren der Regierungszeit Brežnevs das bestimmende Thema. So hielt der Rat in seinem Bericht an das ZK der KPdSU für das Jahr 1973 beunruhigt fest, dass es in den
in den Rayonen Slavgorod, Kulunda, Tabuny und Chabary (Region Altaj) gelegenen mennonitischen Gemeinden der Anhänger des Kirchenrats der Evangeliumschristen-Baptisten
„besondere Kinderschulen" gebe, in denen die Kinder nach Altersstufen gestaffelt in vier
Gruppen aufgeteilt seien – Vorschulkinder, Kinder, Heranwachsende und Jugendliche. Die
letztere Gruppe werde z.B. von Schülern der 8.–10. Klasse besucht, die dort rhetorisch
geschult und in die Grundlagen des Predigertums eingeführt würden. Darüber hinaus gebe es Arbeitsgruppen für Fotografie, Musik, Gesang, Tonaufzeichnung und künstlerische
Gestaltung.[150] Ein Jahr später beschrieb der Bevollmächtigte des Rats den für die Kinder organisierten Religionsunterricht der Mennonitengemeinde des Dorfes Polevoe (Rayon
Chabary) folgendermaßen:

> „Der Hauptgrund für die Opposition der Sektenanhänger gegen die Religionsgesetze ist
> der Religionsunterricht für die Kinder. Den Geistlichen reicht eine rein familiäre Er-
> ziehung nicht aus. Sie versuchen mit allen Mitteln, die Kinderschulen der Gemeinden
> wiederzuerrichten, und übernehmen einige Methoden der abtrünnigen Baptisten. Die Po-
> levoer Gemeinde der Brüdermennoniten führt regelmäßig nach Altersgruppen gestaffelte
> sog. Bibelstunden durch [und] organisiert die Unterweisung der Kinder und Heranwach-
> senden in Versammlungen. Zu diesem Zweck werden Gottesdienste für Kinder und eine
> kleine Zahl Eltern gesondert von den Erwachsenen und älteren Gläubigen durchgeführt.
> Hier sorgen die Kinder selbst für den Kirchendienst, eignen sich religiöse Kompetenzen
> an und werden kollektiv im Glauben gestärkt".[151]

Eine Vorstellung davon, wie der typische Unterricht einer illegalen Sonntagsschule ablief
und wie die Gläubigen auf das Vorgehen der Behörden reagierten, vermittelt ein am 12.
März 1978 von den Mitarbeitern des Dorfsowjets Orlovo (Rayon Chabary / Region Al-
taj) aufgesetztes Tatbestandsprotokoll über die Durchführung illegalen Unterrichts in einer
Sonntagsschule für Kinder. An dem betreffenden Sonntag fanden zwei Lehrer der örtlichen
Schule angeführt von dem Vorsitzenden des Dorfsowjets A.F. Regers im Haus von Marija
Vejs 19 Schüler der 1.–5. Klasse vor, denen sechs Erwachsene Religionsunterricht erteilten.
Zu Beginn des Unterrichts wurde neues Material erklärt und Gelerntes gefestigt, anschlie-
ßend wurden „Lieder in russischer Sprache gesungen, in denen Gott, das Leben im Paradies
und die Freuden eines Lebens mit Gott gepriesen wurden". Später sagte jedes Kind aus-

---

149 Aktennotiz Semičastnyjs an das ZK der KPdSU, 07.12.1966. RGANI, f. 5, op. 58, d. 366, l.
     201.
150 Informationsbericht an das ZK der KPdSU über die Tätigkeit des Rats für Religionsange-
     genheiten beim Ministerrat der UdSSR für 1974, gezeichnet von V.A. Kuroedov, 31.12.1974.
     Ebenda, op. 67, d. 115, l. 183.
151 Auskunft des Bevollmächtigten des Rats für Religionsangelegenheiten für die Region Altaj
     Korobejščikov über die Tätigkeit der Brüdermennoniten im Dorf Polevoe (Rayon Chabary),
     18.06.1974. GAAK, f. 1692, op. 1, d. 66, l. 34-40.

wendig etwas aus der Bibel auf und beantwortete Fragen. Zum Abschluss des Unterrichts wurden den Kindern Blätter mit Auszügen aus der Bibel ausgehändigt. Auf den Hinweis des Vorsitzenden des Dorfsowjets, dass Gruppenunterricht illegal sei, habe M.P. Richert geantwortet, dass die Gläubigen ihre eigenen Kinder erziehen würden, wie sie es wollten. Alle Erwachsenen, sowohl die „Lehrer" als auch die Hausherren, hätten sich geweigert, das Tatbestandsprotokoll über die Ordnungswidrigkeit zu unterschreiben.[152]

Sowohl die lokalen als auch die zentralen Machtorgane waren in den allermeisten Fällen bestens über die Situation informiert, konnten sie aber nicht grundsätzlich ändern. Das Gefühl, an diesem Abschnitt der „religiösen Front" verloren zu haben, zieht sich auch durch ein an das ZK der KPdSU gerichtetes Schreiben Ju.V. Andropovs vom 13. August 1979, in dem der KGB-Vorsitzende die Parteiführung bat, das vom KGB ausgearbeitete Projekt einer die Maßnahmen zur Intensivierung der unter den Kindern von Gläubigen betriebenen atheistischen Propaganda und Erziehungsarbeit betreffenden Beschlussfassung des ZK der KPdSU zu prüfen. Da ein entsprechender Beschluss allerdings nie gefasst wurde, ist davon auszugehen, dass das ZK der KPdSU das Thema kleinhalten und sich bei der Lösung lieber auf die alltägliche Routine verlassen wollte.

Vor Ort scheuten Staatsanwaltschaft und Behörden oft den Konflikt mit dem unbeugsamen „Eigensinn" der Gläubigen und verschlossen vor Verstößen gegen die Religionsgesetze die Augen. So beschrieb z.B. der Bevollmächtigte des Rats im Juli 1984 folgendermaßen die Situation in den im Rayon Chabary (Region Altaj) gelegenen Gemeinden, wo es nach Angaben der Vorsitzenden der Dorfsowjets und der Sekretäre der Parteiorganisationen in ausnahmslos jeder dem Kirchenrat der Evangeliumschristen-Baptisten nahestehenden Gemeinde Sonntagsschulen gab:

> „[...] Man stößt immer wieder auf Fälle, in denen auf die gesetzwidrige Tätigkeit der religiösen Extremisten mit einer defätistischen Haltung reagiert wird. [...] Verstöße gegen die Religionsgesetze werden nicht dokumentiert, Materialien zur gesetzwidrigen Tätigkeit einzelner Führer und Autoritäten nicht gesammelt. Es reicht zu sagen, dass in den sechs Monaten des laufenden Jahres nicht ein einziger der extremistischen Organisatoren ordnungsrechtlich für Verstöße gegen die Religionsgesetze zur Verantwortung gezogen wurde. Die Strafverfolgungsorgane haben ihre Rolle bei dieser Arbeit noch nicht gefunden [...]. Eine passive Haltung nimmt auch die Rayonsstaatsanwaltschaft ein. [...] Von Seiten des Staatsanwalts sind z.B. konkrete Materialien über die Tätigkeit der Sonntagsschulen und andere gröbste Verstöße gegen die Religionsgesetze unbeachtet geblieben. Die Mitarbeiter der Abteilung für innere Angelegenheiten [und] der Staatsanwaltschaft lassen die ihnen vom Gesetz gegebene Möglichkeit ungenutzt, gegen arglistige Verletzer der Religionsgesetze eine offizielle Verwarnung auszusprechen".[153]

So wiederholte sich im Fall der religiösen Sonntagsschulen das bereits aus dem Kontext der illegalen Versammlungen bekannte Szenario: Die Aktivitäten der „Sonntagsschulen"

---

152 Tatbestandsprotokoll des Dorfsowjets Orlovo (Rayon Chabary / Region Altaj) über die Durchführung illegalen Unterrichts der Kindersonntagsschule, 12.03.1978. Ebenda, d. 217, l. 48-49.

153 Notiz des Bevollmächtigten des Rats für Religionsangelegenheiten für die Region Altaj G.I. Lisenkov „Über einige Mängel bei der Organisation der Kontrolle über die Einhaltung der Religionsgesetze im Rayon Chabary", 13.07.1984. Ebenda, d. 300, l. 15-20.

waren für alle Konfliktbeteiligten ein offenes Geheimnis, aber die Behörden konnten keine überzeugenden Gegenargumente auffahren, mit denen sie die Routine der täglichen Arbeit der Gläubigen und ihre Bereitschaft, „für die Sache Gottes zu leiden", hätten brechen können. Sowohl die Verhängung von Bußgeldern als auch die relativ selten strafrechtlichen Sanktionen bewirkten vielfach das Gegenteil des Intendierten und bestärkten die religiösen Dissidenten eher in ihrer Entschlossenheit. So wurden nach Ansicht des Bevollmächtigten des Rats für Religionsangelegenheiten des Gebiets Omsk die auf die religiöse Erziehung zielenden Aktivitäten der nichtregistrierten Mennonitengemeinden Apollonovka, Pučkovo (Rayon Isil'kul') und Miroljubovka (Rayon Moskalenki) nach der Verurteilung ihrer „Führer" Penner, Fast, Dirksen und Vall „nicht nur nicht schwächer, sondern verstärkten sich sogar noch", während die verurteilten Delinquenten in den Augen der Bevölkerung zu „heiligen Glaubensmärtyrern" wurden.[154]

Man sollte annehmen, dass die Machthaber im Konflikt um die Frage des Religionsunterrichts in den weltlichen Schulen einen Verbündeten an ihrer Seite hatten, der die Situation durch die tägliche Arbeit mit den Kindern der Gläubigen hätte beeinflussen können. Aber dazu kam es nicht. Vielleicht hätten die allgemeinbildenden Schulen eine Chance gehabt, mit dem Einfluss der Eltern zu konkurrieren, wenn diese Schulen von den gläubigen Familien nicht als feindliches Territorium wahrgenommen worden wären, das oft mit Unannehmlichkeiten und zuweilen auch mit Gefahren verbunden war. Aus naheliegenden Gründen nahm das pädagogische Personal der Schulen den Kindern der „Religiösen" gegenüber eine kämpferische Haltung ein und versuchte diese auf jede erdenkliche Weise umzuerziehen und dem „reaktionären" Einfluss der Familie zu entziehen. Nicht selten unternahmen die Lehrer zudem im Auftrag der „zuständigen Organe" Versuche, den Kindern Informationen über die Aktivitäten der Gemeinden und insbesondere über Zeit und Ort der illegalen Versammlungen zu entlocken. Die Initiativler beschrieben dieses Tun der Lehrer 1965 in einer an den Vorsitzenden des Altajer Regionsexekutivkomitees gerichteten Erklärung folgendermaßen: „Die Lehrer halten die Kinder nach dem Unterricht 3–4 Stunden fest und versuchen, aus ihnen [Informationen] über die Orte des Besuchs von Versammlungen der Eltern herauszubekommen, und zwingen sie, darüber offizielle Unterschriften zu geben".[155] Dass eine derartige Praxis weitverbreitet war, lässt sich indirekt aus dem Plan des Bevollmächtigten des Rats für Religionsangelegenheiten für die Region Altaj „über die Verstärkung der Kontrolle über die Tätigkeit der Mennonitengruppe im Dorf Chorošee (Rayon Tabuny)" für das Jahr 1973 schließen, in dem dieser u.a. die Absicht äußerte, den Einsatz der Schulen für Ermittlungsmaßnahmen von Seiten der Verwaltungsorgane möglichst zu vermeiden.[156]

---

154 Informationsbericht an das ZK der KPdSU über die Tätigkeit des Rats für Religionsangelegenheiten beim Ministerrat der UdSSR für 1974, gezeichnet von V.A. Kuroedov, 31.12.1974. RGANI, f. 5, op. 67, d. 115, l. 183.

155 Erklärung der Gläubigen der Gemeinden der Evangeliumschristen-Baptisten der Region Altaj an den Vorsitzenden des Altajer Regionsexekutivkomitees Stepan V. Kal'čenko, 26.11.1965. GAAK, f. 1692, op. 1, d. 73, l. 111-112.

156 Maßnahmenplan des Bevollmächtigten des Rats für Religionsangelegenheiten für die Region Altaj zur Ordnung des Netzes der religiösen Vereinigungen und zur Intensivierung der Kontrolle über deren Tätigkeit hinsichtlich der Gruppe der Mennoniten des Dorfes Chorošee (Rayon Tabuny), 1973. Ebenda, d. 43, l. 46 ob.

Verschärft wurde die Situation zudem durch die Haltung der Eltern, die ihren Kindern verboten, den ihres Erachtens nicht mit der Lehre des Evangeliums zu vereinbarenden kommunistischen Kinder- und Jugendorganisationen beizutreten, und generell allen außerschulischen gesellschaftlichen Freizeitaktivitäten wie etwa dem Besuch von Theatern und Kinos äußerst kritisch gegenüberstanden. Die atheistischen Aktivitäten der Schulen waren meist dermaßen plump, dass sie das Gegenteil des Gewünschten erreichten. So konstatierte der Bevollmächtigte des Rats für Religionsangelegenheiten für die Region Altaj 1967:

> „[...] Die pädagogischen Kollektive einiger Schulen haben bis zum heutigen Zeitpunkt keine Wege und Formen gefunden, ihren Einfluss auf die gläubigen Eltern und Schüler auszuweiten. Statt die Kinder in das Leben der Schule einzubeziehen, sie dem ganzen Schulkollektiv näherzubringen [und] dem Einfluss ihrer fanatischen Eltern zu entziehen, werden die gläubigen Kinder in einzelnen Schulen bis zum heutigen Tag lächerlich gemacht, was nur zur Folge hat, dass sie sich vom Kollektiv entfernen, sich verschließen und die Immunität des Widerstands entwickeln. Und einige Lehrer tun nicht nur nichts, um den Einfluss des Kinderkollektivs auf die gläubigen Schüler zu stärken, sondern erreichen durch ihre falschen Repliken, Fragen und Anmerkungen zuweilen das Gegenteil – die Teilung der Kinder und Isolation der Gläubigen. Manchmal machen sie diese sogar zu ‚Glaubensmärtyrern‘. In der Stadt Slavgorod wurden die Kinder z.B. nach Hause geschickt, wenn sie kein Pionierhalsband oder keine Oktobersternchen trugen, an der Station Pavlicha wurde versucht, die Kinder zum Besuch des Kinos zu zwingen, und als sie sich weigerten, mussten sie mehrere Stunden in der Ecke stehen".[157]

Unmittelbar mit der religiösen Erziehung der Kinder und Jugendlichen verbunden war die Frage des Wehrdienstes der den Reihen der Initiativler entstammenden jungen Männer in der Sowjetarmee. Nachdem das in den 1920er Jahren noch hochaktuelle Problem des freikirchlichen Pazifismus in den 1930er Jahren durch die erzwungene Anerkennung der Wehrpflicht durch alle größeren Freikirchen bereits gelöst schien[158] und die Verweigerung des Wehrdienstes mit der Waffe in der Hand auch in den Jahren des Deutsch-Sowjetischen Kriegs offensichtlich eine seltene Ausnahme dargestellt hatte, traf die Renaissance pazifistischer Stimmungen im freikirchlichen Milieu und insbesondere unter den Mennoniten und einem Teil der Adventisten (sogenannte Reformadventisten) die Bevollmächtigten des Rats für Religionsangelegenheiten und deren Führung in der Chruščev-Zeit offenbar vollkommen unerwartet. So erhielt der Bevollmächtigte des Rats für das Gebiet Omsk L. Serebrennikov, als er im August 1956 auf die pazifistische Propaganda einiger „in den Rayonen des Gebiets Omsk aktiver Baptistengruppen" hinwies, lediglich einige allgemeine Auskünfte in der Art von: „Die Mennoniten waren strenge Kriegsgegner und verweigerten den Eid und den Militärdienst, die Verteidigung der Heimat mit der Waffe in der Hand".[159]

---

157 Auskunft des Altajer Regionskomitees der KPdSU „Über die Kontrolle über die Tätigkeit der Kirchenleute und Sektenangehörigen in der Region Altaj". Frühestens Mai 1967. GARF, f. 6991, op. 6, d. 81, l. 1-6.
158 Siehe ausführlicher in Kapitel 1.
159 Direktive der Führung des Rats für Angelegenheiten der religiösen Kulte beim Ministerrat der UdSSR an den Bevollmächtigten des Rats für das Gebiet Omsk L. Serebrennikov über die Aufspürung von Gruppen mennonitischer Pazifisten, 08.08.1956. GARF, f. 6991, op. 3, d. 783, l. 142.

Die Renaissance des Pazifismus im freikirchlichen Milieu und insbesondere unter den Anhängern des Kirchenrats der Evangeliumschristen-Baptisten war ein schleichender Prozess und erreichte längst nicht das Ausmaß der NĖP-Jahre. Sofern es sich aufgrund der uns zur Verfügung stehenden Dokumente sagen lässt, war eine Zunahme pazifistischer Stimmungen unter den aus den Reihen der Initiativler stammenden Rekruten etwa ab Mitte der 1970er Jahre zu verzeichnen. Eine solche Datierung ist völlig nachvollziehbar, wenn man bedenkt, dass in den Gemeinden erst eine neue Generation überzeugter Anhänger des Kampfes für die Religionsfreiheit heranwachsen musste.

Da die pazifistisch gestimmte baptistische Jugend den Wehrdienst in der Sowjetarmee in der Regel nicht verweigerte, ließ sich die Effektivität der in der allgemeinbildenden Schule geleisteten atheistischen Propaganda vor allem daran ablesen, ob die jungen Männer zur Leistung des Eides bereit waren. So teilte der Bevollmächtigte des Rats für Religionsangelegenheiten für die Region Altaj im Juni 1976 in seinem Informationsbericht über die mennonitischen Anhänger des Kirchenrats der Evangeliumschristen-Baptisten der Arbeitersiedlung Blagoveščenka mit, dass „in den Jahren 1975–76 unter den Gläubigen drei Fälle einer Verweigerung der Eidesleistung dokumentiert" seien.[160] Dabei stellte die Eidesverweigerung aus Sicht der Bevollmächtigten eine logische Folge der „schädlichen" religiösen Erziehung dar, die in der Weigerung, den kommunistischen Kinder- und Jugendorganisationen beizutreten, bzw. allgemein in einer Verweigerung der Teilnahme am gesellschaftlichen Leben Ausdruck fand. So wurde in dem bereits erwähnten Urteil gegen die Führer der im Dorf Apollonovka (Rayon Isil'kul') gelegenen illegalen Gemeinde der Brüdermennoniten vom 18. Mai 1981 die folgende Argumentationskette aufgebaut:

> „Unter dem Vorwand der Ausführung religiöser Rituale zwingen Vall, Dirksen, Panina und Tevs die Kinder und Jugendlichen, den Beitritt zu den Kinder- und Jugendorganisationen zu verweigern, was zur Folge hat, dass 96 Schüler der 4.–10. Klasse der Schule in Apollonovka keine Oktoberkinder, Pioniere oder Komsomolzen sind. Den Kindern wird verboten, ins Kino zu gehen, fernzusehen usw. Unter dem Einfluss dieser Arbeit hat sich das Mitglied der Apollonovkaer Gemeinde I.I. Paul's bei seiner Einberufung zur Sowjetarmee aus religiöser Überzeugung geweigert, den Militäreid zu leisten".[161]

Von Mitte der 1970er Jahre an wurde die „pazifistische" Frage in der Kommunikation zwischen den Gläubigen und den führenden Organen des Sowjetstaats erneut zum Thema (wenn auch bei weitem nicht zum wichtigsten). 1978 forderten die im Dorf Kulunda (Rayon Kulunda / Region Altaj) ansässigen mennonitischen Anhänger des Kirchenrats der Evangeliumschristen-Baptisten in zwei an das ZK der KPdSU gerichteten kollektiven Erklärungen die Freilassung der wegen Wehrdienstverweigerung verurteilten Initiativler G.N. Charčenko und A.A. Kaljašin.[162] Im Oktober 1979 richteten 42 aus der Gemeinde des Dorfes Redkaja

---

160 Information des Bevollmächtigten des Rats für Religionsangelegenheiten für die Region Altaj A.P. Sedešov über die den Kirchenrat der Evangeliumschristen-Baptisten unterstützenden Mennoniten der Arbeitersiedlung Blagoveščenka, Juni 1976. GAAK, f. 1692, op. 1, d. 216, l. 18.

161 Urteil des Gerichtskollegiums für Strafsachen des Omsker Gebietsgerichts im Fall der Führer der illegalen Gemeinde der Brüdermennoniten des Dorfs Apollonovka (Rayon Isil'kul'), 14.05.1981. GARF, f. 6991, op. 6, d. 2105, l. 30-35.

162 Information des Leiters der juristischen Abteilung des Rats für Religionsangelegenheiten beim

Dubrava (Rayon Slavgorod / Region Altaj) stammende mennonitische Unterzeichner ein ähnliches Schreiben an L.I. Brežnev, in dem sie um Einstellung des Strafverfahrens gegen ihren wegen Eidesverweigerung verurteilten „Glaubensgenossen [und] jungen Bruder" A.A. Savin baten. Die in dem Schreiben vorgebrachte Argumentation lässt sich als Credo des Kirchenrats der Evangeliumschristen-Baptisten in der „Militärfrage" betrachten:

> „Der Eid [bzw.] Schwur ist eine Sache des Gewissens des Menschen und hier hat niemand das Recht, sich einzumischen. Der Zwang, einen Eid zu leisten, ist nichts anderes als Gewalt am freien Gewissen. Es ist an der Zeit, die Eidesverweigerung derer, die an Gott glauben, nicht mehr als Wehrdienstverweigerung anzusehen. Die Getreuen Gottes sind immer bereit zu arbeiten, aber nicht, ihr Gewissen zu verkaufen. Und die Praxis, Gläubige dafür zu bestrafen, dass sie keinen Eid leisten, ist ein Mittel, religiösen Hass zu entfachen".[163]

Die Autoren des Briefs unterstrichen, dass A.A. Savin wie andere Gläubige auch nur den Eid und nicht etwa den Wehrdienst an sich verweigert hatte.

Zusätzliche Argumente schöpften die Gläubigen aus der Schlussakte von Helsinki und einigen weiteren von der Sowjetunion unterzeichneten internationalen Abkommen. Unter Verweis auf Artikel 8 des „Internationalen Pakts über bürgerliche und politische Rechte", dem zufolge niemand zur Zwangsarbeit gezwungen werden durfte, hielten es die „abtrünnigen Baptisten" nach Angabe des Bevollmächtigten des Rats für Religionsangelegenheiten für die Region Altaj für möglich, „sich unter diesem Vorwand dem Armeedienst zu entziehen".

Unter den Bedingungen des Brežnevschen „Little Deal", der auch nach dem Tod des vierten Generalsekretärs weiterbestand, nahm die Frage der Eidesleistung der Gläubigen nicht jene Schärfe an, die zu erwarten gewesen wäre. In vielerlei Hinsicht spielte hier auch die Position der Armeeführung eine Rolle, die es in den allermeisten Fällen vorzog, Konflikten aus dem Weg zu gehen. Infolgedessen blieb die strafrechtliche Verfolgung von Eidesverweigerungen eher die Ausnahme als die Regel. Die Staatsmacht zog es vor, die Gläubigen ihren Dienst in Baubataillons der Sowjetarmee ableisten zu lassen, deren Kommando sich der Vorzüge eines nicht trinkenden und hart arbeitenden Kontingents durchaus bewusst war und nicht nur nicht auf einer Eidesleistung bestand, sondern die jungen Baptisten sogar zum Vorbild für andere Wehrdienstleistende erklärte. Die Kommandeure ermunterten sie, gaben ihnen bereitwillig Kurzurlaube usw. Noch darüber hinaus war die Armeeführung zur Vermeidung von Komplikationen sogar bereit, die Einberufung der Gläubigen für einige Zeit aufzuschieben, wenn diese bereits im Rayonswehramt bei der Musterung ihre Absicht erklärt hatten, den Eid zu verweigern.

So erklärten im Rayon Chabary (Region Altaj), wo Mitte der 1980er Jahre etwa 700 Initiativler lebten und etwa 200 Schulkinder „dem religiösen Einfluss ausgesetzt" waren, in den Jahren 1983–1984 zehn junge Mennoniten vor der Einberufungskommission ihre Absicht,

---

Ministerrat der UdSSR G.R. Gol'st an den Bevollmächtigten des Rats für die Region Altaj A.P. Sedešov anlässlich der Erklärungen der Gläubigen an das ZK der KPdSU, 04.12.1978. Ebenda, d. 1366, l. 86.

163 Erklärung der Gläubigen der Gemeinde des Kirchenrats der Evangeliumschristen-Baptisten des Dorfes Redkaja Dubrava (Rayon Slavgorod / Region Altaj) an den Vorsitzenden des Obersten Sowjets der UdSSR L.I. Brežnev, 04.10.1979. GAAK, f. 1692, op. 1, d. 274, l. 20-21.

den Eid zu verweigern. Das Rayonsmilitärkommissariat schob ihre Einberufung in die Sowjetarmee unter Verweis auf fehlende Plätze in den für die Gläubigen in Frage kommenden
Einheiten auf. „Ein solches Zugeständnis in der Frage der verfassungsmäßigen Forderung
zur Verteidigung des Vaterlandes spielt ohne Zweifel den extremistisch eingestellten Führern der religiösen Vereinigungen in die Hand [und] führt zwangsläufig zu einer Zunahme
der Zahl der Eidesverweigerungen unter der Sektenjugend", konstatierte in diesem Zusammenhang der Bevollmächtigte des Rats. Um eine solche Entwicklung bereits im Vorfeld zu
vermeiden, wurde das Altajer Regionsmilitärkommissariat im März 1985 angewiesen, die
Lage für jeden Rayon und jede Stadt zu analysieren und den Rayonswehrämtern rechtzeitig
Plätze in den für den Wehrdienst der Sektenjugend geeigneten Einheiten zuzuweisen. In
den Jahren der Perestroika dokumentierten die Bevollmächtigten des Rats weiterhin Fälle der Eidesverweigerung von Seiten der baptistischen Jugend und konstatierten besorgt,
dass die Frage der Eidesleistung anders als in den Jahren zuvor nicht mehr als individuelle Angelegenheit jedes einzelnen jungen Gläubigen galt, sondern die jungen Leute aus
den „Sektengebilden extremistischer Orientierung" immer öfter erklärten, dass ihr Glaube
grundsätzlich nicht mit der Eidesleistung zu vereinbaren sei.

Im Dezember 1983 schrieb der Bevollmächtigte des Rats für die Region Altaj A.P. Sedešov mit Blick auf die Gemeinden der Anhänger des Kirchenrats der Evangeliumschristen-
Baptisten: „Ihre illegalen Zusammenkünfte finden seit Dutzenden Jahren statt, ihre Zahl
nimmt zu, sie verstümmeln die Seelen der Leute, verderben geistig unseren Nachwuchs, es
gibt religiöse Sonntagsschulen, Chöre und Orchester für Kinder. Es ist kein Zufall, dass in
diesen religiösen Sektengruppen bis zu 60% junge Leute unter 30 sind. Bei den lokalen
Stellen aber herrscht eine bemerkenswerte Gleichgültigkeit oder Machtlosigkeit. Und wenn
doch einmal etwas gemacht wird, dann schüchtern, verzagt und unentschlossen".[164] Dieses
am Vorabend der Perestroika gezeichnete düstere Bild einer im Kampf um die Jugend faktisch erlittenen Niederlage entsprach im Großen und Ganzen der Realität. Den religiösen
Dissidenten gelang es erneut, ihren Gegner zu überwinden – und das in der für das Fortbe-
stehen ihrer Gemeinschaft existentiellen Frage. Das diesem Sieg zugrundeliegende Rezept
war recht einfach – die gläubigen Väter und Mütter, Großväter und Großmütter agierten
aufrichtig und vereint im Interesse ihrer Kinder, ohne auf mögliche Konsequenzen für sich
selbst Rücksicht zu nehmen. In dieser Situation kapitulierte der durch die „sozialistische
Gesetzgebung" gebundene Staatsapparat vor der privaten „Familienwelt" der Andersden-
kenden.

---

164 Information des Bevollmächtigten des Rats für Religionsangelegenheiten für die Region Altaj an
    die Agitpropabteilung des Altajer Regionskomitees der KPdSU über die Tätigkeit der religiösen
    Organisationen, 26.12.1983. Ebenda, d. 292, l. 65-67.

5. Politischer Alltag der deutschen Initiativlergemeinden in der Brežnev-Zeit: Öffentlichkeit, Massenmobilisierung und offensive Aktivität

5.1. Massenveranstaltungen der Gläubigen als Ausdruck des „Eigensinns"

Die Bewegung der Anhänger des Kirchenrats der Evangeliumschristen-Baptisten war zweifelsohne eine dem Pietismus, dem „Great Awakening" oder dem Chassidentum vergleichbare „Erweckungsbewegung", die sich gegen eine „nüchterne" Kirchendogmatik und „erstarrte" Rituale richtete und ein persönliches Gotteserlebnis und sittliche Vervollkommnung anstrebte. Allerdings besteht das „unausweichliche Schicksal einer jeden [religiösen] Emotion" nach Jörg Baberowski darin, „dass sie in eine Form gebracht werden muss, damit sie erinnert und mitgeteilt werden kann [...]. Denn die Religion ist nicht nur im individuellen Erlebnis, sie ist ein Ort kollektiver Erinnerung, sie ist eine Solidargemeinschaft".[1] Damit die erneuerte religiöse Erfahrung für möglichst viele Gläubige Gemeingut werden konnte, mussten die Initiativler außerhalb der Bethäuser, die sie oft ohnehin gar nicht hatten, neue Orte sowie neue oder erneuerte Formen und Rituale der Kommunikation mit Gleichgesinnten finden. Angesichts dessen, dass die sowjetische Variante der Säkularisierung die Religion nicht nur nicht von der Politik emanzipierte, sondern im Gegenteil ausnahmslos alle Erscheinungsformen des Religiösen politisierte, standen die Rituale und Formen der von den Gläubigen praktizierten „brüderlichen Kommunikation" unter strenger Beobachtung durch die Partei-, Sowjet- und Staatsorgane.[2]

Der vorliegende Abschnitt soll den von den mennonitischen Anhängern des Kirchenrats der Evangeliumschristen-Baptisten in den 1960er–1980er Jahren praktizierten Formen „brüderlicher" Massenkommunikation gewidmet sein: überregionale Zusammenkünfte aus Anlass von religiösen Feiertagen, Familienfesten und -ritualen, die feierliche Begrüßung der aus der Haft zurückkehrenden „Gefangenen des Gewissens" und die Organisation großer Jugendtreffen. Alf Lüdtke, einer der „Väter" des alltagsgeschichtlichen Ansatzes, hat den Terminus „Eigensinn" in den wissenschaftlichen Diskurs eingeführt, mit dessen Hilfe er die alltäglichen „politischen" Praktiken der deutschen Arbeiter bzw. in seinen eigenen Worten die „politischen Komponenten des Alltagslebens" beschrieb, dank derer die Arbeiter politische Forderungen des Staats ignorieren bzw. umgehen oder sich von diesen durch individuelles oder kollektives Handeln distanzieren konnten.[3] Wir wiederum wollen uns im Folgenden der Frage widmen, in welcher Form sich der „Eigensinn" der Gläubigen

---

1 Baberowski, Stalinismus, S. 484.
2 Vgl. dazu: Dönninghaus, Savin, Massovye religioznye meroprijatija, S. 114-126.
3 Siehe: Ljudtke, Istorija povsednevnosti, S. 88 f.

im Fall der Massenveranstaltungen manifestierte, wie weit er ging und inwieweit sich die Reaktionen des Staates als angemessen bzw. unangemessen einstufen lassen.

5.1.1. Traditionelle Feiertage: Erntedank, Weihnachten, Ostern

In den 1960er–1970er Jahren bildeten sich sowohl der Kanon der sowjetischen staatlichen Feiertage als auch die konkreten Formen ihrer Begehung endgültig heraus. In der Folge erreichten die offiziellen Feiertage (Neujahr, 8. März – Internationaler Frauentag, 1. Mai – Tag der internationalen Arbeitersolidarität, 9. Mai – Tag des Sieges, 7. November – Jahrestag der Großen Sozialistischen Oktoberrevolution und 5. Dezember (später 7. Oktober) – Tag der Verfassung der UdSSR) weit breitere Kreise der Bevölkerung, als dies noch in den 1920er–1950er Jahren der Fall gewesen war, was ebenfalls eine Folge des „Little Deal" war.[4]

Neben den offiziellen sowjetischen Feiertagen wurden allerdings auch die religiösen Feiertage in einer halblegalen Grauzone noch immer begangen. Die Sowjetdeutschen feierten traditionell Weihnachten, Ostern und das Erntedankfest. An den Feierlichkeiten beteiligten sich in der Regel zahlreiche Gläubige, unter denen auch viele Kinder und Jugendliche waren. Was die Baptisten und Mennoniten betrifft, wurden größere Massen vor allem zum Erntedankfest mobilisiert, das in der Regel nach Abschluss der Feldarbeiten im Oktober oder November gefeiert wurde. Die gewöhnlich in Dörfern mit einer großen Gemeinde stattfindenden Feste wurden von mehreren Dutzend und manchmal auch Hunderten Gläubigen aus der näheren und weiteren Umgebung besucht. In den Versammlungsräumen dienten mit Bibelversen bestickte Tücher und Ausstellungen von Feldfrüchten als Dekoration. Im Laufe des Tages wurden Predigten in deutscher Sprache gehalten, Gedichte rezitiert und geistliche Hymnen und Lieder von Orchestern und Chören zum Vortrag gebracht.

Nach der aus der Spaltung der baptistischen Religionsgemeinschaft resultierenden Entstehung der Bewegung des Kirchenrats der Evangeliumschristen-Baptisten war es just dieses hartnäckige Bestreben, größere Massen von Gläubigen zur Teilnahme an „brüderlichen Zusammenkünften" zu mobilisieren, das die Behörden dazu veranlasste, die Begehung religiöser Feiertage zu kriminalisieren. So schrieben die Anhänger des Kirchenrats der Evangeliumschristen-Baptisten der Region Altaj am 9. Februar 1966 an den Vorsitzenden des Ministerrats der UdSSR A.N. Kosygin: „Wir Gläubigen haben kein Recht, unsere Freunde an anderen Orten zu besuchen. Und wenn wir solche Besuche machen [...], kommen die örtlichen Behörden mit der Miliz, den Parteiorganen und den Bürgerwehrlern und befehlen [ihnen], im Namen der Sowjetmacht physische Gewalt anzuwenden".[5] Der Bevollmächtigte des Rats für Religionsangelegenheiten beim Ministerrat der UdSSR für die Region Altaj beschrieb die von den Behörden mit Blick auf die religiösen Feiertage verfolgte Politik 1971 folgendermaßen:

---

4 Die offiziellen sowjetischen Feiertage waren mehrfach Gegenstand der Forschung. Siehe z.B.: Rolf, Massenfest.

5 Schreiben der evangeliumschristlichen und baptistischen Anhänger des Kirchenrats der Evangeliumschristen-Baptisten an den Vorsitzenden des Ministerrats der UdSSR Aleksej N. Kosygin, 09.02.1966. GAAK, f. 1692, op. 1, d. 37, l. 180-183.

„Wir stehen vor der Aufgabe, Zusammenkünfte bei den die Gesetze nicht anerkennenden Sekten [...] zu unterbinden. Dort soll es keine Bet- und Brüderversammlungen, keine Wassertaufen und keine kirchlichen Hochzeiten, keine [öffentlichen] Weihnachtsfeiern und keine Ostermorgengottesdienste geben [...]. An religiösen Feiertagen sollten sich aus Deputierten, Bürgerwehrlern, Mitgliedern der Ausschüsse zur Kontrolle der Einhaltung der Religionsgesetze und Mitarbeitern des Innenministeriums bestehende Einsatzgruppen in Bereitschaft halten. Die Mitarbeiter der Exekutivkomitees sollten beauftragt werden, diese Gruppen zu leiten und entsprechend unseren Empfehlungen zu handeln [...]. Werden bei einer religiösen Veranstaltung auswärtige Prediger, Orchester- oder Chormitglieder angetroffen, ist gegen diese ein Protokoll aufzusetzen [...]".[6]

Eine erfolgreiche Umsetzung dieser Politik hätte eine Atomisierung der Initiativbewegung, eine maximale Vereinzelung der Gläubigen und eine Verwandlung der Dissidentengemeinden in einzelne, über das riesige Territorium der Sowjetunion verstreute Ghettos zur Folge gehabt. Außerdem waren die anlässlich religiöser Feiertage organisierten „brüderlichen Zusammenkünfte" untrennbar mit der Frage der Freizügigkeit der Prediger und Presbyter und somit letztlich auch mit der Frage der Religionsfreiheit verbunden. Die Sowjetmacht war traditionell bemüht, den Aktionsradius der Geistlichen und Prediger auf den Wohnort der von diesen betreuten Gemeindemitglieder und den Standort des entsprechenden Bethauses zu beschränken. Diese bereits in den 1920er Jahren formulierte und in den 1960er Jahren erneut höchst aktuelle Regel traf bei den religiösen Dissidenten auf kategorische Ablehnung. Wie bereits erwähnt, begründeten die Gemeinden ihre Weigerung, sich vom Staat registrieren zu lassen, immer wieder mit dem Argument, der Aktionsradius einer religiösen Gemeinschaft sei [nur] durch das Wort Gottes bestimmt. Keine der Konfliktparteien war bereit nachzugeben. Auf Seiten der Machthaber schlug sich diese Kompromisslosigkeit sogar im offiziellen Sprachgebrauch nieder: Während die von den Gläubigen an die lokalen oder zentralen Organe gesandten Briefe und Schreiben grundsätzlich „verleumderisch" waren, ging die Wortverbindung „Massenversammlung" immer mit dem Adjektiv „provokativ" einher. Dabei hing die Frage, wie groß die „Provokation" im konkreten Einzelfall war, angesichts der Tatsache, dass grundsätzlich jede Versammlung einer nichtregistrierten Gemeinde illegal war, unmittelbar von der Zahl der Beteiligten sowie der Anwesenheit auswärtiger Gäste ab – insbesondere wenn es sich bei Letzteren um Jugendliche oder Geistliche handelte.

Der Erlass des Präsidiums des Obersten Sowjets der RSFSR vom 18. März 1966 „Über die ordnungsrechtliche Haftung für Verstöße gegen die Religionsgesetze" gab den lokalen Machtorganen in Form von Bußgeldern ein wirksames Instrument in die Hand, das bis zum Zerfall der Sowjetunion die am weitesten verbreitete gegen die Gläubigen gerichtete Sanktionsmaßnahme darstellte. In der Regel verhängten die Behörden dabei die in dem Erlass vorgesehene Höchststrafe von 50 Rubeln, was bei einem durchschnittlichen Monatsgehalt

---

6   Auftritt des Bevollmächtigten des Rats für Religionsangelegenheiten für die Region Altaj Korobejščikov auf einer den Fragen der Bekämpfung der Religion und der atheistischen Propaganda gewidmeten Regionskonferenz der Mitarbeiter der Partei- und Sowjetorgane, 1971. Ebenda, d. 221, l. 27-51. Eine entsprechende auf 1971 datierte Instruktion siehe: GAAK, f. 1692, op. 1, d. 107, l. 58-62.

von 120–140 Rubeln in der Brežnev-Zeit eine erhebliche Summe darstellte – insbesondere dann, wenn entsprechende Strafen mehrfach gegen ein und dieselbe Person verhängt wurden.

Offenbar war die Gemeinde des Dorfes Podsnežnoe (Rayon Slavgorod / Region Altaj) eine der ersten mennonitischen Gemeinden Sibiriens, gegen die die neue Bußgeldordnung zum Einsatz kam. So wurde gegen die mutmaßlichen Organisatoren des am 22. Oktober 1967 durchgeführten Erntedankfests, die Pensionäre Petr Francevič Tissen und Andrej Korneevič Rempel', „gemäß Erlass vom 18. März 1966" eine entsprechende Geldstrafe verhängt.[7] Schon bald sollte sich allerdings zeigen, dass die Verhängung von Bußgeldern als einzige Waffe, den „Eigensinn" der Gläubigen zu sanktionieren, nur begrenzt wirksam war. So schätzte der Presbyter der mennonitischen Gemeinde des Dorfes Polevoe (Rayon Chabary) Jakov Abramovič Rempel' die Wirkung der Geldstrafen in einem offenen Gespräch mit dem Bevollmächtigten des Rats für die Region Altaj im Herbst 1969 folgendermaßen ein: „Nach Einschätzung Rempel's, der für [seine] religiöse Tätigkeit mehrfach bestraft wurde, werde dies kaum seine Ziele erreichen und die Religion trotzdem weiter leben". Anlass der gegen Jakov Rempel' verhängten Geldstrafe war u.a. das am 7. November 1969 im Dorf Polevoe unter Beteiligung von aus den Dörfern Protasovo, Uglovoe, Nikol'skoe, Orlovo, Mirnoe und Čertež kommenden Mennoniten begangene Erntedankfest.[8]

Auch kapitulierten die lokalen Behörden oft vor der großen Zahl und dem Zusammenhalt der Versammelten und gingen den Weg des geringsten Widerstands: Statt die Gemeindevorsteher, Presbyter und Prediger zu bestrafen, verhängten sie lieber Strafen gegen die Besitzer der Häuser, in denen die Gläubigen am Feiertag zusammenkamen. So bemerkte der Bevollmächtigte des Rats für die Region Altaj unzufrieden, dass die abtrünnigen Baptisten im Herbst 1970 in Kulunda, Slavgorod und im Rayon Chabary eigenmächtig und pompös von 300–400 Personen besuchte, „sogenannte Erntedankfeste" durchgeführt hätten, unter deren Besuchern auch eine nie dagewesene Zahl auswärtiger Gäste aus anderen Gebieten gewesen sei. Als Antwort auf diese offenkundige Provokation hätten die Exekutivkomitees bestenfalls Geldstrafen gegen die Hausbesitzer verhängt, während die Organisatoren und angereiste Geistliche nicht namhaft gemacht worden seien.[9]

Zu ihrer Rechtfertigung konnten die lokalen Behörden darauf verweisen, dass es in vielen Fällen alles andere als einfach war, der von der Führung erhobenen Forderung nachzukommen, die Organisatoren von Massenfeierlichkeiten auszumachen und zu bestrafen. Als die Brüdermennoniten am 17. Oktober 1971 im Dorf Orlovo (Rayon Chabary) trotz vorheriger Warnung von Seiten des Exekutivkomitees des Dorfsowjets erneut ein Erntedankfest veranstalteten, zeigten sich die Vertreter des Rayonsexekutivkomitees zu entschiedenem Handeln entschlossen und forderten die „Sektenführer" zunächst auf, die Versammlung selbst auf-

---

7   Information des Vorsitzenden des Slavgoroder Rayonsexekutivkomitees A. Birčenko an das Altajer Regionsexekutivkomitee über die religiöse Lage im Rayon, 11.11.1967. Ebenda, d. 58, l. 48-49.

8   Information des Bevollmächtigten des Rats für Religionsangelegenheiten für die Region Altaj Korobejščikov über die Tätigkeit der Brüdermennoniten des Dorfes Polevoe (Rayon Chabary), 27.05.1971. Ebenda, d. 66, l. 10-16.

9   Auftritt des Bevollmächtigten des Rats für Religionsangelegenheiten für die Region Altaj Korobejščikov auf einer den Fragen der Bekämpfung der Religion und der atheistischen Propaganda gewidmeten Regionskonferenz der Mitarbeiter der Partei- und Sowjetorgane, 1971. Ebenda, d. 221, l. 27-51.

zulösen, was die Gläubigen allerdings ablehnten. Als Mitarbeiter der Miliz nach dem Ende der Feier versuchten, Tatbestandsprotokolle aufzusetzen und die Papiere der auswärtigen Gäste zu überprüfen, leisteten etwa 250 Mennoniten kollektiv passiven Widerstand, schirmten die zu überprüfenden Personen ab, unter denen auch ein ganzes aus Barnaul angereistes Orchester war, und brachten sie mit ihren Privatfahrzeugen aus dem Rayon.[10]

Es fällt auf, dass in den Berichten der Bevollmächtigten immer wieder PKWs und Motorräder als „Instrument" figurierten, das die Veranstalter überhaupt erst in die Lage versetzte, solch große Versammlungen organisieren und „arglistige Sektenanhänger" ihrer gerechten Bestrafung entziehen zu können. Die Behördenvertreter konnten in ihren Berichten das ein oder andere Detail auslassen, aber in keinem Fall durfte die Tatsache fehlen, dass bei einer religiösen Feier auswärtige Gäste mit ihren Autos anwesend gewesen seien. So hielt z.B. der Bevollmächtigte des Rats in seiner Beschreibung eines von den abtrünnigen Brüdermennoniten der Dörfer Anan'evka und Ekaterinovka (Rayon Kulunda / Region Altaj) am 19. Oktober 1973 organisierten Erntedankfestes fest, dass der im Dorf Blagoveščenka ansässige Andrej Frizen in Begleitung dreier Sektenangehöriger mit seinem Privatwagen mit dem Autokennzeichen „ALT 11-90" gekommen sei und vor dem Versammlungsort zwei PKWs und zehn Motorräder und noch einige weitere auswärtige Fahrzeuge auf den Höfen der Gläubigen gestanden hätten.[11]

In den 1970er Jahren erlebte die Sowjetunion eine regelrechte Autorevolution. Der Personenkraftwagen wurde ideologisch rehabilitiert und stellte ein unverzichtbares Attribut des „entwickelten Sozialismus" dar. Leonid Brežnev selbst sah in der Belohnung mit Autos und Motorrädern den neben der Verleihung von Orden und Medaillen besten Anreiz zur Hebung der Arbeitsproduktivität. Aber die Haltung zum Individualverkehr blieb auch zu dieser Zeit ambivalent. Da die Sowjetunion ungeachtet aller Erfolge der sowjetischen Autoindustrie und der rapiden Zunahme der Zahl privat genutzter PKWs hinsichtlich der Zahl der Fahrzeuge pro Kopf immer noch deutlich hinter den USA und Westeuropa zurückblieb, gehörte das eigene Auto zu den wichtigsten Defizitwaren der Zeit. Der Besitz eines eigenen Autos war in den Augen der Klein- und Normalverdiener Ausdruck der bestehenden sozialen Ungleichheit. Im sowjetischen Neusprech wurde der Besitzer eines Privatwagens für gewöhnlich als *častnik* (Privatbesitzer) bezeichnet. So wies Lewis Siegelbaum völlig zu Recht darauf hin, dass das Auto als Objekt individueller Träume – und eine Art mobiles Privatterritorium – eigentlich der kollektiven Ideologie der Kommunistischen Partei widersprach.[12] Vor diesem Hintergrund unterstrich die Tatsache, dass die „abtrünnigen Sektenanhänger" über Privatfahrzeuge verfügten, das ambivalente Wesen des religiösen Dissidententums: Einerseits wies der Besitz eines Autos die Gläubigen als gewissenhafte, nüchterne und gut verdie-

---

10 Bericht des Bevollmächtigten des Rats für Religionsangelegenheiten für die Region Altaj Korobejščikov „Lage der Religionen in der Region und Stand der Kontrolle über die Einhaltung der Religionsgesetze", 15.08.1972. GAAK, f. 1692, op. 1, d. 221, l. 1-12; für ein Bulletin des Regionskomitees des Leninschen Komsomol ausgearbeitete Information des Bevollmächtigten des Rats für Religionsangelegenheiten für die Region Altaj über die Tätigkeit der protestantischen Sekten, 30.08.1972. Ebenda, 53-55.

11 Information des Bevollmächtigten des Rats für Religionsangelegenheiten für die Region Altaj über die Gemeinde der Brüdermennoniten des Dorfes Anan'evka (Rayon Kulunda), 19.10.1973. GAAK, f. 1692, op. 1, d. 111, l. 4-7.

12 Sigel'baum, Mašiny, S. 5.

nende Sowjetbürger aus, die Autos und Motorräder mit ihren persönlichen Ersparnissen erwarben oder vom Staat als Belohnung für ihre Arbeitsleistung erhielten. Auch fügte sich der Besitz eines Autos schlecht in das von der sowjetischen Propaganda gezeichnete Bild des jeglichen Fortschritt und die gesamte moderne Kultur ablehnenden obskuren Sektenanhängers. Andererseits nutzten die Gläubigen das „Symbol des entwickelten Sozialismus" zum Schaden des Staates, um gegen dessen Gesetze zu verstoßen. In der Wortverbindung „mobiles Privatterritorium" lag die Betonung eindeutig auf „privat".

Je mehr der Kampf gegen die „Spaltungsaktivitäten" des Kirchenrats der Evangeliumschristen-Baptisten zur Routine wurde, desto mehr verloren die auf eine Unterbindung der religiösen Massenfeierlichkeiten zielenden Maßnahmen der lokalen Behörden an Schärfe. Ende der 1970er bis Anfang der 1980er Jahre verzichteten die Vertreter der Staatsmacht faktisch auf alle aktiven Gegenmaßnahmen und beschränkten sich darauf, die Situation zu beobachten und Rechtsbrüche festzuhalten. Gegen die Organisatoren der Feierlichkeiten wurden zwar weiterhin regelmäßig Geldstrafen verhängt, doch zeugen die lakonisch formulierten Erwähnungen dieser Strafen in den Berichten davon, dass die Verhängung von Geldstrafen zu einer Routine geworden war, die einerseits die lokalen Behörden ihr Gesicht wahren und Tadel wegen Untätigkeit vermeiden ließ, und andererseits von den Gläubigen als notwendiges „kleineres Übel" wahrgenommen wurde.

All dies hatte zur Folge, dass die Erntedankfeste immer größer und repräsentativer wurden. So kamen auf einer von den „abtrünnigen Mennoniten" des Rayons Slavgorod im Dorf Nekrasovo organisierten Feier am 24. September 1979 etwa 300–320 Personen zusammen, unter denen auch etwa 100 junge Leute im Alter von unter 30 Jahren waren. Die Feier fand außerhalb des Dorfes neben dem Haus eines der Gläubigen in einem eigens für diesen Anlass elektrifizierten und mit Mikrofon und Tonbandanlage ausgestatteten Zelt statt, das mit Plakaten religiösen Inhalts in deutscher und russischer Sprache sowie mit Gemüse und Früchten geschmückt war.[13] Sechs Tage später kamen etwa 350–360 in den Dörfern Polevoe, Aleksandrovskoe, Lesnoe, Degtjarka, Noven'koe, Čertež, Protasovo (Rayon Chabary) ansässige Personen sowie einige Gäste aus dem Dorf Nekrasovo (Rayon Slavgorod) im Dorf Orlovo zum Erntedankfest zusammen, wo in deutscher Sprache Predigten gehalten und Verse gelesen wurden und Orchester und Chöre geistliche Hymnen und Lieder zum Vortrag brachten.[14]

Die Praxis der mennonitischen Anhänger des Kirchenrats der Evangeliumschristen-Baptisten, religiöse Feiertage „laut", „pompös" und „mit Orchester" zu begehen, hatte noch einen weiteren wichtigen Grund: Die Feierlichkeiten der „Abtrünnigen" standen in der Regel nicht nur unter Beobachtung der Behörden, sondern wurden auch eifersüchtig von den in der Nachbarschaft lebenden Mitgliedern der registrierten, dem Allunionsrat der Evangeliumschristen-Baptisten angehörenden Gemeinden beäugt. Der Bevollmächtigte des Rats beschrieb diese „Konkurrenzsituation" folgendermaßen:

---

13 Information des Bevollmächtigten des Rats für Religionsangelegenheiten für die Region Altaj Sedešov über die Feier des „Erntedankfestes" der Gemeinde der Brüdermennoniten des Dorfes Nekrasovo (Rayon Slavgorod), 25.09.1978. GAAK, f. 1692, op. 1, d. 240, l. 7.

14 Information des Bevollmächtigten des Rats für Religionsangelegenheiten für die Region Altaj über die Feier des „Erntedankfestes" der Gemeinde der Brüdermennoniten des Dorfes Orlovo (Rayon Chabary), 02.10.1978. Ebenda, d. 217, l. 50.

„Am 29. September 1973 führten die abtrünnigen Mennoniten des Rayons Blagoveščenka (Region Altaj) im Dorf Gljaden' für den gesamten Rayon ein Erntedankfest durch, auf dem etwa 200 Personen, unter denen auch viele Kinder und Jugendliche waren, mit privaten Autos und Motorrädern zusammenkamen. Am gleichen Tag feierte im gleichen Dorf auch die Gemeinde der registrierten Baptisten ein Erntedankfest. Während Letztere ihr Fest bescheiden ohne Kinder und auswärtige Gäste durchführten, taten die Abtrünnigen alles, damit es bei ihnen repräsentativ und laut zuging".[15]

Während das Hauptvergehen bei den Erntedankfeiern in den Augen der Behörden darin bestand, größere Massen an Gläubigen zu mobilisieren, stand im Fall von Weihnachten und Ostern die Beteiligung von Kindern und Jugendlichen an erster Stelle. So konzentrierten die Bevollmächtigten des Rats ihre Aufmerksamkeit vor allem auf dieses „Problem" und versuchten, so exakt wie möglich Fälle der illegalen Anwesenheit von Kindern zu dokumentieren. Eine anschauliche Vorstellung davon, wie die deutschen Freikirchler Weihnachten begingen, gibt ein typischer Bericht des Bevollmächtigten des Rats für Religionsangelegenheiten für die Region Altaj über die von den Mennoniten des Rayons Chabary im Jahr 1976 organisierten Weihnachtsfeierlichkeiten: Bereits am 23. Dezember organisierten die Gemeinden Weihnachtsfeste für Kinder. Unter dem im Dorf Orlovo in der Wohnung von N.P. Richert aufgestellten Weihnachtsbaum versammelten sich 35 Vorschulkinder und etwa 60 Erwachsene. Die Kinder sagten religiöse Verse auf und sangen Lieder. Am 24. Dezember wurde in gleicher Weise eine Weihnachtsfeier für etwa 20 Schulkinder durchgeführt. Am gleichen Tag fanden in den Dörfern Polevoe und Protasovo in den Wohnungen von A.K. Ėkk und K.K. Berch Weihnachtsfeiern für Vorschulkinder bzw. Schüler der 1.–6. Klasse statt. In Polevoe versammelten sich etwa 60 Kinder und 25 Erwachsene, in Protasovo 23 Kinder und 59 Erwachsene auf Weihnachtsfeiern. Am 25. Dezember fanden im Verlauf des gesamten Tages Versammlungen statt, am 26. Dezember wurde in der Wohnung von N.G. Berg der Religionsunterricht der Sonntagsschule organisiert, bei dem 26 Schüler anwesend waren.[16]

Informationen darüber, dass die religiösen Weihnachtsfeiern mit den in den sowjetischen Schulen traditionell organisierten weltlichen Neujahrsfeiern konkurrierten, sind in den Berichten nur zwischen den Zeilen enthalten, lassen sich aber erahnen. So vergaß der Bevollmächtigte des Rats, als er im Oktober 1973 über die alljährlich von den Mennoniten des Dorfs Nikolaevka (Rayon Blagoveščenka) veranstalteten Weihnachtsfeste berichtete, bei denen auch nicht gläubige Kinder Geschenke bekamen, nicht, darauf hinzuweisen, dass „Anna Derksen, Musterschülerin der 6. Klasse", erklärt habe, nicht zu den Pionieren zu wollen.[17] Das Bestreben zu unterstreichen, dass die Gläubigen etwas zu verbergen hätten, ist auch in einem anderen, den Aktivitäten der im Dorf Polevoe (Rayon Chabary) ansässigen Brü-

---

15 Information des Bevollmächtigten des Rats für Religionsangelegenheiten für die Region Altaj über die Tätigkeit der „abtrünnigen Baptisten (Mennoniten)" des Rayons Blagoveščenka, 09.10.1973. Ebenda, d. 230, l. 1-2.

16 Information des Bevollmächtigten des Rats für Religionsangelegenheiten für die Region Altaj über die Weihnachtsfeier der Mennoniten des Rayons Chabary. Frühestens 26.12.1976. Ebenda, d. 217, l. 31.

17 Information des Bevollmächtigten des Rats für Religionsangelegenheiten für die Region Altaj über die Tätigkeit der Mennonitengemeinde des Dorfes Gljaden (Rayon Blagoveščenka), 09.10.1973. Ebenda, d. 111, l. 16-19.

dermennoniten gewidmeten Bericht des Bevollmächtigten vom 18. Juni 1974 zu finden. So wies der Bevollmächtigte in seinem Bericht über die in einigen Wohnungen veranstalteten Weihnachtsfeiern und österlichen Morgenandachten nicht nur eigens darauf hin, dass diese Veranstaltungen zu verdächtigen Zeiten um drei Uhr nachts bzw. um sechs Uhr morgens durchgeführt worden seien, sondern enthüllte auch, dass keineswegs der Weihnachtsmann, sondern „der Verbindungsmann der Sekte [...] aus einem anderen Rayon P.G. Reger" den Kindern die Geschenke gebracht habe.[18]

Auch an Ostern waren viele Kinder an den Feiern beteiligt. So wurde Ostern im Frühjahr 1978 praktisch in allen den Kirchenrat der Evangeliumschristen-Baptisten unterstützenden mennonitischen Gemeinden der Region Altaj „unter erheblicher Beteiligung junger Leute" gefeiert, unter denen „auch minderjährige Kinder und Heranwachsende waren, die zum Teil auch an den Ritualen teilnahmen". Im Rayon Blagoveščenka waren auf den von den Mennoniten organisierten feierlichen Versammlungen im Dorf Tat'janovka 52 von 86, im Dorf Nikolaevka elf von 39 und im Dorf Gljaden' 25 von 50 Anwesenden Kinder und Heranwachsende im Alter von sechs bis 17 Jahren. Ein ähnliches Bild ließ sich nach Aussage des Bevollmächtigten des Rats auch in den religiösen Gemeinden der Städte Slavgorod und Barnaul sowie in den Rayonen Slavgorod, Chabary, Kulunda und Tabuny zeichnen. Dafür waren bei diesen Feiern nur wenige auswärtige Gäste zugegen: „Aus anderen Gebieten und Regionen waren ebenso wenig Anfahrten zu verzeichnen wie Ausfahrten aus der Region". Ferner wurden weder „politische Appelle" noch eine „gesellschaftsfeindliche Ausrichtung" der Predigten und Lieder registriert. Einen solch „friedlichen" Verlauf des Osterfestes rechnete der Bevollmächtigte sich und den lokalen Behörden als Verdienst an: So seien nicht nur in nahezu allen Gemeinden Mitglieder der Ausschüsse zur Kontrolle der Einhaltung der Religionsgesetze der Exekutivkomitees anwesend gewesen, sondern im Vorfeld der Osterfeierlichkeiten auch zahlreiche vorbeugende Gespräche mit „Sektenführern" geführt worden.[19]

Wie im Fall des Erntedankfestes verliefen auch die Weihnachts- und Osterfeierlichkeiten in den nichtregistrierten deutschen Gemeinden in den letzten zwei Jahrzehnten der Sowjetunion von Jahr zu Jahr nach ein und demselben Muster. Da schon die kollektive Feier an sich gegen die sowjetischen Gesetze verstieß, standen die Ausschüsse zur Kontrolle der Einhaltung der Religionsgesetze jedes Jahr aufs Neue vor dem Problem, zusammen mit der Miliz, den Deputierten der örtlichen Sowjets und den Gesellschaftsaktivisten illegale Zusammenkünfte ausfindig zu machen und im Idealfall zu unterbinden. In der Praxis beschränkte man sich allerdings in der Regel darauf, die Verantwortlichen zu vorbeugenden Gesprächen vorzuladen und gelegentlich Bußgelder zu verhängen. So hielten die nichtregistrierten Gemeinden des Kirchenrats der Evangeliumschristen-Baptisten der Städte Omsk und Isil'kul' sowie der Brüdermennoniten der Rayone Moskalenki, Omsk und Isil'kul' zu Ostern 1982 heimlich Gottesdienste in den Wohnungen von Glaubensgenossen ab. Die Organisatoren der „illegalen Versammlungen" wurden verwarnt, gegen einige Aktivisten

---

18 Auskunft des Bevollmächtigten des Rats für Religionsangelegenheiten für die Region Altaj über die Tätigkeit der Brüdermennoniten des Dorfes Polevoe (Rayon Chabary), 18.06.1974. Ebenda, d. 66, l. 34-40.

19 Information des Bevollmächtigten des Rats für Religionsangelegenheiten für die Region Altaj Sedešov über die Feier des Osterfestes, 24.05.1978. GARF, f. 6991, op. 6, d. 1366, l. 47-49.

setzten die Mitglieder des Ausschusses zur Kontrolle der Einhaltung der Religionsgesetze Protokolle über Ordnungswidrigkeiten auf.[20]

Ansonsten versuchten die Behörden gelegentlich auch, die ins Stocken geratene „antireligiöse Maschine" durch Neuerungen wieder zum Laufen zu bringen, wobei es sich bei näherer Betrachtung in den meisten Fällen allerdings doch nur um „alte Hüte" handelte. So wurden z.B. auf Initiative des Ausschusses zur Kontrolle der Einhaltung der Religionsgesetze beim Rayonsexekutivkomitee Krasnogvardejsk (Gebiet Orenburg) im Vorfeld der Osterfeiertage in alle Ortschaften, in denen es mennonitische Gemeinden gab, Agitations- und Konzertbrigaden geschickt, um dort Konzerte zu geben. Allerdings war das Vertrauen in die Kraft der Kunst offenbar doch nicht allzu groß, so dass trotzdem auf alle Versammlungen sowohl der nichtregistrierten als auch der registrierten Mennonitengemeinden Partei- und Sowjetaktivisten entsandt wurden.[21]

Die Erforschung der Rolle der religiösen Feiertage im politischen Alltag der Sowjetdeutschen bliebe unvollständig, würde man nicht auch der Frage nachgehen, wie die Gläubigen den offiziellen sowjetischen Feiertagen gegenüber eingestellt waren. Allerdings enthalten die Quellen nur äußerst spärliche Informationen zu dieser Frage. Geht man davon aus, dass die religiösen Dissidenten eine Mischung aus sowjetischen und antisowjetischen Elementen darstellten, ist anzunehmen, dass ihre Grundeinstellung gegenüber den sowjetischen Feiertagen eher konformistisch war. Dennoch finden sich in den Dokumenten Hinweise darauf, dass deutsche Anhänger des Kirchenrats der Evangeliumschristen-Baptisten demonstrativ die Teilnahme an den Wahlen der Sowjetdeputierten verweigerten, was angesichts der Tatsache, dass die Wahlen zu den Sowjets aller Ebenen traditionell in einem feierlichen Rahmen durchgeführt wurden, Rückschlüsse auf die grundsätzliche Einstellung der deutschen Initiativler zu den sowjetischen Feiertagsritualen erlaubt. So sollte das Volk, wenn es an den Wahlen teilnahm oder sich am 7. November unter dem roten Banner in die Reihen der Demonstranten einreihte, nach Aussage von Stephen Kotkin an einem „Rollenspiel der sozialen Identifikation" teilnehmen und seine Integration in das sowjetische politische System demonstrieren.[22] Durch diese Provokation von Seiten des Systems sahen sich die Dissidenten herausgefordert, die Teilnahme an diesem Rollenspiel zu verweigern, was gelegentlich durchaus vorkam. So weigerten sich am 19. Juni 1977 elf mehrheitlich mennonitische Anhänger des Kirchenrats der Evangeliumschristen-Baptisten, an den Wahlen zu den örtlichen Deputiertensowjets der Werktätigen des Rayons Blagoveščenka (Region Altaj) teilzunehmen.[23] Das eindeutigste Beispiel einer demonstrativen Verweigerung der Teilnahme an den

---

20 Information des Bevollmächtigten des Rats für das Gebiet Omsk Eremenko über die Durchführung von Osterfeiern in den religiösen Vereinigungen des Gebiets Omsk, 25.04.1982. Ebenda, d. 2363, l. 22.

21 Angaben des Bevollmächtigten des Rats für Religionsangelegenheiten des Gebiets Orenburg G.M. Judin für die Abteilung des Rats für Angelegenheiten der protestantischen und jüdischen Religion und der Sekten über die Tätigkeit der Mennonitengemeinden, 07.04.1983. Ebenda, d. 2678, l. 37-38.

22 Kotkin, Stalinism, S. 231.

23 Information des Rayonsexekutivkomitees Blagoveščenka an den Bevollmächtigten des Rats für Religionsangelegenheiten für die Region Altaj über die Weigerung der den Kirchenrat der Evangeliumschristen-Baptisten unterstützenden Mennoniten der Arbeitersiedlung Blagoveščenka, an den Wahlen teilzunehmen, 24.08.1977. GAAK, f. 1692, op. 1, d. 216, l. 20.

sowjetischen Identifikationsritualen durch deutsche Initiativler ereignete sich im Mai 1985 im Dorf Orlovo (Rayon Chabary), wo der örtliche Dorfsowjet zum Tag des Sieges an den Häusern sowohl der gläubigen als auch der nicht gläubigen Bewohner Rote Fahnen aufgehängt hatte, die viele Gläubige eigenmächtig wieder abnahmen und zurück zum Dorfsowjet brachten. Wie der Bevollmächtigte des Rats für Religionsangelegenheiten für die Region Altaj erklärte, hätte der Dorfsowjet im Vorfeld mit der Bevölkerung arbeiten müssen, um die Bedeutung der Veranstaltung zu erklären, aber schon der Fakt der eigenmächtigen Abnahme der Fahnen spreche für sich.[24]

5.1.2. „Brüderliche Zusammenkünfte" in Form von Hochzeiten, Beerdigungen und Taufen

Die Mitte der 1960er Jahre zu beobachtenden Bestrebungen der Initiativler, die Mauern des Bethauses und den Rahmen der einzelnen Gemeinden zu verlassen und ihre religiösen Aktivitäten durch Versammlungen, Predigten und Auftritte religiöser Chöre auf der Straße oder in Bussen und Bahnen in den öffentlichen Raum zu tragen, hielten im gesamten Verlauf der Brežnev-Zeit an. In den 1970er Jahren spielte die Ausweitung der überregionalen Kontakte zwischen den Gläubigen eines Rayons, eines Gebiets, einer Region oder auch der gesamten Sowjetunion allerdings eine weit größere Rolle. Dafür nutzten die Gläubigen Familienfeste und -rituale wie Hochzeiten, Beerdigungen und Taufen, die nicht nur den Rahmen für größere „brüderliche Zusammenkünfte" boten, sondern auch als Symbol dafür standen, dass die Initiativler die Verteidigung ihrer religiösen Rechte und Freiheiten bzw. ihr religiöses Leben an sich als eine große Familienangelegenheit betrachteten.

Die Familienfeiern und -rituale hatten hinsichtlich der Möglichkeiten, größere „brüderliche Zusammenkünfte" zu organisieren, zweifellos den großen Vorteil, dass sie völlig legal stattfinden konnten und es die Behörden immer wieder vor erhebliche Schwierigkeiten stellte, die beiden in diesem Zusammenhang häufigsten Straftatbestände zu beweisen: den Besuch dieser Veranstaltungen durch auswärtige Gäste, insbesondere wenn es sich bei diesen um Prediger und Presbyter handelte, und den Vollzug religiöser Rituale außerhalb der Mauern des Gebäudes, in dem die Hochzeit oder Beerdigung stattfand. Angesichts dieser Schwierigkeiten beschränkten sich die Führungen der Dorfsowjets und der Rayonsexekutivkomitees, die Organe der Miliz und die Mitglieder der Ausschüsse zur Kontrolle der Einhaltung der Religionsgesetze in der Regel darauf, die Festlichkeiten zu beobachten und etwaige Verstöße zu dokumentieren. So bemerkte der Bevollmächtigte des Rats für Religionsangelegenheiten für die Region Altaj 1972 mit Blick auf die aus etwa 260 größtenteils mennonitischen Mitgliedern bestehende Slavgoroder Initiativlergemeinde: „Es steht außer Zweifel, dass diese Leute eine feste Gemeinschaft bilden. Um unnötigen Konfrontationen mit den Behörden aus dem Weg zu gehen, führt die Sekte ihre Betversammlungen in kleinen Gruppen an ständig wechselnden Orten oder unter dem Deckmantel von Familienfeiern durch. Wenn sie brüderliche Zusammenkünfte organisiert, schickt die Sekte ihre

---

24 Information des Bevollmächtigten des Rats für Religionsangelegenheiten für die Region Altaj über die Tätigkeit der Gemeinde des Kirchenrats der Evangeliumschristen-Baptisten des Dorfs Orlovo (Rayon Chabary). Frühestens 12.05.1985. Ebenda, d. 217, l. 60-63.

Prediger, ihr Orchester und ihren Chor nur in die mennonitischen religiösen Organisationen der Nachbarrayone".[25]

Für besonderen Missmut sorgte auf Seiten der Behörden, dass es nicht zuletzt viele junge Leute waren, die die Hochzeiten dazu nutzten, ganz offen mit auswärtigen Glaubensbrüdern zusammenzukommen. So hielt der Bevollmächtigte des Rats im Oktober 1973 fest, dass auf der im April 1973 im Dorf Gljaden' (Rayon Blagoveščenka / Region Altaj) vollzogenen „religiösen Hochzeit" der Mennoniten Garder und Derksen nicht nur viele junge Leute aus der näheren Umgebung, sondern auch viele auswärtige Gäste aus anderen Rayonen anwesend gewesen seien.[26] Auf einer weiteren „religiösen Hochzeit" seien am 9. Juni 1974 im Dorf Polevoe (Rayon Chabary / Region Altaj) bis zu 500 Personen anwesend gewesen, bei denen es sich zu etwa 80% um ortsfremde junge Gläubige aus vielen Städten und Rayonen gehandelt habe. Und auch wenn der Bevollmächtigte des Rats befriedigt feststellte, dass die Hochzeit keinen großen Eindruck auf die örtliche Jugend gemacht habe und angeblich sogar „langweiliger als eine Beerdigung" gewesen sei, war die „religiöse Hochzeit" den Behörden trotzdem ein Dorn im Auge, da sie den „Sektenführern" die Möglichkeit bot, das zivile Hochzeitsritual zu untergraben.[27]

Selbst die wenigen, in den Berichten der Bevollmächtigten des Rats für Religionsangelegenheiten enthaltenen fragmentarischen Informationen lassen vermuten, dass Hochzeiten Ende der 1970er Jahre eine der am häufigsten praktizierten Formen der „brüderlichen Zusammenkunft" darstellten. So bemerkte der Bevollmächtigte des Rats in einer an das Regionsparteikomitee Altaj adressierten Notiz über die Aktivitäten der „extremistischen Religionsführer" im Juli 1979, dass die Gläubigen Massentreffen unter verschiedenen Deckmänteln und zu verschiedenen Anlässen organisierten. So seien in der ersten Jahreshälfte auf zwei in der Arbeitersiedlung Kulunda bzw. im Rayon Tabuny stattfindenden „Sektenhochzeiten" jeweils etwa 300 Personen anwesend gewesen. Im Rayon Chabary hätten drei „Massenversammlungen" stattgefunden: die von etwa 230 Gläubigen besuchte Goldene Hochzeit der Brüdermennoniten Izaak, eine Taufe mit 250 Besuchern und eine Hochzeit im Dorf Orlovo, an der etwa 300 Gläubige teilgenommen hätten.[28]

Die Hochzeit des Maschinenschlossers der Sowchose „Karpilovskij" I.I. Engbrecht und der Melkerin E.Ja. Fast, die am 9. Mai 1979 im Dorf Nikolaevka (Rayon Tabuny / Region Altaj) stattfand, lässt sich sowohl hinsichtlich des Vorgehens der Behörden als auch des Verhaltens der Gläubigen als typisch ansehen. So hatte der Stellvertretende Vorsitzende des Rayonsexekutivkomitees Tabuny bereits im Vorfeld die Versammlung aufgesucht und die Verantwortlichen aufgefordert, eine ganz gewöhnliche Hochzeit zu feiern und diese nicht

---

25 Information des Bevollmächtigten des Rats für Religionsangelegenheiten über die Tätigkeit der religiösen Organisationen in der Region Altaj. Frühestens 01.01.1973. Ebenda, d. 221, l. 13-25.

26 Information des Bevollmächtigten des Rats für Religionsangelegenheiten für die Region Altaj über die Tätigkeit der Mennonitengemeinde des Dorfes Gljaden (Rayon Blagoveščenka), 09.10.1973. Ebenda, d. 111, l. 16-19.

27 Auskunft des Bevollmächtigten des Rats für Religionsangelegenheiten für die Region Altaj über die Tätigkeit der Brüdermennoniten des Dorfes Polevoe (Rayon Chabary), 18.06.1974. Ebenda, d. 66, l. 34-40.

28 Mitteilung des Bevollmächtigten des Rats für Religionsangelegenheiten für die Region Altaj an die Führung des Regionskomitees der KPdSU über die Tätigkeit „religiöser Anführer und Extremisten" in der Region, 23.07.1979. Ebenda, d. 271, l. 15-17.

in eine religiöse Versammlung umzuwandeln. Außerdem schlug er vor, die Hochzeit auf einen anderen Tag zu verlegen, um nicht mit dem offiziellen staatlichen Feiertag zu kollidieren, und keine auswärtigen Gäste aus anderen Rayonen und Gebieten einzuladen, da die Farm des Dorfs Nikolaevka angeblich ein „Tuberkulose-Problem" hatte. Ungeachtet dieser vorsorglichen Warnung feierten die Gläubigen ihre Hochzeit am Tag des Sieges mit etwa 300 aus anderen Dörfern des Rayons angereisten Gästen. Abgesehen davon sei die Hochzeit „im Rahmen des Üblichen" abgelaufen, berichtete die Führung des Rayonsexekutivkomitees Tabuny befriedigt an den Bevollmächtigten des Rats für Angelegenheiten der Religionen für die Region Altaj.[29]

In „ziviler Ordnung" verlief im September 1981 auch die Hochzeit der Mitglieder der in der Siedlung Kulunda (Rayon Kulunda / Region Altaj) gelegenen Gemeinde des Kirchenrats der Evangeliumschristen-Baptisten Pivnev (Nejfel'd) und Šmidt, auf der etwa 300 größtenteils aus anderen Rayonen der Region kommende Gäste anwesend waren. Abgesehen von der hohen Zahl auswärtiger Gäste sei die Hochzeit, wie der Bevollmächtigte des Rats schrieb, dank der Anstrengungen des Ausschusses zur Kontrolle der Einhaltung der Religionsgesetze ohne Gesetzesverstöße verlaufen.[30] Die Erwähnung des Ausschusses ist in diesem Zusammenhang insofern von exemplarischer Bedeutung, als die Grenzen zwischen einem legalen Hochzeitsritual und einer illegalen „brüderlichen Zusammenkunft" fließend waren und es in aller Regel genügte, dass die Gläubigen bloß ein bisschen weniger Konformismus oder die örtlichen Behörden ein bisschen mehr Eifer als gewöhnlich an den Tag legen mussten, um aus einer feierlichen Hochzeit eine „unter dem Deckmantel einer Hochzeit organisierte illegale Versammlung von Gläubigen" zu machen.

Wie schnell das passieren konnte, geht anschaulich aus einem am 10. Mai 1980 von den Behörden des Rayons Blagoveščenka und dem Stellvertretenden Chef der Rayonsabteilung für Inneres P.M. Malyšev aufgesetzten „Protokoll über eine Ordnungswidrigkeit" hervor, dem zufolge sich am 9.–10. Mai 1980 etwa 300 deutsche Mitglieder des Kirchenrats der Evangeliumschristen-Baptisten in der Arbeitersiedlung Blagoveščenka versammelt hatten, um „unter einem provisorisch errichteten Schutzdach" das Ritual der Eheschließung von P. Frizen und A. Derksen zu feiern. Unter den Hochzeitsgästen seien viele ortsfremde junge Leute im Alter von 16 bis 20 Jahren aus anderen Rayonen der Region Altaj und aus den Nachbargebieten gewesen. Am zweiten Tag der Feierlichkeiten seien die Mitglieder des Ausschusses zur Kontrolle der Einhaltung der Religionsgesetze zu dem Schluss gekommen, dass es sich bei der Veranstaltung um ein „Jugendtreffen der Sektenanhänger" handele, „das mit dem Ritual der Eheschließung nichts zu tun" habe. Diese Einschätzung begründete der Ausschuss damit, dass es zahlreiche Auftritte von Predigern gegeben habe, „religiöse Hymnen" gesungen worden seien und es Aufrufe gegeben habe, „den Zusammenhalt der eigenen [deutschen] Nation und den Zusammenhalt in Christus zu stärken". Außerdem seien die auswärtigen Prediger Petr Abramovič Rogal'skij aus dem Dorf Prokop'evsk und Vitalij Nikolaevič Karman aus dem Gebiet Novosibirsk auf dem Fest zugegen gewesen, die weder

29 Information des Rayonsexekutivkomitees Tabuny an den Bevollmächtigten des Rats für Religionsangelegenheiten für die Region Altaj über die Durchführung einer mennonitischen Hochzeit im Dorf Nikolaevka. Frühestens 09.05.1979. Ebenda, d. 268, l. 7-8.
30 Auskunft des Bevollmächtigten des Rats über die religiöse Lage im Rayon Kulunda (Region Altaj), 09.02.1982. Ebenda, d. 287, l. 1-3.

Ausweispapiere noch Dokumente hätten vorlegen können, die ihnen die Durchführung des Rituals der Eheschließung erlaubten. Der Aufforderung des Ausschusses, „die Versammlung zu beenden", hätten die Anwesenden einschließlich der Hausherren ebenso wenig Folge geleistet wie der Bitte, das Tatbestandsprotokoll zu unterschreiben. Möglicherweise wurde der Eifer des Ausschusses in diesem Fall auch dadurch befeuert, dass die mennonitische Hochzeit an einem staatlichen Feiertag – dem Tag des Sieges – stattfand.[31]

Auch wenn die Behörden im Fall von Beerdigungen angesichts des Trauercharakters des Rituals deutlich seltener als bei Hochzeiten einschritten, lassen sich in den Quellen trotzdem entsprechende Informationen finden. So provozierte die Beerdigung des am 31. März 1983 verstorbenen Genrich Ėpp heftige Reaktionen auf Seiten des Ausschusses zur Kontrolle der Einhaltung der Religionsgesetze beim Exekutivkomitee des Dorfsowjets Griškovka (Rayon Slavgorod / Region Altaj). Die Beerdigung sei von etwa 20 mennonitischen Mitgliedern der Slavgoroder Gemeinde des Kirchenrats der Evangeliumschristen-Baptisten mit Ėrna Jakovlevna Izaak an der Spitze besucht worden. Neben sieben Erwachsenen seien unter den auswärtigen Gästen auch vier minderjährige Kinder sowie 15 junge Leute im Alter von 15 bis 18 Jahren gewesen. Die Slavgoroder Gäste hätten nicht nur aktiven Anteil an der Beerdigung genommen, sondern das religiöse Ritual offensichtlich auch geleitet. So hätten sie den beteiligten Baptisten ihre Aufgaben zugewiesen, das Sprechen [von Gebeten] sowohl beim Leichnam als auch beim Heraustragen der Leiche aus dem Haus geleitet und dem religiösen Chor und den Gläubigen Anweisungen erteilt, wie sie sich bei der Prozession zum Friedhof verhalten sollten. Am 4. April 1983 habe die aus etwa 200 Personen bestehende Trauergemeinde gegen 16.00 Uhr das Haus G.Ja. Ėpps verlassen und sich religiöse Lieder singend zum Friedhof begeben, wo Ėrna Izaak über dem Sarg eine Predigt gehalten habe. Formal bestand das „Vergehen" darin, dass die religiösen Beerdigungsrituale außerhalb des Hauses des Verstorbenen fortgesetzt wurden, tatsächlich war es aber vor allem die Tatsache, dass die größtenteils aus jungen Leuten bestehende Gruppe aus Slavgorod angereister Gläubiger an der Beerdigung teilnahm, die den Unmut der Behörden hervorrief.[32]

In ihrem Kampf gegen die unter dem Deckmantel von Familienfeiern und -ritualen durchgeführten „brüderlichen Zusammenkünfte" beschränkten sich die Behörden nicht allein darauf, vor Ort einzuschreiten und Strafen zu verhängen. Wie die Organe der Staatssicherheit ersetzten auch die lokalen Behörden und Ausschüsse zur Kontrolle der Einhaltung der Religionsgesetze mit den Bevollmächtigten des Rats an der Spitze in der Brežnev-Zeit in immer größerem Maße rein repressive Praktiken durch sogenannte „Vorbeugemaßnahmen" und verhinderten auf diese Weise zuweilen recht effektiv Massenversammlungen der Dissidenten. Als z.B. der Bevollmächtigte des Rats für Religionsangelegenheiten für die Region Altaj erfuhr, dass am 1.–2. Mai 1982 in der Stadt Barnaul „unter dem Vorwand der Hochzeit eines abtrünnigen Aktivisten" eine Zusammenkunft junger Leute geplant war, bei der auch viele auswärtige Gäste aus anderen Regionen des Landes erwartet wurden, setzte er umgehend zehn Stadt- und Rayonsexekutivkomitees der Region Altaj sowie die

---

31 Tatbestandsprotokoll über die Durchführung einer illegalen religiösen Versammlung unter dem Deckmantel einer Hochzeit durch die Gläubigen der Arbeitersiedlung Blagoveščenka (Region Altaj), 10.05.1980. Ebenda, d. 216, l. 26-27.

32 Tatbestandsprotokoll über einen Verstoß gegen die Religionsgesetze durch die Mennoniten des Dorfes Griškovka (Rayon Slavgorod / Region Altaj), 05.04.1983. Ebenda, d. 239, l. 6-7.

Bevollmächtigten des Rats für jene Gebiete in Kenntnis, aus denen die Gäste der geplanten Hochzeit kommen sollten. Die lokalen Exekutivkomitees wiederum warnten die Führer der religiösen Vereinigungen, dass sie für die Teilnahme an der bevorstehenden Veranstaltung zur Verantwortung gezogen würden. Sowohl der Leiter der Barnauler Gemeinde des Kirchenrats der Evangeliumschristen-Baptisten als auch der Hausherr des Hauses, in dem die Hochzeit stattfinden sollte, wurden zur Staatsanwaltschaft vorgeladen und gewarnt, dass gesetzwidrige Handlungen nicht toleriert werden würden. Dem Bevollmächtigten des Rats für die Region Altaj wiederum gelang es, in die Vorbeugemaßnahmen auch Vertreter der Miliz und der Regionsverwaltung des KGB einzubeziehen. So habe schließlich – wie der Bevollmächtigte erklärte – statt einer religiösen Massenversammlung eine ganz gewöhnliche kirchliche Hochzeit stattgefunden, die im Wesentlichen von Gläubigen aus der Stadt Barnaul besucht worden sei.[33]

Die Taufzeremonie in offenen Gewässern – eines der zentralen Rituale der Baptisten, das traditionell von einer großen Zahl auswärtiger Gäste besucht wurde – konnte aus naheliegenden Gründen nicht in geschlossenen Räumen stattfinden, so dass die Gläubigen gemäß dem Beschluss des VCIK und des Rats der Volkskommissare der RSFSR „Über religiöse Vereinigungen" vom 8. April 1929 jedes Mal beim örtlichen Rayonsexekutivkomitee einen Antrag auf Genehmigung der Zeremonie hätten stellen müssen. Tatsächlich weigerten sich die Anhänger des Kirchenrats der Evangeliumschristen-Baptisten allerdings, entsprechende Anträge einzureichen, und führten die Taufzeremonien in der Regel ohne Genehmigung durch.[34] In der Praxis schlossen die örtlichen Behörden entweder die Augen vor der Durchführung des Rituals oder erfuhren davon erst post factum. So führten mennonitische Anhänger des Kirchenrats der Evangeliumschristen-Baptisten Ende Juni bis Anfang Juli 1976 in einem in der Nähe des Dorfs Nikol'skoe (Dorfsowjet Protasovo / Rayon Chabary) gelegenen See die Taufe einer großen Gruppe von Gläubigen durch, bei denen es sich mehrheitlich um Mitglieder der im Rayon Slavgorod gelegenen Gemeinden handelte. Der Nikol'skoer Dorfsowjet zog es vor, den „Ausflug der Kirchenleute" zu ignorieren, was – wie der Bevollmächtigte des Rats für Religionsangelegenheiten beim Ministerrat der UdSSR für die Region Altaj A.P. Sedešov konstatierte – dazu führte, dass die von den entsprechenden Behörden nicht genehmigte Taufe „unbemerkt" blieb und gegen die Gesetzesbrecher keinerlei Sanktionen verhängt wurden.[35]

---

33 Aktennotiz über eine Dienstreise des Instrukteurs des Rats für Religionsangelegenheiten beim Ministerrat der UdSSR in die Region Altaj, 01.08.1983. Ebenda, d. 290, l. 30-36.

34 Mitteilung des Bevollmächtigten des Rats A.P. Sedešov „Über die religiöse Lage und den Stand der Kontrolle über die Einhaltung der Religionsgesetze im Rayon Blagoveščenka", 25.06.1982. Ebenda, d. 287, l. 48-52.

35 Information des Bevollmächtigten des Rats für Religionsangelegenheiten für die Region Altaj über die Durchführung einer Taufe durch die Mennoniten des Dorfes Nikol'skoe (Rayon Chabary). Frühestens 20.07.1986. Ebenda, d. 247, l. 12. Ihre in diesem Bereich bestehenden Defizite gestanden auch die Organe der Miliz ein. In einer der Lage der Religion in der Region Altaj gewidmeten Übersicht konstatierte der Stab der UVD im Januar 1981 in Bezug auf die Taufrituale in offenen Gewässern: „Die Abteilungen der Miliz leisten den Behörden bei der Aufspürung und Dokumentierung dieser Verstöße und der Ausarbeitung des Materials für die Administrative Kommission nur geringe Hilfe". Siehe: GAAK, f. 1692, op. 1, d. 277, l. 18-21.

Als aber die Mennoniten zwei Jahre später am 9. Juli 1978 im gleichen See erneut eine Massentaufe veranstalteten, an der sich etwa 300 Gläubige aus den Rayonen Chabary und Slavgorod (Region Altaj) beteiligten, waren die Rayonsbehörden ungeachtet der Tatsache, dass die Feier bereits um sechs Uhr morgens begann, zur Stelle. In dem vom Stellvertretenden Vorsitzenden des Rayonsexekutivkomitees Chabary A.N. Ljapin, dem Staatsanwalt V.G. Šumilov, dem Vorsitzenden des Dorfsowjets Polevoe O.G. Ginc, dem Vorsitzenden des Dorfsowjets Protasovo G.G. Kreker sowie von den Vorsitzenden der Kolchosen „Thälmann" P.D. Vol'f und „Engels" P.B. Lepp unterzeichneten Protokoll über den Gesetzesverstoß ist der gesamte Verlauf der „Massenversammlung" ausführlich dokumentiert: So seien insgesamt 21 Personen getauft worden, von denen 14 im Alter von unter 30 Jahren gewesen seien. Die Taufe hätten die beiden aus dem Dorf Orlovo kommenden Presbyter Ja.P. Varkentin und Ja.M. Ènns sowie der aus der Stadt Slavgorod kommende Presbyter È.È. Furman vollzogen. Vor der Taufe habe der in dem Dorf Nekrasovo (Rayon Slavgorod) tätige Presbyter Ja.M. Ènns eine Predigt über die Bedeutung der Taufzeremonie und die Taufen von Jesus Christus und Johannes, dem Täufer, gehalten. Dann habe der Jugendchor einige religiöse Lieder gesungen, während die Gläubigen, deren Taufe bevorstand, weiße Kleidung angelegt hätten. Nach der Taufe und Erklärungen, wie sich ein Gläubiger zu verhalten habe, sei der aus dem Dorf Nekrasovo (Rayon Slavgorod) kommende Presbyter G.G. Varkentin aufgetreten. Zu diesem Zeitpunkt sei am Ufer des Sees eine aus Atheisten und Nichtgläubigen bestehende Gruppe von Schaulustigen zusammengekommen, der Varkentin Texte aus dem Neuen Testament vorgelesen habe. Zum Abschluss der Taufzeremonie habe der Chor eine religiöse Hymne gesungen. Am Ende des Protokolls waren die Namen der 16 bei der Taufe anwesenden Leiter der mennonitischen Gemeinden der Städte Slavgorod und Pavlodar, der Dörfer Nekrasovo, Aleksandrovka, Orlovo, Lesnoe, Čertež, Polevoe und Protasovo aufgelistet. Nicht eine dieser Gemeinden war zu diesem Zeitpunkt bei den Behörden registriert.[36]

5.1.3. Feierliche Begrüßungstreffen für die „Gefangenen des Gewissens"

Eine weitere Form der öffentlichen Aktivität der Gläubigen, die bei den Behörden für massiven Unmut sorgte, war die feierliche Begrüßung der sogenannten „Gefangenen des Gewissens" – also der aus der Haft zurückkehrenden Gläubigen. Die für die Beobachtung der religiösen Organisationen zuständigen Organe gingen traditionell von der durchaus begründeten Annahme aus, dass die Rückkehr der mit dem Nimbus des Glaubensmärtyrers ausgestatteten Presbyter, Prediger und Gemeindeaktivisten aus dem Lager einen starken Katalysator der religiösen Aktivität darstellte. So schrieb der Bevollmächtigte des Rats für Angelegenheiten der religiösen Kulte für das Gebiet Omsk L. Serebrennikov am 11. Dezember 1958 in einer an den Sekretär des Gebietsparteikomitees Omsk E.P. Koluščinskij und den Vorsitzenden des Gebietsexekutivkomitees Omsk S.V. Ladejščikov adressierten Aktennotiz:

---

36 Tatbestandsprotokoll über die Durchführung eines Taufrituals im Dorf Nikol'skoe (Rayon Chabary / Region Altaj) durch mennonitische Anhänger des Kirchenrats der Evangeliumschristen-Baptisten, 09.07.1978. Ebenda, d. 247, l. 18-19.

„Angesichts der Tatsache, dass gerade die in den letzten Jahren aus der Haft entlassenen religiösen Aktivisten bei der Organisation der Tätigkeit der nicht registrierten religiösen Gruppen (insbesondere bei den Sekten) besonders aktiv sind, denke ich, dass vor Ort Maßnahmen ergriffen werden sollten, um eine entsprechende Tätigkeit dieser Personen zu unterbinden. Derartige Maßnahmen könnten Vorladungen ins Rayons- oder Stadtexekutivkomitee sein. [...] In Fällen von Gesetzesverstößen dieser Personen ist das Material der Staatsanwaltschaft zu übergeben".[37]

Ende der 1960er Jahre nahm das Problem der „Gefangenen des Gewissens" für die Behörden eine neue Qualität an, da sich unter den Anhängern des Kirchenrats die Praxis etabliert hatte, anlässlich der Haftentlassung von Glaubensbrüdern feierliche Begrüßungstreffen zu organisieren, mit denen die Dissidenten sowohl ihre Furchtlosigkeit gegenüber den Strafverfolgungsbehörden als auch ihre Bereitschaft, für die Sache Christi zu „leiden", demonstrierten.

Hinzu kam, dass es just zu dieser Zeit zu mehreren Entlassungswellen kam, da die in den Jahren 1966/67 aufgrund des Erlasses des Präsidiums des Obersten Sowjets der UdSSR vom 18. März 1966 verurteilten Dissidenten ihre Haftstrafen verbüßt hatten und ihre Entlassung bevorstand.

So waren laut einem Bericht des Rats für Religionsangelegenheiten beim Ministerrat der UdSSR Ende 1968 70 „Sektenführer" aus der Haft zurückgekehrt und hatten „ihr kriminelles Tun" wiederaufgenommen. 1969 wurden weitere 82 Personen aus dem Lager entlassen, unter denen auch die Mitglieder des Kirchenrats der Evangeliumschristen-Baptisten G.K. Krjučkov, G.P. Vins, N.G. Baturin, A.S. Gončarov, P.A. Jakimenkov und P.V. Rumačik sowie 29 „ihrer aktiven Helfershelfer und Prediger" waren.[38]

Die Machtorgane bereiteten sich frühzeitig auf die bevorstehenden Entlassungen vor. So schickte der Rat für Religionsangelegenheiten Ende November 1968 anlässlich der Massenentlassung der 1966 verurteilten „Führer der Sektengruppen des sogenannten Kirchenrats der Evangeliumschristen-Baptisten" eine Direktive an alle seine Bevollmächtigten vor Ort, der zufolge diese nicht nur alle bereits aus der Haft zurückgekehrten Personen erfassen und unter Aufsicht stellen, sondern sich auch auf die 1969 bevorstehende Entlassung weiterer „Sektenführer" vorbereiten sollten, um diese an der „Wiederaufnahme ihrer gesetzwidrigen Tätigkeit" zu hindern.[39]

---

37 Aktennotiz des Bevollmächtigten des Rats für Religionsangelegenheiten für das Gebiet Omsk L. Serebrennikov an den Sekretär des Gebietsparteikomitees Omsk E.P. Koluščinskij und den Vorsitzenden des Gebietsexekutivkomitees Omsk S.V. Ladejščikov, 11.12.1958. GARF, f. 6991, op. 3, d. 786, l. 192-193.

38 Informationsbericht über die Lage der muslimischen, katholischen, protestantischen, jüdischen, buddhistischen Religion, der Evangeliumschristen-Baptisten sowie der Sekten für 1969 (nach Materialien der Bevollmächtigten des Rats für Religionsangelegenheiten). Der Bericht wurde vom Ersten Stellvertreter des Rats für Religionsangelegenheiten beim Ministerrat der UdSSR A. Barmenkov an die Propagandaabteilung des ZK der KPdSU geschickt [22.05.1970]. RGANI, f. 5, op. 62, d. 38, l. 206-207.

39 Direktive an den Bevollmächtigten des Rats für Religionsangelegenheiten für die Region Altaj I.Ja. Korobejščikov über die Unterbindung der Tätigkeit der aus der Haft entlassenen Führer von Gruppen der Anhänger des Kirchenrats der Evangeliumschristen-Baptisten, unterzeichnet vom Stellvertretenden Vorsitzenden des Rats A. Barmenkov, 28.11.1968. GAAK, f. 1692, op. 1, d. 197, l. 3-4.

Bereits auf den ersten Begrüßungsfeiern für freigelassene Presbyter und Prediger, die Ende 1968 in den Gebieten Alma-Ata, Kiev, Leningrad, Novosibirsk, Char'kov, Čeljabinsk und in einer Reihe weiterer Gebiete stattfanden, konnten die Gläubigen viele Unterstützer mobilisieren und „offen zum Kampf gegen die geltenden Religionsgesetze aufrufen". Auf einigen dieser Begrüßungstreffen kam es zu Zusammenstößen zwischen den Gläubigen und der Miliz, so dass der Rat für Angelegenheiten der religiösen Kulte die lokalen Behörden im März 1969 in einer weiteren Direktive dafür kritisierte, die Treffen nicht verhindert zu haben, obwohl sie rechtzeitig informiert worden seien. Angesichts dessen, dass ein „Teil der fanatisch gestimmten Sektenangehörigen" das weitere Schicksal der Anhänger des so-genannten Kirchenrats der Evangeliumschristen-Baptisten mit den im Mai/Juni 1969 aus der Haft zurückkehrenden Anführern und Anstiftern gesetzwidriger Taten verbinde, sollten die Bevollmächtigten des Rats gegenüber den lokalen Behörden entsprechende Maßnah-men vorschlagen, durch die sich jegliche rechtswidrigen Aktionen von Seiten der Führer des Kirchenrats verhindern ließen.[40] Parallel wandten sich 1969 M.P. Maljarov von Seiten der Staatsanwaltschaft der UdSSR, S.K. Cvigun von Seiten des KGB und V.A. Kuroedov von Seiten des Rats für Religionsangelegenheiten mit dem Vorschlag an die Abteilung für Administrative Organe des ZK der KPdSU, die aus der Haft entlassenen Führer der il-legalen Sektenorganisationen angesichts des gesellschaftlich gefährlichen Charakters ihrer Aktivitäten unter behördliche Beobachtung zu stellen.

Für die Behörden der Region Altaj wurde die Rückkehr des Presbyters der Barnauler Ge-meinde des Kirchenrats Ja.Ja. Bil' und des führenden Aktivisten der sibirischen Gemeinden des Kirchenrats der Evangeliumschristen-Baptisten D.V. Minjakov, die 1970 nach dreijähri-ger Haft nach Barnaul zurückkehrten, zur Bewährungsprobe. Besonders „stürmisch" verlief die feierliche Würdigung Minjakovs, über dessen bevorstehende Rückkehr die Leitung des Rayonsexekutivkomitees Železnodorožnoe (Stadt Barnaul), auf dessen Gebiet sich die größ-te „deutsche" Initiativlergemeinde der Region Altaj befand, bereits im Vorfeld informiert worden war. So kam ein beachtliches, durch Bürgerwehrler und Gesellschaftsaktivisten ver-stärktes Polizeiaufgebot zum Ort der Zusammenkunft, das allerdings über keinen klaren Einsatzplan verfügte und nach Aussage des Ratsbevollmächtigten I.Ja. Korobejščikov viele Fehler beging. So hätten sich die Ordnungshüter in größerer Gruppe vor dem Haus versam-melt und den Baptisten ermöglicht, „sie aus den Fenstern des [Bet-]Hauses zu fotografie-ren". Statt Maßnahmen zur „Durchsetzung des Gesetzes" zu ergreifen, seien viele an der Operation Beteiligte auf eigene Initiative in einen ideologischen Streit mit den Gläubigen getreten und sogar die Milizionäre hätten zu beweisen versucht, dass Gott nicht existiere. Im Endeffekt hätten die Vertreter der Staatsmacht sich nicht nur vollständig kompromittiert, sondern auch ihre Arbeit vernachlässigt. So sei weder dokumentiert worden, wer das Treffen organisiert habe, noch seien die Personalien der allermeisten auswärtigen Baptisten aufge-nommen worden. Zudem seien die Dokumente so schlampig aufgesetzt worden, dass sie nicht als juristische Grundlage zur Einleitung von Strafmaßnahmen dienen konnten, so dass

---

40 Direktive Vladimir A. Kuroedovs an die Bevollmächtigten des Rats für Religionsangelegenheiten beim Ministerrat der UdSSR über das weitere Vorgehen gegenüber den Gemeinden des Kirchenrats der Evangeliumschristen-Baptisten, 14.05.1969. Ebenda, d. 102, l. 39-44.

die „der Ehrung eines arglistigen Gesetzesbrechers gewidmete politische Demonstration der Abtrünnigen" faktisch ungestraft geblieben sei.[41]

Um ein derartiges Fiasko in Zukunft zu vermeiden, arbeitete der Bevollmächtigte des Rats für die Region Altaj einen Aktionsplan zur Unterbindung von Massenversammlungen aus, den er Anfang 1971 auf einer den Fragen der atheistischen Propaganda und der Bekämpfung der Religion gewidmeten Regionskonferenz der Mitarbeiter der Partei- und Sowjetorgane vorstellte. Auch wenn man in jedem Einzelfall den Besonderheiten einer konkreten Versammlung der Sektenangehörigen Rechnung tragen müsse, formulierte er trotzdem sechs allgemeine Regeln, von denen sich die Vertreter der Staatsmacht leiten lassen sollten: Jeder Aktion müsse eine ausführliche Instruierung aller Beteiligten vorangehen. Die Mehrheit der an dem Einsatz Beteiligten solle zunächst nicht offen in Aktion treten und sich im Exekutivkomitee oder an einem geheimen Ort in der Nähe des Versammlungsortes in Reserve halten. Den Ort der Versammlung solle zunächst nur eine kleine aus einem Vertreter des Exekutivkomitees, Mitarbeitern der Miliz und Gemeindezeugen bestehende Gruppe aufsuchen, um zügig die Lage einzuschätzen und die Anwesenden zur Auflösung der Versammlung aufzufordern. Sollte dieser Aufforderung nicht Folge geleistet werden, sollten die Vertreter der Staatmacht und die Gemeindezeugen vor Ort bleiben und durch „persönliche Beobachtung" feststellen, wer die Versammlung leite, wer Predigten halte, wer von den Leitern der Gemeinde anwesend sei und ob und in welcher Weise Minderjährige involviert seien, sowie die Namen der Minderjährigen und ihrer Eltern aufnehmen. Bei Bedarf sollte Verstärkung aus der Reserve gerufen werden. Im Fall von Widerstand sollten die Organe der Miliz „im Rahmen der gesetzlichen Vorgaben" dagegen vorgehen. Am Ende der Versammlung sollten die Behördenvertreter die „Sektenführer" auffordern, der Aufsetzung eines Protokolls beizuwohnen, und alle anderen fortschicken. Schließlich sollten die Mitarbeiter der Miliz die Personalien der auswärtigen Gäste und aller anderen Personen aufnehmen, die sich nicht ausweisen wollten.[42]

Bei der Durchführung derartiger Aktionen sollten sich die Beteiligten nicht in „theologische" Dispute und Diskussionen verwickeln lassen. Um zu gewährleisten, dass die Protokolle juristisch einwandfrei aufgesetzt wurden, sollten für jede zur Auflösung einer „brüderlichen Zusammenkunft" zusammengestellte Gruppe juristisch versierte Personen hinzugezogen werden. Zur vorbeugenden Verhinderung von Massenversammlungen sollte eine effektive Arbeitsteilung praktiziert werden: Die Organe des Ministeriums für Innere Angelegenheiten sollten sich nicht nur um die unmittelbare Auflösung einer Versammlung und die Unterbindung von Widerstand seitens der Sektenangehörigen kümmern, sondern auch frühzeitig Informationen über Bewegungen der Geistlichen und Prediger und insbesondere über das Auftauchen auswärtiger Gläubiger sammeln, während die Organe der Staatsanwaltschaft „arglistige Verletzer der Religionsgesetze" schnell zur strafrechtlichen Verantwortung ziehen sollten. Die Organe der Hygieneaufsicht wiederum sollten potentielle Treff-

---

41 Auftritt des Bevollmächtigten des Rats für Religionsangelegenheiten für die Region Altaj Korobejščikov auf einer den Fragen der Bekämpfung der Religion und der atheistischen Propaganda gewidmeten Regionskonferenz der Mitarbeiter der Partei- und Sowjetorgane, 1971. Ebenda, d. 221, l. 27-51.

42 Ebenda.

punkte der Gläubigen insbesondere in ländlichen Gegenden rechtzeitig zu Seuchengebieten erklären.[43]

Aber ungeachtet aller von den Behörden ergriffenen Maßnahmen fanden „feierliche Begrüßungstreffen der Gefangenen" nach deren Entlassung aus der Haft im gesamten Verlauf der 1970er und in der ersten Hälfte der 1980er Jahre weiterhin statt. So organisierten die Initiativler z.B. 1971 ein feierliches Begrüßungstreffen für D.A. Pivnev (Nejfel'd), Mitglied des Kirchenrats der Evangeliumschristen-Baptisten und Presbyter der Gemeinde Kulunda (Region Altaj), über das der Bevollmächtigte des Rats für die Region Altaj berichtete: „Die Kinder bringen den arglistigen Gesetzesbrechern Blumen und begrüßen sie mit Versen und Hymnen. Die Prediger widmen ihnen ihre Auftritte und preisen die ‚Heldentat zu Ehren Christi'. Zu Ehren der Gesetzesbrecher singt ein Chor und spielt ein Orchester".[44]

In der zweiten Hälfte der 1970er Jahre hatte sich bereits ein fester Ablauf der Begrüßungstreffen etabliert, bei dem Gläubige und Behörden jeweils ihre eingespielten Rollen ausführten. In den Berichten des Bevollmächtigten des Rats für Angelegenheiten der Religionen beim Ministerrat der UdSSR für das Gebiet Omsk A.I. Eremenko für die Jahre 1977–1979 sind Angaben über die Haftentlassung der „Anführer" der nichtregistrierten Gruppen der Brüdermennoniten der Rayone Isil'kul' und Moskalenki (Gebiet Omsk) I.A.Vall, I.Ja. Vins, Ja.F. Derksen, Penner, Fast und I.F. Tevs enthalten, die allesamt den Kirchenrat der Evangeliumschristen-Baptisten unterstützten und sich auch nach ihrer Haftentlassung aktiv an der „Organisation der gesetzwidrigen Tätigkeit der Sektenanhänger" beteiligten.[45] Für mindestens zwei von ihnen – den Prediger der mennonitischen Initiativlergemeinde des Dorfes Apollonovka (Rayon Isil'kul') Ivan Abramovič Vall[46] und den Prediger der Mennonitengemeinde des Dorfes Miroljubovka (Rayon Moskalenki) Ivan Fedorovič Tevs – wurden 1977 bzw. 1979 Begrüßungstreffen organisiert, die entsprechende Reaktionen der Behörden hervorriefen.

Besonders gut besucht war die Begrüßungsfeier für den 1979 nach fünfjähriger Haft entlassenen I.F. Tevs, über dessen für den 18. Juni 1979 geplante Entlassung die „zuständigen Organe" die Führung des Rayons Moskalenki (Gebiet Omsk) frühzeitig informierten, so dass alle weiteren Ereignisse unter strenger Beobachtung von Seiten der lokalen Behörden standen. Tevs sollte am 18. Juni 1979 an der Eisenbahnstation Kujanbar ankommen, wo ihn nicht nur Gläubige mit Blumen erwarteten, sondern auch Mitarbeiter des Rayonsexekutivkomitees und der Miliz. Tatsächlich kam Tevs allerdings erst am folgenden Tag von sieben Privatfahrzeugen eskortiert aus Omsk. Zu seiner Begrüßung hatten sich etwa 200 Gläubige versammelt, größtenteils Bewohner des Dorfes Miroljubovka sowie Vertreter der Baptistengemeinden der Städte Omsk und Isil'kul', der Arbeitersiedlung Mar'janovka

---

43 Ebenda.

44 Informationsbericht des Bevollmächtigten des Rats für Religionsangelegenheiten beim Ministerrat der UdSSR für die Region Altaj für 1971. Frühestens 31.12.1971. Ebenda, d. 115, l. 1-41.

45 Information des Bevollmächtigten des Rats für Religionsangelegenheiten für das Gebiet Omsk A.I. Eremenko über das Verhalten der den Kirchenrat der Evangeliumschristen-Baptisten unterstützenden Gläubigen nach der Haftentlassung, 08.06.1977. GARF, f. 6991, op. 6, d. 1196, l. 12-13.

46 Urteil des Gerichtskollegiums für Strafsachen des Omsker Gebietsgerichts zu den Führern der illegalen Gemeinde der Brüdermennoniten des Dorfes Appolonovka (Rayon Isil'kul'), 14.05.1981. Ebenda, d. 2105, l. 30-35.

und der Dörfer Ivanovka, Nikolaj-Pole, Solncevka (Rayon Isil'kul'), der Städte Makinsk, Pavlodar, Ščučinsk und der Arbeitersiedlung Bulaevo (Kasachische SSR). Im Verlauf des Treffens lasen die Gläubigen Predigten und Gedichte, sangen Lieder über die schwere Zeit im Gefängnis, die für den Glauben an Gott zu tragenden Leiden usw. Die Behördenvertreter versuchten mithilfe der Mitarbeiter der Miliz, die die Versammlung leitenden „Ortsfremden" zu identifizieren, scheiterten aber am Widerstand der mennonitischen Jugend, die um ihre Gäste herum immer wieder einen Menschenkreis bildete. So beschränkten sich die Behörden darauf, Protokolle über Ordnungswidrigkeiten aufzusetzen und ortsfremde Fahrzeuge zu registrieren.

Als die „illegale Massenversammlung" am Folgetag fortgesetzt wurde, wurden bereits 500 Gäste gezählt, unter denen auch viele Kinder im schulpflichtigen Alter und Jugendliche waren. Die Gläubigen lasen Predigten und sangen von einem Orchester und einem Harmonium begleitet im Chor religiöse Lieder. Glückwunschtelegramme wurden verlesen, darunter auch solche, die von inhaftierten Gläubigen verfasst worden waren. Abgeschlossen wurde die Veranstaltung mit Auftritten von I.F. Tevs, seiner Frau und seinen Kindern, die der Gemeinde für die Begrüßungsfeier und die während der Haft erfahrene Unterstützung dankten. Auf Intervention des Rayonsexekutivkomitees wurden gegen die mutmaßlichen Organisatoren der Begrüßungsfeier F.D. Penner, I.F. Tevs und P.P. Fot Strafen in Höhe von 50 Rubeln verhängt. Das Material wurde der Rayonsstaatsanwaltschaft übergeben.[47]

Eine der letzten von deutschen Initiativlern organisierten Veranstaltungen dieser Art war wohl Anfang 1985 die Begrüßungsfeier für den aus dem Dorf Chorosee (Rayon Tabuny / Region Altaj) stammenden Vladimir Lakke, der 1983 zu eineinhalb Jahren Freiheitsentzug verurteilt worden war, weil er während seines Wehrdienstes seine religiösen Überzeugungen propagiert hatte. Lakkes Begrüßung wurde von den Behörden wie gewöhnlich als Aktion mit „gesellschaftsfeindlichem nationalistischem Charakter" eingestuft.[48]

5.1.4. Brüderliche Jugendzusammenkünfte

Am 2. Mai 1968 führten die Gemeinden des Kirchenrats der Evangeliumschristen-Baptisten in der Stadt Slavgorod ein „gebietsübergreifendes Treffen der Sektenjugend" durch, auf dem bis zu 250 Personen anwesend waren, von denen 30% ortsansässige Erwachsene, 50% deren Kinder und 20% eingeladene ortsfremde Heranwachsende und Kinder waren. Bei dem Treffen handelte es sich nach Aussage des Bevollmächtigten des Rats um eine „brüderliche Zusammenkunft", die die jungen Leute „durch eine Vielfalt von Eindrücken" für die Religion interessieren sollte.[49]

---

47 Information des Bevollmächtigten des Rats für Religionsangelegenheiten für das Gebiet Omsk A.I. Eremenko über eine illegale Massenversammlung der Mennoniten des Dorfes Miroljubovka (Rayon Moskalenki), 05.07.1979. Ebenda, d. 1626, l. 36-38.

48 Notiz des Bevollmächtigten des Rats für Religionsangelegenheiten für die Region Altaj „Über Maßnahmen zur Intensivierung der Bekämpfung des religiösen Extremismus und zur Ordnung des Netzes der religiösen Vereinigungen in der Region", 14.03.1985. GAAK, f. 1692, op. 1, d. 271, l. 29-33.

49 Informationsbericht des Bevollmächtigten des Rats „Über die religiöse Lage und den Stand der Kontrolle über die Einhaltung der Religionsgesetze in der Region Altaj für das Jahr 1968", 25.02.1969. Ebenda, d. 99, l. 1-36.

Wie die feierlichen Begrüßungstreffen für die „Gefangenen des Gewissens" waren auch die Massentreffen der aus gläubigen Familien stammenden jungen Leute etwas grundsätzlich Neues. Da den Gläubigen nur zu klar war, dass sie im Fall der religiösen Kinder- und Jugendtreffen anders als bei den religiösen Feiertagen oder Familienfesten, wo sie wenigstens in gewissem Maße durch Tradition und Routine vor der strafenden Hand des Staates geschützt waren, mit einer harten und entschiedenen Reaktion der Staatsmacht rechnen mussten, achteten sie bei der Organisation dieser Treffen auf strenge Konspiration. Nur so lässt sich erklären, dass die Bevollmächtigten des Rats und die lokalen Behörden in der Regel erst im Nachhinein von den Massentreffen der Kinder und Jugendlichen Kenntnis nahmen. So erfuhr z.B. der Bevollmächtigte des Rats für die Region Altaj überhaupt nur durch eine aus den Reihen der Mennoniten des Rayons Chabary stammende Teilnehmerin davon, dass an den Tagen der offiziellen sowjetischen Novemberfeierlichkeiten – dem 55. Jahrestag der Oktoberrevolution – in Novosibirsk ein Jugendtreffen stattgefunden hatte. Und auch diese junge Frau erzählte kaum mehr als die Tatsache, dass „viele junge Leute aus Riga, Isil'kul', Barnaul, Blagoveščensk, Pavlodar, Slavgorod und vielen anderen Städten Sibiriens zusammengekommen seien".[50] 1973 wurden nach Informationen des Rats für Angelegenheiten der Religionen beim Ministerrat der UdSSR „extremistische Aktionen wie Massenversammlungen von Sektenangehörigen oder Jugendtreffen und Konferenzen der Sektenführer in der Region Altaj und in 10–12 weiteren Gebieten entdeckt".[51] 1974 stellte der Bevollmächtigte des Rats für die Region Altaj lakonisch fest, dass nach den vorliegenden Angaben junge Gläubige auf religiöse Zusammenkünfte nach Slavgorod, Barnaul, Novosibirsk und andere Orte geschickt worden seien.[52]

Eine Vorstellung sowohl vom Maßstab der Jugendversammlungen als auch von der Reaktion der Behörden vermittelt die Beschreibung eines am 4. Juni 1978 im Rayon Isil'kul' (Gebiet Omsk) durchgeführten Jugendtreffens der Baptisten Sibiriens und Kasachstans, dessen Verlauf in den Quellen sowohl aus Sicht der Gläubigen als auch aus Sicht der Behörden beschrieben wird. Das von Anhängern des Kirchenrats der Evangeliumschristen-Baptisten in den Wäldern der Kolchosen „Sibir'" und „Boevoj" organisierte Treffen wurde von etwa 300 Personen besucht, bei denen es sich größtenteils um Schüler der höheren Klassen handelte, die von Erwachsenen angeleitet wurden. Die lokalen Behörden waren bereits im Vorfeld durch die „zuständigen Organe" über das Treffen informiert worden und leiteten entsprechende „Vorbeugemaßnahmen" ein: Alle Führer der baptistischen Gemeinden der Dorfsowjets Novoroždestvenskoe, Solncevskoe und Baevo (Rayon Isil'kul') und der Stadt Isil'kul' wurden in die Dorf- bzw. Stadtsowjets vorgeladen und gewarnt, dass sie für die illegale Zusammenkunft persönlich zur Verantwortung gezogen würden. Darüber hinaus

50 Information des Bevollmächtigten des Rats für Religionsangelegenheiten für die Region Altaj über die Tätigkeit der Brüdermennoniten im Dorf Polevoe (Rayon Chabary), 12.11.1972. Ebenda, d. 66, l. 24.

51 Informationsbericht an das ZK der KPdSU über die Tätigkeit des Rats für Religionsangelegenheiten beim Ministerrat der UdSSR für das Jahr 1974, gezeichnet von Vladimir A. Kuroedov, 31.12.1974. RGANI, f. 5, op. 67, d. 115, l. 167.

52 Information des Bevollmächtigten des Rats für Religionsangelegenheiten für die Region Altaj über die Tätigkeit der Brüdermennoniten im Dorf Polevoe (Rayon Chabary), 18.06.1974. GAAK, f. 1692, op. 1, d. 66, l. 34-40.

beschloss das Rayonsexekutivkomitee Isil'kul', den Aufenthalt im Wald wegen bestehender Waldbrandgefahr für größere Menschenmengen zu verbieten und die Organisatoren des Treffens für etwaige Flurschäden zur Verantwortung zu ziehen. Am Vorabend des Treffens wurden zur Unterstützung des Dorfsowjets Kucharevo, auf dessen Gebiet die religiöse Veranstaltung stattfinden sollte, zusätzliche Mitarbeiter der Miliz und der Verkehrspolizei sowie Mitglieder der Bürgerwehr abgestellt.

In der Nacht auf den 4. Juni 1978 stellten die Organisatoren einen Generator auf, schlossen Mikrofone und Verstärker an, errichteten Zelte und brachten zehn Kannen Kaffee und drei Säcke Brötchen zum geplanten Veranstaltungsort. Um 6 Uhr morgens trafen die ersten Teilnehmer des Treffens ein. An den Zufahrtswegen waren Mitarbeiter der Verkehrspolizei und Bürgerwehrler postiert, die unter dem Vorwand, die Einhaltung der Regeln der Fahrgastbeförderung sowie den technischen Zustand der Fahrzeuge zu kontrollieren, die Autokennzeichen der „Gesetzesbrecher" beschlagnahmten.

Organisiert wurde das Treffen von den Predigern der im Rayon Isil'kul' gelegenen mennonitischen Gemeinden V.A. Gamm, R.I. Gamm und A.A. Balau. Als Prediger bzw. Chorleiter involviert waren ferner I.Ja. Levin, A.K. Izaak, I.I. Nejfel'd, Ja.P. Andres und G.G. Derksen aus den Gemeinden der Rayone Isil'kul' und Moskalenki. Nach Version der Behörden reagierten die Gläubigen nicht auf die Aufforderung, die illegale Zusammenkunft aufzulösen, und setzten bis 14.00 Uhr mittags den Gottesdienst fort. Die Teilnehmer des Treffens hätten der Miliz und der Bürgerwehr Widerstand geleistet, aus der Menge seien Rufe zu hören gewesen, am nächsten Tag werde man in der BRD von den Vorkommnissen erfahren, es komme die Zeit der Abrechnung usw. Zwölf Teilnehmer des Treffens wurden zur Feststellung ihrer Personalien auf die Rayonsabteilung der Miliz gebracht. Außerdem wurde ein Protokoll des Dorfsowjets über die der Kolchose durch Flurschäden entstandenen Kosten aufgesetzt. Ferner wurde von den Behörden das angeblich „in einer Kolchose oder Sowchose gestohlene" mobile Elektroaggregat konfisziert.[53]

Eine andere Version der Ereignisse ist in der „Sondermitteilung" der Evangeliumschristen-Baptisten der Gebiete Omsk, Kokčetav, Celinograd und der Stadt Omsk enthalten, die „an den Vorsitzenden des Obersten Sowjets der UdSSR L.I. Brežnev, den Vorsitzenden des Rats für Religionsangelegenheiten V.A. Kuroedov, den Ersten Sekretär des Gebietsparteikomitees Omsk S.I. Manjakin und den Ersten Sekretär des Rayonsparteikomitees Isil'kul' [O.V.] Pirogov sowie an das Komitee für Menschenrechte der UNO, den Rat der Verwandten der für Gottes Wort in der UdSSR inhaftierten Evangeliumschristen-Baptisten und den Kirchenrat der Evangeliumschristen-Baptisten" adressiert war. Dieser „Sondermitteilung" zufolge setzten die Behörden zur Auflösung des Treffens drei Traktoren ein, die die Motoren aufheulen ließen, um die Predigten und den Chor zu übertönen. Außerdem habe ein Traktor der Marke K-700 die Erde um die Autos und Motorräder der Gläubigen, die um die Lichtung herum abgestellt waren, umgepflügt, um diese am Wegfahren zu hindern. Anschließend hätten Milizionäre und Bürgerwehrler eine Reihe von Teilnehmern der Zusammenkunft festgenommen, geschlagen und buchstäblich aus den Reihen der sich fest aneinanderhaltenden

---

53 Mitteilung des Bevollmächtigten des Rats für Religionsangelegenheiten für das Gebiet Omsk A.I. Eremenko über die „illegale Zusammenkunft" von Gläubigen im Rayon Isil'kul' (Gebiet Omsk), 22.06.1978. GARF, f. 6991, op. 6, d. 1398, l. 75-77.

Leute herausgerissen.[54] Während ein Teil der Mitarbeiter der Ordnungskräfte Verhaftungen vorgenommen habe, hätten andere Lebensmittel, Kaffeekannen, Bänke, Geschirr usw. in die Wagen geladen. Der gesamte Vorgang sei mit „eindeutig nicht künstlerischen Zielen" gefilmt worden. Die für die entstandenen Flurschäden verhängte Geldstrafe in Höhe von 1 800 Rubeln habe nicht den tatsächlich entstandenen Schäden entsprochen. Die „Sondermitteilung" war von 577 Personen unterzeichnet, bei denen es sich mehrheitlich um sibirische Mennoniten handelte.[55]

In einem anderen Fall gelang es den Barnauler „Abtrünnigen" am 6.–7. November 1978 von den Behörden unbemerkt und ungestraft eine überregionale gebietsübergreifende Jugendversammlung durchzuführen. Das Beispiel der religiösen Dissidenten war so ansteckend, dass auch die registrierte Baptistengemeinde der Stadt Barnaul im Januar 1980 eine religiöse Jugendversammlung organisierte, an der etwa 100 aus den Gebieten Novosibirsk, Semipalatinsk und Kemerovo angereiste junge Gläubige teilnahmen. Da sie keine Erfahrung mit der illegalen Organisation derartiger Treffen hatten, flogen sie auf, kamen als Ersttäter allerdings mit einer strengen Verwarnung davon.[56]

Die letzten Berichte der Bevollmächtigten des Rats über Jugendtreffen datieren aus den späten 1980er Jahren. So fand im April 1989 in Slavgorod eine „Zusammenkunft der Jugend" statt, an der etwa 500 Delegierte der in den Gebieten des Altaj, von Pavlodar, Omsk und Karaganda gelegenen Gemeinden des Kirchenrats der Evangeliumschristen-Baptisten teilnahmen. An der Veranstaltung war das Mitglied des Kirchenrats der Evangeliumschristen-Baptisten E.N. Puškov aktiv beteiligt.[57]

Als eine Art Quintessenz der feierlichen brüderlichen Massentreffen der 1960er–1980er Jahre lässt sich die von den sibirischen Gemeinden des Kirchenrats der Evangeliumschristen-

---

54 In den Quellen lassen sich Informationen über ähnliche Zusammenstöße zwischen Gläubigen und Miliz im Verlauf der Auflösung von „illegalen Zusammenkünften" finden. So wurde 1974 der Prediger der Gemeinde des Kirchenrats der Evangeliumschristen-Baptisten der Stadt Dušanbe L.I. Rejmer verhaftet und verurteilt. In der Urteilsbegründung hieß es, dass die in Dušanbe bestehende Initiativlergemeinde unter der Führung von Rejmer, I.I. Plett und A.A. Fuk systematisch illegale Zusammenkünfte von bis zu 300 abtrünnigen Baptisten organisiert habe, unter denen auch viele Schüler und Heranwachsende gewesen seien. Die Zusammenkünfte seien oft mit Störungen der öffentlichen Ordnung, in einigen Fällen mit offenem Widerstand gegen die Staatsgewalt und im September 1973 mit Gewalt gegen Mitarbeiter der Miliz einhergegangen. Siehe: Auskunft der Juristischen Abteilung des Rats für Religionsangelegenheiten beim Ministerrat der UdSSR bezüglich des Verurteilten L.I. Rejmer. Sommer 1976. GARF, f. 6991, op. 6, d. 919, l. 222-223.

55 „Sondermitteilung" der Evangeliumschristen-Baptisten der Gebiete Omsk, Kokčetav und Celinograd und der Stadt Omsk an den Vorsitzenden des Präsidiums des Obersten Sowjets der UdSSR Leonid I. Brežnev, den Vorsitzenden des Rats für Religionsangelegenheiten Vladimir A. Kuroedov, den Ersten Sekretär des Omsker Gebietskomitees der KPdSU Sergej I. Manjakin und den Ersten Sekretär des Rayonskomitees der KPdSU Isil'kul' Pirogov. Spätestens 30.06.1978. GARF, f. 6991, op. 6, d. 1398, l. 79-83.

56 Aktennotiz des Mitarbeiters der Abteilung für Angelegenheiten der protestantischen Kirchen, der jüdischen Religion und der Sekten des Rats für Religionsangelegenheiten beim Ministerrat der UdSSR an den Vorsitzenden des Rats Vladimir A. Kuroedov „Über eine Dienstreise in die Region Altaj", 10.07.1980. GAAK, f. 1692, op. 1, d. 151, l. 1-8.

57 Informationsbericht des Bevollmächtigten des Rats über die Tätigkeit der religiösen Organisationen und den Stand der Kontrolle über die Einhaltung der Religionsgesetze in der Region Altaj im Jahr 1989. Frühestens April 1989. Ebenda, d. 328, l. 1-18.

Baptisten aus Anlass des 25. Jahrestags des Bestehens der Initiativbewegung im Jahr 1986 durchgeführte Feier betrachten. Nach den Worten des Bevollmächtigten des Rats für die Region Altaj wurde die eigenmächtige Feier zu einer Art Leistungsschau für jede Gemeinde des Kirchenrats der Evangeliumschristen-Baptisten, zu einem „wirksamen Mittel der Intensivierung ihrer Aktivitäten" und der „Intensivierung der antisowjetischen Bestrebungen". Die Feier wurde nach einem im Vorfeld abgestimmten Zeitplan in verschiedenen Gemeinden durchgeführt, was den Gläubigen ermöglichte, Delegationen, Prediger und sogar Chöre auszutauschen. Die Gemeinden bereiteten literarische und musikalische Programme vor, organisierten Ausstellungen des religiösen „Samizdat" und stellten der Geschichte der Spaltung, den inhaftierten Mitgliedern des Kirchenrats der Evangeliumschristen-Baptisten und den „Glaubensmärtyrern" gewidmete Fototafeln auf.

Alle Anstrengungen der Behörden, den Prozess durch vorbeugende Maßnahmen zu bremsen, endeten in einem Fiasko. Ungeachtet dessen, dass ausnahmslos alle Führer der Gemeinden des Kirchenrats der Evangeliumschristen-Baptisten in die Rayonsexekutivkomitees vorgeladen und offiziell gewarnt wurden, dass Verstöße gegen die Religionsgesetze nicht toleriert würden, und jedem Einzelnen der Text der Warnung zur Unterschrift vorgelegt wurde[58], zeigten sich die Gläubigen nicht kompromissbereit. Die Behörden reagierten in vorhersagbarer Weise mit Gewalt. So schrieb der Bevollmächtigte des Rats, dass bei dem Versuch, die demonstrativen Gesetzesverstöße der Gläubigen zu unterbinden, beleidigende Ausrufe sowie andere gesetzwidrige Taten zu verzeichnen gewesen seien. Nachdem die Miliz im Rayon Blagoveščenka G.B. Vibe, einen der „aktiven Organisatoren des Gesetzesverstoßes", verhaftet habe, seien bei der Rayonsabteilung der Miliz etwa 60–65 Gläubige zusammengekommen, um ein Ende der „Verfolgung des Bruders" zu fordern und „eine Stunde lang die öffentliche Ordnung" zu stören.[59]

Die erfahrenen Akteure an der „antireligiösen Front" Brežnevscher Prägung waren sich durchaus bewusst, dass der Kampf gegen die religiösen Rituale auf herkömmliche Art nicht zu gewinnen war und eine Idee nur mit Ideen bekämpft werden konnte. So rief der Bevollmächtigte des Rats für Religionsangelegenheiten für die Region Altaj im Mai 1963 dazu auf, den „Kirchen- und Popenritualen" sowjetische Äquivalente entgegenzusetzen:

„Warum machen wir es nicht zur Tradition, solch wichtige Ereignisse im Leben eines Menschen wie den Erhalt eines Passes, eines Attestats, eines Diploms, das Erreichen der Volljährigkeit, den 25. oder 50. Hochzeitstag, Geburtstage (Tage der Freude), Hochzeiten (Tage des Glücks), Beerdigungen oder Tage der Erinnerung an Verstorbene usw. zu

---

58 Der Text der Warnung lautete: „Nach den uns vorliegenden Informationen wird die Durchführung von Feierlichkeiten anlässlich des 25. Jahrestags der Spaltung im Milieu der Baptisten und der Gründung des Kirchenrats der Evangeliumschristen-Baptisten vorbereitet. Wir setzen Sie darüber in Kenntnis, dass die Durchführung einer solchen Veranstaltung den geltenden Religionsgesetzen widerspricht und die Organisatoren mit aller Strenge des Gesetzes zur Verantwortung gezogen werden". Siehe: GAAK, f. 1692, op. 1, d. 309, l. 1-30.

59 Siehe: Informationsbericht des Bevollmächtigten des Rats G.I. Lisenkov „Über die Tätigkeit der religiösen Organisationen und den Stand der Kontrolle über die Einhaltung der Religionsgesetze in der Region Altaj im Jahr 1986", 26.01.1987. GAAK, f. 1692, op. 1, d. 309, l. 1-30. Im Dezember 1986 fand in Novosibirsk die illegale Allsibirische Konferenz der Gemeinden des Kirchenrats der Evangeliumschristen-Baptisten statt, die ebenfalls dem 25. Jahrestag der „Initiativbewegung" gewidmet war.

begehen. In jeder Ortschaft lassen sich [...] Möglichkeiten finden, den Kirchenleuten und Sektenanhängern die Möglichkeit zu nehmen, diesen Ereignissen einen religiösen Charakter zu verleihen und sie durch ihre Religiosität zu verdunkeln".[60]

Der Aufruf, mehr „gute, farbenprächtige, moderne Rituale" einzuführen, geisterte jahrelang durch die Parteidokumente. So fasste das Regionsexekutivkomitee Altaj im September 1972 den Beschluss, neue Rituale zu entwickeln und zu vervollkommnen. Schließlich bürgerte sich in ländlichen Gegenden das Ritual ein, die jungen Männer feierlich zur Armee zu verabschieden. Im Mai wurde alljährlich der „Tag der Gefallenen und Verstorbenen" begangen, der mit dem religiösen Ritual des Totengedenkens konkurrierte. Dem Osterfest sollten Feiertage wie die „Vertreibung des russischen Winters" oder der „Tag des Pflügens" entgegengestellt werden. Aber der Weg zur Etablierung weltlicher Rituale sollte sich als beschwerlich erweisen. Die neuen Feiertage und Rituale galten als staatsnaher Abklatsch und waren nicht ernsthaft konkurrenzfähig. So schien das Verbot letztlich doch effektiver.

Die brüderlichen Massentreffen waren in der Brežnev-Zeit eine der Hauptformen des öffentlichen Auftritts der Initiativbewegung und der Demonstration des „Eigensinns" der Gläubigen, an dem sich die Behörden die Zähne ausbissen, da ihnen für eine angemessene Reaktion das Instrumentarium fehlte.

5.2. „Briefe an die Machthaber" als Modus des religiösen Dissidententums

Eine wichtige dissidentische Praxis der Initiativler bestand in der Brežnev-Zeit darin, regelmäßige „Unterschriftenaktionen" zum Schutz der „Gefangenen des Gewissens" zu organisieren und die eigenen Forderungen und Bedürfnisse mithilfe sogenannter „Briefe an die Machthaber" vor die Partei- und Staatsführung der UdSSR zu bringen. Diese von den Gläubigen verfassten Schreiben bieten nicht nur aus erster Hand wertvolle Einblicke in das Alltagsleben der religiösen Gemeinden, sondern sind auch als ein Phänomen, an dem sich der Wandel der Beziehungen zwischen Staat und Kirche in der poststalinistischen Sowjetunion exemplarisch ablesen lässt, für die Forschung von großem Interesse. Um die Bedeutung der von den religiösen Dissidenten in den 1960er–1980er Jahren verfassten Schreiben angemessen beurteilen zu können, ist es zunächst angebracht, diese in den Kontext der von anderen Bevölkerungsgruppen des Sowjetstaats verfassten „Briefe an die Machthaber" einzuordnen und Unterschiede und Gemeinsamkeiten herauszuarbeiten.

Über viele Jahrhunderte der russischen Geschichte waren „Briefe an die Machthaber" vor allem durch zwei miteinander verbundene Grundmuster geprägt: eine personifizierte Wahrnehmung des Staates und ein ausgeprägtes Misstrauen gegenüber dessen bürokratischen Institutionen. Angesichts der Tatsache, dass weite Teile der Bevölkerung und insbesondere die Bauernschaft den lokalen Agenten der Macht traditionell mit einer Mischung aus (meist begründetem) Misstrauen und Furcht begegneten, war es nur folgerichtig, dass die „einfa-

---

60 Auskunft des Bevollmächtigten des Rats für Angelegenheiten der religiösen Kulte Ivanov „Über den Stand der antireligiösen Arbeit in der Region [Altaj]", 14.05.1963. GAAK, f. 1692, op. 1, d. 63, l. 70-82.

chen Leute"[61] in der Regel bestrebt waren, „die Wahrheit" an der Spitze der staatlichen Machtpyramide zu suchen und sich unmittelbar an die Zaren oder „Führer" zu wenden. Auf diese Weise trugen „Briefe an die Machthaber" maßgeblich dazu bei, an den bürokratischen Instanzen vorbei Strukturen eines paternalistischen Klientelsystems entstehen zu lassen.

In den ersten beiden Jahrzehnten nach der Revolution bildeten sich auch unter der Sowjetmacht in immer größerem Ausmaß paternalistische Strukturen heraus. Sowohl durch den Bürgerkrieg und das Experiment des Kriegskommunismus als auch später durch Kollektivierung, Entkulakisierung und Repressionen sahen sich Hunderttausende Menschen massiver Diskriminierung ausgesetzt, denen faktisch nichts anderes übrig blieb, als über die Köpfe der lokalen Führung hinweg mithilfe von Briefen „nach oben" Gerechtigkeit zu suchen oder auch nur das eigene Leben oder das Leben ihrer Nächsten zu retten[62]. In vielen Fällen waren diese Briefe sehr emotional gehalten. Es versteht sich von selbst, dass sich in diesen Emotionen vor allem die authentische Tragik der extremen Ausnahmesituationen spiegelte, in denen sich die Verfasser der Briefe als Entkulakisierte, Lišency oder Repressierte befanden. Zugleich fand in dieser Emotionalität aber auch die persönliche Beziehung zwischen Bittsteller und Patron Ausdruck. So weist Aleksej Tichomirov völlig zu Recht darauf hin, dass sich in den an die Machthaber gerichteten Briefen sowjetischer Bürger das Bestreben spiegelt, „der Welt der großen und grausamen Politik eine menschliche Dimension zu verleihen", „von ganzem Herzen zu reden" oder sein „Herz auszuschütten", d.h. „die intimsten emotionalen Erlebnisse zu teilen".[63] Ohne einen solch hohen emotionalen Gehalt wäre eine effektive Personifizierung des Staats schlicht nicht möglich gewesen.

Die Sowjetmacht wiederum instrumentalisierte ihrerseits die Personifizierung des Staates und die in der russischen Geschichte tief verwurzelte paternalistische Tradition, indem sie immer wieder sogenannte „Exzesse" entfesselte, bei denen sie ganz bewusst die Augen vor dem gesetzwidrigen Vorgehen und den Gewalttaten ihrer von ihr selbst aufgestachelten lokalen Vertreter verschloss. So konnten die Machthaber mithilfe von „Exzessen" einerseits eine zielgerichtete Umsetzung laufender Kampagnen sicherstellen (Getreidebeschlagnahmungen, Liquidierung der Kirchen, Vernichtung der „Ehemaligen") und andererseits die Grenzen des Möglichen austesten, ohne die eigene Legitimität zu gefährden. Nach diesem Muster folgte auf den Abschluss einer Kampagne jeweils die (in der Regel eher milde) Bestrafung der für die Exzesse verantwortlichen Personen, bei der die Karte der „Exzesse vor Ort" ausgespielt wurde, während die Zentralmacht zugleich die „sozialistische Gesetzlichkeit" wiederherstellen konnte. Innerhalb dieses Schemas kam den an die zentralen Partei- und Staatsorgane bzw. unmittelbar an die Staatsführer adressierten Briefen der Bevölkerung die wichtige Rolle eines Impulsgebers für die Wiederherstellung des gestörten Vertrauens zwischen Staat und Gesellschaft zu. Ein wichtiger Aspekt bestand dabei darin, klare Grenzen zu ziehen, innerhalb derer die tolerierte Kritik sich ausschließlich auf den „Exzess" bzw. die Figur des „lokalen Trägers des Exzesses" beziehen und auf keinen Fall die Werte und Normen des Sozialismus an sich in Zweifel ziehen durfte.

---

61 Der Begriff meint im gegebenen Kontext die Masse der den Machthabern und ihren Privilegien fernstehenden Bevölkerung.

62 Siehe z.B.: Šiškin (Hrsg.), Pis'ma; Livšin, Orlov u.a. (Hrsg.), Pis'ma; Savin, Pis'ma vo vlast', S. 133-145.

63 Tichomirov, Režim, S. 98-117.

Inhalt und Zielsetzung der von den Gläubigen bzw. konkret von den Angehörigen der Freikirchen in den 1920er–1940er Jahren verfassten „Briefe nach oben" bewegten sich in der Regel im Rahmen dieses paternalistischen Paradigmas. So dienten die Briefe der 1920er Jahre vor allem dem Ziel, den Machthabern die Loyalität der Gläubigen zu bekunden. In der Regel handelte es sich bei den meisten zu dieser Zeit verfassten „Briefen an die Machthaber" um Grußbotschaften religiöser Organe und Konvente sowie Beteuerungen des „demokratischen Charakters des Kults und der Bereitschaft, sich aktiv am sozialistischen Umbau des Lebens zu beteiligen". In den 1930er–1940er Jahren änderte sich der Inhalt dieser Briefe, die nun vor allem Beschwerden über lokale Vertreter der Staatsmacht und deren Exzesse enthielten und sich in vielen Fällen auf die Schließung oder Zweckentfremdung von Bethäusern sowie auf eine übermäßige Besteuerung der Presbyter und Prediger sowie der Kultgebäude bezogen.[64]

Auch in der Poststalinzeit wiesen die von den Angehörigen der Freikirchen verfassten „Briefe an die Machthaber" bis zur Entstehung der Initiativbewegung weiterhin die Schlüsselmomente des traditionellen, paternalistisch geprägten Schreibens „nach oben" auf: Sie waren in der Regel an die obersten Führer der UdSSR adressiert und dienten vor allem dem Ziel, gegenüber den lokalen Vertretern der Staatsmacht und deren „Exzessen" Gerechtigkeit zu suchen. So beschwerte sich z.B. der im Dorf Chorošee (Rayon Tabuny / Region Altaj) ansässige Andrej Gizbrecht im August 1957 in einem an den Vorsitzenden des Präsidiums des Obersten Sowjets der UdSSR K.E. Vorošilov adressierten Brief über die Willkür des Zweiten Sekretärs des Rayonsparteikomitees Tabuny, auf dessen Befehl die Miliz Gizbrechts Haus durchsucht und das Evangelium beschlagnahmt hatte.[65] Mit einer ähnlichen Beschwerde wandte sich im Februar 1958 auch der im Dorf Nikolaevka (Rayon Tabuny) ansässige Jakov Fast an die höchsten Instanzen.[66] In beiden Fällen bestand eine wichtige Abweichung vom klassischen Schema allerdings darin, dass die Beschwerdeführer zunächst versucht hatten, auf lokaler Ebene gegen die Verletzung ihrer Rechte vorzugehen, und sich mit ihrer Beschwerde erst dann an höhere Instanzen wandten, als die Staatsanwaltschaft ihnen die „Einstellung ihres nutzlosen Querulantentums" nahegelegt hatte.

Insbesondere im Zuge der allmählichen Abkehr von der Chruščevschen antireligiösen Kampagne reagierte das Zentrum oft positiv auf die gegen lokale Exzesse gerichteten Beschwerden. So demonstrierten die Machthaber z.B. im Jahr 1964 im Zusammenhang mit einem die größtenteils aus deutschen Gemeindemitgliedern bestehende Barnauler Initiativlergemeinde betreffenden Vorfall ihre Bereitschaft, den Konsens mit den „einfachen Gläubigen" wiederherzustellen. Nachdem die „Vervielfältigung und Verbreitung unterschiedlicher gegen die Drangsalierungen von Seiten der örtlichen Behörden gerichteter Aufrufe, Briefe und Beschwerden" erfolglos geblieben war, legte eine aus 21 Barnauler Initiativlern be-

---

64 Siehe: Savin, Evangel'skie verujuščie, S. 317–324.

65 Beschwerde des Arbeiters der Sowchose „Serebropol'skij" (Rayon Tabuny / Region Altaj) Andrej F. Gizbrecht an den Vorsitzenden des Präsidiums des Obersten Sowjets der UdSSR Kliment E. Vorošilov anlässlich der Beschlagnahmung einer Bibel. Frühestens 29.08.1957. GAAK, f. 1692, op. 1, d. 43, l. 4.

66 Beschwerde des Bewohners der Siedlung Nikolaevka (Rayon Tabuny / Region Altaj) Jakov I. Fast über das rechtswidrige Vorgehen der örtlichen Behörden gegenüber einer Gruppe von Gläubigen, 24.02.1958. Ebenda, l. 5.

stehende Gruppe „eigenmächtig die Arbeit nieder" und machte sich im Mai 1964 nach Moskau auf, wo sie im Obersten Sowjet der UdSSR und im Rat für Angelegenheiten der religiösen Kulte beim Ministerrat der UdSSR empfangen wurde, um ihre Beschwerden zu übergeben.[67] Infolge dieser Aktion wurde die in der Region Altaj betriebene atheistische Arbeit im Juli 1964 tatsächlich durch eine Sonderkommission des ZK der KPdSU überprüft. Schließlich berichtete der Bevollmächtigte des Rats für Angelegenheiten der religiösen Kulte beim Ministerrat der UdSSR im September 1964 „über Maßnahmen zur Liquidierung der von den örtlichen Behörden der Region Altaj geduldeten, gegen Gläubige und religiöse Vereinigungen gerichteten administrativen Exzesse", und die an der Reise nach Moskau beteiligten Gläubigen, die zunächst in neun Fällen wegen „längerer Abwesenheit von der Arbeit" entlassen und in den anderen Fällen „strengen disziplinarischen Maßnahmen" unterzogen worden waren, wurden praktisch durchgängig rehabilitiert.[68]

Nach der von Brežnev in der staatlichen Religionspolitik vollzogenen Kehrtwende reagierte das Zentrum noch schneller und effektiver auf Beschwerden von Seiten der Gläubigen. Davon zeugt z.B. die Reaktion der Behörden auf ein im Oktober 1965 beim Obersten Sowjet der UdSSR eingegangenes kollektives Schreiben der Gläubigen der im Rayon Kulunda (Region Altaj) gelegenen Gemeinde des Kirchenrats der Evangeliumschristen-Baptisten, in dem sich mennonitische Initiativler darüber beschwerten, dass die Leitung der Sowchose „Serebropol'skij" (Dorf Chorošee) einer Gruppe von Arbeitern um G.G. Fast, K.F. Fast, K.F. Frizen und A.I. Frizen „wegen ihres Glaubens" nicht nur gesetzwidrig das diesen zustehende Getreide, Viehfutter und Treibstoff vorenthalten, sondern diese auch zur Strafe zu Waldarbeiten in einen anderen Rayon der Region geschickt habe.[69]

Nachdem die Poststelle des Obersten Sowjets der UdSSR die Eingabe der Gläubigen „zur besonderen Kontrolle" angenommen hatte, wies der Stellvertretende Vorsitzende des Rats für Angelegenheiten der religiösen Kulte V.F. Rjazanov bereits am 10. November 1965 den Bevollmächtigten des Rats für die Region Altaj L.F. Ivanov an, die in der Eingabe erhobenen Vorwürfe zu prüfen, die Regionsorganisationen im Bedarfsfall zu entsprechenden Maßnahmen aufzufordern und über den weiteren Verlauf des Vorgangs schnellstmöglich nach Moskau zu berichten. Als Ivanov die Beschwerde Anfang Dezember 1965 persönlich vor Ort überprüfte, stellte sich heraus, dass der Direktor der Sowchose M.I. Daev den „aktivsten Sektenanhängern" tatsächlich das ihnen zustehende Getreide vorenthalten hatte, weil diese Religionsunterricht für Kinder organisiert und ohne Genehmigung der Behörden Versammlungen abgehalten hatten. Seine von den Partei- und Gewerkschaftsorganisationen der Sowchose mitgetragene Entscheidung, ökonomischen Druck auf die Gläubigen auszuüben, rechtfertigte der Direktor der Sowchose damit, dass die Gläubigen ihre religiösen Aktivitäten auch nach mehrmaliger Aufforderung nicht eingestellt hätten. Infolge der auch vom

---

67 In diesem Zusammenhang ist anzumerken, dass diese Treffen lange vor dem berühmten Empfang der Initiativler durch den Vorsitzenden des Präsidiums des Obersten Sowjets der UdSSR A.I. Mikojan im September 1965 stattfanden. Siehe auch Kapitel 3.

68 Aktennotiz „Über die Arbeit des Bevollmächtigten und die Aktivitäten der religiösen Vereinigungen in der Region Altaj im Jahr 1964 auf Linie des Rats für Angelegenheiten der religiösen Kulte", 26.12.1964. GAAK, f. 1692, op. 1, d. 185, l. 1-20.

69 Mitteilung des Bevollmächtigten des Rats für Angelegenheiten der religiösen Kulte für die Region Altaj L. Ivanov an den Stellvertretenden Vorsitzenden des Rats V.F. Rjazanov über die Resultate einer Fahrt in den Rayon Kulunda. Frühestens 11.12.1965. Ebenda, d. 43, l. 30-31.

Sekretär des örtlichen Rayonsparteikomitees Popov unterstützten Intervention Ivanovs zog die Führung der Sowchose ihre Entscheidung zurück und versprach, die Methoden der unter den Gläubigen geleisteten Arbeit zu ändern[70], worüber Ivanov umgehend die Führung des Rats für Angelegenheiten der religiösen Kulte sowie das Regionsexekutivkomitee und das Regionsparteikomitee Altaj informierte.

Die Machthaber waren also bereit, ihre schon nicht mehr in die poststalinistische Wirklichkeit passenden, aber in den lokalen Machtorganen immer noch sehr präsenten, für „Exzesse" verantwortlichen Vertreter in die Schranken zu weisen, die im antireligiösen Kampf noch immer ausschließlich auf Repression setzten, nicht anzuerkennen bereit waren, dass Gläubige (und insbesondere „Sektenanhänger") zugleich „ehrliche Sowjetbürger" sein konnten, und der gegen Ende der Regierungszeit Chruščevs vorherrschenden ambivalenten Wahrnehmung der Gläubigen die Eindeutigkeit der Stalin'schen Position der 1930er Jahre entgegenstellten. So schrieb der für die Region Altaj zuständige Bevollmächtigte des Rats für Angelegenheiten der religiösen Kulte L.F. Ivanov im Mai 1963: „Einige unserer mit der Erziehungsarbeit unter den Werktätigen befassten lokalen Führungskader setzen bei ihrer unter den Gläubigen betriebenen Arbeit immer noch ausschließlich auf rein administrative Methoden der Bekämpfung religiöser Vorurteile". Als Beispiel verwies er auf den Leiter der Kulturabteilung des Slavgoroder Rayonsexekutivkomitees A.A. Kučer, der erklärt habe, man müsse zur Bekämpfung der Religion nur ein Gesetz verabschieden, nach dem „alle Sektenanhänger wie seinerzeit die Kulaken in den Norden verbannt" würden. Mit einer solchen Äußerung – so Ivanov – setze der Genosse Kučer ganz gewöhnliche Gläubige, bei denen es sich mehrheitlich um aufrichtige und strebsame Sowjetbürger handle, deren einziges Problem darin bestehe, in die Fänge der Religion geraten zu sein, mit dem „Klassenfeind unserer Gesellschaft" gleich, ohne zu verstehen, dass die willkürliche Verhängung von Ordnungsstrafen und die Beleidigung religiöser Gefühle von den Sektenpredigern und der Geistlichkeit ausgenutzt würden, um religiösen Fanatismus zu schüren, die Gläubigen zu aktivieren und ihren Einfluss auf den rückständigen Teil der Bevölkerung zu stärken.[71]

Durch ihre schnelle Reaktion auf die gegen „Exzesse" gerichteten Beschwerden der Gläubigen verliehen die zentralen Partei- und Staatsorgane ihrer Bereitschaft Ausdruck, die lokalen Kader zu disziplinieren und die Rechte der Gläubigen im Rahmen der „sozialistischen Gesetzlichkeit" wiederherzustellen. Durch die Parteinahme für die Beschwerdeführer machte Moskau seinen Vertretern vor Ort deutlich, dass sie bei der unter den Gläubigen zu leistenden Arbeit vor allem auf den „aufklärerisch-erzieherischen Faktor und eine aufmerksame kameradschaftliche Haltung des Atheisten gegenüber dem Gläubigen" setzen sollten.

Allerdings ließ gerade der Erfolg dieses paternalistisch geprägten Konsensmodells auch sehr schnell dessen innere Widersprüche zu Tage treten. So konnte die Sowjetführung in der Brežnev-Zeit gerade wegen des Rückgangs der Zahl lokaler „Exzesse" die Verantwortung für antireligiöse Maßnahmen nicht mehr auf ihre lokalen Repräsentanten abwälzen und trat zunehmend selbst in der Rolle des Hauptverfolgers der Gläubigen auf – zumal

---

70 Auskunft des Bevollmächtigten des Rats für Angelegenheiten der religiösen Kulte für die Region Altaj L. Ivanov „Über die Resultate der Überprüfung von Beschwerden gläubiger Baptisten im Rayon Kulunda", 14.12.1965. Ebenda, d. 43, l. 23-26.

71 Auskunft „Über den Stand der antireligiösen Arbeit in der Region [Altaj], 14.05.1963. GAAK, f. 1692, op. 1, d. 63, l. 70-82.

die Sowjetmacht bereits 1966 in aller Deutlichkeit die Grenzen der Liberalisierung ihrer Religionspolitik demonstrierte und keinerlei Bereitschaft zeigte, mit den Dissidenten einen konstruktiven Dialog über Probleme zu führen, die über den Rahmen des alten Paradigmas der „administrativen Exzesse" hinausgingen.[72]

Und auch die Gläubigen traten den Machthabern schon anders entgegen als früher. So tauchten in ihren an die Machthaber gerichteten Schreiben bereits Ende der 1950er Jahre immer häufiger dem sowjetischen Neusprech fremde Wörter wie „Bibel", „Evangelium", „Gott" oder „Glaube" sowie Zitate aus der Heiligen Schrift auf – und dies nicht nur in Form von Epigrafen. So hieß es etwa in einem Schreiben evangeliumschristlicher Anhänger des Kirchenrats aus der Region Altaj an den Vorsitzenden des Ministerrats der UdSSR A.N. Kosygin vom 9. Februar 1966: „Wir möchten Ihnen Gottes Wort aus der Apostelgeschichte des Lukas in Erinnerung rufen, Kapitel 5, Verse 38–39: ‚Lasset ab von diesen Menschen und lasset sie fahren! Ist der Rat oder das Werk aus den Menschen, so wird's untergehen; ist's aber aus Gott, so könnt ihr's nicht dämpfen; auf dass ihr nicht erfunden werdet als die wider Gott streiten wollen'".[73] Dieser neue Diskurs wiederum wirft die Frage auf, inwieweit sich die Verfasser dieser Briefe überhaupt noch mit der Sowjetgesellschaft und dem Sowjetstaat identifizierten. Sie büßten praktisch die Fähigkeit ein, „bolschewistisch zu sprechen"[74], aus ihren Briefen verschwanden allmählich Loyalitätsbekundungen, Bekenntnisse zum sowjetischen Patriotismus sowie das Bestreben, die eigene „sowjetische" Identität zu betonen. Die Briefe wurden im Ton immer nüchterner und sachlicher, die Verfasser beriefen sich immer öfter auf ihre Rechte und die „sowjetische Gesetzlichkeit". Im Zuge der Chruščevschen antireligiösen Kampagne wurden in den Briefen erstmals Appelle laut, verurteilte „Baptistenführer" freizulassen.[75] Dabei wurden die anfangs noch zaghaften Gesuche mit der Zeit immer fordernder. So gingen die Verfasser eines an A.I. Mikojan adressierten Telegramms der Barnauler Initiativler vom 20. September 1965 sogar so weit, um „Freiheit zu leben oder zu sterben" zu bitten.[76]

Auch gingen die Gläubigen schon bald dazu über, ihre „Briefe an die Machthaber" im Kampf für ihre Rechte bewusst als Waffe einzusetzen, indem sie nicht mehr nur vereinzelte Beschwerden verfassten, sondern auf jede Verletzung ihrer religiösen Rechte und Freiheiten mit einer wahren Flut von Briefen an alle Instanzen reagierten. Offenbar entstand diese Taktik, die Machthaber mit Briefen zu „bombardieren", bereits Anfang der 1960er Jahre, als sich die Anhänger der Initiativbewegung in großer Zahl an unterschiedliche regionale und zentrale sowjetische Führungsorgane wandten, um die Erlaubnis zu erbitten, einen Baptistenkonvent unter Führung des „Organisationskomitees" abhalten zu dürfen. So gin-

---

72 Siehe Kapitel 3.

73 Schreiben der evangeliumschristlich-baptistischen Anhänger des Kirchenrats der Evangeliumschristen-Baptisten an den Vorsitzenden des Ministerrats der UdSSR Aleksej N. Kosygin, 09.02.1966. GAAK, f. 1692, op. 1, d. 37, l. 180-183.

74 Als Fähigkeit, „bolschewistisch zu sprechen", bezeichnet Stephen Kotkin das Erlernen der Sprache der Macht. Siehe z.B.: Kotkin, Govorit' po-bol'ševistski, S. 250-328.

75 Aktennotiz L. Ivanovs „Über die Arbeit des Bevollmächtigten des Rats für die Region Altaj für das Jahr 1963", 24.01.1964. GAAK, f. 1692, op. 1, d. 63, l. 1-20.

76 Telegramm der evangeliumschristlich-baptistischen Anhänger des Kirchenrats der Stadt Barnaul an den Vorsitzenden des Präsidiums des Obersten Sowjets der UdSSR A.I. Mikojan, 20.09.1965. Ebenda, d. 73, l. 124.

gen 1963 aus den in der Region Altaj gelegenen Gemeinden sieben Gruppenerklärungen „abtrünniger Baptisten" bei den zentralen und regionalen Organen ein, die um die Genehmigung eines Konvents ansuchten.[77] Offensichtlich traf dieses „Bombardement", bei dem die Gläubigen praktisch aus jedem Anlass Briefe verfassten, die Machthaber völlig unvorbereitet. So schickten die aus der Region Altaj stammenden Initiativler allein im November 1965 neben dem bereits erwähnten von den Mennoniten der Sowchose „Serebropol'skij" (Dorf Chorošee) verfassten Schreiben noch zwei weitere Briefe an die Adresse des Obersten Sowjets der UdSSR: eine Beschwerde der mennonitischen Gemeinde des Rayons Chabary über die gesetzwidrige Verhängung von Bußgeldern sowie eine Beschwerde der Barnauler Gemeinde über die Diskriminierung ihrer Kinder in den Schulen.[78] Insgesamt gingen im Jahr 1965 65 von den „Sektenvereinigungen" der Region Altaj verfassste Erklärungen, Beschwerden und Telegramme ein, von denen 61 auf baptistische Initiativler zurückgingen und 44 an „die zentralen Führungsinstanzen" adressiert waren.[79]

Eine erste Reaktion des Rats für Angelegenheiten der religiösen Kulte auf den rapiden Anstieg der Zahl der eingehenden Briefe bestand darin, eine Art Standardtext auszuarbeiten, mit dem dessen Bevollmächtigte die „Briefe von gläubigen Evangeliumschristen-Baptisten" beantworten sollten. Doch die Gläubigen wollten sich so einfach nicht abspeisen lassen und forderten konkrete schriftliche Antworten unmittelbar vom Vorsitzenden des Ministerrats der UdSSR oder von den Sekretären des ZK der KPdSU, da sie eine Antwort ebenjenes Organs, über das sie sich bei der Regierung beschwerten, nicht zufriedenstellen könne. Sollten sie auch weiterhin keine angemessenen Antworten bekommen, würden sie sich immer wieder und wieder um ein persönliches Treffen mit den Vertretern der höchsten Macht in Moskau bemühen.[80]

Eine ganz neue Qualität bekamen die von den Initiativlern verfassten „Briefe an die Machthaber" auch dadurch, dass sie dank der illegalen Nutzung von Vervielfältigungstechnik zu einem wichtigen Teil des religiösen Samizdat wurden. Bereits Anfang der 1960er Jahre berichteten die Bevollmächtigten des Rats für Angelegenheiten der religiösen Kulte, dass die Angehörigen der Freikirchen vermehrt Vervielfältigungstechnik einsetzten. So lässt sich die Mitteilung des Bevollmächtigten des Rats für die Region Altaj, dass die Dissidenten mithilfe einer eigens für diese Zwecke angeschafften Schreibmaschine, eines Fotolabors, eines Tonbandgeräts und weiterer technischer Hilfsmittel verschiedene Texte von Aufrufen und Anweisungen des illegalen baptistischen Zentrums des Landes hergestellt und unter den

---

77 Aktennotiz L. Ivanovs „Über die Arbeit des Bevollmächtigten des Rats für die Region Altaj für das Jahr 1963", 24.01.1964. Ebenda, d. 63, l. 1-20.

78 Information des Bevollmächtigten des Rats für die Region Altaj L. Ivanov an den Vorsitzenden des Rayonsexekutivkomitees Chabary I.E. Iščenko anlässlich der kollektiven Beschwerde der Gläubigen des Dorfes Polevoe (Rayon Chabary), 04.12.1965. Ebenda, d. 66, l. 4-5; Information der Führung des Altajer Regionsexekutivkomitees an den Sekretär des Altajer Regionskomitees der KPdSU T.A. Kulakov über eine gesellschaftsfeindliche Aktion der Anhänger des Kirchenrats der Evangeliumschristen-Baptisten in der Stadt Barnaul, 23.12.1965. Ebenda, d. 73, l. 120-123.

79 Aktennotiz „Über die Resultate der Arbeit des Bevollmächtigten des Rats für Religionsangelegenheiten für die Region Altaj für das Jahr 1965", 28.01.1966. Ebenda, d. 70, l. 1.

80 Aktennotiz „Über die Arbeit des Bevollmächtigten und die Tätigkeit der religiösen Vereinigungen in der Region Altaj im Jahr 1964 auf Linie des Rats für Religionsangelegenheiten", 26.12.1964. Ebenda, d. 185, l. 1-20.

Gläubigen verbreitet hätten[81], als typisch für die gesamte Brežnev-Zeit ansehen. Praktisch vom ersten Tag an vervielfältigten die Initiativler nicht nur ihre Zeitschriften „Vestnik spasenija" und „Bratskij listok", religiöse Literatur, Sammlungen von Kirchenliedern und das Material der gegen Gläubige gerichteten Gerichtsprozesse, sondern auch ihre „Briefe an die Machthaber". So fanden die Organe der Staatsanwaltschaft laut einem Bericht des KGB am 15. März 1968 bei einer Hausdurchsuchung in der Wohnung des Aktivisten der Barnauler Gemeinde des Kirchenrats der Evangeliumschristen-Baptisten A.Ja. Dik zahlreiche vom Kirchenrat herausgegebene Schriften, die „zu Verstößen gegen die Religionsgesetze aufriefen oder derartige Verstöße dokumentierten". Unter den bei der Hausdurchsuchung beschlagnahmten 18 Titeln waren nach Angaben des KGB-Mitarbeiters auch fünf kollektive Briefe „verleumderischen Charakters", darunter ein von der Kiever Gemeinde des Kirchenrats der Evangeliumschristen-Baptisten verfasstes Schreiben an den „Generalsekretär des ZK der KPdSU Gen. Brežnev, L.I. u.a.".[82] Was die von den sibirischen Mennoniten selbst verfassten Schreiben betrifft, enthält allein die „Sammlung von Dokumenten des Samizdat" aus dem Archiv der in München angesiedelten Radiostation „Svoboda" (Radio Liberty) über 30 derartige Briefe.[83]

Ein weiterer überaus wichtiger Aspekt bestand darin, dass nicht mehr nur von Einzelpersonen verfasste Briefe, sondern zunehmend auch von Dutzenden, Hunderten und manchmal sogar Tausenden Gläubigen unterzeichnete Schreiben bei den Behörden eingingen. So hatte z.B. die bereits erwähnte Beschwerde der Mennoniten des Rayons Chabary 34 und die Beschwerde der Barnauler Gemeinde sogar etwa 130 Unterzeichner. Mitte der 1960er Jahre waren kollektive Briefe an sich ein alles andere als neues Genre der Kommunikation zwischen Sowjetmacht und Gesellschaft. Im Unterschied zu den Beschwerden und Gesuchen wurden die allermeisten der im „kollektiven Stil" geschriebenen Briefe allerdings nicht einfach von mehreren Einzelpersonen, sondern von den Kollektiven der Werktätigen ganzer Fabriken, von Kolchosversammlungen oder den Arbeitern von Sowchosen verfasst und entsprachen inhaltlich dem, was die Macht hören wollte: Ihre Verfasser beschworen ganz im Stil der publizistischen Lexik der Sowjetzeit oder der Reden der Partei- und Sowjetelite ihre Treue zur Kommunistischen Partei und zum Sowjetstaat, erklärten ihre Liebe und Hingabe für die Führer persönlich, berichteten über die Erfolge ihrer Arbeit, erklärten ihre Bereitschaft, erhöhte Arbeitsnormen auf sich zu nehmen, oder forderten die harte Bestrafung von „Volksfeinden". Stilistisch basierte dieser spezifische Typ eines „Briefs an die Machthaber" auf der Verwendung ideologischer Klischees, die längst fest in den offiziösen Sprachgebrauch der Werktätigen eingegangen waren. Je niedriger dabei das Bildungsniveau der Verfasser war, desto öfter griffen sie auf Sprachschablonen zurück, die ihnen das Gewünschte besser auszudrücken halfen, da der Gebrauch einer solchen Sprache sie nicht nur von der Notwendigkeit befreite, ihre Gedanken selbst formulieren zu müssen, sondern vor allem auch garantierte, dass das Geschriebene politisch absolut zuverlässig war und nichts

---

81 Aktennotiz L. Ivanovs „Über die Arbeit des Bevollmächtigten des Rats für die Region Altaj für das Jahr 1963", 24.01.1964. Ebenda, d. 63, l. 1-20.

82 Auskunft der Verwaltung des KGB für die Region Altaj über die Beschlagnahmung vom Kirchenrat der Evangeliumschristen-Baptisten herausgegebener religiöser Literatur, 28.03.1968. Ebenda, d. 73, l. 195-198.

83 Siehe ausführlicher: Savenko, Očerki istorii, S. 113-115.

„Aufrührerisches" enthielt. Anzumerken ist auch, dass diese Briefe vor allem unpersönliche Formen enthielten und das Pronomen „ich" praktisch nicht vorkam. Ihnen fehlte jegliche Individualität, die Masse trat an die Stelle des einzelnen Menschen. Das einzige, was diesen Briefen überhaupt Individualität verlieh, waren die Namen der Unterzeichnenden sowie Fehler und stilistische Blüten.

Ein klassisches Muster für einen solchen im Namen der Gläubigen verfassten „Brief an die Machthaber" war das Schreiben des Konvents der Evangeliumschristen-Baptisten, der vom 11. bis 13. Dezember 1974 in Moskau stattfand. In ihrem Telegramm an den Vorsitzenden des Ministerrats der UdSSR A.N. Kosygin begrüßten die Delegierten „einmütig die von der Sowjetregierung zur Hebung des Lebensstandards des russischen Volkes und zum Gedeihen unseres Landes unternommenen Anstrengungen" und erklärten ihre Bereitschaft, „durch ehrliche Arbeit ihren Beitrag zum Erfolg aller Maßnahmen der Regierung und des gesamten sowjetischen Volkes zu leisten".[84]

Was nun die religiösen Dissidenten betrifft, wurden deren kollektive Schreiben an die Machthaber in der Brežnev-Zeit zu einem wichtigen Hebel der Einflussnahme auf das Sowjetregime. Dabei ging es in diesen Schreiben in der Regel nicht etwa um konkrete Probleme einzelner Gemeinden, sondern um für die gesamte religiöse Gemeinschaft bedeutsame Fragen. Und selbst in jenen Fällen, in denen doch einmal eine individuelle Frage zur Sprache kam, bedeuteten die kollektiven Unterschriften, dass alle Dissidenten der betreffenden Frage prinzipielle Bedeutung beimaßen. So war z.B. der an die höchste Sowjetführung adressierte Brief „auf dem Gebiet der UdSSR lebender christlicher Mütter" vom 3. Juni 1977, der eine Aufhebung der für die religiöse Erziehung Minderjähriger geltenden Beschränkungen forderte, von etwa 4 000 Frauen aus insgesamt 150 Ortschaften der UdSSR unterzeichnet (Gebiete Alma-Alta, Vorošilovgrad und Doneck, Kirgisische und Moldawische SSR sowie die Städte Belaja Cerkov', Gorlovka, Dušanbe, Kaskelen, Magnitogorsk, Mariinsk, Nižnij Tagil, Rjazan', Rostov-na-Donu, Smolensk, Tiraspol', Tokmak, Tula, Fergana und Char'kov) und hatte einschließlich aller Unterschriften einen Umfang von 166 Seiten.[85] Aus der Region Altaj hatten 216 freikirchliche Aktivistinnen unterschrieben, davon 58 aus Slavgorod.[86]

Auch wenn diese hohe Zahl von Unterzeichnern offenbar einen Einzelfall darstellte, kam es nicht selten vor, dass Hunderte und manchmal auch Tausende Menschen einen Brief unterzeichneten. So hatte z.B. ein Anfang 1974 an den Vorsitzenden des Ministerrats der UdSSR A.N. Kosygin adressierter „Offener Brief", in dem gegen die Beschneidung der Rechte der Anhänger des Kirchenrats der Evangeliumschristen-Baptisten „an unterschiedlichen Orten der UdSSR" (u.a. im Rayon Talas / Kirgisische SSR, in der Tadschikischen SSR sowie in den Städten Omsk und Perm') protestiert wurde, insgesamt 1 813 Unterzeichner.[87] Die an L.I. Brežnev, den Vorsitzenden des Rats für Religionsangelegenheiten V.A. Kuroedov, den Ersten Sekretär des Omsker Gebietsparteikomitees S.I. Manjakin, den Ersten Sekretär des Rayonsparteikomitees Isil'kul' Pirogov sowie an das Komitee für Menschenrechte der UNO adressierte „Sondermitteilung der Evangeliumschristen-Baptisten der

---

84 Informationsnotiz V.A. Kuroedovs an die Propagandaabteilung des ZK der KPdSU, 31.12.1974. RGANI, f. 5, op. 67, d. 115, l. 239.
85 Text des Schreibens siehe: GAAK, f. 1692, op. 1, d. 135, l. 99-100.
86 Ebenda.
87 Text des Schreibens siehe: GARF, f. 6991, op. 6, d. 639, l. 11-12.

Gebiete Omsk, Kokčetav und Celinograd sowie der Stadt Omsk" hatte 577 Unterzeichner, bei denen es sich größtenteils um sibirische Mennoniten handelte.[88]

Für die Machthaber waren die kollektiven Briefe ein großes Ärgernis, da sie die in der offiziellen Propaganda behauptete Religionsfreiheit und Nichtdiskriminierung von Gläubigen in der UdSSR in Zweifel zogen. So kann es nicht verwundern, dass die Führung nach Argumenten suchte, mit denen sich die massenhafte Unterstützung für die in diesen Schreiben vorgebrachten Anliegen relativieren ließ. So lieferte der Bevollmächtigte des Rats für Angelegenheiten der religiösen Kulte der Region Altaj L.I. Ivanov 1964 eine zu dieser Zeit durchaus gängige Erklärung für den Massencharakter der Schreiben: „Unter Ausnutzung der Unerfahrenheit und Gutgläubigkeit einiger Gläubiger hat die Führung der abtrünnigen Baptisten diese auf betrügerische Weise Blankobriefbögen unterschreiben lassen und dann in ihrem Namen Bittschriften, Proteste und Briefe an die Adresse sowjetischer Organisationen verfasst".[89] Ivanov war mit seiner Version nicht allein. Es war eine Erklärung, die den Machthabern gut ins Konzept passte und in der gesamten Brežnev-Zeit immer wieder vorgebracht wurde. Zugleich versuchten die Bevollmächtigten des Rats sowie lokale Partei- und Sowjetfunktionäre die Gläubigen in „vorbeugenden" Gesprächen mit geradezu manischer Hartnäckigkeit dazu zu bringen, nur lokale Probleme betreffende Briefe zu schreiben bzw. zu unterschreiben, statt sich über Leute zu äußern, mit denen man persönlich gar nicht bekannt sei. Eine weitverbreitete Praxis bestand darin, von den Unterzeichnern schriftliche Erklärungen einzufordern, mit welchem Recht sie die Verantwortung auf sich genommen hätten, die „in dem Offenen Brief angeführten haltlosen Fakten zu bestätigen". In dieser von den Agenten der Macht immer wieder angewandten Praxis spiegelte sich das Bestreben, die Bewegung der religiösen Dissidenten zu atomisieren.

Der kollektive Auftritt bedeutete letztlich nichts anderes, als dass die Dissidenten bereit waren, dem Regime offen den Fehdehandschuh hinzuwerfen. Der gesellschaftlich-politische Dialog mit den Machthabern war zwar noch immer mit einem gewissen Risiko verbunden, aber jetzt gaben die Dissidenten klar zu verstehen, dass sie keine Angst hatten und im Fall der Fälle bereit waren, die Verantwortung für ihre Überzeugungen zu tragen. Dies hatte zur Folge, dass eine andere, in der Nachkriegszeit noch weitverbreitete Form der schriftlichen Kommunikation, der anonyme Brief religiösen Charakters, in der Brežnev-Zeit praktisch vollständig aus dem Arsenal der Freikirchler verschwand. In diesen von Hand zu Hand gereichten Briefen wurde von Wundern unterschiedlicher Art berichtet – etwa der Bekehrung von Atheisten oder der Heilung von Kranken. So hatte der Bevollmächtigte des Rats für das Gebiet Omsk noch im Jahr 1957 darauf hingewiesen, dass „Heilige Briefe, die allen bekennenden Gläubigen Glück versprechen und allen Ungläubigen wie auch denen, die der Forderung nach Vervielfältigung und Weiterverbreitung nicht Folge leisten, alle möglichen Nöte weissagen" eine unter den Deutschen verbreitete „Form der religiösen Agitation" darstellten.

Die wohl wichtigste Neuerung der von den deutschen religiösen Dissidenten verfassten Schreiben bestand allerdings darin, dass ihre Verfasser zwar immer noch gelegentlich dem traditionellen Schema der „Exzesse" folgend über einzelne Fälle der Verletzung ihrer Rechte berichteten, aber immer öfter auch über den Rahmen der zulässigen Kritik oder Initia-

---

88 Über die Geschichte dieses Schreibens siehe Unterkapitel 5.1.
89 Aktennotiz L. Ivanovs „Über die Arbeit des Bevollmächtigten des Rats für die Region Altaj für das Jahr 1963", 24.01.1964. GAAK, f. 1692, op. 1, d. 63, l. 1-20.

tive hinausgingen und grundsätzliche Forderungen politisch-gesellschaftlicher Art stellten. Die Ersten, die auf diese Neuerung aufmerksam wurden, waren die Bevollmächtigten des Rats für Angelegenheiten der religiösen Kulte beim Ministerrat der UdSSR. So bemerkte L.I. Ivanov im Dezember 1964: „Die Anhänger des Organisationskomitees der Stadt Barnaul schicken weiterhin Briefe an das ZK der KPdSU und den Ministerrat der UdSSR, in denen sie Forderungen erheben, die sich nicht mehr rein religiös nennen lassen, so z.B. die Forderungen, einen Allunionskonvent der Evangeliumschristen-Baptisten unter Führung des Organisationskomitees einberufen zu dürfen, alle ‚gesetzwidrig verurteilten‘ inhaftierten Evangeliumschristen-Baptisten auf dem Gebiet der UdSSR freizulassen usw."[90] Weitere im gesamten Verlauf der Brežnev-Zeit immer wieder vorgebrachte Forderungen waren z.B. die Erlaubnis, den Kindern ungehindert Religionsunterricht geben zu dürfen, die Aufhebung der Verordnung der Zentralexekutivkomitees der UdSSR und RSFSR „Über religiöse Vereinigungen" vom 8. April 1929, die Ergänzung von Artikel 124 der Verfassung der UdSSR um einen konkreteren Punkt zur Freiheit des Gewissens und der religiösen Propaganda sowie die Befreiung der religiösen Organisationen von der Kontrolle durch die Machtorgane. Außerdem forderten sie das Recht, die Bibel herausgeben zu dürfen, die Rückgabe konfiszierter Bethäuser und beschlagnahmter religiöser Literatur sowie ein Ende der Behinderung der Tätigkeit des Verlags des Kirchenrats der Evangeliumschristen-Baptisten „Christianin"[91] usw.

Eine weitere Neuerung bestand darin, dass die Gläubigen ihre Briefe nun nicht mehr nur an die Sowjetführung, sondern auch an internationale Organisationen wie die Vereinten Nationen oder Amnesty International adressierten. Manchmal figurierten als Adressaten auch „alle Regierungschefs der Welt" oder „alle Christen und Gutwilligen". Diese Einschaltung einer dritten Seite in das traditionell binäre Kommunikationssystem bedeutete letztlich nichts anderes als den endgültigen Zusammenbruch des paternalistischen Systems. Außerdem stellte die Tatsache, dass die kollektiven Schreiben ihren Weg in den Westen fanden, in den Augen des Sowjetstaats eine schwere politische Straftat dar, da sie alle Anstrengungen der sowjetloyalen religiösen Organisationen untergrub, das Image der UdSSR im Ausland aufzupolieren.

Welch große Bedeutung der Rat für Angelegenheiten der religiösen Kulte beim Ministerrat der UdSSR seiner „Auslandsarbeit" beimaß, geht aus dessen Jahresbericht für das Jahr 1965 hervor:

„Zum Vollzug der Beschlussfassung des ZK der KPdSU zieht der Rat die religiösen Organisationen und deren Repräsentanten dazu heran, für den Frieden zu kämpfen, die Völkerfreundschaft zu stärken, die im Ausland betriebene antisowjetische Propaganda zu entlarven und die sowjetischen Religionsgesetze und die Lage der Religion in der UdSSR im Ausland zu erklären. Die gesamte internationale Tätigkeit der Kirchen der UdSSR wird durch die von den übergeordneten Organen bestätigten Pläne für die Auslandsaktivitäten des Rats reglementiert".

---

90 Aktennotiz „Über die Arbeit des Bevollmächtigten und die Tätigkeit der religiösen Vereinigungen in der Region Altaj im Jahr 1964 auf Linie des Rats für Religionsangelegenheiten", 26.12.1964. GAAK, f. 1692, op. 1, d. 185, l. 1-20.

91 1971 wurde der Untergrundverlag „Christianin" organisiert, der die Gläubigen mit religiösem „Samizdat" versorgte. Siehe: Nikol'skaja, Russkij protestantizm, S. 275.

Wie V.A. Kuroedov bemerkte, standen Vertreter aller Religionen mit 70 Ländern im Austausch. Allein 1969 waren etwa 50 Delegationen aus der Sowjetunion ins Ausland gefahren, denen etwa 220 Repräsentanten der Religionsgemeinschaften angehörten. Etwa ebenso viele Delegationen aus dem Ausland hatten die UdSSR besucht.[92]

Vor diesem Hintergrund wurde die gesamte Auslandsarbeit konterkariert, wenn westliche Massenmedien die kollektiven Schreiben der Initiativler verbreiteten. Auf welch großes Echo die Schreiben der Anhänger des Kirchenrats der Evangeliumschristen-Baptisten bei „unterschiedlichen antikommunistischen Organisationen" trafen, geht aus einer an die Propagandaabteilung des ZK der KPdSU adressierten Aktennotiz des Ersten Stellvertreters des Vorsitzenden des Rats für Religionsangelegenheiten beim Ministerrat der UdSSR A.I. Barmenkov vom 21. Februar 1972 hervor: Diese Schreiben gelangten in der Regel im Gepäck westlicher gesellschaftlicher oder religiöser Aktivisten in den Westen, die mit Touristenvisum die UdSSR besuchten. So schmuggelten die Initiativler z.B. einen an den Generalsekretär der Vereinten Nationen U Thant adressierten Brief über den Dänen Neerskof in den Westen. Als Barmenkov seine Notiz verfasste, waren den Organen des KGB Kontakte zwischen Ausländern und „abtrünnigen Baptisten" in Petrozavodsk, Riga, Novosibirsk, Rostov, Brest, Suchumi, Kiev, Alma-Ata, Ordžonikidze, Leningrad und einer Reihe weiterer Städte bekannt. Neben dem bereits erwähnten an die UNO gerichteten Schreiben fanden Anfang 1972 auch ein „Offener Brief an den ehemaligen Präsidenten des Baptistischen Weltrats W. Tolbert", die „Mitteilung an alle Evangeliumschristen-Baptisten" über die Verhaftung der Vorsitzenden des Rats der Verwandten inhaftierter Evangeliumschristen-Baptisten und Mutter von Georgij Vins, Lidija Vins, das der Unterstützung des Kampfs des Kirchenrats der Evangeliumschristen-Baptisten für Glaubensfreiheit und Befreiung der „Gefangenen des Gewissens" gewidmete Schreiben „An alle Christen der Welt"[93], ein Schreiben an die Internationale Juristenvereinigung (The International Bar Association) und weitere Dokumente ihren Weg in den Westen.[94] Dabei kam nach Angaben des Rats für Religionsangelegenheiten der größte Teil der im Namen der „Familien der Gefangenen" an das Ausland und an die zentralen Instanzen der UdSSR gerichteten „verleumderischen Schreiben" aus den in der Region Altaj gelegenen Städten und Rayonen.[95]

Der Westen ließ den Initiativlern nicht nur umfassende moralische Unterstützung zukommen, sondern versuchte auch immer wieder, größere Mengen religiöser Literatur in die

---

92 „Grunddaten zum Stand der Religionen in der UdSSR im Jahr 1969", April 1970. RGANI, f. 5, op. 62, d. 37, l. 37-38.

93 Hierbei handelte es sich um ein Schreiben, das im September 1969 vom illegalen „Konvent der Verwandten der Gefangenen" des Kirchenrats der Evangeliumschristen-Baptisten verabschiedet wurde, an dem sich 62 Personen aus 33 Städten der UdSSR beteiligten. Siehe: Aktennotiz V.A. Kuroedovs an das ZK der KPdSU „Über Fakten von Verstößen gegen die Religionsgesetze", 24.08.1970. RGANI, f. 5, op. 62, d. 37, l. 175.

94 Notiz des Stellvertretenden Vorsitzenden des Rats A. Barmenkov an die Propagandaabteilung des ZK der KPdSU „Über Verbindungen der Anführer des sog. ‚Kirchenrats der Evangeliumschristen-Baptisten' zu ausländischen kommunistischen Organisationen", 21.02.1972. RGANI, f. 5, op. 64, d. 75, l. 1-7.

95 Auftritt des Bevollmächtigten des Rats für Religionsangelegenheiten für die Region Altaj Korobejščikov auf einer den Fragen der Bekämpfung der Religion und der atheistischen Propaganda gewidmeten Regionskonferenz der Mitarbeiter der Partei- und Sowjetorgane, 1971. GAAK, f. 1692, op. 1, d. 221, l. 27-51.

UdSSR zu schmuggeln. So berichtete A.I. Barmenkov in seiner bereits erwähnten Aktennotiz, dass sowjetische Grenzsoldaten allein am 7./8. Juli 1971 in ufernahen Gewässern bei
Tallinn etwa 3 000 Plastiktüten mit religiöser Literatur aus dem Wasser gefischt hätten, die
in russischer bzw. in anderen Sprachen der Völker der Sowjetunion verfasst war.[96] Bibeln
wurden auch von Touristengruppen ins Land geschmuggelt. So war auch der berühmte eng-
lische Physiker Stephen Hawkings an der illegalen Einfuhr von Bibeln beteiligt, als er mit
einer baptistischen Studentengruppe erstmals die Sowjetunion besuchte. Wie Hawkings in
einem Interview erzählte, konnten sie die Bibeln erfolgreich ins Land schmuggeln, wurden
aber auf der Rückfahrt mehrere Stunden von den Behörden festgehalten. Letztlich wurde
jedoch keine Anklage wegen Schmuggels religiöser Literatur erhoben.

Verstärkt wurde das politische Echo noch dadurch, dass die in den Westen geschmuggel-
ten kollektiven Schreiben der Initiativler in den Programmen der in der UdSSR sendenden
russischsprachigen Radiostationen wie „Radio Liberty", „BBC", „Voice of Amerika", „Radio Free Europe" u.a. verwendet wurden. Sorgen bereiteten den Organen der Staatssicherheit
auch die klerikal ausgerichteten Radiostationen der „National Religious Broadcasters", die
1970 täglich 15 Stunden in den Sprachen der Völker der Sowjetunion sendeten. So richtete
der KGB-Vorsitzende Ju.V. Andropov am 15. September 1970 eine den „National Religious
Broadcasters" gewidmete Aktennotiz an das ZK der KPdSU, in der er auf eine „Ausweitung der aus der UdSSR an die Radiozentren gerichteten Korrespondenz" sowie Versuche
einer Reihe sowjetischer Gläubiger hinwies, „tendenziöse Informationen über die Lage der
Gläubigen in der Sowjetunion" ins Ausland zu schicken. Der KGB-Vorsitzende informierte das ZK der KPdSU auch darüber, dass die „offiziellen Rundfunkorgane" wie „Voice
of America", „Deutsche Welle", „Roma", „Canada", „BBC" in ihren Sendungen verstärkt
über antisowjetisch gefärbte Themen wie die „Verfolgung von Baptisten in der UdSSR", die
„grausame Unterdrückung der Angehörigen der Freikirchen in der Sowjetunion" oder den
„Kampf der Frauen für Glaubensfreiheit in der UdSSR" berichteten. Abschließend kündigte
Andropov Maßnahmen der Organe der Staatssicherheit an, um die vom Ausland beeinflusste
Aktivierung der Kirchenleute und Sektenanhänger im Land zu unterbinden, und rief das ZK
der KPdSU dazu auf, die gegen die „religiösen Radiozentren" gerichtete Gegenpropaganda
zu intensivieren.[97]

Wie effektiv die internationale Öffentlichkeitsarbeit der Initiativler war, lässt sich daran
ablesen, dass Amnesty International und andere ausländische Organisationen regelmäßig an
die zentralen Organe des Sowjetstaats appellierten, verurteilte Gläubige freizulassen. Einen
großen Erfolg feierte die Bewegung zum Schutz der „Gefangenen des Gewissens" mit der
Freilassung des 1974 verhafteten und zu zehn Jahren Lagerhaft verurteilten Führers der
Initiativbewegung Grigorij Vins. Praktisch vom ersten Tag seiner Verhaftung an enthielten
fast alle von den religiösen Aktivisten verfassten Schreiben an die Machthaber die Forderung, Vins aus der Haft zu entlassen. Verstärkt wurde das internationale Echo noch dadurch,

---

96 Bericht des Bevollmächtigten des Rats für Religionsangelegenheiten der Region Altaj „Lage der
    Religionen in der Region und Stand der Kontrolle über die Einhaltung der Religionsgesetze",
    15.08.1972. Ebenda, l. 5.
97 Notiz des KGB-Vorsitzenden Jurij V. Andropov an das ZK der KPdSU über die Rolle der auslän-
    dischen klerikalen Radiostationen bei der gegen die UdSSR gerichteten ideologischen Diversion,
    15.09.1970. RGANI, f. 5, op. 62, d. 37, l. 182-184.

dass sich auch die „Initiativgruppe zum Schutz der Menschenrechte in der UdSSR" und Andrej D. Sacharov für den Baptisten einsetzten. Auf Beschluss des ZK der KPdSU vom 16. November 1979 schob der KGB schließlich am 27. April 1979 „die Verbrecher Vins, Kuznecov, Dymšic, Moroz und Ginzburg" unter Aberkennung ihrer sowjetischen Bürgerrechte im Austausch gegen die von den amerikanischen Behörden verurteilten sowjetischen Spione Černjaev und Ènger ab.[98]

Ein klassisches Beispiel sowohl für die Bedeutung der „Briefe an die Machthaber" für die alltägliche Praxis der religiösen Dissidenten der Brežnev-Zeit als auch für die Wandlung der ursprünglichen Bittschriften zu einem Instrument des Kampfes für die Gewissensfreiheit ist die Geschichte des insgesamt drei Jahre währenden Konflikts zwischen der Barnauler Gemeinde des Kirchenrats der Evangeliumschristen-Baptisten und den Machtorganen. Ausgelöst wurde der Konflikt durch die Verhaftung des Presbyters der Gemeinde und führenden Vertreters des Kirchenrats der Evangeliumschristen-Baptisten Dmitrij Minjakov im November 1971.[99] Als sich wenige Tage nach der Verhaftung des Presbyters die Schwere der gegen ihn erhobenen Anschuldigungen abzeichnete, sammelten die überwiegend deutschen Mitglieder der Barnauler Gemeinde am 25. November 1971 92 sowjetische Pässe und 21 Wehrpässe ein und schickten diese zusammen mit der Forderung nach Freilassung Minjakovs und Einstellung des Verfahrens per Post an das Präsidium des Obersten Sowjets der UdSSR. Am 15. Dezember 1971 informierte der Bevollmächtigte des Rats für Religionsangelegenheiten die Agitpropabteilung des Regionsparteikomitees über den Vorfall: „Bislang unbestätigten Angaben zufolge konnten die Aktivisten der Abtrünnigen analoge Dokumente auch ins Ausland übergeben und deren Inhalt soll von dort im Radio gesendet worden sein".[100]

Sowohl die Verhaftung Minjakovs als auch der anschließende Akt des zivilen Ungehorsams der Mitglieder der Barnauler Gemeinde des Kirchenrats der Evangeliumschristen-Baptisten zogen eine wahre Flut von „Briefen an die Machthaber" aus nahezu allen Teilen der Sowjetunion nach sich – von Mittelasien und Kasachstan bis in den europäischen Teil der Sowjetunion. Und auch die Liste der Adressaten war nicht weniger lang. So ging sogar

---

98 Information des Vorsitzenden des KGB der UdSSR Ju.V. Andropov für das ZK der KPdSU „Über die Ausweisung einer Gruppe antisowjetischer Elemente aus der UdSSR", 23.05.1979. RGASPI, f. 89, op. 25, d. 38, l. 1-3.

99 Minjakov, Dmitrij Vasil'evič, geboren 1921 im Dorf Chilino (Gebiet Smolensk), gestorben 2012, einer der Führer des Kirchenrats der Evangeliumschristen-Baptisten, 1965 zum Mitglied des Kirchenrats gewählt. In den 1960er und frühen 1970er Jahren Presbyter der Barnauler Gemeinde des Kirchenrats der Evangeliumschristen-Baptisten. Teilnehmer des Großen Vaterländischen Kriegs, ab 1940 im Dienst der Roten Armee. Im August 1944 verhaftet und nach Artikel 58 des Strafgesetzbuchs der RSFSR zu acht Jahren Lagerhaft verurteilt. Auch später mehrfach wegen seines Glaubens Repression ausgesetzt. 1963 in Barnaul zu fünf Jahren Lagerhaft verurteilt, 1965 amnestiert. 1967 zu drei Jahren Lagerhaft verurteilt, die er vollständig absitzen musste. Zuletzt verhaftet am 21. Januar 1980 in der Stadt Valga (Estnische SSR), am 20. August 1981 nach Artikel 194-1 des Strafgesetzbuchs der Estnischen SSR zu fünf Jahren Freiheitsentzug in der Arbeitskolonie und Konfiskation des Besitzes verurteilt.

100 Notiz des Bevollmächtigten des Rats für die Region Altaj an die Agitpropabteilung des Altajer Regionskomitees der KPdSU über antisowjetische Aktionen der Mitglieder der Barnauler Gemeinde des Kirchenrats der Evangeliumschristen-Baptisten, 15.12.1971. GAAK, f. 1692, op. 1, d. 115, l. 117.

beim Vorsitzenden der Sibirischen Abteilung der Akademie der Wissenschaften der UdSSR M.A. Lavrent'ev ein entsprechendes Schreiben ein, dessen aus der Stadt Frunze stammende Verfasser das Akademiemitglied und dessen Kollegen darauf aufmerksam machten, dass sie „Tür an Tür mit Christenverfolgern arbeiten, wo die Behörden Gläubige verhaften, ihre Häuser durchsuchen und ihren Besitz beschlagnahmen", und die Wissenschaftler baten, „um der wissenschaftlichen, kulturellen und moralischen Werte willen, die das Christentum der Menschheit gab", sich für die Freilassung Minjakovs und die Rückgabe der bei der Barnauler Gemeinde beschlagnahmten religiösen Literatur und Instrumente des Blasorchesters einzusetzen.[101] Die Mennoniten des Dorfs Orlovo (Rayon Chabary, Region Altaj) wiederum appellierten im Februar 1972 an den Vorsitzenden des Präsidiums des Obersten Sowjets der UdSSR N.V. Podgornyj, Minjakov freizulassen, um nicht als Kirchenverfolger Schuld auf sich zu laden. Im Einzelnen hieß es in dem Brief: „Die Gemeinde lebt, betet und arbeitet. Wir, die Christen, wollen nicht, dass Sie Schimpf und Schande auf sich laden [...]. Noch ist es nicht zu spät, diese schändliche Gerichtsposse zu stoppen. Tun Sie dies im Namen der Gerechtigkeit, des Respekts und der Liebe zum Menschen, im Namen Ihrer Ehre".[102]

Auch wenn Minjakov schließlich aus der Haft entlassen wurde, wurde das gegen ihn laufende Strafverfahren nicht eingestellt. Außerdem wurde der Aktivist der Barnauler Gemeinde Ju.I. Michal'kov verhaftet und später für die „Verbreitung verleumderischen Materials" verurteilt. Zum Zeichen des Protests verweigerten die Gläubigen auch weiterhin die Rücknahme ihrer Dokumente, was den Konflikt weiter eskalieren ließ: Ohne Ausweis konnten die Gläubigen weder Renten noch Überweisungen oder Pakete entgegennehmen, wurden von den Organen der Miliz zur Feststellung ihrer Personalien 24 Stunden festgehalten usw. Die Berufsschülerin Lena Klassen wurde ohne Ausweis nicht zum Praktikum zugelassen, so dass ihr der Ausschluss aus der Lehranstalt drohte.

Um die Weltöffentlichkeit auf ihre Probleme aufmerksam zu machen, unternahmen 23 deutsche Mitglieder der Barnauler Gemeinde des Kirchenrats der Evangeliumschristen-Baptisten am 9. Mai 1972 den außergewöhnlichen Versuch, in die Botschaft der Vereinigten Staaten in Moskau vorzudringen.[103] Zehn Baptisten konnten tatsächlich auf das Botschaftsgelände gelangen, drei Personen wurden am Eingang von der Miliz festgehalten. Bei jedem der Festgenommenen wurde bei der Durchsuchung ein Schreiben folgenden Inhalts gefunden:

„Seit mehr als zehn Jahren wird den Gläubigen der Stadt Barnaul das Recht auf freie Religionsausübung vorenthalten. Dafür, dass wir den Kindern das Wort Gottes beibringen, ertragen wir Verfolgungen, Hausdurchsuchungen, Geldstrafen, Verhaftungen, Gerichtsprozesse, die Auflösung von Gottesdiensten und Verhöre der Kinder in den

---

101 Informationsbericht des Bevollmächtigten des Rats für Religionsangelegenheiten beim Ministerrat der UdSSR für die Region Altaj für 1971. Frühestens 31.12.1971. Ebenda, l. 1-41.

102 Beschwerdebrief der Gläubigen der Evangeliumschristen-Baptisten des Dorfes Orlovo (Rayon Chabary / Region Altaj) an den Vorsitzenden des Präsidiums des Obersten Sowjets der UdSSR Nikolaj V. Podgornyj. Spätestens 16.02.1972. Ebenda, d. 217, l. 14-14b.

103 Auskunft des Bevollmächtigten des Rats für die Region Altaj Korobejščikov über die Zusammensetzung einer am 9. Mai 1972 auf das Territorium der US-Botschaft vorgedrungenen Gruppe von Gläubigen aus der Barnauler Gemeinde des Kirchenrats der Evangeliumschristen-Baptisten. Frühestens 13.05.1972. Ebenda, d. 119, l. 35-36.

Schulen. Wohin auch immer wir uns wenden und so sehr wir auch protestieren, es bringt alles nichts. Wir sind gezwungen, uns an Sie zu wenden, damit Sie sich dafür verwenden, dass uns und allen anderen in diesem Land völlige Gewissensfreiheit gewährt wird. Wenn uns unsere Regierung keine solche schriftliche Garantie gibt, gewähren Sie uns die Einreise in Ihr Land".[104]

Unterzeichnet war die Botschaft von Artur Prickau, Gertrud Prickau, Linda Radke, Elena Rezner, Elena Klassen, David Drizner, Artur Stercer, Fedor Prickau, Lidija Nejfel'd, Aleksandr Štercer, Petr Gibert, Genrich Dorn und Rejngol'd Radke. Beigelegt waren Fotokopien des offenen Briefs der 93 „abtrünnigen Baptisten" der Stadt Barnaul an das Präsidium des Obersten Sowjets der UdSSR (dem sie seinerzeit die Ausweise und Wehrpässe beigelegt hatten), Kopien eines Telegramms und eines Briefs an den Ständigen Vertreter der UdSSR bei den Vereinten Nationen Ja.A. Malik (mit 42 bzw. 130 Unterzeichnern) sowie Kopien der Telegramme von A.A. Štercer und S.P. Deševyj an das Präsidium des Obersten Sowjets der UdSSR und von G.M. Šul'c an das ZK der KPdSU.[105] Im Verlauf des Jahres 1972 spitzte sich der Konflikt weiter zu. Während eines Besuchs des Generalsekretärs Leonid Brežnev in Barnaul übergaben Initiativler einen an diesen adressierten Brief, in dem sie erklärten, angesichts ausbleibender Veränderungen in der „Kinderfrage" gezwungen zu sein, ihre Kinder im laufenden Schuljahr nicht in die Schule zu lassen. Nachdem die Barnauler Presse das Verhalten der Schulverweigerer verurteilt hatte, wandten sich 80 Baptisten mit einer Erklärung an internationale Organisationen, in der sie ein weiteres Mal die Geschichte der Abgabe ihrer Ausweise beschrieben, die Diskriminierung ihrer Kinder in den Schulen beklagten und darum baten, die westlichen Massenmedien mit dem Text des Schreibens bekannt zu machen.[106]

Ein Jahr später wandten sich 48 der Barnauler Gemeinde zugehörige deutsche Initiativler am 12. Dezember 1973 mit der Bitte an den Generalsekretär der UNO Kurt Waldheim, einen beigelegten Brief an die Sowjetregierung und mögliche Unterstützer unter den internationalen Organisationen weiterzuleiten, in dem die Gläubigen um die Erlaubnis ungehinderter Ausreise baten.[107] Ihren Schritt erklärten die Dissidenten mit dem Schweigen der Sowjetführer, denen sie alles in allem „über zehn Briefe und Telegramme" geschickt hätten, sowie mit den schwierigen Lebensbedingungen ohne Ausweisdokumente. Eine Rücknahme ihrer

---

104 Ebenda.
105 Ebenda.
106 Information des Bevollmächtigten des Rats für Religionsangelegenheiten über die Tätigkeit der religiösen Organisationen in der Region Altaj. Frühestens 01.01.1973. Ebenda, d. 221, l. 13-25.
107 Die Forderung der Mitglieder der Barnauler Gemeinde des Kirchenrats der Evangeliumschristen-Baptisten, ihnen im Zusammenhang mit ihrer Verfolgung als Gläubige die ungehinderte Ausreise aus der UdSSR zu gewähren, gehörte zu den ersten ihrer Art. Ab Mitte der 1970er Jahre stellten die deutschen „Initiativler" immer öfter Anträge auf Ausreise in die BRD. So erklärten im Sommer 1975 das aktive Mitglied der mennonitischen Gemeinde des Dorfs Orlovo A.P. Richert, seine Ehefrau und zwölf Kinder ihren Verzicht auf die sowjetische Staatsbürgerschaft und ihren Wunsch, in die Bundesrepublik auszureisen. Zur Bekräftigung schickten sie ihre 14 Geburtsurkunden an den Ministerrat der UdSSR. Siehe: Direktive des Altajer Regionsexekutivkomitees an den Vorsitzenden des Rayonsexekutivkomitees A.I. Bulach anlässlich des Verzichts des Bewohners des Dorfes Orlovo A.P. Richert und seiner Familie auf die sowjetische Staatsbürgerschaft, 08.07.1975. GAAK, f. 1692, op. 1, d. 217, l. 19.

Ausweise, die ihnen fast schon gewaltsam aufgedrängt wurden, verweigerten sie bis zur Befriedigung ihrer „rechtmäßigen Forderungen". Die Verbreitung dieses und anderer an Kurt Waldheim adressierter Schreiben[108] im Westen, denen am 30. Januar 1974 auch eine Sondersendung bei „Radio Liberty" gewidmet war, zwang die Machthaber, den Protestierenden entgegenzukommen. Zu diesem Zweck fand am 25. Februar 1974 ein Treffen der „Unterzeichner" mit Vertretern der Staatsmacht statt, an dem von Seiten der Behörden der Stellvertretende Vorsitzende des Barnauler Stadtparteikomitees A.S. Kuzmičev und der Assistent der Staatsanwaltschaft der Region Altaj V.D. Krasnojarcev teilnahmen. Im Verlauf des Gesprächs wurde den Gläubigen nachdrücklich nahegelegt, ihre Ausweise und Wehrpässe zurückzunehmen, die Praxis der kollektiven Briefe einzustellen und sich in Fragen der Emigration individuell an die entsprechenden Stellen zu wenden. Von Seiten der Gläubigen erklärte der Presbyter der Gemeinde G.M. Šul'c, dass die Verfolgung der Gläubigen wohl weitergehen werde, da diese auch in Zukunft nicht davon abzusehen gedächten, an internationale Organisationen zu schreiben und ihren Protest fortzusetzen. Sollte auch das nichts bringen, fänden sich sicher Gläubige, die zur Selbstverbrennung bereit seien.[109] Nach dieser radikalen Erklärung verließen die Initiativler das Treffen.

Im Oktober 1974 beschlossen die verbliebenen 48 deutschen Gläubigen, die bis zu diesem Zeitpunkt noch immer die Rücknahme ihrer Pässe verweigert hatten, die Aktion des zivilen Ungehorsams abzubrechen, da weite Teile ihrer Forderungen erfüllt waren. Ihre Gründe legten sie in einem offenen Brief an N.V. Podgornyj dar: D.V. Minjakov und Ju.I. Michal'kov seien aus der Haft entlassen worden und die örtlichen Behörden hätten begonnen, den Gläubigen ihren im Verlauf der vergangenen Jahre bei Hausdurchsuchungen und Verhaftungen beschlagnahmten Besitz – geistliche Literatur, die Instrumente des Blasorchesters und Geld – zurückzugeben.[110] Am 14. Oktober 1974 erschienen die 48 Gläubigen bei der Ausweisabteilung der Verwaltung Innerer Angelegenheiten der Region Altaj, um ihre Dokumente entgegenzunehmen. So wurde die über drei Jahre während „extremistische Passaktion liquidiert", konstatierte der Bevollmächtigte des Rats für Religionsangelegenheiten für die Region Altaj Korobejščikov.[111]

Je weiter Staat und Dissidenten die Zeit der Wende von 1964–1966 hinter sich ließen, desto mehr erstarrte die Reaktion der Staatsmacht auf die „Briefe an die Machthaber" in bürokratischer Routine. Ein ums andere Mal vollzog sich das immergleiche Ritual: Die Verfasser der Briefe wurden ins örtliche Rayonsexekutivkomitee bestellt, wo ihnen eine

---

108 Dem Beispiel der Barnauler Gemeinde folgten die deutschen Baptisten der Stadt Slavgorod, die an Kurt Waldheim und die zentralen Behörden der UdSSR eine „Sondermitteilung" schickten, in der sie gegen das unbefugte Vorgehen der Machtorgane gegen Gläubige protestierten. Siehe: Stenogramm der Aufzeichnung eines vorbeugenden Gesprächs zwischen den fünfzehn Autoren der „Sondermitteilung" und der Führung des Slavgoroder Stadtexekutivkomitees, 18.04.1974. GARF, f. 6991, op. 6, d. 640, l. 23-28.

109 Auskunft über das Treffen der Partei- und Sowjetführung der Stadt Barnaul mit „abtrünnigen Baptisten" vom 25. Februar 1974, 14.03.1974. Ebenda, l. 16.

110 Schreiben der gläubigen Evangeliumschristen-Baptisten der Stadt Barnaul an den Vorsitzenden des Präsidiums des Obersten Sowjets der UdSSR Nikolaj V. Podgornyj, 02.10.1974. Ebenda, l. 31.

111 Notiz des Bevollmächtigten des Rats für die Region Altaj Korobejščikov an den Vorsitzenden des Rats Vladimir A. Kuroedov, 15.10.1974. Ebenda, l. 30.

Antwort verlesen wurde. Anschließend wurde mit allen Unterzeichnern „geduldige und konsequente Arbeit" durchgeführt, ihnen wurden „erschöpfende Antworten auf alle in ihren Briefen und Erklärungen angesprochenen Fragen" und „ausführliche Erklärungen zu allen ihren haltlosen Schlussfolgerungen und unangemessenen Forderungen" gegeben, aber der Effekt solcher Treffen blieb in der Regel gleich null – die Gläubigen beharrten „auf ihren Ansichten". Die Unterzeichner mussten ferner darauf gefasst sein, dass an ihren Arbeits- und Wohnorten vorsorglich Versammlungen mit antireligiösen Vorträgen durchgeführt und Diskussionsabende organisiert wurden.

Dabei demonstrierten die Machthaber immer deutlich die Grenzen ihres „Liberalismus", der sich darauf beschränkte, allzu eifrige lokale Behördenvertreter in die Schranken zu weisen. So rügte das Regionsexekutivkomitee Altaj nach Prüfung eines von mennonitischen Anhängern des Kirchenrats der Evangeliumschristen-Baptisten der Arbeitersiedlung Blagoveščenka (Rayon Blagoveščenka / Region Altaj) verfassten kollektiven Schreibens an L.I. Brežnev, A.N. Kosygin und N.V. Podgornyj vom 25. Mai 1971, in dem die Gläubigen forderten, die Praxis der Verhängung von Ordnungsstrafen für die Durchführung von Versammlungen einzustellen, vertraulich die Rayonsbehörden und wies diese darauf hin, dass es falsch und schädlich sei, alle Delinquenten unabhängig von Familienstand und monatlichem Einkommen mit der Maximalstrafe zu belegen. Den Autoren des Briefes wiederum wurde unmissverständlich mitgeteilt, dass der einzige Weg, Ordnungsgelder zu vermeiden, darin bestehe, sich an die Gesetze zu halten – einschließlich derer, die die Tätigkeit der religiösen Kulte regelten.[112]

Dennoch gaben die Angehörigen der Freikirchen praktisch bis zum Beginn der Perestroika die Hoffnung nicht auf, den Machthabern ihren Standpunkt vermitteln und annehmbare Kompromisse erreichen zu können, insbesondere in der Frage ihrer Weigerung, ihre Gemeinden vom Staat registrieren zu lassen. Deshalb riss der Strom der „Briefe an die Machthaber" nie ab. 1978 gingen beim Rat für Religionsangelegenheiten 132 und im Folgejahr 106 Briefe ein. In den ersten neun Monaten des Jahres 1980 erhielt der Rat über verschiedene zentrale Organe und Ämter 59 von Anhängern des Kirchenrats der Evangeliumschristen-Baptisten verfasste kollektive Schreiben und Erklärungen, deren Unterzeichner in 38 Ortschaften von 32 Gebieten, Regionen und Autonomen Republiken der UdSSR aktiv waren.[113]

„Briefe an die Machthaber" wurden in der Regierungszeit Brežnevs zu einer universellen Form des zivilen Ungehorsams, dessen Ziel vor allem Glasnost' und Freiheit waren. In dieser Hinsicht unterschieden sich religiöse und weltliche Dissidenten kaum voneinander, deren „Briefe an die Machthaber" ein Element der entstehenden Zivilgesellschaft darstellten – ein Mittel, der „schweigenden Mehrheit" (Carlo Ginzburg) eine Stimme zu geben.

---

112   Schreiben der Evangeliumschristen-Baptisten der Arbeitersiedlung Blagoveščenka (Rayon Blagoveščenka / Region Altaj) an den Generalsekretär des ZK der KPdSU Leonid I. Brežnev, den Vorsitzenden des Ministerrats der UdSSR N. Kosygin und den Vorsitzenden des Obersten Sowjets der UdSSR Nikolaj V. Podgornyj, 25.05.1971. GAAK, f. 1692, op. 1, d. 216, l. 1-2.

113   Beljakova, Kollektivnye praktiki, S. 308.

6. Die Gemeinden der Evangeliumschristen-Baptisten in der religiösen Landschaft des „entwickelten Sozialismus" (1960er–1980er Jahre): Kontextueller Vergleich

6.1. Von der eindimensionalen Repression zur Brežnevschen Ambivalenz

In den 1920er–1930er Jahren war die staatliche Kirchenpolitik der Bolschewiki darauf ausgerichtet, die Organisationsstrukturen der religiösen Gemeinschaften durch Spaltung zu zersetzen, um das kirchliche Milieu in größtmöglichem Maße zu destabilisieren und mit Gegensätzen und Konflikten zu infizieren. Von Mitte der 1940er Jahre an kam es zu einer grundlegenden Neuausrichtung der staatlichen Religionspolitik, die nun darauf abzielte, die Kirchenstrukturen unter einer einheitlichen Moskauer Führung zu einen und das religiöse Leben auf dem Gebiet der UdSSR zu „legalisieren", d.h. die Tätigkeit der ungeachtet aller Verfolgungen der vorangegangenen Jahre weiter bestehenden religiösen Gemeinden in den Rahmen der sowjetischen Gesetzgebung zu pressen. Die nächste „Kehrtwende" erfolgte Ende der 1950er bis Anfang der 1960er Jahre im Zuge der sogenannten „Chruščevschen Verfolgungen", als die Anstrengungen der Behörden darauf ausgerichtet waren, die Strukturen des gesamten Spektrums der religiösen Konfessionen in größtmöglichem Maße zu schwächen.[1]

Mit dem Regierungsantritt Leonid Brežnevs kam es erneut zu einer weitgehenden Korrektur der staatlichen Religionspolitik[2], deren Kernpunkte der Stellvertretende Vorsitzende des Rats für Religionsangelegenheiten beim Ministerrat der UdSSR P.V. Makarcev im Februar 1977 auf einer in der Litauischen SSR stattfindenden Klausurtagung der Bevollmächtigten des Rats folgendermaßen formulierte:

„Unsere Religion und Kirche betreffende Politik hat zwei Aspekte – einen ideologischen und einen politischen. Bei uns wurde unsere Religions- und Kirchenpolitik auf der örtlichen Ebene, und streng genommen nicht nur auf der örtlichen Ebene, sehr oft nur ideologisch verstanden. Religions- und Kirchenpolitik? Das hieß vor allem, einen Kampf zu führen und fertig. Und es ist natürlich auch richtig, ideologische Erziehungsarbeit zu leisten, aber wir haben [das] manchmal [...] so verstanden, dass wir alle unsere Mittel einschließlich der uns gegebenen Macht einsetzen müssen, Druck ausüben, die Luft zum Atmen nehmen usw., [um] umzuerziehen. Dabei hat sich natürlich ein sehr gravierender Mangel, eine gravierende Unzulänglichkeit unserer Religions- und Kirchenpolitik

---

1   Vgl.: Beljakova, Cerkov', S. 429 f.
2   Ausführlicher über die Brežnev'sche Wende in der Religionspolitik siehe Kapitel 3.

gezeigt – wir haben den politischen Aspekt vergessen. [...] Heute sind wir in einer ganz anderen Lage. [...] Jetzt ändert sich die Lage, Genossen".[3]

Die wichtigste Neuerung der Brežnevschen Religions- und Kirchenpolitik bestand nach Ansicht Makarcevs darin, dass der Staat die religiösen Organisationen als Subjekte anzuerkennen bereit war, die über das uneingeschränkte Recht auf allen durch die „sozialistische Gesetzlichkeit" gebotenen Schutz verfügten:

„Worin, Genossen, bestand unser Problem? Darin, dass wir von den religiösen Organisationen, den Geistlichen und den Gläubigen sehr streng und manchmal [...] zu Unrecht verlangt haben, sich an die Gesetze zu halten, [während wir] selbst uns die Freiheit genommen haben, diese Gesetze nicht einzuhalten. Früher war das irgendwie möglich, aber heute führt die Verletzung der Religion und Kirche betreffenden sozialistischen Gesetze zu unerwünschten Effekten, lässt Konfliktsituationen zwischen den Gläubigen und den Machtorganen entstehen und provoziert Unzufriedenheit. [Wir] stacheln den Extremismus an, sorgen für innere Unruhe und geben letztlich unseren Feinden im Ausland Nahrung, was nicht ignoriert werden darf, Genossen. Wir sind jetzt eine offenere Gesellschaft, wie der Vatikan uns genannt hat, wir sind jetzt zugänglicher geworden, und [deshalb] sind Gesetzesverstöße heute sowohl innenpolitisch als auch international mit größeren Nebeneffekten verbunden, Genossen. Das ist eine Frage der großen, prinzipiellen Politik in diesem Bereich [...] Wir müssen auf die Stimmung unserer Leute Rücksicht nehmen und dürfen keine Unzufriedenheit provozieren, auch wenn das gläubige Leute sind [...]".[4]

Zugleich stellte die demonstrative Bekundung, die Gewissensfreiheit zu achten und Gläubige nicht zu diskriminieren, einen wichtigen Bestandteil der Außendarstellung der UdSSR dar und diente als Mittel, das Image des Sowjetstaats zu verbessern.[5] Makarcev bemerkte dazu Folgendes:

„Bei uns entwickelt sich die Demokratie, das ist ein natürlicher Prozess, den wir begrüßen. Es beginnt der Entspannungsprozess: Helsinki, das Viermächteabkommen, das Berliner Abkommen [...]. Alles, was mit Blick auf die Entwicklung der Demokratie bei uns im Land passiert, und alles, was in der internationalen Arena passiert, ändert die Situation. Denn wenn der Gläubige sich [früher] geziert hat zu sagen, dass er gläubig ist, dann ziert er sich heute nicht mehr. Er beginnt, wie man das bei uns manchmal ausdrückt, seine Rechte zu wippen. Dann kommt er angelaufen und sagt: ,Aha, den Helsinki-Vertrag hast du doch gelesen, und die Berliner Erklärung hast du gelesen' – und schon gehen Unmengen Briefe bei uns ein, in denen sich die Geistlichen und die Gläubigen unter Verweis auf diese Dokumente darüber beklagen, dass sie beleidigt, erniedrigt [und] bedrängt werden. Heute, Genossen, stellen wir die Frage der Einhaltung

---

3 Aufzeichnung des Auftritts des Stellvertretenden Vorsitzenden des Rats für Religionsangelegenheiten beim Ministerrat der UdSSR P.V. Makarcev auf der Bevollmächtigtenkonferenz in Vilnius, Februar 1977 [weiter als: Rede von P.V. Makarcev in Vilnius, Februar 1977]. GARF, f. 6991, op. 6, d. 3442, l. 43-65.
4 Rede von P.V. Makarcev in Vilnius, Februar 1977. GARF, f. 6991, op. 6, d. 3442, l. 43-65.
5 Beljakova, Religioznaja politika, S. 292.

der die Gläubigen, die Kirche und die Geistlichkeit betreffenden sozialistischen Gesetze in den Mittelpunkt unserer Religions- und Kirchenpolitik. [...] Diese Arbeit erfolgt auf Weisung des Zentralkomitees der Partei, um vor diesem Hintergrund die sozialistische Gesetzlichkeit zu stärken. Nun, über die Einhaltung der Gesetze, über die Einhaltung der sozialistischen Gesetze an sich hat Leonid Il'ič Brežnev bei einer Reihe von Auftritten recht deutlich gesprochen, davon ist in der Entscheidung des XXV. Parteitags die Rede, das ist euch allen bestens bekannt. Und so wird jetzt auch in diesem Bereich für Ordnung gesorgt. Ich wiederhole das nicht für die Propaganda, Genossen, das hier ist keine Deklaration, das sind Dokumente, das sind Gesetze, die jetzt sehr streng eingehalten werden müssen [...]".[6]

Aber die Einhaltung der die Beziehungen zwischen dem Staat und den religiösen Gemeinschaften regelnden „sozialistischen Gesetze" war nur die eine Seite der Medaille. Das Bekenntnis, sich gegenüber der Religion streng an die Gesetze halten zu wollen, änderte nichts daran, dass die Bekämpfung der Religion und ihrer Institute auch weiterhin ein integraler Bestandteil der staatlichen Politik blieb. Auch in den 1960er–1980er Jahren wurde in der UdSSR atheistische Massenpropaganda betrieben, galten strenge Beschränkungen der Pressefreiheit und der Verbreitung religiöser Literatur, bestand ein System der Kontrolle über die Aktivitäten der religiösen Organisationen und wurden unterschiedliche Formen der Diskriminierung und Verfolgung der Gläubigen praktiziert.[7] Insofern war das Hauptcharakteristikum der Religionspolitik des Brežnevschen Staats ihre Ambivalenz.

Was die einzelnen Konfessionen betrifft, hing die konkrete Gewichtung zwischen den liberalen und den repressiven Elementen der staatlichen Kirchenpolitik von der Loyalität der betreffenden Konfession bzw. vom Grad des von der Führung der jeweiligen Religionsgemeinschaft an den Tag gelegten Konformismus ab. Besonders tolerant zeigte sich der Staat in der Brežnev-Zeit gegenüber der Russisch-Orthodoxen Kirche als größter der Konfessionen. Zur Illustration sei an dieser Stelle eine Episode aus der 1963 erschienenen Erzählung des talentierten, aber heute nahezu vergessenen sowjetischen Schriftstellers Il'ja Zverev „Sie und er" angeführt. Die Handlung dieser an sich banalen Liebesgeschichte im Partei- und Produktionsmilieu spielt in unserem Kontext keine Rolle. Entscheidend ist vielmehr, dass Zverev seinen Figuren „nach dem Maul schrieb", was seine Erzählung zu einer Art Enzyklopädie des sowjetischen Neusprech und des sowjetischen Alltags werden lässt. In einer Szene kritisiert der Rayonchef den Parteiorganisator Usyčenko für dessen übertriebene Liberalität: „Was soll das denn, Usyčenko? Du bist doch wohl nicht etwa Baptist? Aber nicht doch, gab jener erschrocken zur Antwort. Ich bin orthodox".[8] Diese kleine Szene zeugt nicht schlechter als dicke Bände davon, dass sich die Russisch-Orthodoxe Kirche in der Nachkriegszeit die Stellung wenn nicht einer Staatskirche, so doch wenigstens einer Quasi-Staatskirche zurückgeholt hatte, was sie sich in den Augen der Machthaber vor allem durch politische Loyalität und aktive prosowjetische Tätigkeit auf dem internationalen Parkett verdient hatte. In einer deutlich prekären Lage befand sich die Katholische Kirche, was nicht zuletzt aus der „politischen Feindseligkeit" ihres Zentrums – des Vatikans – resultierte. Dis-

---

6   Rede von P.V. Makarcev in Vilnius, Februar 1977. GARF, f. 6991, op. 6, d. 3442, l. 43-65.
7   Vgl.: Beljakova, Religioznaja politika, S. 291.
8   Zverev, Ona i on, S. 34.

kriminierungen waren auch die verschiedenen freikirchlichen Strömungen ausgesetzt, die in der UdSSR traditionell als Sekten wahrgenommen wurden.[9] Darüber hinaus gab es in der Sowjetunion auch noch in der Nachkriegszeit Religionsgemeinschaften wie die Griechisch-Katholische Kirche, die Zeugen Jehovas, die Reformadventisten und einzelne Richtungen des Pfingstlertums, denen die Machthaber jegliche Anerkennung verweigerten.[10]

Die Grenzlinie zwischen den gesetzestreuen Konfessionen und den „Sektenanhängern" wurde nach Ansicht des Rats für Religionsangelegenheiten vor allem durch einen Letzteren angeblich eigenen „Extremismus" markiert:

> „Extremismus heißt [...], dass man die Religion heute nur retten kann, indem man dem Unglauben den Krieg erklärt. Und deshalb ist alles, was mit dem Unglauben zu tun hat, einschließlich der Sowjetmacht und deren Organen, etwas, was man nicht anerkennen, was man ablehnen oder schlicht ignorieren muss. [...] Im Großen und Ganzen geht es dabei um Sektenangehörige und Muslime, aber die Muslime sind ruhige Leute [...]. Das legale Sektentum ist zwar loyal, aber schon sehr eigen, das sind keine Katholiken, keine Orthodoxen, keine Muslime, das ist ein besonderer Glaube [...]. Die Sekte ist nicht nur eine religiöse Organisation, sondern auch eine eigene Gemeinschaft, weil man da als Mitglied aufgenommen und auch ausgeschlossen wird. Die Sektenangehörigen predigen die Religion anders als die Katholiken oder Orthodoxen, ihr ganzes Tun basiert auf dem Studium der Bibel und der auf unsere Bedingungen angewendeten Interpretation der Bibel. Deshalb glaubt der Sektenangehörige nicht nur aus Tradition und ist, wie man sagt, ein Träger der religiösen Psychologie, sondern ihm wird dieser Glauben ins Hirn eingehämmert, er glaubt mit dem Hirn – das ist eine etwas andere Sache. Sie sind ziemlich aktiv. Aber der größte Teil des Sektentums ist bei uns legal. Illegal sind etwa 100 000, legal etwa 400 000. Unter den illegalen Sektenangehörigen gibt es sehr viele extremistische Elemente. Alle Sektenführer sind Extremisten [...]".[11]

Während also die Russisch-Orthodoxe Kirche auf der Achse des religiösen Konformismus den äußersten rechten Rand einnahm, standen die dissidentischen Konfessionen, zu denen Aleksandr Daniėl' in seiner „Topologie des sowjetischen Dissens" der 1960er Jahre die den Kirchenrat der Evangeliumschristen-Baptisten unterstützenden Freikirchler, die Pfingstler und die „aktiven Gemeindemitglieder" der litauischen Katholischen Kirche zählte, links außen.[12] In seiner Analyse der religiöse Aktivitäten der Konfessionen des dissidentischen Mainstreams hebt Aleksandr Daniėl' besonders die baptistische Initiativlerbewegung und „einzelne orthodoxe Aktivisten" hervor, die aufgrund ihrer Ablehnung der Politik der Führung der Russisch-Orthodoxen Kirche zu Dissidenten wurden.[13] Das vorliegende Kapitel

---

9 Vgl. Beljakova, Cerkov', S. 447.
10 Die Existenz einer derartigen Hierarchie der Konfessionen versetzte den Staat z.B. in die Lage, die orthodoxe Geistlichkeit dazu zu nutzen, die Griechisch-Katholische Kirche in der Westukraine niederzuhalten und unter Kontrolle zu bringen. Die Zunahme der „Sektengefahr" wiederum führte zu einer milderen Haltung gegenüber der Russisch-Orthodoxen Kirche, um zu verhindern, dass die Bevölkerung zu den Sekten hingezogen wurde. Siehe ausführlicher: Beljakova, Cerkov', S. 447.
11 Rede von P.V. Makarcev in Vilnius, Februar 1977. GARF, f. 6991, op. 6, d. 3442, l. 43-65.
12 Daniėl', Topologija, S. 90.
13 Ebenda, S. 95 f.

soll helfen, die spezifische Rolle der baptistischen Initiativler bei der Herausbildung und Transformierung der religiösen Landschaft der UdSSR in der Zeit des „entwickelten Sozialismus" präzise zu klären.

6.1.1. Die religiösen Konfessionen und die Staatsmacht in der UdSSR in den 1960er und frühen 1970er Jahren: Vertrauensprobleme

In der UdSSR waren Anfang der 1970er Jahre religiöse Vereinigungen insgesamt 45 verschiedener Richtungen aktiv, von denen 16 offiziell registriert waren und im „Rahmen des Gesetzes" agierten, während 29 weitere Konfessionen, deren Glaubenslehre und Tätigkeit angeblich einen „staatsfeindlichen und fanatischen Charakter" aufwies (Zeugen Jehovas, Wahre Orthodoxe Christen, Reformadventisten usw.) von den sowjetischen Machtorganen nicht registriert wurden und letztlich illegal agierten.[14]

Die in der UdSSR bestehenden religiösen Organisationen hatten 24 eigenständige Zentren: das Moskauer Patriarchat der Russisch-Orthodoxen Kirche, das Patriarchat der Georgischen Orthodoxen Kirche, das Katholikat der Armenischen Kirche, den Allunionsrat der Evangeliumschristen-Baptisten, vier[15] Geistliche Führungen der Muslime usw.[16] Anfang der 1970er Jahre gab es in der Sowjetunion 16 orthodoxe Klöster und fünf offiziell erscheinende religiöse Zeitschriften: das „Journal der Moskauer Eparchie", der „Orthodoxe Bote" (in ukrainischer Sprache), „Ečmiadzin" (in armenischer Sprache), der „Brüderbote" und „Muslime des sowjetischen Ostens". Zur Befriedigung der Bedürfnisse der legalen Konfessionen wurde offiziell Gottesdienstliteratur gedruckt, darunter die Bibel, der Koran, religiöse Kalender und theologische Werke.[17]

Alles in allem verlor die Religion in der Sowjetunion nach offiziellen Angaben mit jedem Jahr weiter an Boden: Der Einfluss der Geistlichen auf das Alltagsleben der Gläubigen nahm ab, die Sowjetbürger wandten sich nach und nach von der Kirche ab, das Netz der religiösen Vereinigungen wurde kleiner (siehe Tabelle 2). Allein im Zeitraum von 1960 bis Anfang der 1970er Jahre wurden in der UdSSR fast 4600 Gotteshäuser geschlossen.[18]

---

14 Aktennotiz des Vorsitzenden des Rats für Religionsangelegenheiten beim Ministerrat der UdSSR V.A. Kuroedov an die Propagandaabteilung des ZK der KPdSU vom 13.04.1970 „Hauptdaten über die Lage der Religion in der UdSSR im Jahr 1969" [weiter als: Aktennotiz V.A. Kuroedovs, 13.04.1970]. RGANI, f. 5, op. 62, d. 37, l. 32.

15 Von 1944 waren für die Führung der geistlichen Angelegenheiten der Muslime der UdSSR vier voneinander unabhängige Zentren zuständig: die Geistlichen Führungen der Muslime für Mittelasien und Kasachstan (Taškent), für Transkaukasien (Baku), für den Nordkaukasus (Bujnaksk) und für den Europäischen Teil der Sowjetunion und Sibirien (Ufa). Siehe: Informationsbericht über die Lage der muslimischen, buddhistischen und jüdischen Religion, der katholischen, protestantischen und armenischen Kirchen und der Sekten für 1970 (nach Materialien der Bevollmächtigten des Rats für Religionsangelegenheiten). Der Bericht wurde vom Ersten Stellvertreter des Rats für Religionsangelegenheiten beim Ministerrat der UdSSR A. Barmenkov an die Propagandaabteilung des ZK der KPdSU geschickt, 27.04.1971 [weiter als: Informationsbericht über die Lage der Kirchen und Sekten für 1970, 27.04.1971]. RGANI, f. 5, op. 63, d. 89, l. 99.

16 Aktennotiz V.A. Kuroedovs, 13.04.1970. RGANI, f. 5, op. 62, d. 37, l. 32.

17 Ebenda.

18 Ebenda.

Eine Ausnahme stellten die Evangeliumschristen-Baptisten dar, die ihr Kirchennetz aufrechterhalten konnten.[19]

Tabelle 2:[20] Zahl der religiösen Vereinigungen in der UdSSR (1960, 1969)

Jahr	1960	1969
Gesamtzahl der religiösen Organisationen	20 914	16 321
davon:		
russisch-orthodox	13 008	7 352
muslimisch[21]	2 307	962
katholisch	1 179	1 096
jüdisch	259	226

Die Sowjetführung war sich nur zu bewusst, welch herausragende Rolle die die religiösen Vereinigungen betreffenden statistischen Angaben für das Image des „Landes des siegreichen Sozialismus" im Ausland spielten, weshalb in der Öffentlichkeit leicht erhöhte Zahlen figurierten. Dies bestätigte im Februar 1977 auch der Stellvertretende Vorsitzende des Rats für Religionsangelegenheiten P.V. Makarcev auf der Klausurtagung der Bevollmächtigten des Rats in der Litauischen SSR:

„Insgesamt gibt es bei uns etwa 17 000 religiöse Vereinigungen, Genossen. In der Presse werden 20 000 genannt, aber das ist für die Presse, und für Sie sind es 17 000. So gehen die Zahlen ein wenig auseinander, aber wundern Sie sich nicht. Nun, wir haben 20 000 gesagt und halten daran fest, um nicht beschuldigt zu werden, gar zu aktiv Kirchen zu schließen, und tatsächlich sind es 17[000] – das sind die registrierten, legal agierenden [religiösen Vereinigungen] [...]".[22]

Der Führung des Rats ging es also vor allem darum, die Folgen der antireligiösen Kampagne Chruščevs vor der Weltöffentlichkeit zu verbergen.

Der Zahl der geschlossenen Gotteshäuser blieb im gesamten Verlauf des Bestehens der Sowjetunion das Hauptkriterium für das „Erlöschen" der Religion. In seinem Bericht zog Makarcev 1977 stolz das folgende Fazit des antireligiösen Kampfes:

„Insgesamt hat sich das religiöse Netz in den Jahren der Sowjetmacht auf ein Zehntel verkleinert. Nun, bei jeder Religion anders: bei der Orthodoxie auf ein Zehntel, bei der Katholischen Kirche [...] etwa auf ein Viertel, [...] bei der islamischen Religion ist die Zahl der Moscheen um das 30fache zurückgegangen. Bei den Juden um das fünf- bis sechsfache. Bei den protestantischen Kirchen auch so ungefähr um das fünf- bis

---

19 Zum 1. Januar 1970 gab es in der UdSSR 1 923 registrierte und 1 094 nichtregistrierte baptistische Gemeinden und Gruppen. Etwa fünf Sechstel von diesen gehörten zum Allunionsrat, etwa ein Sechstel zum Kirchenrat der Evangeliumschristen-Baptisten. Vgl. dazu: Informationsbericht über die Lage der Kirchen und Sekten für 1970, 27.04.1971. RGANI, f. 5, op. 63, d. 89, l. 308-309.
20 Aktennotiz V.A. Kuroedovs, 13.04.1970. RGANI, f. 5, op. 62, d. 37, l. 31.
21 Erfasste, aber nicht registrierte Vereinigungen.
22 Rede von P.V. Makarcev in Vilnius, Februar 1977. GARF, f. 6991, op. 6, d. 3442, l. 43-65.

sechsfache. Aber die Religion ist noch da, sie ist lebendig, sie agiert und sie agiert ziemlich aktiv [...]".[23]

Zum 1. Januar 1971 gab es in der UdSSR nach offiziellen Angaben 16 187 religiöse Gemeinschaften und Gruppen, von denen 11 795 (72,9%) in der gesetzlich vorgesehenen Form registriert waren und 4 392 (27,1%) ohne Registrierung, d.h. formal außerhalb des Gesetzes und ohne Erlaubnis der Behörden bestanden.[24] An dieser Situation änderte sich auch bis Ende der 1970er Jahre nichts. „Ein großes Übel ist [...] die große Zahl der nichtregistrierten, illegal agierenden Vereinigungen", bemerkte Makarcev bei seinem Auftritt im Februar 1977, „[...] über 4 000 von 17 000, [also] ein Viertel der religiösen Vereinigungen agieren ohne Registrierung, illegal. Das ist unser höchst gravierender Mangel".[25]

Die nichtregistrierten Vereinigungen (siehe Tabelle 3) wurden von den Behörden Anfang 1971 in zwei Gruppen unterteilt[26]. Die erste umfasste über 2 600 Vereinigungen (645 muslimische, 544 evangeliumschristlich-baptische[27], 142 lutherische, 129 jüdische, 91 molokanische, 48 russisch-orthodoxe usw.), die die sowjetischen Religionsgesetze im Wesentlichen anerkannten und regelmäßig Anträge auf Registrierung stellten, die aber aus dem einen oder anderen Grund abgelehnt wurden.

Die etwa 2 000 Vereinigungen[28] umfassende zweite Gruppe bestand aus „Sektengemeinden und -gruppen", deren Glaubenslehre und -praxis nach Einschätzung der Behördenvertreter „einen staatsfeindlichen und fanatischen Charakter" aufwiesen. Die diesen Vereinigungen angehörenden Gläubigen erkannten die Religionsgesetze nicht an, die Vereinigungen selbst agierten formal illegal (Anhänger des Kirchenrats der Evangeliumschristen-Baptisten – 435[29], Pfingstler – 942, Zeugen Jehovas – 459, Reformadventisten – 53, Wahre Orthodoxe Kirche und Wahre Orthodoxe Christen – 155 Vereinigungen und Gruppen usw.)[30]. Ein großer Teil der nichtregistrierten religiösen Vereinigungen war in der RSFSR (1 742), in der Ukrainischen SSR (1 369), in der Kasachischen SSR (419), in der Kirgisischen SSR (259), in der Moldawischen SSR (169) und in der Weißrussischen SSR (144) konzentriert.[31]

---

23 Ebenda.
24 Aktennotiz des Vorsitzenden des Rats für Religionsangelegenheiten beim Ministerrat der UdSSR V.A. Kuroedov an die Propagandaabteilung des ZK der KPdSU vom 24.03.1971: „Hauptdaten über die Lage der Religion in der UdSSR im Jahr 1970" [weiter als: Aktennotiz V.A. Kuroedovs, 24.03.1971]. RGANI, f. 5, op. 63, d. 89, l. 83.
25 Rede von P.V. Makarcev in Vilnius, Februar 1977. GARF, f. 6991, op. 6, d. 3442, l. 43-65.
26 Auf ein und derselben Seite der von V.A. Kuroedov an das ZK der KPdSU gerichteten Aktennotiz vom 24. März 1971 figurieren zwei unterschiedliche Ziffern hinsichtlich der Zahl der in der UdSSR bestehenden nichtregistrierten religiösen Vereinigungen: 4 392 und über 4 600(!). Dieser Widerspruch steht offensichtlich mit der Schwierigkeit der Zählung der illegalen religiösen Vereinigungen in Zusammenhang.
27 Ohne Berücksichtigung der Gemeinden der Anhänger des Kirchenrats der Evangeliumschristen-Baptisten. Siehe dazu: Informationsbericht über die Lage der Kirchen und Sekten für 1970, 27.04.1971. RGANI, f. 5, op. 63, d. 89, l. 308-309.
28 Im Bericht für 1970 figuriert die Zahl von 2 300 Vereinigungen. Siehe: Informationsbericht über die Lage der Kirchen und Sekten für 1970, 27.04.1971. RGANI, f. 5, op. 63, d. 89, l. 154.
29 Informationsbericht über die Lage der Kirchen und Sekten für 1970, 27.04.1971. RGANI, f. 5, op. 63, d. 89, l. 308-309.
30 Aktennotiz V.A. Kuroedovs, 24.03.1971. RGANI, f. 5, op. 63, d. 89, l. 83-84.
31 Ebenda, l. 84.

Tabelle 3:[32] Zahl der wichtigsten religiösen Vereinigungen in der UdSSR (01.01.1971)

Religionsgemeinschaft/ Konfession	faktisch bestehend	registriert	nicht registriert
russisch-orthodox	7 313	7 265	48
Evangeliumschristen-Baptisten	2 952	1 973	979
katholisch	1 091	1 019	72
muslimisch	959	314	645
Pfingstler	947	5	942
lutherisch	554	412	142
Zeugen Jehovas	459	0	459
Adventisten des Siebenten Tages	348	167	181
jüdisch	221	92	129
Mennoniten	137	9	128
Molokanen	122	31	91
reformiert	90	86	4
armenisch	32	31	1

1968 wurde auf Initiative des Rats für Religionsangelegenheiten beim Ministerrat der UdSSR und der Regierungen einer Reihe von Unionsrepubliken der Beschluss „Über die Intensivierung der Kontrolle über die Einhaltung der Religionsgesetze" verabschiedet. Die lokalen Behörden wurden angewiesen, für jede nichtregistrierte religiöse Vereinigung im Einzelfall zu entscheiden, ob man sie „registrieren oder auflösen" solle (siehe Tabelle 4). Infolge der vor Ort durchgeführten Maßnahmen wurden im Zeitraum 1968–1970 in der UdSSR insgesamt 137 religiöse Vereinigungen registriert.[33]

Was den Beschluss betrifft, die nichtregistrierten religiösen Gemeinschaften aufzulösen, waren die den Behörden zur Verfügung stehenden Instrumente äußerst kompliziert. In der Regel wurden nur solche Gemeinden aufgelöst, die ohnehin nicht mehr aktiv waren. Insgesamt stellten innerhalb von zehn Jahren (1961–1970) 4 720 religiöse Gemeinschaften und Gruppen unterschiedlicher Konfession ihre Tätigkeit ein (Rückgang um 22,6%).[34] Abgesehen davon waren 722 in der offiziellen Statistik als nichtregistriert figurierende orthodoxe Kirchen aus Mangel an Geistlichen faktisch nicht aktiv. Die Früchte der Chruščevschen Antikirchenpolitik beurteilte P.V. Makarcev folgendermaßen:

„[...] In der ersten Hälfte der 60er Jahre wurden deutlich mehr Kirchen geschlossen. Von 1960 [...] bis 1966 wurden etwa 30 Prozent der religiösen Gemeinschaften geschlossen. Nun, was soll man die Sünde bemänteln, hier kann man offen sein, nicht alles wurde [richtig] gemacht [...]. Es wurden Kirchen an Orten geschlossen, wo es noch viele

---

32 Aktennotiz V.A. Kuroedovs, 24.03.1971. RGANI, f. 5, op. 63, d. 89, l. 83-84; Informationsbericht über die Lage der Kirchen und Sekten für 1970, 27.04.1971. RGANI, f. 5, op. 63, d. 89, l. 308-309.
33 Ebenda.
34 Allein im Jahr 1970 stellten 162 religiöse Vereinigungen ihre Tätigkeit ein. Siehe: Aktennotiz V.A. Kuroedovs, 24.03.1971. RGANI, f. 5, op. 63, d. 89, l. 83-84. Vgl. dazu: Aktennotiz V.A. Kuroedovs, 13.04.1970. Ebenda, op. 62, d. 37, l. 31.

Gläubige gab. Und jetzt hat sich der Prozess der Kirchenschließungen [zwar] verlangsamt, aber [dafür] ist das [...] kein künstlicher Rückgang mehr, die religiösen Gemeinschaften fallen tatsächlich auseinander und hören auf zu agieren, die Gläubigen laufen weg, [...] das Gemeindeleben der entsprechenden Kirche erlahmt [...]. Der aktivste Prozess der Erlahmung ist bei der Russisch-Orthodoxen Kirche zu beobachten [...]".[35]

Tabelle 4:[36] Zahl der religiösen Vereinigungen in der UdSSR (1969, 1970)

Religionsgemeinschaft/ Konfession/Jahr	1969		1970	
	religiöse Vereinigungen insgesamt	davon registriert	religiöse Vereinigungen insgesamt	davon registriert
Evangeliumschristen-Baptisten[37]	3 017	1 921	2 952	1 973
katholisch	1 098	1 022	1 091	1 019
Pfingstler	908	2	947	5
lutherisch	565	415	554	412
Zeugen Jehovas	508	0	459	0
Adventisten des Siebenten Tages	354	165	348	167
jüdisch	226	92	221	92
Molokanen	127	30	122	31
Mennoniten	110	8	137	9
reformiert	90	86	90	86
armenisch	33	31	32	31

Die Russisch-Orthodoxe Kirche sorgte bei den Behörden nicht nur wegen des Maßstabs der „Erlahmung" für Freude, sondern auch aufgrund ihrer explizit prosowjetischen Haltung auf dem internationalen Parkett. Den von den prosowjetischen Kirchen im Bereich der Außenpolitik geleisteten Anstrengungen galt in den Berichten, die der Rat für Religionsangelegenheiten regelmäßig an die Ideologische Abteilung des ZK der KPdSU schickte, immer besondere Aufmerksamkeit: „[...] Die überwältigende Mehrheit der Geistlichen [...] steht der Sowjetordnung loyal gegenüber, unterstützt die Innen- und Außenpolitik unseres Staates und stellt sich den Versuchen der imperialistischen Kreise entgegen, die internationalen religiösen Organisationen für ihre Interessen zu nutzen".[38] Makarcev äußerte sich dazu im Februar 1977 noch konkreter:

---

35 Rede von P.V. Makarcev in Vilnius, Februar 1977. GARF, f. 6991, op. 6, d. 3442, l. 43-65.
36 Ohne Russisch-orthodoxe Kirche. Siehe: Informationsbericht über die Lage der Kirchen und Sekten für 1970, 27.04.1971. RGANI, f. 5, op. 63, d. 89, l. 152, 308-309.
37 Die angegebenen Daten beziehen sich auf die Gemeinden sowohl des Allunionsrats als auch des Kirchenrats der Evangeliumschristen-Baptisten.
38 Aktennotiz V.A. Kuroedovs, 13.04.1970. RGANI, f. 5, op. 62, d. 37, l. 37.

„Allgemein lässt sich sagen, dass die religiöse Lage in unserem Land normal ist. Normal. Bei uns ist die Mehrheit, die überwältigende Mehrheit der Geistlichen loyal. Und wir denken, dass es für uns ein großer Erfolg ist, die Kirche loyal gemacht zu haben. Die Kirche ist nicht nur loyal, sie unterstützt jetzt aktiv sowohl unsere Innen- als auch unsere Außenpolitik. Das ist, Genossen, ein bedeutsamer Faktor. Sowohl die Regierung als auch das Zentralkomitee, und [auch] Leonid Il'ič Brežnev hat mehr als einmal, wenn er sich mit hohen Würdenträgern [der Kirche] getroffen hat, [...] seine hohe Wertschätzung für ebendiese Loyalität und diese Tätigkeit geäußert, die die Kirche zur Unterstützung unserer Politik leistet".[39]

Bei seinem Auftritt vor der Parteielite sprach Makarcev offen eine vor den gewöhnlichen Bürgern verborgene Tatsache aus:

„[...] Wir nutzen die loyalen Kirchenleute im Interesse unserer Friedenspolitik ziemlich aktiv in der internationalen Arena. Nicht nur, um die reaktionären Kirchenkreise zu entlarven und daran zu hindern, die Religion, unsere Religion und unsere Kirchenleute für ihre Interessen zu nutzen, sondern wir gehen auch in die Offensive [und] propagieren mithilfe der Kirchenleute aktiv unsere Wirklichkeit im Ausland. Eine recht große Arbeit leisten die russisch-orthodoxe Kirche, die Moslems, die Buddhisten und auch ein bisschen die Katholiken [...]".[40]

So war die „Symbiose" von sozialistischer Ideologie und zahlreichen Konfessionen ein wichtiger Bestandteil des zwischen den Machthabern und dem Volk geschlossenen „Little Deal". Um diese Symbiose zu analysieren, scheint es angebracht, die von Geoffrey Hosking zur Untersuchung der Bedeutung von Vertrauen und Misstrauen in der Geschichte erarbeiteten methodischen Ansätze heranzuziehen. Nach Hosking stellte die Sowjetunion Stalinscher Prägung das idealtypische Beispiel für ein Land des totalen Misstrauens dar[41], dessen kommunistische Führung sowohl dem inneren als auch dem äußeren Feind maximales Misstrauen entgegenbrachte.[42] Auch wenn der Grad des Misstrauens nach Stalins Tod zurückging, blieb die Frage, wem man trauen konnte und wem nicht, sowohl für die einfachen Sowjetbürger als auch für die Partei- und Staatselite im gesamten Zeitraum der Existenz der Sowjetunion aktuell.[43] Da sich ein Zuviel an Misstrauen kontraproduktiv auf die Funktionsfähigkeit einer Gesellschaft auswirkt, unternahm die Sowjetführung den Versuch, eigene Stabilität und Normalität schaffende Narrative zu entwickeln und „sowjetische" Rituale, Traditionen und Praktiken zu kodifizieren. Infolgedessen tat sich in der Sowjetunion mit der Zeit ein gewisser Spielraum für ein größeres Vertrauen zwischen den Machthabern und einem Teil der Konfessionen auf.

Die für den religiösen Bereich zuständigen Parteiführer und Sowjetfunktionäre arbeiteten einen ganzen Satz von Kriterien aus, mit deren Hilfe sie den Grad des „Vertrauens der einen oder anderen Konfession bzw. Religionsgemeinschaft gegenüber dem Sowjetstaat" zu

---

39 Rede von P.V. Makarcev in Vilnius, Februar 1977. GARF, f. 6991, op. 6, d. 3442, l. 43-65.
40 Ebenda.
41 Chosking, Doverie, S. 33 f.
42 Ebenda, S. 25 f.
43 Ebenda, S. 34 f.

bestimmen versuchten. An erster Stelle stand dabei die Frage der Legalität bzw. Illegalität einer Vereinigung, an zweiter die Entwicklung der Zahl der Geistlichen und Gläubigen, an dritter die Loyalität der Geistlichen, an vierter Form und Inhalt der Predigten, an fünfter die von den religiösen Vereinigungen geleisteten Zahlungen an den Friedensfonds, an sechster Stelle Form und Verbreitung religiöser Zeremonien. Äußerst negativ bewerteten die Behörden im Kontext der Frage des den religiösen Vereinigungen entgegenzubringenden Vertrauens bzw. Misstrauens zwei im kirchlichen Leben der UdSSR zu beobachtende Entwicklungstendenzen[44]:

1. die „Modernisierung" der Religion, die innerhalb des sowjetischen „religiösen Diskurses" als Anpassung der Kirche „an die modernen Bedingungen des sozialen und technischen Fortschritts, an das geänderte Bewusstsein der sowjetischen Leute" verstanden wurde;
2. die Behauptung, Festigung und Ausweitung des Einflusses der Religion durch den „religiösen Kampf" für eine Änderung und Liberalisierung der sowjetischen Religionsgesetze.

Im Folgenden soll die religiöse Landschaft der UdSSR der 1960–1970er Jahre unter besonderer Berücksichtigung der genannten Kriterien des den „Kulten" von Seiten der Behörden entgegengebrachten Vertrauens bzw. Misstrauens betrachtet werden. Das wiederum schafft eine Basis, das Phänomen des „religiösen Dissidententums" präziser beschreiben zu können.

6.2. Legalität bzw. Illegalität der religiösen Vereinigungen

Die Legalität einer religiösen Gemeinschaft stellte nicht zufällig das wichtigste Kriterium dar, anhand dessen die Brežnevschen Behörden die eine oder andere Konfession als – um es mit den Worten Makarcevs zu sagen – „unsere Religion, unsere Kirchenleute" einstuften. Allerdings trat der Brežnev-Staat in dieser Hinsicht ein alles andere als einfaches Erbe an. Einerseits hatte die Repressionspolitik der 1920er bis frühen 1960er Jahre die illegale Existenz für eine ganze Reihe religiöser Vereinigungen zum einzig möglichen Modus Operandi werden lassen, andererseits stieß die Zentralmacht in ihrem Bestreben, die religiösen Organisationen zu legalisieren, auf massiven Widerstand der lokalen Machtorgane, die nicht gewillt waren, auf dem ihnen unterstellten Territorium Konzentrationspunkte „legaler" religiöser Aktivität zu dulden[45]. Infolgedessen blieb die Aufgabe, die religiösen Gemeinden aus dem Untergrund herauszuführen, im gesamten Zeitraum des Bestehens der späten Sowjetunion nicht nur aktuell, sondern auch ungelöst. Das gestand auch die Führung des Rats für Religionsangelegenheiten mehrfach ein. So erklärte Makarcev im Jahr 1977:

> „Heute berichtet die große und kleine Presse im Ausland fast täglich über Fragen, die mit der Religion und den Gläubigen in der UdSSR zu tun haben, kritisiert sowohl unsere Gesetze als auch unsere Wirklichkeit und will alle Gläubigen und Nichtgläubigen im Westen davon überzeugen, dass wir eine menschenfeindliche Gesellschaft sind, dass wir der Kirche die Luft zum Atmen nehmen, dass man mit uns nichts zu tun haben darf und

---

44 Aktennotiz V.A. Kuroedovs, 13.04.1970. RGANI, f. 5, op. 62, d. 37, l. 35.
45 Siehe ausführlicher Kapitel 4.

es mit solchen Leuten [wie uns] keine Entspannung geben kann. Und nebenbei bemerkt ist das eines ihrer Hauptargumente. [...] Sie machen das nicht nur [...] um [unsere Politik] in den Augen der ausländischen Öffentlichkeit zu kompromittieren, sondern auch, um bei uns die Religion zu befeuern. Und das durchaus erfolgreich, bei uns liegt in dieser Hinsicht nicht wenig im Argen. Das ist unser Untergrund, der da befeuert wird, und unsere Feinde sind daran interessiert, dass es diesen Untergrund gibt, dass der Extremismus hier bei uns existiert. Und in letzter Zeit hebt dieser Extremismus sein Haupt, [...] beginnt, sich aktiver zu zeigen. [...] Deshalb stehen wir jetzt vor der Aufgabe, diesen Untergrund aufzulösen, dieses unser ganzes religiöses Leben zu legalisieren. Die Aufgabe ist nicht leicht, aber wir haben angefangen, sie zu lösen, und lösen sie, wie ich sagen kann, sehr erfolgreich [...]. Vielleicht mag es Ihnen seltsam erscheinen, aber in den letzten drei Jahren haben wir erneut über 150 religiöse Organisationen registriert. Vor Ort denken manche, dass es bei uns irgendwie mehr Religion gibt, aber das Gegenteil ist der Fall, es sind nur ein paar Zahlen von einer Spalte in die andere gewandert. Früher haben [diese religiösen Vereinigungen] illegal bestanden und jetzt bestehen sie legal [...]".[46]

Spitzenreiter bei der Zahl der illegalen Vereinigungen waren die sogenannten Sekten. Es ist anzumerken, dass etwa die Hälfte der *erfassten* (d.h. faktisch bestehenden) religiösen Vereinigungen vor allem der Evangeliumschristen-Baptisten, Adventisten des Siebenten Tages, Molokanen und Mennoniten sowie einige jüdische Gemeinden Anfang der 1970er Jahre insbesondere in den mittelasiatischen Republiken, in Kasachstan und in der RSFSR trotz zahlreicher entsprechender Anträge offiziell nicht registriert wurden.[47] Dennoch trug das Bestreben der Zentralmacht, den „religiösen Untergrund" durch Registrierung auszutrocknen, allmählich Früchte. So konnten die Mitarbeiter des Rats für Religionsangelegenheiten Ende der 1960er bis Anfang der 1970er Jahre konstatieren: „Die Zahl der faktisch bestehenden Vereinigungen fast aller Kulte mit Ausnahme der Sekten der Pfingstler und Mennoniten geht beständig zurück, [aber] das Netz der registrierten Vereinigungen wird größer (vor allem durch Gemeinden der Evangeliumschristen-Baptisten [...]".[48]

Das Problem der „illegalen" Gemeinden betraf in der UdSSR nicht nur die freikirchlichen Sekten bzw. kleinen religiösen Gemeinschaften. So waren 1971 auch nur 315 der insgesamt 960 in der Sowjetunion bestehenden muslimischen Vereinigungen registriert.[49] Angesichts der großen Religiosität der traditionell islamisch geprägten Völker konnten die registrierten Moscheen, deren Zahl gerade einmal etwas mehr als ein Prozent der vor der

---

46 Rede von P.V. Makarcev in Vilnius, Februar 1977. GARF, f. 6991, op. 6, d. 3442, l. 43-65.

47 Informationsbericht über die Lage der muslimischen, katholischen, protestantischen, jüdischen, buddhistischen Religion, der Evangeliumschristen-Baptisten sowie der Sekten für 1969 (nach Materialien der Bevollmächtigten des Rats für Religionsangelegenheiten). Der Bericht wurde vom Ersten Stellvertreter des Rats für Religionsangelegenheiten beim Ministerrat der UdSSR A. Barmenkov an die Propagandaabteilung des ZK der KPdSU geschickt [22.05.1970] [weiter als: Informationsbericht über die Lage der Kirchen und Sekten für 1969, 22.05.1970]. RGANI, f. 5, op. 62, d. 38, l. 51.

48 Informationsbericht über die Lage der Kirchen und Sekten für 1970, 27.04.1971. RGANI, f. 5, op. 63, d. 89, l. 153.

49 Informationsbericht über die Lage der Kirchen und Sekten für 1970, 27.04.1971. RGANI, f. 5, op. 63, d. 89, l. 141. Anderen Angaben zufolge gab es 314 Vereinigungen. Siehe: ebenda, l. 97-98.

Revolution bestehenden Moscheen ausmachte, die religiösen Bedürfnisse der Bevölkerung nicht befriedigen.[50] So kann es nicht verwundern, dass in den islamisch geprägten Regionen der UdSSR zahlreiche nichtregistrierte muslimische Vereinigungen und Geistliche agierten.[51] Nach Angaben des Rats für Religionsangelegenheiten hatten die 645 islamischen Vereinigungen, deren Registrierung Ende der 1950er bis Anfang der 1960er Jahre offiziell aufgehoben worden war, nie aufgehört zu existieren und bestanden offen, aber „außerhalb des Gesetzes" weiter.[52] Dabei verweigerten die lokalen Organe ihnen nicht nur die staatliche Registrierung, sondern behinderten auch die Durchführung der Gottesdienste, was unter den gläubigen Muslimen für „unerwünschte Stimmung" sorgte.

Die Taškenter Konferenz der mit dem Islam befassten Bevollmächtigten des Rats für Religionsangelegenheiten und Mitarbeiter der lokalen Machtorgane konstatierte 1968, dass es in allen von Muslimen bewohnten Ortschaften ein organisiertes Religionsleben gebe. Ein Teil der nichtregistrierten Vereinigungen war nicht nur ständig aktiv, sondern hatte auch eigene Gebetsräume, Geistliche, Finanzmittel und Wahlorgane. Vereinigungen, die über kein eigenes Gebäude verfügten, führten Gottesdienste in Privathäusern durch und unternahmen Versuche, Gebetsräume zu bauen oder zu erwerben.[53] Allein auf dem Gebiet der Baschkirischen ASSR waren 80 erfasste, aber nicht registrierte muslimische Vereinigungen und Gruppen aktiv, denen bis zu 3 000 Gläubige angehörten.[54] Im Autonomen Gebiet Karatschai-Tscherkessien, in dem etwa 100 000 Menschen lebten und 15 registrierte Moscheen bestanden, fanden die Behörden ebenfalls 47 nichtregistrierte muslimische Gruppen und Vereinigungen. Im Gebiet Oš (Kirgisische SSR) kamen auf den Gottesdiensten von 60 nichtregistrierten Vereinigungen regelmäßig bis zu 12 000 Personen zusammen.[55] In der Tatarischen ASSR gab es 42, im Gebiet Kujbyšev 18, im Gebiet Orenburg 25, in der Kirgisischen SSR 177, in der Kasachischen SSR 51 und in der Turkmenischen SSR 14 nichtregistrierte muslimische Vereinigungen.

Auch wenn die Mitarbeiter der örtlichen Partei- und Sowjetorgane über den Charakter der Tätigkeit der illegalen muslimischen Gemeinden bestens informiert waren, wurden in der Regel keinerlei Maßnahmen zu deren Schließung ergriffen. Bei Überprüfungen wurden in der Tadschikischen, Usbekischen und Kirgisischen SSR, in der ASSR Dagestan, im Autonomen Gebiet Karatschai-Tscherkessien und in anderen Regionen der UdSSR immer wieder

---

50 Die Zahl der gläubigen Muslime, die die registrierten Moscheen an Freitagen (mindestens 150 000 Personen) und an Feiertagen (über 500 000 Personen) besuchten, blieb im gesamten Verlauf der 1960er Jahre praktisch unverändert. An Feiertagen waren 10–25% der Gottesdienstbesucher Jugendliche. Informationsbericht über die Lage der Kirchen und Sekten für 1969, 22.05.1970. RGANI, f. 5, op. 62, d. 38, l. 5; Informationsbericht über die Lage der Kirchen und Sekten für 1970, 27.04.1971. Ebenda, op. 63, d. 89, l. 104.

51 Informationsbericht über die Lage der Kirchen und Sekten für 1969, 22.05.1970. RGANI, f. 5, op. 62, d. 38, l. 8. Nur 127 der nichtregistrierten muslimischen Vereinigungen hatten eigene Gebetsräume und waren regelmäßig aktiv. Die übrigen 518 funktionierten sporadisch an hohen religiösen Feiertagen.

52 Informationsbericht über die Lage der Kirchen und Sekten für 1970, 27.04.1971. RGANI, f. 5, op. 63, d. 89, l. 141.

53 Informationsbericht über die Lage der Kirchen und Sekten für 1969, 22.05.1970. RGANI, f. 5, op. 62, d. 38, l. 8.

54 Ebenda.

55 Ebenda, l. 9.

zahlreiche Fälle eigenmächtig errichteter Moscheen dokumentiert.[56] In einer ganzen Reihe von Gebieten und Republiken der Sowjetunion existierten die nichtregistrierten muslimischen Gemeinden ohne jede Kontrolle von Seiten der lokalen Machtorgane, die sie einerseits nicht registrieren wollten, andererseits aber auch keinerlei Maßnahmen ergriffen, um ihre Tätigkeit zu unterbinden. Ein Teil dieser Vereinigungen hielt offen Verbindungen zur nichtregistrierten Geistlichkeit aufrecht, ein Teil agierte vollkommen eigenständig. Längst nicht vollständig war die Erfassung der in den illegalen Moscheen predigenden Personen. Die Behörden beschränkten sich darauf, Jahr für Jahr aufs Neue zu konstatieren, dass es sehr viele seien.[57]

Besondere Sorge bereiteten den Behörden jene Gläubige, die sich nicht der geistlichen Führung der Muslime des Europäischen Teils der UdSSR und Sibiriens unterstellten, sondern diversen „Sekten" und Bruderschaften sufistischer Ausrichtung angehörten.[58] Dies betraf in erster Linie die in der Tschetschenisch-Ingusischen ASSR lebenden Tschetschenen und Inguschen sowie in einigen Rayonen Kasachstans, Kirgisiens und der ASSR Dagestan lebende muslimische Gruppen. In der Regel stellten diese „Bruderschaften" kastenartige Gemeinschaften dar, die keine Muslime aus anderen Gemeinden bei sich aufnahmen[59], eigenmächtig leerstehende Moscheen besetzten oder ihre eigenen neuen Gebäude errichteten. Nach unvollständigen Angaben gab es Anfang 1970 allein in der Tschetschenisch-Ingusischen ASSR über 300 illegale „geschlossene" Gruppen, denen über 15 000 Personen angehörten.[60] Ähnliche Tendenzen dokumentierten die Behörden auch in Mittelasien unter den Mitgliedern der religiösen Vereinigung „Leute des Koran". Mit Verweis auf die Tatsache, dass sie ihre Arbeit nach den Weisungen des Sowjetstaats führten, riefen die Führer der Muslime Mittelasiens und Kasachstans die Gläubigen dazu auf, die nichtregistrierten Moscheen zu meiden und nicht an den dort stattfindenden Gottesdiensten teilzunehmen.[61]

Traditionell problematisch blieben im Untersuchungszeitraum die Beziehungen zwischen den Behörden und der Katholischen Kirche. Waren 1945 in der UdSSR 1 426 katholische Gemeinden registriert, ging deren Zahl bis Anfang 1970 um 404 bzw. 28,0% zurück.[62] Insgesamt waren zum 1. Januar 1970 in der Sowjetunion 1 098 faktisch bestehende Vereinigungen der Katholischen Kirche erfasst, die von 1 131 Geistlichen betreut wurden. Auch wenn die Katholische Kirche hinsichtlich der Zahl ihrer religiösen Vereinigungen nach der Russisch-Orthodoxen Kirche und dem Allunionsrat der Evangeliumschristen-Baptisten an dritter Stelle stand, lag die Gesamtzahl der Vereinigungen der Katholiken (in Relation zum

---

56 Allein im Jahr 1968 unterbanden die Behörden zehn Versuche, illegale Moscheen zu eröffnen. In der Regel wurden neu gebaute oder im Bau befindliche Moscheen entweder abgerissen oder für wirtschaftliche oder kulturelle Ziele genutzt. Siehe: Informationsbericht über die Lage der Kirchen und Sekten für 1969, 22.05.1970. RGANI, f. 5, op. 62, d. 38, l. 10.

57 Ebenda.

58 Ende der 1960er Jahre wurden unter diesen auch Frauengruppen gegründet.

59 Informationsbericht über die Lage der Kirchen und Sekten für 1969, 22.05.1970. RGANI, f. 5, op. 62, d. 38, l. 12-13.

60 Ebenda, l. 14. Allein im Rayon Nazran' (Tschetschenisch-Ingusische ASSR) gab es in zehn von zwölf Ortschaften fertig gebaute oder im Bau befindliche Moscheen.

61 Informationsbericht über die Lage der Kirchen und Sekten für 1969, 22.05.1970. RGANI, f. 5, op. 62, d. 38, l. 28.

62 Ebenda, l. 71.

gesamten Netz der auf dem Gebiet der UdSSR bestehenden religiösen Vereinigungen) gerade einmal bei etwa 7,0%.[63] Vereinigungen der Römisch-Katholischen Kirche gab es in zehn Sowjetrepubliken, wobei fast 60% von diesen in Litauen, 16% in Lettland und jeweils etwa 10% in Weißrussland und der Ukraine konzentriert waren. Darüber hinaus gab es einige wenige katholische Vereinigungen in einer Reihe von Gebieten Kasachstans und der Russischen Föderation sowie in Georgien, Kirgisien, Moldawien und Estland.[64] Neben den registrierten katholischen Vereinigungen bestanden in der UdSSR 76 nichtregistrierte katholische Gruppen, davon 37 in Kasachstan, 17 in der Russischen Föderation, neun in der Ukraine, sieben in Kirgisien, vier in Weißrussland und zwei in Georgien. Die Besonderheit der in Kasachstan, Kirgisien und in den östlichen Gebieten der Russischen Föderation bestehenden katholischen Gemeinden bestand darin, dass diesen in der Regel Vertreter der vor und während des Zweiten Weltkriegs repressierten deutschen, polnischen, litauischen und ukrainischen Bevölkerung angehörten.[65]

Was die Lutherische Kirche betrifft, gab es Anfang 1970 565[66] religiöse Vereinigungen, denen über 200 000 Gläubige angehörten. Im Zeitraum 1961–1969 sank die Zahl der in der Sowjetunion faktisch bestehenden lutherischen Vereinigungen vor allem infolge der Selbstauflösung kleinerer Gemeinden in der Estnischen SSR um 12%. Auf dem gesamten Gebiet der UdSSR bestanden 415[67] registrierte Vereinigungen, deren überwiegende Mehrheit sich in den baltischen Republiken befand (408 Vereinigungen). 148 nichtregistrierte (illegale) lutherische Gemeinden befanden sich auf dem Territorium der RSFSR, der Republiken Mittelasiens und Kasachstans. Hundert der insgesamt 330 Pastoren (also etwa ein Drittel) waren nicht registriert, während zugleich fast jede zweite registrierte lutherische Gemeinde in der UdSSR überhaupt keinen festen Geistlichen hatte (siehe Tabelle 5).[68]

Nach den in den Berichten des Rats für Religionsangelegenheiten enthaltenen Angaben war die Evangelisch-Lutherische Kirche in der Estnischen, Lettischen und Litauischen SSR weniger aktiv als andere Konfessionen.[69] Die evangelisch-lutherischen Kirchen hatten in der UdSSR kein einheitliches religiöses Zentrum, was ihre Stellung zusätzlich schwächte. Im Baltikum wurden die lutherischen Kirchen von Konsistorien geführt, an anderen Orten agierten die religiösen Gemeinschaften autonom, auch wenn es in den Republiken Mittelasiens und den Gebieten Sibiriens Versuche gab, ein einheitliches lutherisches Zentrum zu gründen.[70] Gegen Ende der 1960er Jahre haftete der Evangelisch-Lutherischen Kirche in der UdSSR das Image einer Konfession an, die „ihren Einfluss auf die Bevölkerung endgültig

---

63 Ebenda.
64 Ebenda.
65 Ebenda, l. 100.
66 Nach Stand zum 1. Januar 1971 waren in der UdSSR 556 Vereinigungen der Lutherischen Kirche erfasst (davon 412 nichtregistrierte). Siehe: Informationsbericht über die Lage der Kirchen und Sekten für 1970, 27.04.1971. RGANI, f. 5, op. 63, d. 89, l. 192.
67 1959 gab es in der UdSSR 476 lutherische Vereinigungen.
68 Informationsbericht über die Lage der Kirchen und Sekten für 1969, 22.05.1970. RGANI, f. 5, op. 62, d. 38, l. 112.
69 Informationsbericht über die Lage der Kirchen und Sekten für 1970, 27.04.1971. RGANI, f. 5, op. 63, d. 89, l. 192.
70 Informationsbericht über die Lage der Kirchen und Sekten für 1969, 22.05.1970. RGANI, f. 5, op. 62, d. 38, l. 113.

Tabelle 5:[71] Zahl der lutherischen religiösen Vereinigungen und Geistlichen in der UdSSR in den 1960er Jahren

Republik/Jahr	Zahl der registrierten Vereinigungen		Zahl der nichtregistrierten Vereinigungen		Zahl der Geistlichen			
					registriert		nicht registriert	
	1961–1962	1969	1961–1962	1969	1961	1969	1961	1969
Lettland	270	224	2	–	109	88	–	–
Estland	169	159	2	–	146	124	–	–
Litauen	26	25	1	2	11	14	–	–
RSFSR	1	4	56	42	1	2	56	32
Kasachstan	1	2	93	94	1	2	115	64
Kirgisien	–	1	14	11	–	1	38	4
Tadschikistan	–	–	1	1	–	–	2	–
Usbekistan	–	–	2	–	–	–	2	–
insgesamt	467	415	171	150	268	231	213	100

eingebüßt" hatte, was wiederum eine gewisse Abschwächung der Kontrolle und einen entsprechend hohen Anteil nichtregistrierter lutherischer Gemeinden nach sich zog. So waren in der RSFSR, in Kasachstan und in Mittelasien zum 1. Januar 1970 gerade einmal acht der insgesamt 155 faktisch bestehenden lutherischen Gemeinden registriert, was ihnen lange Zeit erlaubte, sich jeglicher staatlichen Kontrolle zu entziehen.[72] Gegen Ende der 1960er Jahre wurden in einer Reihe asiatischer Gebiete und Republiken der UdSSR, wo die (meist deutschen) Lutheraner verstreut lebten und anders als im Baltikum kein einheitliches Zentrum hatten, regelmäßig Versuche dokumentiert, sich auf gemeinsamer ethnischer Basis mit anderen deutschen Gläubigen (Mennoniten, Baptisten und Katholiken) zusammenzuschließen. So war z.B. die lutherische Gemeinde in Celinograd (Kasachische SSR) nicht nur für die registrierten und nichtregistrierten lutherischen Gruppen, sondern auch für einen Großteil der in diesem Gebiet lebenden deutschen Katholiken, Mennoniten und Baptisten ein solches Zentrum.[73] „Die religiösen Ansichten der Leute überschneiden sich mit den nationalen", konstatierten die Bevollmächtigten vor Ort 1970 besorgt: „Es kommt zu einer Einigung weniger nach religiösen als vielmehr nach nationalen Motiven".[74] Anfang der 1970er Jahre enthielten die Berichte der Bevollmächtigten für Religionsangelegenheiten zahlreicher im Osten der RSFSR (Kemerovo, Omsk, Sverdlovsk), in der Kasachischen SSR (Alma-Ata, Ostkasachstan, Kokčetav, Karaganda, Kustanaj, Pavlodar, Semipalatinsk, Nord-Kasachstan,

---

71 Ebenda.
72 Ebenda, l. 112. Vgl. dazu: Informationsbericht über die Lage der Kirchen und Sekten für 1970, 27.04.1971. RGANI, f. 5, op. 63, d. 89, l. 198. So waren z.B. 1970 in der Kasachischen SSR elf lutherische Vereinigungen aus der Statistik verschwunden und in einer Reihe grenznaher Gebiete der RSFSR umgekehrt neun „neue" Gemeinschaften entstanden.
73 Informationsbericht über die Lage der Kirchen und Sekten für 1970, 27.04.1971. RGANI, f. 5, op. 63, d. 89, l. 197.
74 Ebenda.

Taldy-Kurgan) und in der Kirgisischen SSR gelegener Gebiete keinerlei Informationen über die von der Evangelisch-Lutherischen Kirche unter der Bevölkerung betriebene Arbeit oder den Charakter und die Ausrichtung der Predigertätigkeit ihrer Geistlichen.[75]

Keine besondere Furcht flößte den Behörden auch die Evangelisch-Reformierte Kirche ein, deren Einfluss sich lediglich auf einen kleinen Teil der Bevölkerung der UdSSR beschränkte. Im Verlauf der 1960er Jahre ging die Gesamtzahl der reformierten Gemeinden im Land um fast 10% von 99 auf 90 zurück (siehe Tabelle 6).[76] Anfang 1970 gab es in der Sowjetunion noch 86 registrierte[77] und vier nichtregistrierte reformierte Gemeinden[78], denen etwa 40 000 Gemeindemitglieder angehörten.

Tabelle 6:[79] Zahl der reformierten Vereinigungen in der UdSSR (1961, 1969)

Gebiet/Jahr	1961		1969	
	Vereinigungen insgesamt	davon registriert	Vereinigungen insgesamt	davon registriert
Gebiet Transkarpatien	94	83	85	81
Litauische SSR	5	5	5	5
insgesamt	99	88	90	86

Zu berücksichtigen ist, dass sich der Einfluss der Reformierten Kirche weitgehend auf die ungarische Bevölkerung des Gebiets Transkarpatien beschränkte[80], wo es Anfang 1970 85 größtenteils (81) registrierte Vereinigungen gab. Was die Litauische SSR betrifft, bestanden dort nur insgesamt fünf reformierte Kirchengemeinden, die nach Angaben der Bevollmächtigten für Religionsangelegenheiten nur „vor sich hin existierten".[81] Den größten Teil der reformierten Gläubigen stellten ältere Leute mit niedrigem Bildungsniveau (etwa 70%), in der Regel Kolchosbauern, Hausfrauen und Pensionäre.[82]

Einen Niedergang erlebte in der Brežnevschen UdSSR auch eine der ältesten und einst zahlenmäßig großen russischen Sekten – die Molokanen. Anfang der 1970er Jahre gab es in der Sowjetunion nur noch kleine Gemeinden und Gruppen der Molokanen, deren Mitglieder meist schon in fortgeschrittenem Alter standen. Von den drei historisch gewachsenen Zentren der Molokanen – Zentralrussland, Fernost und Transkaukasien – war nur Letzte-

---

75 Informationsbericht über die Lage der Kirchen und Sekten für 1969, 22.05.1970. RGANI, f. 5, op. 62, d. 38, l. 125.
76 Ebenda, l. 127.
77 Die registrierten religiösen Gemeinschaften verfügten über 85 Gotteshäuser.
78 Im Gebiet Transkarpatien gab es vier nichtregistrierte religiöse Vereinigungen der Reformierten Kirche, deren Gläubige weiterhin in den aus der Registrierung genommenen, aber weiterbestehenden Gotteshäusern beteten. Siehe: Informationsbericht über die Lage der Kirchen und Sekten für 1969, 22.05.1970. RGANI, f. 5, op. 62, d. 38, l. 128.
79 Ebenda, l. 127.
80 1945 hatte die Reformierte Kirche 99 religiöse Vereinigungen, denen etwa 60 000 Gläubige angehörten.
81 Informationsbericht über die Lage der Kirchen und Sekten für 1970, 27.04.1971. RGANI, f. 5, op. 63, d. 89, l. 186.
82 Informationsbericht über die Lage der Kirchen und Sekten für 1969, 22.05.1970. RGANI, f. 5, op. 62, d. 38, l. 127.

res noch vergleichsweise zahlreich und aktiv. Während die Gesamtzahl der Anhänger der Molokanen in der Sowjetunion seit 1917 um 95% gesunken war, war in Transkaukasien nur ein Rückgang um 75–80% zu verzeichnen, was sich nach Ansicht der Behörden darauf zurückführen ließ, dass die Anhänger der Molokanen hier unter Bewahrung alter russischer Kirchen- und Familientraditionen ihre eigene spezifische Lebensweise erhalten hatten. „Die Molokanen haben ihren Vereinigungen wie auch die Duchoborcen den Charakter ethnischer (russischer) Gebilde gegeben", hieß es dazu im Bericht des Rats für Religionsangelegenheiten für 1969. Anfang Januar 1970 gab es auf dem Gebiet der UdSSR 27 registrierte und etwa 100 nichtregistrierte molokanische Vereinigungen, die von 27 bzw. 104 Geistlichen betreut wurden. Die Gesamtzahl der Gläubigen lag bei etwa 10 500 Personen, von denen etwa 6 000 nichtregistrierten Gemeinden angehörten.[83] Zwei Drittel aller molokanischen Vereinigungen[84] befanden sich in der Aserbaidschanischen, Georgischen und Armenischen SSR, in der Region Stavropol' sowie in der Tschetschenisch-Inguschischen und der Nordossetischen ASSR.[85] In den 1960er Jahren ging die Zahl der Molokanen spürbar zurück. So sank z.B. die Zahl der im Gebiet Zaporož'e lebenden Molokanen von 548 Personen im Jahr 1962 auf nur noch 445 im Jahr 1970, in Tiflis war im Zeitraum 1966–1970 ein Rückgang von 550 auf 329 zu verzeichnen usw. Die Hauptgründe für die rückläufige Zahl der Vereinigungen und Anhänger der Molokanen sahen die Behörden in deren passiver „Werbeaktivität" (also Missionstätigkeit) und vor allem im Verzicht auf religiöse Jugendarbeit. Sehr zum Gefallen der Behörden nahmen die Kinder in der Regel nicht an den Betversammlungen teil. Was eine weitere der ältesten russischen „Sekten" betrifft – die Duchoborcen –, gab es nach Angaben des Rats für Religionsangelegenheiten Anfang 1970 in der Sowjetunion praktisch keine aktiven Gläubigen mehr.[86]

Im Gegensatz dazu stand die „Sekte" der Adventisten des Siebenten Tages im Fokus der Aufmerksamkeit der Behörden. Ihre Unterscheidungsmerkmale waren eine „strenge Zentralisierung der Führung, eine hohe Autorität der Geistlichen und die ständige Aufmerksamkeit für die Predigt der baldigen Wiederkehr Christi". Die Tatsache, dass dem geistlichen Zentrum der Sekte (Allunionsrat der Adventisten des Siebenten Tags)[87] 1960 aufgrund der Anschuldigung, systematisch gegen die sowjetischen Religionsgesetze verstoßen zu haben, die Registrierung entzogen wurde, brachte die entstandene „Kirchenordnung" vorübergehend ins Wanken.[88] Die ohne Führung verbliebenen religiösen Vereinigungen befanden sich für einige Zeit „im Zustand der Orientierungslosigkeit", was eine Abnahme ihrer Aktivität nach sich zog und ihre materielle Basis schwächte. Schon bald aber betrieben die früheren Mitglieder des Allunionsrats der Adventisten des Siebenten Tages einschließlich der alten Prediger aktiv die Wiedererrichtung ihres religiösen Zentrums und intensivier-

---

83 Ebenda, l. 139.
84 Anfang der 1970er Jahre gab es in der UdSSR 17 registrierte und 64 nichtregistrierte Vereinigungen der Molokanen.
85 Informationsbericht über die Lage der Kirchen und Sekten für 1969, 22.05.1970. RGANI, f. 5, op. 62, d. 38, l. 140.
86 Ebenda, l. 150.
87 Der Allunionsrat der Adventisten des Siebenten Tags wurde 1947 gegründet.
88 Siehe: Auskunft über die religiöse Lage von S.M. Seregin, 18.01.1971. RGANI, f. 5, op. 63, d. 89, l. 14.

ten die unter Kindern und Jugendlichen betriebene religiöse Erziehungsarbeit.[89] Ungeachtet der Auflösung des Alluniosrats blieb die Zahl der adventistischen Gläubigen im Zeitraum 1961–1970 praktisch unverändert. Während die Gesamtzahl der Vereinigungen leicht rückläufig war, stieg die Zahl der registrierten Gemeinden leicht an (siehe Tabelle 7). Insgesamt gab es Anfang 1971 in der Sowjetunion 354 Vereinigungen der Adventisten des Siebenten Tages, denen etwa 22 000 Gläubige angehörten.[90] Besonders aktiv waren die Adventisten des Siebenten Tags in der Ukraine, in einigen Regionen der RSFSR, in Weißrussland, Moldawien, Lettland, Estland, Kasachstan sowie in den mittelasiatischen Sowjetrepubliken.[91]

Tabelle 7:[92] Zahl der Gemeinden und der Gläubigen der Adventisten des Siebenten Tages (1961, 1964, 1970)

Jahr	1961	1964	1970
Vereinigungen insgesamt	399,0	359,0	354,0
Gläubige insgesamt (in Tausend)	21,7	19,5	21,7
registrierte Vereinigungen	155,0	137,0	167,0

Im Vergleich zu den aufgeführten Religionsgemeinschaften und Kirchen stellte der Alluniosrat der Evangeliumschristen-Baptisten[93] hinsichtlich der Zahl der aktiven Vereinigungen und des Kirchenaktivs Anfang der 1970er Jahre nach der Russisch-Orthodoxen Kirche die zweitgrößte von einem einheitlichen Zentrum geführte religiöse Organisation dar. Zum 1. Januar 1970 gab es 3 057 Vereinigungen der Evangeliumschristen-Baptisten[94], denen über 240 000 Gläubige angehörten (siehe Tabelle 8).[95] Dabei gehörten etwa 470 Vereinigungen mit insgesamt 20 800 Gläubigen zum Kirchenrat der Evangeliumschristen-Baptisten und erkannten die Führung des Alluniosrats der Evangeliumschristen-Baptisten nicht an.[96]

---

89 Informationsbericht über die Lage der Kirchen und Sekten für 1970, 27.04.1971. RGANI, f. 5, op. 63, d. 89, l. 206.

90 Nach Angaben des KGB der UdSSR gab es Anfang 1971 in der Sowjetunion 348 Gemeinden der Adventisten des Siebenten Tages (von denen 183 nicht registriert waren), denen etwa 25 000 Personen angehörten. Siehe: Auskunft über die religiöse Lage von S.M. Seregin, 18.01.1971. RGANI, f. 5, op. 63, d. 89, l. 13.

91 Ebenda.

92 Informationsbericht über die Lage der Kirchen und Sekten für 1970, 27.04.1971. RGANI, f. 5, op. 63, d. 89, l. 206.

93 In den Berichten des Rats für Religionsangelegenheiten figuriert der Alluniosrat der Evangeliumschristen-Baptisten mehrfach irrtümlich als „Bund der Evangeliumschristen-Baptisten". Siehe z.B.: Informationsbericht über die Lage der Kirchen und Sekten für 1969, 22.05.1970. RGANI, f. 5, op. 62, d. 38, l. 151.

94 Nach statistischen Angaben des Rats für Religionsangelegenheiten beim Ministerrat der UdSSR.

95 Informationsbericht über die Lage der Kirchen und Sekten für 1969, 22.05.1970. RGANI, f. 5, op. 62, d. 38, l. 151. Zu berücksichtigen ist, dass sich dem Bund der Evangeliumschristen-Baptisten seit Mitte der 1960er Jahre über 150 Vereinigungen der Mennoniten anschlossen (etwa 20 000 Personen). Siehe: ebenda, l. 152.

96 Informationsbericht über die Lage der Kirchen und Sekten für 1969, 22.05.1970. RGANI, f. 5, op. 62, d. 38, l. 151. Nach Kirchenangaben 479 Vereinigungen mit 17 000 Gläubigen.

Tabelle 8:[97] Zahl der faktisch bestehenden Vereinigungen und Gläubigen der Evangeliumschristen-Baptisten (1961, 1969)[98]

Republik/Jahr	nach Angaben des Rats für Religionsangelegenheiten				nach Kirchenangaben	
	1961		1969		1969	
	religiöse Vereinigungen	Mitglieder in Tausend	religiöse Vereinigungen	Mitglieder in Tausend	religiöse Vereinigungen	Mitglieder in Tausend
Ukraine	1 247	102,0	1 307	104,1	1 305	104,1
RSFSR	1 071	60,2	1 037	71,4	916	68,8
Kasachstan	196	9,2	184	14,4	182	14,3
Weißrussland	191	13,7	179	13,6	180	13,6
Moldawien	107	8,1	94	8,7	94	7,9
Estland	85	9,1	82	8,2	86	8,3
Lettland	75	6,5	66	6,3	65	6,3
Kirgisien	30	4,5	29	6,5	39	6,9
Usbekistan	17	2,5	17	3,3	21	3,5
Aserbaidschan	17	0,8	24	1,3	29	1,1
Georgien	14	1,7	16	1,9	19	1,8
Litauen	6	0,3	4	0,4	3	0,3
Tadschikistan	4	1,3	8	1,3	10	1,3
Turkmenistan	4	0,1	6	0,14	5	0,13
Armenien	3	0,4	4	0,4	4	0,4
insgesamt	3 067	220,4	3 057	241,9	2 958	238,7

Aus den in der Tabelle aufgeführten Daten geht deutlich hervor, dass die Gesamtzahl der
Baptisten in den 1960er Jahren kontinuierlich anstieg.[99] Zugleich sank die Zahl der dem Allunionsrat der Evangeliumchristen-Baptisten angehörigen Gläubigen, die 1959 nach Angaben des Rats für Religionsangelegenheiten noch bei etwa 258 000 Gläubigen gelegen hatte,
bis 1969 um fast 16 000 Personen. Das Bestreben, diese Verluste zu kompensieren, war nach
Ansicht der Behörden der Hauptgrund dafür, dass der Allunionsrat der Evangeliumchristen-
Baptisten seine Missionstätigkeit unter den Angehörigen anderer Konfessionen intensivier-

---

97 Ebenda, l. 151-152.
98 Die angeführten Zahlen beziehen sich auf Gemeinden sowohl des Allunionsrats als auch des
    Kirchenrats der Evangeliumchristen-Baptisten.
99 Es ist zu berücksichtigen, dass sich dem Bund der Evangeliumchristen-Baptisten seit Mitte der
    1960er Jahre über 150 Vereinigungen der Mennoniten anschlossen (etwa 20 000 Personen). Infor-
    mationsbericht über die Lage der Kirchen und Sekten für 1969, 22.05.1970. RGANI, f. 5, op. 62,
    d. 38, l. 152.

te.[100] „Auch weiterhin setzt sich in einer Reihe von Gebieten der RSFSR und Kasachstans der Prozess des Anschlusses der Lutheraner an die Kirche der Evangeliumschristen und zuweilen auch deren völliger Übertritt zum baptistischen Glauben fort", hieß es im Bericht des Rats für Religionsangelegenheiten für das Jahr 1970 besorgt: „[...] Ein solcher Prozess ist kein bisschen besser als die Registrierung der lutherischen Kirche selbst".[101] Ähnliche Prozesse waren nach Informationen der Bevollmächtigten im Verlauf der gesamten zweiten Hälfte der 1960er und der frühen 1970er Jahre auch in den Gebieten Kustanaj, Nord-Kasachstan und Kokčetav (Kasachische SSR), in der ASSR Komi, in der Region Stavropol' und im Gebiet Kujbyšev (Russische Föderation) zu verzeichnen.[102]

Nach Einschätzung des Rats für Religionsangelegenheiten ließen sich in den 1960er Jahren mit Blick auf die in der UdSSR bestehenden Vereinigungen der Evangeliumschristen-Baptisten zwei Tendenzen beobachten: Auf der einen Seite entstanden in den Städten immer öfter große Gemeinden mit über 100 Mitgliedern. Auf der anderen Seite war eine allmähliche Erosion der ländlichen Gemeinden mit weniger als 50 Gläubigen zu verzeichnen. Dabei dokumentierten die Behörden in den registrierten evangeliumschristlich-baptistischen Gemeinden einiger Regionen der UdSSR einen gewissen Rückgang der Zahl der Gläubigen. So sank z.B. die Zahl der Baptisten im Verlauf der 1960er Jahre im Baltikum von 17 000 auf 14 800 und in Weißrussland von 15 700 auf 13 600. Ein ganz anderes Bild ließ sich in jenen Republiken zeichnen, in denen viele Vereinigungen der Evangeliumschristen-Baptisten ohne Registrierung agierten. Oft schlossen sich diese Gemeinden formal den registrierten oder „erfassten" Gemeinden an, agierten aber tatsächlich auch weiterhin selbstständig. So blieb z.B. in der Kasachischen SSR 1969 die Zahl der kleinen Gemeinden der Evangeliumschristen-Baptisten konstant, während zugleich die Zahl der Gemeinden mit 50–200 Mitgliedern um 25% und die Zahl der Gemeinden mit über 200 Mitgliedern um 20% stieg. Gerade in Kasachstan, wo ein erheblicher Teil der Gemeinden der Evangeliumschristen-Baptisten ohne Registrierung agierte, stieg auch die Gesamtzahl der Gläubigen (siehe Tabelle 9).[103]

Im Zeitraum 1961–1970 stieg die Gesamtzahl der Baptisten in den genannten Regionen von 20 000 auf 28 700 (43,0%). Dabei stellten die Gläubigen in den genannten Republiken in der Regel keine Anträge auf Registrierung faktisch bestehender Vereinigungen, da ihnen der Status quo durchaus entgegenkam.[104] Auf diese Weise hatte die Tatsache, dass zahlreiche evangeliumschristlich-baptistische Gemeinden in den Jahren 1959–1963 aus der Registrierung genommen worden waren, im „Kampf gegen die Religion" praktisch keinen Effekt und erschwerte lediglich deren Beobachtung.

---

100 Ebenda.
101 Informationsbericht über die Lage der Kirchen und Sekten für 1970, 27.04.1971. RGANI, f. 5, op. 63, d. 89, l. 199.
102 Ebenda.
103 Informationsbericht über die Lage der Kirchen und Sekten für 1969, 22.05.1970. RGANI, f. 5, op. 62, d. 38, l. 153. Wie in der Kasachischen SSR war auch in der RSFSR in einzelnen Gemeinden der Evangeliumschristen-Baptisten eine Tendenz zu steigenden Mitgliederzahlen zu verzeichnen. So stieg die Zahl der Gemeinden mit einer Mitgliederzahl von 51 bis 70 Personen um fast 25% und die Zahl der Gemeinden mit 201–500 Mitgliedern um 50%.
104 Informationsbericht über die Lage der Kirchen und Sekten für 1969, 22.05.1970. RGANI, f. 5, op. 62, d. 38, l. 154. Etwa 10–15% aller faktisch bestehenden Vereinigungen stellten bei den Behörden einen Antrag auf Registrierung.

Tabelle 9:[105] Zahl der religiösen Vereinigungen und Gläubigen der Evangeliumschristen-Baptisten in den Republiken Mittelasiens und im Kaukasus (1961, 1969)[106]

Republik/Jahr	1961		1969	
	religiöse Vereinigungen	Mitglieder in Tausend	religiöse Vereinigungen	Mitglieder in Tausend
Kasachstan	196	9,2	184	14,4
Kirgisien	30	4,5	29	6,5
Usbekistan	17	2,5	17	3,3
Aserbaidschan	17	0,8	24	1,3
Georgien	14	1,7	16	1,9
Tadschikistan	4	1,3	8	1,3

Wie aktiv die „unkontrollierten" Anhänger der Evangeliumschristen-Baptisten agierten, veranschaulichen die Zahlen für die Russische Föderation[107], wo über 60% aller baptistischen Gemeinden (637) ohne Registrierung bestanden.[108] „Die Überführung der Sektentätigkeit in die Rahmen der Gesetzgebung erlaubt bei allen Unzulänglichkeiten letztlich, Einfluss auf die Gläubigen auszuüben, indem man unerwünschten Tendenzen vorbeugt oder diese rechtzeitig unterbindet", hieß es im Bericht des Rats für Religionsangelegenheiten für das Jahr 1969.[109] Nach dessen Angaben (zum 1. Januar 1970) unterstützten 1 918 registrierte und 666 nichtregistrierte Vereinigungen, denen insgesamt 221 400 Personen angehörten, den Allunionsrat der Evangeliumschristen-Baptisten.[110] Insgesamt stieg die Zahl der registrierten Vereinigungen im Zeitraum 1962–1969 trotz eines gewissen Rückgangs der Gesamtzahl der evangeliumschristlich-baptistischen Vereinigungen um 128 und die Zahl der diesen angehörenden Gläubigen um 17 400 Personen (siehe Tabelle 10)[111].

Die die Zahl der Evangeliumschristen-Baptisten betreffenden Angaben wiesen nach Aussagen der Bevollmächtigten des Rats für Religionsangelegenheiten einige Ungenauigkeiten auf. Einerseits stellten die Behörden fest, dass die Evangeliumschristen-Baptisten die

---

105 Informationsbericht über die Lage der Kirchen und Sekten für 1969, 22.05.1970. RGANI, f. 5, op. 62, d. 38, l. 154.

106 Die angeführten Zahlen beziehen sich auf Gemeinden sowohl des Allunionsrats als auch des Kirchenrats der Evangeliumschristen-Baptisten.

107 1961/62 gab es in der RSFSR insgesamt 1 071 Gemeinschaften der Evangeliumschristen-Baptisten (60 200 Personen), Ende 1969 1 037 baptistische Vereinigungen mit über 71 500 Mitgliedern.

108 Ein ähnliches Bild ließ sich auch in der Kasachischen SSR zeichnen, wo von 196 faktisch bestehenden Gemeinden nur 25 (12,7%) legal, d.h. registriert waren. Siehe: Informationsbericht über die Lage der Kirchen und Sekten für 1969, 22.05.1970. RGANI, f. 5, op. 62, d. 38, l. 155-156.

109 Ebenda, l. 156.

110 Nach Angaben des Allunionsrats der Evangeliumschristen-Baptisten hatten die 1 848 Anfang 1970 bestehenden registrierten Vereinigungen 197 815 und zusammen mit den „erfassten" 330 Gemeinden über 213 100 Mitglieder. Außerdem waren mit dem Allunionsrat noch weitere 312 nichtregistrierte Gruppen verbunden (etwa 9 800 Personen). Siehe: Informationsbericht über die Lage der Kirchen und Sekten für 1969, 22.05.1970. RGANI, f. 5, op. 62, d. 38, l. 158.

111 Ebenda, l. 157. 1947 waren in der UdSSR 2 765 Gemeinschaften der Evangeliumschristen-Baptisten (183 800 Personen), 1960 1 928 Gemeinschaften (191 700 Personen) registriert.

Zahl ihrer Gemeindemitglieder bewusst höher ansetzten, um die Autorität der Glaubensgemeinschaft zu stärken[112], wofür auch die Erklärung der Führung des Allunionsrats der
Evangeliumschristen-Baptisten spricht, dass ihrer „Bruderschaft etwa 5 500 religiöse Gemeinschaften mit ungefähr 530–550 000 Mitgliedern" angehörten.[113] Auf der anderen Seite
deutet vieles darauf hin, dass die Führer der einzelnen Gemeinden die Zahl der Gläubigen
bewusst niedriger angaben, indem sie z.B. keine Personen in die Listen einschlossen, die
nicht in der Kirchenstatistik auftauchen wollten. Dies betraf in der Regel alle Personenkreise, die Benachteiligungen von Seiten der Behörden zu fürchten hatten, z.B. Schüler,
Studenten und Vertreter der Intelligenz.[114]

Tabelle 10:[115] Gesamtzahl der religiösen Vereinigungen der Evangeliumschristen-Baptisten
in der UdSSR (1962, 1970)[116]

Republik/Jahr	zum 1. Januar 1962			zum 1. Januar 1970		
	religiöse Vereinigungen insgesamt	registriert	Mitglieder in Tausend	religiöse Vereinigungen insgesamt	registriert	Mitglieder in Tausend
Ukraine	1 247	1 140	97,2	1 307	1 103	96,4
RSFSR	1 071	240	38,9	1 037	400	49,1
Kasachstan	196	9	2,3	184	25	7,8
Weißrussland	191	156	12,3	179	147	12,1
Moldawien	107	74	7,3	94	74	7,8
Estland	85	85	9,1	82	82	8,1
Lettland	75	75	6,5	66	65	6,3
Kirgisien	30	9	2,9	29	13	5,0
Usbekistan	17	7	2,2	17	7	2,7
Aserbaidschan	17	1	0,3	24	6	0,6
Georgien	14	5	1,3	16	5	1,5
Litauen	6	2	0,1	4	3	0,3
Tadschikistan	4	3	1,0	8	3	1,1
Turkmenistan	4	keine Angaben	keine Angaben	6	1	0,03
Armenien	3	2	0,3	4	2	0,3
insgesamt	3 067	1 808	181,7	3 057	1 936	199,1

112 Informationsbericht über die Lage der Kirchen und Sekten für 1969, 22.05.1970. RGANI, f. 5,
op. 62, d. 38, l. 157.
113 Ebenda. Nach Ansicht der Behörden diente dies vor allem dem Ziel, die Bedeutung der
Evangeliumschristen-Baptisten in der UdSSR und insbesondere in den Augen der Gläubigen
anderer Staaten zu steigern.
114 Informationsbericht über die Lage der Kirchen und Sekten für 1969, 22.05.1970. RGANI, f. 5,
op. 62, d. 38, l. 157.
115 Informationsbericht über die Lage der Kirchen und Sekten für 1969, 22.05.1970. RGANI, f. 5,
op. 62, d. 38, l. 156.
116 Die angeführten Zahlen beziehen sich auf Gemeinden sowohl des Allunionsrats als auch des
Kirchenrats der Evangeliumschristen-Baptisten.

Was den Kirchenrat der Evangeliumschristen-Baptisten betrifft, der in scharfer Konfrontation mit den Machtorganen stand und sich vor allem auf die nichtregistrierten baptistischen Gemeinden stützte[117], stieg dessen Mitgliederzahl im Verlauf der 1960er Jahre auf über 20 000 Personen. Wurde die Initiativgruppe bzw. später der Kirchenrat der Evangeliumschristen-Baptisten 1962 von 126 Gemeinschaften und Gruppen (etwa 4 000 Personen) unterstützt, waren es 1970 bereits etwa 470 Gruppen (etwa 20 800 Personen) (siehe Tabelle 11).[118] Von diesen wiederum wurden etwa 20 Vereinigungen offiziell als „autonom" geführt, auch wenn sie nach Angaben der Behörden unter dem Einfluss des Kirchenrats der Evangeliumschristen-Baptisten standen.[119] Die Mitgliederzahlen der den Kirchenrat unterstützenden Gruppen stiegen sowohl durch die Aufnahme neuer Mitglieder aus den Familien der abtrünnigen Gläubigen als auch durch den Übertritt neuer Mitglieder aus den Reihen der nichtregistrierten Vereinigungen des Allunionsrats der Evangeliumschristen-Baptisten.[120]

Tabelle 11:[121] Zahl der religiösen Vereinigungen und Gläubigen der Anhänger des Kirchenrats der Evangeliumschristen-Baptisten (1965, 1967, 1969)

Jahr		1965	1967	1969
Angaben des Rats für Religionsangelegenheiten	religiöse Vereinigungen	550	478	470
	Mitglieder in Tausend	25,2	19,58	20,8
Angaben des Allunionsrats der Evangeliumschristen-Baptisten	religiöse Vereinigungen	444	472	479
	Mitglieder in Tausend	13,9	17,5	17,0

In einer Reihe von Republiken und Gebieten der UdSSR stellten die Baptisten jahrelang Anträge auf Registrierung ihrer Gemeinden, die aber entweder gar nicht geprüft oder ohne Angabe von Gründen abgelehnt wurden. Das Ergebnis lief auf das Gleiche hinaus: Die Gemeinden der Evangeliumschristen-Baptisten stellten ihre Arbeit nicht ein, sondern gingen in die „Illegalität", wo sie ihre Tätigkeit im Verborgenen und „ohne Kontrolle" betrieben. Auf diese Weise bereiteten die Behörden den Untergrundgemeinden der Evangeliumschristen-Baptisten oft selbst den Boden. Die größte Zahl nichtregistrierter Gemeinden war in der RSFSR und in der Ukrainischen SSR konzentriert (siehe Tabelle 12).[122]

---

117   In der Regel Gemeinschaften, denen die Behörden lange Zeit die Registrierung verwehrten oder deren Registrierung aufgehoben worden war.

118   Nach Kirchenangaben 479 Gruppen (etwa 17 000 Personen). Siehe: Informationsbericht über die Lage der Kirchen und Sekten für 1969, 22.05.1970. RGANI, f. 5, op. 62, d. 38, l. 159. Ein Anstieg der Zahl der „Abtrünnigen" war in den Jahren 1968/69 vor allem in der Ukrainischen und Weißrussischen SSR sowie in der RSFSR zu verzeichnen.

119   Informationsbericht über die Lage der Kirchen und Sekten für 1969, 22.05.1970. RGANI, f. 5, op. 62, d. 38, l. 203. Ausführlicher zu den autonomen Vereinigungen siehe Kapitel 4.

120   Informationsbericht über die Lage der Kirchen und Sekten für 1969, 22.05.1970. RGANI, f. 5, op. 62, d. 38, l. 160.

121   Ebenda. Nach Angaben des KGB der UdSSR unterstützten Anfang 1971 etwa 15 000–16 000 Personen den Kirchenrat der Evangeliumschristen-Baptisten. Vgl.: Auskunft über die religiöse Lage von S.M. Seregin, 18.01.1971. RGANI, f. 5, op. 63, d. 89, l. 11.

122   Informationsbericht über die Lage der Kirchen und Sekten für 1969, 22.05.1970. RGANI, f. 5, op. 62, d. 38, l. 201-202.

Tabelle 12:[123] Zahl der nichtregistrierten religiösen Vereinigungen und Gläubigen der Evangeliumschristen-Baptisten nach Republiken (1965, 1969)

Republik/Jahr	1965		1969					
	nichtregistrierte Gemeinden insgesamt	Mitglieder in Tausend	nichtregistrierte Gemeinden insgesamt	Mitglieder in Tausend	davon Gemeinden des Kirchenrats der Evangeliumschristen-Baptisten	Mitglieder in Tausend	Gemeinden des Allunionsrats der Evangeliumschristen-Baptisten	Mitglieder in Tausend
RSFSR	802	23,2	637	22,3	197	9,9	440	12,4
Ukraine	275	7,8	204	7,7	161	5,7	43	2,0
Kasachstan	162	7,8	159	6,6	31	1,5	128	5,1
Weißrussland	57	2,3	32	1,4	26	1,1	6	0,3
Moldawien	22	1,5	20	0,9	10	0,5	10	0,4
Aserbaidschan	20	0,7	18	0,7	9	0,3	9	0,4
Kirgisien	11	0,7	16	1,5	8	0,7	8	0,8
Georgien	10	0,4	11	0,4	6	0,3	5	0,1
Usbekistan	7	0,6	10	0,6	2	0,2	8	0,4

Ende 1969 gab es in der Sowjetunion 1 121 nichtregistrierte Gemeinschaften der Evangeliumschristen-Baptisten[124] (etwa 42 900 Personen)[125], von denen 472 den Kirchenrat (siehe Tabelle 13) und 651[126] den Allunionsrat der Evangeliumschristen-Baptisten unterstützten.[127]

Die Tatsache, dass zwischen den Gemeinden des Allunionsrats und des Kirchenrats der Evangeliumschristen-Baptisten nach dem Prinzip „kommunizierender Röhren" ein reger Austausch bestand, erschwerte nicht nur deren statistische Erfassung, sondern wurde von den Behörden auch als ernsthafte Bedrohung wahrgenommen.[128] Wenn die offen gegen die Religionsgesetze verstoßenden Anhänger des Kirchenrats regelmäßigen Kontakt zu den baptistischen Anhängern des Allunionsrats unterhielten, musste dies nach Einschätzung der KGB-Führung geradezu zwangsläufig einen negativen Einfluss auf die Lage des Baptismus in der UdSSR insgesamt ausüben. Waren die Anhänger des Kirchenrats für die Machthaber gefährlich, weil sie offen gegen die sowjetischen Religionsgesetze verstießen, nutzten der Allunionsrat und die Führer der registrierten Gemeinden die Situation für sich aus, indem sie Gegenleistungen für ihre Loyalität einforderten und ihre Missionstätigkeit ausweiteten.

---

123 Ebenda, l. 200.
124 Zum Vergleich: 1965 gab es 1 371 nichtregistrierte Gemeinden der Evangeliumschristen-Baptisten (45 300 Personen).
125 Nach Kirchenangaben 42 000 Personen.
126 Nach Kirchenangaben 642 Gemeinschaften.
127 Informationsbericht über die Lage der Kirchen und Sekten für 1969, 22.05.1970. RGANI, f. 5, op. 62, d. 38, l. 200.
128 Vgl.: Auskunft über die religiöse Lage von S.M. Seregin, 18.01.1971. RGANI, f. 5, op. 63, d. 89, l. 11.

Unter Verweis auf die von den „Abtrünnigen" ausgehende Konkurrenz intensivierte die Führung des Allunionsrats der Evangeliumschristen-Baptisten in den 1960er–1970er Jahren in erheblichem Maße die Aktivitäten ihrer Gemeinden, betrieb eine aktive Jugendarbeit, gründete Jugendchöre und -orchester und entsandte verstärkt „legale Prediger" in die Dörfer, um dort zu missionieren. Die KGB-Führung war davon überzeugt, dass ein Teil der Anhänger des Allunionsrats dem Kampf der „Abtrünnigen" für die „Reinheit" der Religion Sympathien entgegenbrachte bzw. diesen sogar heimlich unterstützte.[129] Nach den Worten der Führung des Rats für Religionsangelegenheiten reagierte der Allunionsrat höchst pragmatisch auf die Tätigkeit der „Abtrünnigen": „[...] Sollen doch die abgespaltenen [Gemeinden] bestehen, denn sie sind keine Bedrohung für uns, [dafür] lenken sie die Behörden ab. Und die können sich dann nicht um uns kümmern [...]".[130]

Tabelle 13:[131] Zahl der Gruppen und Gläubigen der Anhänger des Kirchenrats der Evangeliumschristen-Baptisten (1962, 1965, 1969)

Republik/Jahr	Zahl der Gemeinden und Gruppen			Zahl der Gläubigen in Tausend		
	1962	1965	1969	1962	1965	1969
Ukraine	62	230	172	1,5	8,0	6,1
RSFSR	42	202	201	1,6	9,5	10,1
Weißrussland	10	39	26	0,5	1,5	1,1
Moldawien	5	18	10	0,14	0,9	0,5
Kasachstan	4	29	31	0,12	2,0	1,5
Aserbaidschan	1	8	9	0,15	0,4	0,3
Georgien	1	6	6	0,07	0,3	0,3
Kirgisien	–	16	8	–	2,5	0,6
sonstige	–	–	9	–	–	0,4
insgesamt	125	548	472	4,0	25,1	20,9

Dem Allunionsrat der Evangeliumschristen-Baptisten gehörten neben den Baptisten auch andere dem baptistischen Glauben nahestehende Denominationen wie die Pfingstler (Christen Evangelischen Glaubens)[132] und Mennoniten an. Ein Teil der Pfingstler und Mennoniten war allerdings auch in eigenständigen Gemeinden zusammengeschlossen. So gab es in der UdSSR Anfang der 1970er Jahre etwa 25 000 „unabhängige" Pfingstler und 16 000 „unabhängige" Mennoniten, deren Gemeinden größtenteils nicht registriert waren[133] und organisatorisch allmählich mit dem Kirchenrat der Evangeliumschristen-Baptisten verschmolzen.

---

129 Ebenda, l. 10-11.
130 Informationsbericht über die Lage der Kirchen und Sekten für 1970, 27.04.1971. RGANI, f. 5, op. 63, d. 89, l. 237.
131 Informationsbericht für 1969, 22.05.1970. RGANI, f. 5, op. 62, d. 38, l. 203.
132 Die Anfang des 20. Jahrhunderts in den USA entstandene Lehre der Pfingstler kam in den Jahren des Ersten Weltkriegs nach Russland und verbreitete sich vor allem in den Jahren 1922–1930, als die Pfingstler legal agierten, ihr eigenes Zentrum hatten, regelmäßig Konferenzen einberiefen, religiöse Literatur herausgaben und Nachwuchs ausbildeten.
133 Auskunft über die religiöse Lage von S.M. Seregin, 18.01.1971. RGANI, f. 5, op. 63, d. 89, l. 11.

Dabei teilten die „unabhängigen" Mennoniten nicht nur vielfach die Positionen des Kirchenrats, sondern brachten auch zahlreiche Führungsfiguren der Bewegung hervor (z.B. G.P. Vins, K.K. Kreker, G.A. Gamm).[134]

Der Prozess der Vereinigung der Pfingstler mit den Evangeliumschristen-Baptisten, der bereits 1945 eingesetzt hatte[135], war auch Anfang der 1970er Jahre noch nicht vollständig abgeschlossen[136]: „[...] Die meisten Sekten der Pfingstler erkennen die sowjetischen Religionsgesetze nicht an"[137], hieß es im Informationsbericht des Rats für Religionsangelegenheiten für das Jahr 1970: „Sie entziehen sich der Registrierung, agieren konspirativ [und] gehen keine Kontakte mit den Gemeinschaften der Evangeliumschristen-Baptisten ein. Eine der Forderungen der reaktionärsten Sektenführer ist die Verweigerung der Verteidigung ihrer Heimat [und] der Eidesleistung durch die Gläubigen; sie pflegen eine feindselige Haltung gegenüber dem Sowjetstaat und ‚unserer Art zu leben' [...]". Im Gegensatz dazu wurden die dem Allunionsrat angeschlossenen „loyalen" Pfingstler überaus positiv eingeschätzt: „Sie haben eine gewissenhafte Einstellung zur Arbeit, treten den Gewerkschaften bei und zahlen Mitgliedsbeiträge, erhalten Prämienleistungen, nehmen an den Wahlen teil, dienen in der Armee [...]".[138]

Anfang der 1970er Jahre standen die Pfingstler hinsichtlich ihrer Mitgliederzahlen und ihrer Verbreitung mit über 50 000 Mitgliedern an zweiter Stelle aller in der UdSSR bestehen-

---

134 Informationsbericht über die Lage der Kirchen und Sekten für 1969, 22.05.1970. RGANI, f. 5, op. 62, d. 38, l. 244.

135 Zu berücksichtigen ist, dass es nach Ende des Ersten Weltkriegs auf dem Gebiet der UdSSR etwa 1 350 Vereinigungen der Pfingstler gab, denen über 35 000 Gläubige angehörten. 1930 waren in der UdSSR 350 Pfingstlergemeinschaften erfasst, denen 17 000 Gläubige angehörten. Sehr aktiv waren die Pfingstler erneut zur Zeit des Zweiten Weltkriegs, insbesondere in den vorübergehend besetzten Gebieten der Ukrainischen SSR, wo auch ein neues Zentrum des Pfingstlertums gegründet wurde. Siehe: RGANI, f. 5, op. 62, d. 38, l. 224.

136 Von 1945 an unternahmen die Führer der Pfingstler zahlreiche Versuche, ihr religiöses Zentrum und ihre Vereinigungen registrieren zu lassen. Alle ihre Anträge wurden abgelehnt, da die Glaubenslehre der Pfingstler nach Ansicht der Behörden „in ihren Grundfesten die Verteidigung des Vaterlands mit der Waffe in der Hand ablehnte, die Gebete fanatischen Charakter trugen und der Gesundheit der Bürger Schaden zufügten". Es kann nicht wundern, dass ein Teil der Führung der Pfingstlergemeinden für die Vereinigung mit den Evangeliumschristen und Baptisten eintrat. Im August 1945 wurde in Moskau die Vereinbarung „über die Verschmelzung der Christen Evangelischen Glaubens mit den Evangeliumschristen und Baptisten zu einem einigen Bund" unterzeichnet. Der Rat für Religionsangelegenheiten unterstützte die Vereinbarung nicht zuletzt in der Hoffnung, dass er helfe, „die einfachen Gläubigen [der Pfingstler] aus dem Untergrund herauszuholen". Allein in der Ukrainischen SSR wurden dem Bund der Evangeliumschristen und Baptisten bis Ende der 1940er Jahre 477 Gemeinschaften der Pfingstler angeschlossen (etwa 23 000 Personen). Informationsbericht über die Lage der Kirchen und Sekten für 1969, 22.05.1970. RGANI, f. 5, op. 62, d. 38, l. 224. Vgl.: Informationsbericht über die Lage der Kirchen und Sekten für 1970, 27.04.1971. Ebenda, op. 63, d. 89, l. 248.

137 Mit Ausnahme von fünf Gemeinschaften, die in der Ukrainischen SSR in den Jahren 1969/70 mit autonomen Rechten registriert wurden. Ein Teil der Pfingstler besuchte Versammlungen der Evangeliumschristen-Baptisten, weigerte sich aber, deren Gemeinden beizutreten. Siehe: RGANI, f. 5, op. 63, d. 89, l. 248.

138 Informationsbericht über die Lage der Kirchen und Sekten für 1969, 22.05.1970. RGANI, f. 5, op. 62, d. 38, l. 231. Vgl.: Auskunft über die religiöse Lage von S.M. Seregin, 18.01.1971. Ebenda, op. 63, d. 89, l. 12-13.

den protestantischen Freikirchen.[139] Besorgniserregend war für die Behörden vor allem das schnelle Wachstum der Pfingstlergemeinden. Waren in der Sowjetunion 1961 26 200 in 994 Gemeinschaften vereinigte Pfingstler dokumentiert, waren es Ende 1970 ungeachtet eines Rückgangs der Zahl der Vereinigungen auf 910 bereits über 28 200 Gläubige.[140] Wie genau diese Daten angesichts des konspirativen Charakters der Arbeit der meisten Gemeinden waren, wussten die Behörden selbst nicht.[141] Während der Allunionsrat der Evangeliumschristen-Baptisten die Zahl der außerhalb des Allunionsrats aktiven Pfingstler auf 12 100 Gläubige schätzte[142], ging der Rat für Religionsangelegenheiten von deutlich höheren Zahlen aus. So hatten die Bevollmächtigten des Rats 1969 allein in zwölf Gebieten, Regionen und Republiken der UdSSR, in denen nach Informationen des Allunionsrats etwa 3 400 Pfingstler leben sollten, über 8 100 Angehörige dieser Glaubensrichtung ausgemacht.[143]

„Die Mehrheit der Pfingstler entzieht sich der Registrierung", so der Bericht des Rats für Religionsangelegenheiten für das Jahr 1969, „und gerade der Teil der besonders Extremen ist [...] in kleinen Gruppen tief im Untergrund aktiv. Die Führer dieser Strömung sind nicht selten untereinander vernetzt [und] versuchen, ihr Untergrundzentrum wiederzuerrichten sowie materielle und geistliche Verbindungen in die Heimat der Pfingstler aufzunehmen – in die Vereinigten Staaten von Amerika [...]".[144] Gegen Ende der 1960er Jahre wurde in einer Reihe von Regionen der UdSSR ein sprunghafter Anstieg der Mitgliederzahlen der Christen Evangelischen Glaubens dokumentiert, der auf eine verstärkte Missionstätigkeit der Pfingstler zurückgeführt wurde, die die Behörden unmissverständlich als „individuelle und kollektive Einwirkung auf die Psyche einfacher Gläubiger" ansahen.[145] Im Vergleich zu 1967 war die Gesamtzahl der eigenständigen, „nicht vereinten" Pfingstler Anfang 1971 um 5 200 Personen (23%) gestiegen.[146] Besondere Aktivität legten auch die aus der Lagerhaft zurückkehrenden Führer der Christen Evangelischen Glaubens an den Tag, die nach Ansicht der Behörden einem „Übergang" der Gläubigen zu legalen Positionen im Wege standen.[147] Ungeachtet aller Verbote und Verhaftungen setzte auch das in der Ukrainischen

---

139 Informationsbericht über die Lage der Kirchen und Sekten für 1970, 27.04.1971. RGANI, f. 5, op. 63, d. 89, l. 248.

140 Ebenda.

141 Informationsbericht über die Lage der Kirchen und Sekten für 1969, 22.05.1970. RGANI, f. 5, op. 62, d. 38, l. 225.

142 1966 gab es außerhalb des Allunionsrats der Evangeliumschristen-Baptisten (nach dessen eigenen Angaben) 13 400 Pfingstler, die die Augustvereinbarung von 1945 nicht anerkannten. 1969 lag ihre Zahl bei etwa 12 000 Personen.

143 Informationsbericht über die Lage der Kirchen und Sekten für 1969, 22.05.1970. RGANI, f. 5, op. 62, d. 38, l. 226.

144 Ebenda, l. 230. Vgl. dazu: Auskunft über die religiöse Lage von S.M. Seregin, 18.01.1971. RGANI, f. 5, op. 63, d. 89, l. 12-13.

145 Informationsbericht über die Lage der Kirchen und Sekten für 1969, 22.05.1970. RGANI, f. 5, op. 62, d. 38, l. 234-235. Die Pfingstler gründeten aktiv eigene Brigaden in der Land- und Forstwirtschaft sowie in Industriebetrieben. Allein im Gebiet Brjansk verdoppelte sich 1969 die Zahl der Pfingstler.

146 Informationsbericht über die Lage der Kirchen und Sekten für 1970, 27.04.1971. RGANI, f. 5, op. 63, d. 89, l. 253-255.

147 Informationsbericht über die Lage der Kirchen und Sekten für 1969, 22.05.1970. RGANI, f. 5, op. 62, d. 38, l. 235. Von den etwa 600 Mitgliedern der acht illegal im Gebiet Dnepropetrovsk aktiven Pfingstlergruppen waren 1969 gerade einmal 40 legalisiert.

SSR bestehende Untergrundzentrum der Christen Evangelischen Glaubens seine Arbeit fort, wo einige „illegale" Bischöfe aktiv waren.[148]

Die Verantwortung dafür, dass die Vereinigung der Kirchen noch immer nicht abgeschlossen war, lag nach Ansicht der Führung des Rats für Religionsangelegenheiten vollständig beim Allunionsrat der Evangeliumschristen-Baptisten, dessen Vertreter sich angeblich mehr um die Ausweitung und Stärkung ihrer eigenen Gemeinden kümmerten als darum, die „Pfingstler aus dem Untergrund zu holen". Zugleich fanden sich die Behörden Ende der 1960er Jahre mit dem Gedanken ab, die „autonomen" Gemeinden der Christen des Evangelischen Glaubens zu registrieren, was wiederum in den Reihen der bereits an den Allunionsrat angeschlossenen Pfingstler für Unruhe sorgen musste. Einen gewissen Beitrag zur Aktivierung der unabhängigen Pfingstlergemeinden leistete auch der Umstand, dass ein Teil der Führung des Allunionsrats der Evangeliumschristen-Baptisten den Pfingstlern kritisch gegenüberstand, da eine Reihe dogmatischer theologischer Fragen auch nach der Vereinigung nicht vollständig gelöst war.[149] Nach Angaben der Bevollmächtigten des Rats übten die „reaktionären Ansichten der Pfingstler" auf einen Teil der Baptisten spürbaren Einfluss aus, was in einer Änderung des Charakters der Gottesdienste, in Umtaufungen und im Austritt aus registrierten Gemeinden Niederschlag fand.[150]

Analoge Prozesse waren auch in den selbstständigen Mennonitengemeinden zu verzeichnen, die sich nicht dem Allunionsrat der Evangeliumschristen-Baptisten anschließen wollten. Die Führung des Rats für Religionsangelegenheiten charakterisierte die Mennoniten 1969 folgendermaßen: „Homogene nationale Zugehörigkeit – Deutsche, unter den Gläubigen sind [Personen] jeden Alters einschließlich der Jugend; etwa gleich viele Männer und Frauen, niedriges Bildungsniveau[...]".[151] Während in der UdSSR 1961 128 selbstständige Mennonitengemeinden mit 6 500 Mitgliedern bestanden[152], waren es Anfang 1970 nur noch 110 Gemeinden mit 6 800 Mitgliedern[153], von denen lediglich acht (1 300 Personen) registriert, d.h. legalisiert waren (siehe Tabelle 14).[154]

---

148 Informationsbericht über die Lage der Kirchen und Sekten für 1969, 22.05.1970. RGANI, f. 5, op. 62, d. 38, l. 236. Dem Rat für Religionsangelegenheiten lagen Informationen über Verbindungen einiger Führer der Pfingstler aus der Ukrainischen SSR zu den Führern von Pfingstlerorganisationen in Rumänien vor. Siehe: Informationsbericht über die Lage der Kirchen und Sekten für 1970, 27.04.1971. RGANI, f. 5, op. 63, d. 89, l. 253-255.
149 Informationsbericht über die Lage der Kirchen und Sekten für 1969, 22.05.1970. RGANI, f. 5, op. 62, d. 38, l. 239.
150 Informationsbericht über die Lage der Kirchen und Sekten für 1970, 27.04.1971. RGANI, f. 5, op. 63, d. 89, l. 253-255.
151 Informationsbericht über die Lage der Kirchen und Sekten für 1969, 22.05.1970. RGANI, f. 5, op. 62, d. 38, l. 242-243.
152 Ebenda, l. 240. Bis 1966 wurden Mennonitengemeinden faktisch nicht von den Behörden registriert und deren Führer sahen den einzigen Ausweg für die Legalisierung ihrer Tätigkeit in einem Anschluss an den Allunionsrat der Evangeliumschristen-Baptisten.
153 Faktisch in der UdSSR bestehende religiöse Gemeinschaften der Brüder- und Kirchenmennoniten.
154 Informationsbericht über die Lage der Kirchen und Sekten für 1969, 22.05.1970. RGANI, f. 5, op. 62, d. 38, l. 240. Nachdem ein großer Teil der mennonitischen Führer und Gläubigen 1963 die Entscheidung über die Vereinigung mit dem Allunionsrat der Evangeliumschristen-Baptisten getroffen hatte, traten 44 Gemeinden mit 5 100 Gläubigen den bereits registrierten Gemeinschaften der Evangeliumschristen-Baptisten bei und 13 Gemeinden wurden als eigene Gemeinschaften der Evangeliumschristen-Baptisten neu registriert (etwa 2 500 Personen).

Tabelle 14:[155] Zahl der selbstständigen Gemeinden und der Gläubigen der Mennoniten (1962, 1969)

Republik	zum 1. Januar 1962		zum 1. Januar 1969			
	religiöse Vereinigungen	Gläubige	religiöse Vereinigungen	Gläubige	davon registriert	Gläubige
RSFSR	80	keine Angaben	89	4 390	5	250
Kasachstan	40	keine Angaben	13	1 650	1	800
Kirgisien	8	keine Angaben	7	715	2	270
Tadschikistan	–	keine Angaben	1	80	–	–
insgesamt	128	6 458	110	6 835	8	1 320

Nach Angaben des Rats für Religionsangelegenheiten gab es Anfang Januar 1970 in der UdSSR nur 12 800, in 201 Gemeinschaften zusammengeschlossene Mennoniten[156], wobei 109 mennonitische Gemeinschaften (8 095 Personen) unter dem Dach des Allunionsrats der Evangeliumschristen-Baptisten standen, 28 Gemeinschaften (1 939 Personen) den Kirchenrat der Evangeliumschristen-Baptisten unterstützten und 24 Gemeinschaften (1 559 Personen) als „isolierte und schwankende" Gemeinschaften galten. Zu weiteren 40 Gemeinschaften (1 157 Personen) verfügten die Behörden über keinerlei die „religiöse Orientierung" betreffende Information.[157] Die Tatsache, dass die Mennoniten selbst innerhalb der loyalen baptistischen Gemeinden[158] ihre Eigenständigkeit bewahrten, beunruhigte die Führung des Rats für Religionsangelegenheiten sehr: „[...] Unter Nutzung des ‚Dachs' der Baptisten versuchen die Mennoniten vor allem in der Kasachischen, Kirgisischen und Usbekischen SSR, in der Region Altaj und in den Gebieten Omsk und Novosibirsk, vollständig an den alten kirchlichen Traditionen und Ordnungen festzuhalten, die nicht selten an direkte Gesetzes-

---

155 Informationsbericht über die Lage der Kirchen und Sekten für 1969, 22.05.1970. RGANI, f. 5, op. 62, d. 38, l. 240.

156 Ebenda, l. 241. Nach Kirchenangaben gab es zum 1. Januar 1971 in der UdSSR etwa 270 Gemeinschaften und Gruppen der Mennoniten (etwa 21 000 Personen). Dabei waren nur 58 Gemeinden offiziell registriert, von denen wiederum nur sechs „rein mennonitische Gemeinden" waren.

157 Informationsbericht über die Lage der Kirchen und Sekten für 1969, 22.05.1970. RGANI, f. 5, op. 62, d. 38, l. 241. Diese Angaben entsprechen nicht ganz den in Tabelle 13 angeführten Daten. Die Abweichungen werden nachvollziehbar, wenn man die Schwierigkeit bei der Erfassung der illegalen Gemeinden bedenkt.

158 Informationsbericht über die Lage der Kirchen und Sekten für 1970, 27.04.1971. RGANI, f. 5, op. 63, d. 89, l. 258. Nach Angaben des Rats für Religionsangelegenheiten war zum 1. Januar 1971 nur etwa die Hälfte aller nichtregistrierten Vereinigungen der Mennoniten mit dem Allunionsrat der Evangeliumschristen-Baptisten verbunden, während die anderen den Kirchenrat unterstützten oder eine „gesonderte" Position einnahmen, die sich praktisch nicht vom Standpunkt der Initiativler unterschied. So stand z.B. im Gebiet Omsk fast ein Drittel der faktisch bestehenden Mennonitengemeinschaften auf Positionen des Kirchenrats der Evangeliumschristen-Baptisten und betrieb nach Aussagen der Bevollmächtigten des Rats „aktiv gesetzwidrige Tätigkeit".

verstöße grenzen", hieß es im Informationsbericht des Rats für das Jahr 1970: „[...] Dieses ‚Dach' hindert die zuständigen Stellen, sich tiefer in die in diesen religiösen Vereinigungen stattfindenden Prozesse einzuarbeiten und umgehend Maßnahmen gegen Verstöße zu ergreifen".[159] Es ist anzumerken, dass die Kontrolle über die mennonitischen Vereinigungen in der Regel auch dadurch erschwert wurde, dass die Kontrollinstanzen der deutschen Sprache nicht mächtig waren. Ein gravierendes Problem blieb für die Behörden die ausgeprägte Missionstätigkeit der mennonitischen Gemeinden. So konnten z.B. die zwei in der Kirgisischen SSR registrierten mennonitischen Vereinigungen im Zeitraum 1966–1970 ihre Mitgliederzahl fast verdoppeln, wobei Jugendliche im Komsomolalter und Vertreter der mittleren Generation unter den Gläubigen überproportional vertreten waren. Die Bevollmächtigten für Religionsangelegenheiten der Gebiete Omsk und Orenburg, in denen sich fast zwei Drittel der in der UdSSR bestehenden mennonitischen Gemeinschaften befanden, wiesen darauf hin, dass diese fast ausschließlich durch die Aufnahme junger Leute wuchsen. „Folglich ist in den nächsten Jahren nicht auf ein Verschwinden des ‚mennonitischen Problems' infolge des Zerfalls der mennonitischen Gemeinschaften und der Verwandlung aller früheren Mennoniten in Atheisten zu hoffen", schlossen die Bevollmächtigten des Rats.[160]

Nach Einschätzung der Behörden verweigerten jene Mennoniten, die sich nicht dem Allunionsrat der Evangeliumschristen-Baptisten angeschlossen hatten, ganz bewusst diesen Anschluss, während die an die Baptisten angeschlossenen Mennoniten darin eine Art „Vernunftehe" sahen – eine vorübergehende erzwungene Maßnahme, um die religiöse Tätigkeit zu legalisieren. Ende der 1960er bis Anfang der 1970er Jahre traten die Mennoniten verstärkt aus dem Allunionsrat aus, um sich als autonome Gemeinden registrieren zu lassen. Dieser Drang zur Separation trug nach Ansicht des Rats für Religionsangelegenheiten unter den Mennoniten eine klar nationalistische Färbung: „Die Mennoniten sind eher bereit, sich mit Lutheranern und Katholiken zu vereinen, die ihnen vom Standpunkt der Dogmatik ferner stehen, aber nach nationalem Merkmal verwandter sind als die Evangeliumschristen-Baptisten". Tendenzen zur nationalen Separation zeigten sich auch innerhalb des Bundes mit dem Allunionsrat der Evangeliumschristen-Baptisten. So konstatierten die Bevollmächtigten des Rats 1970: „Zunächst haben sie gebeten, eigene Predigten in deutscher Sprache zu erlauben, dann eigene Versammlungen, und jetzt versuchen sie, im Rahmen der bestehenden Gemeinschaft deutsche Vereinigungen mit eigener Führung, eigenem Chor und Orchester zu bilden. Dabei unterstützt der Allunionsrat der Evangeliumschristen-Baptisten solche Bestrebungen [...]".[161] Hinsichtlich der Loyalität der Mennoniten gegenüber der Politik des Sowjetstaats wurde das folgende Fazit gezogen: „Die Führer der (aus Deutschen bestehenden) mennonitischen und baptistischen religiösen Vereinigungen spielen eine negative Rolle, bremsen auf jegliche Weise den Prozess der Annäherung der Völker und behindern die Stärkung der Freundschaft zwischen den Völkern".[162] Derartige Tendenzen dokumentierten die Bevollmächtigten des Rats in den Mennonitengemeinden der Gebiete Celinograd und

159 Informationsbericht über die Lage der Kirchen und Sekten für 1970, 27.04.1971. RGANI, f. 5, op. 63, d. 89, l. 258.
160 Ebenda, l. 260.
161 Ebenda, l. 261.
162 Ebenda. Vgl. dazu: Auskunft über die religiöse Lage von S.M. Seregin, 18.01.1971. RGANI, f. 5, op. 63, d. 89, l. 13.

Omsk, in der Region Altaj und in anderen Regionen der UdSSR. Zusätzliche Kopfschmerzen bereitete den Behörden die organisatorische Tätigkeit der Mennoniten. So versuchten die Kirchenmennoniten in der Kirgisischen SSR ein eigenes religiöses Zentrum zu gründen, während die Brüdermennoniten in der Stadt Karaganda (Kasachische SSR) einen Antrag stellten, eigene Vertreter ins Ausland entsenden zu dürfen, um an internationalen Foren teilzunehmen, da sie sich durch die „Vertreter der Evangeliumschristen-Baptisten aus den Reihen der früheren Mennoniten nicht angemessen vertreten sahen".[163]

Insgesamt aber bescheinigten die Behörden den Mennoniten, mehrheitlich „loyal und diszipliniert" zu sein, hervorragend in der Produktion zu arbeiten, in der Armee zu dienen und sich den Wahlen zu den zentralen und lokalen Machtorganen und den Volksgerichten nicht zu entziehen. Die meisten Gesetzesverstöße gingen ihres Erachtens auf das Konto der Anhänger des Kirchenrats der Evangeliumschristen-Baptisten.[164]

So war die religiöse Frage bei den Mennoniten eng mit der nationalen Frage verknüpft und durch die Ablehnung ihrer Registrierungsanträge wurde die national-religiöse Konsolidierung der Gläubigen nur zusätzlich gefördert. Anfang der 1970er Jahre kamen die Behörden zu dem Schluss, dass die „künstliche Vereinigung" der Mennoniten und Pfingstler unter dem Dach des Allunionsrats der Evangeliumchristen-Baptisten diese nur organisatorisch gestärkt und außerdem die Tätigkeit dieser Religionsgemeinschaften aktiviert habe.

Insgesamt konnten sowohl die dem Allunionsrat der Evangeliumschristen-Baptisten angeschlossenen Gemeinden als auch die eigenständigen bzw. dem Kirchenrat der Evangeliumschristen-Baptisten nahestehenden Vereinigungen der Mennoniten und Pfingstler ihre Mitgliederzahlen steigern und ihre Stellung stärken, während die religiösen Organisationen der Orthodoxen, Katholiken, Lutheraner und anderer Konfessionen an Boden verloren. So kann es nicht verwundern, dass der Rat für Religionsangelegenheiten beim Ministerrat der UdSSR Ende 1969 die Initiative ergriff, einzelne lutherische Vereinigungen als Gegengewicht zu den Gemeinden der Mennoniten und Evangeliumschristen-Baptisten zu registrieren[165]. Aber dieser Schritt hatte kaum Einfluss auf die Konfiguration der großen religiösen Patience, die Anfang der 1970er Jahre auf dem Gebiet der UdSSR gelegt wurde.

6.3. Geistlichkeit: Zahl, Alter, Bildungsniveau

Von allen in der UdSSR aktiven religiösen Organisationen war die Russisch-Orthodoxe Kirche die größte und einflussreichste. 1970 gab es in den 67 orthodoxen Eparchien insgesamt 7 229 Gotteshäuser, 16 Klöster, 75 Erzbischöfe, 6 743 Geistliche, etwa 4 000 Diakone und Kirchenlektoren sowie etwa 70 000 Angehörige des sogenannten Kirchenaktivs (Mitglieder der Exekutivorgane und Aufsichtsgremien der Gemeinden). Die orthodoxe Geistlichkeit war dem Sowjetstaat gegenüber größtenteils loyal und hielt sich in aller Regel an die Religionsgesetze. Nach Angaben des KGB gab es in der Sowjetunion 1971 nur eine „kleinere Gruppe der [orthodoxen] Geistlichkeit und des Kirchenaktivs, [...] die die Lage der Kirche und der

---

163 Informationsbericht über die Lage der Kirchen und Sekten für 1969, 22.05.1970. RGANI, f. 5, op. 62, d. 38, l. 244.
164 Ebenda, l. 245.
165 Ebenda, l. 251.

Gläubigen im Land nicht richtig versteht [und] Schritte zur Veränderung der die Führung der Russisch-Orthodoxen Kirche betreffenden Bestimmungen unternimmt, um deren Positionen zu stärken und sie der Kontrolle durch die staatlichen Organe zu entziehen".[166]

Die Ausbildung des theologischen Nachwuchses der Russisch-Orthodoxen Kirche fand Anfang der 1970er Jahre in zwei Priesterakademien und drei Seminaren statt, an denen jedes Jahr etwas mehr als 500 Personen lernten.[167] 1969 schlossen dort 108 Geistliche ihr Studium ab, von denen 57 in die Gemeinden entsandt wurden. Zu dieser Zeit fehlten der Russisch-Orthodoxen Kirche etwa 1 000 Geistliche, was die Schließung von 768 Kirchen zur Folge hatte. Etwa ebenso viele Kirchen waren nur zwei oder drei Mal im Jahr an hohen religiösen Feiertagen für die Gläubigen geöffnet, wenn auswärtige Geistliche den Gottesdienst abhielten.[168]

In der Tendenz litten in den 1970er Jahren fast alle Religionsgemeinschaften unter einem Mangel an Geistlichen: Hatte es 1961 noch insgesamt 29 669 Geistliche gegeben, waren es 1970 nur noch 22 171 (−25,4%).[169] Anfang 1971 waren in den 3 838 in der UdSSR bestehenden registrierten Vereinigungen der „armenischen, katholischen und protestantischen Kirche, in der jüdischen Religion und bei den Sekten" etwa 10 400 Geistliche, über 21 500 Aktivisten und 22 500 Choristen tätig (siehe Tabelle 15).

Am besten waren die Evangeliumschristen-Baptisten (8 172 Geistliche auf 1 973 Gemeinden und Gruppen), die Adventisten des Siebenten Tages (726 Prediger auf 167 registrierte Gemeinden) und die Mennoniten (44 Geistliche auf neun Gemeinden) mit Geistlichen versorgt. Vergleichsweise gut sah die Situation auch in der Armenischen Apostolischen Kirche aus, wo auf 31 registrierte Vereinigungen 53 Geistliche kamen. Unter akutem Geistlichenmangel hatten die Lutherische und die Reformierte Kirche sowie die jüdischen Gemeinden zu leiden. Überhaupt keine Geistlichen hatten eine Reihe von katholischen Vereinigungen in Weißrussland und in der Ukraine.[170] Ende 1970 gab es in der UdSSR etwa 100 katholische Kirchen, in denen die Gottesdienste wegen fehlender Geistlicher entweder gar nicht oder nur an hohen kirchlichen Feiertagen stattfinden konnten. In den lutherischen und reformierten Kirchen betreute ein Geistlicher durchschnittlich zwei Gemeinden. Auf 92 registrierte jüdische Vereinigungen kamen gerade einmal 75 Rabbiner.[171]

Fast alle Konfessionen hatten in der UdSSR zudem mit dem Problem der Überalterung ihres Kirchenpersonals zu kämpfen. So waren 1970 mehr als die Hälfte aller Geistlichen (51,5%) älter als 60 Jahre. Bei einigen Konfessionen wie z.B. der Katholischen Kirche

---

166 Auskunft über die religiöse Lage von S.M. Seregin, 18.01.1971. RGANI, f. 5, op. 63, d. 89, l. 1.

167 Im Verlauf der 1960er Jahre ging die Zahl der in der UdSSR bestehenden geistlichen Lehranstalten rapide zurück. Hatte die Russisch-Orthodoxe Kirche 1961 noch zehn geistliche Lehranstalten, die alljährlich von 200 Geistlichen absolviert wurden, waren es 1970 nur noch fünf (zwei Akademien und drei Seminare).

168 Aktennotiz von V.A. Kuroedov, 13.04.1970. RGANI, f. 5, op. 62, d. 37, l. 33-34.

169 Ebenda.

170 Informationsbericht über die Lage der Kirchen und Sekten für 1969, 22.05.1970. RGANI, f. 5, op. 62, d. 38, l. 53-54. Vgl.: Informationsbericht über die Lage der Kirchen und Sekten für 1970, 27.04.1971. RGANI, f. 5, op. 63, d. 89, l. 157.

171 Informationsbericht über die Lage der Kirchen und Sekten für 1970, 27.04.1971. RGANI, f. 5, op. 63, d. 89, l. 157.

trat das Problem der Überalterung ihres geistlichen Personals besonders deutlich zu Tage. Lag die Zahl der katholischen Geistlichen, die die 60 bereits überschritten hatten, 1966 noch bei 29,3%, waren es 1970 bereits 42%.[172] Die einzige Konfession, deren Geistliche vergleichsweise jung waren, waren in den 1960er–1970er Jahren die Evangeliumschristen-Baptisten.[173]

Tabelle 15:[174] Zahl der Geistlichen und Mitglieder des Kirchenaktivs (1969, 1970)

Religionsgemeinschaft/ Konfession/Jahr	Zahl der Geistlichen		Zahl der Mitglieder des Kirchenaktivs		Zahl der Choristen	
	1969	1970	1969	1970	1969	1970
Evangeliumschristen-Baptisten	8 415	8 172	11 231	10 717	12 529	13 227
Katholische Kirche	1 096	1 078	6 050	6 003	5 017	5 179
Adventisten des Siebenten Tages	708	726	942	954	1 401	1 794
Lutherische Kirche	231	233	2 398	2 382	814	1 844
Armenische Kirche	74	53	183	166	160	175
Juden	66	75	520	537	30	26
Mennoniten	41	44	29	30	94	88
Reformierte Kirche	38	37	516	516	–	–
Molokanen	24	29	162	177	16	6
Methodisten	11	11	65	67	57	175
insgesamt	10 704	10 458	22 096	21 549	20 118	22 514

Auch das Niveau der theologischen Ausbildung ließ vielfach zu wünschen übrig. Anfang der 1970er Jahre verfügte etwa die Hälfte aller Geistlichen über keine spezielle theologische Ausbildung. Gerade einmal 1,7% der Geistlichen hatten einen Hochschulabschluss, während 74% sogar nur über einen einfachen Schulabschluss verfügten. „Die Reproduktion der geistlichen Kader in den geistlichen Lehranstalten kompensiert deren [...] natürlichen Schwund [...] nicht", hielt der Bericht des Rats für Religionsangelegenheiten für das Jahr 1969 fest.[175] Es ist anzumerken, dass neben der Russisch-Orthodoxen Kirche nur die Armenische und die Katholische Kirche sowie die Jüdische Gemeinschaft der Stadt Moskau über feste Einrichtungen zur Ausbildung von Geistlichen verfügten. Zudem bestand bei den Lutherischen Kirchen Estlands und Lettlands sowie beim Allunionsrat der Evangeliumschristen-Baptisten die Möglichkeit zum theologischen Fernstudium.[176]

---

172 Ebenda.
173 1970 wurden in zweijährigen Fernkursen zum Studium der Bibel 99 Personen ausgebildet. Informationsbericht über die Lage der Kirchen und Sekten für 1970, 27.04.1971. RGANI, f. 5, op. 63, d. 89, l. 157.
174 Informationsbericht über die Lage der Kirchen und Sekten für 1970, 27.04.1971. RGANI, f. 5, op. 63, d. 89, l. 156.
175 Aktennotiz von V.A. Kuroedov, 24.03.1971. RGANI, f. 5, op. 63, d. 89, l. 85.
176 Informationsbericht über die Lage der Kirchen und Sekten für 1969, 22.05.1970. RGANI, f. 5, op. 62, d. 38, l. 55.

Zugleich hatten die einzelnen Religionsgemeinschaften eigene Formen der Erneuerung ihrer Geistlichkeit entwickelt. Für die muslimischen Gemeinden der UdSSR war eine hohe Zahl nichtregistrierter Geistlicher charakteristisch, die die Zahl der „legalen" Geistlichen um ein Vielfaches überstieg.[177] Was die legalen Mullahs betrifft, wurden die religiösen Bedürfnisse der Muslime nach Stand zum Januar 1971 von 543 registrierten Geistlichen befriedigt[178], die zum größten Teil bereits älter als 60 Jahre waren und in der Regel nur über eine minimale geistliche oder weltliche Bildung verfügten.[179] Lediglich 29 Geistliche hatten eine höhere theologische Ausbildung genossen.[180] Anfang 1970 hatte die bei der Geistlichen Verwaltung der Muslime Mittelasiens und Kasachstans bestehende Medrese Buchara 50 Hörer. Im gesamten Zeitraum 1945–1970 absolvierten gerade einmal 85 Personen die Medresen in Buchara und Taškent.[181] Vor diesem Hintergrund kann es nicht verwundern, dass sich die Qualität der muslimischen Geistlichkeit im Land zunehmend verschlechterte.

Anfang der 1970er Jahre zählten die Behörden darüber hinaus etwa 3 000 nichtregistrierte Mullahs sowie Personen, die regelmäßig religiöse Zeremonien vollzogen, ohne Geistliche zu sein.[182] Allein in den Gebieten Buchara, Samarkand und Fergana (Usbekische SSR) wurden 1970 120, 160 bzw. 350 „illegale" muslimische Geistliche ausgemacht. In der ASSR Dagestan waren etwa 200, in der Baschkirischen ASSR etwa 170 und in der Turkmenischen SSR etwa 200 nichtregistrierte Mullahs aktiv.[183] Neben den nichtregistrierten Geistlichen gab es auch zahlreiche sogenannte „Wandermullahs".[184] Von den insgesamt 1 276 Personen aller Konfessionen, die keine Geistlichen waren, aber für die Vollziehung religiöser Zeremonien bezahlt wurden, waren nach Stand zum 1. Januar 1971 fast 90% Muslime.[185]

Die Geistlichkeit der Römisch-Katholischen Kirche zeichnete sich durch ihr vergleichsweise hohes Ausbildungsniveau aus, was sie für die Behörden ungeachtet ihrer rapide sinkenden Zahl (im Zeitraum 1945–1970 sank die Zahl der katholischen Geistlichen um 480 Personen bzw. 31%) zu einem ernsthaften Gegner machte.[186] Nach Ansicht der Führung des Rats für Religionsangelegenheiten (1969) verfügte die Katholische Kirche wie keine andere Konfession über „erfahrene Kader der Geistlichkeit, die all ihre Aufmerksamkeit, ihr Wissen und ihre reiche Erfahrung in den Dienst der Kirche stellen. Die Geistlichen haben keine

---

177 Informationsbericht über die Lage der Kirchen und Sekten für 1970, 27.04.1971. RGANI, f. 5, op. 63, d. 89, l. 98-99.

178 Ebenda, l. 97-98.

179 Informationsbericht über die Lage der Kirchen und Sekten für 1969, 22.05.1970. RGANI, f. 5, op. 62, d. 38, l. 4.

180 Von diesen verfügten 190 über eine mittlere theologische Ausbildung. Siehe: Informationsbericht über die Lage der Kirchen und Sekten für 1970, 27.04.1971. RGANI, f. 5, op. 63, d. 89, l. 97-98.

181 Ebenda, l. 100.

182 Ebenda, l. 142.

183 Informationsbericht über die Lage der Kirchen und Sekten für 1969, 22.05.1970. RGANI, f. 5, op. 62, d. 38, l. 10.

184 Anfang 1980 gab es in der UdSSR ca. 5 500 nichtregistrierte Mullahs. Siehe: Sadčenkov, Realizacija, S. 61.

185 Informationsbericht über die Lage der Kirchen und Sekten für 1970, 27.04.1971. RGANI, f. 5, op. 63, d. 89, l. 98-99.

186 Informationsbericht über die Lage der Kirchen und Sekten für 1969, 22.05.1970. RGANI, f. 5, op. 62, d. 38, l. 71.

familiären oder sonstigen Verpflichtungen außer den Kirchenaufgaben. Sie sind aktiver und bei ihrer Arbeit unter der Bevölkerung höchst geschickt [...]".[187] 75,2% der Geistlichen verfügten über eine höhere und 24,6% über eine mittlere theologische Ausbildung.[188]

In der UdSSR gab es in Kaunas und Riga zwei katholische Priesterseminare, an denen allerdings de facto nur Geistliche für die auf dem Gebiet der Litauischen und der Lettischen SSR bestehenden Gemeinden ausgebildet wurden. Zudem unterlag die Zahl der Seminaristen strengen Beschränkungen. Ende der 1960er Jahre lernten am Seminar in Kaunas z.B. durchschnittlich etwa 30 Personen. Hatten am Rigaer Priesterseminar 1950 noch etwa 40 Personen studiert, waren es 1969 nur noch 14. Sehr niedrig waren auch die Absolventenzahlen: 1969 bildete das Seminar Kaunas gerade einmal drei Geistliche aus[189], das Rigaer zwei. Sorge bereitete den Behörden die „ideologische Ausbildung" der Priester. So stand die Verfassung der UdSSR zwar verpflichtend auf dem Lehrplan, doch nutzten die Lehrkräfte und Seminaristen auch noch aus der Vorkriegszeit stammende, in Deutschland, Frankreich, Italien, Spanien, Belgien und anderen ausländischen Staaten erschienene religiöse Lehrbücher.[190] Was die Haltung zu den sowjetischen Religionsgesetzen betraf, bescheinigten die Behörden den Absolventen des Rigaer Priesterseminars eine im Vergleich zu ihren Kollegen aus Kaunas loyalere Haltung.[191]

Viele Priester waren nicht nur auf dem Gebiet der UdSSR, sondern auch im Ausland (in Frankreich, Belgien, in der Schweiz, in Deutschland und Italien) ausgebildet worden. Ein großer Teil der katholischen Geistlichen verfügte über gute Fremdsprachenkenntnisse, nutzte ausländische religiöse Literatur und hörte regelmäßig ausländische Radiosender. Etwa sieben Prozent der katholischen Geistlichen hatten einen Doktor-, Magister- oder Kandidatentitel in Theologie.[192]

Geografisch konzentrierte sich ein großer Teil der katholischen Geistlichkeit im Baltikum: Während in Litauen 826 Geistliche auf 630 katholische Kirchen kamen, herrschte in der Ukraine und in Weißrussland im gesamten Verlauf der 1960er Jahre ein extremer Priestermangel. In Weißrussland kamen auf zehn registrierte religiöse Gemeinschaften im Durchschnitt nur sechs, in der Ukraine fünf Priester.[193]

Einer der Hauptgründe für die „Standfestigkeit und hohe Aktivität" der Katholischen Kirche in der UdSSR war deren zahlenmäßig großes Kirchenaktiv.[194] Nach Angaben des

---

187 Ebenda, l. 73.
188 Ebenda, l. 74.
189 Im Mai 1969 wurde auf Weisung des Ministerrats der Litauischen SSR ein Kontingent von 50 Personen für das Seminar festgelegt. Für das erste Studienjahr wurden zehn Personen aufgenommen.
190 Informationsbericht über die Lage der Kirchen und Sekten für 1969, 22.05.1970. RGANI, f. 5, op. 62, d. 38, l. 76.
191 Ebenda.
192 Ebenda, l. 74.
193 Ebenda, l. 75. 1969 äußerte eine ganze Reihe katholischer religiöser Vereinigungen in der Ukrainischen SSR die Bitte, die Gründung eines Priesterseminars in der Republik zu gestatten oder die Ausbildung neuer Geistlicher in den bestehenden Priesterseminaren im Baltikum zu organisieren. In Weißrussland schlugen Kirchenkreise vor, die Ausbildung neuer Geistlicher „auf privatem Weg in Polen" zu organisieren.
194 Informationsbericht über die Lage der Kirchen und Sekten für 1969, 22.05.1970. RGANI, f. 5, op. 62, d. 38, l. 96.

Rats für Religionsangelegenheiten waren Anfang der 1970er Jahre in der Katholischen Kirche über 14 000 Personen in den Exekutivorganen und Aufsichtsgremien der religiösen Gemeinden aktiv, um die sich „unzählige" Aktivisten aus den Reihen der gläubigen Gemeindemitglieder und der früheren Mönchs- und weltlichen Orden gruppierten.[195]

Das Verhältnis zwischen den Behörden und der katholischen Kirchenführung gestaltete sich ziemlich kompliziert. „Unter acht katholischen Bischöfen, die Bistümer in Litauen und Lettland führen, [waren nur] fünf loyal, drei Bischöfe wurden aufgrund ihrer die Sowjetmacht ablehnenden Haltung und Fanatismus suspendiert [...]", hieß es 1969 im Bericht des Rats für Religionsangelegenheiten an das ZK der KPdSU.[196] Was die Weißrussische SSR betrifft, agierten die dortigen katholischen Kirchen offiziell selbstständig, auch wenn sie de facto dem polnischen Episkopat unterstellt waren.[197]

Besondere Sorge bereiteten den Behörden die sowjetfeindlich eingestellten einfachen Vertreter der katholischen Geistlichkeit. Ende der 1960er Jahre gab es unter den katholischen Geistlichen etwa 300 Personen, die zum Teil mit der Waffe in der Hand aktiv gegen die Sowjetmacht gekämpft und im Gefängnis oder Lager gesessen hatten. „Ihre Waffen nicht abgelegt haben auch die Unierten in den westlichen Gebieten der Ukrainischen SSR, von denen viele seinerzeit in den Banden der Organisation Ukrainischer Nationalisten[198] waren", so in diesem Zusammenhang der Bericht des Rats für Religionsangelegenheiten für das Jahr 1969.[199] Im März 1971 hob der Vorsitzende des Rats für Religionsangelegenheiten V.A. Kuroedov in einer Aktennotiz besonders die Aktivitäten der in der Litauischen SSR tätigen „reaktionären Priester" hervor: „Sie schicken systematisch verleumderische Briefe an die Regierungsorgane, in denen sie fordern, das Kirchennetz auszuweiten [und] neue Lehranstalten einzurichten. Dazu stiften sie sowohl der Vatikan als auch die reaktionäre Emigration an [...]".[200]

Auch die Evangelisch-Lutherische Kirche verfügte in der Sowjetunion über gut ausgebildete Geistliche: 1970 hatten von den 229 registrierten lutherischen Geistlichen fast 78% (178 Personen) eine höhere (133 Personen) oder mittlere (45 Personen) theologische Ausbildung[201] und etwa 80% der Pastoren, Prediger und Diakone eine höhere oder mittlere weltliche Bildung. Allerdings konnte auch der hohe „Ausbildungsgrad" der lutherischen Geistlichkeit nicht den im gesamten Verlauf der 1960er–70er Jahre zu verzeichnenden extremen Mangel an Geistlichen kompensieren (siehe Tabelle 16). So wurden z.B. in Estland 1970 37 Gemeinden von auswärtigen Geistlichen mitbetreut. An der Situation konnten auch Fernkurse wenig ändern, die bei den Konsistorien in Estland und Lettland angeboten wur-

---

195   Ebenda, l. 97.
196   Ebenda, l. 76.
197   Ebenda, l. 77.
198   Die Organisation Ukrainischer Nationalisten (OUN) war eine 1929 in Wien gegründete ukrainische politische Organisation. Ihre Angehörigen kämpften für die staatliche Unabhängigkeit der Ukraine.
199   Aktennotiz V.A. Kuroedovs, 13.04.1970. RGANI, f. 5, op. 62, d. 37, l. 36.
200   Aktennotiz V.A. Kuroedovs, 24.03.1971. RGANI, f. 5, op. 63, d. 89, l. 89.
201   Informationsbericht über die Lage der Kirchen und Sekten für 1970, 27.04.1971. RGANI, f. 5, op. 63, d. 89, l. 193. 1969 waren unter diesen ein Doktor, 13 Magister und ein Kandidat der Theologie.

den.[202] Eine ähnliche Situation war auch in der Litauischen SSR zu verzeichnen. „Es gibt nur wenige junge Pastoren und die alten treten zunehmend ab", hieß es in diesem Zusammenhang im Bericht des Rats für Kirchenangelegenheiten für 1969.[203]

Tabelle 16:[204] Entwicklung der Zahl der lutherischen Gemeinden und Geistlichen in der UdSSR in den 1960er Jahren

Republik/Jahr	Zahl der Gemeinden		Zahl der Geistlichen	
	1961–1962	1969	1961	1969
Lettland	272	224	109	88
Estland	171	159	146	124
Litauen	27	27	11	14
RSFSR	57	46	57	34
Kasachstan	94	96	116	66
Kirgisien	14	12	38	5
Tadschikistan	1	1	2	–
Usbekistan	2	–	2	–
insgesamt	638	565	481	331

Neben den Geistlichen konnte sich die lutherische Kirche auch auf zahlreiche Personen stützen, die als Choristen oder Mitglieder der Exekutivorgane und Aufsichtsgremien in den Gemeinden aktiv waren. Ende 1970 gab es etwa 4 800 lutherische Kirchenaktivisten.[205]

In einer weit schwierigeren Lage befand sich die Reformierte Kirche, der für ihre insgesamt 85 registrierten Gotteshäuser gerade einmal 38 Geistliche zur Verfügung standen, die alle eine höhere oder mittlere sowohl weltliche als auch theologische Bildung hatten. Zu einem rapiden Rückgang der Zahl der Pastoren kam es in den 1960er Jahren vor dem Hintergrund der Auflösung zahlreicher nichtregistrierter reformierter Gemeinden.[206] Waren 1961/62 in der UdSSR noch 99 reformierte Pastoren erfasst, von denen 89 offiziell regis-

---

202 1969 studierten in den theologischen Kursen des Konsistoriums in Estland 26 und in Lettland 24 Personen. Informationsbericht über die Lage der Kirchen und Sekten für 1969, 22.05.1970. RGANI, f. 5, op. 62, d. 38, l. 118. In Estland arbeiteten 55% der Hörer dieser Kurse bereits als Pastoren oder Prediger, in Lettland wurde in der Nachkriegszeit in den theologischen Kursen kein einziger neuer Pastor ausgebildet. Siehe: Informationsbericht über die Lage der Kirchen und Sekten für 1970, 27.04.1971. RGANI, f. 5, op. 63, d. 89, l. 192.

203 Informationsbericht über die Lage der Kirchen und Sekten für 1969, 22.05.1970. RGANI, f. 5, op. 62, d. 38, l. 115. Vgl. dazu: Informationsbericht über die Lage der Kirchen und Sekten für 1970, 27.04.1971. RGANI, f. 5, op. 63, d. 89, l. 193.

204 Informationsbericht über die Lage der Kirchen und Sekten für 1969, 22.05.1970. RGANI, f. 5, op. 62, d. 38, l. 112.

205 Informationsbericht über die Lage der Kirchen und Sekten für 1970, 27.04.1971. RGANI, f. 5, op. 63, d. 89, l. 193. Allein in den registrierten Gemeinschaften lag die Zahl der Kirchenaktivisten Ende 1969 bei 3 584 Personen. Siehe: Informationsbericht über die Lage der Kirchen und Sekten für 1969, 22.05.1970. RGANI, f. 5, op. 62, d. 38, l. 118.

206 Informationsbericht über die Lage der Kirchen und Sekten für 1969, 22.05.1970. RGANI, f. 5, op. 62, d. 38, l. 127.

triert waren, sank deren Zahl bis Anfang 1970 um 60%.[207] Die sporadische Ausbildung einzelner Pastoren in Ungarn konnte das Problem des Mangels an reformierten Geistlichen in der UdSSR nicht lösen.[208] Dieser wurde in gewissem Maße durch Kirchenaktivisten kompensiert, deren Zahl in den Jahren 1961–1969 um 700 Personen stieg, was fast einer Verdoppelung gleichkam.[209] Anfang 1970 gehörten etwa 1 600 Personen zum reformierten Kirchenaktiv, von denen weniger als ein Drittel (486 Gemeindemitglieder) den Exekutivorganen der Gemeinschaften angehörten.[210] Auf diese Weise konnte die reformierte Geistlichkeit ihren Einfluss auf die Bevölkerung sogar steigern, was nicht ganz der Einschätzung der Behörden entsprach, dass es sich bei den Reformierten um eine „schwache Kirche" handelte.

Eine Besonderheit der molokanischen Geistlichen bestand in deren fortgeschrittenem Alter und niedrigem Bildungsniveau. Die Mehrheit hatte die 70 schon überschritten und verfügte nur über Volksschulbildung. In einer Reihe molokanischer Gemeinschaften gab es überhaupt keine Diakone oder Prediger. In solchen Fällen wählten die Gläubigen aus ihren Reihen Lektoren, die auf den Betversammlungen Auszüge aus dem Evangelium vorlasen.[211] Ende 1970 kamen bei den Molokanen auf 122 Gemeinschaften 109 Prediger, die größtenteils (80 Personen) ohne Registrierung aktiv waren, was bei den Machtorganen allerdings keine besondere Besorgnis hervorrief.[212]

Dass Illegalität nicht immer gleich Illegalität war, zeigt das Beispiel der Adventisten des Siebenten Tages. Nach der Auflösung des Allunionsrats der Adventisten des Siebenten Tages fand im Januar 1966 in Kiev eine illegale Konferenz von 188 Führern der Adventisten des Siebenten Tages statt, auf der der sogenannte „Rat leitender Brüder" als neues religiöses Zentrum gegründet wurde, das in einer ganzen Reihe von Republiken und Gebieten der UdSSR Führungsorgane unterhielt.[213] „Mit dem Ziel, die gesamte Kirche zu zentralisieren und unter ihre Führung zu bringen, suchen die sogenannten ‚älteren Brüder' verstärkt ihnen ergebene Prediger und führen sie heimlich", berichtete die Führung des Rats für Religionsangelegenheiten im April 1971 an das ZK der KPdSU. Nach den dem Rat vorliegenden Angaben gab es Anfang 1971 in der UdSSR über 120 solcher heimlich geweihter Prediger.[214] Allein in den registrierten Gemeinschaften der Adventisten des Siebenten Tags waren zum 1. Januar 1971 etwa 900 Geistliche, über 950 Mitglieder der Exekutivorgane und Aufsichtsgremien und 1 800 Choristen erfasst.[215] So verfügten die Adventisten des Siebenten

---

207   Ebenda.
208   Ebenda, 1. 128. 1969 durften zwei Personen zum Studium an die Reformierte Theologische Akademie in Ungarn entsandt werden.
209   Informationsbericht über die Lage der Kirchen und Sekten für 1969, 22.05.1970. RGANI, f. 5, op. 62, d. 38, 1. 129.
210   Ebenda.
211   Informationsbericht über die Lage der Kirchen und Sekten für 1970, 27.04.1971. RGANI, f. 5, op. 63, d. 89, 1. 200.
212   Ebenda, 1. 309 [Tabelle].
213   Ebenda, 1. 205-206.
214   Ebenda. Es ist anzumerken, dass es beim Allunionsrat der Adventisten des Siebenten Tages bis 1961 etwa 80 Prediger gab.
215   Informationsbericht über die Lage der Kirchen und Sekten für 1970, 27.04.1971. RGANI, f. 5, op. 63, d. 89, 1. 207.

Tages über ein starkes Kirchenaktiv, das einen erheblichen Einfluss auf das Alltagsleben der Gläubigen ausübte. Für Besorgnis sorgte bei den Behörden auch die konsequente Verjüngung des in den Adventistengemeinden tätigen geistlichen Personals.[216]

Eine bewusste Verjüngung der in den Gemeinden tätigen Geistlichen bzw. generell der Ansatz, verstärkt auf die Jugend zu setzen, wurde auch für den Allunionsrat der Evangeliumschristen-Baptisten zu einer Art „Visitenkarte". So sprach sich z.B. der Seniorpresbyter des Allunionsrats für das Gebiet Zaporož'e Ja.K. Duchončenko 1969 unmissverständlich für eine Erneuerung des geistlichen Personals aus: „Wir haben gesehen, wie schwach und erbärmlich unsere Gemeinschaften waren. Fast nur alte Menschen, selbst Führer waren nur schwierig zu finden. Wir müssen alles neu machen: die alten Presbyter durch junge ersetzen, in den Bethäusern für eine angenehme Atmosphäre sorgen und die Gottesdienste verbessern, unsere eigene gute Musik erarbeiten, den Gesang des Chors und der Gläubigen perfektionieren [...]".[217] Ähnliche Aufrufe waren im Dezember 1969 auch im Bericht der Führung des Allunionsrats der Evangeliumschristen-Baptisten an den Konvent zu hören: „Wenn wir alle unsere Gemeindediener nehmen [...], sehen wir, dass viele von ihnen sowohl sehr hohen Alters als auch wenig gebildet und nicht ausreichend arbeitsfähig sind. Wir müssen unsere Gemeindediener unbedingt verjüngen, für uns ist es wichtig, Mitarbeiter zu haben, die sowohl kulturell als auch theologisch hoch entwickelt und sehr arbeitsfähig sind [...]".[218]

Anfang der 1970er Jahre bereitete der Führung des Rats für Religionsangelegenheiten vor allem die „extremistische Graswurzelbewegung" der Evangeliumschristen-Baptisten Sorge – junge Gemeindemitglieder, die nach dem Vorbild des Kirchenrats für die Ablösung alter Presbyter eintraten, die sich „durch Loyalität gegenüber dem Staat und den Machtorganen hervorgetan" hatten.[219] So kam es nicht selten vor, dass loyale baptistische Gemeinden ohne Kenntnis und Genehmigung der Behörden heimlich neue Führer aus den Reihen der jungen Aktivisten wählten, die es wiederum vorzogen, ohne Registrierung zu arbeiten.[220] Angesichts der scharfen Kritik, der sich der Allunionsrat von Seiten des Kirchenrats der Evangeliumschristen-Baptisten ausgesetzt sah, sorgten derartige „Modernisierungstendenzen" innerhalb der loyalen baptistischen Religionsgemeinschaft bei den Machtorganen für ernsthafte Befürchtungen. Insgesamt gab es Anfang 1970 in allen faktisch bestehenden Vereinigungen des Allunionsrats der Evangeliumschristen-Baptisten über 9 600 Geistliche und damit etwa 50% mehr als 1961. Ebenso stieg auch die Zahl der Führer der nichtregistrierten Gemeinden des Allunionsrats von 1 094 Personen im Jahr 1961 auf 1 186 im Jahr 1969.[221]

---

216 Auskunft über die religiöse Lage von S.M. Seregin, 18.01.1971. RGANI, f. 5, op. 63, d. 89, l. 14.

217 Informationsbericht über die Lage der Kirchen und Sekten für 1969, 22.05.1970. RGANI, f. 5, op. 62, d. 38, l. 164.

218 Ebenda, l. 163.

219 Ebenda, l. 164-165.

220 Informationsbericht über die Lage der Kirchen und Sekten für 1970, 27.04.1971. RGANI, f. 5, op. 63, d. 89, l. 240-241. Gerade dadurch war nach Angaben der Bevollmächtigten die Tendenz zu erklären, die faktische Zahl der Geistlichen geheim zu halten.

221 Informationsbericht über die Lage der Kirchen und Sekten für 1969, 22.05.1970. RGANI, f. 5, op. 62, d. 38, l. 160. Vgl.: Informationsbericht über die Lage der Kirchen und Sekten für 1970, 27.04.1971. RGANI, f. 5, op. 63, d. 89, l. 308.

6.4. Predigten

„Unter dem Einfluss der sowjetischen Realität kommt es infolge der Beteiligung breiter Massen von Gläubigen an der [...] Arbeit zum Aufbau der kommunistischen Gesellschaft im Bewusstsein vieler Gläubiger [...] zu spürbaren Veränderungen"[222], hieß es Ende 1969 im Bericht eines der Bevollmächtigten des Rats für Religionsangelegenheiten: „[Die Gläubigen] lassen sich immer mehr von den Interessen und Sorgen des ,weltlichen Lebens' leiten, schätzen die großen sozialen und kulturellen Errungenschaften des sowjetischen Volks und werden in religiöser Hinsicht nicht selten ,kühler' und indifferenter [...]".[223]

Eine Bestätigung für die These, dass die Religion in der UdSSR allmählich absterbe, wollten die Machtorgane nicht nur in der rückläufigen Zahl der religiösen Vereinigungen und der Geistlichen sowie in der physischen Alterung der Gläubigen und Geistlichen erblicken, sondern auch im prosowjetischen Inhalt der Predigten.

Den Maßstab hatte für den Rat für Religionsangelegenheiten die Armenische Apostolische Kirche gesetzt, deren Bischöfe 1969 untertänig die folgende Hauptaufgabe ihrer Kirche formulierten: „[...] Wenn wir wollen, dass die Armenische Kirche [...] auch in Zukunft besteht [...], darf sie sich nicht vom Leben losreißen [und] von den die Menschheit und die Welt bewegenden Aufgaben isolieren".[224] So war es nur folgerichtig, dass die in der Armenischen Apostolischen Kirche gehaltenen Predigten immer wieder den Patriotismus und die Liebe der Armenier zum sowjetischen Armenien thematisierten und ihre alte Geschichte und Kultur mit dem zeitgenössischen „Kampf für den Frieden in der Welt" in Verbindung setzten. Nach Angaben des Rats für Religionsangelegenheiten rief der Katholikos persönlich im Namen der Bewahrung und Festigung „des Friedens in der ganzen Welt" die Amtsträger der Armenischen Kirche dazu auf, in Fragen der sozialen Gerechtigkeit und der „Freiheit der Völker und des Friedens in der Welt" mit anderen Kirchen und religiösen Zentren zusammenzuarbeiten.[225] Vor diesem Hintergrund war es nur folgerichtig, dass die Armenische Apostolische Kirche in der Sowjetunion als besonders „loyale" Konfession galt.

„[...] Sich anpassen, sich irgendwie modernisieren, zum Teil unserer sozialistischen Wirklichkeit werden – das sind die Haupttendenzen [in der Religion]", bemerkte der Stellvertretende Vorsitzende des Rats für Religionsangelegenheiten beim Ministerrat der UdSSR P.V. Makarcev im Februar 1977:

> „Ich arbeite ja auch schon lange an dieser Front, bald werden es 20 Jahre sein, und kenne [...] die Kirchenvertreter unterschiedlichen Rangs persönlich und kann bestätigen, dass sich bei den meisten dieser Prozess der Anpassung, der Prozess der Loyalität vollzieht, das ist ein natürliches Bestreben, ein guter [Geistlicher] in [...] der sozialistischen Gesellschaft sein zu wollen[...]. Und die klugen Popen [und] Priester und überhaupt alle klugen Geistlichen sehen darin [...] den natürlichen Weg, unter sozialistischen Bedingungen zu überleben [...]".[226]

---

222 Informationsbericht über die Lage der Kirchen und Sekten für 1969, 22.05.1970. RGANI, f. 5, op. 62, d. 38, l. 51.
223 Ebenda.
224 Ebenda, l. 52.
225 Ebenda, l. 67.
226 Rede von P.V. Makarcev in Vilnius, Februar 1977. GARF, f. 6991, op. 6, d. 3442, l. 43-65.

Hinsichtlich des Anpassungspotentials und des Inhalts der religiösen Predigten zählten die Behörden ungeachtet „einiger Widersprüche" auch den Islam zu den loyalen religiösen Gemeinschaften. Da die muslimischen Geistlichen in der UdSSR, wie bereits erwähnt, in der Regel keine umfassende theologische Ausbildung hatten, behandelten sie in ihren Predigten sehr zum Gefallen des Rats für Religionsangelegenheiten eher selten theoretische Fragen des „wahren Glaubens" oder der Geschichte des Islam und zeigten sich in der Regel dem Sowjetstaat und der Sowjetordnung gegenüber loyal.[227] „Die Führer der geistlichen Verwaltungen legen bei ihrer Tätigkeit keine besondere Aktivität an den Tag [und] folgen den Empfehlungen des Rats für Religionsangelegenheiten und seiner Bevollmächtigten vor Ort", hieß es in diesem Zusammenhang im Bericht des Rats für Religionsangelegenheiten für das Jahr 1970.[228]

In den Predigten ging es vor allem um alltägliche Probleme der muslimischen Gemeinden und das sittliche Verhalten der Gläubigen, die Notwendigkeit, ehrlich und gewissenhaft zum Wohl der Gesellschaft zu arbeiten usw. „Uns Muslimen sind die Interessen des Staates wie allen [anderen] sowjetischen Menschen nicht gleichgültig", bemerkte der Imam der Hodscha-Achrar-Moschee (Gebiet Samarkand) Chajrulla Abdullaev in einer seiner Predigten: „Die Gläubigen dürfen in der Kolchose, in der Sowchose oder in der Fabrik nicht schlecht arbeiten. Ich rufe euch alle zur ehrlichen Arbeit in der Produktion auf, da jegliche Arbeit zum Wohl der Gesellschaft genauso eine Verpflichtung ist wie die Einhaltung des Fastens, das Lesen von Gebeten und jede andere gottgefällige Sache". „Jeder Gläubige, jeder Muslim ist verpflichtet, seine Heimat zu lieben", bemerkte der Stellvertretende Vorsitzende der Geistlichen Verwaltung der Muslime des Europäischen Teils der UdSSR und Sibiriens Kamal Baširov in einer Rede: „[...] Wir müssen uns mit ganzer Seele über die Kraft und Stärke, über die großen Erfolge unseres Vaterlands freuen, und ihm mit aller Kraft dabei helfen".[229]

Die registrierten muslimischen Geistlichen rechtfertigten in ihren Predigten sogar die sowjetischen Religionsgesetze. So forderte z.B. die Geistliche Verwaltung der Muslime Mittelasiens und Kasachstans die Geistlichen explizit zur Bekämpfung nichtregistrierter Gemeinden auf. In einzelnen Predigten wurde versucht, die Lehre des Islam mit dem Marxismus gleichzusetzen und deren geistige Nähe herauszustellen. Dabei versuchten die muslimischen Geistlichen, so viele „Berührungspunkte" wie möglich zwischen dem Islam und der kommunistischen Lehre zu finden, um die These zu stützen, dass der Islam auf seine eigene Weise dem Sozialismus diene.[230] So erklärte z.B. der Imam der Leningrader Moschee in seiner Predigt vom 28. Juli 1969 wörtlich das Folgende: „Die im Geiste der Lehren

---

227 Gegen Atheisten gerichteten Drohungen oder Verurteilungen der Gleichberechtigung der Frauen, die in den Predigten gelegentlich zu hören waren, maßen die Behörden keine besondere Bedeutung bei. Siehe: Informationsbericht über die Lage der Kirchen und Sekten für 1969, 22.05.1970. RGANI, f. 5, op. 62, d. 38, l. 27-28.
228 Informationsbericht über die Lage der Kirchen und Sekten für 1970, 27.04.1971. RGANI, f. 5, op. 63, d. 89, l. 99.
229 Informationsbericht über die Lage der Kirchen und Sekten für 1969, 22.05.1970. RGANI, f. 5, op. 62, d. 38, l. 24.
230 Informationsbericht über die Lage der Kirchen und Sekten für 1970, 27.04.1971. RGANI, f. 5, op. 63, d. 89, l. 127.

des Koran erzogenen geliebten Führer unserer Heimat führen zwar einen multinationalen Staat, haben aber alle Gesetze auf Grundlage der Lehre des Koran geschrieben [...]".[231] Die muslimischen Geistlichen äußerten sich immer wieder bereitwillig zu Themen „des gesellschaftlichen Fortschritts und der sozialen Revolutionen", so z.B. auf der Taškenter Konferenz „Für die Einheit der Muslime im Kampf für den Frieden gegen die imperialistische Aggression" (Oktober 1970).[232] „Bei uns fällt es den Kirchen sehr leicht, ihre Loyalität zu erklären, weil wir Kommunisten ja wirklich [...], auch wenn wir keinen Gott kennen, trotzdem Gottes Sache verrichten [...]", bilanzierte der Rat für Religionsangelegenheiten 1977: „Denn die soziale Doktrin der Kirche predigt ja auch diese [allgemeinmenschlichen Werte], wenn auch in abstrakter Form, aber das Gute, die Gerechtigkeit und so weiter, die gibt es da auch".[233]

Ausdrücklich begrüßt wurde von den Behörden die in den 1960er Jahren zu verzeichnende allmähliche Annäherung der beiden Hauptrichtungen des Islam. „Eine Reihe von Moscheen, die in Ortschaften gelegen sind, wo Schiiten und Sunniten leben, werden von den Gläubigen beider Richtungen genutzt", hielt der Bericht des Bevollmächtigten für Religionsangelegenheiten (1969) fest: „Auch wenn die Anhänger jeder Richtung selbstständige religiöse Vereinigungen gründen und unter der Führung ihres [eigenen] Geistlichen beten, zeugt die Tatsache der gemeinsamen Nutzung eines Gotteshauses doch von einer beträchtlichen Evolution des religiösen Bewusstseins". In diesem Zusammenhang ist anzumerken, dass derartige Bestrebungen von Seiten der Geistlichkeit uneingeschränkt unterstützt wurden und einzelne islamische Geistliche sogar eine völlige Aufhebung der religiösen Trennung zwischen Sunniten und Schiiten im Sowjetstaat forderten.[234]

Die Führung des Rats für Religionsangelegenheiten begrüßte ausdrücklich die Bestrebungen, den Islam zu erneuern und ideologisch an die Bedingungen des Sozialismus anzupassen.[235] So erklärte z.B. der Stellvertretende Vorsitzende des Rats für Religionsangelegenheiten Makarcev 1977:

„[...] Diese Tendenz ist gut, Genossen. Wir beschimpfen die Kirche in der atheistischen Literatur oft [...] für ihre Loyalität. ‚Sie [...] passt sich an, sie versucht uns zu übertölpeln [...] usw.' Und vom ideologischen Standpunkt her ist ein solches Phänomen natürlich nicht wünschenswert. [...] Aber vom politischen Standpunkt her ist das genau das, was wir [...] unterstützen und letztlich ermuntern müssen. Die Loyalität der Kirche [...] ist unsere große Errungenschaft und [wir] müssen diese Loyalität [...] hüten, bewahren und entwickeln. Deshalb müssen wir, wenn wir die Religion vom ideologischen Standpunkt her kritisieren, geschickt kritisieren [...], und sie nicht dafür beschimpfen, dass sie unsere

---

231 Informationsbericht über die Lage der Kirchen und Sekten für 1969, 22.05.1970. RGANI, f. 5, op. 62, d. 38, l. 25.
232 Informationsbericht über die Lage der Kirchen und Sekten für 1970, 27.04.1971. RGANI, f. 5, op. 63, d. 89, l. 128.
233 Rede von P.V. Makarcev in Vilnius, Februar 1977. GARF, f. 6991, op. 6, d. 3442, l. 43-65.
234 Informationsbericht über die Lage der Kirchen und Sekten für 1969, 22.05.1970. RGANI, f. 5, op. 62, d. 38, l. 22.
235 Informationsbericht über die Lage der Kirchen und Sekten für 1970, 27.04.1971. RGANI, f. 5, op. 63, d. 89, l. 120.

Politik, unser soziales Programm, unser Programm des Friedens unterstützt, [denn] daran ist nichts Schlechtes [...]".[236]

Um ihre Treue zur Sowjetmacht zu unterstreichen und die Gleichheit der Interessen und Ziele von Islam und Sowjetstaat herauszustellen, erklärten die muslimischen Geistlichen den Gläubigen in ihren Predigten der 1960er–1970er Jahre die Bedeutung der von der gesamten Bevölkerung der UdSSR begangenen revolutionären Feiertage (1. Mai, 7. November usw.). „Wenn sie den weltlichen Feiertagen eigene Predigten widmen, versuchen die [muslimischen] Geistlichen, diese [Predigten] nach dem gleichen Muster aufzubauen, nach dem auch die Referate auf feierlichen Zusammenkünften in den Kollektiven von Betrieben [und] Ämtern aufgebaut werden, d.h. nach einem Muster, an das die sowjetischen Menschen gewöhnt sind [...]", bemerkte hierzu die Führung des Rats für Religionsangelegenheiten 1970.[237]

Nach Angaben des Rats für Religionsangelegenheiten gingen die muslimischen Geistlichen in ihren Predigten auf alle mehr oder weniger wichtigen Ereignisse im Leben der UdSSR ein: „Weltliche Motive fließen in breitem Strom in die religiösen Predigten ein. Was für Themen die Geistlichen nicht alle ansprechen! Über die Schädlichkeit des Alkohols und den Nutzen sportlicher Betätigung, über die Unsittlichkeit von Miniröcken und die Notwendigkeit, die Muttersprache zu lernen, über die Schädlichkeit des Aberglaubens und den Nutzen der Reinlichkeit, über den erzieherischen Nutzen von Kinofilmen und die Schädlichkeit des Rauchens usw."[238] In ihren Predigten griffen die Mullahs terminologisch den sowjetischen Kanon auf: Kollektivismus, Internationalismus, friedliche Koexistenz, Sozialismus, Kommunismus, Kapitalismus, Imperialismus usw. „Sie nutzen eifrig den Begriffsapparat, der für die marxistische Soziologie charakteristisch ist und auf den Seiten der Massenpresse immer größere Verbreitung findet", hieß es im April 1971 in einem Informationsbericht des Rats für Religionsangelegenheiten an die Propagandaabteilung des ZK der KPdSU.[239]

Ein anderer Aspekt der Modernisierung des Islam, den die Behörden weit weniger gern sahen, war die aktive Nutzung technischer Hilfsmittel: So wurden Fotokopien von Fragmenten des Koran oder Schallplatten und Tonbänder mit Aufnahmen religiösen Inhalts angefertigt und verbreitet.[240] Anfang der 1970er Jahre wurden zudem Fälle dokumentiert, in denen „Radiohooligans" mit Programmen auf Sendung gingen, die in Liedern, Predigten oder Gebeten den Islam propagierten.[241] Große Verbreitung fand auch die Versendung „heiliger Schreiben" auf dem Postweg, in denen die Muslime aufgerufen wurden, ihren Glauben zu festigen und sich streng an die religiösen Rituale zu halten.[242] Ein wichtiger Indikator für den Verbreitungsgrad des „religiösen Aberglaubens" unter der muslimischen Bevölkerung

236 Rede von P.V. Makarcev in Vilnius, Februar 1977. GARF, f. 6991, op. 6, d. 3442, l. 43-65.
237 Informationsbericht über die Lage der Kirchen und Sekten für 1970, 27.04.1971. RGANI, f. 5, op. 63, d. 89, l. 124.
238 Ebenda, l. 126.
239 Ebenda.
240 Informationsbericht über die Lage der Kirchen und Sekten für 1969, 22.05.1970. RGANI, f. 5, op. 62, d. 38, l. 14.
241 Informationsbericht über die Lage der Kirchen und Sekten für 1970, 27.04.1971. RGANI, f. 5, op. 63, d. 89, l. 109.
242 Informationsbericht über die Lage der Kirchen und Sekten für 1969, 22.05.1970. RGANI, f. 5, op. 62, d. 38, l. 14.

der UdSSR waren massenhafte Pilgerfahrten der Gläubigen zu „Heiligen Stätten"[243]: Grab-
stätten von Vertretern des Islam und Theologen sowie „wundertätige" Berge, Schluchten und
Quellen.[244] So besuchten 1970 z.B. 40 000 Muslime aller Altersgruppen und Geschlechter
am „Ashura-Tag" die „Heilige Stätte" Geok-Imam (Aserbaidschanische SSR).[245]

Gewisse ideologische Veränderungen waren auch im Denken der römisch-katholischen
Geistlichen zu verzeichnen. Waren die katholischen Geistlichen der Sowjetmacht gegenüber
nach 1945 noch größtenteils feindselig eingestellt, wurden sie Anfang der 1970er Jahre
zunehmend loyal.[246] Dennoch wurden von der Katholischen Kirche nach Angaben des Rats
für Religionsangelegenheiten eher selten Friedensappelle oder Aufrufe zur Verurteilung des
Krieges verfasst.[247] Sehr zum Missfallen der Behörden behandelten die katholischen Geistlichen in ihren Predigten neben Fragen von Sitte und Moral vor allem Probleme der religiösen
Erziehung von Kindern und Jugendlichen. Während der Anteil entsprechender Predigten in
den Jahren 1962–1965 bei 14,7% lag, waren es 1966–1967 25,4%.[248] Immer wieder wurden
auch Predigten dokumentiert, in denen antisowjetische und antikommunistische Äußerungen
fielen oder die Verfolgung der Religion in der UdSSR angeprangert wurde, auch wenn die
Zahl solcher Predigten beständig zurückging (siehe Tabelle 17).[249]

Tabelle 17:[250] Charakter der Predigten in der Römisch-Katholischen Kirche der UdSSR in
den 1960er Jahren

Charakter der Predigten/Jahr	prozentualer Anteil bestimmter Predigten		
	1962–1967	1968	1969
antisowjetische und antikommunistische Äußerungen	12,5%	3,1%	3,3%
Vorwurf der religiösen Verfolgung in der UdSSR	8,5%	3,1%	4,4%

Immer häufiger fanden ausländische religiöse Bücher oder liturgische Geräte ihren Weg in
die Sowjetunion. So wurden 1969 allein im Gebiet Grodno (Weißrussland) unvollständigen Angaben zufolge über 3 000 Exemplare unterschiedlicher religiöser Literatur und etwa

---

243   Derartige „Heilige Stätten", zu denen die Muslime insbesondere an religiösen Feiertagen Pil-
      gerfahrten unternahmen, gab es in der UdSSR (Stand 01.01.1971) über 200. Fünf Jahre zuvor
      (1966) waren 339 erfasst. Siehe: Informationsbericht über die Lage der Kirchen und Sekten für
      1970, 27.04.1971. RGANI, f. 5, op. 63, d. 89, l. 110. Vgl.: Informationsbericht über die Lage
      der Kirchen und Sekten für 1969, 22.05.1970. RGANI, f. 5, op. 62, d. 38, l. 11.
244   Informationsbericht über die Lage der Kirchen und Sekten für 1969, 22.05.1970. RGANI, f. 5,
      op. 62, d. 38, l. 11.
245   Informationsbericht über die Lage der Kirchen und Sekten für 1970, 27.04.1971. RGANI, f. 5,
      op. 63, d. 89, l. 110.
246   Informationsbericht über die Lage der Kirchen und Sekten für 1969, 22.05.1970. RGANI, f. 5,
      op. 62, d. 38, l. 78.
247   Ebenda, l. 86.
248   Ebenda, l. 82.
249   Informationsbericht über die Lage der Kirchen und Sekten für 1970, 27.04.1971. RGANI, f. 5,
      op. 63, d. 89, l. 177.
250   Informationsbericht über die Lage der Kirchen und Sekten für 1969, 22.05.1970. RGANI, f. 5,
      op. 62, d. 38, l. 85.

40 000 religiöse „Kultgegenstände" bei Touristen (sowohl polnischen als auch sowjetischen Staatsbürgern) beschlagnahmt.[251]

Ende der 1960er Jahre waren in Litauen zunehmend katholische Geistliche aktiv, die nach Angaben der Behörden „feindliche Positionen einnahmen, antisowjetische Aussagen machten und versuchten, unter den Gläubigen Unzufriedenheit mit den Machtorganen zu wecken". In ihren an unterschiedliche Regierungsorgane adressierten Schreiben warfen die Geistlichen unangenehme Fragen auf, die z.B. höhere Kontingente für die Priesterseminare, die Genehmigung, die Firmung von Heranwachsenden durchzuführen, den organisierten Religionsunterricht für Kinder, die uneingeschränkte Herstellung liturgischer Geräte oder die Herausgabe religiöser Literatur betrafen.[252] Unter dem Einfluss der Priester schrieben katholische Aktivisten Briefe und Petitionen ins Ausland, in denen sie für die Gewährung von Religionsfreiheit in der UdSSR einschließlich der Gründung katholischer Kirchen in anderen Regionen des Landes wie z.B. in Kasachstan eintraten. Derartige Initiativen interpretierten die Behörden unzweideutig als „unschätzbaren Dienst für die internationale antikommunistische Propaganda" unter dem Einfluss des Vatikan sowie diverser antisowjetischer Zentren der litauischen, ukrainischen und lettischen Emigration.[253]

Die Predigten der Pastoren der Evangelisch-Lutherischen Kirche zeugten größtenteils von Loyalität gegenüber dem Sowjetstaat. „Auch wenn ihre Aufmerksamkeit vor allem der Festigung der religiösen Gefühle der Gläubigen gilt, können die Amtsträger des [evangelisch-lutherischen] Kults die Menschen nicht von den Idealen des Kommunismus losreißen [...]",[254] bemerkte die Führung des Rats für Religionsangelegenheiten 1969. Ende der 1960er bis Anfang der 1970er Jahre stieg in den lutherischen Gemeinden Estlands die Zahl der den staatlichen Feiertagen der UdSSR gewidmeten Predigten. Viele Pastoren sprachen sich für den Friedensdienst aus und unterstrichen, dass Kommunismus und Christentum die gleichen Ziele verfolgten.[255] Auch in der Lettischen SSR thematisierten die lutherischen Pastoren in ihren Predigten immer öfter den Gleichklang religiöser und sozialistischer Ideen und erklärten immer wieder, dass die Zugehörigkeit zum Christentum der Beteiligung am Aufbau des Kommunismus nicht im Weg stehe, dass der Kommunismus die Erfüllung der Hoffnungen und Träume des Christentums sei usw. Die Führung des Rats für Religionsangelegenheiten bewertete diese Entwicklung im Großen und Ganzen positiv:

„Die Pastoren sind bestrebt, die Existenz der lutherischen Kirche auch in Zukunft zu sichern, und wollen ihren Einfluss nicht nur auf Pensionäre und allerlei Ehemalige, sondern auch auf jene ausweiten, denen die Zukunft gehört. Im Zusammenhang damit ist für die evangelisch-lutherische Kirche das Bestreben charakteristisch, alle aktuellen Ereignisse im Leben unseres Landes und der Republik für ihre Ziele zu nutzen. Im

---

251   Ebenda, l. 78.
252   Ebenda, l. 78-79. Vgl.: Informationsbericht über die Lage der Kirchen und Sekten für 1970, 27.04.1971. RGANI, f. 5, op. 63, d. 89, l. 166.
253   Informationsbericht über die Lage der Kirchen und Sekten für 1970, 27.04.1971. RGANI, f. 5, op. 63, d. 89, l. 166.
254   Informationsbericht über die Lage der Kirchen und Sekten für 1969, 22.05.1970. RGANI, f. 5, op. 62, d. 38, l. 120.
255   Informationsbericht über die Lage der Kirchen und Sekten für 1970, 27.04.1971. RGANI, f. 5, op. 63, d. 89, l. 194-196.

Einzelnen werden in den Kirchen an den Tagen staatlicher und revolutionärer Feiertage feierliche Gottesdienste abgehalten [...]".[256]

Negative Tendenzen sahen die Behörden in der Predigertätigkeit der lutherischen Geistlichen lediglich im Zusammenhang mit dem Bestreben, die „reaktionäre und volksfeindliche Tätigkeit" der Evangelisch-Lutherischen Kirche in der Vorkriegszeit und in den Jahren des Zweiten Weltkriegs abzumildern bzw. zu rechtfertigen. Insgesamt beurteilten die Behörden die Aktivitäten der Lutherischen Kirche in der UdSSR Anfang der 1970er Jahre allerdings positiv: „[Alle] Versuche des Auslands, die loyale Haltung der Kirchenführer gegenüber der Sowjetmacht zu kompromittieren und sie zur Opposition gegen die bestehende Ordnung anzustacheln, werden nicht nur von Seiten der Gläubigen, sondern auch von Seiten des progressiveren Teils der evangelisch-lutherischen Geistlichkeit zurückgewiesen", formulierte 1970 ein Informationsbericht des Rats für Religionsangelegenheiten.[257] Positiv bewerteten die Behörden auch die internationalen Aktivitäten der Lutherischen Kirche, die die Hauptprinzipien der sowjetischen Außenpolitik weitgehend unterstützte.[258]

Die Reformierte Kirche gehörte ebenfalls dem Lager der „loyalen" religiösen Vereinigungen an, wobei den Behörden allein schon der rapide Rückgang der Zahl der Predigten als Ausweis der „Loyalität" galt. Hatten die reformierten Geistlichen in der Litauischen SSR 1962 noch 2 907 Predigten gehalten, sank deren Zahl bis 1969 auf gerade einmal ein Drittel (959).[259] „Angesichts des bemitleidenswerten Zustands der Reformierten versucht die lutherische Kirche, sie gewissermaßen unter ihre Fittiche zu nehmen", hieß es 1969 in einem Informationsbericht des Rats für Religionsangelegenheiten: „Die Lutheraner Litauens versorgen die reformierte Gesellschaft mit ihren Kalendern [und] laden die reformierten Geistlichen zu verschiedenen Feierlichkeiten und Jubiläen ein. Die Reformierten haben eine solche Fürsorge angenommen [...]".[260] Auch in Transkarpatien zeigte sich die reformierte Kirche nur wenig aktiv. Allerdings wies die Führung des Rats für Religionsangelegenheiten auf einen „schädlichen" ausländischen Einfluss hin, der in der Verbreitung der in Ungarn gedruckten Zeitungen „Reformierte Kirche" und „Evangelisches Leben" sowie im Hören ausländischer religiöser Radiosendungen Ausdruck fand.[261]

Alles in allem entsprachen die in den reformierten Kirchen gehaltenen Predigten dem Kanon dessen, was als „loyal" galt. „Die [reformierten] Geistlichen sprechen viel über die Stärkung des Friedens und die Völkerfreundschaft", konstatierte die Führung des Rats für Religionsangelegenheiten in dem Informationsbericht für das Jahr 1969.[262] Die von den reformierten Geistlichen zur Unterstützung der sowjetischen Außenpolitik geleistete Arbeit wurde von den Behörden ebenfalls überaus positiv eingeschätzt.

---

256 Informationsbericht über die Lage der Kirchen und Sekten für 1969, 22.05.1970. RGANI, f. 5, op. 62, d. 38, l. 122.
257 Informationsbericht über die Lage der Kirchen und Sekten für 1970, 27.04.1971. RGANI, f. 5, op. 63, d. 89, l. 194-196.
258 Ebenda.
259 Informationsbericht über die Lage der Kirchen und Sekten für 1969, 22.05.1970. RGANI, f. 5, op. 62, d. 38, l. 132.
260 Ebenda, l. 133.
261 Ebenda, l. 128.
262 Ebenda, l. 130.

Vorbildliche Loyalität legten in ihren Gottesdiensten auch die Molokanen an den Tag. So berichteten die Bevollmächtigten des Rats für Religionsangelegenheiten 1969: „Die Predigten sind Nacherzählungen der biblischen Geschichten und auch das mit Verdrehungen. Viel Platz wird Fragen des Friedens und der Völkerfreundschaft eingeräumt. Bei jeder sich bietenden Gelegenheit werden dankbare Worte an die Adresse der Sowjetregierung gerichtet [...]".[263] Nach Angaben der Bevollmächtigten waren die Predigten der Molokanen frei von jedem Versuch einer Modernisierung. Die Molokanen hielten sich streng an den Kanon des Althergebrachten und ließen keinerlei Neuerungen zu. „Wir beten auf alte Art und leben auf neue Art, wie es die Sowjetmacht fordert", bemerkte in diesem Zusammenhang der Älteste der Gemeinde Astrachanka (Gebiet Zaporož'e) A.V. Rudometkin.[264] Die molokanischen Gläubigen stellten nach Aussagen der Bevollmächtigten „eine der loyalsten religiösen Gruppen dar: eine Gemeinschaft, in der immer Ruhe und Frieden herrscht".[265] „Wir dulden keine Heißsporne", behauptete A.V. Rudometkin, „unsere Gläubigen mögen auf der Versammlung Ruhe, Frieden und Stille. Sie lassen nicht einmal in Gedanken auch nur den kleinsten Verstoß gegen die Gesetze des Landes zu".[266] Gestört wurde diese Idylle lediglich durch Versuche, in die Türkei zu emigrieren, sowie die in einigen Gemeinden der Molokanen in den späten 1960er und frühen 1970er Jahren zu verzeichnende Weigerung, sowjetische Pässe und die sowjetische Staatsbürgerschaft anzunehmen.[267] Eine gewisse Besorgnis rief bei den Behörden auch das Bestreben der baptistischen Anhänger des Kirchenrats der Evangeliumschristen-Baptisten hervor, einen Teil der molokanischen Gemeinden unter ihren Einfluss zu bringen.[268]

Für die Predigten der loyalen, dem Allunionsrat der Evangeliumschristen-Baptisten angehörenden Gemeindemitglieder war eine gewisse Ambivalenz charakteristisch. Nach Angaben der Führung des Rats für Religionsangelegenheiten war die überwältigende Mehrheit des Kirchenaktivs und der Geistlichen des Allunionsrats loyal eingestellt: „Sie haben Verständnis für die Politik des Sowjetstaats, halten sich an die Religionsgesetze [und] entwickeln bei den Gläubigen den richtigen Blick auf die sowjetische Wirklichkeit". Allerdings gab es in einer ganzen Reihe registrierter Gemeinden auch Prediger, die die Ansichten der „reaktionären Anhänger [...] des Kirchenrats der Evangeliumschristen-Baptisten" teilten und angeblich „heimliche Emissäre dieses illegal agierenden Zentrums innerhalb der registrierten Gemeinden" waren.[269] Ein Minus stellte in den Augen der Behörden auch die „Moder-

---

263 Ebenda, l. 145. Der Älteste der Gemeinde des Dorfes Chil'milli (Aserbaidschanische SSR) erklärte im Gespräch mit dem Bevollmächtigten des Rats für Religionsangelegenheiten wörtlich das Folgende: „In der Bibel wird gesagt, dass das Jahrtausend der Herrschaft der Gerechtigkeit auf Erden anbricht, und nun ist es dank unserer sowjetischen Regierung angebrochen". Siehe: ebenda, l. 146.

264 Informationsbericht über die Lage der Kirchen und Sekten für 1970, 27.04.1971. RGANI, f. 5, op. 63, d. 89, l. 201-202.

265 Informationsbericht über die Lage der Kirchen und Sekten für 1969, 22.05.1970. RGANI, f. 5, op. 62, d. 38, l. 146.

266 Ebenda.

267 Informationsbericht über die Lage der Kirchen und Sekten für 1970, 27.04.1971. RGANI, f. 5, op. 63, d. 89, l. 202.

268 Ebenda, l. 203.

269 Informationsbericht über die Lage der Kirchen und Sekten für 1969, 22.05.1970. RGANI, f. 5, op. 62, d. 38, l. 166.

nisierung" der Predigertätigkeit des Allunionsrats der Evangeliumschristen-Baptisten dar. So hieß es im Informationsbericht des Rats für Religionsangelegenheiten für das Jahr 1969: „Heute sind die Prediger des Baptismus weniger mit Fragen der Präzisierung oder Klärung unklarer biblischer Dogmen beschäftigt als vielmehr mit der Frage, wie die Kirche unter den Bedingungen einer atheistischen Umwelt, großer Errungenschaften der Wissenschaft und des sozialen Fortschritts ihre Existenz sichern kann".[270] Besorgniserregend waren nach Ansicht des Rats für Religionsangelegenheiten neue Formen der unter den Gläubigen geleisteten Arbeit: Predigten und Vollzug kirchlicher Zeremonien außerhalb des Bethauses, Organisation kollektiver Mahlzeiten, zu denen Gläubige aus benachbarten Ortschaften eingeladen wurden, Durchführung von Massenfeiern und -zeremonien (Erntedank, Hochzeiten, Beerdigungen), umfassende Nutzung technischer Hilfsmittel (Tonbandaufzeichnungen von Predigten, Hören ausländischer religiöser Radiostationen) usw.[271]

Nach Einschätzung der Experten des Rats für Religionsangelegenheiten herrschten in den Auftritten der Prediger des Allunionsrats der Evangeliumschristen-Baptisten zwei einander ausschließende Tendenzen vor: 1) das Bestreben, die religiösen „Wahrheiten" an die sowjetische Wirklichkeit anzupassen; 2) das Bestreben, die Menschen durch das Versprechen „ewiger Seligkeit in himmlische Höhen zu führen". Während die Behörden die erste Tendenz uneingeschränkt begrüßten, sorgte die zweite für spürbaren Ärger. Die erste Tendenz fand in dem vom Generalsekretär des Allunionsrats A.V. Karev ausgearbeiteten und an alle Gemeinden verschickten Referat „Der Christ und die Heimat" (1969) Ausdruck, in dem Karev den Standpunkt vertrat, dass der „Christ kein in der Art Robinson Crusoes auf eine einsame Insel geworfenes Individuum sei [...], sondern auch in der Gesellschaft, im Milieu seines Volkes und seines Staates" lebe. Im Weiteren versuchte der Generalsekretär des Allunionsrats die Gläubigen davon zu überzeugen, dass sie ihre Heimat lieben, sich an deren Errungenschaften erfreuen und diese falls nötig mit der Waffe in der Hand verteidigen sollten. Besonders hob Karev hervor, dass „die Heimat nicht nur ein geliebtes Land mit wunderbarer Natur [...], sondern ein Staat mit einer Staatsmacht und Gesetzen" sei, dem gegenüber jeder Christ die richtige Haltung einnehmen müsse.[272] Nach Einschätzung des Rats für Religionsangelegenheiten nahmen die meisten Gläubigen und Prediger des Allunionsrats der Evangeliumschristen-Baptisten Karevs Referat positiv auf.

Anfang der 1970er Jahre wurden in der Predigertätigkeit des Allunionsrats ferner Versuche dokumentiert, die Vereinbarkeit der Ideen des Christentums und des Kommunismus zu beweisen und die Gläubigen davon zu überzeugen, dass der Glaube an Gott nicht im Widerspruch zum Kommunismus stehe, die Sowjetmacht auf Gottes Willen beruhe usw.[273] Nach Ansicht des Rats für Religionsangelegenheiten waren die von den Geistlichen des Allunionsrats vertretenen Positionen durch innere Widersprüche geprägt: Einerseits leugneten sie die Ideen des Kommunismus nicht, andererseits wollten sie diese aber auch nicht als Realität anerkennen: „Kommunismus, das ist wirklich wunderbar, das ist das Paradies auf Erden. Wir sind für den Kommunismus, aber auf Erden lässt er sich nicht schaffen. Nicht, weil das eine schlechte Idee ist, sondern weil die Menschen schlecht sind [...]".[274]

---

270 Ebenda, l. 187.
271 Ebenda, l. 198.
272 Ebenda, l. 180-181.
273 Ebenda.
274 Ebenda, l. 182.

Dieser in der Terminologie der Machthaber „isolationistischen" Richtung lag die für alle christlichen Religionen traditionelle Idee der Vergänglichkeit alles Irdischen und der persönlichen Erlösung des Gläubigen zugrunde, der sich vor der Welt und allem Weltlichen in Acht nehmen sollte. Predigten dieser Art wurden unmissverständlich als Versuch eingestuft, die Gläubigen zu „isolieren" und vom Leben im sozialistischen Staat zu lösen.[275] Beunruhigt zeigten sich die Behörden auch durch den Umstand, dass sich durch viele baptistische Predigten ein „Leidenskult" als das Leitmotiv zog,[276] dem zufolge es als ehrenhaft galt, für den Glauben zu leiden. So erlaubte sich ein Teil der Prediger, öffentlich Kritik an der Unterdrückung der Religion und der Gläubigen in der UdSSR zu üben.[277]

Aus der Masse der loyalen und halbloyalen Kirchen stachen die Adventisten des Siebenten Tages durch ihren Nonkonformismus heraus. Die Führer der Adventistengemeinden organisierten entgegen der Politik des Rats für Religionsangelegenheiten konsequent Musik- und Chorgruppen für Kinder, führten für die Jugend „gemeinsame Mahlzeiten" (večera ljubvi) durch, gründeten „Samstagsschulen" für Heranwachsende usw. Die Adventisten verboten ihren Kindern, Pionier- und Komsomolorganisationen beizutreten, am Samstag die Schule zu besuchen, ins Kino oder Theater oder zu Tanzveranstaltungen zu gehen.[278] 1970 hoben die Behörden in der Lettischen und der Kasachischen SSR adventistische Untergrunddruckereien aus, die religiöse Bücher in Massenauflagen produzierten. Zudem waren vermehrt Fälle illegaler Einfuhr und Verbreitung religiöser Literatur aus dem Ausland zu verzeichnen.[279]

Die Führung der Adventisten des Siebenten Tages unterhielt zudem Verbindungen zu den adventistischen Zentren im Ausland. So wurden zehn aus unterschiedlichen Republiken und Gebieten der UdSSR stammende adventistische Prediger offiziell auf die Generalkonferenz der Adventisten des Siebenten Tags eingeladen, die im Juni 1970 in den USA stattfinden sollte. Auch wenn letztlich keiner der Eingeladenen eine Reisegenehmigung bekam, fanden die Materialien der Konferenz unter den Gläubigen weite Verbreitung.[280] Ein ständiger Herd von Konflikten waren Predigten, in denen die adventistischen Geistlichen die besondere Bedeutung des Samstags hervorhoben (die Verweigerung jeglicher Arbeitstätigkeit am Samstag wurde von den Behörden insbesondere in den Vorkriegsjahren als Untergrabung der Volkswirtschaft eingestuft) oder zum Pazifismus aufriefen. Die gegen die größtenteils illegal agierenden Vereinigungen der Adventisten verhängten Strafmaßnahmen (Geldbußen, Aufhebung der Registrierung, strafrechtliche Verfolgung der Prediger) blieben weitgehend wirkungslos.[281]

Als besonders gefährlich galten den Behörden die an das gesamte baptistische Publikum gerichteten Predigten der Anhänger des Kirchenrats der Evangeliumschristen-Baptisten, deren Aufruf, „der ganzen Welt das Evangelium zu predigen [...], ohne sich an irgendwelche

---

275 Ebenda, l. 185.
276 Ebenda, l. 186.
277 Ebenda.
278 Informationsbericht über die Lage der Kirchen und Sekten für 1970, 27.04.1971. RGANI, f. 5, op. 63, d. 89, l. 209.
279 Ebenda, l. 210.
280 Ebenda.
281 Ebenda.

Einschränkungen zu halten [...]", eine unverhüllte Herausforderung der Machthaber darstell-te. Unter dem Einfluss der flammenden Predigten der Initiativler liefen zahlreiche Gläubige und Prediger des Allunionsrats der Evangeliumschristen-Baptisten von den „legalen" zu den „illegalen" Gemeinden über.[282] Die dem Kirchenrat nahestehenden Prediger riefen die Gläubigen dazu auf, für die „völlige Freiheit der religiösen Propaganda" und die Möglich-keit zu kämpfen, den Kindern Religionsunterricht zu erteilen, karitativ tätig zu sein und Prediger, Chöre und Orchester frei durch das Land reisen zu lassen.[283] Der Kampf der Anhänger des Kirchenrats der Evangeliumschristen-Baptisten für die Religionsfreiheit war eindeutig politisch gefärbt und wurde von den Behörden als „antisowjetische Tätigkeit" ein-gestuft, die in religiösen Demonstrationen und illegalen Massentreffen, in der Produktion und Verbreitung „verleumderischer" Literatur, in Kontakten zu „reaktionären ausländischen Organisationen", in der Durchführung von „Treffen der Verwandten der Gefangenen" so-wie in der Übermittlung antisowjetischer Petitionen und Erklärungen ins Ausland Ausdruck fand.[284] So konstatierte der Rat für Religionsangelegenheiten z.B. im April 1971: „Noch immer setzt der sogenannte ‚Rat der Verwandten der Gefangenen' ungestraft seine gesetz-widrige Tätigkeit fort und begeht dabei, wenn er unter den Gläubigen und im Ausland (Norwegen, Schweden, BRD, USA, England, Dänemark) die sowjetische staatliche und ge-sellschaftliche Ordnung befleckende Flugblätter und Erklärungen verbreitet, immer öfter Taten, die an Staatsverbrechen grenzen [...]".[285]

Im Verlauf des Jahres 1970 wurden in 20 Gebieten, Regionen und Republiken der UdSSR vom Kirchenrat der Evangeliumschristen-Baptisten organisierte Massenveranstaltungen do-kumentiert, die jeweils von 150 bis 500 Personen besucht wurden. In 15 Gebieten, Regionen und Republiken der UdSSR deckten die Behörden Religionsunterricht für Kinder und Ju-gendliche auf, wobei diese „Bibelschulen und -kreise" zum Teil über mehrere Jahre illegal bestanden. Überall organisierten die Evangeliumschristen-Baptisten Versammlungen, auf denen Gedichte deklamiert, religiöse Lieder gesungen oder Theaterstücke aufgeführt wur-den. In ihrem Informationsbericht an die Propagandaabteilung des ZK der KPdSU teilte die Führung des Rats für Religionsangelegenheiten im April 1971 Folgendes mit: „[Der Kir-chenrat der Evangeliumschristen-Baptisten] betreibt im Untergrund umfangreiche publizis-tische, karitative und missionarische Arbeit. Die Fakten zeugen davon, dass der sogenannte ‚Kirchenrat' im vergangenen Jahr [...] in großen Mengen illegale Literatur vervielfältigt und verbreitet hat [...]".[286] Dabei ging es nicht nur um kleinformatige Veröffentlichungen in der Art des „Bratskij listok" (Bruderblatt). So wurden der Staatsanwaltschaft des Gebiets Char'kov im Mai 1969 550 bei Anhängern des Kirchenrats beschlagnahmte Druckplatten

---

282 Ebenda, l. 232.
283 Informationsbericht über die Lage der Kirchen und Sekten für 1969, 22.05.1970. RGANI, f. 5, op. 62, d. 38, l. 216.
284 Ebenda, l. 218. Vgl. Auskunft über die religiöse Lage von S.M. Seregin, 18.01.1971. RGANI, f. 5, op. 63, d. 89, l. 10-11.
285 Informationsbericht über die Lage der Kirchen und Sekten für 1970, 27.04.1971. RGANI, f. 5, op. 63, d. 89, l. 233.
286 Ebenda, l. 229-230. Vgl.: Auskunft über die religiöse Lage von S.M. Seregin, 18.01.1971. RGANI, f. 5, op. 63, d. 89, l. 10.

der Bibel übergeben und im Gebiet Leningrad illegal gedruckte Sammlungen „Geistlicher Lieder" aus dem Verkehr gezogen.[287]

Die Predigten der nicht dem Allunionsrat der Evangeliumschristen-Baptisten angeschlossenen Pfingstler und Mennoniten waren kaum weniger „extremistisch" als die Predigten des Kirchenrats der Evangeliumschristen-Baptisten. Auf den Versammlungen der Pfingstler waren nach Aussage der Bevollmächtigten des Rats für Religionsangelegenheiten „Prophezeiungen und andere Abweichungen" zu hören. Die Kinder wurden zum Gottesdienst mitgenommen und durften weder den Pionieren beitreten noch ins Kino gehen oder sich an den gesellschaftlichen Aktivitäten der Schulkollektive beteiligen.[288] „Viele Gruppen der Pfingstler wollen weder die Autonomie noch den Anschluss an den Allunionsrat der Evangeliumschristen-Baptisten und agieren weiterhin im Verborgenen", hieß es im Bericht des Rats für das Jahr 1969.[289] Die Behörden dokumentierten regelmäßig Fälle, in denen Pfingstler den Wehrdienst in der Sowjetarmee, die Annahme von Pässen oder die Teilnahme an Wahlen verweigerten. Für Besorgnis sorgten Kontakte der Pfingstler[290] zu Gemeinden in den USA und Kanada, auf deren Grundlage ausländische religiöse Literatur und Tonbandaufnahmen von Gottesdiensten und Predigten in die Sowjetunion gelangten.[291]

Der „Extremismus" der Predigertätigkeit der selbstständigen Mennonitengemeinden bestand ebenfalls vor allem darin, dass sich diese Tätigkeit an Kinder und Jugendliche richtete. „Die Kinder der Mennoniten haben wenig Kontakt zu ihren Altersgenossen", so der Informationsbericht des Rats für Religionsangelegenheiten für das Jahr 1969: „Unter ihnen sind wenige Pioniere und Komsomolzen, sie besuchen nur selten Klubs, Bibliotheken usw. Die mennonitischen Eltern hindern ihre Kinder daran, an höheren und mittleren Lehranstalten zu lernen[292], damit die heranwachsende Jugend nicht die Häuser ihrer Väter verlässt [und] sich nicht vom Leben der Gemeinde löst [...]".[293] Im gesamten Verlauf der 1960er Jahre organisierten die Mennoniten illegale Sonntagsschulen und Zirkel, in denen den Kindern Religionsunterricht erteilt wurde, gründeten Kinderchöre, in denen religiöse Lieder einstudiert wurden, und veranstalteten religiöse Jugendlager. Alle Versuche, derartige Aktivitäten der mennonitischen Prediger zu unterbinden, führten in der Regel lediglich dazu, dass diese noch konspirativer durchgeführt wurden, was letztlich die Selbstisolation der Mennoniten nur weiter verstärkte.[294]

---

287 Informationsbericht über die Lage der Kirchen und Sekten für 1970, 27.04.1971. RGANI, f. 5, op. 63, d. 89, l. 229-230.

288 Vgl.: Auskunft über die religiöse Lage von S.M. Seregin, 18.01.1971. RGANI, f. 5, op. 63, d. 89, l. 13.

289 Informationsbericht über die Lage der Kirchen und Sekten für 1969, 22.05.1970. RGANI, f. 5, op. 62, d. 38, l. 234.

290 Vor allem Pfingstler aus der Westukraine und Weißrussland.

291 Informationsbericht über die Lage der Kirchen und Sekten für 1969, 22.05.1970. RGANI, f. 5, op. 62, d. 38, l. 235.

292 Eine Ausnahme stellten Lehranstalten zur Ausbildung von landwirtschaftlichen Kadern und Landmaschinenmechanikern dar.

293 Informationsbericht über die Lage der Kirchen und Sekten für 1969, 22.05.1970. RGANI, f. 5, op. 62, d. 38, l. 248-249. Vgl. dazu: Auskunft über die religiöse Lage von S.M. Seregin, 18.01.1971. RGANI, f. 5, op. 63, d. 89, l. 13.

294 Informationsbericht über die Lage der Kirchen und Sekten für 1969, 22.05.1970. RGANI, f. 5, op. 62, d. 38, l. 248-249.

6.5. Finanzen

Traditionell galt den Finanzen der religiösen Organisationen von Seiten der Behörden hohe Aufmerksamkeit, zumal in der Brežnev-Zeit, als die Einnahmen der wichtigsten Konfessionen stetig stiegen. „Die Krisenerscheinungen [in der Kirche], [...] haben einen [höchst] widersprüchlichen Charakter", unterstrich der Vorsitzende des Rats für Religionsangelegenheiten beim Ministerrat der UdSSR Kuroedov im April 1970 in einer an die Propagandaabteilung des ZK der KPdSU gerichteten Aktennotiz: „Während einige Positionen geschwächt sind, ist bei anderen eine Stärkung zu verzeichnen [...]". So ging zwar die Zahl der in der UdSSR bestehenden religiösen Vereinigungen ebenso zurück wie die Zahl der kirchlichen Zeremonien, doch stiegen auf der anderen Seite die Einnahmen der Kirchen[295] (siehe Tabelle 18).

Tabelle 18:[296] Entwicklung der Einnahmen der religiösen Vereinigungen in der UdSSR (1967–1970) (in Tausend Rubel)

Religionsgemeinschaft/ Konfession/Jahr	1967	1968	1969	1970
Katholische Kirche[297]	2 193,0	2 304,5	2 856,0	2 379,0
Evangeliumschristen-Baptisten	1 909,0	2 071,4	2 184,3	2 390,9
Jüdische Gemeinden	815,0	945,3	1 059,4	1 169,6
Lutherische Kirche	790,0	820,9	826,3	861,3
Armenische Kirche	607,0	750,0	781,7	1 145,4
Adventisten des Siebenten Tages	225,0	211,9	235,6	260,2
Reformierte Kirche	131,5	123,0	129,8	122,6
Methodisten	24,0	24,3	27,3	25,8
Molokanen	11,9	17,0	18,6	28,7
Mennoniten	9,3	18,6	16,8	14,1

Die Ursache dieser Entwicklung sahen die Behörden einerseits im generell gestiegenen Wohlstand der sowjetischen Bevölkerung, andererseits in einer schwachen Erziehungsarbeit. „In den Händen der Kirchenleute und Sektenangehörigen sind zum gegenwärtigen Zeitpunkt große Summen freier Finanzmittel konzentriert [...]", konstatierte die Führung des Rats für Religionsangelegenheiten in ihrem Informationsbericht an das ZK der KPdSU für das Jahr 1969. Nach Angaben des Rats hatte die Armenische Apostolische Kirche über 873 000

---

295 Aktennotiz V.A. Kuroedovs, 13.04.1970. RGANI, f. 5, op. 62, d. 37, l. 33.
296 Informationsbericht über die Lage der Kirchen und Sekten für 1969, 22.05.1970. RGANI, f. 5, op. 62, d. 38, l. 57; Informationsbericht über die Lage der Kirchen und Sekten für 1970, 27.04.1971. RGANI, f. 5, op. 63, d. 89, l. 162-164.
297 Ohne Berücksichtigung der Gelder, die die Priester unmittelbar für den Vollzug von Zeremonien bekamen.

Rubel, die Katholische Kirche über 344 000 Rubel, die Lutherische Kirche über 432 000 Rubel, die Evangeliumschristen-Baptisten 347 000 Rubel und die Reformierte Kirche 20 000 Rubel an „freien Mitteln" auf dem Konto.[298]

Da die finanzielle Unabhängigkeit der religiösen Vereinigungen als überaus schädlich galt, waren die Behörden immer auf der Suche nach Möglichkeiten, deren Einnahmen in Form von Versicherungszahlungen, Steuern und Abgaben abzuschöpfen. Ende der 1960er bis Anfang der 1970er Jahre lag die Summe der von den einzelnen Religionsgemeinschaften an den Staat entrichteten Zahlungen und „freiwilligen Abgaben" bei etwa 40% ihrer Gesamteinnahmen.[299] Allein im Jahr 1969 zahlten die verschiedenen Religionsgemeinschaften etwa 12,5 Millionen Rubel an den Sowjetischen Friedensfonds[300] und 1,3 Millionen Rubel an den Fonds der Allrussischen Gesellschaft zum Schutz von Geschichts- und Kulturdenkmälern, was nach Ansicht des Rats für Religionsangelegenheiten immer noch deutlich zu wenig war. Eine Ausnahme stellten lediglich die muslimischen Vereinigungen, die Russisch-Orthodoxe Kirche und die Georgische Orthodoxe Kirche dar. Während die Russisch-Orthodoxe Kirche 1969 etwa 10% und die muslimische Gemeinschaft 12,7% ihrer Einnahmen an den Friedensfonds abführten, lag der entsprechende Wert bei den Evangeliumschristen-Baptisten bei gerade einmal 2,7% und bei den Reformierten (2%), Katholiken (1,1%) und Lutheranern (0,7%) sogar noch deutlich darunter.[301] 1970 zahlten alle religiösen Organisationen (mit Ausnahme der Russisch-Orthodoxen Kirche und der Muslime) zusammen rund 210 000 Rubel an den Friedensfonds, was nicht einmal 3% ihrer Gesamteinnahmen ausmachte (siehe Tabelle 19). Und auch die Führungsorgane der Glaubensgemeinschaften (religiöse Zentren, bischöfliche Verwaltungen und Seniorpresbyter) legten keinen besonderen Eifer an den Tag, sich als „Friedenskämpfer" zu profilieren. So wurden z.B. von der Führung des Allunionsrats der Evangeliumschristen-Baptisten 1970 6 400 Rubel (1%), von den Seniorpresbytern der Evangeliumschristen-Baptisten der Gebiete und Republiken etwa 15 000 Rubel (4%) und von dem Katholikos der Armenischen Kirche 8 000 Rubel (1,5%) an den Sowjetischen Friedensfonds überwiesen.[302] Eine derartige „Passivität" von Seiten der Führungsorgane der Religionsgemeinschaften stuften die Behörden als „bewusste Verweigerung der Beteiligung am Friedensfonds" ein.[303]

Die muslimischen Vereinigungen konnten ihre Einnahmen in der zweiten Hälfte der 1960er Jahre erheblich steigern: von 1,7 Millionen Rubeln im Jahr 1966 auf über 2,5 Millionen im Jahr 1969.[304] Für den Zeitraum 1965–1970 war sogar eine Steigerung um

---

298 Informationsbericht über die Lage der Kirchen und Sekten für 1969, 22.05.1970. RGANI, f. 5, op. 62, d. 38, l. 58.
299 Aktennotiz von V.A. Kuroedov, 24.03.1971. RGANI, f. 5, op. 63, d. 89, l. 87.
300 1970 zahlten die religiösen Vereinigungen „freiwillig" etwa 15,2 Millionen Rubel an den Sowjetischen Friedensfonds und den Sowjetischen Fonds zum Schutz von Geschichts- und Kulturdenkmälern.
301 Informationsbericht über die Lage der Kirchen und Sekten für 1969, 22.05.1970. RGANI, f. 5, op. 62, d. 38, l. 59.
302 Informationsbericht über die Lage der Kirchen und Sekten für 1970, 27.04.1971. RGANI, f. 5, op. 63, d. 89, l. 164.
303 Ebenda.
304 Informationsbericht über die Lage der Kirchen und Sekten für 1969, 22.05.1970. RGANI, f. 5, op. 62, d. 38, l. 4.

zwei Drittel zu verzeichnen.[305] Eine solche Entwicklung lässt sich nicht allein durch eine bessere Erfassung der Einnahmen erklären, sondern war auch auf die Effektivität der von der muslimischen Geistlichkeit geleisteten religiösen Arbeit zurückzuführen.[306] Allein im Jahr 1969 überwiesen die muslimischen Vereinigungen etwa 0,5 Millionen Rubel bzw. 20% ihrer Jahreseinnahmen an Organisationen, deren Tätigkeit nicht unmittelbar mit der Religion zu tun hatte (Sowjetischer Friedensfonds, Fonds der Allrussischen Gesellschaft zum Schutz von Geschichts- und Kulturdenkmälern, Abteilung für internationale Verbindungen der muslimischen Organisationen der UdSSR usw.).[307] 1970 zahlten die muslimischen religiösen Vereinigungen allein an den Sowjetischen Friedensfonds fast 400 000 Rubel, was über 14% ihrer Gesamteinnahmen ausmachte.[308]

Tabelle 19:[309] Einnahmen und Zahlungen der registrierten religiösen Vereinigungen in der UdSSR im Jahr 1970 (in Tausend Rubel)

Religionsgemeinschaft/Konfession	Gesamteinnahmen	Zahlungen an den Sowjetischen Friedensfonds	Zahlungen an den Fonds der Allrussischen Gesellschaft zum Schutz von Geschichts- und Kulturdenkmälern	verbleibende Mittel
Evangeliumschristen-Baptisten	2 390,9	71,7	–	420,7
Katholische Kirche	2 379,0	29,2	6,9	258,2
Juden	1 169,6	69,0	13,2	345,6
Armenische Kirche	1 145,4	8,0	–	45,98
Lutherische Kirche	861,3	18,8	29,8	326,6
Adventisten des Siebenten Tages	260,2	7,15	1,6	56,5
Reformierte Kirche	122,6	1,8	1,2	20,2
Molokanen	28,7	1,9	–	23,6
Methodisten	25,8	0,5	–	12,3
Mennoniten	14,1	1,6	–	4,1

Auch die Katholische Kirche konnte ihre Einnahmen ungeachtet einer rückläufigen Zahl sowohl ihrer Geistlichen als auch der von diesen durchgeführten Taufen und Hochzeiten

---

305 Informationsbericht über die Lage der Kirchen und Sekten für 1970, 27.04.1971. RGANI, f. 5, op. 63, d. 89, l. 101.
306 Informationsbericht über die Lage der Kirchen und Sekten für 1969, 22.05.1970. RGANI, f. 5, op. 62, d. 38, l. 5.
307 Ebenda.
308 Informationsbericht über die Lage der Kirchen und Sekten für 1970, 27.04.1971. RGANI, f. 5, op. 63, d. 89, l. 101.
309 Ebenda, l. 312.

stetig steigern. So war allein im Zeitraum 1966–1969 ein Zuwachs von über 340 000 Rubeln (11,2%) zu verzeichnen. Von dieser Summe wurde allerdings nur ein unerheblicher Teil für „Hilfen an den Staat" aufgewendet. So gab die katholische Kirche 1969 z.B. nur gerade einmal 2,4% ihrer Einnahmen als „freiwillige Spenden" an den Friedensfonds und den Fonds der Gesellschaft zum Schutz von Geschichts- und Kulturdenkmälern weiter.[310] 1970 zahlte die katholische Geistlichkeit gerade einmal 29 200 Rubel (1,2% der Gesamteinnahmen) an den Sowjetischen Friedensfonds.[311]

Im Unterschied zu zahlreichen anderen Konfessionen war die Finanzlage der Lutherischen Kirche alles andere als gut. Ihre Einnahmen stiegen langsamer als die Ausgaben[312], was die Behörden veranlasste, sie zu den „schwachen" Konfessionen zu zählen. In Lettland sanken die Einnahmen aus dem Vollzug religiöser Zeremonien z.B. in einem solchen Maße, dass 1969 22 Pastoren gezwungen waren, einer Nebentätigkeit nachzugehen. Ähnliche Prozesse waren auch in Litauen und Estland zu verzeichnen, wo die Einnahmen der Kirche ebenfalls stark rückläufig waren.[313] Vor diesem Hintergrund kann es kaum verwundern, dass die Lutherische Kirche auch im „Kampf für den Frieden" kein besonderes finanzielles Engagement an den Tag legte und 1969 bei Gesamteinnahmen in Höhe von 826 300 Rubeln weniger als 6 000 Rubel (0,7%) an den Sowjetischen Friedensfonds überwies.[314]

Bei den Reformierten wirkte sich der Rückgang der Zahl der durchgeführten religiösen Zeremonien nur unwesentlich auf die Einnahmen aus. Ende der 1960er Jahre war sogar ein leichter Anstieg der Einnahmen von etwa 106 000 Rubeln im Jahr 1967 auf fast 125 000 Rubel im Jahr 1969 zu verzeichnen.[315] Ungeachtet der gestiegenen Einnahmen blieb der Anteil der Zuwendungen an den Sowjetischen Friedensfonds allerdings weiterhin niedrig. So wies die reformierte Kirche von den 1970 eingegangenen insgesamt 122 600 Rubeln gerade einmal 1 800 (weniger als 1,5%) für die „Bewahrung des Friedens" an.[316]

Unter den kleineren religiösen Vereinigungen leisteten die Molokanen die größten Zahlungen und untermauerten so ihren Status als loyale Kirche. So konnten die Gemeinden der Molokanen im Zeitraum 1966–1970 ihre Einnahmen verdreifachen und verfünffachen sogar ihre Zuweisungen an den Friedensfonds, was einem Anteil von 6,6% der Gesamteinnahmen entsprach (siehe Tabelle 20).

---

310 Informationsbericht über die Lage der Kirchen und Sekten für 1969, 22.05.1970. RGANI, f. 5, op. 62, d. 38, l. 94.
311 Informationsbericht über die Lage der Kirchen und Sekten für 1970, 27.04.1971. RGANI, f. 5, op. 63, d. 89, l. 164.
312 Während die durchschnittliche Spendenleistung pro Gemeindemitglied in der Lutherischen Kirche Ende der 1960er Jahre bei gerade einmal 4,9 Rubeln lag, waren es bei den Adventisten 31,2 Rubel. Siehe: Informationsbericht über die Lage der Kirchen und Sekten für 1969, 22.05.1970. RGANI, f. 5, op. 62, d. 38, l. 115.
313 Ebenda.
314 Ebenda, l. 57, 59. Von den 1970 eingenommenen 861 000 Rubeln gingen 19 000 Rubel an den Friedensfonds. Siehe: Informationsbericht über die Lage der Kirchen und Sekten für 1970, 27.04.1971. RGANI, f. 5, op. 63, d. 89, l. 312.
315 Informationsbericht über die Lage der Kirchen und Sekten für 1969, 22.05.1970. RGANI, f. 5, op. 62, d. 38, l. 130.
316 Informationsbericht über die Lage der Kirchen und Sekten für 1970, 27.04.1971. RGANI, f. 5, op. 63, d. 89, l. 312.

Tabelle 20:[317] Einnahmen und Zahlungen an den Friedensfonds bei den Molokanen (1966, 1970 in Rubel)

Jahr	1966	1970
Gesamteinnahmen/Spenden	9 320	28 700
Zahlungen an den Friedensfonds	386	1 900

Was die Vereinigungen der Evangeliumschristen-Baptisten betrifft, blieben die Zahlungen ungeachtet stetig steigender Einnahmen (1967 wurden 1,9 Millionen Rubel, 1968 2,0 Millionen, 1969 2,2 Millionen, 1970 2,4 Millionen Rubel eingenommen) und der Aufrufe von Seiten der Führer des Allunionsrats der Evangeliumschristen-Baptisten in relativen Zahlen gering (1969-2,7%; 1970-3,0%). Auf Versammlungen der Evangeliumschristen-Baptisten in der Kirgisischen, Kasachischen, Moldawischen und Ukrainischen SSR zeigte sich, dass eine derartige „politische Tätigkeit" bei den Gemeindemitgliedern zahlreicher Gemeinden auf erhebliche Einwände stieß.[318]

6.6. Religiöse Zeremonien

Ein wichtiger Indikator zur Bestimmung der „Aktivität" oder „Passivität" einer religiösen Vereinigung waren auch statistische Angaben über die Zahl der durchgeführten religiösen Zeremonien. So stellte die Zahl der von einer Religionsgemeinschaft vollzogenen Taufen, Hochzeiten und Beerdigungen eines der wichtigsten Kriterien dar, anhand derer die Behörden die „Stabilität" einer Kirche im sozialistischen Staat definierten.

Im gesamten Verlauf der 1960er Jahre war die Zahl der von den Behörden dokumentierten religiösen Zeremonien in der UdSSR rückläufig: Waren 1962 in den Kirchen aller Konfessionen noch 30,7% aller neugeborenen Kinder getauft worden, waren es 1969 nur noch 23,4%.[319] Deutlich rückläufig war auch die Zahl der kirchlichen Trauungen, die 1969 nur noch bei 3,1% aller Eheschließungen lag.[320] Dabei waren zwischen den einzelnen Konfessionen deutliche Unterschiede zu verzeichnen. So ging z.B. die Zahl der statistisch erfassten religiösen Zeremonien in der Russisch-Orthodoxen Kirche erheblich zurück. Wurden 1965 in der Russisch-Orthodoxen Kirche noch 28,5% aller in der UdSSR geborenen Kinder getauft, waren es 1970 nur noch 21%. Zugleich stieg die Zahl der Erwachsenentaufen von 9 517 im Jahr 1967 auf 15 120 im Jahr 1970 stark an. Leicht rückläufig war die Zahl der in der Russisch-Orthodoxen Kirche getrauten Paare: Waren es 1965 noch 2,5% aller Eheschließungen, sank der entsprechende Wert 1970 auf 1,9%.[321]

---

317 Informationsbericht über die Lage der Kirchen und Sekten für 1969, 22.05.1970. RGANI, f. 5, op. 62, d. 38, l. 145; Informationsbericht über die Lage der Kirchen und Sekten für 1970, 27.04.1971. RGANI, f. 5, op. 63, d. 89, l. 163-164.
318 Informationsbericht über die Lage der Kirchen und Sekten für 1969, 22.05.1970. RGANI, f. 5, op. 62, d. 38, l. 195; Informationsbericht über die Lage der Kirchen und Sekten für 1970, 27.04.1971. RGANI, f. 5, op. 63, d. 89, l. 312.
319 Aktennotiz V.A. Kuroedovs, 13.04.1970. RGANI, f. 5, op. 62, d. 37, l. 32.
320 Ebenda.
321 Aktennotiz V.A. Kuroedovs, 24.03.1971. RGANI, f. 5, op. 63, d. 89, l. 86.

Während die Zahl der vollzogenen religiösen Zeremonien in der Russisch-Orthodoxen Kirche rückläufig war, stieg die Zahl der Taufrituale bei allen protestantischen Vereinigungen (mit Ausnahme der Lutherischen Kirche) beständig an. In den Vereinigungen der Katholiken, Methodisten, Molokanen, Juden und der Evangeliumschristen-Baptisten war gegen Ende der 1960er Jahre zudem ein Anstieg der Zahl der religiösen Begräbnisse zu verzeichnen. In einer Reihe von Kirchen – vor allem in der Katholischen und der Armenischen – wurde zudem die Möglichkeit eingeführt, Totenmessen auf Distanz lesen zu lassen.[322] Bei fast allen genannten Konfessionen war eine Zunahme der Zahl der kirchlichen Trauungen zu verzeichnen, was von einem ungebrochenen Einfluss auf die Jugend zeugte.[323]

In den 1960er Jahren stieg die Zahl der Sowjetbürger, die für religiöse Zeremonien die Dienste muslimischer Geistlicher in Anspruch nahmen, allen Anstrengungen der Behörden zum Trotz stark an (siehe Tabelle 21).

Tabelle 21:[324] Durch muslimische Geistliche vollzogene religiöse Riten in der UdSSR in den 1960er Jahren

Zeremonien/Jahr	1966	1967	1968	1969
Trauungen	9 367	9 954	10 272	12 730
Totenfeiern	22 730	24 542	26 171	30 972

„Die jahrhundertelange Herrschaft des Islam hat zur Folge, dass viele seiner Zeremonien den Völkern in Fleisch und Blut übergegangen sind und bis zum heutigen Tag in Form von volkstümlichen Traditionen nicht nur von den Gläubigen, sondern auch von vielen Nichtgläubigen praktiziert werden", hieß es im Informationsbericht des Rats für Religionsangelegenheiten für das Jahr 1969: „Beobachtungen zeigen, dass die Beschneidung an vielen Orten bei fast allen Jungen durchgeführt wird [...]".[325] 1970 wurden allein in den registrierten muslimischen Vereinigungen etwa 118 000 verschiedene religiöse Zeremonien dokumentiert, deren größter Teil auf die Republiken Mittelasiens entfiel. Und selbst diese Zahlen machen nur einen Bruchteil der tatsächlichen Fälle aus, da die überwältigende Mehrheit der Zeremonien (vor allem die religiöse Eheschließung) von nichtregistrierten Geistlichen vollzogen wurde, deren Zahl in der UdSSR in die Tausende ging.[326] Eine der am weitesten verbreiteten muslimischen Zeremonien blieb die religiöse Totenfeier, da es im Sowjetstaat keine für die Masse der muslimischen Bevölkerung akzeptable Form der zivilen Bestattung gab.[327] Besondere

---

322 Informationsbericht über die Lage der Kirchen und Sekten für 1969, 22.05.1970. RGANI, f. 5, op. 62, d. 38, l. 57.
323 Vgl.: Informationsbericht über die Lage der Kirchen und Sekten für 1970, 27.04.1971. RGANI, f. 5, op. 63, d. 89, l. 160.
324 Informationsbericht über die Lage der Kirchen und Sekten für 1969, 22.05.1970. RGANI, f. 5, op. 62, d. 38, l. 5.
325 Ebenda, l. 5-6.
326 Informationsbericht über die Lage der Kirchen und Sekten für 1970, 27.04.1971. RGANI, f. 5, op. 63, d. 89, l. 102-104.
327 In der Dagestanischen ASSR wurden rituelle Totenfeiern für die überwiegende Mehrheit der Verstorbenen abgehalten. Siehe: Informationsbericht über die Lage der Kirchen und Sekten für 1970, 27.04.1971. RGANI, f. 5, op. 63, d. 89, l. 102.

Besorgnis rief bei den Behörden die Tatsache hervor, dass die religiösen Zeremonien auch unter Vertretern der muslimischen Intelligenz sowie unter Mitgliedern der KPdSU und des Komsomol zunehmend Verbreitung fanden.[328]

Was die Armenische Apostolische Kirche betrifft[329], stieg die Zahl der Trauungen im Zeitraum 1966–1970 um fast 50% an[330], während die Zahl der Taufen um 10% zurückging. Während in einer russisch-orthodoxen Kirche im Jahr 1970 durchschnittlich 120 Taufen und 6,5 Trauungen stattfanden, waren es in einer armenischen Kirche 330 Taufen und acht Trauungen.[331]

Ein spürbarer Rückgang der Zahl der Taufen und Trauungen war bei den Katholiken zu verzeichnen: 1966–1969 sank die Zahl der Taufen um 9,1% und die Zahl der Trauungen um 9,3%. Wurden in den katholischen Kirchen der Litauischen SSR 1958 noch 82% aller Neugeborenen getauft, waren es 1970 nur noch 44,6%. Im gleichen Zeitraum sank die Zahl der kirchlichen Trauungen in der Republik von 64% auf 29% aller Eheschließungen.[332] Im Gegensatz dazu stieg die Zahl der nach religiösem Ritus durchgeführten Beerdigungen in der Sowjetunion insgesamt stark an: Im Zeitraum 1966–1970 stieg die Zahl der Totenmessen insgesamt um 8,8% und bei den auf Distanz gelesenen Totenmessen sogar um 131,4%. Vor allem in Weißrussland und in der Ukraine fand die Praxis, Totenmessen auf Distanz lesen zu lassen, angesichts der geringen Zahl ortsansässiger Priester weite Verbreitung.[333] Am Übergang zu den 1970er Jahren intensivierte die katholische Geistlichkeit nach Angaben des Rats für Religionsangelegenheiten spürbar ihre Jugendarbeit, um Kinder und Jugendliche für die Teilnahme an Gottesdiensten und religiösen Prozessionen zu gewinnen.[334] Zugleich unterlag die Zahl der Firmungen in der UdSSR im Verlauf der gesamten 1960er Jahre starken Schwankungen. 1966-23 359 Personen, 1967-32 091, 1968-22 703, 1969-24 051.[335] In der Litauischen SSR lag die Zahl der Firmungen 1969 bei nur noch 35% der entsprechenden Zahl des Jahres 1955.[336]

Starke Schwankungen in der Statistik, in der es wie z.B. bei der Evangelisch-Lutheri-schen Kirche innerhalb eines einzigen Jahres zu massiven Zuwächsen bzw. Einbrüchen

---

328 Informationsbericht über die Lage der Kirchen und Sekten für 1969, 22.05.1970. RGANI, f. 5, op. 62, d. 38, l. 6. So wurden z.B. im Zeitraum 1967–1969 in den zwei registrierten Moscheen der Stadt Andižan (Usbekische SSR) 183 Mitarbeiter des Volksbildungssystems, 211 Studenten von Hoch- und Oberschulen, 38 Ärzte, 31 Erzieher usw. getraut: ebenda, l. 8.

329 In der UdSSR gab es nur noch weniger als 3% Gemeinden, die bereits vor Oktober 1917 bestanden hatten.

330 Recht häufig wurden Taufen in Privathäusern vollzogen und gingen dementsprechend nicht in die offizielle Statistik ein.

331 Informationsbericht über die Lage der Kirchen und Sekten für 1970, 27.04.1971. RGANI, f. 5, op. 63, d. 89, l. 180-181. Zu berücksichtigen ist, dass die Aktivität der Armenischen Kirche infolge der Repatriierung von etwa 150 000 Armeniern nach dem Zweiten Weltkrieg allgemein zunahm. Die Repatrianten wurden zu einer wichtigen Stütze der Kirche und übten aktiven Einfluss auf die Bevölkerung aus. Siehe: ebenda, l. 181.

332 Aktennotiz von V.A. Kuroedov, 24.03.1971. RGANI, f. 5, op. 63, d. 89, l. 85; Informationsbericht über die Lage der Kirchen und Sekten für 1970, 27.04.1971. RGANI, f. 5, op. 63, d. 89, l. 165.

333 Informationsbericht über die Lage der Kirchen und Sekten für 1969, 22.05.1970. RGANI, f. 5, op. 62, d. 38, l. 92.

334 Ebenda, l. 91.

335 Ebenda.

336 1955 wurden in Litauen etwa 53 000 Personen konfirmiert.

bei der Zahl der durchgeführten Zeremonien kommen konnte, werfen die Frage auf, inwieweit sich die offiziellen Angaben tatsächlich als verlässlicher Indikator für die Stärke
bzw. Schwäche einer Konfession heranziehen lassen.[337] Nach Angaben des Rats für Religionsangelegenheiten kam es in den Jahren des Aufschwungs der religiösen Aktivität in
der Estnischen und Lettischen SSR sehr oft vor, dass Gläubige, die sich von der Kirche
bereits abgewandt hatten und dann erneut in deren Reihen zurückkkehrten, zur „Tilgung ihrer Schulden" gleich mehrere Zeremonien gleichzeitig vollzogen.[338] Generell ging die Zahl
der von der Evangelisch-Lutherischen Kirche vollzogenen Zeremonien in der UdSSR mit
jedem Jahr weiter zurück.[339] Wurden 1953 in Lettland noch 4 613 Kinder getauft, waren es
1969 nur noch 842. Und auch die Zahl der von der Evangelisch-Lutherischen Kirche vollzogenen Trauungen ging von 1 086 Paaren im Jahr 1963 auf 134 Trauungen (Anfang 1970)
zurück. Hatten die lutherischen Pastoren 1953 noch 4 570 Verstorbene nach religiösem Ritus beerdigt, war es 1969 mit 1 551 nur noch gut ein Drittel. Innerhalb eines Jahrzehnts
(1960–1969) ging die Zahl der in der Litauischen SSR vollzogenen Zeremonien erheblich
zurück[340]: Taufen von 491 auf 280; Trauungen von 81 auf 70; Beerdigungen von 170 auf
124.[341] Ein ähnliches Bild lässt sich hinsichtlich der kirchlichen Zeremonien auch für die
Estnische SSR zeichnen (siehe Tabelle 22).

Tabelle 22:[342] Zahl der in der Evangelisch-Lutherischen Kirche vollzogenen religiösen Zeremonien in der Estnischen SSR in den 1960er Jahren

Zeremonien/Jahr	1962	1965	1968	1969
Kindstaufen	2 672	1 361	1 024	990
Trauungen	1 596	323	229	239

Was die Lutheraner deutscher Nationalität betrifft, war die Zahl der unter diesen vollzogenen religiösen Zeremonien gerade dort hoch, wo sie abgesondert lebten. So war Anfang
der 1970er Jahre unter den im Gebiet Celinograd (Kasachische SSR) lebenden Deutschen
eine besonders ausgeprägte religiöse Aktivität zu verzeichnen. Nach Angaben der Bevollmächtigten für Religionsangelegenheiten wurde in der Lutherischen Kirche 1970 etwa die
Hälfte aller Neugeborenen getauft und über die Hälfte der Verstorbenen nach kirchlichem

---

337 Dies gilt umso mehr, wenn man die im Graubereich der nichtregistrierten religiösen Organisa-
     tionen vollzogenen Zeremonien berücksichtigt.
338 So wurden z.B. bei der Kindstaufe gleichzeitig auch die Eltern konfirmiert.
339 Zu dieser Zeit hatten die Pastoren den Akt der Konfirmation erheblich vereinfacht. Jeder, der sich
     konfirmieren lassen wollte, konnte mit dem Pastor vereinbaren, die Prüfung und den Vollzug der
     Konfirmation in Abwesenheit Dritter, ohne Verkündung unter den Gläubigen und ohne Eintritt in
     die Kirchenbücher durchzuführen. In welchem Ausmaß die Kirche ihren Einfluss auf die Jugend
     verloren hatte, zeigt die Tatsache, dass sich in ganz Lettland 1969 nur 158 junge Männer und
     Frauen konfirmieren ließen, während es in den ersten Nachkriegsjahren noch mehrere Tausend
     junge Menschen gewesen waren. Siehe: Informationsbericht über die Lage der Kirchen und
     Sekten für 1969, 22.05.1970. RGANI, f. 5, op. 62, d. 38, l. 119.
340 Ebenda, l. 115.
341 Ebenda.
342 Ebenda, l. 114.

Ritus beerdigt. Die Mehrheit der deutschen jungen Männer und Frauen wurden konfirmiert und ausschließlich kirchlich getraut.[343]

Eine steigende Zahl religiöser Zeremonien war auch in der Reformierten Kirche zu verzeichnen, insbesondere unter den in Transkarpatien lebenden Ungarn.[344] 1968 dokumentierten die Behörden einen sprunghaften Anstieg der Zahl der Zeremonien: Wurden 1966 noch 1 194 Taufen durchgeführt, waren es 1968 1 441.[345] Anfang 1971 wurden in einer ganzen Reihe von Ortschaften des Gebiets Transkarpatien (Ukrainische SSR) 100% aller registrierten zivilen Standesakte (Taufen, Eheschließungen, Beerdigungen) kirchlich vollzogen.[346]

Was die religiösen Vereinigungen der Evangeliumschristen-Baptisten betrifft, stellte die in den 1960er–1970er Jahren deutlich zunehmende Zahl religiöser Zeremonien ein bewusst eingesetztes Instrument zur Vergrößerung und Verjüngung der Gemeinden dar. „Die Kirche der Evangeliumschristen-Baptisten [...] gehört zu jenen [Kirchen], die jedem Mitglied den Auftrag erteilen, ein aktiver ‚Seelenfischer' zu sein [und] unablässig das Evangelium zu predigen", hieß es im Informationsbericht des Rats für Religionsangelegenheiten für das Jahr 1970.[347] In den meisten Republiken, Regionen und Gebieten der UdSSR war eine kontinuierliche Zunahme der Zahl der „Wassertaufen" zu verzeichnen: von 4 478 im Jahr 1967 auf 5 310 im Jahr 1970.[348] Einen maßgeblichen Beitrag zur Belebung des Gemeindelebens der Evangeliumschristen-Baptisten leistete auch der Beitritt der Mennoniten. Die „neuen" Gemeinschaften erwiesen sich nach Angaben der Bevollmächtigten für Religionsangelegenheiten nicht nur als „handlungsfähiger und gebildeter", sondern zeichneten sich auch durch einen höheren Grad der Missionstätigkeit aus.[349] „[...] Wir müssen den Glauben Christi mit aller Kraft unter die Jugend bringen und unsere Versammlungen für die Jugend attraktiv machen", konstatierte die Führung des Allunionsrats der Evangeliumschristen-Baptisten 1968: „Wir brauchen mehr Musik, Gesang [und] Gedichte, um die Jugend spirituell anzuziehen. Wir müssen häufiger andere Gemeinschaften unseres Glaubens besuchen, die beste Erfahrung sammeln und in unsere Gemeinschaften übertragen [...]".[350] Durch diese Herangehensweise stieg die Zahl der Taufen in den Gemeinden der Evangeliumschristen-Baptisten mit jedem Jahr an. Wurden im Gebiet Černovcy 1966 151 Personen getauft (davon 46 im Alter von unter 25 Jahren), waren es 1969 bereits 219 (davon 86 im Alter von unter 25 Jahren). Von allen Gemeindemitgliedern, die in den Jahren 1968/69 auf dem Gebiet der

---

343 Informationsbericht über die Lage der Kirchen und Sekten für 1970, 27.04.1971. RGANI, f. 5, op. 63, d. 89, l. 198. Da das kirchliche Ritual der Eheschließung nach sowjetischem Gesetz nicht anerkannt war, mussten Jungverheiratete ihre Ehe bei den entsprechenden staatlichen Stellen registrieren lassen.

344 Ebenda, l. 187.

345 Ebenda, l. 186-187.

346 Ebenda.

347 Ebenda, l. 215.

348 Ebenda. Vgl. dazu: Aktennotiz V.A. Kuroedovs, 24.03.1971. RGANI, f. 5, op. 63, d. 89, l. 86.

349 Allein im ersten Jahr nach der Registrierung der Mennoniten innerhalb der Evangeliumschristen-Baptisten stieg die Zahl der baptistischen Gemeinden im Gebiet Kustanaj (Kasachische SSR) auf das Anderthalb- bis Zweifache. Siehe: Informationsbericht über die Lage der Kirchen und Sekten für 1969, 22.05.1970. RGANI, f. 5, op. 62, d. 38, l. 170.

350 Ebenda, l. 172.

Ukrainischen SSR den Gemeinschaften der Evangeliumschristen-Baptisten beitraten, waren etwa 30% junge Menschen.[351] Gegen Ende der 1960er Jahre wurde die Probezeit für Neumitglieder der Gemeinden der Evangeliumschristen-Baptisten deutlich verkürzt und für junge Menschen ganz abgeschafft. Immer öfter dokumentierten die Behörden Forderungen von Anhängern sowohl des Kirchenrats als auch des Allunionsrats der Evangeliumschristen-Baptisten, das Mindestalter für Taufen aufzuheben.[352] Im Vergleich zu 1959 stieg die Zahl der getauften Baptisten bis Anfang 1970 in der Moldawischen SSR um 20%, in der Kirgisischen SSR um 57%, in der Kasachischen SSR um 56%, in der Lettischen SSR um 42%, in der Ukrainischen SSR um 32% usw. Dabei war in den Gemeinden der Evangeliumschristen-Baptisten in der Ukrainischen SSR in etwa der Hälfte der Gebiete und in der RSFSR in 25 von 68 Gebieten eine Zunahme der Zahl der Taufen zu verzeichnen.[353]

Besondere Besorgnis rief bei den Behörden die Tatsache hervor, dass sich die Evangeliumschristen-Baptisten „unermüdlich" bemühten, jene für die Religion zurückzugewinnen, „die gegenüber der Religion ‚erkaltet' oder für irgendeine Sünde ausgeschlossen waren [...]".[354] Die Bevollmächtigten des Rats für Religionsangelegenheiten dokumentierten immer öfter Fälle, in denen frühere Gläubige der Russisch-Orthodoxen, Lutherischen, Georgischen usw. Kirche in die Gemeinden des Allunionsrats der Evangeliumschristen-Baptisten geworben wurden.[355] Dabei machte sich die Führung der Evangeliumschristen-Baptisten für ihre Missionstätigkeit die infolge von Kirchenschließungen insbesondere unter ursprünglich russisch-orthodoxen Gläubigen provozierte Unzufriedenheit zunutze.[356]

6.7. Allgemeine Charakteristik der religiösen Konfessionen in der UdSSR (Ende der 1970er bis Anfang der 1980er Jahre)

Auch in den letzten Jahren der Brežnev-Zeit (Ende der 1970er bis Anfang der 1980er Jahre) galt in der UdSSR die politische Generallinie, das Netz der religiösen Vereinigungen zu verkleinern. Ende 1984 gab es nach Angaben des Rats für Religionsangelegenheiten 15 202 religiöse Vereinigungen: 12 438 registrierte und 2 764 nichtregistrierte.[357] Im Ver-

---

351 Ebenda, l. 173.
352 Ebenda, l. 193.
353 Ebenda, l. 176. Insgesamt lag die Zahl der Neumitglieder bei den Evangeliumschristen-Baptisten in der UdSSR über jener der verstorbenen Gemeindemitglieder: 1969 starben 4 278 Gläubige, während zugleich allein durch „Wassertaufen" 5 109 neue Mitglieder in die Gemeinden aufgenommen wurden. Siehe: ebenda, l. 178.
354 Informationsbericht über die Lage der Kirchen und Sekten für 1969, 22.05.1970. RGANI, f. 5, op. 62, d. 38, l. 178-179.
355 Nach Angaben der Bevollmächtigten des Rats für Religionsangelegenheiten zeigten sich die Führungen dieser Konfessionen über die Aktivitäten der Baptisten besorgt.
356 Informationsbericht über die Lage der Kirchen und Sekten für 1969, 22.05.1970. RGANI, f. 5, op. 62, d. 38, l. 174.
357 Im Vergleich zu 1983 ging die Gesamtzahl der religiösen Vereinigungen um 1,2% zurück, wobei das Netz der registrierten Vereinigungen um 0,4% größer und das Netz der nichtregistrierten Vereinigungen deutlich kleiner (7,7%) wurde. Siehe: Statistischer Bericht „Religionen und Kirchen in der UdSSR" für das Jahr 1984, zusammengestellt vom Rat für Religionsangelegenheiten beim Ministerrat der UdSSR für die Agitpropabteilung des ZK der KPdSU, 07.05.1985 [weiter als:

gleich zu 1979 war 1984 ein Rückgang der Zahl der religiösen Vereinigungen um 775 bzw. 4,8% zu verzeichnen (siehe Tabelle 23). Auch die Politik, die religiösen Organisationen zu legalisieren und aus dem Untergrund herauszuführen, wurde fortgesetzt: Innerhalb von fünf Jahren wurden 795 religiöse Organisationen unterschiedlicher Konfessionen registriert: Russisch-Orthodoxe Kirche – 23, Evangeliumschristen-Baptisten – 257, Lutherische Kirche – 141, Pfingstler – 133, Adventisten des Siebenten Tages – 82, Muslime – 57, Katholische Kirche – 38, Mennoniten – 25. Besonders hoch war die Zahl der neu registrierten religiösen Vereinigungen in der RSFSR (281), in der Kasachischen SSR (242) und in der Ukrainischen SSR (171).[358] Dabei resultierte die große Zahl legalisierter Vereinigungen der Evangeliumschristen-Baptisten unmittelbar aus dem Bestreben der Behörden, die Rolle und Bedeutung der Bewegung der religiösen Dissidenten in Form des Kirchenrats der Evangeliumschristen-Baptisten zu minimieren.

Im Zeitraum 1980–1984 stellten 1 395 nichtregistrierte religiöse Vereinigungen ihre Tätigkeit ein: Russisch-Orthodoxe Kirche – 105, Katholische Kirche – 381, Lutherische Kirche – 120, Reformierte Kirche – 3, Muslime – 356, Evangeliumschristen-Baptisten – 247, Pfingstler – 183, Adventisten des Siebenten Tages – 70, Mennoniten – 38, Molokanen – 16 usw.[359] Ungeachtet aller Anstrengungen der Behörden, die Zahl der nichtregistrierten religiösen Vereinigungen zu reduzieren, blieb ihr Anteil in der religiösen Landschaft auch Mitte der 1980er Jahre unverändert hoch.[360] Nach Angaben der Bevollmächtigten des Rats für Religionsangelegenheiten waren etwa 30% der auf dem Gebiet der Russischen Föderation und der Republiken Usbekistan, Moldawien und Kasachstan bestehenden religiösen Vereinigungen auch weiterhin illegal. In der Kirgisischen SSR wiederum lag der Anteil der „außerhalb des Gesetzes" bestehenden religiösen Gemeinden bei 42,1%, in der Tadschikischen SSR bei 48,4% und in der Armenischen SSR bei 54,0%.[361] Besonders hoch blieb der Anteil der nichtregistrierten Vereinigungen bei den Pfingstlern (71%), den Molokanen (61,7%), den Muslimen (51,7%) und den Mennoniten (41,8%). Führend waren in dieser Hinsicht auch weiterhin die baptistischen Anhänger des Kirchenrats der Evangeliumschristen-Baptisten, bei denen der Anteil der nichtregistrierten Gemeinden bei 98,2% lag.[362]

Ende der 1970er und Anfang der 1980er Jahre hielt in der UdSSR auch weiterhin die Tendenz zur Zunahme der Zahl der **registrierten** Geistlichen an: etwa 18 000 im Januar 1985, was im Vergleich zum Jahr 1980 eine Zunahme um 13,4% bedeutete. In absoluten Zahlen stieg die Zahl der registrierten Geistlichen im Zeitraum 1979–1984 bei der Russisch-Orthodoxen Kirche um 525, bei den Muslimen um 558, bei den Evangeliumschristen-Baptisten um 533, bei den Pfingstlern um 176, bei den Adventisten des Siebenten Tages um 164 und bei den Lutheranern um 130 Personen. Bei der Katholischen Kirche war ein Rückgang um 36 Priester zu verzeichnen (siehe Tabelle 24).[363]

          Statistischer Bericht „Religionen und Kirchen in der UdSSR" für das Jahr 1984]. Privatarchiv
          der Autoren, l. 4. Das Dokument ist veröffentlicht in: Religii i cerkvi v SSSR, S. 90-126.
358   Statistischer Bericht „Religionen und Kirchen in der UdSSR" für das Jahr 1984, l. 4.
359   Ebenda, l. 31.
360   Ebenda.
361   Statistischer Bericht „Religionen und Kirchen in der UdSSR" für das Jahr 1984, l. 5.
362   Ebenda, l. 5.
363   Ebenda, l. 6-7.

Tabelle 23:[364] Religiöse Vereinigungen (registrierte und nichtregistrierte) nach Konfessionen (1979, 1983, 1984)

Religionsgemeinschaft/Konfession/Jahr	1979	1983	1984
UdSSR insgesamt			
registriert	11 847	12 386	12 438
nicht registriert	4 130	2 996	2 764
Russisch-Orthodoxe Kirche			
registriert	6 925	6 835	6 806
nicht registriert	168	72	63
Evangeliumschristen-Baptisten			
registriert	2 084	2 284	2 294
nicht registriert	496	271	268
Anhänger des Kirchenrats der Evangeliumschristen-Baptisten			
registriert	6	8	8
nicht registriert	472	456	452
Muslime			
registriert	338	385	392
nicht registriert	775	516	419
Katholische Kirche			
registriert	1 029	1 064	1 068
nicht registriert	60	36	29
Lutherische Kirche			
registriert	443	568	580
nicht registriert	227	124	108
Pfingstler			
registriert	100	213	235
nicht registriert	756	626	575
Adventisten des Siebenten Tages			
registriert	263	330	342
nicht registriert	163	95	93
Molokanen			
registriert	34	41	44
nicht registriert	84	74	71
Mennoniten			
registriert	30	46	53
nicht registriert	76	46	38
Reformierte Kirche			
registriert	86	86	86
nicht registriert	3	–	–
Armenische Kirche			
registriert	33	33	33
nicht registriert	–	–	–

364 Ebenda, l. 37-38.

Tabelle 24:[365] Angaben zu Geistlichen (registrierte und nichtregistrierte) nach Konfessionen (1980, 1983, 1984)

Religionsgemeinschaft/Konfession/Jahr	1980	1983	1984
UdSSR insgesamt			
registriert	15 848	17 733	17 966
nicht registriert	8 037	6 494	5 558
Russisch-Orthodoxe Kirche			
registriert	9 212	9 660	9 737
nicht registriert	14	6	11
Muslime			
registriert	985	1 428	1 543
nicht registriert	5 423	4 019	3 114
Evangeliumschristen-Baptisten[366]			
registriert	3 154	3 706	3 687
nicht registriert	925	703	692
Katholische Kirche			
registriert	937	926	901
nicht registriert	33	5	6
Pfingstler			
registriert	167	322	343
nicht registriert	684	641	595
Adventisten des Siebenten Tages			
registriert	409	542	573
nicht registriert	144	88	83
Lutherische Kirche			
registriert	260	372	390
nicht registriert	158	90	78
Mennoniten			
registriert	66	91	108
nicht registriert	67	101	64
Molokanen			
registriert	38	43	45
nicht registriert	67	67	62
Armenische Kirche			
registriert	77	108	110
nicht registriert	–	3	3
Reformierte Kirche			
registriert	23	22	22
nicht registriert	–	–	–

365 Ebenda, l. 42-43.
366 Die angegebenen Zahlen beziehen sich sowohl auf den Allunionsrat als auch auf den Kirchenrat der Evangeliumschristen-Baptisten.

Die Zahl der nichtregistrierten Geistlichen blieb mit über 5 500 Personen 1984 weiterhin hoch, auch wenn dies im Vergleich zu 1980 einen Rückgang um ein Drittel bedeutete. Anfang 1985 gab es in absoluten Zahlen die meisten nichtregistrierten Geistlichen bei den Muslimen (über 3 000 Personen), was etwa 56% der „illegalen" Geistlichen aller Konfessionen ausmachte. Recht groß war die Zahl der nichtregistrierten Geistlichen mit 692 Personen bei den Evangeliumschristen-Baptisten (davon über 65% – 452 Personen – beim Kirchenrat der Evangeliumschristen-Baptisten) und bei den Pfingstlern mit 595 Personen.[367]

Insgesamt waren Anfang der 1980er Jahre eine Reihe von Konfessionen besser mit Geistlichen versorgt (siehe Tabelle 25).[368] Besonders deutlich zeigte sich diese Tendenz bei den Muslimen, wo die Behörden aktiv eine „zusätzliche Registrierung" der Geistlichen durchführten, um den Einfluss der nichtregistrierten Mullahs zu schmälern.[369]

Tabelle 25:[370] Betreuung der religiösen Gemeinschaften durch Geistliche nach Konfessionen (1980, 1984)

Religionsgemeinschaft/ Konfession/Jahr	Zahl der Geistlichen auf 100 registrierte religiöse Gemeinschaften						
	Muslime	Evangeliumschristen-Baptisten	Adventisten des Siebenten Tages	Russisch-Orthodoxe	Pfingstler	Katholiken	Lutheraner
1980	280	149	147	133	130	90	57
1984	394	160	168	143	140	84	65

Auch hinsichtlich der Durchführung religiöser Zeremonien waren Ende der 1970er und Anfang der 1980er Jahre keine grundlegenden Veränderungen zu verzeichnen.[371] Im Vergleich zu 1979 sank die Zahl der Taufen 1984 um 6,7% (siehe Tabelle 26), während die Zahl der Trauungen und Totenmessen um 0,5% bzw. 1,7% anstieg.[372]

Die meisten Taufen entfielen mit über 711 000 (1984) auf die Russisch-Orthodoxe Kirche, was etwa 91,0% der Taufen aller Konfessionen ausmachte. Zugleich ging die Zahl der Taufen in der Russisch-Orthodoxen Kirche im Zeitraum 1979–1984 um 7,6% und bei den

---

367 Statistischer Bericht „Religionen und Kirchen in der UdSSR" für das Jahr 1984, l. 8.
368 Ebenda, l. 7.
369 Die Zahl der nichtregistrierten Mullahs war Anfang 1985 doppelt so hoch wie die Zahl der registrierten. Siehe: Statistischer Bericht „Religionen und Kirchen in der UdSSR" für das Jahr 1984, l. 8.
370 Ebenda, l. 7.
371 Ebenda, l. 10.
372 1984 lag die Zahl der kirchlichen Trauungen in der UdSSR (nach Angaben des Rats für Religionsangelegenheiten) bei 99 600 (davon 34 900 bei der Russisch-Orthodoxen Kirche). Die Zahl der (gewöhnlichen) Totenmessen betrug 391 000, die Zahl der auf Distanz gelesenen Totenmessen fast 814 000. Siehe: Statistischer Bericht „Religionen und Kirchen in der UdSSR" für das Jahr 1984, l. 79.

Evangeliumschristen-Baptisten um 16,4% zurück. Im Gegensatz dazu war bei einer ganzen Reihe von Konfessionen eine Zunahme der Zahl der Taufen zu verzeichnen: bei den Mennoniten um 52,1%, bei den Adventisten des Siebenten Tages um 13%, in der Lutherischen Kirche um 4,3%, in der Katholischen Kirche um 2,5% usw. Ungeachtet der insgesamt rückläufigen Zahl der Taufen in der UdSSR dokumentierten die Behörden eine forcierte Zunahme der Taufen von Kindern im schulpflichtigen Alter.[373]

Tabelle 26:[374] Taufen nach Konfessionen (1979, 1981, 1983, 1984)

Religionsgemeinschaft/Konfession/Jahr	1979	1981	1983	1984
UdSSR insgesamt	836 722	830 596	804 586	780 603
Veränderung in % im Vergleich zu 1979	–	(−) 0,7	(−) 3,8	(−) 6,7
Russisch-Orthodoxe Kirche	769 627	761 906	736 593	711 176
Veränderung in % im Vergleich zu 1979	–	(−) 1,0	(−) 4,3	(−) 7,6
Katholische Kirche	28 753	31 598	30 213	29 457
Veränderung in % im Vergleich zu 1979	–	(+) 9,9	(+) 5,1	(+) 2,5
Armenische Kirche	13 900	13 085	14 440	14 494
Veränderung in % im Vergleich zu 1979	–	(−) 5,9	(+) 3,9	(+) 4,3
Evangeliumschristen-Baptisten	8 328	7 422	6 759	6 961
Veränderung in % im Vergleich zu 1979	–	(−) 10,9	(−) 18,8	(−) 16,4
Lutherische Kirche	3 644	4 241	5 137	5 231
Veränderung in % im Vergleich zu 1979	–	(+) 16,4	(+) 41,0	(+) 43,6
Adventisten des Siebenten Tages	924	959	940	1 044
Veränderung in % im Vergleich zu 1979	–	(+) 3,9	(+) 1,7	(+) 13,0
Pfingstler	752	495	623	744
Veränderung in % im Vergleich zu 1979	–	(−) 34,2	(−) 17,2	(−) 1,1
Reformierte Kirche	726	574	731	686
Veränderung in % im Vergleich zu 1979	–	(−) 21,0	(+) 0,7	(−) 5,5
Mennoniten	236	220	201	359
Veränderung in % im Vergleich zu 1979	–	(−) 6,8	(−) 14,9	(+) 52,1
Molokanen	–	16	2	–
Veränderung in % im Vergleich zu 1979	–	–	–	–

Ungeachtet aller Behauptungen der Behörden, dass die Religion in der UdSSR absterbe, stiegen die Einnahmen der religiösen Gemeinschaften auch in der ersten Hälfte der 1980er Jahre weiter an (siehe Tabelle 27).[375] 1984 lag die Gesamtsumme der Einnahmen der reli-

---

373 1979 wurden in der UdSSR (nach Angaben des Rats für Religionsangelegenheiten) 36 036, 1984 37 490 Kinder im Schulalter getauft. So verdreifachte sich z.B. im Zeitraum 1979–1984 die Zahl der getauften Kinder in der Lettischen SSR, in der Tadschikischen SSR stieg die Zahl der Taufen um das 2,8fache. Siehe: Statistischer Bericht „Religionen und Kirchen in der UdSSR" für das Jahr 1984, l. 10, 79.

374 Ebenda, l. 46.

375 Ebenda, l. 4.

giösen Vereinigungen und Zentren aller Konfessionen[376] bei 242,5 Millionen Rubeln, was im Vergleich zu 1979 einen Zuwachs von 37 Millionen Rubeln (18,1%) bedeutete. Über die größten Finanzen verfügte auch weiterhin die Russisch-Orthodoxe Kirche, die 1984 über 210 Millionen Rubel einnahm, was fast 87% der Gesamtsumme der Einnahmen aller anderen religiösen Vereinigungen der UdSSR ausmachte.[377] Über erhebliche Finanzmittel[378] verfügten (zum 1. Januar 1985) auch die Vereinigungen der Muslime (8,7 Millionen Rubel), die Evangeliumschristen-Baptisten (4,9 Millionen Rubel), die Armenische Kirche (3,9 Millionen Rubel) sowie die Katholische Kirche (3,2 Millionen Rubel).[379]

Tabelle 27:[380] Einnahmen nach Konfessionen (1979, 1984 in Tausend Rubel)

Religionsgemeinschaft/ Konfession/Jahr	1979	1984	Veränderung 1984 in % im Vergleich zu 1979
UdSSR insgesamt	205 327,1	242 518,0	(+) 18,1
Russisch-Orthodoxe	180 772,3	210 543,5	(+) 16,5
Muslime	6 135,9	8 720,5	(+) 42,1
Evangeliumschristen-Baptisten	4 371,7	4 960,7	(+) 13,5
Armenische Kirche	2 904,5	3 939,9	(+) 35,6
Katholiken	2 781,3	3 224,1	(+) 15,9
Lutheraner	1 021,2	1 221,9	(+) 19,7
Adventisten des Siebenten Tages	432,4	618,3	(+) 43,0
Reformierte Kirche	131,5	166,1	(+) 26,3
Pfingstler	113,0	228,3	(+) 102,0
Mennoniten	70,7	86,7	(+) 22,6
Molokanen	60,9	44,6	(−) 26,8

Ungeachtet der gestiegenen Kircheneinnahmen gingen die von den Religionsgemeinschaften an den Fonds zum Schutz der Geschichts- und Kulturdenkmäler geleisteten Zahlungen im Jahrfünft 1979–1984 zurück. Insgesamt lag der Rückgang bei allen religiösen Vereinigungen, Zentren und Klöstern zusammen bei etwa 19,0%.[381] So verringerten bis 1984 die Russisch-Orthodoxe Kirche, die Katholische Kirche, die Muslime, die Evangeliumschristen-Baptisten, die Pfingstler und die Mennoniten ihre Zahlungen. Höhere Zahlungen leisteten dagegen die Lutherische, die Armenische und die Reformierte Kirche sowie die Religionsgemeinschaft der Adventisten des Siebenten Tages (siehe Tabelle 28).

Dafür stiegen die von den religiösen Vereinigungen geleisteten Zahlungen an den Sowjetischen Friedensfonds weiter an, was in den Augen der Behörden wichtiger war und den Rückgang der Zahlungen an den Fonds der Gesellschaft zum Schutz von Geschichts- und

---

376 Einschließlich der Klöster der Russisch-Orthodoxen Kirche.
377 1979 lag dieser Anteil bei 85,4%.
378 Ohne Berücksichtigung der aus dem Jahr 1983 verbliebenen Überschüsse.
379 Statistischer Bericht „Religionen und Kirchen in der UdSSR" für das Jahr 1984, l. 13-14.
380 Ebenda, l. 57.
381 Ebenda, l. 16, 20.

Kulturdenkmälern kompensierte. Im Vergleich zu 1979 war 1984 eine Zunahme der Zahlungen um 5,4% zu verzeichnen, wobei nahezu alle Religionsgemeinschaften ihre Zahlungen an den Sowjetischen Friedensfonds kontinuierlich erhöhten. So stiegen die Ausgaben für die „Verteidigung des Friedens" bei der Lutherischen Kirche um 44,3%, bei der Armenischen Kirche um 33,1% und bei der Katholischen Kirche um 25,1%. Die von den Pfingstlern an den Sowjetischen Friedensfonds geleisteten Zahlungen stiegen auf das 6,8fache, die Zahlungen der Reformierten auf das 2,9fache, die der Adventisten des Siebenten Tages auf das 2,4fache, die Zahlungen der Mennoniten verdoppelten sich. Eine Ausnahme stellten lediglich die Evangeliumschristen-Baptisten dar, deren Zahlungen an den Sowjetischen Friedensfonds im genannten Zeitraum um 1,2% sanken (siehe Tabelle 29).

Tabelle 28:[382] Zahlungen der registrierten religiösen Vereinigungen, Zentren und Klöster an den Fonds der Gesellschaft zum Schutz von Geschichts- und Kulturdenkmälern (1979, 1984 in Tausend Rubel)

Religionsgemeinschaft/ Konfession/Jahr	1979	1984	Veränderung 1984 in % im Vergleich zu 1979
UdSSR insgesamt	5 904,1	4 801,9	(−) 18,7
Russisch-Orthodoxe	5 435,1	4 254,1	(−) 21,8
Muslime	278,3	269,5	(−) 3,2
Lutheraner	49,2	103,8	(+) 111,0
Evangeliumschristen-Baptisten	35,2	31,0	(−) 12,0
Katholiken	28,5	27,3	(−) 4,2
Reformierte Kirche	5,4	5,98	(+) 9,3
Armenische Kirche	2,0	4,8	(+) 140,0
Mennoniten	0,8	0,3	(−) 62,5
Pfingstler	0,4	0,3	(−) 25,0
Adventisten des Siebenten Tages	0,5	3,4	(+) 580,0
Molokanen	–	1,5	–

Abschließendes Kriterium für die Bestimmung der Loyalität gegenüber dem Sowjetstaat waren nicht nur die Verstöße gegen die Religionsgesetze selbst, sondern auch deren Wiederholungscharakter. Bei der Analyse der unten angeführten Statistik (siehe Tabelle 30) der für Verstöße gegen die Religionsgesetze verhängten Strafen ist in jedem Fall zu berücksichtigen, dass die Machtorgane in der Regel nur in solchen Fällen ordnungs- oder gar strafrechtlich gegen die Verantwortlichen vorgingen, in denen auch mehrmalige Verwarnungen und vorbeugende Ansprachen ins Leere gelaufen waren.

Jede der großen Konfessionen hatte ihre „eigenen" typischen Verstöße gegen die sowjetische Gesetzgebung. So waren in der Russisch-Orthodoxen Kirche vor allem der Vollzug religiöser Riten in Privathäusern, Abweichungen von der für diese festgeschriebenen Ordnung, Einmischung der Geistlichen in die Finanz- und Wirtschaftstätigkeit der Kirchen

---

382 Ebenda, l. 62.

sowie Verstöße gegen die für die Durchführung von Bau- und Reparaturarbeiten geltenden Vorschriften verbreitet. In den freikirchlichen Gemeinden und insbesondere den nichtregistrierten „Sekten" gehörten die Durchführung illegaler Versammlungen in den Häusern von Glaubensbrüdern, die Einladung auswärtiger Prediger, der religiöse Gruppenunterricht für Kinder, die Mitwirkung Minderjähriger in Chören und Orchestern, die Durchführung von Jugendversammlungen sowie die illegale Produktion, Aufbewahrung und Verbreitung religiöser Literatur zu den Hauptdelikten.[383]

Tabelle 29:[384] Zahlungen der registrierten religiösen Vereinigungen, Zentren und Klöster an den Friedensfonds (1979, 1984 in Tausend Rubel)

Religionsgemeinschaft/ Konfession/Jahr	1979	1984	Veränderung 1984 in % im Vergleich zu 1979
UdSSR insgesamt	33 315,6	35 123,4	(+) 5,4
Russisch-Orthodoxe	30 875,2	32 774,4	(+) 6,2
Muslime	999,8	1 065,4	(+) 6,6
Evangeliumschristen-Baptisten	230,9	228,1	(−) 1,2
Katholiken	91,4	114,3	(+) 25,1
Armenische Kirche	54,7	72,8	(+) 33,1
Lutheraner	32,5	46,9	(+) 44,3
Adventisten des Siebenten Tages	10,5	25,0	(+) 138,1
Mennoniten	3,1	6,4	(+) 106,5
Reformierte Kirche	2,4	7,0	(+) 191,7
Molokanen	2,1	2,7	(+) 28,6
Pfingstler	1,4	9,5	(+) 578,6

1983 wurden in der UdSSR offiziell etwa 6 700 von den Vereinigungen verschiedener Konfessionen begangene Verstöße gegen die Religionsgesetze aufgedeckt. Gegen 6 568 Personen, von denen wiederum ungefähr 80% (5 299 Personen) nichtregistrierten religiösen Vereinigungen angehörten, wurden Ordnungsstrafen verhängt. Unter den Personen, die ordnungsrechtlich zur Verantwortung gezogen wurden, waren Anhänger des Kirchenrats der Evangeliumschristen-Baptisten (2 646 Personen) und Pfingstler (1 241 Personen) am stärksten vertreten.[385] Auch 1984 blieben Vertreter des Kirchenrats sowie Pfingstler ungeachtet eines allgemeinen Rückgangs der Zahl der verfolgten Delikte die „Hauptruhestörer".

1984 stieg im Vergleich zum Vorjahr die Zahl der vom Staat strafrechtlich zur Verantwortung gezogenen Gläubigen. Waren 1983 noch 131 Personen zu Gefängnis- oder Lagerhaft verurteilt worden, wuchs deren Zahl 1984 um 20% auf 163. Praktisch alle 1984 Verurteilten (96%) waren Mitglieder nichtregistrierter religiöser Gemeinden. Über die Hälfte aller im Jahr 1983 strafrechtlich zur Verantwortung gezogenen Personen waren Evangeliumschristen-Baptisten (65 Personen), von denen wiederum 60 Anhänger des Kirchenrats waren. 1984

---

383 Ebenda, l. 20-21.
384 Ebenda, l. 61.
385 Ebenda, l. 21.

standen die Zeugen Jehovas mit 53 Personen an erster Stelle der strafrechtlich Verurteilten, gefolgt von Muslimen (41 Personen) und Evangeliumschristen-Baptisten (35 Personen) (siehe Tabelle 30).[386]

Tabelle 30:[387] Angaben über die ordnungs- und strafrechtliche Verfolgung von Gläubigen (1983, 1984)

Religionsgemeinschaft/ Konfession	Jahr	ordnungsrechtlich		strafrechtlich	
		registriert	nicht registriert	registriert	nicht registriert
UdSSR insgesamt	1983	1 269	5 299	12	119
	1984	1 037	5 034	6	157
Allunionsrat der Evangeliumschristen-Baptisten	1983	338	46	5	–
	1984	300	75	–	1
Anhänger des Kirchenrats der Evangeliumschristen-Baptisten	1983	19	2 646	1	59
	1984	21	2 296	–	34
Pfingstler	1983	42	1 241	1	6
	1984	53	1 471	–	5
Russisch-Orthodoxe Kirche	1983	705	236	4	–
	1984	443	272	2	2
Zeugen Jehovas	1983	–	538	–	33
	1984	–	454	–	53
Mennoniten	1983	–	196	–	–
	1984	1	88	–	1
Adventisten des Siebenten Tages	1983	71	76	–	2
	1984	108	29	–	–
Muslime	1983	19	123	–	16
	1984	33	154	1	40
Reformadventisten	1983	–	85	–	2
	1984	–	92	–	12
Katholische Kirche	1983	56	4	1	–
	1984	55	6	3	–
Lutherische Kirche	1983	–	22	–	–
	1984	2	19	–	–
Reformierte Kirche	1983	11	–	–	–
	1984	6	–	–	–
Molokanen	1983	–	4	–	–
	1984	–	6	–	–
Armenische Kirche	1983	–	–	–	–
	1984	2	–	–	–

---

386   Ebenda, l. 67-68.
387   Ebenda.

Die religiöse Landschaft der Sowjetunion der Brežnev-Zeit war ein Raum der politischen Loyalität, die sich vor allem auf die Russisch-Orthodoxe Kirche, die Geistliche Führung der Muslime und den Allunionsrat der Evangeliumschristen-Baptisten stützen konnte. Ein hohes Maß an Loyalität legten auch die Lutherische und zu einem gewissen Teil die Katholische Kirche sowie eine ganze Reihe weiterer Religionsgemeinschaften an den Tag. Der Stellvertretende Vorsitzende des Rats für Religionsangelegenheiten P.V. Makarcev hatte sicherlich nicht die Absicht, die Realität zu schönen, als er im Februar 1977 erklärte: „Und doch ist die Religion bei uns loyal, die Religion ist in unseren Händen, wir versuchen, sie mit Samthandschuhen anzufassen, aber doch kräftig, und das gelingt uns, mit seltenen Ausnahmen [...]"[388]. Zu diesen seltenen Ausnahmen gehörten eine Reihe vom illegalen Kirchenrat der Evangeliumschristen-Baptisten geführter freikirchlicher Organisationen sowie einige zahlenmäßig kleinere Gemeinden der Wahren Orthodoxen Christen und der Wahren Orthodoxen Kirche.

Was aber war es, das die baptistischen Initiativler zu den wichtigsten religiösen Dissidenten der späten Sowjetunion werden ließ? Die komparative Analyse zeugt davon, dass es nicht um einzelne Elemente der Illoyalität ging, die die Sowjetmacht als Ausdruck von „religiösem Extremismus" einstufte. Es mag scheinen, dass die Besonderheit der Gemeinden des Kirchenrats der Evangeliumschristen-Baptisten im illegalen Charakter ihrer Tätigkeit lag. Aber der illegale Status bedeutete für sich selbst genommen außerhalb des religiös-politischen Kontextes im weiteren Sinne nur wenig. Selbst nach offiziellen Angaben gab es bei Muslimen, Juden und Molokanen mehr nichtregistrierte als legale Gemeinden, wobei die Zahl der illegalen muslimischen Gemeinschaften am Übergang zu den 1970er Jahren sogar doppelt so hoch war wie die der legalen. Aber dieser Umstand hatte praktisch keinerlei Einfluss auf den hohen Grad ihrer politischen Loyalität.

Das Potential des religiösen Dissidententums der Anhänger des Kirchenrats der Evangeliumschristen-Baptisten wurde durch ein ganzes Bündel verschiedener das Verhältnis von Staat und Kirche betreffender Aktivitäten des Kirchenrats definiert: Die Weigerung, die sowjetischen Religionsgesetze anzuerkennen, und daraus folgend die Weigerung, sich staatlich registrieren zu lassen, die unabhängigen Kontakte zum Westen, die erfolgreiche Tätigkeit im Bereich des Samizdat[389] und die von zahlreichen Gläubigen unterzeichneten Schreiben an die Machthaber, die wachsende Zahl der Gemeinden und deren Verjüngung, die Weigerung, staatsnahe Fonds zu finanzieren – die Gesamtheit all dieser Eigenschaften machte die Anhänger des Kirchenrats der Evangeliumschristen-Baptisten zu echten religiösen Dissidenten.

Aber die Initiativler wiesen noch eine weitere Eigenschaft auf, die ihre Bewegung nicht nur von den loyalen, sondern auch von den als besonders gefährlich stigmatisierten Religionsgemeinschaften der Zeugen Jehovas, der Christen Evangelischen Glaubens (Pfingstler), der Wahren Orthodoxen Christen, der Wahren Orthodoxen Kirche und der Reform-

---

388 Rede von P.V. Makarcev in Vilnius, Februar 1977. GARF, f. 6991, op. 6, d. 3442, l. 43-65.

389 Im Mai 1977 konstatierte der Stellvertretende Vorsitzende des KGB der UdSSR V.M. Čebrikov: „Man muss gleich einschränkend sagen, dass nur die von den abtrünnigen Baptisten herausgegebenen religiösen Materialien eine mehr oder weniger spürbare Verbreitung auf dem Gebiet des Landes erlangt haben, die anderen aber [...] haben keine große Verbreitung". Siehe: Čebrikov, Bor'ba organov KGB, S. 163.

adventisten abhob. Im Unterschied zu diesen zahlenmäßig kleinen und für die sowjetische Religionslandschaft eher exotischen Denominationen verfügte die Initiativlerbewegung in Gestalt der loyalen Gemeinden der Evangeliumschristen-Baptisten über ein gewaltiges Entwicklungspotential. So bestand die Gefahr, dass der Funke des Dissidententums von den Gemeinden des Kirchenrats der Evangeliumschristen-Baptisten auf die loyalen Baptistengemeinden übersprang, was für die Machthaber bedeutet hätte, nicht 20 000, sondern einer Viertelmillion religiöser Dissidenten gegenüberzustehen. Außerdem demonstrierten die Initiativler eindrucksvoll ihre Fähigkeit, eine Kirche für Angehörige unterschiedlicher Nationalitäten zu sein. Entgegen der Erklärung des KGB-Vorsitzenden Ju.V. Andropov, dass die Kirche in vielen Fällen als Verteidiger und oft auch Anstifter nationaler Manifestationen auftrete und mit nationalistischen Elementen einen Block bilde[390], vereinte die Bewegung der baptistischen Initiativler in ihren Reihen Russen, Ukrainer, Weißrussen und Deutsche. Dieser Schritt aus dem nationalen Rahmen heraus war ein anschauliches Zeugnis des großen Potentials des Kirchenrats der Evangeliumschristen-Baptisten.

---

390 Andropov, Doklad na Vsesojuznom soveščanii, S. 85.

7. Der russlanddeutsche freikirchliche Dissens in der sowjetischen Religionslandschaft (*Johannes Dyck*)

Die Stalinsche Wende in der Religionspolitik 1943/44 ist an den meisten Deutschen in der Sowjetunion spurlos vorübergegangen. Die Formel „Vereine und herrsche" fand auf sie keine Anwendung; erst die Kurskorrekturen zur Zeit Brežnevs zwangen die deutschen freikirchlichen Gemeinden zu einer bewussten Entscheidung zwischen Dissens und Legalisierung, zwischen einer freiwilligen Existenz außerhalb des legalen Rahmens und einem Akzeptieren der gesetzlichen Einschränkungen im Tausch gegen eine weithin ungehinderte Ausübung von Basisbedürfnissen des Glaubens. Das Angebot der sowjetischen Regierung war von echter Glaubensfreiheit weit entfernt, doch brachte es Erleichterungen für die leidgeplagten Christen. Die einen lehnten die Legalisierung entschieden ab, die anderen kämpften hart um sie. Die Differenzen in Bezug auf Legalisierung führten schließlich zu einem Antagonismus zwischen den beiden Lagern; daher ziehen wir den Begriff „Religionslandschaft" dem der „Gemeinschaft" vor.

Zunächst aber kamen für die gläubigen Deutschen den Fragen nach Dissens und Legalisierung die des Überlebens zuvor. Kurz nach Beginn des Krieges mit Deutschland 1941 fanden sie sich in der Deportation und in der Arbeitsarmee wieder, zerstreut über die unendlichen Weiten Sibiriens und Zentralasiens. Bereits ein Jahrzehnt früher, Anfang der 1930er Jahre, waren ihre Gemeinden aufgelöst und die Predigerschaft in Haft geschickt worden; die Stalinschen Säuberungen 1937/38 machten sie komplett führungslos. Die Freikirchen, in der Sowjetunion als Sekten bezeichnet, weckten bei der Führung des Landes nicht zuletzt wegen ihrer Verweigerung des Kriegsdienstes tiefes Misstrauen: Aus diesem Grund wurde Mitte der 1930er Jahre der Baptistenbund aufgelöst,[1] von den Mennoniten mit ihrer traditionellen Wehrlosigkeit ganz zu schweigen. Die Kriegszeit verschärfte nur den Argwohn, insbesondere in Verbindung mit dem Deutschtum. Die Religionsbekämpfung hinterließ besonders tiefe Spuren bei den russlanddeutschen Freikirchen, weil sie entgegen der westeuropäischen Tradition die Zahl ihrer Prediger nicht begrenzten, was ihr Verbreitungspotential, aber auch die Gefährdung von aktiven Bekennern in Verfolgungen enorm steigerte. Dazu gehörten insbesondere die Mennoniten-Brüdergemeinde und die Baptisten. Lediglich die Mennoniten hielten die Zahl ihrer Prediger gering.

In der Kriegszeit, im Angesicht des Todes und in der Ausweglosigkeit der Zerstreuung, galt der Glaube für viele als letzte Zuflucht. Die Reste der zerschlagenen deutschsprachi-

---

1 Anfrage des Vorsitzenden des Rats für religiöse Angelegenheiten an den Rat der Volkskommissare, 24.07.1944. GARF, f. 6991, op. 3, d. 1, l. 12.

gen Freikirchen, also die der Mennoniten und Baptisten, sowie viele evangelisch-lutherische Christen folgten seit mehreren Generationen der Tradition des Pietismus, einer Erneuerungsbewegung, die im 19. Jahrhundert in Russland große Verbreitung fand. Zu den Grundmustern des Pietismus in Russland gehörte das gemeinsame Gebet auch über konfessionelle Grenzen hinweg. Durch das Gebet erreichte man im Pietismus nicht nur eine persönliche Heilsgewissheit, die das Leben im Jenseits sicherte, sondern auch Trost und Ermutigung im Diesseits. Für Gerd Stricker gelten die geheimen pietistischen Gebetskreise der Kriegsjahre zum wichtigsten Überlebensgrund der deutschen konfessionellen Gruppen in der UdSSR.[2]

7.1. Aufgezwungener Dissens unter Stalin

Nach pietistischen Mustern entwickelte sich die Situation auch im Arbeitslager Kimpersaj unweit der gleichnamigen Eisenbahnstation in den Steppen Westkasachstans im Gebiet Aktjubinsk. Am 7. Oktober 1941 wurden hier in der endlosen Steppe einige Tausend aus dem Gebiet Zaporož'e in der Ukraine und dem Kaukasus kommende deutsche Männer aus einem Zug ausgesetzt. Es galt, möglichst schnell in Westkasachstan den Abbau von nickelhaltigem Erz zu beginnen, aus dem wichtige Legierungen für die Kriegsindustrie gewonnen wurden.[3] Zur ersten Aufgabe der Männer gehörte die Errichtung eines Stacheldrahtzauns, nach deren Erfüllung sie sich unter Bewachung in einem abgegrenzten Gebiet befanden. Als Nächstes wurden zehn Gerüste aus Holz aufgebaut und mit Planen überzogen. So entstanden die Baracken. In jeder Baracke wurden zweistöckige Pritschen für bis zu 200 Männer aufgestellt. Das eingesperrte Personal gehörte zunächst weder zu den freien Menschen noch zu den verurteilten Häftlingen – einige bezogen sogar Gehalt und erhielten ihre Ration von einem Kilogramm Brot pro Tag. Wenige Monate später wurde die Verpflegungsnorm im Lager derjenigen der Häftlinge angeglichen. Es kam der kalte und schneereiche Winter.

Über das Arbeitslager Kimpersaj wird Folgendes berichtet:

„Es war am 1. Januar 1942. Nach drei Monaten Lagerleben war allen klar, worauf alles hinauslief. Schlechte und unzureichende Kost, Kleider, in denen sie am 3. September ihre Häuser verlassen hatten, während des Zehn-Stunden-Arbeitstages dem Frost bei minus 40 Grad ausgesetzt zu sein und keine Möglichkeit zu haben, sich zwischendurch aufzuwärmen – das waren sehr schlechte Bedingungen. In der Tat starben schon im ersten Winter 700 Mann von 2 500. Mit solchen Gedanken lagen die Männer am 1. Januartag 1942 auf ihren Pritschen. Nicht dass sie Neujahr frei hatten. Die Deutschen arbeiteten ohne Feiertage, aber draußen herrschte so ein Schneesturm, dass die Wache es nicht riskieren wollte, jemanden zu verlieren oder sich selber zu verirren. Nun, als die Männer etwas Zeit hatten, über ihr Leben zu grübeln, geschah etwas: Gerhard Götz [...] stellte sich in den Gang und hielt eine kurze Anleitung zum Gebet: ‚Wir sind am Ende unseres Weges, und wenn wir nicht Buße tun, sind wir verloren‘. Dann begann er laut zu beten. In einem Augenblick waren die meisten auf den Beinen und von allen Seiten hörte man Gebete emporsteigen. Den Liegengebliebenen wurde es unheimlich.

2   Stricker, Kirchenwesen, S. 161-165.
3   Šnajder, Evangel'skie obščiny, S. 80-85.

Sie versuchten zu beschwichtigen, aber das Gebet war nicht aufzuhalten, das Gebet aus tiefster Not zum Vater, der allein helfen konnte. Es war wahrscheinlich für die meisten das erste öffentliche Gebet seit zehn Jahren. Gott bekannte sich dazu. Sie hatten Gottes Nähe erfahren, seinen Trost geschmeckt und seine Hilfe erkannt – es wurde niemand in irgendeiner Form von der Lagerverwaltung dafür bestraft. Es schien, als ob sie nichts davon mitbekommen hatten".[4]

Auf das erste spontane öffentliche Bekenntnis zum Glauben im Lager folgten weitere Begegnungen von Männern, die ihren Glauben nicht mehr verbargen. Man suchte nach Gelegenheiten, zusammen christliche Lieder zu singen und über Glaubensangelegenheiten zu sprechen. In der Sommerzeit legten sich die Männer ins Gras, Kopf an Kopf, und redeten über ihre Glaubenserfahrungen oder biblische Themen. Der Kreis der Gläubigen grenzte sich allmählich von den restlichen Lagerinsassen ab: Man vermied verbotenen Tausch von Kleidung und Matratzen sowie Spekulation. Mehr noch: Man lehnte den von vielen begehrten Tabak als Zahlungsmittel entschieden ab. Kino, das es an den seltenen Feiertagen gab, wurde von den Gläubigen gemieden – sie blieben auf ihren Pritschen und sangen halblaut Lieder, die ihnen aus den alten Zeiten im Gedächtnis geblieben waren. Am 27. August 1942 wurden sogar zwei Personen getauft.

Mit der Zeit fielen die Gläubigen bei der Lagerverwaltung auf. Bereits im Jahr 1942 wagten sie, Weihnachten mit Gebet, Liedern und sogar einer Predigt zu feiern. Am nächsten Tag wurde der Prediger vor die Politische Abteilung des Lagers zitiert und für fünf Tage in den Karzer gesperrt. Trotzdem zeichnete sich eine dauerhafte Duldung der Gläubigen durch die Lagerverwaltung ab.

Die Position der Gläubigen im Lager Kimpersaj wurde Anfang 1944 durch die Umsiedlung Franz Voths ins Lager weiter gestärkt. Er hatte die Position eines Buchhalters inne und zählte somit zur privilegierten Schicht. Man gestattete ihm, Frau und Tochter nach Kimpersaj zu überführen, und sogar, neben dem Lager eine Erdhütte für seine Familie zu errichten. Familienzusammenführung wurde auch einigen anderen Deportierten gestattet, und so entstand neben dem Lager eine kleine Siedlung für verbannte Familien. Die Familienväter wurden trotz des großzügigen Entgegenkommens der Meldepflicht im Lager nicht entbunden. Das Lager Kimpersaj gehörte zu den Vorreitern der Liberalisierung der Lebensbedingungen der Deportierten – in anderen Gebieten des Landes konnten diese damals davon nur träumen.[5]

Der eigene, wenn auch bescheidene Wohnraum der Hütten wurde von den Eigentümern gerne für die Pflege der Gemeinschaft zur Verfügung gestellt. Zunächst wurden dafür Vorwände wie Geburtstage und Familienfeste genutzt. Die Lagerverwaltung griff nicht ein, und die Versammlungen erhielten unmerklich einen regulären Charakter. Einen Geburtstag am 8. November 1944 erklärte man zum Gründungstag der Mennoniten-Brüdergemeinde Kimpersaj. Zunächst kamen zu den Versammlungen zehn bis 15 Männer; das Weihnachtsfest 1944 feierten schon 33 Personen. Der baptistischen und mennonitischen Tradition folgend, wurde sogar ein Chor ins Leben gerufen.

---

4 Plett, Kimpersai, S. 26.
5 Ebenda, S. 86 f.

Die lockere pietistische Phase der Gemeinschaft in Kimpersaj wandelte sich langsam in eine streng konfessionelle. 1945 wurde Franz Voth zum Gemeindeältesten eingesetzt,[6] was einer alten mennonitischen Tradition entsprach. So entstand bereits in der Kriegszeit, wenige Jahre nach Stalins Säuberungen, die wohl erste neue Mennoniten-Brüdergemeinde der Sowjetunion.

Die Person von Franz Voth war typisch für die Zusammensetzung der Gemeinde.[7] Er wurde 1904 in dem Dorf Nikolaevka in dem mennonitischen Siedlungsgebiet Omsk in einer kinderreichen Familie geboren und hatte 17 Geschwister. Die Wirren des Ersten Weltkrieges, der Revolution und des Bürgerkrieges gingen an den Mennoniten Sibiriens nicht spurlos vorüber. Die Familie Voth wurde 1919 von Typhus heimgesucht. Während eines Krankenbesuchs durch den Prediger der Ortsgemeinde erlebte Franz mit 15 Jahren auf seinem Krankenbett eine bewusste Bekehrung zu Gott. Er überlebte die Krankheit, beide Eltern aber starben. Der junge Franz Voth absolvierte die pädagogische Klasse der Schule im Dorf Margenau und fand eine Lehreranstellung in einem nahe gelegenen Dorf. Nach nur einem Jahr Lehrertätigkeit wurde er aufgrund seines „religiösen Aberglaubens" aus der Schule entlassen und erlernte den Beruf des Buchhalters. 1926 heiratete Voth Maria Sudermann, eine Waise. Aus einer inneren Ablehnung der neuen sowjetischen Ordnung machte sich die junge Familie mit zwei Kindern Ende 1929 auf den Weg nach Moskau, um mit weiteren Tausenden Russlanddeutscher die Sowjetunion zu verlassen. Der Versuch misslang, und die Voths wurden gezwungen, den Heimweg anzutreten. Statt wie befohlen nach Sibirien zurückzukehren, wichen sie auf die Krim aus. Hier schlugen sich die Voths durch die Zeiten der Kollektivierung und bitterer Armut, bis sie 1933 nach Blumstein in der mennonitischen Kolonie Molotschna umzogen. Hier überlebten sie die Hungersnot des Jahres 1933. Die Stalinschen Säuberungen 1937/38 gingen an Franz Voth vorbei. Nach Beginn des Krieges mit Deutschland wurde er am 3. September 1941 mit vielen anderen russlanddeutschen Männern zum Arbeitseinsatz mobilisiert. Anfang Oktober 1941 kamen sie in Kimpersaj an. Voth gelang es, die schriftliche Verbindung zu seiner Frau zu erhalten. Sie wurde zusammen mit fünf Kindern in das Gebiet Kustanaj in Nordwestkasachstan deportiert, wo Anfang 1944 vier Kinder den Hungertod starben. Der Brief mit der schrecklichen Nachricht erweichte das Herz des Lagerleiters, und Voth wurde gestattet, Frau und Tochter aus Nordwestkasachstan abzuholen.

Das Entgegenkommen des Lagerleiters konnte aber bei Personen wie Voth nicht die tiefe Abneigung gegenüber der Sowjetmacht kompensieren. Diese Haltung war typisch für den Gläubigenkreis in Kimpersaj. Die Älteren unter ihnen, wie Gerhard Götz, der mit 52 Jahren mobilisiert wurde, hatten die Machtübernahme durch die Bolschewiki bewusst erlebt, die Vermögensenteignungen, ihre Brutalität, die Schrecken der Kollektivierung, die Hungersnot, die Zerstörung des kirchlichen Lebens, die Verhaftungen von Predigern und schließlich das Leben hinter Stacheldraht. Auch die Jüngeren im Lager, wie Heinrich Fransen, deportiert mit 22 Jahren, hatten ihre primäre Sozialisation noch vor der Kollektivierung erfahren. Er hatte seine Bekehrung mit zwölf Jahren erlebt.[8] Dem tiefen christlichen Glauben war

---

6   Ebenda, S. 88.
7   Ausführliche Biografie von Franz Voth siehe: Barg, Istorija cerkvej, S. 382-388.
8   Šnajder, Evangel'skie obščiny, S. 83.

zu verdanken, dass die Stimmung unter den Gläubigen nicht in eine offen antisowjetische umschlug. Auch später traten die Gläubigen nie mit politischen Forderungen auf.

Voths Bereitschaft zum Ältestendienst setzte bewundernswerten Mut und hohe Risikobereitschaft voraus. Seine Position als Buchhalter ermöglichte ihm Dienstreisen in die übergeordneten Werksinstanzen nach Orsk und Orenburg. Nach Orsk waren viele junge deutsche Frauen mobilisiert worden. Voth suchte sie in ihren Baracken auf und predigte vor ihnen. Die Predigten waren typisch für jene Zeit. Sie sprachen die Endzeiterwartungen an, was angesichts der ständigen Todesnähe der Zuhörer und deren Lebensbedingungen recht aktuell war, sowie die Bereitschaft der Zuhörer, ihrem Herrn zu begegnen. Damit rückte das populäre pietistische Thema der Bekehrung ins Zentrum.[9]

Sehr gewagt war seine Fahrt am 19. Juni 1947 in das entlegene deutsche Dorf Susanovo im Gebiet Orenburg. In den Jahren 1911–1937 hatte hier eine sehr aktive mennonitische Gemeinde existiert. Im Vorfeld der Säuberungen waren in dem aus 25 Höfen bestehenden Dorf zwischen dem 2. Februar und dem 1. Mai 1937 13 Männer verhaftet worden, die nie wieder zu ihren Familien zurückkehren sollten; erst Mitte der 1950er Jahre setzte sich bei ihren Ehefrauen die traurige Gewissheit durch, dass sie hingerichtet worden waren. Voth reiste bis zur Werksniederlassung in Orenburg völlig legal. Hier suchte er einige mennonitische junge Frauen auf, die kurz zuvor eine Bekehrung im pietistischen Sinne erlebt hatten. Eine von ihnen kam aus Susanovo, erzählte dem Prediger von ihrem Heimatdorf und beschrieb ihm den Weg zum Haus ihrer Eltern. Ein gläubiger russischer LKW-Fahrer aus Susanovo, der keinen Reisebeschränkungen wie die Deutschen unterlag, nahm Voth auf dem Rückweg mit. In einem Vorgarten am Rande des Dorfes versammelten sich am späten Abend hauptsächlich Jugendliche und einige wenige gläubige Frauen – das ganze Dorf bis auf den Kolchosvorsitzenden. Voth rief seine Zuhörer zur Bekehrung auf, und viele folgten der Aufforderung. Am nächsten Tag gab es in der Mittagspause eine weitere Versammlung im Hause einer Frau, die ihren Glauben nicht aufgegeben hatte. Danach reiste Voth ab.[10]

Trotz der Illegalität wurde das Gemeindeleben in Kimpersaj nach den Traditionen der Mennoniten-Brüdergemeinde aufgebaut. Voth selbst wurde 1945 von Gerhard Götz, einem ehemaligen Diakon der Gemeinde Rückenau in der Molotschnaer Mennonitenkolonie, zum Prediger eingesegnet. In Abweichung von der Tradition geschah dies aus Vorsicht im engsten Familienkreis[11] hinter dichtverhängten Fenstern.[12] Wenige Zeit später wurde David Pauls zum Diakon eingesegnet.[13] Damit war Voth laut mennonitischer Tradition zu allen wichtigen Handlungen wie Abendmahl, Taufe und Eheschließung befugt. Pauls' Aufgaben lagen eher im praktischen Bereich. Mit der Einsegnung, was in anderen Konfessionen einer Ordination entspricht, wurde der Kreis der für die Gemeinde Verantwortlichen endgültig definiert.

Den Kern der traditionellen brüdergemeindlichen Frömmigkeit, wie man sie in Kimpersaj und darüber hinaus lebte, bildeten die Vorstellungen von der Wiedergeburt des Menschen zu einem neuen Wesen, die in dessen Inneren stattfindet. Der Wiedergeburt geht ein Bekehrungserlebnis voraus, das aus der pietistischen Erneuerungsbewegung bekannt ist und

---

9 Hamm, Abram, Maria Hamm, Wege des Herrn, S. 61.
10 Dick, Weinberg, S. 105-111.
11 Šnajder, Evangel'skie obščiny, S. 88.
12 Barg, Istorija cerkvej, S. 386.
13 Ebenda.

stark emotionale Züge trägt. Durch die Wiedergeburt wird dem Menschen die Erlösung und das ewige Leben zuteil, das bereits begonnen hat und im Himmel eine Fortsetzung findet. Das neue Wesen befindet sich im Konflikt mit dem alten Menschenwesen und der Sünde und lebt in Gemeinschaft mit Gott und Gleichgesinnten. Ein wichtiges Stichwort dabei ist Heiligung – ein Prozess der inneren Reifung und der Vertiefung der Glaubensinhalte.

Die Gemeinde bildete vor allem einen institutionellen Rahmen für die Gemeinschaft der Wiedergeborenen. Der Primat der Gemeinschaft fand im Modell der Mennoniten-Brüdergemeinde in der Beteiligung vieler Versammlungsteilnehmer an der Predigt Ausdruck. In einer Versammlung wurden in der Regel mehrere kurze Predigten gehalten, die sich mit Liedern und freiem Gebet aller Teilnehmer abwechselten. Die Gebete hatten oft etwas Mystisches an sich. Sie dienten dazu, im Geist in die Nähe Gottes zu kommen, und ihre Effektivität wurde an Gebetserhörungen gemessen. Damit waren mehrere Personen aktiv in das Versammlungsgeschehen eingebunden – sei es durch vorbereitete kurze Wortbeiträge oder spontane laute Gebete. Beteiligung an Gebet und Gesang bot auch den Frauen Möglichkeiten für eine aktive Mitgestaltung der Versammlungen. Die vielen kurzen Predigten hatten den Charakter von Ermutigung und Weisung. Die Prediger gehörten gleichermaßen zu den Zuhörern; keiner von ihnen hatte eine theologische Ausbildung. Der Erfolg ihres Verkündigens beruhte auf der Akzeptanz durch die Glaubensgeschwister und ihrer Konformität mit der traditionellen Frömmigkeitsart.

Dem Gemeinschaftsgedanken folgend, bestimmte die Mitverantwortung aller Mitglieder das Wesen der Gemeinde. Die Aufnahme in die Gemeinde erfolgte durch die Glaubenstaufe, der eine gründliche Prüfung der Kandidaten mit Schilderung des Bekehrungsvorgangs und des neuen veränderten Lebens als Demonstration der Ernsthaftigkeit und Echtheit vorgeschaltet war. Seit ihren Anfängen in den 1860er Jahren entwickelte die Mennoniten-Brüdergemeinde eine strenge Moral, an der jedes Mitglied gemessen und die von allen mitgetragen wurde. Übertretungen der gemeindeinternen Moral galten als Sünde, die im Fall groben Fehlverhaltens vor der Gemeinde bekannt werden musste; sonst drohte dem sündigen Mitglied der Gemeindeausschluss. Wiederaufnahme in die Gemeinde war erst nach dem Ausräumen der Sünde und gegebenenfalls nach einer Wiedergutmachung möglich. Zu schweren Sünden gehörten traditionell Tabakrauchen und Alkoholkonsum sowie Diebstahl und Ehebruch.

Durch ihren Verhaltenskodex fielen die Glieder der Gemeinde unweigerlich auf. Die Adaption an die Gesellschaftsnormen schien unmöglich, zumal diese auf einer strikten Ablehnung von Religion gründeten. Unter den Gläubigen wurde, wie oft unter Verfolgten, die Absonderung von der Welt wieder zu einem aktuellen Thema und das würdige Tragen der Schmach Christi zu einer Tugend. Beispiele dafür hatten die Gläubigen in Kimpersaj im zurückliegenden Verfolgungsjahrzehnt zur Genüge erlebt.

Ein Jahr nach Kriegsende wurde das Lager im April 1946 aufgelöst und die militärisch organisierte Überwachung aufgehoben. Die Freude über die Freiheit war aber verfrüht. Wenig später wurde eine Kommandantur eingerichtet, die die Deutschen weiter in ihrer Mobilität einschränkte und unter Meldepflicht stellte. Der Kommandant, ein NKVD-Mann, war den Deutschen aber wohlgesonnen und stellte ihnen Genehmigungen für Verwandtenbesuche innerhalb Kasachstans aus.[14]

---

14 Mantler, Kimpersaj, S. 345.

Nach Ende des Krieges wurde die Zusammenführung der durch Deportation zerstreuten deutschen Familien erlaubt. Viele Männer, darunter auch die Gläubigen, durften nun ihre Frauen und Kinder nach Kimpersaj holen. Es entstand eine Vielzahl neuer Erdhütten. Das Leben in Unfreiheit erhielt immer mehr Züge von Normalität. Die gläubigen Ehefrauen brachten auch Bibeln, Neue Testamente und Gesangbücher mit, die sie in der Deportationszeit aufbewahrt hatten. Mehr noch – es gelang, Musikinstrumente wie Gitarren, Mandolinen oder Geigen zu beschaffen.[15] Der Gesang wurde schöner und die Predigten fundierter.

Die traditionelle Frömmigkeitsart wurde vor allem in den Familien gepflegt. Dazu gehörten viel Gebet und Singen, wie es Gerhard Dirksen in den Erinnerungen an seine Kindheit schildert:

„Ich erinnere mich wie heute an die Jahre meiner Kindheit in 1947–1950 – es waren sehr schwere Jahre in materieller, nicht aber in geistlicher Hinsicht. [...] Es kam der Augenblick, als sich alle am Herd setzten, und unsere Hausandacht begann. Wir sangen Lieder aus dem [Liederbuch] Dreiband, die Mama fast alle auswendig kannte. Nach dem Singen wurde irgendeine biblische Geschichte vorgelesen – das machte Papa, dann sprudelten Fragen über Fragen, und es war schade, dass wir zu Bett gehen mussten. Alle zusammen beteten und baten den Herrn um Segen auch für den nächsten Tag. Der Herr half uns wunderbar.

Ich möchte über ein erhörtes Gebet aus jener schweren Zeit berichten. In den Nachkriegsjahren [...] wurde das Brot nach Bezugsscheinen zugeteilt. Damit alle die gleiche Menge Brot kriegten, bastelte Papa eine primitive Waage – band mit einem Faden zwei Stück Sperrholz an eine Sprosse, und so teilten wir das Brot in gleiche Stücke auf. Wenn das ganze Verfahren abgeschlossen war, standen wir auf und dankten im Gebet für dieses Brot. Es war wirklich ein Dankgebet! Nach dem Gebet durfte sich ein jeder ein Stück Brot nehmen.

Eines Tages ging Mama Brot zu besorgen, und wir alle warteten auf ihre Rückkehr, weil das Brot unser Hauptnahrungsmittel war und wir hungrig waren. Plötzlich sahen wir sie mit leeren Händen zurückkommen. Sie kam und weinte. Wir haben sofort begriffen: Etwas war passiert, aber im Hause gab es keinen Krümel Brot. Als sie in der Schlange stand, merkte sie, dass die Bezugsscheine entweder gestohlen oder verloren gegangen waren. Wir blieben ohne Brot – das Leid war unfassbar. Als Vater von der Arbeit kam, beruhigte er die Mutter und sagte: ‚Lasst uns beten, und Gott wird einen Ausweg finden!‘ Gott fand ihn tatsächlich, er sandte in unser Haus einen Bruder, der allein lebte, seine Familie war noch nicht in unsere Siedlung angereist. Er klopfte an der Tür und sagte: ‚Anna, ich habe heute zwei Laibe Brot erhalten und als ich an eurem Haus vorbeiging, dachte ich: So viel Brot brauche ich nicht, nimm dir einen Laib!‘ Wisst ihr, wie dankbar wir dem Herrn waren, dass er zu uns diesen Bruder gesandt hat! Solche erhörte Gebete gab es viele".[16]

Neue Hoffnung für eine dauerhafte Gemeindeexistenz gaben die ersten gläubigen Jugendlichen in Kimpersaj. Sie bauten einen Jugendkreis mit eigenen Treffen auf. Neu angekommene deutsche junge Leute erlebten ihre Bekehrung zu Gott. Dadurch wuchs sowohl der

---

15 Šnajder, Evangel'skie obščiny, S. 88 f.
16 Ebenda, S. 92.

Jugendkreis als auch die Gemeinde. Auch neue Familien wurden gegründet. Die Hochzeiten wurden mit der Gemeinde gefeiert. Die erste Trauhandlung in der Gemeinde bei 90 geladenen Gästen vollzog Voth am 13. Oktober 1946.[17]

So wuchs die Gemeinde trotz der Illegalität und des stark eingeschränkten Wirkungsraumes. Vieles musste im Geheimen geschehen. Beispielsweise wurden am 3. Oktober 1947 zwei Personen in Anwesenheit von lediglich zwei Zeugen in einem Fluss getauft.[18] Ende 1947 wurden die Versammlungen von bis zu 70 Personen besucht.

Die Gemeinde mit ihren regulären Versammlungen fiel in der kleinen Siedlung auf, und der Druck der Behörden erhöhte sich. Voth rechnete seit 1946 mit seiner Verhaftung. Verhört wurde auch sein Schwiegersohn. Anfang 1947 wurde die Gemeinde von den Behörden aufgefordert, sich zu legalisieren. Fransen, ein sehr aktiver junger Mann, in dessen Haus die Versammlungen stattfanden, wurde von der Gemeindeleitung beauftragt, die Angelegenheit mit den Behörden zu klären. Von den Behörden erhielt er die Antwort: „Ihr hindert uns nicht, und wir werden euch auch nicht hindern", aber der Kommandant, ein NKVD-Mann, begann Fransen unter Druck zu setzen. Am 31. März 1947 wurde er verhaftet und zu acht Jahren Haft verurteilt.[19] Fransen war wohl der erste Deutsche, der nach dem Zweiten Weltkrieg seinen Glauben mit Haft bezahlen musste. Der Gemeindeälteste Voth blieb von der Haft verschont. Fransen büßte seine Haft unweit von Kimpersaj ab. Nach der Entlassung im Oktober 1954 siedelte er zu seiner Familie um, die inzwischen nach Dušanbe umgezogen war.[20] Später schloss er sich der Dissens-Bewegung an.[21]

In Kimpersaj war der religiöse Dissens unfreiwillig: Die junge Gemeinde bemühte sich um die Klärung ihres legalen Status. Die unterschiedlichen Zweige der Sowjetmacht vor Ort waren sich indes uneinig in der Einstufung der als illegal angesehenen religiösen Tätigkeit der Deutschen: Die allgemeine Administration handelte pragmatisch und tolerant, da die deutschen Gläubigen zu den geschätzten Fachleuten gehörten und arbeitsam waren.[22] Missbilligung in ihrer extremsten Form bis hin zu Haftstrafen kam von Seiten des NKVD, dem die Sonderkommandanturen unterstellt waren. Das sollte sich erst nach Stalins Tod 1953 ändern.

Die Entstehung der Mennoniten-Brüdergemeinde Kimpersaj zeigt, dass der persönliche Glaube in der UdSSR noch längst nicht ausgelöscht war. Der Weg von persönlichem Glauben zu einer Gemeinschaft von Gleichgesinnten und gar einer Gemeinde mit festen traditionellen Formen war kurz. Illegalität erschwerte das Beschreiten dieses Weges zwar, war aber ein überwindbares Hindernis. Mehr noch, die Gläubigen waren bereit, einen hohen Preis von langjährigen Haftstrafen für diesen Weg zu zahlen.

---

17 Ebenda, S. 89.
18 Ebenda, S. 90.
19 Ebenda.
20 Plett, Kimpersai, S. 32.
21 Plett, Zemnye goda, S. 134.
22 Vgl. dazu: Mantler, Kimpersaj, S. 345.

7.2. Barackengemeinden

Gemeinschaften von Gläubigen, nicht immer in der traditionellen konfessionellen Form einer Gemeinde, entstanden auch in anderen Deportationsgebieten. Alexej Glušaev führte zur Bezeichnung dieser interkonfessionellen Zusammenschlüsse pietistischer Art den Begriff der Barackengemeinden in die Forschung ein.[23] Sie hatten weder feste dogmatisch fixierte Glaubensinhalte noch eine verbindliche Mitgliedschaft, auch keine Abendmahlsfeiern und schon gar keine geregelten Versammlungszeiten. Trotzdem boten sie ihren Angehörigen, die oft dem Tod in die Augen schauten, eine feste Hoffnung auf das ewige Leben, Ermutigung und den Glauben an Gottes Beistand im schweren Alltag – und nicht zuletzt ein dringend erforderliches Gemeinschaftsgefühl.

Glušaev verwendet den Begriff der Barackengemeinde zur Beschreibung der religiösen Situation im fünftgrößten Verbannungsgebiet der UdSSR, dem Gebiet Molotov (vor 1940 und seit 1957 Perm'). Die im Herbst 1942 knapp eintausend mobilisierten deutschen Frauen wurden hier in verschiedenen Industrieobjekten eingesetzt und in Kellergeschossen und Baracken einquartiert, wo kleine Gemeinschaften entstanden. Eine wichtige Rolle spielten dabei nicht Predigten, sondern Lieder, die von älteren Frauen nach dem Gedächtnis aufgeschrieben wurden, mitunter sogar mit vierstimmigem Satz in der traditionellen Ziffernnotation, und gemeinsames Gebet.[24] Glušaev hat vollkommen recht mit seiner Bemerkung: „Der öffentliche Raum einer Baracke, wo jede Geste oder jedes gesprochene Wort als politische Revolte gedeutet werden konnte, reduzierte die Religiositätsäußerungen auf elementare unauffällige Praktiken: kurze Alltagsgebete, leises Singen einzelner evangelischer Lieder, allgemeine christliche Feiertage".[25]

Schon einige Monate nach Kriegsbeginn gab es gewisse Anzeichen von Religionsduldung an den Rändern der Gesellschaft. Immerhin hat das russlanddeutsche kollektive Gedächtnis für die Kriegszeit ab 1942 keine religiös bedingten schweren Repressalien festgehalten. Gemeinschaften von bekennenden Gläubigen im Gebiet Perm' wurden von den Behörden in der Kriegszeit zwischen 1942 und 1945 nicht intentional verfolgt. Vermutlich wurden von ihnen weitere Gebetskreise wie z.B. der um den mennonitischen Prediger Johann Wölk in Borovsk im Gebiet Molotov[26] gar nicht erst wahrgenommen – zumindest

---

23 Glušaev, Bez propovednikov, S. 268. Glušaev folgte einer fehlerhaften Übersetzung ins Russische von: Sawatsky, Soviet Evangelicals, S. 66. Sawatsky im Wortlaut: „Some of these groups formed *clusters for fellowship in their barracks communities* as early as 1948 only to see the authorities come to break up their meetings and arrest their leaders" (Hervorhebung im Text durch den Autor). Die russische Übersetzung (Zavatski, Evangeličeskoe dviženie, S. 72) gibt den Text wie folgt wieder: „Bereits 1948 traten in den Lagern ‚Barackengemeinden' in Erscheinung, aber die Verwaltung verfolgte sie hart, indem sie die ‚Zusammenrottungen' auseinanderjagte und den Leitern die Haftfristen erhöhte". Der russische Übersetzer von Sawatskys Buch dramatisierte unnötigerweise die Ereignisse und übersetzte *barracks communities* mit „Lager" (russisch: *lager'*) und *clusters for fellowship* mit „Barackengemeinden" (russisch: *baračnye obščiny*). Sawatsky datiert die Entstehung der Gemeinschaften irrtümlicherweise auf 1948.
24 Glušaev, Bez propovednikov, S. 268.
25 Ebenda, S. 269.
26 Heidebrecht, Mennoniten, S. 86.

fehlt jeder Hinweis auf diese Gruppe bei Glušaev, dessen Forschung auf Dokumenten aus dem lokalen Staatsarchiv basiert.[27]

Die Barackengemeinden erhielten ab Herbst 1945 mit der Ankunft der repatriierten deutschstämmigen Sowjetbürger im Gebiet Molotov erheblichen Zuwachs. Dieser Personenkreis stammte ursprünglich aus dem westlichen Teil der Sowjetunion, der im Spätsommer 1941 infolge der überraschend schnellen Offensive der Wehrmacht von den Sowjets nicht aus der Ukraine in das asiatische Hinterland deportiert werden konnte. Nach Berechnungen von Arkadij German blieben in dem besetzten Gebiet etwa 300 000 Russlanddeutsche, die meisten davon in der Ukraine – etwa 280 000.[28]

Die Religionspolitik der Besatzungsmacht in der Ukraine, obwohl nicht gerade glaubensfördernd, war wesentlich toleranter als der im vorangehenden Jahrzehnt von den Sowjets geführte totale Kampf gegen die Religion. Bei den Mennoniten fingen die Versammlungen wieder an, wobei mancherorts die früheren zwischenmennonitischen konfessionellen Grenzen fielen: Im Dorf Schönberg, Kreis Chortica, wurden die Gottesdienste von der Kirchen- und der Allianzgemeinde[29] gemeinsam gefeiert.[30] Es gab viele Neubekehrte, meistens Frauen,[31] für die die alten Unterschiede zwischen Kirchen-, Bruder- und Allianzgemeinde keine große Rolle mehr spielten. Den Gemeinden schlossen sich auch viele Jugendliche an.[32] Eine große Anziehungskraft übten neugegründete Gemeindechöre und Orchester aus.[33] Die pietistischen Muster bei der Wiederherstellung des Glaubenslebens waren unübersehbar.

Die Schwierigkeiten der Annäherung der in den gottlosen 1930er Jahren aufgewachsenen Kinder an den Glauben, die Frömmigkeitsart und die Atmosphäre der Versammlungen geben die Erinnerungen der damals zwölfjährigen Justina Neufeld treffend wieder:

„Die Andacht wurde im Versammlungsraum unserer Schule abgehalten. Als ich dort ankam, waren keine anderen Kinder oder Männer zu sehen. Mama und Tante gingen ganz leise in den halbvollen Raum, setzten sich, falteten ihre Hände und neigten ihre Köpfe. Es war ganz still. Keiner sprach.

Dann kam Onkel Enns herein, mit gebücktem Haupt und die Hände vor sich gefaltet. Er sagte ein paar Choräle an, einer davon war ‚Nun danket alle Gott'. Zwei oder drei Lieder folgten dem. Dann las er aus der Bibel. Es wurden noch mehr Lieder gesungen. Dann legte er den von ihm vorgelesenen Text aus, aber ich wurde aus dem Ganzen überhaupt nicht schlau.

Erst verlor ich mich in Träumereien. Dann überlegte ich mir, wie ich die Flucht ergreifen könnte. Mit einem Mal standen sie alle auf, drehten sich um, also mit den Gesichtern auf die Lehnen der Bänke gerichtet, fielen dann auf die Knie und fingen dann laut an zu beten, eine jede mit eigenen Worten. Ich stand auf und hatte vor, sofort auszureißen,

---

27 Vgl. dazu: Glušaev, Protestantskie obščiny.
28 German, Repatriacija, S. 261; Privalova, Sovetskie nemcy-repatrianty, S. 24.
29 Allianzgemeinden wurden Evangelische Mennonitengemeinden genannt, die 1905 im russlanddeutschen Mennonitentum entstanden waren und sich aus Mitgliedern sowohl von Mennonitengemeinden als auch der Mennoniten-Brüdergemeinden zusammensetzten.
30 Klassen, Erinnerungen, S. 37.
31 Teichrieb, Erinnerungen, S. 161.
32 Siehe: Derksen, Lebensgeschichte, S. 81.
33 Klassen, Erinnerungen, S. 37.

aber Mama hielt mich an meinem Kleid fest und gab mir dabei mit einer Handbewegung zu verstehen, ich sollte mich hinknien.

Erst hörte ich Frau Thiessen, die neben mir kniete und schnüffelte; dann fingen immer mehr damit an, bis alle, außer mir, beim Beten weinten. Sie flehten Gott an, er möge doch ihre Männer und Söhne nach Hause bringen. Sie wiederholten sich immer wieder. Ich fühlte mich miserabel. Ich hatte auch um meinen Papa geweint und zu Gott gebetet, er möge ihn doch zurückbringen, aber das hatte ich allein getan, ganz privat, so wie wir es zu Hause taten. Obwohl wir unsere Trauer tief empfanden, Gott behüte, dass irgendjemand solches erfahren durfte. Endlich hörte ich ein lautes ‚Amen' von Onkel Enns. Ein jeder stand auf und Stille legte sich wieder über die Versammlung.

Es schien, als ob es schon Nachmittag sei. Ich wollte nur eines, und zwar hinaus und weg, aber Onkel Enns fing wieder an zu sprechen: ‚Es sind dreizehn Jahre, dass wir kein Recht hatten, uns als Gottes Volk zu versammeln. O welch ein Segen, den er uns geschenkt hat. Lasst uns nie vergessen, dankbar zu sein und für die zu beten, die sich in der Verbannung befinden. Betet, dass die Väter und Brüder zurückkehren mögen'. Dieses verstand ich.

Nach noch mehr Gesang und einem Segen war der Gottesdienst endlich vorbei. Ein jeder verließ den Raum mit gesenktem Haupt und gefalteten Händen".[34]

Auch die Baptisten in der Ukraine erlebten eine Wiederbelebung des Glaubens. Die Muster waren ähnlich: Erst erfuhren Menschen eine Bekehrung zu Gott, dann ließen sie sich taufen. Zwei Monate vor Ausbruch des Krieges mit Deutschland kehrte der Prediger Eduard Hornbacher nach fünf Jahren Haft nach Žitomir im Westen der Ukraine zurück. Nach Kriegsbeginn nahm die kleine deutsche baptistische Gemeinde ihre öffentliche Tätigkeit wieder auf. Bekehrungen ereigneten sich in jedem Gottesdienst. Am 1. August 1942 wurde ein großes Tauffest mit 80 getauften Personen, meist jungen Menschen, gefeiert. Hornbacher erinnerte sich später: „Von meinen vierzig Dienstjahren waren die beiden Jahre nach meiner fünfjährigen Lagerhaft die erfolgreichsten".[35] In den beiden Jahren der Glaubensduldung taufte er 400 Personen.

Die Russlanddeutschen in der Ukraine wurden beim Rückzug der Wehrmacht im Oktober 1943 nach Deutschland umgesiedelt. Unter den Flüchtlingen in den Westen befanden sich auch 35 000 Mennoniten.[36] In Deutschland setzten sie nach Möglichkeit ihre Gottesdienste fort. Nach Ende des Zweiten Weltkriegs bestanden die Sowjets auf der Rückführung der *displaced persons* mit sowjetischem Pass in die UdSSR. Vier Jahre später, 1949, zählte man in der gesamten Sowjetunion knapp 294 000 repatriierte Deutsche, was 24% der gesamten sowjetdeutschen Bevölkerung ausmachte.[37] Unter den Repatriierten waren auch etwa 23 000 Mennoniten.[38] Bei weitem nicht alle unter ihnen lebten ein offenes und entschiedenes Christentum aus. Die es aber taten, hatten vier Jahre Erfahrung in geregeltem Gemeindele-

---

34 Neufeld, Familie, S. 130 f.

35 Miller, German Baptists, S. 196-199.

36 Loewen, Reflections, S. 65.

37 1949 betrug diese 1 209 430 Personen. Siehe: Eisfeld, Herdt (Hrsg.), Deportation, S. 332.

38 Diese Zahl ergibt sich aus der Differenz zwischen den erwähnten 35 000 Flüchtlingen und den etwa 12 000 Mennoniten, denen es nach dem Krieg gelang, nach Kanada und nach Südamerika zu emigrieren. Siehe: Epp, Mennonite Exodus, S. 351.

ben ohne nennenswerte Störungen hinter sich, wenn auch unter der nationalsozialistischen Herrschaft. Sie brachten etablierte Gemeindestrukturen in die Sowjetunion mit und auch Menschen, deren Glaube inzwischen erstarkt war und die ihre Glaubensgemeinschaft nicht ohne Weiteres aufgeben würden.

Ein kleiner Teil dieser aktiven Glaubensträger wurde dem Gebiet Molotov zugeordnet, das mit 17 617 Personen den höchsten Anteil an deutschen Repatriierten landesweit hatte.[39]

Die gläubigen Repatrianten brachten neues geistliches Leben in die öde Deportationslandschaft. Glušaev bemerkt zutreffend: „Später, in den Nachkriegsjahren, als die Zahl der deutschen Sondersiedler durch die Repatriierten aus Deutschland gewachsen war, erhielten die religiösen Versammlungen der Baptisten, Mennoniten und Lutheraner regulären Charakter".[40] Die regelmäßigen, wenn auch illegalen Versammlungen wurden von den Behörden zunächst geduldet, zumal sie für die Russisch sprechende Hauptbevölkerung nicht attraktiv genug waren.

Mitte 1947 gab es im Gebiet Molotov in Bezug auf die Versammlungen in den Barackengemeinden eine deutliche Wende. Am 16. Juni 1947 informierte der Leiter der Propaganda- und Agitationsabteilung des Parteikomitees der Stadt Solikamsk I.I. Kotel'nikov den Chef der städtischen Abteilung des Ministeriums für Staatssicherheit über die Entdeckung einer Sekte der Mennoniten:

„Ich teile Ihnen zu Ihrer Kenntnisnahme die Existenz einer in Erscheinung getretenen Sekte der Mennoniten, die in der neuen Siedlung des Magnesiumswerkes in der Baracke Nr. 54 tätig ist, mit.
Von der erwähnten Sekte ist durch die Direktorin der Poliklinik in der Siedlung Kaliec Gen. Boldun (Mitglied der VKP(b)) Folgendes bekannt: In der Baracke Nr. 54 versammeln sich repatriierte Deutsche, hauptsächlich sonntags um 9–12 Uhr und lesen in einem ‚göttlichen Buch'. Das teilte die Klinikmitarbeiterin Klein, Olga der Genossin Boldun mit. Diese Bürgerin Klein liest, und ein alter Mann namens Ep Korneevič erläutert den Anwesenden [das Gelesene] (er ist der Leiter). Weitere Einzelheiten, falls notwendig, kann Gen. Boldun selbst mitteilen".[41]

Es scheint, dass die Initiative zur Aufdeckung der verdächtigen Sekte von der Leiterin der Poliklinik, Parteigenossin Boldun, kam. Sie registrierte lediglich die Vorgänge um das „göttliche Buch" und ordnete die Versammlung den Repatrianten zu, wobei sie den Namen des Leiters falsch wiedergab. Die Verbindung der Versammlung zur Mennonitensekte wurde auf einer höheren Ebene, vom Leiter der Propaganda- und Agitationsabteilung des städtischen Parteikomitees, festgestellt. Die veröffentlichten Dokumente geben keinen Aufschluss über die Konfessionszugehörigkeit der Olga Klein.[42]

---

39 Eisfeld, Herdt (Hrsg.), Deportation, S. 332-336.
40 Glušaev, Protestantskie obščiny, S. 49.
41 Brief des Leiters der Propagandaabteilung des städtischen Parteikomitees von Solikamsk an den Leiter der städtischen KGB-Abteilung, 16.06.1947. In: Lejbovič, Kimerling u.a. (Hrsg.), Nemcy, Bd. 1, Buch 2, S. 226 [mit Verweis auf: PGASPI, f. 1845, op. 7, d. 242, l. 143].
42 Die russlanddeutschen Mennoniten sind zumeist an ihren Nachnamen erkennbar, was bei dem Namen „Klein" nicht zutrifft. In der Liste der im Gebiet Perm' in den Jahren 1919–1959 verfolgten Deutschen (siehe: Lejbovič, Kimerling u.a. (Hrsg.), Nemcy, Bd. 1, Buch 2, S. 144-222) ist ein

Der sowjetische Staat meinte es ernst mit den Abtrünnigen. Am 18. September 1948 richtete der Minister für Staatssicherheit V. Abakumov unter der Überschrift „Über die Aktivierung der religiösen und antisowjetischen Tätigkeit der kirchlich-sektiererischen Elemente" einen umfangreichen Informationsbericht an I. Stalin.[43] Für große Besorgnis sorgten beim Minister nicht nur die illegalen, sondern in noch größerem Maße die legalen kirchlichen Gemeinschaften. 40% des Textes, der zahlreiche Schilderungen einzelner Vorfälle enthielt, handelten von Kommunisten und Mitgliedern des kommunistischen Jugendverbandes, die aktiv am religiösen Geschehen teilnahmen. Ein ganzer Abschnitt mit vielen Details war der Arbeit der Sektenangehörigen und Kirchenmänner unter Schulkindern und Jugendlichen gewidmet. Mehr noch, die Staatssicherheitsorgane waren zu diesem Zeitpunkt bereits selbst aktiv. Zwischen dem 1. Januar 1947 und dem 1. Juni 1948 wurden 1 968 Personen verhaftet, darunter 1 065 (54%) Sektenangehörige.[44] Deutsche bzw. Mennoniten wurden in Abakumovs Bericht nicht erwähnt.

Es blieb nur eine Frage der Zeit, bis die Verfolgungen die im Gebiet Molotov bestehenden Barackengemeinden erreichten. Am 28. März 1950 wurde der 62-jährige Älteste der Gemeinde in Solikamsk Johann Penner wegen einer Taufe[45] verhaftet. Er war 1924 in Michajlovka in der Kolonie Memrik in der Ukraine zum Prediger eingesegnet worden, aber 1926 nach Nikolajtal' (Novo-Sofievka) in die Kolonie Borozenko gezogen, wo er bis 1932 seinen Pflichten als Prediger nachging. Dann hörte sein Dienst auf. Während der Besatzungszeit übte er den Dienst des Ältesten in Novo-Sofievka aus, bis es dann im Herbst 1943 mit allen Gemeindemitgliedern nach Deutschland ging.

In einem Nachtverhör am 3./4. April 1950[46] bekam die Schuld Penners vor dem Staat ihre ersten Konturen. Im Verhörprotokoll wurde festgehalten, dass Penner zu den Mennonitensektierern zählte; die Mennoniten wurden als eine religiöse Sekte von Deutschen definiert, die zum Glauben der Evangelisten gehört, deren Glauben die Ablehnung des Militärdienstes und die Erwachsenentaufe zur Grundlage hatte. Besondere Beachtung fand bei dem Untersuchungsoffizier aus dem Ministerium für Staatssicherheit die Aussage Penners, dass die deutschen Besatzungsbehörden mennonitische Gottesdienste in Novo-Sofievka genehmigt hatten und er im Mai 1942 zum Gemeindeältesten gewählt worden war. Alle Beschuldigungen, antisowjetische politische Tätigkeit betrieben zu haben, wies Penner zurück.

Zweieinhalb Monate später schilderte Penner in einem weiteren Nachtverhör am 19./20. Juni 1950 vor drei Untersuchungsoffizieren, darunter dem Stellvertreter des Gebietsstaatsanwalts für besondere Angelegenheiten,[47] Details aus der jüngsten mennonitischen Vergangenheit: Die Mennonitengemeinde in Novo-Sofievka wurde 1932 von den Behörden verboten, ihr Ältester Derksen wurde 1937 verhaftet. Nach dem deutschen Einmarsch waren menno-

---

Edmund Klein, geboren 1908 im Gebiet Odessa und verurteilt 1938, verzeichnet. Sollte Olga Klein mit diesem verwandt gewesen sein, wäre sie höchstwahrscheinlich evangelisch-lutherisch gewesen und dazu keine Repatriierte.

43 Text des Informationsberichts siehe: Kurljandskij, Stalin, S. 560-575.
44 Ebenda, S. 574.
45 Heidebrecht, Mennoniten, S. 87.
46 Lejbovič, Kimerling u.a. (Hrsg.), Nemcy, Bd. 1, Buch 1, S. 324-326 [Verhörprotokoll].
47 Ebenda, S. 326 f.

nitische Gottesdienste in Novo-Sofievka zunächst verboten, dann aber erwirkte Penner bei der SS in Nikopol' dafür eine mündliche Genehmigung. Daraufhin wurde er von mehr als 100 Mennoniten zum Gemeindeältesten gewählt.

Der Untersuchungsoffizier hielt im Protokoll fest: „Dem [SS-]Offizier erzählte ich über meine Unzufriedenheit mit der Politik der Sowjetmacht, die die Tätigkeit der mennonitischen Sekte verboten hat. Ich erläuterte ihm meine Absicht, die Mennoniten in eine Gemeinde zu organisieren, und bat um Genehmigung für Versammlungen und Predigt des Glaubens an die deutsche Macht zur Stärkung ihres Regimes".[48] Penner wurde eine weitere verhängnisvolle Aussage zugeschrieben: „Bei Amtshandlungen und in Versammlungen schärfte ich den Gläubigen ein, dass sie alle der bestehenden Obrigkeit untertan seien, denn sie wäre von Gott angeordnet [...]. Ich rechtfertige in meinen Predigten vor den Gläubigen die Existenz der faschistischen Macht und sprach von ihr als vermeintlich von Gott angeordnet, und rief außerdem die in der Gemeinde vereinten Mennoniten auf, sich dieser Macht unterzuordnen [...]. Da ich die Gläubigen zur Unterwerfung und Stärkung der deutschen Macht aufrief, [...] habe ich damit den Kampf gegen den sowjetischen Staat betrieben".[49] Penner gab außerdem zu, die Sammlung der Mennoniten zu einer Gemeinde in Solikamsk im Oktober/November 1945 begonnen zu haben.

Ein weiteres nächtliches Verhör am 19./20. Juni 1950 ergänzte Penners Schuld um einen weiteren wichtigen Punkt: seinen Wunsch, nach Amerika auszuwandern. Gegenständliche Angaben über dieses Vorhaben fehlen allerdings im Protokoll.[50]

Am 14. Dezember 1950 wurde das Urteil über Penner gesprochen: Aufgrund antisowjetischer Agitation und antisowjetischer Tätigkeit wurde er zu 25 Jahren Haft mit Vermögensenteignung verurteilt.[51] Am selben Tag wurden drei weitere Mennoniten aus Solikamsk und ein Mennonit aus dem benachbarten Borovsk im Alter von 41 bis 63 Jahren zu Haftstrafen von 10 bis 25 Jahren verurteilt.[52] Zu diesem Zeitpunkt befanden sich vier weitere Personen aus Solikamsk und eine aus Borovsk in Untersuchungshaft; vier von ihnen waren zwischen 20 und 27 Jahren alt. Anfang Februar 1951 wurde einer von ihnen zu zehn Jahren und der Rest zu 25 Jahren Haft verurteilt.[53]

Den höchsten Preis musste die 60-köpfige[54] Mennonitengemeinde in Solikamsk, die einen hohen Frauenanteil hatte, für ihren unfreiwilligen Dissens bezahlen. Sie verlor innerhalb eines Jahres acht Personen – nicht nur ihre leitenden Brüder, sondern auch eine ganze Reihe junger Männer.

Die Zugehörigkeit zu einer Mennonitengemeinde galt den Behörden als hinlänglicher Grund für eine Verurteilung. Am 14. April 1951 wurde der Lutheraner Ewald Hubert[55] zu 25 Jahren Haft verurteilt. Ihm wurden zwei Auftritte in Versammlungen 1944 und 1948 zur

---

48 Ebenda, S. 326.
49 Ebenda, S. 327.
50 Ebenda, S. 327 f.
51 Lejbovič, Kimerling u.a. (Hrsg.), Nemcy, Bd. 1, Buch 2, S. 195.
52 Ebenda, S. 170, 173, 192, 220.
53 Ebenda, S. 188, 205 f., 208, 220.
54 Angaben für das Jahr 1955, also nach einer Amnestie, aber vor der Aufhebung der Sondersiedlungen und der großen Umzugswelle. Siehe: Heidebrecht, Mennoniten, S. 87.
55 Russisch: Ėval'd Gubert.

Last gelegt.[56] Die Teilnahme Huberts an den mennonitischen Versammlungen belegt ein weiteres Mal deren pietistischen und interkonfessionellen Charakter.

Die leidvollen Erfahrungen der Mennoniten im Gebiet Molotov blieben in der UdSSR kein Einzelfall. Haftstrafen von bis zu 25 Jahren wurden 1951–1953 in den mennonitischen Dörfern der Gebiete Orenburg (zwei Frauen und 33 Männer)[57] und Omsk (zwölf Männer)[58] sowie 1949 in den im Gebiet Kustanaj gelegenen Deportationsorten (vier Frauen und zwei Männer)[59] verhängt. Diese Liste ist in keiner Weise vollständig. Der Staat hatte weder Interesse an der Ausbreitung des Sektentums, zu dem die Mennoniten seit den Zeiten des Ersten Weltkriegs gezählt wurden,[60] noch an der Stimulation einer Glaubensgemeinschaft, die zu ihrem traditionsreichen Bekenntnis zur Wehrlosigkeit stand und schon dadurch als antisowjetisch galt.[61] Derartige Religionsgemeinschaften standen unter strenger Kontrolle der Staatssicherheitsorgane.[62] Unter deren Aufsicht standen auch die deutschen Sondersiedler, zu denen die Kategorie der repatriierten Gläubigen gehörte. Für sie gab es keine Perspektive auf Legalisierung ihrer Gemeinden. Ihr vom Staat aufgezwungener Dissens hatte permanenten Charakter.

7.3. Karaganda

In den 1940er Jahren war den deutschen Gläubigen der Weg aus dem erzwungenen Dissens versperrt. Trotzdem kam 1946 eine kleine Gruppe Deutscher in Karaganda in Zentralkasachstan als Mitglieder einer Gemeinde der Evangeliumschristen-Baptisten ohne eigenes Dazutun in den Genuss der Legalisierung.

Die eigentliche Geschichte der Stadt Karaganda begann in den frühen 1930er Jahren als gefürchteter gigantischer Verbannungsort. Aus ein paar Dörfern mit Lehmhütten am Ort riesiger Steinkohlevorräte sollte deren drittwichtigstes Abbaugebiet in der Sowjetunion entstehen. 1930 stand die Steppe noch leer; bereits 1932 zählte Karaganda und Umgebung 100 000 Einwohner, davon 65 000 Sondersiedler, Strafgefangene und andere antisowjetische Elemente.[63] Zu den Deportierten gehörten seit 1931 200 aus der Kolonie Am Trakt[64] stammende Mennoniten sowie russischsprachige Evangeliumschristen und Baptisten. Die Todesrate unter den Zwangsverschickten war hoch: 1931 starben unter den Mennoniten 29 kleine Kinder sowie zwei größere im Alter von 10 und 17 Jahren; bis 1933 starben 40 Erwachsene.

---

56 Lejbovič, Kimerling u.a. (Hrsg.), Nemcy, Bd. 1. Buch 1, S. 329-333.
57 Block, Fjodorowka, S. 205; Neu Samara, S. 168; Ein grausames Urteil kurz vor dem Tode Stalins, in: Aquila 47 (2003), Nr. 1, S. 17-28.
58 Ėpp, 100 let, S. 340.
59 Klassen, Autobiografie (leicht gekürzt), S. 21.
60 Vgl.: Bondar', Sekta mennonitov.
61 Vgl.: Auskunft über die mennonitischen Sektenanhänger, 12.11.1962. GAKO, f. 1364, op. 1, d. 60, l. 22-23; Gorbatov, Gosudarstvo, S. 46.
62 Denkschrift über die Arbeit des Rats für Angelegenheiten der religiösen Kulte, 01.07.1947. GARF, f. 6991, op. 3, d. 47, l. 205.
63 Specpereselency, S. 6.
64 Ja s vami, S. 67.

Die Mennoniten bildeten im Verbannungsort eine Gemeinde und pflegten ihre gottes-dienstliche Tradition bis 1934, als sechs Mitglieder der Gemeinde, darunter alle Prediger, vom NKVD verhaftet wurden.[65] Die Versammlungen hörten auf. Zwischen 1934 und 1948 wurden in Karaganda 18 Mennoniten verhaftet, vier von ihnen sogar zwei Mal.[66]

Auch die russischsprachigen Evangeliumschristen und Baptisten in Karaganda hatten das gleiche Schicksal. Sie kamen aus verschiedenen Orten und mussten einander erst in den großen Massen der Deportierten finden. 1931 ging einer der Mutigen, Grigorij Grinčenko, von Bude zu Bude (wörtlich russisch: *balagan*), wie die Ausgesiedelten ihre Behausungen nannten, und suchte nach „Kindern von Abraham"[67] – eine Allusion auf Galater 3,7 „Die aus dem Glauben sind, das sind Abrahams Kinder".

Die russischen „Glaubenskinder Abrahams" begannen 1932, sich mehr oder minder re-gelmäßig, aber heimlich, zu versammeln – in der Steppe oder in nicht fertiggebauten Häu-sern. 1934 wurden drei russische Prediger vom NKVD verhaftet und zu drei Jahren Haft verurteilt. Im Unterschied zu den Mennoniten setzten die Evangeliumschristen-Baptisten nach dieser Verhaftung ihre Versammlungen fort. Es bildeten sich Gruppen in drei ver-schiedenen Stadtteilen, die zunächst miteinander kaum Kontakt hatten. 1935 vereinten sich diese jedoch. Am 6. August 1935 ließen sich eine 18-jährige und eine 70-jährige Frau taufen. Dazu wählte man einen 15 Kilometer vom Ort entfernten Steppensee. Um die Taufe nach allen Regeln der baptistischen Tradition zu gestalten, wurde davor aus der eigenen Mitte ein Gemeindeältester bestimmt – der 61-jährige Stepan I. Kolesnikov, ein 1920 zum Bap-tismus konvertierter Revolutionsteilnehmer, der 1931 nach Karaganda deportiert worden war.[68] Kolesnikov wurde in Karaganda zwei Mal verhaftet, aber immer wieder gesund-heitshalber entlassen. Verhaftet wurden auch zwei weitere Personen aus der Gemeinde der Evangeliumschristen-Baptisten.[69]

Die Gemeinde der Evangeliumschristen-Baptisten in Karaganda entstand in der Illegalität unter Personen, denen das Stimmrecht aberkannt war. Trotzdem bemühte man sich um eine Legalisierung und unterhielt Briefkontakt zum offiziellen Föderativen Bund der Baptisten der UdSSR in Moskau, der aber 1935 aufgelöst wurde.[70] Die Gemeinde setzte ihre Tätigkeit in aller Stille fort. Zwischen 1936 und 1946 wurden insgesamt 85 Personen getauft; nur 1938 blieben Taufen aus.[71]

1945 erreichte die Vorsteher der Gemeinde in Karaganda über christliche Kanäle die Nachricht von den neuen Möglichkeiten der Legalisierung. Sie kam von dem im Oktober 1944 offiziell in Erscheinung getretenen Allunionsrat der Evangeliumschristen-Baptisten[72], der 1942 durch den Anschluss der Baptisten an den Allunionsrat der Evangeliumschristen

---

65 Wiens, Mennoniten, S. 8 f.; Ja s vami, S. 87.

66 Ebenda, S. 67.

67 Erinnerungen von Ekaterina A. Čaščina, ebenda, S. 69.

68 Ebenda, S. 69-72.

69 Ebenda, S. 101.

70 Ebenda, S. 79.

71 Ebenda.

72 Gründungsbericht: Vsesojuznoe soveščanie evangel'skich christian, S. 11-38. Am 1. Januar 1946 wurde die Konjunktion „und" in der Selbstbezeichnung durch einen Bindestrich ersetzt. Siehe: Savinskij, Istorija, S. 178.

entstanden war.[73] Der Allunionsrat der Evangeliumschristen-Baptisten gehörte zur neuen Architektur des Beziehungsgeflechtes zwischen Staat und religiösen Gemeinschaften; der Staat setzte als Schnittstelle zu ihnen den am 19. Mai 1943 gegründeten Rat für Angelegenheiten der religiösen Kulte ein. Die Gründung des Rats für Angelegenheiten der religiösen Kulte und des Allunionsrats der Evangeliumschristen-Baptisten markierte den künftigen Legalisierungspfad für die damals allesamt illegalen Gemeinden der Evangeliumschristen-Baptisten: Jede Gemeinde hatte sich bei den lokalen Behörden zu registrieren, und ihr Ältester musste durch den Allunionsrat bestätigt werden. Im Gegenzug erhielt die Gemeinde außer einem legalen Status auch das Recht auf ein Versammlungshaus, das auf Kosten der Gemeinde erworben bzw. gemietet wurde.

Der Legalisierungsprozess gestaltete sich in verschiedenen Teilen der UdSSR unterschiedlich. In Sibirien beispielsweise, einem der Deportationsgebiete für Deutsche, das eine starke Präsenz auch von russischen Evangeliumschristen-Baptisten aufwies, verblieben mehr als 70% der Gemeinden, die alle Voraussetzungen für die Registrierung erfüllten, in der Illegalität, wobei sich längst nicht alle Gemeinden um diesen Status bemühten. Im Gebiet Krasnojarsk beispielsweise wurden drei der insgesamt 24 Gemeinden registriert, wobei nur elf Gemeinden entsprechende Anträge stellten. Den Grund für die Ablehnung könnten sowohl die einschränkenden Direktiven aus Moskau als auch eine tiefe Abneigung gegenüber der sowjetischen Macht bilden.[74]

Am 1. Januar 1947, zwei volle Jahre nach Beginn des Legalisierungsprozesses, zählte der Rat für Angelegenheiten der religiösen Kulte 2 669 registrierte Gemeinden von Evangeliumschristen-Baptisten, von denen 2 195 (82%) in ehemals von der Wehrmacht besetzten Gebieten, also weitab des Deportationsareals für Deutsche in Sibirien und Zentralasien, lagen.[75] Die überraschend hohe Verbreitung des „Sektierertums" und noch mehr das Scheitern der Politik der Etablierung Moskaus als weltweites Zentrum des orthodoxen Glaubens führten zu einer Kursverschärfung in der Religionspolitik des Landes. Bereits am 1. Juli 1947 informierte der Vorsitzende des Rats für Angelegenheiten der religiösen Kulte I. Poljanskij den Leiter der Propaganda- und Agitationsverwaltung des ZK der VKP(b) G. Aleksandrov über die Verweigerung der Legalisierung in 1 963 Fällen und die Existenz von 1 536 illegalen Gemeinden. Darüber hinaus wies er auf existierende Opposition gegenüber jedweden religiösen Zentren und die Möglichkeit der Entstehung von Untergrundbewegungen hin. Sein Bericht enthielt Andeutungen über die Existenz einer kleinen Anzahl von Organisationen mit offensichtlich staatsfeindlicher Tätigkeit, die nicht zum Kompetenzbereich des Rats für Angelegenheiten der religiösen Kulte gehörten. Informationen über sie wurden an die Organe der Staatssicherheit weitergeleitet.[76] Für die lokalen Vertreter des Rats zählten zu den nicht legalisierbaren Glaubensgemeinschaften auch die Mennoniten.[77] Grund da-

---

73 Vsesojuznoe soveščanie evangel'skich christian, S. 17.
74 Vgl.: Gorbatov, Gosudarstvo, S. 282 f.
75 Mitteilung des Rats für Angelegenheiten der religiösen Kulte, 12.02.1947. GARF, f. 6991, op. 3, d. 47, l. 33.
76 Denkschrift über die Arbeit des Rats für Angelegenheiten der religiösen Kulte, 01.07.1947. GARF, f. 6991, op. 3, d. 47, l. 205.
77 Gorbatov, Gosudarstvo, S. 46. Vgl.: Auskunft über Sektierer-Mennoniten, 12.11.1962. GAKO, f. 1364, op. 1, d. 60, l. 22-23.

für war immer noch – und gerade in der Kriegszeit – deren traditionelle Ablehnung des Wehrdienstes, zu der sie sich zuletzt auf ihrer Bundeskonferenz im Januar 1925 bekannt hatten.[78]

1945 begann Kolesnikov sich um die Legalisierung der Gemeinde der Evangeliumschristen-Baptisten bei den lokalen Behörden zu bemühen. Der erste Versuch schlug fehl: Die nach dem Gesetz erforderlichen 20 Gründungspersonen gehörten zur Kategorie der Sondersiedler, die über kein Stimmrecht verfügten. Die Behörden schätzten die Zahl der Gemeindeglieder damals auf 70.[79]

Am 12. Juni 1946 reichte die Gemeinde ein weiteres Gesuch an die Behörden ein:

„Von den an Gott gläubigen Evangeliumschristen-Baptisten der Stadt Karaganda und der umliegenden Siedlungen
dem Bevollmächtigten des Rates für Angelegenheiten der rel[igiösen] Kulte beim Minis-terrat der UdSSR für das Gebiet Karaganda der Kasachischen SSR Gen. Džumagaliev
Antrag
Wir bitten Sie um eine zeitweilige Genehmigung für gottesdienstliche Versammlungen, die aus gottesdienstlichen Zeremonien, dem Lesen der Bibel, der Erklärung des Gelese-nen zur Erbauung, Gesprächen über geistliche Themen, Singen von geistlichen Liedern und Gebeten für uns selbst, für unsere Heimat, für deren Gedeihen, für die Völker, die sie bewohnen, und für unsere Sowjetische Regierung bestehen.
Im Hause des Mitglieds unserer Gemeinde Netesova Marfa Gerasimovna, das sich in der Siedlung Privokzal'nyj, Straße Oktjabr'skaja, 28, im Stalin-Rayon, befindet. Das Proto-koll der technischen Inspektion sowie die Liste der Gemeindeglieder sind beigefügt".[80]

Das Gesuch wurde von 20 Gemeindegründern unterzeichnet, darunter elf Frauen und neun Männer, der Jüngste von ihnen war 31, der Älteste 68 Jahre alt. Eine technische Inspektion stellte fest, dass das Gebäude mit einer Fläche von 31,2 Quadratmetern zusammen mit einem Nebengebäude von 39,0 Quadratmetern für die Nutzung durch 30 Gläubige ausreichend war. Der kirchlichen Bestimmung des Gebäudes kam zugute, dass es in der Nähe keine Schulen oder Behörden gab.[81]

Das Gesuch enthielt keine Verpflichtungen über die Einhaltung der Religionsgesetzge-bung, wies aber gewisse patriotische Züge auf. Das Ziel der Gläubigen war sehr bescheiden: ungestörte Versammlungen in einem eigens dazu bestimmten Gebäude.

Dem Antrag stimmte der Vertreter des Allunionsrats der Evangeliumschristen-Baptisten, der den Titel Seniorpresbyter (russisch: *staršij presviter*) trug, in der Kasachischen Sowjet-republik zu. Er attestierte dem Gemeindeältesten eine korrekte politische Haltung:

„Zum gegenwärtigen Zeitpunkt zählt die Gemeinde in Karaganda etwa 150 Mitglieder. Die Gemeinde wird von dem ordinierten Ältesten Kolesnikov S.I. geleitet, der über einen Ältestenausweis Nr. 1685 vom 6.5.1946, gültig bis 31.12.1946, verfügt. Laut

---

78 Toews (Hrsg.), Mennonites, S. 430 f.
79 Mitteilung des Bevollmächtigten des Rats für Angelegenheiten der religiösen Kulte, 20.03.1946. GAKO, f. 1364, op. 1a, d. 19, l. 30.
80 Legalisierungsantrag, 09.06.1946. GAKO, f. 1364, op. 1a, d. 19, l. 25-26.
81 Gutachten des Bevollmächtigten des Rats für Angelegenheiten der religiösen Kulte, 14.06.1946. GAKO, f. 1364, op. 1a, d. 19, l. 28-29.

AUREChB[Allunionsrat der Evangeliumschristen-Baptisten]-Fragebogen hat der Älteste Kolesnikov eine gesunde und richtige Einstellung zu den bürgerlichen Pflichten. Davon ausgehend und aufgrund Art. 124 der Stalinschen Verfassung halte ich die Legalisierung der EChB [Evangeliumschristen-Baptisten]-Gemeinde in Karaganda für erforderlich".[82]

Die Legalisierung einer evangeliumschristlich-baptistischen Gemeinde in einem Deportationsgebiet gehört in die Rubrik von Wundern. Bis Ende 1947 wurden in Kasachstan lediglich acht Gemeinden dieser Konfessionen legalisiert; diese Zahl blieb bis Ende 1953 unverändert.[83] Für die gesetzeskonforme Tätigkeit der Gemeinde bürgten persönlich ihr Ältester, der Vertreter des Allunionsrats in der Republik sowie die Zentrale der Evangeliumschristen-Baptisten in Moskau. Den beiden Instanzen in der Republikhauptstadt Alma-Ata und der Landeshauptstadt Moskau war die Legalisierung einer weiteren Gemeinde willkommen; Moskau begnügte sich mit einer einzigen persönlichen Äußerung des Gemeindeältesten über dessen loyale Einstellung zur Sowjetmacht, die wohl auf die Befürwortung des Militärdienstes hinauslief, und stellte ihm noch vor der Legalisierung der Gemeinde ein legitimierendes Dokument aus. Der Vertreter des Allunionsrats der Evangeliumschristen-Baptisten in der Republik versuchte sogar den nun legalen Status der Gemeinde mit einem Hinweis auf die Landesverfassung zu untermauern.

Sowohl die lokalen Behörden als auch die Vertretung des Allunionsrats der Evangeliumschristen-Baptisten in der Republik spielten die Mitgliedszahlen herunter. Die Gemeinde zählte 1946 nach eigenen internen Dokumenten etwa 250 Mitglieder. Jedes zehnte Mitglied war im Alter von unter 30 Jahren. Etwa 25% der Mitglieder waren jünger als 40 Jahre, und ca. 50% zählten zu den 40- bis 50-Jährigen. Die restlichen 20–25% waren 60 Jahre und älter, darunter drei 80-Jährige. Etwa 70% der Mitglieder waren Frauen, 10% Behinderte. Alle Mitglieder hatten die Stalinschen Verfolgungen in voller Härte erlebt, und trotzdem hatte jedes dritte Mitglied die Entscheidung für die Nachfolge Christi in der Verfolgungszeit getroffen.[84] In Zeiten des Leidens wenden sich Menschen verstärkt dem Glauben zu.

45 Gemeindemitglieder trugen deutsche Namen.[85] Es scheint, dass ihre Volkszugehörigkeit kein Hindernis für die Aufnahme in die Gemeinde war. Keines von ihnen wurde aus nachvollziehbaren Gründen auf die Liste der Gemeindegründer gesetzt, aber alle fanden herzliches Entgegenkommen und Gemeinschaft, die den gemeinsamen Glauben stärkte. Dieser Personenkreis sollte den Grundstock für den späteren großen deutschen Arbeitszweig in der Gemeinde bilden. Nach dem Kriegsende 1945 bekam er eine substanzielle Erweiterung durch viele junge Russlanddeutsche, die durch den Krieg nach Karaganda verpflanzt worden waren.

Zunächst waren das viele junge deutsche Männer der Jahrgänge um 1925, die 1942 aus der Deportation in die Arbeitsarmee für Bergwerke mobilisiert worden waren. Sie lebten in Kasernen, waren von der Außenwelt abgeschnitten und wurden zur Arbeit und zurück von einer uniformierten Wache geführt. Nach Kriegsende, im Herbst 1945, gab es für die jungen

82 Empfehlung des Seniorpresbyters, 22.07.1946. GAKO, f. 1364, op. 1a, d. 19, l. 24.
83 Zusammenfassung der Zahlen der Religionsgemeinschaften, 04.01.1954. GARF, f. 6991, op. 3, d. 102, l. 67.
84 Nickel, Dyck, Geschichte der Gemeinde, S. 10.
85 Ebenda.

Männer etwas mehr Freiheit. Die Kasernen blieben, aber die Begleitung durch eine Wache auf dem Weg zur Arbeit und zurück wurde abgeschafft. Es fand ein gleitender Übergang unter die Aufsicht der Kommandantur statt.[86]

Anfang Januar 1944 wurde in die Arbeitsarmee nach Karaganda auch Peter Bergmann (1898–1979) mobilisiert, der bis 1926 in der halblegalen Bibelschule Orenburg gelernt hatte und 1928 zum Prediger in der Mennoniten-Brüdergemeinde Klubnikovo im Gebiet Orenburg eingesegnet worden war.[87] Bergmann gehörte zur armen Schicht innerhalb der mennonitischen Gesellschaft; in den offiziellen Dokumenten gab er mit vollem Recht an: soziale Abstammung – Armbauer, soziale Stellung – Tagelöhner.[88] Das schützte ihn aber Anfang der 1930er Jahre nicht vor Verfolgungen in seinem Heimatdorf. Er und seine Familie flohen 1934 in die Ukraine, von wo aus er in die Deportation und Arbeitsarmee nach Solikamsk im Ural mobilisiert wurde. Hier kam er dem Hungertod nahe und wurde in das Gebiet Kustanaj entlassen, wo er wieder zu Kräften gelangte und schließlich nach Karaganda abkommandiert wurde.

Bergmann erinnerte sich an seine Ankunft in Karaganda:

„Im Januar [1944] kam ich in Karaganda an, und im Frühling durfte ich zum ersten Mal eine Versammlung besuchen. Die ganze Zeit nach Orenburg – zehn Jahre bis 1944 – war ich in keiner einzigen Versammlung gewesen. Dieses war eine russische Versammlung. Zuerst habe ich meine Bekehrung erzählt. Mehr konnte ich [in russischer Sprache] nicht. Dann hat man mir ein russisches Neues Testament gegeben, und ich habe den 32. Psalm auswendig gelernt. Das nächste Mal habe ich darüber gepredigt. Der Psalm beschrieb besonders gut mein Leben und meine Lebenserfahrung, wie ich zum Glauben kam. Die Predigteinteilung war: Das Schmachten unter der Sündenlast – das Freiwerden von der Sündenlast – die Seligkeit ohne die Sündenlast. Von da an musste ich jeden Sonntag sprechen. Dann wurde ich nach Michajlovka [Stadtteil von Karaganda] geschickt, und von da aus durfte ich schon frei fahren".[89]

Bergmann hielt auch wichtige Details des Gemeindelebens jener Zeit fest:

„1945 kamen sehr viele Deutsche [Repatriierte] aus Polen [Warthegau] an, dann gab es große Erweckungen. Da habe ich deutsch gepredigt, in den Häusern. Damals war es ziemlich frei. Wir haben uns versammelt. Die russische Versammlung war noch nicht bei den Behörden registriert. Vor der Registrierung haben wir uns so versammelt: Alle Fenster zugehängt, alle Türen zu, keine Bänke wurden getragen [...]. Über eiserne Bettgestelle wurden Bretter gelegt. Man saß auf diesen Brettern, vorne, auf den Tischen, alle jungen Besucher standen, und das Haus war vollgepresst. Ich schwitzte. Die Gemeinde leitete ein Stepan Ivanovič Kolesnikov. Der hatte ein sehr gutes Gedächtnis – einmal begrüßt, und dann immer beim Vor- und Vatersnamen einen genannt. Mit den Deutschen hatten wir Versammlungen immer in den Häusern gehabt".[90]

---

86 Nickel, Erlebnisse, S. 21-23.
87 Dyck, Bergmann.
88 Bergmann, Arbeitsfeld, S. 8.
89 Ebenda, S. 9.
90 Ebenda.

Laut Bergmann trug auch in Karaganda die Rückführung der Repatriierten zu einer Belebung der christlichen Gemeinschaft bei. In Karaganda gab es eine Besonderheit: Hier waren
deutsche Versammlungen parallel zu russischen entstanden. Die deutschen Zusammenkünfte blieben illegal. Es ist anzunehmen, dass die Behörden von ihnen wussten, wie auch schon
in den 1930er Jahren von den russischen geheimen Gottesdiensten,[91] aber sie griffen nicht
durch. Es könnte an einem Hinwegsehen über die Religion zu dieser Zeit oder aber auch an
der freizügigeren Atmosphäre in der Stadt im Allgemeinen liegen. Aus Sicht des späteren
sowjetischen politischen Dissidenten und Dichters Naum Koržavin, der 1951–1954 in der
Stadt lebte und in der Redaktion der städtischen Zeitung arbeitete, war das so:

„Karaganda war eine sehr interessante Stadt – sie erweckte den Eindruck einer freien
Stadt, obwohl es da nichts Besonderes gab, wie auch überall. Es war eine besetzte Stadt,
weil der größte Teil der Bevölkerung aus ehemaligen Häftlingen, Ausgesiedelten [und]
Entkulakisierten bestand und irgendwelche MGB-MVD als Besatzungsmacht wahrgenommen wurden. Es war eine fleißige, geschäftige Stadt, die nicht umsonst arbeitete –
in den Kohlengruben verdienten die Menschen schon damals gutes Geld".[92]

Für eine Stadt, deren Bevölkerung zum großen Teil aus politisch unzuverlässigen Personen
bestand, gehörte die Religion zu den kleineren Übeln. Die illegalen Versammlungen in den
Häusern, von denen Bergmann berichtete, erreichten ihren Höhepunkt 1949,[93] also in einer
Zeit, in der die Religionsausübung in anderen Gebieten längst mit schweren Haftstrafen bekämpft wurde. Bezeichnend für die kurze Zeit 1945–1949 ist die Geschichte von Reinhold
Mantai, der 1929 geboren wurde und schon mit 14 Jahren in den Kohlengruben Karagandas
arbeiten musste. 1948 startete ein Lutheraner Versammlungen in Privathäusern, zu denen
auch Mantai stieß, der davor nichts mit dem Glauben zu tun hatte. Mantai ließ sich nach
lutherischem Ritus taufen. Das Interesse an Religion war bei ihm geweckt, und 1949 entdeckte Mantai die Gemeinde der Evangeliumschristen-Baptisten, in der er seine Bekehrung
erlebte und sich ein zweites Mal taufen ließ. Der 20-jährige Mantai begann zusammen mit
zwei Freunden eigene illegale Abendversammlungen in Häusern zu veranstalten. Mehrmals
wöchentlich füllten sich die Häuser und es gab oft Bekehrungen – bis zu fünf an einem
Abend. Die Bekehrten schlossen sich entweder der evangeliumschristlich-baptistischen Gemeinde oder den illegalen lutherischen Kreisen an, von denen es in der Stadt mehrere gab.[94]
Karaganda war auf dem besten Weg, sich zu einem der wichtigsten Kristallisationspunkte
des deutschen Glaubens unterschiedlicher Konfessionen in der Sowjetunion zu entwickeln.
Dazu trug sicherlich die hohe Zahl der deportierten Deutschen bei, aber auch das Vorhandensein einer legalen Gemeinde, die Deutsche in ihre Reihen aufnahm.

Die Legalisierung der Gemeinde bedeutete noch lange nicht eine Legitimierung ihrer
traditionellen konfessionellen Tätigkeit. Ein Gemeindehaus für ungehinderte Versammlungen gab es nun auch in Karaganda. 1947, ein Jahr nach der Registrierung der Gemeinde,
wurde ihr jedoch vom Bevollmächtigten des Rats für Angelegenheiten der religiösen Kulte
die Taufe verboten. Der Gemeindeälteste Kolesnikov suchte Beistand bei dem Vertreter des

---

91 Vgl. dazu: Ja s vami, S. 72.
92 Sviridov (Hrsg.), Kust karagana, S. 144.
93 Dyck, Revival Patterns, S. 104.
94 Ebenda.

Allunionsrats der Evangeliumschristen-Baptisten in der Republik Nikolaj D. Tichonov, der bei dem Bevollmächtigten des Rats für Angelegenheiten der religiösen Kulte in der Kasachischen Republik intervenierte. Dieser wiederum erklärte dem Ratsbevollmächtigten für das Gebiet Karaganda, dass die Taufe bei den Evangeliumschristen-Baptisten „unentbehrlicher Teil des Gottesdiensts" und aus diesem Grund in den ordnungsgemäß registrierten Gemeinden genehmigt sei.[95] 1947 taufte man in der Gemeinde schließlich 20 Personen[96], wobei unklar bleibt, ob geheim, wie früher, oder öffentlich. Jedenfalls fand die Taufe außerhalb des Gemeindehauses statt. Die Taufe blieb weiterhin ein ungeklärter Punkt in den Beziehungen zwischen dem Staat und der evangeliumschristlich-baptistischen Gemeinde.

Die Hinwendung junger Deutscher zum Glauben erreichte ihren Höhepunkt am 8. August 1948, als im Steppenfluss Kokpekty 112 Personen getauft wurden. Die Zahl war beträchtlich. Ein Augenzeuge erinnert sich:

> „Morgens, am 8. August stiegen viele am Hauptbahnhof von Karaganda in der Alten Stadt [Stadtteil von Karaganda] in den Arbeiterzug, um an einem großen Tauffest teilzunehmen. Es war die erste öffentliche Taufe der Evangeliumschristen-Baptistengemeinde nach ihrer Registrierung. An der Haltestelle Kompanejsk verließen die meisten Passagiere den Zug, um über die Steppe zum Fluss Kopychta [russifizierte Form des kasachischen Kokpekty] zu kommen, in der Nähe der Siedlung ‚Pervyj sovchoz'. Das fiel auf, und etliche schlossen sich der Menschenmenge an, um zu erfahren, was da vorgehen sollte. Es könnten 300 Personen gewesen sein, die zur Stelle, wo die Taufe stattfinden sollte, kamen. Am Ufer des Flusses empfing sie eine Sängergruppe der erwähnten Siedlung unter der Leitung von Dietrich Pauls mit wunderschönem Gesang. Etliche deutsche Lieder sind noch in Erinnerung geblieben: ‚Am Jordansufer stehe ich und blicke sehnsuchtsvoll', ‚Ich weiß von einem schönen Ort, oft zieht's mich dahin mächtig fort'. Die Taufe wurde von S.I. Kolesnikov vollzogen. Dabei half ihm Bruder Ivan Simonovič Šabanov. Da kam noch ein Bruder mit Verspätung. Das war wohl der Hundertundzwölfte. Bruder Stepan Ivanovič wurde ganz müde, da er schon nicht mehr jung war. Die Einsegnung folgte dann später an diesem Tage nach der Rückkehr in das Bethaus in Kopaj [Stadtteil, in dem sich das Gemeindehaus befand]. Als wir zurückkamen, warteten schon viele im Bethaus auf uns. Die Einsegnung vollzogen Stepan Ivanovič Kolesnikov und Nikolaj Dmitrievič Tichonov, der Superintendent (Seniorpresbyter) der Baptistengemeinden in Kasachstan, der aus Alma-Ata gekommen war und wegen Verspätung bei der Taufhandlung nicht dabei war. Gebetet wurde über alle Täuflinge zugleich. An diesem Tage wurde auch noch das Abendmahl gefeiert".[97]

Die Legalisierung einer Religionsgemeinschaft bedeutete für diese keine schrankenlose Freiheit. Diese schmerzliche Erfahrung musste der Gemeindeälteste Kolesnikov zusammen mit der ganzen Gemeinde nach dem großartigen und einmaligen Tauffest machen. Es erregte großes Aufsehen in der Stadt, und die Behörden griffen durch. Der Seniorpresbyter Tichonov rief eine Gemeindemitgliederversammlung zusammen, setzte Kolesnikov kurzerhand ab und

---

95 Mitteilung an den Bevollmächtigten des Rats für Angelegenheiten der religiösen Kulte in Karaganda, 22.08.1947. GARF, f. 6991, op. 3, d. 386, l. 20.
96 Nickel, Dyck, Geschichte der Gemeinde, S. 9.
97 Ebenda, S. 11 f.

sorgte für die Wahl von dessen Nachfolger, Ivan A. Evstratenko.[98] Die beiden waren miteinander seit den 1920er Jahren bekannt, als sie gemeinsam in Sibirien eine Sonntagsschule leiteten.[99] Die Absetzung Kolesnikovs unter dem Behördendruck sorgte in der Gemeinde für Unruhe. Kolesnikov wurde mit einigen weiteren Personen 1952 aus der großen Gemeinde ausgeschlossen[100] und gründete später eine illegale Gemeinde, die bis Anfang der 1960er Jahre existierte und schließlich zur Muttergemeinde zurückkehrte.

Unklar bleibt, ob das baptistische Tauffest Absetzungen bei den Behörden verursachte. 1949 verlor der Bevollmächtigte des Rats für Angelegenheiten der religiösen Kulte für das Gebiet Karaganda seinen Posten.[101] Auf einer Sitzung des Rats in Moskau am 24.–25. August 1948, also zwei Wochen nach der Taufe in Karaganda, wurde der Bericht des Beamten aus Karaganda für das erste Quartal 1948 scharf kritisiert: Die Gemeinde der Evangeliumschristen-Baptisten wurde darin zwar erwähnt, aber ohne Angabe der Mitgliedszahlen, außerdem enthielt der Name des Gemeindeältesten zwei Schreibfehler.[102] Im Sommer 1950 stand immer noch kein Nachfolger für den Ratsbevollmächtigten fest.[103] Die vakante Position wurde erst am 14. März 1952 besetzt.[104]

Das Beispiel der evangeliumschristlich-baptistischen Gemeinde in Karaganda zeigt, wie eng die Grenzen der Legalität von der sowjetischen Religionspolitik gezogen waren. Die Gemeindezentrale in Gestalt des Allunionsrats der Evangeliumschristen-Baptisten legte bereits 1946 fest, dass die Predigt in den Gemeinden – das Hauptelement des baptistischen und mennonitischen Gottesdienstes – ausschließlich durch Gemeindeälteste und einige wenige Diakone vorgetragen werden dürfe.[105] Das kollidierte mit der aus dem Pietismus kommenden und seit baptistischen Gründungszeiten im Russischen Imperium in den 1870er Jahren gängigen Praxis, das Predigen auf möglichst viele Personen zu verteilen. Die Verlängerung der Ältestenausweise, von denen einer auch im Besitz Kolesnikovs aus Karaganda war, fand mit Genehmigung des Rats für Angelegenheiten der religiösen Kulte statt.[106] Der Staat erhielt dadurch die Möglichkeit, missliebige Älteste abzusetzen.

Der Verzögerungstaktik des Allunionsrats half das nur bedingt. Erst am 20. November 1948 formulierte er eine Satzung, die Anspruch auf Lenkung aller Gemeinden der Evangeliumschristen-Baptisten proklamierte: „Der AUREChB [Allunionsrat der Evangeliums-

98 Evstratenko, Tropa, S. 41.
99 Ebenda, S. 74.
100 Bericht an den Bevollmächtigten des Rats für Angelegenheiten der religiösen Kulte für die Kasachische SSR, 25.04.1953. GAKO, f. 1364, op. 1a, d. 25, l. 130.
101 Bericht an den republikanischen Bevollmächtigten des Rats für Angelegenheiten der religiösen Kulte, 20.07.1950. GARF, f. 6991, op. 3, d. 387, l. 9-14.
102 Anhang zum Sitzungsprotokoll des Rats für Angelegenheiten der religiösen Kulte, 24.08.–25.08.1948. GARF, f. 6991, op. 4, d. 22, l. 195-206.
103 Bericht an den republikanischen Bevollmächtigten des Rats für Angelegenheiten der religiösen Kulte, 20.07.1950. GARF, f. 6991, op. 3, d. 387, l. 9-14.
104 Anweisung an den Bevollmächtigten des Rats für Angelegenheiten der religiösen Kulte in Karaganda, 05.05.1952. GAKO, f. 1364, op. 1a, d. 25, l. 37.
105 Allunionsrat der Evangeliumschristen-Baptisten. Rundbrief an die Seniorpresbyter, 24.09.1946. Archiv des Allunionsrats der Evangeliumschristen-Baptisten, Mappe 1.1.
106 Allunionsrat der Evangeliumschristen-Baptisten. Rundbrief an die Bevollmächtigten des AUREChB und Seniorpresbyter, 08.10.1946. Archiv des Allunionsrats der Evangeliumschristen-Baptisten, Mappe 1.1.

christen-Baptisten] leitet die Tätigkeit aller Gemeinden der Evangeliumschristen-Baptisten, setzt (mittels Bestätigung) Gemeindeälteste ein, bestimmt, setzt ab und versetzt Seniorpresbyter, überwacht ihre Tätigkeit inklusive aller finanzieller Mittel, die ihnen zukommen und von ihnen verausgabt werden".[107] Die Satzung hielt eine dem russischen Baptismus fremde dreistufige Machthierarchie fest, bestehend aus der Bundeszentrale der Evangeliumschristen-Baptisten, dem Seniorpresbyter und dem Gemeindeältesten, dem ein dreiköpfiger Gemeinderat unter seiner eigenen Leitung zur Seite stand. Die Gemeindeältesten wurden von den Gemeinden gewählt, mussten aber vom Allunionsrat bestätigt werden. Die Satzung ließ die Teilnahme einiger weniger Brüder und Schwestern am Predigen zu. Der Druck des Staates wurde auf die Gemeinden durch die Struktur des Allunionsrats der Evangeliumschristen-Baptisten weitergeleitet. Ein halbes Jahr später, im Juli 1949, forderte der Allunionsrat seine Gemeindeältesten auf, schriftliche Belege für die Erfüllung der neuen Satzung zu liefern.[108]

Vorauseilender Gehorsam konnte dem Allunionsrat nicht nachgewiesen werden, aber in zwei wichtigen Punkten gab er dem Druck des Staates nach. Im Februar 1950 wies er seine Seniorpresbyter an:

„Besondere Beachtung sollte erfahren, dass in allen Gemeinden Ihres Gebietes ausschließlich Personen predigen, die dazu bestimmt sind. [...] Wir erinnern Sie ein weiteres Mal, dass zur Taufe ausschließlich volljährige Personen zugelassen werden dürfen, also 18-Jährige, bei denen mindestens ein Jahr seit ihrer Bekehrung verstrichen ist, und die aus Ihrem Ort stammen. [...] Unser Ratschlag – reduzieren Sie die taufwillige Jugend, also Personen von 18 bis 25 Jahren, auf eine minimale Zahl, da Jugendliche in geistlicher Hinsicht oft labil sind. Jugendliche in Ausbildung dürfen überhaupt nicht getauft werden. Die Taufe soll höchst unauffällig geschehen und nicht die Aufmerksamkeit Außenstehender auf sich lenken".[109]

Ähnliche Anweisungen über die Taufe wurden einen Monat später, im März 1950, vom Allunionsrat der Evangeliumschristen-Baptisten auch an die Gemeindeältesten erteilt.[110] Situationen wie 1948 in Karaganda sollten unbedingt vermieden werden. Im April 1951 wurden die Instruktionen ein weiteres Mal verschärft. Nun wurden die Gemeindeältesten aufgefordert, die Listen der Taufkandidaten mit Angabe von Alter, Anschrift und Arbeitsplatz nach Moskau an den Allunionsrat zu senden und erst nach Erhalt von Vorgaben aus dem Zentrum weitere Schritte zu unternehmen.[111] Der Staat war sichtlich bemüht, der Ausdehnung der Gemeinden durch Taufen einen Riegel vorzuschieben.

---

107 Položenie o sojuze evangel'skich christian-baptistov [Satzung des Bundes der Evangeliumschristen-Baptisten], 20.11.1948. Archiv des Allunionsrats der Evangeliumschristen-Baptisten, Mappe 1.1.
108 Allunionsrat der Evangeliumschristen-Baptisten. Rundbrief an die Gemeindeältesten, 15.07.1949. Archiv des Allunionsrats der Evangeliumschristen-Baptisten, Mappe 1.1.
109 Allunionsrat der Evangeliumschristen-Baptisten. Rundbrief an die Seniorpresbyter. Entwurf, 01.02.1950. Archiv des Allunionsrats der Evangeliumschristen-Baptisten, Mappe 1.1.
110 Allunionsrat der Evangeliumschristen-Baptisten. Rundbrief an die Gemeindeältesten, 06.03.1950. Archiv des Allunionsrats der Evangeliumschristen-Baptisten, Mappe 1.1.
111 Allunionsrat der Evangeliumschristen-Baptisten. Rundbrief an die Gemeindeältesten, 10.04.1951. Archiv des Allunionsrats der Evangeliumschristen-Baptisten, Mappe 1.1.

Evstratenko, Kolesnikovs Nachfolger im Amt in Karaganda, musste durch Experimente ausloten, wie weit bzw. wie eng die Grenzen der Legalisierung gesetzt wurden. Für die Position eines Gemeindeältesten war er gut vorbereitet: Sein Vater gehörte zu den bekanntesten baptistischen Pionieren Sibiriens, er selbst erhielt seine theologische Ausbildung an der am längsten existierenden Schule der Baptisten in der UdSSR. Auch erlebte er die Tiefen der Christenverfolgung Anfang der 1930er Jahre: Flucht, misslungener Versuch, unterzutauchen, Haft. Sein „sozial-politischer Habitus" war durch die Behörden gut recherchiert, wenn auch nicht fehlerfrei,[112] und gründlich festgehalten:

„Evstratenko Ivan Andreevič, Geburtsjahr 1897, Russe, Sohn eines alten geistlichen Baptisten im Nordkaukasus, der 1899 in das Gebiet Omsk übersiedelte, um die baptistische Bewegung in Sibirien zu organisieren. Zusammen mit ihm siedelte sein Sohn Ivan Andreevič über, der sich nach Absolvierung von 5 Klassen der Omsker Stadtschule der Arbeit innerhalb der baptistischen Bewegung anschloss.
Evstratenko I.A. wurde 1916 in die Zarenarmee mobilisiert, aus der er 1917 zurückkehrte und seiner Tätigkeit weiter nachging. 1920 wurde er auf dem Konvent der Baptisten Sibiriens in Omsk in das baptistische Zentrum Sibiriens gewählt und führte bis 1926 missionarische Arbeit durch. 1926 bis 1928 lernte er in der geistlichen Schule der Baptisten in Moskau. Nach seiner Rückkehr nach Omsk kehrte er zu seiner vorherigen Tätigkeit zurück. 1931 siedelte er in den Nordkaukasus um und arbeitete bis 1933 in verschiedenen Positionen im Eisenbahnknoten Tichoreck.
1933 wurde [Evstratenko] nach Art. 58 des Strafgesetzbuches der RSFSR verurteilt und verbüßte seine Strafe auf dem Bau des Kanals Moskau–Volga ab. Entlassen [wurde Evstratenko] 1938.
1938 bis 1942 arbeitete [Evstratenko] in der Stadt Petropavlovsk in verschiedenen Positionen als Buchführer.
1942 wurde [Evstratenko] für den Einsatz in der Industrie mobilisiert und arbeitete bis 1948 in der Kohlengrube Nr. 33–34 des Trusts ‚Stalinugol' und bekleidet seit 1948 das Amt des Ältesten der EChB-Gemeinde in Karaganda".[113]

Die Gemeinde blieb fest im Blickfeld der Behörden. Im Juni 1950 berichteten sie an den Rat für Angelegenheiten der religiösen Kulte in Moskau über die neuen Arbeitsmethoden von Evstratenko:

„Die EChB-Gemeinde richtete eigenmächtig innerhalb des Gemeindehauses im Fußboden unter der Kanzel ein Becken für die Wassertaufe von Menschen ein, die in die Gemeinde neu aufgenommen werden. Die Gemeinde steigerte im laufenden Jahr beträchtlich ihre Aktivitäten. [...] Die Wassertaufe wird am ersten Sonntag jedes Monats vollzogen. Nach Aussage des Gemeindeältesten Evstratenko Ivan Andreevič werden jedes Mal 5 bis 15 Personen getauft. Infolge fehlender Kontrolle taufte der Gemeindeälteste alle Erschienenen unabhängig von ihrem Wohnort und in dieser Hinsicht verwandelte

---

112 Die Bibelschule des Föderativen Bundes der Baptisten der UdSSR in Moskau bestand 1927–1929.
113 Informationsbericht des Bevollmächtigten des Rats für Angelegenheiten der religiösen Kulte, 07.04.1953. GAKO, f. 1364, op. 1a, d. 25, l. 142.

sich das Gebetshaus in ein Gebietshaus. Im Ergebnis wurden im laufenden Jahr etwa 100 Personen im Alter ab 19 Jahren getauft. Außerdem wuchs die Gemeinde um 50 Personen, die aus anderen Orten zugezogen sind. Damit stieg die Mitgliederzahl bis auf 520 Personen. [...] Typisch für die Tätigkeit dieser Gemeinde ist, dass eine hohe Prozentzahl (58%) der Getauften Deutsche und ehemalige Lutheraner sind. Ihre Versammlungen führt die Gemeinde vier Mal pro Woche durch. Donnerstags 6 Uhr abends, samstags 5 Uhr abends und sonntags um 11 Uhr morgens und 6 Uhr abends. An den Sonntagen besuchen bis zu 300 Personen die Gebetszeremonien. Nach der Besichtigung des Bethauses wurde der Gemeindeälteste Evstratenko in das Gebietsexekutivkomitee vorgeladen und streng gewarnt, dass alle seine Maßnahmen mit dem Gebietsbevollmächtigten des Rats für Angelegenheiten der religiösen Kulte abgestimmt werden sollten und keine Personen zur Taufe zugelassen werden dürfen, die außerhalb der Stadt Karaganda wohnen".[114]

Unter Evstratenko erlebte die legalisierte Gemeinde ungeachtet aller Einschränkungen und Verbote ein beträchtliches Wachstum. Die Entwicklung der Gemeinde in den sechs letzten Jahren der Stalinzeit fasste der Bevollmächtigte des Rats für Angelegenheiten der religiösen Kulte am 1. April 1953 folgendermaßen zusammen:

„Die Gemeinde der Evangeliumchristen-Baptisten bestand bei der Eröffnung des Gebetshauses am 1.1.1947 aus 289 Mitgliedern, vom 1.1.1947 bis 1.4.1950 wurden durch Taufe 295 neue Mitglieder und durch Zuzug 208 alte Mitglieder aufgenommen, zum 1. April zählt die Gemeinde 792 Mitglieder, Gläubige älter als 25 Jahre.

Tabelle [31]: Die Bewegung der EChB-Mitglieder [1947–1953]

Jahr und Datum	Mitgliederzahl	durch Taufe	Aufnahme alter Mitglieder	insgesamt
zum 1.1.1947	289	–	–	289
zum 1.1.1948	289	111	45	445
zum 1.1.1949	445	20	10	475
zum 1.1.1950	475	100	40	615
zum 1.1.1951	615	27	59	692
zum 1.1.1952	692	37	40	769
zum 1.4.1953	769	–	23	792

Die nationale Zusammensetzung der Gemeinde: Russen – 306 Personen, Deutsche – 472 Personen, andere Volkszugehörigkeit 14 Personen.
1952 gab es 50 Personen, die Taufanträge gestellt hatten, davon wurden 37 Personen durch Taufe aufgenommen, den anderen wurde die Aufnahme wegen Nichtabsolvierung der Probefrist verweigert. Die Zusammensetzung dieser neu Aufgenommenen nach Geschlecht: Frauen – 33, Männer – 4; nach Volkszugehörigkeit: Russen – 22, Deutsche – 12, Ukrainer – 2, Weißrussen – 1. Alle Aufgenommenen sind älter als 30 Jahre.

---

114   Denkschrift des Bevollmächtigten des Rats für Angelegenheiten der religiösen Kulte, 15.03.1949. GARF, f. 6991, op. 3, d. 387, l. 7, 12.

In dieser Gemeinde wird ausschließlich auf Russisch gepredigt, wobei der größere Teil der Gemeinde aus Deutschen besteht. Man muss feststellen, dass die deutschen Gläubigen bei der Gemeindeleitung um Predigt auf Deutsch nachsuchten, ihrem Gesuch aber nicht entsprochen wurde. [...] Antipatriotische Ansichten wurden unter den Mitgliedern der EChB-Vereinigung nicht festgestellt".[115]

Die Taufbremse der staatlichen Religionssteuerungsorgane zeigte ihre Effektivität auch in Karaganda. Wie auch viele andere Gemeindeälteste legalisierter Gemeinden stand Evstratenko vor der bitteren Wahl zwischen selbst bewirkter Einschränkung der Arbeit nach den Vorgaben des religionsfeindlichen Staates und dem Abgleiten in die Illegalität. Der Konflikt trug einen existentiellen Charakter und war mit trivialen Mitteln nicht zu lösen. Evstratenko folgte treu den Aufforderungen seiner Moskauer Zentrale, die ihrerseits Vorgaben des Staates erfüllte. Evstratenko kann zugutegehalten werden, dass die vielen jungen Menschen, deren Taufe hinausgezögert wurde, dadurch für den Glauben nicht gänzlich verloren gingen. Wie die Statistik der Regierungsorgane, die mit den gemeindeeigenen Angaben[116] übereinstimmt, deutlich zeigt, entwickelte sich die legalisierte Gemeinde zu einem starken Anziehungspunkt: 43% des Zuwachses stellten die Zugezogenen. Weitere 42% kamen in Zeiten des natürlichen, ungebremsten Taufverfahrens hinzu. Ein wichtiger Punkt darf bei der Abwägung nicht fehlen: Das Vorhandensein einer legalen Gemeinde in Karaganda und Evstratenkos nachgiebige Haltung retteten die Gemeinde und die Evangeliumschristen-Baptisten der Stadt, darunter die deutschen, vor Haftstrafen,[117] die in jener Zeit den Höhepunkt der Härte und Brutalität erreicht hatten.

Trotz der eingeschränkten Taufen hörten Bekehrungen in Karaganda Anfang der 1950er Jahre nicht auf. Sie geschahen nicht mehr in Hausversammlungen wie vor 1949, aber im Stillen, in persönlichen Gesprächen.[118] Damit wuchs die Zahl der potentiellen Taufkandidaten und zukünftigen Gemeindemitglieder.

7.4. Unerfüllte Hoffnungen auf Legalisierung Mitte der 1950er Jahre

Der Wandel in der Innenpolitik nach Stalins Tod im März 1953 machte sich für die deutschen Gläubigen, die in Zerstreuung und Illegalität verharrten, nur zögerlich bemerkbar. Die Verhaftungen hörten auf. Gemessen an dem Gebiet Omsk, kamen 1954 und 1955 vereinzelt Häftlinge zurück, denen man die 25-jährigen Haftstrafen auf drei bzw. vier Jahre reduziert hatte. Erst 1956 kamen alle restlichen Glaubensgefangenen im Gebiet Omsk frei.[119] Die Rückkehr der Häftlinge festigte das Gefühl der Befreiung, das durch die Aufhebung des Sondersiedlungsstatus für die Deutschen ausgelöst wurde. Die illegalen Gemeinden und

---

115 Informationsbericht des Bevollmächtigten des Rats für Angelegenheiten der religiösen Kulte, 07.04.1953. GARF, f. 6991, op. 3, d. 387a, l. 25-27.

116 Nickel, Dyck, Geschichte der Gemeinde, S. 9.

117 Die Liste der Häftlinge im Gebiet Karaganda, zusammengestellt von Viktor Fast, enthält für 1947–1951 18 Personen, von denen keine einzige in der Stadt Karaganda verhaftet worden war. Siehe: Fast, Zwang, S. 27 f.

118 Nickel, Jugendarbeit, S. 9; Hübner, Zeugnis, S. 10 f.

119 Ėpp, 100 let, S. 340.

Gemeinschaften, zu denen ihre aktivsten Mitglieder aus der Haft zurückkehrten, schöpften neuen Mut.

Die Grenzen der neuen Freiheit mussten ausgelotet werden. Vielerorts begann man spontan mit Taufen. Als Beispiel hierfür kann die Gegend um die Stadt Ščučinsk in Nordkasachstan dienen. 1956 wurden im Dorf Kotyrkol' von Andreas Pankratz acht Personen getauft. Die Taufe geschah am späten Abend, um nicht vom Dorfsowjet gestört zu werden. Im Dorf Kovalevka gab es im selben Jahr zwei Taufveranstaltungen; Franz Klassen taufte Gläubige aus Obaly bei Nacht in einem kleinen See, Jakob Warkentin taufte am 12. Juli 1956 zwölf Personen aus dem Dorf Rajgorodok. In Zlatopol'je taufte Abram Koop aus Makinka 23 bis 28 Personen; 1956 taufte Peter Peters in Urumkaj in drei Taufveranstaltungen 25 Personen; Peters selbst war erst kurz zuvor in Lesnoj Chutor von Gerhard Unruh getauft worden.[120]

Die obige Auflistung von wenig bekannten Orten und Namen stellt lediglich ein kleines Fragment der neuen Geografie des russlanddeutschen freikirchlichen Glaubens in der UdSSR dar. Die Wiederbelebung des Glaubens erfolgte spontan und ohne jegliche Koordination. Die Zahl der neuen Gemeinden kann heute nicht mehr festgestellt werden. Parallel zu deren Entstehung setzten Migrationsprozesse innerhalb der Sowjetunion ein. Allein 1957 und 1958 zogen aus der kleinen Siedlung Rajgorodok Gläubige nach Kirgisien,[121] Südkasachstan oder in Nachbardörfer.[122]

Es lebten auch traditionelle *patterns*[123] der übergemeindlichen Selbstorganisation neu auf. Schon im Sommer 1956 versammelten sich in Urumkaj neun Männer und drei Frauen aus acht Nachbarorten, um die Tätigkeit zu koordinieren. Weder die örtlichen Beamten des Rats für Angelegenheiten der religiösen Kulte noch der Seniorpresbyter des Allunionsrats der Evangeliumschristen-Baptisten hatten Einfluss auf die Wiederaufbauprozesse unter den Deutschen. Wahrscheinlich ist, dass die Regierungsstellen und der offizielle Gemeindeverband die Entwicklung in der Illegalität und tiefsten Provinz, zu der nicht nur die Orte rund um Ščučinsk, sondern auch die meisten ehemaligen deutschen Deportationsgebiete gehörten, gar nicht wahrgenommen haben.

Die Bereitschaft der deutschen Gläubigen – die nun glaubten, die neue Glaubensfreiheit in vollen Zügen genießen zu können – zur Illegalität demonstrierten einige deutsche Mitglieder ausgerechnet aus der legalen evangeliumschristlich-baptistischen Gemeinde in Karaganda. Deren Mitgliederzahlen stiegen weiter. Am 20. Mai 1955 setzte sich das Gebietsexekutivkomitee beim Rat für Angelegenheiten der religiösen Kulte an dessen Gebietsvertreter vorbei für die Erweiterung des Gemeindehauses ein.[124] Am 30. November 1955 empfahl der Vorsitzende des Rats für Angelegenheiten der religiösen Kulte Poljanskij persönlich dem Ratsbevollmächtigten vor Ort, deutsche Predigten in der Gemeinde zuzulassen, für deren Inhalt der Gemeindeälteste und der Seniorpresbyter Verantwortung tragen sollten.[125] Im Jahr 1956 wurde mit dem Neubau begonnen und am 17.–18. November 1956

120 Stschutschinsk, S. 8-11, 13-16.
121 Im Buch wird die Schreibweise aus der Sowjetzeit verwendet. Die gegenwärtige deutsche Schreibweise lautet Kirgisistan, die Selbstbezeichnung Kyrgysstan.
122 Stschutschinsk, S. 13.
123 Englisch für Muster, Struktur (Soziologie) [J.D.].
124 Briefwechsel zwischen dem Exekutivkomitee des Gebiets Karaganda und dem Rat für Angelegenheiten der religiösen Kulte. GARF, f. 6991, op. 3, d. 388, l. 29-30.
125 Mitteilung des Vorsitzenden des Rats für Angelegenheiten der religiösen Kulte an den Bevoll-

das Gemeindehaus feierlich geweiht.[126] Durch eine wesentlich größere Fläche und Empore bot es Platz für mehr als 1 000 Besucher. Die Einweihung des Gemeindehauses war sehr feierlich, nicht zuletzt wegen eines eigens dazu gebildeten Orchesters.[127]

Das neue Bethaus und die Vorzüge der legalen Gemeindeexistenz konnten aber nicht über den Unmut unter den deutschen Gemeindemitgliedern hinwegtäuschen. Die Spannung konnte auch nicht durch die Einführung deutscher Predigten ab Weihnachten 1955 abgebaut werden.[128] Noch während des Baus des neuen Gemeindehauses im Juli 1956 führten einige Deutsche Gespräche über die Gründung einer neuen Gemeinde, und im September reichten vier Personen ein schriftliches Gesuch an den Gemeindeleiter um Entlassung aus der Gemeinde ein. Grund: Sie könnten vieles in der Gemeinde nicht mit ihrem Gewissen vereinbaren. Nach vermittelnden Gesprächen, die der eilends aus der Hauptstadt Alma-Ata angereiste Seniorpresbyter führte, zogen die Brüder ihr Gesuch zurück.[129]

Verzicht auf Buß- und Endzeitpredigten,[130] große Differenzen zwischen der traditionellen mennonitischen flachen Gemeindestruktur und der hierarchischen Gemeindeordnung innerhalb des Allunionsrats der Evangeliumschristen-Baptisten, Sorge um die Kinder, denen das Deutsche vorenthalten werde, und nicht zuletzt Animositäten zwischen Russen und Deutschen in der Gemeinde wurden durch weitere Gespräche nicht ausgeräumt. Am 15. Dezember 1956 gründeten 21 Personen, darunter zwei Frauen, die Deutsche Mennonitische Brüdergemeinde Karaganda.[131]

Die Gründung der neuen Gemeinde fiel mit dem Beginn der Suche der ehemaligen Deportierten und Repatriierten aus anderen Gebieten der UdSSR nach einem neuen Wohnort zusammen. Viele zogen nach Karaganda und schlossen sich der deutschen Gemeinde an. Innerhalb der ersten drei Jahre, 1957–1959, stieg ihre Mitgliederzahl bis auf knapp 1 000 Personen (siehe Tabelle 32).

Tabelle 32:[132] Mitgliederzahlen der Deutschen Mennoniten-Brüdergemeinde Karaganda (1957–1959)

Jahr	aufgenommen			verlassen		insgesamt
	insgesamt	durch Taufe	durch Zuzug	insgesamt	davon gestorben	
1957	430	251	179	3	–	448
1958	340	128	212	7	3	781
1959	222	90	132	19	4	984

---

mächtigten im Gebiet Karaganda, 30.11.1955. GARF, f. 6991, op. 3, d. 388, l. 51; Informationsbericht des Bevollmächtigten im Gebiet Karaganda für das 2. Halbjahr 1955. GAKO, f. 1394, op.1a, d. 30, l. 79.
126 Fast, Penner, Wasserströme, S. 93.
127 Evstratenko, Tropa, S. 74 f.
128 Fast, Penner, Wasserströme, S. 91.
129 Ebenda, S. 93.
130 Ebenda, S. 89.
131 Ebenda, S. 95.
132 Ebenda, S. 111.

Die Versuche der Leitung der neuen Gemeinde, aus der Illegalität auszubrechen, schlugen fehl. Wenige Monate nach der Gemeindegründung, am 29. April 1957, wurde ein Antrag auf Legalisierung an die lokalen Behörden gestellt.[133] Dieser Antrag wurde abgelehnt. Weitere Legalisierungsversuche schlugen ebenfalls fehl. Schließlich reiste der Gemeindeleiter mit seinem Stellvertreter im November 1957 nach Moskau, um beim Rat für Angelegenheiten der religiösen Kulte persönlich vorzusprechen. Hier wurden sie an die lokalen Behörden verwiesen.[134] Auch eine Eingabe an den Vorsitzenden des Obersten Sowjets K.E. Vorošilov führte zu keinen befriedigenden Ergebnissen.[135] Der Kreis wurde geschlossen. Der Staat hatte keinen Bedarf an mennonitischer Religion. Die lokalen Behörden übten immer stärkeren Druck auf die Gemeinde aus. Am Erntedankfest erschien im Oktober 1957 im ohne Genehmigung eingerichteten Gemeindehaus der Erste Sekretär des KPdSU-Rayonskomitees in Begleitung des Direktors der nahegelegenen Kohlengrube sowie von Mitgliedern der Stadtverwaltung und der Polizei. Sie versiegelten das Versammlungshaus.[136] Die Hoffnungen auf religiöse Duldung, geboren in der Euphorie der Auflösung der Sonderkommandantur und der Freilassung der mennonitischen und baptistischen Häftlinge, mussten sich rasch auflösen.

Das durch lokale Vertreter der Partei und des Staates ausgesprochene Versammlungsverbot offenbarte eine Lücke in der Strategie des Staates im Umgang mit religiösem Dissens unter gemilderten politischen Bedingungen. Zu Stalins Zeiten wurden entsprechende Vergehen mit 25 Jahren Haft geahndet, wodurch der aktive Kern der illegalen Gruppen für die Dauer einer ganzen Generation aus dem Verkehr gezogen wurde, um sie austrocknen zu lassen. Die Abkehr von diesen erbarmungslosen Praktiken eliminierte nicht die vielzähligen kleinen illegalen Gruppen, sondern stärkte sie und ihre zurückgekehrten Leiter.

Der Allunionsrat der Evangeliumschristen-Baptisten, vom Staat als Sammelstelle für freikirchliche Gruppen vorgesehen und selbst unter dessen immensem Druck stehend, hatte ebenfalls keine Lösung für die illegalen Gemeinschaften. Die Rückkehrer aus der Haft kritisierten die Leitung des Gemeindebundes oftmals für ihre nachgiebige Haltung gegenüber der Regierung, weswegen einige lokale Seniorpresbyter des Allunionsrats sie als direkte Konkurrenten wahrnahmen.[137] In einigen russischen Gemeinden wurde über sie der Bann ausgesprochen,[138] was die Lage nicht einfacher machte.

Der Widerstand gegen politisch bedingte Entscheidungen in den Gemeinden machte sich bereits 1923 bemerkbar, als einige Evangeliumschristen aus Protest gegen die Aufweichung der strikt antimilitaristischen Haltung ihres Bundes zwei separate Gemeinden in Moskau gründeten. Sie wurden als *krasnovorotcy* bekannt. Damit wurde ein Präzedenzfall für die freikirchliche Landschaft geschaffen, der 1956 wieder Schule machte und auf Unabhängigkeit vom Allunionsrat hinauslief, aber Illegalität voraussetzte.

---

133   Ebenda, S. 99.
134   Notiz über den Empfang von Mennoniten aus Karaganda Klassen D.I. und Garder G.P. im Rat für Angelegenheiten der religiösen Kulte, 26.11.1957. GARF, f. 6991, op. 4, d. 75, l. 190.
135   Ebenda, S. 120.
136   Eingabe der Mennoniten-Brüdergemeinde in Karaganda an den Staatsanwalt der Stadt Karaganda, 10.11.1957. GAKO, f. 1364, op. 1a, d. 43, l. 24.
137   Gartfel'd, Chrapova (Hrsg.), Pamjati N.P. Chrapova, S. 47.
138   Savinskij, Istorija, S. 199f.

Der Allunionsrat der Evangeliumschristen-Baptisten, selbst ein Produkt der restriktiven Religionspolitik des Staates, hatte keine rechtlichen Mittel der Intervention und agierte aus der Position eines Bittstellers, der dazu auch den Schein von Glaubensfreiheit im Land demonstrieren musste. In Gesprächen mit Ausländern zeigte seine Leitung sich zwar über die Situation der Deutschen informiert, konnte aber wenig helfen. In einem privaten Gespräch in den USA sah der Generalsekretär des Allunionsrats A.V. Karev im Mai 1956 den Ausweg für die Mennoniten in der UdSSR in der Legalisierung ihrer Gemeinden und einem Anschluss an seinen Gemeindeverband.[139] Der Ratschlag mag wohlmeinend gewesen sein, musste aber schon an der Legalisierung scheitern. Bis 1966 wurden die wenigsten evangeliumschristlich-baptistischen Gemeinden im Land neu legalisiert, geschweige denn mennonitische. Erst Korrekturen in der Religionspolitik des Staates in den Jahren 1965–1966 weichten die Kriterien für die Legalisierung etwas auf. Erst danach, im April 1967, wurde die Mennoniten-Brüdergemeinde in Karaganda legalisiert.[140] Diesem Ereignis gingen viele Kämpfe, Gerichtsprozesse und sogar der Tod eines Predigers in Haft voraus.[141] Auch folgte dieser Legalisierung kein Anschluss an den Allunionsrat der Evangeliumschristen-Baptisten. Die Änderungen in der Religionspolitik des Staates wurden durch eine starke Protestbewegung russischer und ukrainischer illegaler Gemeinden der Evangeliumschristen-Baptisten bewirkt.

Seit den Erleichterungen von 1966 gab es für die deutschen Gemeinden in der UdSSR eine Wahl zwischen Legalisierung und Illegalität. Erst dann wurde der Dissens zu einer bewusst gewählten Einstellung gegenüber dem Staat. Im Laufe der Zeit entschied sich die Mehrheit der Gemeinden der deutschen Evangeliumschristen-Baptisten und Mennoniten für einen legalen Status. Eine deutliche Minderheit der Gemeinden wählte bewusst den Dissens.

7.5. Džezkazgan

Zu den Gemeinden, die bewusst den Weg des Dissenses wählten, gehörte die Gemeinde der Evangeliumschristen-Baptisten im kasachischen Džezkazgan, etwa 500 Kilometer südwestlich von Karaganda, am äußersten Nordwestzipfel der Hungersteppe, an der Grenze der Halbwüste zur Wüste. Wie auch in Karaganda war die Anfangsgeschichte der Stadt mit reichen Bodenschätzen (Kupfererz) verbunden; auch hier gab es in den Gründungszeiten viele Straflager. Im Unterschied zu Karaganda, wo die evangeliumschristlich-baptistische Gemeinde in einem sehr frühen Stadium legalisiert wurde, blieb die Gemeinde in Džezkazgan bis zum Zerfall der Sowjetunion illegal.

Die Geschichte des Glaubens in Džezkazgan hat einen wenig erforschten Teil, der sich in den Straflagern des GULAGs abspielte. Das erste Straflager wurde hier noch vor dem Krieg, 1940, gegründet, aber 1943 aufgelöst. 1948 entstand an seiner Stelle aus einem Kriegsgefangenenlager das Sonderlager Nr. 4, auch unter dem Namen Steplag (Steppenlager)

---

139 Mennonite Central Committee Archive, Akron, PA, Box 135, Folder IX-12-4 „Russian Baptist Delegation to U.S., 1956". Evaluation of Russian Baptist Delegation Meeting, May 29, S. 23.

140 Fast, Penner, Wasserströme, S. 314.

141 Mehr darüber siehe: ebenda (inkl. Bibliografie).

bekannt. Die Sonderlager zeichneten sich durch eine besonders harte Disziplin aus und waren für Schwerverbrecher und politische Häftlinge gedacht. Die Sonderlager wurden in Gebieten mit hartem Klima errichtet; insgesamt gab es elf davon.[142]

Die ersten Deutschen erreichten die Siedlung Rudnik, die 1954 Teil der Stadt Džezkazgan wurde, in den Weihnachtstagen 1941. Es waren Deportierte aus dem Gebiet Kujbyšev.[143] Die meisten von ihnen waren Lutheraner, ein kleiner Teil Baptisten.[144] Einen Monat nach der Ankunft wurden alle Männer zwischen 16 und 55 Jahren bis auf wenige Ausnahmen in die Arbeitsarmee mobilisiert. Bleiben durfte der Veterinär Karl Richter. Er stammte aus dem Dorf Groß-Konstantinow, das 1863/64 von deutschen Flüchtlingen aus den polnischen Provinzen des Russischen Reiches gegründet worden war.[145]

Richter war lutherischer Herkunft. Er nahm am Ersten Weltkrieg an der russisch-türkischen Front teil. Das letzte Jahr seines Militärdienstes, 1920, leistete er in einer kleinen Stadt am Ural ab, wo er die Versammlungen einer Baptistengemeinde besuchte. Diese Zeit prägte ihn. Nach der Rückkehr in sein Heimatdorf schloss sich Richter 1920 durch Erwachsenentaufe der dortigen Baptistengemeinde an. 1923 wurde er zum Prediger und 1929 zum Leiter der kleinen Gemeinde bestellt. Die Verhaftungswellen der 1930er Jahre gingen an ihm vorüber.[146]

Zusammen mit der Familie Richter wurde in die unwirtliche Gegend auch das Ehepaar Gustav und Augustine Hermann aus dem Dorf Kaisersgnade verbannt. Beide sangen seinerzeit im Chor der dortigen Baptistengemeinde, außerdem predigte Gustav.[147]

Die Familien Richter und Hermann trafen sich zu Gebetsgemeinschaften, die sie vor den anderen verheimlichten. Einige Zeit später schloss sich ihnen das Ehepaar Dischke an, ebenfalls aus Groß-Konstantinow.[148]

Die drei deutschen Familien waren nicht die einzigen Gläubigen im Ort. 1943 entdeckten sie eine Gruppe von etwa 20 russischen und ukrainischen Pfingstlern, die sich regelmäßig trafen. Augustine Hermann hatte eine gute Stimme und sang gern; sie wurde von ihrer Tochter Frieda auf der Gitarre begleitet. Der Leiter der russischen Gruppe bot den Deutschen sein Haus als Ort für regelmäßige Versammlungen an. Erst 1944 bemerkten sie die pfingstlerischen Tendenzen bei ihren russischen und ukrainischen Nachbarn, brachen aber die Gemeinschaft mit ihnen nicht ab.[149]

Die russischen und ukrainischen Glaubensgeschwister führten über längere Zeit Diskussionen über die Legalisierung ihrer Gemeinde. Am 7. Mai 1946 reichten sie ein Gesuch an den Bevollmächtigten des Rats für Angelegenheiten der religiösen Kulte in der Gebietsstadt Karaganda als Gemeinde der Evangeliumschristen-Baptisten ein. Sie kleideten ihre Eingabe in patriotische Töne und wünschten sich, dass „wir unsere Gottesdienste ausführen können und Zeremonien, für unsere Heimat beten [können], für ihr Aufblühen, für die Völker, die

---

142   Bezborodov, Chrustalev (Hrsg.), Istorija, S. 579.
143   Das Gebiet Kujbyšev hieß vor 1935 und nach 1991 Gebiet Samara.
144   Dik, Ogon', S. 20.
145   Fast (Hrsg.), Vorübergehende Heimat, S. 58.
146   Dik, Ogon', S. 27 f. Vgl.: Fast, Vorübergehende Heimat, S. 330 f.
147   Dik, Ogon', S. 28.
148   Ebenda, S. 29.
149   Ebenda, S. 30 f.

sie bewohnen, und für unsere Sowjetische Regierung".[150] Das Gesuch unterzeichneten 33 Mitglieder, darunter sieben deutsche.

Ein Jahr später kam die Reaktion auf die Eingabe: Die Leiter wurden vor die Behörden zitiert und mit viel Tadel überschüttet. Einen der Kritikpunkte bildeten drei deutsche Namen in der Unterschriftenliste. Dem Gemeindeleiter wurde eine hohe Geldstrafe auferlegt, und er untersagte weitere Versammlungen in seinem Haus. Nachdem die Nachbarn bestätigten, dass die Versammlungen aufgehört hatten, hoben die Behörden den Beschluss über die Geldstrafe auf. Danach gingen die Deutschen auf Distanz zu den russischen und ukrainischen Christen.[151]

Im Steplag gab es wohl seit seiner Gründung christliche Häftlinge verschiedener Konfessionen – katholische Priester, Orthodoxe, Adventisten, Pfingstler und Evangeliumschristen-Baptisten. Die letzteren beiden zählten in ihren Reihen 54 Personen und wählten sogar aus ihrer Mitte einen Gemeindeältesten – den am 15. Juli 1948 zu zehn Jahren Haft verurteilten[152] Stepan G. Dubovoj.[153] Er stammte aus Bessarabien, einem Gebiet, das bis 1940 zu Rumänien gehört hatte. Am 19. September 1944, kurz nach dem Wiedereinzug der Roten Armee, wurde Dubovoj zum Gemeindeältesten in seinem Heimatdorf eingesegnet. Die Schuld für seine Verhaftung wies er dem Seniorpresbyter des Allunionsrats der Evangeliumschristen-Baptisten zu,[154] was seine Ablehnung der evangeliumschristlich-baptistischen Zentrale in Moskau endgültig fest machte. Im Steplag war er im Frühjahr 1949 angekommen.[155] Unter der Leitung von Dubovoj feierte die Häftlingsgemeinde im Steplag sogar das Abendmahl. Es gab auch Bekehrungen.[156]

1949 wurden die Versammlungen in Džezkazgan[157] wiederaufgenommen. Die Initiative kam dieses Mal von Fedor Ivankin, der nach zehnjähriger Haft im Norden weitere fünf Jahre Zwangssiedlung in Džezkazgan abbüßen musste. Ivankin gründete in seiner Wohnung eine typische Barackengemeinde, die auch die Deutschen bald ausfindig machten. Ihre Zahl vergrößerte sich um einige zugezogene Familien.

Ivankin fand eine Anstellung als Fuhrmann in einem Betrieb der Lebensmittelversorgung. Zu seinen Aufgaben gehörte auch die Belieferung von zwei Abteilungen des Steplag mit Lebensmitteln. Ein Sonderausweis erlaubte ihm den Aufenthalt hinter dem Stacheldraht. Eines Tages erhielt er von der Lagerverwaltung den Auftrag, Müll zu verbrennen. Das tat man in einer der vielen Bodensenken. Es ereignete sich Folgendes:

„Angekommen in einer Bodensenke, öffnete Ivankin die Tür seines Fuhrwerks, in dem sich eine große Kiste mit irgendwelchen Papieren befand. Ein flüchtiger Blick auf den Inhalt machte ihn stutzig. Es waren keine gewöhnlichen Ausgabenlisten für Lebensmittel oder Aufstellungen mit Arbeitskleidung und Schuhwerk, auch kein Buchhaltungskram.

---

150 Legalisierungsantrag mit Anlagen, 13.06.1946. GAKO, f. 1364, op. 1a, d. 21, l. 15-18.
151 Dik, Ogon', S. 32.
152 Dubovoj Stepan.
153 Dubovoj, Nebesnye iskry, S. 191 f.
154 Ebenda, S. 154, 172.
155 Dik, Ogon', S. 56.
156 Dubovoj, Nebesnye iskry, S. 193.
157 Die weitere Geschichte der Gemeinde Džezkazgan bezieht sich in diesem Kapitel auf die Gemeinde in Rudnik-Džezkazgan.

Er nahm ein kleines Heft aus grauem Papier in die Hände, öffnete es und sah etwas Unerwartetes. Der in einer unbekannten Sprache gedruckte Text ähnelte dem russischen Neuen Testament, das er gut kannte. Auf dem ersten Blatt entzifferte er mit viel Mühe die Überschrift in lateinischen Buchstaben: ‚Lukas 19‘. Der ganze Text war in Verse aufgeteilt und durchnummeriert. Ihm wurde klar, dass es sich um einen Ausschnitt aus dem Lukas-Evangelium handelte.

Als ehemaliger Häftling kannte er diese Art von Testamenten sehr gut. Gewöhnlich teilten die gläubigen Häftlinge die Heilige Schrift in Hefte auf, erhielten dabei Dutzende von Heften und legten sie in einen Umschlag aus Zementsäcken. Er legte das Heft zur Seite und schaute sich den Rest an. Darunter gab es selbstgeschriebene Hefte, einzelne Blätter mit Gedicht- und Liedtexten, Bibelverse und Briefe von Verwandten. Die Stücke waren meistens in Russisch gehalten, und Fedor konnte sie gut lesen. Er konnte sich gut vorstellen, was im Lager geschehen war: Razzien und Durchsuchungen an einem Sonntag".[158]

Ivankin gelang es, die beschlagnahmten Schriften unbemerkt ins Lager zurück zu schmuggeln und sie dem Strafgefangenen Jakob Dürksen zu überreichen. Dieser kam aus Apollonovka im Gebiet Omsk und wurde 1953 zu 25 Jahren Haft plus fünf Jahren Zwangssiedlung verurteilt.[159] Dürksen wurde 1956 vorzeitig entlassen und berichtete in einem Gottesdienst in Džezkazgan über diesen Vorfall.[160]

Solidarität unter Häftlingen der Gegenwart und Vergangenheit wie unter Ivankin und Dürksen bildete das Fundament für eine Gemeinschaft von Personen, die, abgehärtet durch Leiden, zu einem aktiven Dissens bereit waren. Diese Gemeinschaft schweißte innerhalb eines Straflagers Personen aus verschiedenen Landesteilen und Volksgruppen zusammen. Nach der Entlassung von Häftlingen nahm diese Gemeinschaft überregionalen Charakter an. Die überregionale Solidarität der Unterdrückten führte sehr schnell zu informellen Netzwerken von Glaubensaktivisten, die von regierungsinitiierten Leitungsstrukturen wie denen des Allunionsrats der Evangeliumschristen-Baptisten völlig unabhängig waren. Damit war auch die Grundlage für eine Institutionalisierung solcher Netzwerke zu Gemeindeverbänden in Konkurrenz zum Allunionsrat geschaffen. Freilich lehnten sich längst nicht alle Steplag-Insassen gegen den Allunionsrat auf oder stellten sich gegen die Legalisierung, wie z.B. der hoch angesehene Arzt und spätere baptistische Historiker aus der Allunionratsgemeinde in Kujbyšev Jurij Gračev.[161]

Die Deutschen in Džezkazgan hielten unterdessen an ihren Gemeinschaften fest. Der Kreis der Teilnehmer erweiterte sich um einige weitere Familien, denen es gelungen war, sich unter den Bedingungen der Kommandantur in dem Städtchen anzusiedeln. 1954 verwandelten sich die unauffälligen gegenseitigen Besuche in regelmäßige Versammlungen im Zimmer des Ehepaars David und Mina Siegert. Als das Zimmer zu klein wurde, verlegte man die Versammlungen in deren neue, 3 x 6 Meter große Garage.[162] Die Seele der

---

158   Dik, Ogon', S. 37. Vgl.: Dubovoj, Nebesnye iskry, S. 199.
159   Èpp, 100 let, S. 340.
160   Dik, Ogon', S. 36-38.
161   Gračev, Vospominanija, S. 303.
162   Dubovoj, Nebesnye iskry, S. 214.

Versammlungen war Richter. Seine Predigten drehten sich überwiegend um die Themen Bekehrung und Eschatologie. Im September 1954 trugen sie Früchte: Es bekehrten sich drei junge Menschen.[163]

Die Zeit nach Stalins Tod brachte spürbare Erleichterungen für die Häftlinge – auch im Sonderlager Steplag. Ab 1955 wurden einigen Häftlingen bei guter Führung kurze Aufenthalte außerhalb des Stacheldrahts genehmigt. Auf Vermittlung Ivankins[164] wurde Siegerts Garage als Versammlungsort auch unter den Häftlingen bekannt, und einigen von ihnen gelang es, die Versammlungen aufzusuchen. Die meisten Häftlinge waren Russen oder Ukrainer, einige gehörten zu den Deutschen. Die Verbindungen der Gemeinde in Džezkazgan zu dem Untergrundsegment der Baptistenbewegung im Lande wurden dadurch weiter ausgebaut. Der Garageneigentümer David Siegert wusch den Häftlingen sogar die Füße – in Anlehnung an Jesu Christi Vorbild im Evangelium Johannes 13,1–17.[165] (Sonst wurde bei den Evangeliumschristen-Baptisten Fußwaschung nicht gepflegt.)

Im Sommer 1955[166] suchte an einem Mittwochabend[167] der Steplag-Gemeindeälteste Dubovoj Siegerts Garage auf, der sich später erinnerte:

„[In der Garage] gab es Holzböcke, auf denen Bretter auflagen. In der Mitte stand ein niedriger Schubkasten mit Sockel für den Prediger. Hier hatten bis zu zwanzig Personen Raum. Als alle Platz auf den einfachen groben Bänken genommen hatten, fing die Versammlung an. Sie wurde von Fedor Ivankin und Bruder Karl Richter geleitet. Als wir mit dem Gesang begannen, flossen mir Tränen aus den Augen. Die Brüder wollten mir, dem Gast, möglichst viel Zeit [zum Predigen] geben, fassten sich kurz und boten mir das Wort an. Nachdem ich Gott für die gebotene Möglichkeit dankte, fing ich an, über Jesus zu reden, und merkte, dass mir alle aufmerksam zuhörten. Anscheinend verstanden mich auch die älteren Deutschen. Vielleicht deshalb, weil ich sowohl für Erwachsene als auch für Kinder sprach. Danach bot ich den Kindern an, mit ihnen zu beten, damit der Herr Jesus ihr Leben segne, und einige Kinder kamen nach vorne. Nach einem Gebet mit Handauflegung wollten auch andere Kinder den Segen empfangen. Tränen standen in den Augen der Eltern, denn deren Herzen waren voll Sorgen und Furcht um die geistliche Zukunft ihrer Kinder – und hier führte der Herr selbst ihre Kinder auf den rechten Weg. Danach wünschten sich auch die Eltern ein Gebet über sie. Von diesem Tag an entflammte in unsren Herzen die gegenseitige Liebe zueinander".[168]

Dubovoj trat schon bei der ersten Begegnung mit den Gläubigen in Džezkazgan als Autoritätsperson auf, die Segen spendete. Den deutschen Baptisten war diese Art unbekannt, wurde von ihnen aber gerne aufgenommen. Er hatte die Fähigkeit zu persönlichen Glaubensgesprächen und mehr noch – ihm gelang es, bei Zuhörern Bekehrungen herbeizuführen, was unter Evangeliumschristen-Baptisten hoch geschätzt wird. Außerdem gehörte er bereits zum Kreis eingesegneter Gemeindeältester, was für Ivankin und Richter nicht galt. Alles lief

---

163   Dik, Ogon', S. 42-44.
164   Dubovoj, Nebesnye iskry, S. 211 f.
165   Dik, Ogon', S. 45.
166   Ebenda.
167   Dubovoj, Nebesnye iskry, S. 212.
168   Ebenda, S. 214.

darauf hinaus, dass Dubovoj Gemeindeältester in Džezkazgan wurde. Im Spätherbst 1955 taufte er vier Personen im Fluss Kengir,[169] wofür man das Eis am Flussufer aufbrechen musste. Die Gemeindearbeit zeigte erste Früchte.

Bereits 1954 hatte Dubovoj noch im Straflager die Absicht, sich in Džezkazgan niederzulassen, und rief seine Familie nach Kasachstan. Am 8. April 1956 wurde er vorzeitig aus der Haft entlassen. Nun hatte er genügend Zeit für die Gemeindearbeit. Nach der Entlassung machte er eine Reise in seine Heimat. Hier wurde ihm die Predigt in seiner Heimatgemeinde, der er in früheren Zeiten als Gemeindeältester vorgestanden hatte und die jetzt von seinem Schwager geleitet wurde, verwehrt. Die Gemeinde war dem Allunionsrat der Evangeliumschristen-Baptisten untergeordnet, und Dubovoj gab die Schuld für den unfreundlichen Empfang und die Zustände in der Gemeinde dem Moskauer Bund. Er zog sein Fazit: „Nie, unter keinen Umständen werde ich zulassen, dass meine Gemeinde so wird wie in meiner Heimat. Wenn ich wieder ins Gefängnis muss, gehe ich, aber den Gottlosen werde ich nicht nachgeben; man darf nicht zulassen, dass sie sich in das Gemeindeleben einmischen".[170] Die innere Ablehnung des Allunionsrats und damit des legalen Weges wurde bei ihm unumstößlich, und das bedeutete zugleich die Entscheidung für einen bewussten Dissens.

Die seit 1956 bestehende neue Bewegungsfreiheit der Deutschen einerseits und die günstige Situation mit Wohnungen und gut bezahlter Arbeit in Džezkazgan andererseits lockten viele Gläubige in die unwirtliche Gegend. Im Sommer 1957 siedelten sich hier viele gläubige Familien aus dem Norden Russlands, dem Gebiet Kirov, an. Unter ihnen gab es viele Ungetaufte, die sich in den Jahren zuvor im Norden bekehrt hatten. Das führte zu vier Taufveranstaltungen mit insgesamt 70 Taufen. Die Gemeinde erlebte einen starken Zuwachs durch Deutsche. Dubovoj gründete einen Chor und organisierte die Jugendarbeit, was zu weiteren Bekehrungen und Taufen führte. 1957 zählte die Gemeinde schon 150 Mitglieder.[171]

Der Rat für Angelegenheiten der religiösen Kulte in Moskau war durch einen Bericht seines Bevollmächtigten für das Gebiet Karaganda im Bilde:

„Auf dem Territorium der Stadt wurden sieben nicht registrierte, aber aktiv wirkende Gruppen von Gläubigen festgestellt: des moslemischen Kults, zwei Gruppen von Evangeliumschristen-Baptisten, Lutheraner, Katholiken, Pfingstler und Zeugen Jehovas.
Zwei Gruppen von gläubigen Baptisten haben eigenmächtig Häuser erworben und sie für Gebetsversammlungen ausgestattet. Zum Beispiel: Die Gruppe der gläubigen Baptisten der Siedlung Džezkazgan kaufte im April 1957 ein Wohnhaus in der Šachtnaja-Straße in 150 m Entfernung vom Gebäude des Siedlungsrates und des Rudnik-Komitees der Bergwerkverwaltung sowie in 200 m Entfernung von der Polizeistation der Siedlung, wo auch der Bevollmächtigte des Komitees der Staatssicherheit seinen Arbeitsplatz hat. Gegenwärtig vereint diese Gruppe etwa zweihundert Personen, von denen 20 Prozent junge Menschen von 20 bis 35 Jahren ausmachen.

---

169   Dik, Ogon', S. 45.
170   Dubovoj, Nebesnye iskry, S. 227.
171   Ebenda, S. 233.

Die Gruppe führt ihre gottesdienstliche Versammlung vier Mal in der Woche durch: sonntags – zwei Mal, donnerstags und samstags je einmal, mit einer Beteiligung von bis zu 100 Personen je Versammlung.

Die Predigten in den gottesdienstlichen Versammlungen erfolgen in russischer und deutscher Sprache, weil etwa 60% der EChB-Gläubigen aus Deutschen bestehen.

Unter den Mitgliedern dieser Gruppe von Gläubigen gibt es viele für religiöse Tätigkeit Verurteilte, die durch den Erlass von 1955 amnestiert wurden [...].

Die Untersuchung hat außerdem ergeben, dass die gläubigen Baptisten der Stadt Džezkazgan und der angrenzenden Arbeitersiedlungen bis 1957 ihre Gottesdienste in einzelnen Gruppen zu 15–20 Personen in den Häusern der Glaubensgenossen durchgeführt haben [...].

Es ist erwähnenswert, dass die Fakten von organisierten Gottesdiensten durch eine Gruppe von gläubigen Baptisten mit bis zu 200 Teilnehmern sowie deren Versammlungsort den örtlichen Mitarbeitern der Organe der Staatssicherheit unbekannt blieben".[172]

Es scheint, dass 1957 einen Wendepunkt in der Religionspolitik des Landes einleitete. Die religiösen Kulte zeigten keine Tendenz zum Absterben, sondern fühlten sich wie in Džezkazgan völlig frei und wagten sogar, einen von keiner Behörde genehmigten öffentlichen Versammlungsraum in unmittelbarer Nähe der Behördenzentrale einzurichten. Der lokale KGB wusste nichts von den Versammlungen nicht wegen der effektiven Geheimhaltung unter den Gläubigen, sondern weil ihm wohl dazu noch kein Auftrag erteilt worden war. Nach 1957 änderte sich die Lage grundlegend. Eine neue Verfolgungswelle brach über die Gläubigen herein. Ihre Gegner zogen alle Register, vor allem die der Ideologie.

Die jugendlichen Gemeindeglieder erhielten eine Einladung zu einem Treffen von Gleichaltrigen nach Pavlodar zum 7. November 1959, einem arbeitsfreien staatlichen Feiertag. Zwei junge Männer und drei junge Frauen nahmen dort an einem Treffen von Jugendlichen aus Sibirien und Kasachstan teil, das einen ganzen Tag dauerte. In „Schlichtheit und Freiheit"[173] tauschte man sich über das Gemeindeleben und die Jugendarbeit in den eigenen Gemeinden aus. Nachts fuhren die Jugendleiter mit den Beratungen fort. Die Veranstaltung wurde von Nikolaj Sizov geleitet, der einige Jahre später eine wichtige Rolle in der illegalen Gemeindebewegung spielen sollte. Sizov lebte damals in Kulunda im Altaigebiet und hatte bereits Verbindungen zu illegal agierenden deutschen Evangeliumschristen-Baptisten im südsibirischen Osinniki aufgebaut.[174] Eine überregionale Arbeitsgemeinschaft außerhalb der Strukturen des Allunionsrats der Evangeliumschristen-Baptisten mit einer aktiven deutschen Beteiligung nahm Konturen an.

Ein halbes Jahr später fand am 1. Mai 1960, auch einem arbeitsfreien Staatsfeiertag, ein ähnliches illegales Jugendtreffen in Semipalatinsk in Westkasachstan statt.[175] Dieses Mal wurde die Veranstaltung von Iosif Bondarenko aus Odessa und Michail Chorev aus Leningrad zusammen mit Ewald Hauff geleitet. Bondarenko und Chorev arbeiteten damals an der

---

172 Auskunft über die Religiosität und Aktivitäten der Geistlichkeit der Stadt Džezkazgan, 25.11.1957. GAKO, f. 1364, op. 1a, d. 30, l. 206-208.
173 Dubovoj, Nebesnye iskry, S. 245.
174 Sizov, Odin iz sonma, S. 160.
175 Dubovoj, Nebesnye iskry, S. 245.

Gründung eines landesweiten illegalen Jugendverbandes.[176] Es wurde wieder viel und eifrig gepredigt. Zum Schluss wurde ein schriftlicher Aufruf an das gesamte Volk Gottes verteilt – davon gab es reichlich Exemplare zum Mitnehmen. Die überregionale Gemeinschaft gewann nicht nur weiter an Konturen. Offensichtlich wurde sie zentral koordiniert und von langer Hand vorbereitet – schließlich wurden die verteilten Schriften in ausreichender Zahl im Voraus verfasst und vervielfältigt. Dubovoj bezeichnete diese Schriften in seinen Erinnerungen als erste Dokumente der Initiativgruppe – einer Bewegung, die erst später, im August 1961, als schärfster Gegner des Allunionsrats der Evangeliumschristen-Baptisten in Erscheinung trat und sich 1965 als der illegale Kirchenrat der Evangeliumschristen-Baptisten konstituierte.[177] Die aus vielen Orten zusammengekommenen eifrigen jungen Leute eigneten sich hervorragend als Nachrichtenvermittler, die in kürzester Zeit Botschaften an der Post vorbei an weite Kreise von Gläubigen streuen konnten.

Die Gemeinde der Evangeliumschristen-Baptisten in Džezkazgan war Teil dieser überregionalen Dissens-Gemeinschaft. Zu dem Jugendtreffen in das ferne Semipalatinsk reisten dieses Mal zwei Personen. Sie nahmen reichlich von den verteilten Schriften mit. Nach dem Schluss der Veranstaltung machte die Polizei zum ersten Mal regelrecht Jagd auf die Teilnehmer des Jugendtreffens, führte Razzien in Bahnhöfen und Zügen durch. Die beiden aus Džezkazgan reisten nicht direkt nach Hause zurück, sondern weiter nach Kulunda im Altaigebiet, das in wenigen Jahren zu einer Hochburg der Protestbewegung wurde. Hier klärte man sie über die Zusammenhänge und Inhalte der Schriften auf. Zu Hause angekommen, verteilten sie die Schriften in ihrer Heimatgemeinde.

Auf Dubovoj lag auch die Verantwortung für die Gläubigen im Nachbarort Kengir. Als die Gemeinschaft hier eine gewisse Größe erreichte, kam die Zeit, sie in eine Gemeinde mit festen baptistischen Ordnungen zu wandeln. Dazu gehörte auch eine Gemeindeleitung, die der Tradition gemäß von der Gemeinde bestimmt wurde. Dubovoj gestaltete die geheime Wahl nach seiner eigenen unnachahmlichen Art:

„Es wurden zwei Kandidaten aufgestellt: Pavel Platonovič Becuk, der bereits den Dienst des Verantwortlichen für die Durchführung der Versammlungen ausführte, und Karl Iva-

---

176   Siničkin, Doklad; Nikončuk-Klimenko, Nelli V.: „Interv'ju s Veličko" [Interview mit Veličko], in: ebenda [Datei: files/texts/8/0068i.html].

177   Dem Autor ist keine umfangreiche Schilderung der Geschichte des Kirchenrats der Evangeliumschristen-Baptisten in Buchform bekannt. Die bekannten Quellen des Kirchenrats datieren den Beginn der Bewegung auf den 13. August 1961, als dessen Leiter A.F. Prokof'ev, G.K. Krjučkov und G.P. Vins der Leitung des Allunionsrats der Evangeliumschristen-Baptisten ein Protestschreiben überreichten. Dubovoj spielte bis zu seiner Verhaftung 1966 eine wichtige Rolle im Kirchenrat, geht aber in seiner Autobiografie über diese Tätigkeit nicht ein. G.K. Krjučkov bezichtigte ihn 1976 der Zusammenarbeit mit dem sowjetischen Geheimdienst KGB (Sawatsky, Soviet Evangelicals, S. 276). Krjučkovs Quellen sind nicht verifizierbar, die Konflikte innerhalb der Bewegung nicht aufgearbeitet. Dubovoj mag sich in seinen Erinnerungen in der Zuordnung der Verteilschriften der Initiativgruppe getäuscht haben – schließlich trat sie erst 13 Monate später, im August 1961, in Erscheinung. Die Datierung des Jugendtreffens in Semipalatinsk auf den Mai 1960 deckt sich aber mit den Angaben anderer Teilnehmer der Bewegung über die Vorbereitungen zur Gründung einer illegalen landesweiten Jugendorganisation durch Bondarenko und Chorev. Die Daten von Dubovoj werden indirekt von Rudolf Dik bestätigt.

novič Tauber, der im Auftrage der Gemeinde den Dienst eines Diakons versah. Ich schlug folgende Bedingungen für die Wahlen vor: Wer von diesen beiden Brüdern die meisten Stimmen erhält, wird Gemeindeältester, wer weniger Stimmen bekommt, wird Diakon. Als die Gemeinde sich versammelte, kam ich zu ihnen zusammen mit einem Bruder. Die Stimmabgabe erfolgte auf die einfachste Art und Weise. Ich führte aus, dass die Wahlen heilig sind, und schlug vor, sie kniend und mit geschlossenen Augen durchzuführen. Als sich alle damit einverstanden erklärten, verrichtete man ein verstärktes Gebet. Danach kniete die gesamte Gemeinde nieder und alle schlossen die Augen. Ich und der Bruder standen vorne, so dass wir alle sehen konnten. Danach wurde der Name von Pavel Platonovič Becuk genannt, und diejenigen, die in ihm den zukünftigen Gemeindeältesten erkannten, hoben ihre Hände. Die Stimmen wurden laut gezählt, aber niemand hatte das Recht, die Augen zu öffnen und zu sehen, wer seine Stimme abgab. Danach wurde der Name von Karl Ivanovič Tauber ausgerufen, und wieder wurden die Stimmen gründlich ausgezählt. Nach der geheimen Wahl erklärte ich, dass K.I. Tauber die Stimmenmehrheit erlangt habe und damit zum Gemeindeältesten gewählt wurde, und Bruder P.P. Becuk – zum Diakon. Dieses ereignete sich in einer Mitgliederversammlung; der Tag der Einsegnung wurde später bestimmt. [...] Ihnen wurde das Wort Gottes vorgelesen, und die jungen Gemeindemitglieder überreichten ihnen und ihren Ehefrauen Blumen".[178]

1959 und 1960 wurde das antireligiöse Klima in Džezkazgan merklich rauer. Die Behörden fingen an, die illegalen Gottesdienste aufzusuchen. Dubovoj wurde regelmäßig zu Gesprächen vorgeladen; in der Stadt wütete auf allen Kanälen die antireligiöse Propaganda. In dem einen einzigen Halbjahr 1964 wurden in Džezkazgan 149 Vorträge über wissenschaftlich-atheistische Themen gehalten.[179] Die Behauptung von einem antireligiösen Vortrag in der Stadt pro Tag, sogar verteilt auf alle Betriebe und Schulen, scheint zwar übertrieben zu sein, spricht aber für die Intensität der Glaubensbekämpfung. Die Drohungen zeigten keine Wirkung; der Gemeindeälteste blieb uneinsichtig. Schließlich kündigte man ihm die Arbeitsstelle. Damals gab es in der UdSSR prinzipiell keine Arbeitslosigkeit, Personen ohne Arbeit galten als Schmarotzer, wofür es im Strafgesetzbuch entsprechende Paragrafen gab. Die von den Behörden vorgewarnten Betriebe lehnten Dubovojs Arbeitsgesuche ab. 45 Tage lang stand er unter Beobachtung der Polizei, bis er schließlich doch noch Arbeit als Heizer in einem Betrieb mit einem neuen und unerfahrenen Direktor fand.[180] Die Versuche, den Gemeindeältesten aus der Stadt hinauszugraulen, scheiterten.

Die Einbindung der Gemeinde in Džezkazgan in den illegalen Kreis, der dem Allunionsrat der Evangeliumschristen-Baptisten kritisch gegenüberstand, erfolgte nicht nur über die Schiene der Jugendarbeit. Die Person Dubovojs war dem Kern dieses Kreises von Beginn an bekannt: Vor der Gründung der Initiativgruppe für die Einberufung eines außerordentlichen Allunionskonvents – so der volle Name des Kerns der Widerstandsgruppe in den Reihen der Evangeliumschristen-Baptisten – wurde er 1961 von dem bereits erwähnten Chorev und

---

178   Dubovoj, Nebesnye iskry, S. 251 f.
179   Dik, Ogon', S. 161 nach Angaben aus dem Rat für Angelegenheiten der religiösen Kulte.
180   Dubovoj, Nebesnye iskry, S. 252 f.

Pavel Frolovič Zacharov[181] in Džezkazgan aufgesucht, um eine Einladung zu einer landesweiten Beratung entgegenzunehmen. Dazu Dubovoj in seinen Erinnerungen im Wortlaut: „Insgesamt werden etwa fünfzehn Personen erwartet. Wir werden abstimmen, wie die Initiativgruppe zur Einberufung eines Konvents zu gründen wäre und wie man einen Brief an die Regierung aufstellen soll".[182] Die Brüder in Džezkazgan gaben dazu ihre Zustimmung. Damit spielte die Gemeinde über ihren Gemeindeältesten von Beginn an eine prominente Rolle in der Protestbewegung unter Evangeliumschristen-Baptisten.

Dubovoj tarnte seine Reise zu der erwähnten Beratung als Heimaturlaub und machte sich mit seiner Ehefrau und seinem jüngsten, in Džezkazgan geborenen Sohn zunächst auf den Weg in seine Heimat. In der Nähe seines Heimatdorfs versammelte er 15 Gemeindeälteste, um für die neue Protestbewegung zu werben:

> „Die Brüder wählten mich, damit ich zu einer Beratung der Initiativgruppe für die Einberufung eines Konvents reise. In einem Monat steht mir das bevor. Da ich euch kenne, möchte ich euch um Fragen, die in dieser Angelegenheit entstehen können, bitten. Die Registrierung, die einen Menschen zur Erfüllung des Gesetzes zwingt, ist, laut Verfassung der Sowjetunion, im Grunde genommen gesetzwidrig. Deshalb sollte man die Registrierung ablehnen: Wir brauchen sie nicht. Man sollte auch den Bevollmächtigten [des Rats für Angelegenheiten der religiösen Kulte] ablehnen und alle die unzumutbaren Gesetze, die uns die Seniorpresbyter auferlegen mitsamt dem Allunionsrat der Evangeliumschristen-Baptisten der Stadt Moskau.
> Sie selbst sind von Gott abgefallen und fordern von uns, uns in allem den Behörden unterzuordnen. Aber ihre Taten widersprechen der Schrift, und wenn wir ihnen folgen, werden wir geistlich sterben, was bedeutet, dass wir verloren gehen und unsere Seele nicht retten. Ihre Ansichten entsprechen nicht unserem Leben, und wir müssen uns entscheiden, wem wir dienen wollen – dem Herrn oder den Menschen. Diese Frage stellt uns die Initiativgruppe".[183]

Der Dissens war in der Darstellung Dubovojs so radikal wie simpel: Die von ihm dargebotene Lösung, bestehend in der einseitigen Aufhebung der Religionsgesetzgebung durch die Gläubigen, übte eine starke Anziehungskraft aus, lief aber auf einen Kampf mit der Sowjetmacht hinaus. Dieser Kampf drohte bitter und hart zu werden – Versuche, Gemeinden der Evangeliumschristen-Baptisten zu gesetzesfreien Zonen zu erklären, mussten zwangsläufig den Staatsapparat mobilisieren.

Die Argumentation der Reformer[184] hatte eine zutiefst religiöse Komponente, beschuldigte sie doch den Allunionsrat der Evangeliumschristen-Baptisten der Apostasie und des drohenden Verlusts des Seelenheils für dessen Anhänger. In der Perspektive lief der Dissens auf einen unlösbaren Konflikt mit dem Allunionsrat hinaus.

---

181 Der Name wird wiedergegeben nach Plett, Zemnye goda, S. 123. Bei Dubovoj steht Pavel Flerovič ohne Angabe des Nachnamens.
182 Dubovoj, Nebesnye iskry, S. 256.
183 Ebenda, S. 255.
184 Der Ausdruck „Reformer" ist im englischen Sprachraum verbreitet, wird aber in der russischen Literatur nicht benutzt.

Am 13. August 1961 traten die Reformer in Erscheinung, indem zwei ihrer Vertreter den Allunionsrat der Evangeliumschristen-Baptisten aufsuchten, um ihn über die Gründung der elfköpfigen Initiativgruppe zur Einberufung eines außerordentlichen Allunionskonvents in Kenntnis zu setzen. Gleichzeitig wurden alle evangeliumschristlich-baptistischen Gemeinden des Landes schriftlich über die Initiative informiert.[185] Die Antagonisten des Allunionsrats hatten sich nun öffentlich zu erkennen gegeben und Position bezogen. Als Hauptanlass des Protests dienten die vom Allunionsrat im Dezember 1959 verabschiedete neue Satzung sowie ein Instruktionsbrief für die Seniorpresbyter, der die Satzung präzisierte. Heftigen Unmut lösten vor allem das Kinderverbot in den Gottesdiensten, die Einschränkung der Taufen, die Reduktion der Predigerzahl und die Vermeidung der Bekehrungszurufe aus.[186]

Die Spaltung der Glaubensgemeinschaft war damit vollzogen. Der Allunionsrat reagierte ablehnend, und ein halbes Jahr später transformierte sich die Initiativgruppe am 25. Dezember 1962 in ein Organisationskomitee für die Einberufung eines Konvents der Gemeinden der Evangeliumschristen-Baptisten.[187] Dem Allunionsrat gelang es schließlich, eine behördliche Genehmigung für eine landesweite Konferenz der evangeliumschristlich-baptistischen Gemeinden am 15.–17. Oktober 1963 zu erwirken, die sich im Laufe der Veranstaltung die Bezeichnung eines Konvents gab.[188] Damit wurde eines der wichtigsten Argumente des Organisationskomitees entkräftet. Hierauf gab es sich am 19. September 1965 den Namen Kirchenrat der Evangeliumschristen-Baptisten.[189] Seinem elfköpfigen höchsten Gremium gehörte auch Dubovoj an. Auf dessen Liste stand sein Name an dritter Stelle – gleich nach den Positionen des Vorsitzenden und des Sekretärs.[190]

Dubovoj spielte eine prominente Rolle in der Reformbewegung in Mittelasien. Bereits vor der Konferenz bzw. dem Konvent des Allunionsrats der Evangeliumschristen-Baptisten im Oktober 1963 lag auf ihm die Verantwortung für die in diesem Teil der Sowjetunion bestehenden illegalen Reformgemeinden.[191] Ende 1964 rief er eine erweiterte nächtliche Beratung von Vertretern der reformwilligen Gemeinden in Mittelasien nach Frunze in Kirgisien zusammen, um „ausführlicher den Weg der Wahrheit zu enthüllen, den man zu gehen hatte".[192] In Anwesenheit des künftigen Vorsitzenden des Kirchenrats der Evangeliumschristen-Baptisten Gennadij K. Krjučkov, des künftigen Generalsekretärs Georgij P. Vins und unter der Leitung von Dubovoj wurde der Rat für Mittelasien gewählt. Dieser bestand wohl aus einigen Vereinigungen, deren Mitglieder zu einem nicht unerheblichen Teil Deutsche ausmachten. Sie waren offenbar auch in den Leitungspositionen vertreten. Die Vereinigung der

---

185 Savinskij, Istorija, S. 210.
186 Ebenda, S. 201-207.
187 Ebenda, S. 216.
188 Ebenda, S. 227.
189 Ebenda, S. 232. Mehr über die Aufspaltung der landesweiten Gemeinschaft der Evangeliumschristen-Baptisten in Anhänger des Allunionsrats und des Kirchenrats aus der Perspektive eines Autors aus den Reihen des Allunionsrats, siehe: Savinskij, Istorija, S. 199-243. Aus der Perspektive eines ausländischen Forschers, siehe: Sawatsky, Soviet Evangelicals, S. 157-254.
190 Krjučkov, Velikoe probuždenie, S. 131.
191 Plett, Zemnye goda, S. 127-130.
192 Ebenda, S. 141.

Reformgemeinden in Kirgisien wurde von Wilhelm Friesen, einem Deutschen, geleitet,[193] der Rayon Dušanbe in Tadschikistan von Johann Plett.[194]

Es erübrigt sich wohl zu sagen, dass Dubovoj eine strikt negative Haltung gegenüber dem Allunionsrat der Evangeliumschristen-Baptisten vertrat. Sein erster persönlicher Kontakt mit dessen Leitung fand etwa 1959 statt, als seine illegale Gemeinde unter starken Druck der Behörden geriet und begann, über eine Legalisierung nachzudenken. Dubovoj wurde von der Gemeinde nach Moskau entsandt, um im Allunionsrat Möglichkeiten einer Legalisierung auszuloten (der Glaube an eine Einflussnahme des Allunionsrats auf den Legalisierungsprozess war schlichtweg naiv; die Organisation stand selbst unter starkem Druck der Behörden und befürchtete die eigene Auflösung[195]). Er wurde von zwei Leitungsmitgliedern empfangen – dem Vorsitzenden Jakov I. Židkov und dem Schatzmeister Il'ja G. Ivanov. Die Einschätzungen Dubovojs waren rein emotionaler Natur: Ivanov kam ihm wie ein „absolut ungläubiger Mensch" vor, in Židkov war sofort ein „religiöser Mensch" zu erkennen.[196] Dubovoj könnte von Ivanov schon früher gehört haben: 1945–1948 bekleidete dieser die Position des Seniorpresbyters des Allunionsrats in Moldawien, das unweit von Dubovojs Heimat lag. In dieser Republik schlossen sich zu Ivanovs Zeit 88 Gemeinden mit 3 788 Mitgliedern dem Allunionsrat der Evangeliumschristen-Baptisten an.[197] Wie auch Židkov war Ivanov ein altgedienter Evangeliumschrist, der 1923 wegen seiner Ablehnung der Wehrpflicht zu drei Jahren Haft und 1934 als Reiseprediger des Allunionsrates der Evangeliumschristen zu zehn Jahren Haft verurteilt worden war. Er büßte seine beiden Haftstrafen in gefürchteten Straflagern wie Solovki, Mariinsk und in Transbaikalien ab.[198] Trotz seiner Haftstrafen gehörte er 1944 zu den Gründern des Allunionsrats.[199] Möglicherweise projizierte sich in Dubovojs Erinnerungen an die Person Ivanovs der Bann der gesamten Leitung des Allunionsrats durch das Organisationskomitee am 23. Juni 1962[200] – aus Sicht der baptistischen Tradition ein fragwürdiger Schritt (der Bann darf nur von der Ortsgemeinde verhängt werden).

Die Charakterisierung Židkovs als religiös mag weicher klingen, weist diesem aber einen Platz außerhalb der Gemeinschaft der Evangeliumschristen-Baptisten zu – hier verwendet man den Begriff „geistlicher Mensch". Die Klagen über große Gefahren und drohende harte Haftstrafen hörte Židkov einfühlsam an und antwortete: „Bedauerlicherweise gehören alle Legalisierungsangelegenheiten in die Kompetenz der Organe. Die Macht wurde dem Bund [der Evangeliumschristen-Baptisten] weggenommen und an die lokalen Bevollmächtigten [des Rats für Angelegenheiten der religiösen Kulte] abgegeben. Damit hat der Bund absolut keine Kompetenz in Bezug auf diese Angelegenheit und ist nicht in der Lage, zu helfen".[201]

Der Seniorpresbyter des Allunionsrats der Evangeliumschristen-Baptisten für Kasachstan Makarij S. Vaščuk schnitt bei Dubovoj noch schlechter ab. Während des gesamten

---

193 Ebenda, S. 145.
194 Ebenda, S. 142.
195 Ebenda, S. 196.
196 Dubovoj, Nebesnye iskry, S. 243.
197 Sawatsky, Soviet Evangelicals, S. 62, 75.
198 Savinskij, Istorija, S. 25, 33, 121, 123, 202, 378.
199 Vsesojuznoe soveščanie evangel'skich christian, S. 38.
200 Savinskij, Istorija, S. 330 f.
201 Dubovoj, Nebesnye iskry, S. 243.

einstündigen Gesprächs las Vaščuk in einer Zeitung (sowjetische Zeitungen hatten zu jener Zeit selten mehr als sechs Blätter). Er empfahl seinem Besucher, sich vertrauensvoll an den Bevollmächtigten des Rats für Angelegenheiten der religiösen Kulte für das Gebiet Karaganda zu wenden, der ein guter Mensch sei und der Gemeinde helfen könne, auch wenn sie nicht legalisiert würde, und schloss das Gespräch mit einer vielsagenden Andeutung ab. Dubovoj sah darin eine direkte Anstiftung zum Abfall vom Glauben und von Gott.[202] Die Gründe für die demonstrativ ablehnende Haltung Vaščuks im Gespräch sind unklar. Allerdings deutet vieles darauf hin, dass die Fronten bereits vor dem Gespräch verhärtet waren und das Zerwürfnis schon früher begonnen hatte. Vaščuk konnte auch gegenüber den Glaubensgeschwistern aus den eigenen Reihen zuweilen scharf und unfreundlich sein;[203] von seiner Veranlagung gehörte er eher zur schreibenden Zunft als zu den Seelsorgern oder Persönlichkeiten des öffentlichen Lebens. Er wurde im westlichen Weißrussland geboren, das erst 1939 Teil der Sowjetunion wurde, und sprach mindestens vier Sprachen fließend.[204] Nach zweijähriger Bibelschulausbildung in Riga und einem abgeschlossenen vierjährigen Studium an einem theologischen Institut in Südostengland in den Jahren 1929–1933 arbeitete er als Herausgeber einer polnisch- und russischsprachigen kirchlichen Zeitschrift und bekleidete verschiedene Positionen in Gemeinden in Warschau, Kobrin (Weißrussland) und Vilnius. Kurz vor Ausbruch des Zweiten Weltkriegs kehrte er 1939 in sein Heimatdorf zurück, um von dort aus nach Südamerika auszuwandern, was familiäre Gründe verhinderten. Einen weiteren Auswanderungsversuch startete er schon als Sowjetbürger nach dem Zweiten Weltkrieg. Der Besuch der US-amerikanischen und der kanadischen Botschaft in Moskau zwecks Visumsbeschaffung brachte ihm eine zehnjährige Haftstrafe ein, die er ab Februar 1950 in Straflagern im Gebiet Karaganda abbüßen musste. Im Juni 1956 wurde er vorzeitig aus der Haft entlassen und ließ sich in Karaganda nieder.[205] Danach wurde er vom Allunionsrat der Evangeliumschristen-Baptisten am 19. Dezember 1958 zum Seniorpresbyter in Zentralasien bestimmt.[206] Der Stand eines Seniorpresbyters des Allunionsrats war nicht leicht; es gab Vorwürfe gegen Vaščuk sowohl aus den Reihen der eigenen Gemeinden[207] als auch seitens der Behörden, die ihn der Aktivierung der illegalen Gemeinden von Evangeliumschristen-Baptisten beschuldigten, indem er sie bei ihren Legalisierungsversuchen unterstützte.[208]

Der Dissens nach der Lesart des Kirchenrats der Evangeliumschristen-Baptisten war streng hierarchisch organisiert, zentral gesteuert und übte eiserne Disziplin aus. Dem autoritären Staat setzte man autoritäre Strukturen entgegen, die im Verborgenen entstanden und auf strenger Geheimhaltung beruhten. Sogar die Mitglieder der Gremien kannten nicht

---

202 Ebenda, S. 244.
203 Mitteilung von Traugott Quiring an den Autor.
204 Vgl.: Vaščuk, Orlov, Prebyvanie, S. 67; Soobščenija s mest, S. 68.
205 Vaščuk, Die Geschichte meines Lebens, 06.05.1957. GAKO, f. 1364, op. 1a, d. 19, l. 165-167.
206 Allunionsrat der Evangeliumschristen-Baptisten. Rundbrief an die Gemeinden in Kasachstan, 12.12.1958. Archiv des Allunionsrats der Evangeliumschristen-Baptisten, Mappe 1.1. Istorija, Vyp. 4. CD-ROM [Datei: files/archives/1_1/004.pdf].
207 Savinskij, Istorija, S. 200 f.
208 Mitteilung des Bevollmächtigten des Rats für Angelegenheiten der religiösen Kulte im Gebiet Celinnyj an den Bevollmächtigten des Rats für Kasachstan, 03.04.1964. CGA RK, f. 1711, op. 1, d. 120, l. 27-28.

immer die personelle Zusammensetzung des Zentralorgans des Kirchenrats.[209] Die Entscheidungsfindung blieb für die Mitglieder in den Gemeinden undurchsichtig; ihre Einbindung in Entscheidungsprozesse war minimal. Der Kirchenrat sorgte auch für eine Vereinheitlichung der Frömmigkeitsart und der für das Gemeindeleben geltenden Regeln: 1972–1974 wurde in den Gemeinden die Schrift „Das Haus Gottes und der Dienst in ihm" verbreitet, die von einem angesehenen Gemeindeältesten aus Taškent Nikolaj P. Chrapov zusammengestellt war. Nach ihr richtete man sich auch in Džezkazgan.[210]

Die aus etwa 300 Gläubigen bestehende Gemeinde in Džezkazgan[211] hatte zu 80% deutsche Mitglieder.[212] Den Deutschen waren hierarchische konfessionelle Strukturen in der Vergangenheit fremd. In den 1920er Jahren organisierten sich die deutschen Baptisten in der UdSSR in Vereinigungen, die übergemeindliche Aufgaben übernahmen, die aber von kurzer Dauer waren. Die Mennoniten waren bisher nie vom Prinzip der autonomen Gemeinde abgerückt. Ein wichtiges Element des Zusammenwachsens der verschiedenen Gemeindetraditionen blieb die Versammlung der Gemeindemitglieder, deren Entscheidungen bindend waren. Auch die Wirksamkeit des Dissenses lag nicht in dem hierarchischen Überbau, sondern in dem Zusammenschluss der Gemeindemitglieder und deren Einigkeit. Der Zusammenhalt der Gläubigen wurde durch die Verfolgungen immens gestärkt. Die Einbindung in den Kirchenrat der Evangeliumschristen-Baptisten brachte viel Solidarität auf der Ebene der Gemeindemitglieder. Die Gemeinden und vor allem die jungen Mitglieder etablierten im Rahmen des Kirchenrats eine Dissens-Gemeinschaft der einfachen Leute über weite Entfernungen hinweg. Bezeichnend hierfür waren die Verbindungen zwischen den illegalen Gemeinden im Gebiet Omsk und Džezkazgan. Man besuchte sich auch im Urlaub.[213]

Über den übergemeindlichen Austausch gelangte man in der abgelegenen Stadt an Technologien, die zwar verboten waren, aber trotzdem große Verbreitung fanden – vor allem die Technik der Schriftenvervielfältigung.

Der Gemeindeälteste in Džezkazgan Dubovoj wurde bei der Konstituierung des Kirchenrats der Evangeliumschristen-Baptisten Mitglied seines höchsten Gremiums – des elfköpfigen Rates.[214] Die Transition an die Spitze des illegalen Gemeindeverbandes war von langer Hand vorbereitet: Anfang 1965 trat der bereits erwähnte Zacharov vor der Gemeinde auf und bat um Befreiung ihres allerseits geschätzten Ältesten von der Gemeindearbeit für höhere Ziele. Im August 1965 verabschiedete ihn die Gemeinde; an seine Stelle wurde Johann Epp gewählt.[215] Epp stammte aus dem Altaigebiet und wuchs im Dorf Apollonovka (Gebiet Omsk) auf. Hier erlebte er 1951 seine Bekehrung und wurde in der Glaubensbewegung aktiv. Weniger als einen Monat vor Stalins Tod wurde er am 9. Februar 1953 zusammen mit drei weiteren Personen verhaftet und zu 25 Jahren Haft verurteilt. Drei Jahre später wurde er am 9. März 1956 vorzeitig aus der Haft entlassen, im Mai 1956 in Apollonovka getauft, zwei Monate später, im Juli, zum Gemeindeältesten gewählt und am 14. November 1956 für

209   Plett, Zemnye goda, S. 164.
210   Dik, Ogon', S. 146.
211   Dubovoj, Nebesnye iskry, S. 242.
212   Epp, Johann, Katharina Epp: Von Gottes Gnade, S. 136.
213   Ebenda, S. 145.
214   Dik, Ogon', S. 71.
215   Ebenda, S. 71–73.

diesen Dienst eingesegnet. Unter starkem Druck der Behörden fühlte er sich zu einem Wohn-ortwechsel gezwungen. Auf Empfehlung Jakob Dürksens, der die Gemeinde in Džezkazgan aus seiner Haftzeit kannte, siedelte die Familie Epp im Januar 1962 in diese Stadt um[216] – ein weiteres Zeichen für die längst entstandene Dissens-Gemeinschaft über Tausende von Kilometern. Dubovojs Dienst im Format des Kirchenrats der Evangeliumschristen-Baptisten dauerte nur ein Jahr. Im Herbst 1966 wurde er in Karaganda verhaftet.[217] Die Gerichtsver-handlung fand in Džezkazgan statt.[218] Einige Gemeindeglieder, unter denen auch der neue Gemeindeälteste Epp war, wurden in den Zeugenstand geladen, um die Anklage gegen ih-ren ehemaligen Leiter zu unterstützen. Sie verweigerten aber die Aussage.[219] Der bewusste Dissens erforderte Standhaftigkeit und Durchhaltevermögen.

Drei Jahre später wurde Dubovoj am 15. August 1969 aus der Haft entlassen und kehrte in seine Heimat zurück, wo er seine Heimatgemeinde leitete, die inzwischen dem Kirchenrat der Evangeliumschristen-Baptisten beigetreten war.[220]

Die verzweifelte Lage der Dissens-Gemeinde in Džezkazgan im Jahr 1964 beschreibt ihre Eingabe an den Obersten Sowjet der UdSSR im Februar 1965, die sehr emotional formuliert war:

„Es geschah am sechsten Dezember 1964 in der Siedlung Rudnik-Džezkazgan. Die EChB-Gläubigen versammelten sich um zehn Uhr morgens zu ihrem Sonntagsgottes-dienst. Die Versammlung fand beim Gläubigen Freze [Fröse] G.I. in der Kavkazskaja-Straße 25 statt. Plötzlich erschien auf der Straße eine Gruppe von Menschen, die ohne Ankündigung oder Erlaubnis ins Haus hineingingen und nach vorne schritten.[221] Plötz-lich kam ein Blitzlicht, und die Fotokamera in den Händen eines betrunkenen Fotografen begann in alle Richtungen zu operieren. Es folgte ein Ruf: ‚Aufhören! Sofort aufhören! Her mit eurem Gemeindeältesten!' Die Schreie kamen von einem der in den Gottesdienst eingedrungenen Atheisten Pamjatnych L.S., dem ehemaligen Leiter der Planabteilung im SDR [Severo-Džezkazganskij rudnik – Nord- Džezkazganer Mine], der sich nun auf dem Gebiet der Christenverfolger nützlich machte.

Die Gottesdienstordnung war unterbrochen. Der Gemeindeälteste I.V. Epp und einige Gläubige gingen in ein separates Zimmer, um ein Gespräch mit den Besuchern zu füh-ren. Der Fotograf setzte seine Bewegung durch die Reihen der Teilnehmer fort und

---

216 Epp, Epp, Von Gottes Gnade, S. 9-135. Vgl.: Dik, Ogon', S. 108-125.
217 Hier beginnen Differenzen in der Darstellung der Ereignisse durch Dubovoj und andere Quellen. Dubovoj selbst nennt als seinen Verhaftungsort ein kleines Dorf im Gebiet Doneck unweit der Stadt Charcyzsk, siehe: Dubovoj, Nebesnye iskry, S. 274-276. Rudolf Dik verweist auf Karaganda. Seine Information wird durch Zeugnisse einiger Bewohner dieser Stadt bestätigt, siehe: Dik, Ogon', S. 71.
218 Details zum Prozess: Epp, Epp, Von Gottes Gnade, S. 141 f.
219 Dik, Ogon', S. 72 f.
220 Dubovoj, Nebesnye iskry, S. 286 f.
221 Die Gruppe bestand aus dem stellvertretenden Vorsitzenden des Sowjets der Siedlung Džez-kazgan, einem Deputierten des Stadtsowjets, der Lehrer von Beruf war, einer Lehrerin, der Chefärztin der sanitärepidemiologischen Station, dem Leiter der Feuerwehr, dem Vertreter des Atheistenverbandes und dem Fotografen des städtischen Fernsehstudios. Siehe: Auskunft über die Überprüfung des Statements der Gläubigen EChB der Stadt Džezkazgan, des sogenannten „Orgkomitee" (Abgespaltene). GAKO, f. 1364, op. 1a, d. 67, l. 58.

zielte mit seiner kalten Kamera auf die Gesichter der Gläubigen. Auf Jugendlichen und Schulkindern hielt sich seine Kamera besonders lange auf.

Nach getaner Arbeit und Drohungen gegenüber den Gläubigen schnaubend, verließen die Übertreter des sowjetischen Gesetzes über die Glaubensfreiheit die Versammlung. Am selben Tag suchten sie das Haus des Gemeindeältesten auf. Der Hauseigentümer war zu dieser Zeit im Gottesdienst. Zu Hause blieben seine Kinder im Schulalter. Sie brachen den Riegel auf, drangen ins Haus ein und machten Aufnahmen von allem, was vor die Kamera geriet, gingen weg und ließen die verängstigten Kinder allein. Abends gab es eine Versammlung im Hause Freze, da wurden die Fenster mit Steinen eingeschlagen.

Solche Besuche und Aktionen hatten keinen Einzelcharakter. Am 9. Dezember 1964 fand ein Gottesdienst in der Siedlung Nikol'skij in der Bajzakov-Straße 16 statt, als ins Haus von Ivan Richter ohne jegliche Vorwarnung Behördenvertreter mit dem Vorsitzenden des Siedlungssowjets Grudej D.D. eintraten. Auch in dieser Kommission gab es einen Fotografen. Grudej stieß den Prediger Karl Richter grob zur Seite, nahm Platz und fing an, den Gläubigen zu drohen.

Am 29. Dezember 1964 strahlte man im Fernsehen diese Produktion des fotografischen Schaffens, gemischt mit frecher Diffamation der Gläubigen, für viele denkende und gedankenlose Zuschauer aus.

Wir schreiben an Sie nicht, weil wir nicht bereit sind, Demütigung, Diffamation und Verfolgungen zu ertragen, denn diese sind Christen bestens bekannt. Wir schreiben an Sie, weil wir an die Gnade unseres Gottes und Retters Jesus Christus glauben, der Ihnen Weisheit und ein mildes Herz geben kann, um gerecht und im Einklang mit der Sowjetischen Verfassung für die Gläubigen Bedingungen und Recht zu schaffen, die jeder achtbare Mensch erwartet und verdient.

Gewissensfreiheit existiert und wird vom Gesetz nicht nur für Atheisten, sondern auch für Gläubige geschützt. Ein Recht auf sie haben nicht nur die Kinder der Gottesleugner, sondern auch die Kinder der Gläubigen.

Uns ist unklar, warum Gläubige, die eine registrierte Gemeinde besuchen, nicht als Übertreter des Gesetzes über die Gewissensfreiheit gelten, aber wenn sie nach einem Umzug eine nicht registrierte Gemeinde besuchen, zu Verbrechern werden.

Behinderungen für die Registrierung werden vor Ort erzeugt. Wir treten nicht gegen die Registrierung auf, wir sind sogar für eine Registrierung, die auf der Grundlage des Gesetzes über Trennung von Kirche und Staat, der Glaubenslehre und der kirchlichen Sakramente beruht. Wir sind für die Registrierung: Auf der Grundlage der Unabhängigkeit, hier ist unser Gebetshaus, notiert euch seine Straße und Hausnummer. Hier ist unser Gemeindeältester, schreibt auch ihn auf. Hier ist unser Gemeinderat, merkt euch auch ihn. Wir sind bereit, einige wirtschaftliche Fragen abzustimmen. Wenn es um unsere öffentlichen Gottesdienste geht, ist die Tür für jeden offen, aber was die Grundlagen der evangelischen Glaubenslehre und die Interna des Gemeindelebens angeht, so antworten wir der Welt entschieden – nein.

Aus diesem Grund wenden wir uns gleichzeitig an alle Instanzen der Organe der Sowjetmacht mit der Erklärung und Bitte, den Gläubigen eine Möglichkeit zum Erwerb eines Gebetshauses zu bieten und die gesetzwidrigen Aktionen der lokalen Behörden zu verbieten, denn für einen lebendigen Christen steht fest: ‚Christus ist mein Leben, und Sterben ist mein Gewinn‘.

Im Namen der 230 EChB-Gläubigen in Rudnik-Džezkazgan
Unterschriften der Gemeindemitglieder".[222]

Koordinierte Proteste von Dissens-Gemeinden, allerdings in einem anderen Fall – dem Fall
des 1964 zu Tode gequälten Neophyten Nikolaj Chmara aus Kulunda[223] –, bewirkten ein
Umdenken bei der Obrigkeit. 1965/66 wurden fast alle Glaubenshäftlinge entlassen und die
Legalisierungsprozedur wurde erheblich vereinfacht. Die Gemeinde in Džezkazgan blieb
wie auch viele andere Gemeinden des Kirchenrats ihrem Grundsatz treu und lehnte die
Legalisierung weiterhin strikt ab.

Das Bekenntnis zum Glauben verlangte nicht nur von Gemeindevorstehern einen hohen Preis. Auch das Bildungswesen setzte sich zum Ziel, eine Atmosphäre der Intoleranz
gegenüber dem Glauben zu schaffen, der sich im Alltag als Druck auf Kinder der Gläubigen äußerte. Katharina Epp, die Ehefrau des Gemeindeältesten aus Džezkazgan, erinnerte
sich:

„Die Kinder wurden in der Schule wegen ihres Glaubens sehr misshandelt und kamen
oft weinend nach Hause. Beschwerten sie sich bei den Lehrern, so sagten diese: ,Die
hätten's euch noch besser geben sollen!' Sie erhielten schlechte Noten, auch wenn sie
gut gelernt hatten. Manchmal mussten sie während des Unterrichts als Strafe für ihren
Glauben bis zu zwei oder gar drei Stunden im Lehrerzimmer stehen und verpassten damit den Unterricht. Diejenigen Lehrer, die gerade frei hatten oder während der Pausen
ins Lehrerzimmer kamen, verspotteten sie.
Wir Eltern wurden immer wieder vorgeladen und mussten uns vor den Lehrern und
auch anderen Eltern verantworten. Sie fragten: ,Warum lasst ihr eure Kinder nicht in
den Klub oder ins Kino gehen? Warum dürfen sie nicht den „roten Stern"[224] tragen?'
Dann antwortete ich: In der Bibel steht geschrieben: ,Sitzt nicht da, wo die Spötter sitzen'.[225] Da schauten sie einander an und murmelten: ,Ja, wir spotten'.
Die Misshandlungen der Kinder wurden eigentlich von den Lehrern inspiriert. Sehr oft
kamen sie am Sonntag zum Gottesdienst, machten dort ein Geschrei und merkten sich
diejenigen Kinder, die in der Versammlung mit dabei waren. Am Montag hatten die
Kinder Angst, in die Schule zu gehen.
Einmal wurde unsere Tochter Maria am Montag zur Tafel gerufen. Die Lehrerin erklärte:
,Ich war gestern in der Versammlung. Auch sie (sie zeigte auf Maria) war dabei. Sie
betete und sang mit'. Alle lachten Maria aus. Nach dem Unterricht schlug Viktor Gies-
brecht, der sitzengeblieben war und deshalb auch größer war als die anderen Schüler der
Klasse, den Kameraden vor, Maria zu verprügeln. Sie kam danach kaum nach Hause –
und es waren 4 Kilometer zu Fuß zu gehen gewesen! Nach einer Woche musste sie

---

222 Mitteilung der Gemeinde von Gläubigen EChB der Siedlung Rudnik-Džezkazgan, 05.02.1965.
    GAKO, f. 1364, op. 1a. d. 69, l. 67-68.
223 Chorev, Uroki istorii, S. 25.
224 Mit dem Konterfei Lenins versehene Abzeichen der Oktoberkinder, zu denen alle Kinder aus
    den Schuljahren 1 bis 3 gehörten. Die meisten gläubigen Eltern sahen darin eine Form der
    frühen ideologischen Infiltration und lehnten sie ab.
225 Psalm 1,1.

ins Krankenhaus eingeliefert werden, auf der Lunge hatte man bei Röntgenaufnahmen dunkle Flecken festgestellt".[226]

Auch Kinder, deren Eltern den Gemeinden des Allunionsrats der Evangeliumschristen-Baptisten angehörten, berichteten über ähnliche Vorfälle.

Der Druck erzeugte Gegendruck. Das Vorbild der Gehorsamsverweigerung boten die Gemeindeleiter; die Verhaltensmuster aber waren innerhalb des Kirchenrats der Evangeliumschristen-Baptisten einheitlich. Johann Epp, der Nachfolger von Dubovoj als Gemeindeältester, erzählte:

„Was tat Jesus, als er vor den Hohepriestern hart verklagt wurde: Er schwieg. Auch ich musste zum KGB, um über Bruder Dubovoj auszusagen [der bereits inhaftiert war und gegen den belastendes Material gesucht wurde]. Ich hatte zuvor darum gebetet, schweigen zu können. ‚Wer ist Leitender der Gemeinde?' Ich erklärte gleich, man könne über mich persönlich alles fragen und ich würde darauf antworten, aber auf Fragen über die Gemeinde oder Gemeindearbeit oder andere Personen würde ich nicht ein Wort sagen. Der KGB-Beamte nahm das nicht ernst. [...] So fragte er weiter: ‚Wie viel Mitglieder sind in der Gemeinde? Kommen die Kinder und Jugendlichen auch zum Gottesdienst?' Ich hielt den Blick gesenkt und schwieg. Der Beamte versuchte sich zu beherrschen, obwohl er innerlich kochte. ‚Wie lange bist du schon in der Gemeinde? Wer hat dich zum Leitenden gemacht?' Noch immer schwieg ich. Da schrie er los: ‚Wie, du willst nicht sprechen? Du erkennst die sowjetische Obrigkeit nicht an, auch ihre Gesetze nicht?' In diesem Augenblick erinnerte ich mich an die drei Freunde Daniels, die in den Feuerofen geworfen wurden, und antwortete, wie diese es getan hatten: ‚Es ist nicht nötig, dass ich dir auf deine Fragen antworte'.[227] Der Beamte war außer sich vor Wut, aber er sah ein, dass er hier ohnmächtig war. Er ging aus dem Zimmer mit den Worten: ‚Wir bringen dich doch noch zum Sprechen, ich hole ein paar Leute zu Hilfe'. Nachdem er den Raum verlassen hatte, konnte ich den Herrn bitten, er möge mir so viel Kraft geben, wie hier nötig war.

Nun kam der Beamte mit noch zwei Männern zurück. Er informierte diese über mich und mein Verhalten: ‚Jetzt schaut euch einmal den Pastor von Džezkazgan an', sagte er, ‚der erkennt uns und somit auch die sowjetische Obrigkeit nicht an, ebenso ihr Gesetz nicht. Er hält es nicht für nötig, mit uns zu sprechen. Man kann sich gut vorstellen, dass er auch seine Gemeinde so zu tun lehrt'. Der Staatsanwalt nahm neben mir Platz, legte seine Hand auf mein Knie und stellte freundlich, aber wie eine listige Schlange die gleichen Fragen wie der Beamte zuvor. Ich schwieg wieder. Dann fragten sie alle drei der Reihe nach, bald ruhig, bald aufgeregt, bald drohend – aber vergeblich. ‚Willst du uns sagen, wie viel Kartoffeln du in diesem Jahr geerntet hast?' – ‚Ja', sagte ich, ‚27 Säcke'. Da schrie er los, als sei dies für ihn eine große Freude: ‚Der Mann kann ja sprechen!' Dann wiederholten sie ihre Fragen – doch ich schwieg.

Endlich verließen die beiden später Dazugekommenen den Raum, offensichtlich davon überzeugt, dass all ihre Mühe umsonst bliebe. Der erste Beamte schrieb einen Bericht

---

226 Epp, Epp, Von Gottes Gnade, S. 145 f.
227 Daniėl', Topologija, S. 3, 16.

über mein Benehmen und reichte ihn mir zum Lesen und Unterschreiben. Ich lehnte die Unterschrift ab, worüber er sich wieder aufregte, doch ich blieb fest. Darauf rief er wieder zwei andere Beamte ins Zimmer, ließ sie den Bericht lesen und stellte die gleichen Fragen noch einmal in ihrer Gegenwart; ich schwieg. Die beiden sollten sich davon überzeugen, dass ich keine Antwort gab. Dann mussten sie das Protokoll des Verhörs an meiner statt unterzeichnen und ich war wieder frei".[228]

Die Auflehnung Epps gegen den allmächtigen KGB blieb nicht ohne Folgen. Schon 1966, nach der Verurteilung von Dubovoj, wurde Epp in einem Folgeprozess wegen Verweigerung der Aussage zu sechs Monaten auf Bewährung mit Abzug von 25 % des Gehalts verurteilt.[229] Bis zu seinem Eintritt in den Ruhestand im Juni 1968 leitete er die Gemeinde,[230] danach wurde ihm im Oktober 1968 von der Zentrale des Kirchenrats der Evangeliumschristen-Baptisten die Leitung der Gemeinden des Rats in Mittelasien übertragen.[231] Seine Dienstzeit war aber von kurzer Dauer – nach der ersten illegalen mittelasiatischen Konferenz unter seiner Leitung am 6. Februar 1969 in Alma-Ata wurde er verhaftet.[232]

Am 9. April 1969 wurde ihm weitab von Džezkazgan, in der Gebietsstadt Karaganda, der Prozess gemacht. Trotzdem erschienen aus Solidarität mit dem Angeklagten viele Gläubige vor dem Gerichtsgebäude. Die Anklageschrift enthielt in Epps eigenen Worten folgende Punkte:

„1. Es seien Kinder und Jugendliche in den Gottesdiensten gewesen – eine Übertretung der Gesetzgebung des Sowjetstaates;

2. von den Baptistengemeinden in der Sowjetunion ist Kinderliteratur angefertigt und verteilt worden – auch das verletze das Gesetz;

3. ich hätte als Gemeindeleiter die Kinder gelehrt, nicht Pioniere[233] zu werden und allen Sport-, Theater- und Kinoveranstaltungen fernzubleiben, hätte ihnen also alle Freuden der Welt verboten;

4. ich hätte es Kindern gläubiger Eltern nicht erlaubt, Hochschulen zu besuchen;

5. ich befolgte die Gesetze des Landes nicht, wenn die Bibel etwas anderes lehre;

6. die Gemeinde sei nicht registriert und die Kinder seien im Vergleich zu Gleichaltrigen zurückgeblieben im Lernen und Spielen, seien freudlos und bedrückt und sähen überhaupt jämmerlich aus, weil sie stets viele Stunden im Gottesdienst verbringen müssten;

7. ich hätte zwölf Gruppen von Kindern organisiert, um sie geistlich zu unterrichten;

8. seit ich Rentner sei, hätte ich nicht nur in unserer Gemeinde so gearbeitet und gelehrt, sondern auch in andern Ortschaften Kasachstans; außerdem hätte ich in Dušanbe einen Heinrich Funk als Leitenden der Gemeinde ordiniert".[234]

---

228 Epp, Epp, Von Gottes Gnade, S. 139 f.
229 Ebenda, S. 142.
230 Dik, Ogon', S. 126.
231 Epp, Epp, Von Gottes Gnade, S. 151.
232 Ebenda, S. 151 f.
233 Mitglieder einer kommunistischen Organisation für Kinder zwischen zehn und 15 Jahren. Pioniere waren verpflichtet, in der Schule ein rotes Halstuch zu tragen.
234 Epp, Epp, Von Gottes Gnade, S. 162 f.

Epp wurde zu drei Jahren Straflager verurteilt. Obwohl in Epps Anklage das Thema der Kinder dominiert, scheint der letzte Punkt – die überregionale Tätigkeit – als Hauptgrund seiner Isolierung von der Gesellschaft, so der damalige offizielle Sprachgebrauch, ausschlaggebend gewesen zu sein. Mehrere Monate zuvor war er im Untergrund untergetaucht.[235] 1972 wurde Epp aus der Haft entlassen und kehrte nach Džezkazgan zurück. Einen Tag, nachdem Epp der Prozess gemacht worden war, erhielt die gleiche Haftstrafe auch der Gemeindeälteste der Nachbargemeinde Kengir-Džezkazgan Karl Tauber.[236] Die zeitnahe Verurteilung scheint Teil einer konzertierten Aktion der Behörden zur Ausschaltung der Führung der beiden Gemeinden gewesen zu sein.

Die Migration der Russlanddeutschen innerhalb der UdSSR und seit Beginn der 1970er Jahre auch deren Auswanderung in die BRD gingen nicht an Džezkazgan vorbei. Die Eheleute Epp siedelten zunächst nach Alma-Ata[237] und dann 1977 in die Bundesrepublik um.[238] Damit war das Kapitel Sowjetunion für sie abgeschlossen.

In der Gemeinde Džezkazgan blieben nur zwei alte deutsche Gemeindeälteste, die dazu noch kein gutes Russisch sprachen. Es mussten neue Gemeindeälteste gewählt werden. In Abweichung von den Empfehlungen des Kirchenrats der Evangeliumschristen-Baptisten wurde eine Geheimwahl mit Stimmzetteln durchgeführt. Das Ergebnis war unbefriedigend – der mit Stimmenmehrheit gewählte Bruder nahm die Wahl nicht an. Für die nächste Wahl lud man drei Vertreter des Kirchenrats ein. Gemeindeältester wurde schließlich Ewald Schielke, der eine Zeitlang im südkasachischen Džetysaj gelebt hatte und nun in seine Heimatgemeinde zurückkehrte. Er wurde 1979 eingesegnet, musste aber 1983 in den Untergrund wechseln. Waldemar Rexius, der ihn seit 1981 unterstützte, übernahm die Leitung der Gemeinde. Auch er wurde von einem Vertreter des Kirchenrats der Evangeliumschristen-Baptisten eingesegnet. Später wurde Boris Reichenbach zum Gemeindeältesten geweiht.[239]

Eine große Sorge jeder Dissens-Gemeinde war der Ort ihrer regelmäßigen Versammlungen. Kleine Gemeinden versammelten sich in den Häusern ihrer Gemeindeglieder, aber ab einer gewissen Gemeindegröße fassten die Privathäuser nicht mehr alle Teilnehmer. Einige Gemeinden sahen einen Ausweg in der Aufteilung in Gruppen, was schnell zur Bildung von Fraktionen führen konnte, den anderen gelang es immer wieder, permanente Versammlungsorte einzurichten. Džezkazgan gehörte zu den letzteren.

Bis Dezember 1976 versammelte sich die Gemeinde im Hause von Mina Siegert. Nach ihrer Ausreise in die BRD wurde das Haus von den Behörden versiegelt. Das machte die Versammlungen an diesem Ort unmöglich. Im Sommer 1978 baute die Gemeinde das Haus von Helene Sawatsky um. Die Freude um den Versammlungsort war von kurzer Dauer – im September 1979 erhielt auch Sawatsky ihre Ausreisegenehmigung. Die örtlichen Behörden erklärten, das Haus zu einem Obst- und Gemüsegeschäft umzubauen, kündigten danach aber dessen Abriss an. An einem Samstag im Oktober 1979 stürmten Studenten unter Leitung von Vertretern der städtischen Behörden und der Polizei das Haus. Die mit Äxten und Brechstangen ausgestatteten Studenten verwüsteten es und kritzelten beleidigende gottlose

---

235   Ebenda, S. 147.
236   Dik, Ogon', S. 261.
237   Ebenda, S. 133.
238   Epp, Epp, Von Gottes Gnade, S. 173, 179.
239   Dik, Ogon', S. 146-168.

Sprüche an die Wände. Die anwesenden Gläubigen konnten nicht anders reagieren, als Lieder anzustimmen. Die ungewöhnliche Reaktion stoppte die Studenten, die christliche Gesänge zum ersten Mal in ihrem Leben hörten. Drei weitere Wochen versammelte sich die Gemeinde in dem verwüsteten Raum, bis die Behörden das Gebäude schließlich komplett abreißen ließen.[240] Die Gemeinde war wieder auf Privathäuser angewiesen.

Der nächste Anlauf wurde im Sommer 1987 in der Perestroika-Zeit gemacht. Als eine Familie aus Džezkazgan wegzog, beschloss der Gemeinderat, ihnen das Haus abzukaufen, es umzubauen und in ihm für ein frisch vermähltes junges Ehepaar eine Wohnung einzurichten. Das Haus lag am Rande der Siedlung; das Grundstück bot viel Platz. Unter größtmöglicher Geheimhaltung wurde mit dem Bau begonnen; die wenigsten Gemeindemitglieder wurden in das Geheimnis eingeweiht. Nach der Fertigstellung des Hauses wurde es vom zuständigen städtischen Inventarisierungsbüro vermessen; damit galt es als Plangebäude mit einem Anspruch auf offiziellen Charakter. Erst dann wurde das Geheimnis gelüftet, die Gemeinde informiert und das Gebäude feierlich geweiht. Die Behörden reagierten erst zwei Wochen später. Gegen den vom Inventarisierungsbüro angefertigten Plan konnten sie nichts einwenden. Kommissionen der Feuerwehr und der Staatsanwaltschaft konnten ebenso nichts beanstanden. Die neuen Aufforderungen zur Legalisierung wurden abgelehnt, die leitenden Brüder mehrfach mit Geldstrafen belegt.[241]

Die sowjetische Perestroika und die Auflösung der Sowjetunion beseitigten die ursprünglichen Gründe für den konfessionellen Dissens. Die Religionspolitik war nicht mehr auf die Zerstörung des Glaubens gerichtet. Ihre Zwänge zerbröckelten, nicht aber die in der Verfolgungszeit entstandene überregionale Dissens-Gemeinschaft. Die meisten deutschen Mitglieder des Kirchenrats der Evangeliumschristen-Baptisten wanderten in die Bundesrepublik aus, wo sie 1977 und 1993 zwei Gemeindeverbände gründeten. Mit der Auswanderung der Gemeindeglieder des Kirchenrats aus der UdSSR und deren Nachfolgestaaten dehnte sich die russischsprachige Dissens-Gemeinschaft weit über die Grenzen des Landes aus. Heute umfasst sie überwiegend russischsprachige Gemeinden in zehn Ländern, darunter in den USA und in Israel, und wird vom Internationalen Bund der Gemeinden der Evangeliumschristen-Baptisten geleitet.[242]

7.6. Bewusster Dissens in den Wechselbeziehungen mit legalen Gemeinden

Deutsche innerhalb der Dissens-Gemeinschaft des Kirchenrats der Evangeliumschristen-Baptisten gab es auch in Kirgisien. Die deutsche Glaubensgemeinschaft der sowjetischen Republik bestand aus zwei Teilen. Die ersten aus dem europäischen Teil des Landes kommenden deutschen Einwanderer siedelten sich hier in den 1880er Jahren an; die zweite Welle setzte in den späten 1950er Jahren nach der Aufhebung der Sondersiedlungen ein. Zwischenzeitlich siedelten sich in Kirgisien auch russische baptistische Einwanderer an. Die Ersten ließen sich dort Anfang des 20. Jahrhunderts nieder; in den 1930er Jahren suchten weitere Gläubige hier ein Versteck vor Repressalien. Die Religionspolitik war in Kirgisien

---

240 Ebenda, S. 150 f.
241 Ebenda, S. 169-172.
242 Meždunarodnyj sojuz cerkvej.

milder als in vielen anderen Landesteilen, auch das gute Klima lockte die Menschen an. Dementsprechend vielfältig war hier die Religionslandschaft: Zu Muslimen und Russisch-Orthodoxen kamen katholische und lutherische Christen, Adventisten des Siebenten Tages, Zeugen Jehovas und Pfingstler hinzu.

Kirgisien wurde zu einem begehrenswerten Ziel auch für Deutsche. 1986, am Vorabend ihres großen Exodus in die BRD, betrug ihre Anzahl hier 110 000[243] – 2,7% der Gesamt-bevölkerung der Republik von 4 052 000.[244] Die Abteilung für Propaganda und Agitation des ZK der Kommunistischen Partei Kirgisiens zählte unter ihnen neun Arten von reli-giösen Gemeinschaften mit insgesamt 12 300 Mitgliedern mit einem deutschen Anteil von 8 700 (71%). Das ZK resümierte: „Unter dem Einfluss der Religion steht etwa jeder zehnte Bürger deutscher Nationalität – fast genauso viel wie in den Reihen der Partei und des Komsomol".[245]

Vor dem großen Exodus der Deutschen in die BRD Ende der 1980er bis Anfang der 1990er Jahre und der Auswanderung der russischen Gläubigen Mitte der 1990er Jahre gab es laut der Statistik des Allunionsrats der Evangeliumschristen-Baptisten[246] in der Republik ca. 8 000 Evangeliumschristen-Baptisten und Mennoniten in insgesamt 26 Gemeinden. 90% der Mitglieder gehörten den evangeliumschristlich-baptistischen Gemeinden an, deren größte in der Hauptstadt Frunze knapp 1 900 Mitglieder zählte. Zwei weitere – in Tokmak und Kant – waren je etwa 1 000 Mitglieder stark. Unter den knapp 7 000 Evangeliumschristen-Baptisten aus den Reihen des Allunionsrats bezeichneten sich knapp 5 400 als Deutsche. Drei weitere Gemeinden (540 Mitglieder), allesamt registriert, waren mennonitisch; dazu kamen zwei legale Mennoniten-Brüdergemeinden (330 Mitglieder).[247]

Laut Angaben des Allunionsrats der Evangeliumschristen-Baptisten, die wohl von dessen Seniorpresbyter in Kirgisien stammten, gab es in der Republik auch sechs Gemeinden des Kirchenrats der Evangeliumschristen-Baptisten mit knapp 400 größtenteils deutschen Mitgliedern (dem Autor lagen keine Statistiken des Kirchenrats der Evangeliumschristen-Baptisten vor, falls es überhaupt welche gegeben hat).[248] Auf einem beschränkten Raum, im Grunde genommen in zwei Tälern – dem Ču-Tal mit 15 legalisierten Gemeinden und dem Talas-Tal mit vier registrierten Gemeinden –, gab es fünf respektive eine illegale Gemeinde.

Es bietet sich an, am Beispiel der Gemeinden in Kirgisien die Wechselbeziehungen zwi-schen den illegalen und den legalen Evangeliumschristen-Baptisten zu behandeln. Dazu eig-

---

243 Auskunft über die Erfüllung des Beschlusses vom 26.06.1974 „Über Maßnahmen zur Verbes-serung der Arbeit unter deutschen Bürgern der UdSSR", 30.05.1986, in: Ajsfel'd (Hrsg.), Iz istorii nemcev, S. 562 [mit Verweis auf: CGA PD KR, f. 56, op. 257, d. 296, l. 1-6].

244 Čislennost' naselenija.

245 Auskunft über die Erfüllung des Beschlusses vom 26.06.1974 „Über Maßnahmen zur Verbes-serung der Arbeit unter deutschen Bürgern der UdSSR", 30.05.1986, in: Ajsfel'd (Hrsg.), Iz istorii nemcev, S. 564 [mit Verweis auf: CGA PD KR, f. 56, op. 257, d. 296, l. 1-6].

246 Nemecko-mennonitskoe bratstvo [Kopie im Besitz des Autors].

247 Die Daten des Bevollmächtigten des Rats für Angelegenheiten der religiösen Kulte für Kirgisien unterscheiden sich unwesentlich von den Daten aus dem Allunionsrat der Evangeliumschristen-Baptisten, siehe: Ajsfel'd (Hrsg.), Iz istorii nemcev, S. 611 [mit Verweis auf: Auskunft über deutsche Religionsvereinigungen, CGA KR, f. 2597, op. 2, d. 130, l. 89-91].

248 Ebenda.

nen sich die Gedanken Walter Wedels, die er zwei Jahrzehnte nach seiner Auswanderung in Deutschland in kunstvoller Sprache in Form eines Buches festgehalten hat.[249] Wedel gehörte zum vierköpfigen Leitungskreis einer Gemeinde des Kirchenrats der Evangeliumschristen-Baptisten in Jur'evka[250] im Ču-Tal und beschreibt die Ereignisse in deren Umgebung. Sein Grundmotiv, dass die Evangeliumschristen-Baptisten beider Verbände trotz der vielen Differenzen und Missverständnisse zusammengehören, barg aber genügend Zündstoff für die Rückkehrer in die BRD. Aus diesem Grund gab er seinem Werk die Form einer Erzählung und verschlüsselte einige Namen, die trotzdem noch zu erkennen sind. Der Seniorpresbyter des Allunionsrats Nikolaj N. Sizov tritt bei ihm beispielsweise als Ssisych[251] oder das Dorf Jur'evka als Jurijpol'[252] auf. Die Ausführungen des Autors über sein Grundmotiv der Zusammengehörigkeit der russlanddeutschen Freikirchler sind freilich von der Namensverschleierung nicht beeinträchtigt.

Das Dorf Jur'evka gehörte zur Peripherie einer im Norden Kirgisiens gelegenen kleinen deutschen Enklave. Ursprünglich bestand diese aus zwei Dörfern, Grünfeld und Bergtal, die 1925 bzw. 1927 von mennonitischen Einwanderern aus dem 400 Kilometer südlicher gelegenen Talas-Tal gegründet wurden. Damit gehörten die beiden Dörfer zu einer der letzten mennonitischen Kolonien der Sowjetunion. Fast die gesamte Zeit ihrer Existenz mussten sie sich im Widerstand gegen den staatlich geführten Kampf gegen die Religion bewähren. Als erstes öffentliches Gebäude wurde 1928 ein Versammlungshaus in Grünfeld errichtet. Ungewöhnlich für mennonitische Kolonien, gründete man hier nicht zwei Gemeinden nach der Zahl der Hauptströmungen im russischen Mennonitentum, sondern eine einzige unter der Bezeichnung „Christen-Brüdergemeinde". Die traditionellen Versammlungen wurden durch Kinderstunden in Privathäusern beider Dörfer ergänzt.[253]

Wenige Jahre nach der Gründung wurde den mennonitischen Traditionen in den Dörfern 1931 in Ende gesetzt. Die Kollektivierung wurde forciert, und ein aus der Stadt abkommandierter Kommunist drohte allen Kirchgängern mit drakonischen Strafen. An den Sonntagen prüfte er, wer zur Versammlung ging.[254] 1932 wurde das Bethaus geschlossen. Der Gemeindeälteste zog in den Fernen Osten, um seiner Verhaftung zu entgehen. Dennoch wurden vier Familienväter ohne Grund verhaftet, nach einem halben Jahr aber wieder freigelassen. Man versammelte sich nur noch heimlich in kleinen Gruppen. Die Angst war so groß, dass man sich sogar fürchtete, das Tischgebet zu sprechen. Trotzdem wurden vier Prediger verhaftet. Zur Abschreckung wurden sie, zu Fuß gehend, mit einem kleinen Bündel unter dem Arm, von zwei Polizisten zu Pferd durch das Dorf getrieben. Die Moral verrohte zusehends; viele fielen vom Glauben ab.[255]

1938 stellten drei aus der Hauptstadt Frunze abkommandierte NKVD-Mitarbeiter in Grünfeld und Bergtal eine konterrevolutionäre Verschwörung fest. Aus den 50 Haushalten

---

249 Wedel, Gemeinde.
250 Auskunft über Ergebnisse einer Untersuchung der Tätigkeit der Baptistensekte im Ču-Tal, 06.01.1965. CGA KR, f. 2597, op. 2, d. 68, l. 9.
251 Wedel, Gemeinde, S. 34-37.
252 Ebenda, S. 25-28.
253 Suckau, Heimat, S. 58.
254 Barg, Istorija cerkvej, S. 198.
255 Suckau, Heimat, S. 59 f.

beider Dörfer wurden 29 Männer nach und nach ausgesondert, verhaftet und später hingerichtet. Einer der Männer wurde sogar auf der Hochzeit seiner Stiefkinder verhaftet. Diese
Wunden waren bei den Hinterbliebenen auch 60 Jahre später noch nicht geheilt.[256]

Der Zweite Weltkrieg brachte den Einwohnern der beiden kleinen deutschen Dörfer
im Ču-Tal noch mehr Entbehrungen und forderte weitere Opfer. Im Juni 1942 wurden 51
Männer in die Arbeitsarmee nach Čeljabinsk mobilisiert, von denen 29 nicht zurückkehrten.
Am 1. Dezember 1942 wurden 32 Frauen zum Einsatz in Kirgisien mobilisiert; viele von
ihnen mussten ihre Kinder zu Hause lassen.[257]

Den Leiden folgte eine Hinwendung zur Religion. Die Wiederbelebung des Glaubens
begann bei den Jugendlichen, zu denen in spontanen geheim gehaltenen Versammlungen
in Privathäusern ältere Frauen predigten.[258] Frauen wagten sogar, christliche Trauerreden
bei Beerdigungen zu halten. Kinder zwischen zehn und 14 Jahren versammelten sich ohne
Anleitung von älteren Personen.[259] Auch hier galten pietistische Muster wie Bekehrung und
Gemeinschaft, auch hier wurde viel gesungen, auch hier bildete sich eine aktive Gruppe
von Gläubigen heraus.

Im August 1946, in der Zeit des Glaubensaufbruchs, kehrte der deutsche Prediger Franz
Pauls in das alte russische Dorf Jur'evka, wenige Kilometer von Grünfeld entfernt, zurück.
Pauls hatte in seiner Jugendzeit eine Bibelschule absolviert, war ein erfahrener Prediger,
überstand drei Verhaftungen und überlebte die Arbeitsarmee. Im Kreise der Gläubigen
angekommen, begann er zu predigen.[260] Später schlossen sich ihm im Predigen einige
weitere Brüder in beiden Dörfern an.[261] Pauls genoss bei seinen Glaubensgeschwistern
hohes Ansehen.

Dadurch wurde die Gemeinschaft weiter gestärkt. Im Unterschied zu vielen anderen
pietistischen Gemeinschaften der Nachkriegszeit war diese Gemeinschaft nicht nur durch
gemeinsame Bekehrungserlebnisse und Gebete geprägt. In ihr überlebten Reste des sozialen Gefüges einer traditionellen mennonitischen Kolonie mit starken verwandtschaftlichen
Bindungen, gemeinsamer, noch aus Preußen stammender Sprachfärbung und einem Pio-
niergeist der ersten Siedler. Durch die Repressalien der 1930er Jahre ihres aktiven Kerns
beraubt und dem massiven Druck der Kriegszeit ausgesetzt, rückte die Restgemeinschaft
noch näher zusammen. Die einzige Grundlage dafür blieb der gemeinsame Glaube, da das
traditionelle Wirtschaften und die eigenständige Kultur ihr genommen wurden.

Es galt nun, für diese Gemeinschaft in der beginnenden Nachkriegszeit Schutz zu finden.
Die erste Strategie dafür bestand in Legalisierung der konfessionellen Tätigkeit. Diese Strategie hatte unter den Mennoniten Russlands eine lange Tradition, auch in Verbindung mit
dem Kampf um die eigenen Rechte. Eindrucksvoll zeigten das die Mennoniten-Brüdergemeinde, die nach ihrer Entstehung 1860 mehrere Jahre um ihre Legalisierung kämpfte, und
ihr Repräsentant Johann Wieler, der 1871 den Kampf der russischen Baptisten um deren

---

256   Friesen, Spuren, S. 231. Liste der Opfer, siehe: Suckau, Heimat, S. 88.
257   Suckau, Heimat, S. 95, 104.
258   Ebenda, S. 102; Barg, Istorija cerkvej, S. 199.
259   Suckau, Heimat, S. 157.
260   Ebenda, S. 158.
261   Ebenda, S. 162.

Anerkennung durch den Staat startete.[262] (Allerdings scheuten Wieler und seine russischen Mitstreiter auch nicht die Arbeit im tiefen Untergrund.[263])

Nicht anders handelten die überlebenden Mennoniten in den ehemaligen mennonitischen Kolonien. Die Mennonitengemeinde im Mutterdorf der Grünfelder und Bergtaler Mennoniten, Leninpol' im Talas-Tal, gegründet 1882 als Nikolajpol', stellte schon 1945 einen Legalisierungsantrag. Dieser wurde aber aufgrund eines fehlenden religiösen Zentrums der mennonitischen Konfession in der UdSSR abgelehnt. Zwei Jahre später wiederholten sie 1947 ihren Antrag, der ebenfalls abgelehnt wurde. Die Behörden waren zufrieden: Aus ihrer Sicht „brachen die Mennoniten ihre Tätigkeit ab und wendeten sich in keinerlei Angelegenheiten mehr an uns".[264] Die Mennoniten in Leninpol' verharrten bis 1967 in der Illegalität; auch an ihnen ging das schwere Los der Verfolgungen nicht vorüber: 1950 wurden hier 14 Männer zu langen Haftstrafen verurteilt.[265]

Den Gläubigen in der Thälmann-Kolchose[266] und in der Kolchose Rot-Front, wie jetzt Grünfeld und Bergtal hießen, blieben harte Verfolgungen in den 1950er Jahren erspart. 1947 beantragten sie die Legalisierung als Evangeliumschristen-Baptisten, aber erfolglos. Die Begründung der Behörden war eine kleine russische Gemeinde von Evangeliumschristen-Baptisten im Ort Tokmak in 25 Kilometer Entfernung, die am 19. Dezember 1945 legalisiert wurde[267] und in der die Grünfelder und Bergtaler ihre religiösen Bedürfnisse befriedigen konnten. Die Behörden, die in der Anfangsphase der Legalisierung wohl nicht mit einer Vielzahl von evangeliumschristlich-baptistischen Gemeinden rechneten, empfahlen bei der Ablehnung oft, auf die Dienste von Nachbargemeinden auszuweichen. Immerhin enthielt die Absage kein absolutes Verbot, und der sehr vorsichtige Pauls holte sich bei jeder Trauhandlung und jedem Begräbnis eine Erlaubnis beim Bevollmächtigten des Rats für Angelegenheiten der religiösen Kulte für Kirgisien, zumal dessen Amtssitz in der Hauptstadt Frunze nicht allzu weit entfernt war. Bei den Glaubensgeschwistern stieß das auf Verständnis.[268]

Die pietistische Gemeinschaft in Grünfeld und Bergtal begann sich langsam in eine Gemeinde mit einer festen Ordnung zu transformieren. Am 20. Juni 1948 ließen sich zwei junge Männer aus Bergtal und einer aus Grünfeld in Tokmak von dem dortigen russischen Gemeindeältesten taufen. Das Aufnahmeverfahren war recht unkompliziert:

> „Eines Tages hörten zwei junge Brüder, dass am Sonntag in der Gemeinde in Tokmak eine Taufveranstaltung stattfinden solle, und in ihren Herzen entbrannte ein starker Wunsch, den Bund mit dem Herrn zu schließen. Sie hatten aber kein Transportmittel, und außerdem gab es damals in der Kolchose keine Ruhetage. Dann ging Rudolf Peters zum Kolchosevorsitzenden und bat ihn, die beiden für den Sonntag nach Tokmak fahren zu lassen, weil sie in einer Kirche getauft werden wollten. Der Vorsitzende, ein Usbeke, meinte: ‚Das ist eine heilige Sache!' und gab den beiden jungen Menschen nicht nur einen freien Tag, sondern bot ihnen sogar sein Pferd an.

262 Dyck, Johann Wieler, S. 53-55.
263 Ebenda, S. 98-102.
264 Krongardt, Nemcy, S. 273 f.
265 Barg, Istorija cerkvej, S. 284, 287.
266 Russisch: kolchoz imeni Tel'mana.
267 Krongardt, Nemcy, S. 273.
268 Suckau, Heimat, S. 160.

Am 13. Juni 1948 zogen die zwei jungen Männer Rudolf Peters und Heinrich Wedel, deren Herzen mit Liebe für den Herrn brannten, noch vor Sonnenaufgang zu Fuß nach Tokmak los. Sie eilten sehr, um nicht zu spät zu kommen. Die jungen Leute stießen kurz vor Tokmak auf ihren Dorfgenossen[269] Isaak Penner, der mit einem Fahrrad vom Bazar zurückkehrte. Als Isaak von ihrem Vorhaben erfuhr, wollte er sich auch taufen lassen. Isaak ist schnell zum Taufort gefahren, aber die Versammlung war schon zu Ende. Die Gläubigen warteten trotzdem auf sie und führten am Ufer die Taufprüfung durch. Alle drei wurden getauft. Das waren die ersten Getauften aus den Dörfern nach dem Krieg".[270]

Die spontane Taufe machte anderen jungen Menschen Mut und stärkte die Glaubensgemeinschaft. Die älteren Schwestern, die bis dahin die Versammlungen prägten, forderten nun die Jungen zur Wortverkündigung auf. In den nächsten Jahren ließen sich weitere junge Menschen taufen. Der Gemeindeälteste aus Tokmak besuchte – zu Fuß! – die Glaubensgeschwister und teilte das Abendmahl aus.[271] Eine neue Generation, fest integriert in die Gemeinschaft, wuchs heran, um durch Verfolgungen und Krieg entstandene Lücken zu füllen.

Die Entspannungsphase in der Religionspolitik Mitte der 1950er Jahre brachte für die Gemeinden in Bergtal und Grünfeld ein außerordentliches und für die UdSSR einzigartiges Ergebnis mit sich – die erste und einzige Legalisierung einer deutschen Gemeinde in den 1950er Jahren. Das Vertrauensverhältnis, das sich zwischen Pauls und dem Bevollmächtigten des Rats für Angelegenheiten der religiösen Kulte eingestellt hatte, trug die ersten Früchte. Letzterer berichtete an seine Zentrale in Moskau: „Mein Eindruck, der in Gesprächen mit Pauls F.P. entstand – er ist ein tief religiöser Mensch, der sich zum Sowjetischen Staat und den Maßnahmen von Partei und Regierung gegenüber loyal verhält".[272] Möglicherweise spielte auch der ungerechte Mammon (Lukas 16,9) eine Rolle. Wie Gemeindegliedern bestens bekannt war,[273] hatte Pauls bei seinen Reisen zum Bevollmächtigten des Rats für Angelegenheiten der religiösen Kulte oft bäuerliche Lebensmittelerzeugnisse aus ihren Vorratskammern im Gepäck.

Pauls' Strategie der Legalisierung ging im Einzelfall von Bergtal und Grünfeld auf: Im Sommer 1955 erhielt er vom Ratsbevollmächtigten in Kirgisien eine mündliche Zustimmung für den Bau eines Gemeindehauses. Ohne zu zögern wurde am Dorfende von Grünfeld ein Gebäude erworben und zu einem Bethaus umgebaut.[274] Am 18. Februar 1956 legalisierte der Ministerrat Kirgisiens die evangeliumschristlich-baptistische Gemeinde,[275] zu der Mitglieder

---

269   Penner lebte wohl in Grünfeld. Siehe dazu: Suckau, Heimat, S. 159.
270   Barg, Istorija cerkvej, S. 200 f.
271   Suckau, Heimat, S. 160; Barg, Istorija cerkvej, S. 201.
272   Bericht des Bevollmächtigten des Rats für Angelegenheiten der religiösen Kulte in Kirgisien, 29.02.1956, in: Ajsfel'd (Hrsg.), Iz istorii nemcev, S. 184 [mit Verweis auf: CGA KR, f. 2597, op. 1, d. 54, l. 42-47].
273   Dieser Sachverhalt wurde dem Autor im Februar 2017 von einem ehemaligen Dorfbewohner mitgeteilt, vgl. Wedel, Gemeinde, S. 29.
274   Suckau, Heimat, S. 162.
275   Bericht des Bevollmächtigten des Rats für Angelegenheiten der religiösen Kulte in Kirgisien, 29.02.1956, in: Ajsfel'd (Hrsg.), Iz istorii nemcev, S. 183 [mit Verweis auf: CGA KR, f. 2597, op. 1, d. 54, l. 42-47].

aus den beiden erwähnten Dörfern sowie der Station Ivanovka (im Folgenden: St. Ivanovka) gehörten.[276] In der Letzteren, 20 Kilometer von den Dörfern entfernt, lebten 1955 einige wenige deutsche Familien, die sich in Privathäusern versammelten[277] – unter den damaligen Bedingungen war für sie ein regelmäßiger Besuch der Gottesdienste in Grünfeld undenkbar.

Der Bevollmächtigte des Rats für Angelegenheiten der religiösen Kulte machte gegenüber seiner Moskauer Zentrale folgende Argumente für die Legalisierung der Mennoniten in den Dörfern geltend:

„1) Sie verstehen ihren Glauben als einen baptistischen. Mennonit ist lediglich ein ethnischer Begriff, um dessen Träger seit den Zarenzeiten von katholischen und lutherischen Deutschen zu unterscheiden; auch deren ungläubige Nachkommen bezeichnen sich als Mennoniten. Die Wesensgleichheit ihres Glaubens mit dem baptistischen wird durch ihre Mitgliedschaft in der EChB-Gemeinde belegt, getauft wurden sie von einem EChB-Gemeindeältesten, und sie haben sich auch nicht gegen das EChB-Glaubensbekenntnis aufgelehnt.

2) Die auf Menno Simons zurückgehende Ablehnung des Eides, des Wehrdienstes und der Rechtsstreitigkeiten wurden von den Mennoniten längst zurückgewiesen. Seit ihrem Umzug nach Mittelasien wurden sie vom Militärdienst befreit, und auf dem mennonitischen All-Unionskonvent 1927 wurde die Wehrlosigkeit abgeschafft.[278]

3) Die Mennoniten zeichnen sich durch ihren Fleiß aus".[279]

Der Moskauer Rat für Angelegenheiten der religiösen Kulte intervenierte nicht. Die Argumente des lokalen Bevollmächtigten entsprachen zwar nicht immer der historischen Wahrheit, über die die Behörde kaum Kenntnisse besaß, wirkten aber überzeugend, vor allem das dritte – die Werktätigen und Bauern sollten für ihren unermüdlichen Einsatz belohnt werden.

Auf die Gemeinde und ihren Gemeindeältesten Pauls kamen nun einige wenige Jahre ungestörten Wirkens zu. Um sich ganz der Gemeindearbeit zu widmen, kündigte Pauls seine Arbeitsstelle, was ihm empfindliche Kürzungen bei der Rente einbringen würde.[280] Im Frühjahr 1957 erreichte er in Verhandlungen mit der Ratsbevollmächtigten eine mündliche Genehmigung für ein weiteres eigenes Gemeindehaus in Bergtal. Hier wurde eine selbstständige Gemeinde gegründet, deren Gemeindeältester Heinrich Hölzer früher für eine kurze Zeit sogar Vorsitzender der Kolchose gewesen war.[281]

---

276 Suckau, Heimat, S. 162.
277 Archiv des Bundes der Evangeliumschristen-Baptisten Kirgisistans, ABK. Dokumente der EChB-Gemeinde St. Ivanovka. Heft 4. „Kratkaja istorija cerkvi evangel'skich christian baptistov st. Ivanovka" [Kurze Geschichte der Gemeinde der Evangeliumschristen Baptisten der St. Ivanovka], S. 8.
278 Der Bevollmächtigte täuschte sich: Einen derartigen Konvent hat es nie gegeben. Am 13.–18. Januar 1925 fand in Moskau die letzte landesübergreifende Bundeskonferenz der Mennonitengemeinden Russlands statt, die von der sowjetischen Regierung die Befreiung der Mennoniten vom Militärdienst forderte. Protokoll in: Toews (Hrsg.), Mennonites, S. 428-439.
279 Bericht des Bevollmächtigten des Rats für Angelegenheiten der religiösen Kulte in Kirgisien, 29.02.1956, in: Ajsfel'd (Hrsg.), Iz istorii nemcev, S. 185 [mit Verweis auf: CGA KR, f. 2597, op. 1, d. 54, l. 42-47].
280 Suckau, Heimat, S. 163.
281 Ebenda, S. 167.

Auch in Kirgisien war die Entspannungsphase von kurzer Dauer. Die kleine deutsche Enklave im Vorgebirge des Tian Shan geriet ins Visier der zentralen ideologischen Organe. Die deutsche Landeszeitung „Neues Leben" verglich das vernachlässigte Klubgebäude in Grünfeld mit dem gepflegten Gemeindehaus. Die lokale Presse druckte den Artikel ab.[282] Daraufhin stellte das Exekutivkomitee des Rayon Ču fest, dass „die Kolchosbauern der Kolchose ‚Syntaš' die antisoziale Tätigkeit der von F.P. Pauls geleiteten Sekte der Mennoniten entlarvten und eine vollkommen richtige Entscheidung über die unverzügliche Schließung dieser reaktionären Sekte getroffen haben".[283] Pauls wurde der Missionstätigkeit bezichtigt, der legale Status der Gemeinde am 1. April 1961 aufgehoben und das Gemeindehaus zweckentfremdet.[284] Auch das Gemeindehaus in Bergtal wurde drei Jahre nach der Eröffnung der Gemeinde weggenommen.[285] Der Vorsitzende des Dorfsowjets gab Pauls den wohlgemeinten Rat, die Gegend zu verlassen. Er zog im Frühjahr 1962 weg und verstarb im September desselben Jahres. Pauls wurde an seinem Wirkungsort Bergtal beigesetzt.[286] Die Gemeinde ließ sich nicht einschüchtern und setzte Versammlungen in Privathäusern an verschiedenen Orten, darunter St. Ivanovka und Jur'evka, fort.

Die Leitung der Gemeinde übernahmen Jakob Reimer und Jakob Rempel, der kurz zuvor aus dem Gebiet Orenburg zugezogen war. Rempel war ein begnadeter Prediger und einfühlsamer Seelsorger. Nach seiner Ausbildung zum Lehrer unterrichtete er 1922–1924 in der mennonitischen Bibelschule in Čongrav auf der Krim. Nach deren Schließung durch die Behörden eröffnete er in seinem Elternhaus im mennonitischen Dorf Kancerovka im Gebiet Orenburg Bibelkurse. Auch diese wurden nach kurzer Zeit geschlossen. Die Jahre 1932–1934 und 1935–1947 verbrachte er in Haft. Rempel war maßgeblich an der Wiederherstellung der Mennoniten-Brüdergemeinde im Dorf Susanovo (Gebiet Orenburg) im Jahre 1955 beteiligt und war den örtlichen Behörden im Gebiet Orenburg unerwünscht. Die Gemeinde in Susanovo verstand ein Volksgericht am 2. Februar 1960 über Rempel und einige weitere Brüder als letzte Warnung an ihren Gemeindeältesten und entließ ihn nach Kirgisien, wo er am 6. Juni 1960 in Grünfeld ankam.[287]

Die geschilderten Ereignisse bilden den Prolog zur Entfaltung der deutschen freikirchlichen Dissens-Bewegung im Ču-Tal.

Erste Anzeichen dafür gab es bereits 1956, als sich eine Gruppe von acht Personen in Grünfeld gegen die Unterordnung unter die strengen Regeln des Allunionsrats der Evangeliumschristen-Baptisten auflehnte. Nach einiger Zeit konnte der Konflikt aber entschärft und Frieden in der Gemeinde hergestellt werden.[288]

Die Basis für den Dissens weitete sich im Zuge der Migration der Deutschen aus den im Norden des Landes gelegenen ehemaligen Deportationsgebieten und aus den ehemaligen

---

282 Ebenda, S. 172.

283 Beschluss des Exekutivkomitees des Rayons Ču, 10.04.1961, in: Ajsfel'd (Hrsg.), Iz istorii nemcev, S. 228 [mit Verweis auf: CGA KR, f. 2597, op. 1, d. 86, l. 70-72].

284 Ebenda.

285 Suckau, Heimat, S. 169.

286 Barg, Istorija cerkvej, S. 203; Suckau, Heimat, S. 169.

287 Dik, Vinogradnik, S. 113-132, 232 f.; Suckau, Heimat, S. 172.

288 Notiz über den Empfang von Pauls durch den Bevollmächtigten des Rats für Angelegenheiten der religiösen Kulte in Kirgisien, 22.04.1957, in: Ajsfel'd (Hrsg.), Iz istorii nemcev, S. 174 [mit Verweis auf: CGA KR, f. 2597, op. 1, d. 66, l. 11-56]. Vgl. dazu: Suckau, Heimat, S. 164.

mennonitischen Kolonien im Gebiet Orenburg aus, wo der Glaube hart verfolgt wurde. Den eigentlichen Anziehungspunkt bildeten die ungehinderten Versammlungen der legalisierten deutschen Gemeinde. Die einen sehnten sich nach deutscher christlicher Gemeinschaft, die anderen erhofften, unter Menschen mit gleicher Tradition und Mentalität ein neues Zuhause zu finden. Längst nicht alle Zugezogenen konnten in den beiden deutschen Kerndörfern Grünfeld und Bergtal Wohnraum finden; so dass sich viele im Nachbardorf Jur'evka und der etwas weiter liegenden St. Ivanovka ansiedelten. So sammelte sich eine homogene Gemeinschaft im Kerngebiet und eine heterogene in den Randdörfern.

Im Frühjahr 1958 wurden die hierhin deportierten Karatschaier zurück in ihre Heimat im Kaukasus entlassen. Ihre Häuser wurden billig verkauft, und so wurde St. Ivanovka unerwartet zu einem kräftigen Magnet für Deutsche, die auf der Suche nach einem neuen Wohnort waren. Das erleichterte der Gemeinde den Kauf einer Erdhütte, die man zu einem kleinen Versammlungshaus umbaute.[289] Die Leitung der Teilgemeinde wurde Theodor Schmidt anvertraut, der im Frühjahr 1956 aus dem Deportationsgebiet Kostroma nach Kirgisien übersiedelte.[290]

1959 ließ sich in St. Ivanovka eine geschlossene Gruppe aus dem Städtchen Bolotnoe im Gebiet Novosibirsk zusammen mit ihrem Leiter Peter Petker nieder. Der bestehenden Gemeinde schloss sich aber nur ein Teil der Neuankömmlinge an; Petker und einige andere äußerten Unzufriedenheit mit der Gemeindeleitung und zögerten mit der Aufnahme fast ein ganzes Jahr. Die ersten Unstimmigkeiten trübten den Frieden in der Gemeinde. Noch im selben Jahr wurde Jakob Peters anstelle von Schmidt zum Leitenden gewählt.[291]

Die Glaubensverfolgung erreichte auch St. Ivanovka. Das Versammlungshaus wurde den Gläubigen genommen; man wich auf Versammlungen in Privathäusern aus, und der Schuldirektor stachelte seine Schüler an, während der Versammlungen die Fenster dieser Häuser einzuschlagen. Die Gläubigen erkannten noch immer nicht den Ernst der Lage und veranstalteten 1962 ein großes offenes Tauffest im Freien. Daraufhin wurde Peters für zweieinhalb Jahre inhaftiert. 1964 wählte die Gemeinde Petker zum Gemeindeältesten und Heinrich Esau zu seinem Stellvertreter.[292] Letzterer musste ähnlich wie Rempel in Bergtal den Verfolgungen im Gebiet Orenburg ausweichen und ließ sich mit seiner großen Familie im Mai 1960 in St. Ivanovka nieder.[293] Zum Zeitpunkt der Ältestenwahl gab es in der Gemeinde zwei große Fraktionen – die eine mit Petker an der Spitze unterstützte das Organisationskomitee, die andere um Esau präferierte den Allunionsrat der Evangeliumschristen-Baptisten.[294] Am offiziellen Moskauer Bund der Evangeliumschristen-Baptisten orientierte sich nicht nur Esau, vielmehr beschwerte sich 1963 ein Beamter des Rats für Angelegenheiten der religiösen Kulte über dessen weitere 500 Befürworter aus den Reihen der verbotenen Gemeinde in Grünfeld:

---

289 Dokumente der EChB-Gemeinde St. Ivanovka. Heft 7. „Kurzer Überblick des Kristenlebens [sic!] auf der Station Iwanowka Kirgisische SSR". ABK, S. 1.
290 Dokumente der EChB-Gemeinde St. Ivanovka. Heft 2. „Jubeleum [sic!] 1980". ABK, S. 8.
291 „Kurzer Überblick", S. 2; „Jubeleum 1980", S. 9.
292 „Kurzer Überblick", S. 2; „Jubeleum 1980", S. 10 f.
293 Barg, Istorija cerkvej, S. 176.
294 Wedel, Gemeinde, S. 68.

„Im Ču-Rayon im Dorf Thälmann [Grünfeld] zählt man mehr als 100 gläubige deutsche Baptisten. Diese Gruppe wird von dem Ältesten Bruder Rempe [sic!] Jakov Gergardovič geleitet. Im Dorf Rot-Front [Bergtal] leitet eine Gruppe von 100 gläubigen deutschen Baptisten der Älteste Bruder Gel'cer [Hölzer] Genrich [Heinrich].
Die Sektenaktivisten[295] Rempe und Gel'cer enfalteten eine intensive Tätigkeit zur Vereinigung der Gläubigen in den Dörfern Thälmann, Rot-Front, St. Ivanovka und Jur'evka entfaltet, so dass die Zahl der Gläubigen mehr als 500 Personen beträgt. Auf der Grundlage der obigen Angaben kamen sie mit der Idee einer möglichen Registrierung eines EChB-Gebetshauses im Dorf Thälmann. Vor 1961 gab es in diesem Dorf eine registrierte EChB-Gemeinde, die aufgrund einer Reihe von Verstößen gegen die sowjetischen Religionsgesetze geschlossen wurde. Seit der Schließung des ehemaligen Gebetshauses wird es von der Leitung der Kolchose ‚Santaš' zweckentfremdet. In diesem Haus wohnt gegenwärtig die ehemalige Wächterin, die religiöse Leidenschaften der Gläubigen über eine mögliche Registrierung des Gemeindehauses aufheizt [...].
Rempe und Gel'c [sic!] wurden über die Anforderungen der sowjetischen Religionsgesetzgebung aufgeklärt und ihnen wurde eine strenge Verwarnung für ihr gesetzlich verbotenes Handeln erteilt".[296]

In St. Ivanovka konnte die Wahl beider Kontrahenten in die Gemeindeleitung den schwelenden Konflikt zwischen den zwei Ansätzen nicht lösen. Dieser erreichte seinen Gipfel Ende 1965.

Als Auslöser diente ein großes Treffen aller Jugendgruppen des Ču-Tals im provisorischen Versammlungsraum in St. Ivanovka – einem befestigten Zelt, das auf dem Grundstück des Gemeindeältesten Petker errichtet wurde. Der Bevollmächtigte des Rats für Angelegenheiten der religiösen Kulte, der einen erbitterten Kampf gegen Kinder- und Jugendarbeit führte und bereits die bloße Anwesenheit von Kindern in den regulären Versammlungen zum Anlass für empfindliche Strafmaßnahmen nutzte, fühlte sich provoziert:

„Fakten [...] des Unterrichts von Kindern in Religion wurden auch in St. Ivanovka im Rayon Ču festgestellt [...].
In einem Gespräch hat sich herausgestellt, dass die Leiter der Gemeinde, Petker P.G., Klassen G.I., Gaam [Hamm] A.G., Esau I., vollkommen die Position des Organisationskomitees (der abtrünnigen Baptisten) teilen. Sie betreiben unter den Gläubigen aktive Arbeit in diese Richtung, was sich insbesondere unter Jugendlichen und Kindern bemerkbar macht.
Zum Zweck der Aktivierung der Tätigkeit der Jugendlichen, die auf ihre Erziehung im Geiste der Religion gerichtet ist, führt der Leiter der bezeichneten Gemeinde Veranstaltungen durch, die unter dem Verbot der sowjetischen Gesetzgebung über religiöse Kulte stehen. Nämlich haben sie für den 8. November 1965 einen Tag der baptistischen Jugend des gesamten Ču-Tals in St. Ivanovka geplant, wozu Vertreter der Gemeinde durch die nichtregistrierten Gemeinden des Ču-Tals zogen und Vertreter der Jugendlichen zur Teilnahme an den erwähnten Festlichkeiten einluden. Als die lokalen Behörden

---

295   Im Original steht „*sektantskie del'cy*" [J.D.].
296   Auskunft über Ergebnisse der Dienstreise. Frühestens 01.01.1963. CGA KR, f. 2597, op. 2, d. 59, l. 140.

über den ausgerechnet an den Festtagen zu Ehren des 48. Jahrestags der Oktoberrevolution geplanten Jugendtag erfuhren, warnten sie die Leiter der Gemeinde strengstens vor der Verantwortung dafür, aber die Leiter der Gemeinde ignorierten vollkommen die Warnungen der lokalen Behörden und führten den Tag der baptistischen Jugend durch. An der Zusammenrottung nahmen ca. 250 Personen teil, darunter viele Jugendliche aus anderen Rayons.

In der Versammlung traten eigens vorbereitete Gruppen von Kindern im schulpflichtigen Alter mit Lesungen aus der Bibel auf".[297]

Die Jugendveranstaltung am zweiten Festtag zu Ehren der Oktoberrevolution, an dem eigentlich alle frei hatten, erboste die vorgewarnten lokalen Behörden aufs Höchste. Eine durch lokale Parteifunktionäre und Vertreter der Behörden aus dem Rayon verstärkte neunköpfige Kommission des Dorfsowjets setzte ein Protokoll auf, in das nicht nur die Zahl der Teilnehmer, sondern auch zwei Geräte für eine Tonbandaufnahme sowie die Übersetzung der Beiträge ins Russische aufgenommen wurden.[298]

Zwei Wochen später wurde Petker verhaftet.[299] In einem Schauprozess wurde er zu fünf Jahren Freiheitsentzug verurteilt.[300] Die Strafe war hart. Bedauerlicherweise offenbarte der Prozess Risse in der Gemeinde: Die Zeugen „E" und „M" warnten Petker vor Kindern im Gottesdienst.[301]

Der Prozess und Petkers Haft verschoben die Balance zwischen den beiden in der Gemeinde in St. Ivanovka bestehenden Flügeln. Zwischen ihnen brach ein offener Kampf aus. Die Stimmung in der Gemeinde war derart traurig, dass sich 1966 keine einzige Person zur Taufe meldete. Schließlich spaltete sich in diesem Jahr die Gemeinde. Ein Teil orientierte sich am Allunionsrat der Evangeliumschristen-Baptisten, der andere schloss sich dem Kirchenrat der Evangeliumschristen-Baptisten an.[302]

Der Seniorpresbyter des Allunionsrats für Kirgisien Vaščuk versuchte die Gemeinde – mit klaren Absichten – zu besuchen, und erlebte Folgendes:

„Am 12. Februar [1966] fanden mich in der Station Ivanovka in einem Haus eines Bruders die örtlichen Atheisten: Genosse Tkačev und zwei Frauen – die Schuldirektorin und ihre Stellvertreterin. Tkačev äußerte die Absicht, der für den 14. Februar geplanten Mitgliederversammlung beizuwohnen. Ich lehnte das ab.

Außerdem machte am 13. Februar eine Kommission unter der Leitung des Vorsitzenden des Dorfsowjets Gen. Solomec einen Gang durch die Siedlung der Station Ivanovka und entdeckte dabei drei Kindersonntagsschulen.

Alles zusammen steigerte den Missmut der Behörden sowohl im Dorfsowjet als auch im Rayon gegen uns bis zur Weißglut. Und am Montag verbot mir der Vorsitzende des

---

297 Auskunft über Ergebnisse einer Untersuchung der Tätigkeit der Baptistensekte im Ču-Tal, 06.01.1965. CGA KR, f. 2597, op. 2, d. 68, l. 6.
298 Protokoll, 08.11.1965. CGA KR, f. 2597, op. 2, d. 68, l. 13.
299 Wedel, Gemeinde, S. 70.
300 Auskunft über Existenz und Aktivitäten religiöser Gemeinden und Gruppen im Rayon Ču, 07.03.1968. CGA KR, f. 2597, op. 2, d. 78, l. 10.
301 Wedel, Gemeinde, S. 75.
302 „Jubeleum 1980", S. 12.

Dorfsowjets in Ivanovka die Arbeit in St. Ivanovka. Sie schrieben mir die Organisation der Sonntagsschule und anderes zu.

Über die Störung, die Arbeit zu Ende zu führen, berichtete ich nach Moskau".[303]

Trotz des Zwischenfalls fand am 14. Februar eine Gemeindestunde statt, deren Thema der Anschluss an den Allunionsrat der Evangeliumschristen-Baptisten war. Die Mehrheit der Gemeinde befürwortete das, Petkers Verwandte und einige weitere Gemeindeglieder waren dagegen. Die Fronten waren nun endgültig geklärt. Am 15. Februar versammelten sich einige einflussreiche Protagonisten des Anschlusses, die für den 16. Februar eine Gemeindestunde für Anschlusswillige zusammengerufen hatten. Hier regelte man schon technische Fragen, stellte Listen zusammen und füllte die Legalisierungsanträge aus. Diese wurden am 18. Februar an die Rayonsbehörde übergeben. Auf einer am gleichen Abend stattfindenden Gemeindestunde wurde die Gemeinde über die Ergebnisse informiert. Zwei Bekehrungserlebnisse am darauffolgenden Samstag und Sonntag wurden als Bestätigung Gottes gedeutet.[304] Der Seniorpresbyter sah in der Entwicklung eine von Gott geöffnete Tür, und führte dazu als Beweis ganze sechs Bibelstellen an.[305] Esau wurde im selben Jahr zum Gemeindeältesten gewählt.[306] Später berichtete er: „Die Lage war sehr traurig, wir weinten und beteten, aber scheinbar ergebnislos. Wir waren kraftlos. Eines Nachts sprach der Herr mit Worten aus dem Buch Josua: ‚Steh auf! Warum liegst du auf deinem Angesicht?' (7,10). Dann richteten wir uns auf und erhielten vom Herrn neue Kraft und Mut, haben begonnen, die Gemeinde zu sammeln, und Gott, dem jede Spaltung missfällt, gab seinen Segen".[307] Die Anhänger des Kirchenrats der Evangeliumschristen-Baptisten gründeten mit der Zeit eine eigene Gemeinde. So weit die Anatomie einer Gemeindespaltung, rekonstruiert aus der Korrespondenz mit dem Seniorpresbyter.

Die lokalen Behörden wurden von der Entwicklung völlig überrascht. Das Legalisierungsgesuch der Gemeinde ignorierten sie und reagierten erst auf den dritten Antrag vom 29. August 1966, indem sie durch einen Beschluss des örtlichen Exekutivrats die Gemeinde in St. Ivanovka der Gemeinde in Rot-Front anschlossen. Der Behördenschachzug an den Gemeinden vorbei half aber nicht: Die Glaubensgeschwister in St. Ivanovka lehnten in ihrem gestärkten Selbstbewusstsein unter Verweis auf die Gesetze und die Rechte der Gläubigen in der UdSSR den Zusammenschluss mit einer 20 Kilometer entfernten Gemeinde ab.[308]

Die Legalisierungsversuche der Gemeinde in St. Ivanovka schlugen fehl, bis der Rat für Religionsangelegenheiten beim Ministerrat der UdSSR, seit Dezember 1965 Rechtsnachfolger des Rats für Angelegenheiten der religiösen Kulte, am 28. August 1974 die Verordnung „Über Maßnahmen zur Regulierung des Netzes von religiösen Vereinigungen,

---

303 Heft „Rot-Frontskaja perepiska" [Briefwechsel mit der Gemeinde in Rot-Front]. Vaščuk. Brief an Hölzer. 03.03.1966. ABK.

304 Heft „Rot-Frontskaja perepiska" [Briefwechsel mit der Gemeinde in Rot-Front]. P.P. Penner. Brief an Vaščuk, 23.02.1966. ABK.

305 Heft „Rot-Frontskaja perepiska" [Briefwechsel mit der Gemeinde in Rot-Front]. Vaščuk. Brief an Klassen, 03.03.1966. ABK.

306 „Jubeleum 1980". S. 12.

307 Barg, Istorija cerkvej, S. 177.

308 Heft „Ivanovskaja perepiska" [Briefwechsel mit Ivanovka]. Beschwerde, 18.02.1968. ABK.

die aus Bürgern deutscher Nationalität bestehen, und die Intensivierung der Kontrolle über ihre Tätigkeit" herausgab. Die Gemeinde wurde im November 1974 registriert, und im Oktober 1975 weihte sie ihr neues Versammlungshaus ein.[309]

Die unerwartete Großzügigkeit des Staates hatte ihre Gründe wohl in der internationalen Politik: Die UdSSR bereitete sich auf die Unterzeichnung der Schlussakte von Helsinki im Rahmen der KSZE am 1. August 1975 vor. Der Verordnung des Rats für Angelegenheiten der religiösen Kulte ging ein Beschluss des ZK der KPdSU vom 26. Juni 1974 „Über Maßnahmen zur Verbesserung der Arbeit unter sowjetischen Bürgern deutscher Nationalität" voraus. Wenige Jahre zuvor war am 12. August 1970 der Moskauer Vertrag zwischen der UdSSR und der BRD unterzeichnet worden. Diese Vereinbarungen ließen bei den Deutschen in der UdSSR neue Hoffnungen auf eine Auswanderung in den Westen aufflammen; nun galt es, den Emigrationsbestrebungen entgegenzuwirken. In den Jahren 1973–1976 genehmigten die Behörden in Kirgisien 2 500 Personen die Ausreise in die BRD.[310] Zwar entledigte sich der Staat auf diese Weise des „Aktivs und ordinärer Mitglieder der religiösen Formationen, Nationalisten und anderer antisozialer Elemente",[311] aber die wachsenden Auswanderungstendenzen unter Deutschen bereiteten der Partei und dem Staat große Sorgen.

Die Aufspaltung der Gemeinde in St. Ivanovka in zwei Teile spiegelt den Ernst der Lage der deutschen freikirchlichen Gemeinden und Gruppen Mitte der 1960er Jahre. Ihr Beispiel illustriert, wie sich eine einst homogene Glaubensgemeinschaft unter starkem Verfolgungsdruck in mehrere Fraktionen aufteilte. Die große Spaltung der Evangeliumschristen-Baptisten des Landes in Anhänger des Allunionsrats und des Kirchenrats wurde auch auf sie übertragen.

In Anlehnung an die These des anglikanischen Geistlichen, europäischen Korrespondenten der Wochenzeitschrift „The Christian Century" und guten Kenners des osteuropäischen Christentums in den 1970er Jahren Trevor Beeson lassen sich die Positionen der Kontrahenten am ehesten als Zurückhaltung und Tapferkeit beschreiben.[312]

Der Dissens gewann seine Anhänger durch Tapferkeit und Kompromisslosigkeit:

„Die Spannung, entstanden durch die Trennung bei der Registratur [Legalisierung] [...], [konnte] [...] von den Brüdern überwunden werden [...]. Bestimmt hätte er es willkommen geheißen, wenn alle Gläubigen sich auf die Seite der neuen Bewegung gestellt hätten [...]. Denn damit wäre aufs Deutlichste dem bösen Feind bewiesen worden, dass die Christen nicht zu erschüttern seien und sich nicht zu fürchten hätten vor denen, die den Leib töten können, danach aber machtlos bleiben".[313]

---

309 Barg, Istorija cerkvej, S. 179.
310 Bericht des Ersten Sekretärs des Zentralkomitees der Kommunistischen Partei Kirgisiens, 24.01.1976, in: Ajsfel'd (Hrsg.), Iz istorii nemcev, S. 306 [mit Verweis auf: CGA PD KR, f. 56, op. 284, d. 60, l. 1-36].
311 Beschluss des Rats für Religionsangelegenheiten über die Erfüllung des Beschlusses des Rats in der Kirgisischen SSR, 21.12.1977, in: Ajsfel'd (Hrsg.), Iz istorii nemcev, S. 351 [mit Verweis auf: CGA PD KR, f. 56, op. 214, d. 3, l. 33-35].
312 Siehe: Beesom, Discretion, S. 94-103.
313 Wedel, Gemeinde, S. 106 f.

Die Stimme der Zurückhaltung klang viel moderater:

„Als uns die Welle der Initiativbewegung erreichte, bekam ich großes Interesse an diesem ‚Feuer'. Bald entdeckte ich, dass viel Hochmut in den Gerichtsverhandlungen zum Vorschein kam, er begleitete sie auch in die Orte der Gefangenschaft. [...] So etwas sahen wir nicht bei unseren Vorgängern, die in den 1930er Jahren verurteilt wurden. Ihnen war der Geist der Beschuldigung fremd, die Leidgeprüften gingen sanftmütig ihren Leidensweg. Nur wenige kamen lebendig zurück. Gerhard [sic!] Rempel, unser Seelsorger, teilte uns am 34. Jahrestag seiner Hochzeit mit, dass er die Hälfte dieser Jahre, also 17 Jahre, in Gefangenschaft verbracht hatte. Bei ihm gab es kein einziges Wort der Beschuldigung von Menschen!"[314]

Die Argumente beider Seiten wurden allerdings kaum einander gegenübergestellt und miteinander verglichen und fungierten eher als Rechtfertigung für die eigenen Unterstützer. Zur neuen Realität gehörten Gräben, die zu tief waren, um aufeinander zu hören. Beide meinten es mit ihrem Glauben ernst, wenn auch auf unterschiedliche Art.

Die dritte Seite im Konflikt, die gerne aus der Betrachtung ausgeklammert wurde und der eigentlich sowohl die Kompromisslosigkeit als auch die Zurückhaltung galt – der Staat –, blieb unberechenbar und intransparent. Seitdem der Kirchenrat der Evangeliumschristen-Baptisten zu seinem erklärten Feind aufgerückt war, wurde fälschlicherweise außer Acht gelassen, dass auch der Allunionsrat der Evangeliumschristen-Baptisten zum Lager der ideologischen Gegner gehörte. Das Verhalten beider Gemeindeverbände konnte prognostiziert werden – wie der erste in Unnachgiebigkeit so der zweite in Gefügigkeit. Dem Staat aber war seit der großen Spaltung der 1960er Jahre bewusst, dass der Versuch der 1940er Jahre, in der Gemeinschaft der Evangeliumschristen-Baptisten eine strikte Hierarchie einzuführen, gründlich fehlgeschlagen war. Das war auch dem Allunionsrat klar. Vaščuk, dem von Gläubigen manchmal ohne Grund vieles nachgesagt wurde, übernahm keineswegs die Steuerung der Gemeinde in St. Ivanovka – weder beeinflusste er die Wahlen in der Gemeinde noch zwang er die Gemeindeleitung zu irgendwelchen Aktionen.[315]

Der Staat selbst bildete in Bezug auf Religionspolitik keine in sich geschlossene konsistente Einheit. Der Rat für Religionsangelegenheiten als Teil der Exekutive hatte die Anweisungen der sogenannten direktiven Organe zu befolgen und schwankte zusammen mit der Linie der Partei. Zu durchgreifenden Änderungen war man hier nicht bereit – schließlich war der Zeitpunkt der nächsten Schwankung nicht absehbar. Außerdem schloss die Machthierarchie unterschiedliche Instanzen der Partei und Exekutive auf Republik- und Rayonebene ein, jede mit eigenen Machtbefugnissen und Interessen.

Eine landesweite Beratung der Bevollmächtigten des Rats für Angelegenheiten der religiösen Kulte am 25. Juni 1964 stellte administrative Übertreibungen wie die Schließung von registrierten Gemeinden und Versammlungshäusern in der Republik Kirgisien fest. Diese unerfreuliche Tatsache wurde unverzüglich von dem Ratsbevollmächtigten in der Republik an den Sekretär des Partei-ZK und stellvertretenden Vorsitzenden des Ministerrates auf der Republikebene gemeldet. Als Reaktion darauf fand am 14. August 1964 eine erweiterte

---

314   Barg, Istorija cerkvej, S. 177.
315   Vgl.: Heft „Rot-Frontskaja perepiska" [Briefwechsel mit der Gemeinde in Rot-Front]. Vaščuk.
      Brief an Esau, 03.03.1966. ABK.

Sitzung des Atheistenrates bei der Ideologischen Abteilung des Partei-ZK mit Beteiligung von diversen Parteisekretären und Leitern von Republikinstanzen statt, die über die Liquidation der besagten administrativen Übertreibungen der örtlichen Machtorgane berieten. Die gleiche Angelegenheit wurde auf einem erweiterten Plenum der Gesellschaft „Znanie"[316] vor einer noch größeren Anzahl von Aktivisten und Parteisekretären der niedrigsten Ebene thematisiert. Am 6. Oktober 1964 musste der Bevollmächtigte für Kirgisien über die Maßnahmen vor einem Kollegium des Rats für Angelegenheiten der religiösen Kulte in Moskau berichten. Im Ergebnis beschloss die Moskauer Zentrale eine Legalisierung von ganzen zwei Gemeinden der Evangeliumschristen-Baptisten in Kirgisien, darunter der Gemeinde in Grünfeld.[317] Die hohen Moskauer Behörden waren sich aber nicht bewusst, dass das örtliche Exekutivkomitee im Ču-Rayon die Legalisierung der Grünfelder Gemeinde kategorisch ablehnte, obwohl der Bevollmächtigte des Rats für Angelegenheiten der religiösen Kulte für Kirgisien, den Vorgaben seiner Behörde folgend, darauf bestand.[318]

Die Gemeinde in Grünfeld wurde schließlich am 15. Dezember 1966 vom Rat für Religionsangelegenheiten legalisiert.[319] Dem waren größere Änderungen in der Religionspolitik der UdSSR vorausgegangen, inklusive der Verschmelzung des Rates für die Angelegenheiten der Russisch-Orthodoxen Kirche mit dem Rat für Angelegenheiten der religiösen Kulte in den Rat für Angelegenheiten der Religionen. Diese Änderungen ebneten den Weg für eine erleichterte Legalisierungsprozedur, auch wurde endlich die Registrierung von mennonitischen Gemeinden außerhalb des Allunionsrats der Evangeliumschristen-Baptisten möglich. Die nächste wesentliche Entschärfung des Drucks auf die deutschen Gemeinden erfolgte durch die bereits erwähnte Verordnung des Rats für Religionsangelegenheiten aus dem Jahr 1974.

Die Bereitschaft zur Legalisierung bedeutete für die Gemeinden noch lange kein Ende der permanenten Beaufsichtigung durch die Behörden; der Druck auf diese Gemeinden ließ aber nach. Davon profitierten auch die Dissens-Gemeinden. Im Jahr 1970 wurden in St. Ivanovka, wo es eine Gemeinde des Kirchenrats der Evangeliumschristen-Baptisten und eine Gemeinde des Allunionsrats der Evangeliumschristen-Baptisten gab, 27 Protokolle über Verstöße mit 54 beteiligten Personen aufgestellt, von denen lediglich neun Protokolle mit 27 Betroffenen an die zuständigen Instanzen weitergeleitet wurden.

Einen ständigen Streitpunkt, den weder Zurückhaltung noch Kompromisslosigkeit meiden konnten, bildeten die Kinder der gläubigen Eltern. Ihre Nichtteilnahme an Versammlungen gehörte zur Hauptbedingung der Duldung der legalen wie illegalen Glaubensgemeinschaften in den Jahren des massiven Angriffs der Jahre 1958–1965; auch danach wurde diese Frage immer wieder hochgeschaukelt. Im Jahr 1971 zählten die Lehrer in der Mittelschule Nr. 2 in St. Ivanovka unter 823 Schulkindern 411 deutsche, von denen 228 von ihren Eltern religiös erzogen wurden. Die Schuld dafür wies man erstaunlicherweise der

---

316 Russisch „Znanie" (Wissen), verantwortlich für ideologische Aufklärung der Bevölkerung [J.D.].

317 Auszug aus dem Protokoll der Sitzung des Rats für Religionsangelegenheiten, 06.10.1964. CGA KR, f. 2597, op. 2, d. 62, l. 41-45.

318 Auskunft des Bevollmächtigten des Rates für Angelegenheiten der religiösen Kulte in Kirgisien, 01.08.1965. CGA KR, f. 2597, op. 2, d. 68, l. 81-82.

319 Sitzungsprotokoll des Rats für Religionsangelegenheiten, 15.12.1966. GARF, f. 6991, op. 6, d. 3, l. 67.

Schuldirektorin zu, der dafür eine strenge administrative Strafe auferlegt wurde.[320] Das kann die Beharrlichkeit erklären, mit der die Lehrer den Glauben in den Schulen bekämpften.

Sowohl bei den Tapferen als auch bei den Zurückhaltenden stand die Sorge um die Kinder hoch oben auf der Prioritätenliste. In Bergtal brachte schon kurz nach Kriegsende Maria Janzen jungen Mädchen christlichen Gesang bei und Anna Kröker kümmerte sich um die Jugendlichen.[321] Anfang der 1960 Jahre, in der Zeit der großen Verfolgungen, wagten Erna Thielmann und Frieda Epp die Kinderarbeit fortzusetzen. In einem kleinen Dorf konnte diese Arbeit nicht verheimlicht werden. Die Schule mischte sich ein, und die Kinderarbeit wurde zeitweilig ausgesetzt. Die beiden Frauen machten diese gefährliche Arbeit zwei Jahrzehnte lang. Die Ängste und Schwierigkeiten überwanden sie mit Fasten und Beten.[322] Ihr Einsatz war für die Gewinnung der nächsten Generation für die Gemeinde von nicht geringerer Bedeutung als jener der vielen Prediger.

Die Behörden hielten ihr waches Auge auch auf die legalisierten Gemeinden. Nach der erneuten Registrierung der Gemeinde wurde in Bergtal ein neues Gemeindehaus errichtet.[323] Es wurde aber nicht nur von Gläubigen besucht, sondern auch von Fremden. Oft waren es Lehrer, die die Anwesenheit von Kindern im Gottesdienst beanstandeten. In einem Sonntagabendgottesdienst im Frühjahr 1968 zählten sie 40 Schulkinder (anwesend waren 60). Die Gefühle der Atheisten kochten hoch, als zwei Pionierleiterinnen ihre Bekehrung erlebten, davon in einem Gottesdienst offen berichteten und danach ihre Posten gewissenshalber räumten. Erschwerend dazu kam ein Ausflug der Jugendlichen aus der Gemeinde in die Berge, bei dem man im Gras sitzend ein paar christliche Lieder gesungen hatte (andere Lieder kannten die Jugendlichen nicht). Der Ausflug wurde als illegale Gebetsversammlung unter offenem Himmel in den Bergen dargestellt.[324] Jeder gemeldete Vorfall konnte im Falle einer neuen Wendung in der Religionspolitik den legalen Status der Gemeinde gefährden. Die Leitung ihrerseits informierte die Gemeinde über jede Vorladung vor die Behörden.[325] Publicity galt als wirksamer Schutz.

Die Dissens-Gemeinden, kleiner an Mitgliederzahlen, gaben großen Jugendveranstaltungen den Vorzug. Dem Bevollmächtigten des Rats für Religionsangelegenheiten entging denn auch nicht, dass „am 24.–25. Juni 1972 in der Kegety-Schlucht im Ču-Rayon die Anhänger des sogenannten ‚Rates der EChB-Gemeinden' eine Massenzusammenrottung – eine sogenannte ‚Gemeinschaft' der Jugendlichen der Republiken Mittelasiens und Kasachstans, an der mehr als 300 Personen teilnahmen",[326] veranstalteten.

Den Verantwortlichen in den Gemeinden waren die Differenzen zwischen Tapferkeit und Zurückhaltung, offenem Dissens und Diskretion bewusst. Versuche, Gräben zu überbrücken, kamen von den Befürwortern des Letzteren.

---

320 Auskunft über gravierende Fakten von Verletzungen der Gesetzgebung über religiöse Kulte auf St. Ivanovka, 11.01.1971. CGA KR, f. 2597, op. 2, d. 84, l. 24-26.
321 Suckau, Heimat, S. 157.
322 Ebenda.
323 Ebenda, S. 218-222.
324 Ebenda, S. 226.
325 Ebenda.
326 Auskunft über die Tätigkeit von religiösen Vereinigungen und Kultusdienern im Ču-Tal, 2.3.1973. CGA KR, f. 2597, op. 2, d. 97, l. 16.

Wedel wusste das zu würdigen:

„Bald darauf kam zu Waldemar Bruder Rempel.[327] Durch seine ruhige, ausgeglichene Haltung war er nicht nur in der Rotfronter Gemeinde angesehen, sondern auch in der Umgebung.

‚Wir Brüder haben über das kalte Verhältnis der Geschwister auf Station Ivanovka nachgedacht', begann er sein Anliegen auszubreiten. ‚Und die Brüder haben mich beauftragt, auch mit dir darüber zu sprechen. Bist du nicht auch der Meinung, dass mit Gottes Hilfe dort ein Näherkommen erzielt werden könnte?'

Diese gute Absicht der Brüder überraschte Waldemar nicht. An ihrem guten Willen hegte er keinen Zweifel. Denn sie waren es gewesen, die sich gesagt hatten, nach dem Gericht auf Station Ivanovka, dass eine Aussage bei Gericht über irgendeinen Bruder von ihrer Seite nicht in Frage kommen sollte. Aber gerade dies war die Ursache des Immer-fremder-werdens dort. Würden sich die aufgehäuften Schwierigkeiten überhaupt mal aus dem Weg räumen lassen? Denn nach den Gerichten kamen immer mehr Verletzungen von beiden Seiten hinzu. Vieles war nur durch Missverständnisse entstanden, hatte sich tief in die Gemüter eingenistet.

[...] Ob Bruder Rempels graue Haare und die tief eingefallenen Augen, die von einem vielgeprüften Leben auch ohne Worte laut sprachen, auf Waldemar so eindringlich gewirkt hatten, soll hier offen bleiben. Fest steht, dass auf die Frage: ‚Würdest Du einverstanden sein, zur Entspannung der Lage zwischen den Geschwistern auf Station Ivanovka etwas beizutragen?' wie aus einem Automaten ein ‚aber bestimmt' folgte. Doch gleich darauf fügte er hinzu: ‚Wenn ich's nur könnte'.

‚Wir werden beten', sagte Bruder Rempel leise, aber sicher, ‚und der Herr wird das Seine tun'.

Bald danach wurde Waldemar zur Durchführung einer gemeinsamen Gemeindestunde nach Ivanovka eingeladen. Letzterer wusste sehr gut, wie schwierig solch ein Einsatz werden konnte. Deshalb bat er vorallererst den, der gesagt hatte: <u>Dass sie alle eins seien, gleichwie du, Vater, in mir und ich in dir, auf dass auch sie in uns eins seien,</u>[328] ihm zur Seite zu stehen, durch die Leitung des Geistes. Danach legte er diese Angelegenheit auch seinem Gehilfen Gustav Fenske vor. Gespannt warteten nun beide auf diesen Tag.

[...] Gleich am Anfang wurde beschlossen, so jemand eine innere Erregung wahrnehmen sollte, diese nicht zum Vorschein kommen zu lassen, sondern den Raum bis zur Abkühlung schnellstens zu verlassen. Trotz vieler Aussagen verlief alles ganz ruhig. Plötzlich stand Bruder N.N.[329] auf. Waldemar kannte diesen temperamentvollen Mann. Würde er nach des Petrus Art sein Schwert ziehen?[330] Nein, er tat es nicht. Da es keine Sklaven von Hohepriestern hier gab, bevorzugte er das Abtreten statt des ‚Ohrenabhauens'. Zuletzt nahm Zeuge ‚E' das Wort.

Alle lauschten.

---

327 Im Original ist Rempel als Lempper verschlüsselt. Weitere Verschlüsselungsfälle: Akwonawi = Ivanovka, Eksnef = Fenske, Kerpet = Petker, Tnorftor = Rot-Front (Bergtal).
328 Johannesevangelium 17,21.
329 Name geändert [J.D.].
330 Anspielung auf das Matthäusevangelium 26,51.

‚Liebe Geschwister', sagte er, ‚ich habe zum Untersuchungsrichter gesagt, dass Bruder Petker von mir gewarnt wurde, die Kinder in den Gottesdienst zu bringen. Nach meiner Meinung sollten diese zu Hause im Wort unterrichtet werden. Weiter war ich der Meinung, dass das öffentliche Aufstehen zum Beten vor dem Essen in der Kantine, praktiziert von Bruder Petker, nicht richtig wäre. Im Verlaufe der Gerichtsverhandlung habe ich auch nicht geziemende Aussagen gemacht. Alles dies tut mir leid!'"[331]

Versöhnung in der beschriebenen Art zwischen beiden Fronten, bei der Handlungen offen zugegeben wurden und Vergebung stattfand, bewirkte Vertrauen und eine gewisse Annäherung.

Obwohl die Grenzen nach außen hin fest und unerschütterlich schienen, kam es unter den verschiedenen Lagern angehörenden Deutschen immer wieder zu fruchtvoller Zusammenarbeit. Dazu gehörte die Teilnahme der Mitglieder aus legalisierten Gemeinden an der streng geheimen Verlagsarbeit des Kirchenrats der Evangeliumschristen-Baptisten. Bereits 1963 startete das Organisationskomitee die Herausgabe einer illegalen Zeitschrift „Vestnik spasenja" (Heilsbote, seit 1976 „Vestnik istiny", Wahrheitsbote), die 1965 durch das Nachrichtenblatt „Bratskij listok" (Bruderblatt) ergänzt wurde.[332] Die ersten Jahre wurde die Methode der Hektografie mit handschriftlichen Vorlagen verwendet, seit 1967 setzte man selbst entwickelte mobile Geräte mit Offsetverfahren ein. 1971 gründete der Kirchenrat den illegalen Verlag „Christianin" (Christ)[333] – den gefährlichsten Bereich der Untergrundarbeit.

Die Arbeit war gewöhnlich rund um mobile Druckerpressen organisiert. Davon gab es mindestens fünf, verstreut über das ganze Land von Mittelasien bis ins Baltikum. Jede Presse wurde von vier bis sechs Personen bedient, die den eigentlichen Druck bewerkstelligten. Ihre Arbeit verrichteten sie in einem Raum, der in Privathäusern unsichtbar für Fremde eingerichtet wurde. Um nicht aufzufallen, durfte der Strom- und Wasserverbrauch in diesen Häusern nicht von den durchschnittlichen Werten abweichen; die Mitarbeiter mussten geheim mit Nahrung versorgt werden, genauso mussten die Nebenprodukte der Lebenstätigkeit unauffällig entsorgt werden. Nachdem 400–600 Kilogramm Papier bedruckt waren, zog das Druckerteam weiter zum nächsten Einsatzort. Vor dem Teameinsatz mussten das Papier und Verbrauchsmaterialien wie Farbe unbemerkt an den richtigen Ort transportiert werden. Nach dem Einsatz musste wieder alles abgebaut und entsorgt werden. Der nächste Schritt bestand in dem Binden der Bücher, das viel aufwändiger war und wesentlich mehr Personal brauchte. Schließlich gab es noch die Phase der Verteilungslogistik. Um den Ort der Druckherstellung geheim zu halten, wurden die fertigen Erzeugnisse über weite Strecken transportiert.[334]

Einige der Drucklokationen wurden vom Geheimdienst und der Polizei ausgehoben. Bei der ersten erfolgreichen Operationen dieser Art in Ligatne bei Cēsis in Lettland fiel am 24. Oktober 1974 die Druckpresse mitsamt 15 000 russischen Neuen Testamenten und neun Tonnen Papier in die Hände der Sicherheitsorgane.[335] Eine Liste des Kirchenrats der

331   Wedel, Gemeinde, S. 116 f.
332   Savinskij, Istorija, S. 231 f.
333   Krjučkov, Velikoe probuždenie, S. 466.
334   Wedel, Gemeinde, S. 185 f.; Kort, Herz, S. 308-320.
335   Bratskij listok 5 (1974), S. 1.

Evangeliumschristen-Baptisten enthält Namen von 27 in allen Jahren verurteilten Verlags-
arbeitern, darunter auch fünf deutsche.[336] Die Liste ist unvollständig: Es fehlen zumindest
der Name des Hauseigentümers Eugen Hauer in Ligatne, wo die Druckerei ausgehoben
wurde, der eine vierjährige Haftstrafe abbüßen musste,[337] sowie drei weitere Deutsche im
kasachischen Issyk, die Ende 1984 und Anfang 1985 verhaftet wurden.[338]

In die geheime Verlagsarbeit waren auch Mitglieder der Gemeinden des Allunionsrats
der Evangeliumschristen-Baptisten involviert. Der prominenteste, aber nicht aufgedeckte
Fall unter Russlanddeutschen könnte Gennadij Dick im moldauischen Grigoriopol' gewesen
sein. Der Gemeindeälteste der lokalen EChB-Gemeinde und Mitglied im Ältestenrat um den
Seniorpresbyter unterhielt in seinem Privathaus eine Druckereilokation.[339]

In Kirgisien wurde die Verlagsarbeit von einer Gruppe junger Deutscher aus der legalen
Gemeinde in Kant unterstützt. Die Gruppe sorgte für das Einbinden von 900 russischen
Bibeln und Kurierdienste. Das Vertrauen seitens des geheimen Verlags gegenüber dieser
Gruppe war derart hoch, dass ihr sogar die Beförderung der Bediener der Druckerpresse
anvertraut wurde.[340]

Zur Grauzone des Dissenses gehörte auch die illegale Tätigkeit von Mitgliedern legaler
Gemeinden.

1977 begann Heinrich Voth, Sohn des oben erwähnten Franz Voth, mit einer Gruppe
größtenteils deutscher junger Gläubiger mit der Verbreitung des Christentums in seiner freikirchlichen Form unter der einheimischen Bevölkerung der Republik – den Kirgisen. Ihm
und seinen Mitarbeitern war es gelungen, eine geheime permanente Verbindung zum Institut für Bibelübersetzung in Stockholm aufzubauen. Die erste Begegnung fand in Estland
statt.[341] Als Übersetzer engagierte man zunächst in Kirgisien lebende deutsche Gläubige
mit Sprachkenntnissen auf Muttersprachenniveau. Später arbeiteten zwei Kirgisen an der
Übersetzung – ein Universitätsdozent und ein Schuldirektor. Diese wussten nichts voneinander und kannten nur ihren russlanddeutschen Verbindungsmann. Ihre Texte wurden von
den Deutschen mit Kirgisischkenntnissen korrigiert und nach Stockholm geschmuggelt. Es
fehlte an Erfahrung. Das Johannesevangelium wurde vier Mal nach Schweden und zurück
transportiert. Der KGB ahnte von den Verbindungen Voths ins Ausland und überwachte
jahrelang demonstrativ sein Haus; er selbst wurde in Verbindung mit geheimen Treffen mit
Kurieren aus Stockholm vorübergehend festgenommen.[342] Die ersten Evangelien in kirgi-
sischer Sprache erreichten das Land 1980 auf verschlungenen Wegen. Bis 1983 wurden
10 000 Schriften verteilt.[343]

Das Ergebnis war unbefriedigend – Konversionen unter der einheimischen Bevölkerung blieben aus. Schließlich erklärte sich ein junges Ehepaar bereit, tief in das kirgisische

336   Krjučkov, Velikoe probuždenie, S. 483.
337   Kort, Herz, S. 313-315.
338   Steffen, Johann, Elfriede Steffen, Im Schmelztiegel, S. 164-193.
339   Bericht Grigoriopol'.
340   Mitteilungen von Nikolai Reimer, Lemgo, seinerzeit Jugendleiter der Gemeinde des Allunions-
      rates der Evangeliumschristen-Baptisten in Kant.
341   Barg, Istorija cerkvej, S. 88.
342   Persönliche Mitteilung von H. Voth.
343   Barg, Istorija cerkvej, S. 73.

Binnenland in die Stadt Naryn zu ziehen. Persönliche Kontakte bewirkten die ersten Bekehrungen, und im Sommer 1986 wurde in Naryn das erste kirgisische Ehepaar getauft.[344]

Die neue Freiheit zur Zeit der demokratischen Veränderungen in der UdSSR gab der Arbeit neuen Aufschwung. 1990 wurde die bis dahin geheime Arbeit legalisiert:[345] Voth wurde Leiter der wohltätigen Missionsgesellschaft „Hoffnungsstrahl", und die Missionsgesellschaft selbst zur Basis und zum Partner des heutigen Bundes des Evangeliumschristen-Baptisten in Kirgisien.

Interpretiert man den russlanddeutschen freikirchlichen Dissens als Ungehorsam gegenüber dem sowjetischen Staat, so stößt man auf ein breites Spektrum an nonkonformistischen Verhaltensmustern. Als Hauptmarker des Dissenses ist wohl die selbstverantwortliche strikte Ablehnung der Legalisierung der Gemeinden auszumachen. Verbunden war diese mit einem zähen Festhalten an Praktiken, die strafrechtliche Verfolgungen nach sich zogen. Die Verantwortung in der Gemeinde bzw. im Gemeindeverband wurde vornehmlich auf Personen übertragen, die den Dissens nicht scheuten und bereit waren, dafür einen hohen Preis zu zahlen.

Der freiwillige Dissens wurde durch Entschlossenheit und Kompromisslosigkeit genährt. Die religiösen Dissidenten scheuten sich nicht, den Staat mit ihrer Unnachgiebigkeit herauszufordern. Nicht weniger Standhaftigkeit und Courage zeigten aber in der Zeit des aufgezwungenen Dissenses, als die Haftzeiten endlos und die Haftbedingungen viel brutaler waren, auch Glaubenshäftlinge, die eine durch Legalisierung stark eingeschränkte Glaubensfreiheit für ihre Gemeinden in Anspruch nahmen. Die ohnehin durch Deportation fragmentierte deutsche Gemeinschaft spaltete sich noch weiter. Paradoxerweise führte der freiwillige Dissens der 1960er Jahre die deutsche freikirchliche Glaubensgemeinschaft in die Zeit von „Teile und herrsche" in den 1920er Jahren zurück. Freilich sind Spaltungen für eine Freikirche mit ihrem Konzept der Autonomie der Ortsgemeinde nicht ungewöhnlich, aber damals verfolgten die deutschen Mennoniten und Baptisten jede Gruppe für sich einen Konsolidierungskurs. Die Spaltung in der weitaus größeren Familie der vornehmlich russischsprachigen Evangeliumschristen-Baptisten in den 1960er Jahren wurde von den deutschen Gemeinden übernommen und speiste fortan auch die Widersprüche unter Deutschen.

Die deutschen Dissens-Gemeinden wurden Teil einer größeren Bewegung der illegalen Evangeliumschristen-Baptisten seit ihren Anfängen. Trotzdem spielten sie im Kirchenrat der Evangeliumschristen-Baptisten die Rolle eines Juniorpartners.

---

344   Ebenda, S. 74.
345   Ebenda, S. 85.

8. Zusammenfassung:
Religiöse Dissidenten vs. „weltliche" Dissidenten

Nach reiflicher Überlegung haben sich die Autoren entschlossen, von einem klassischen Schlusskapitel Abstand zu nehmen, das in der Regel auf eine „Verallgemeinerung der Verallgemeinerungen" bzw. eine Verallgemeinerung der bereits in den einzelnen Abschnitten und Kapiteln gezogenen Schlussfolgerungen im Quadrat hinausläuft und schablonenhaft die Struktur der Monografie reproduziert. Zu einem solchen Schritt sahen sich die Autoren durch das Bestreben bewogen, das Phänomen des religiösen Dissenses der Brežnev-Zeit aus einer grundsätzlich anderen Perspektive zu betrachten, um einerseits der klassischen Funktion eines Fazits Genüge zu tun, aus der Vogelperspektive noch einmal einen Blick auf die untersuchte Frage zu werfen, andererseits aber auch die gesamte Spezifik des von den Initiativlern getragenen religiösen Dissenses herausarbeiten zu können.

Ein solcher Perspektivwechsel besteht darin, den religiösen Dissens in Bezug zu den weltlichen Dissidenten zu setzen, die mit vollem Recht als einer der Schlüsselfaktoren der Epoche des späten Sozialismus gelten und just in dieser Eigenschaft Objekt umfassender Forschung sowohl der westlichen als auch der russischen Geschichtswissenschaft waren und sind. Dabei wird das Phänomen des Dissidententums sowjetischer Prägung im Kontext der Brežnevschen UdSSR und des Kalten Krieges vor allem mit den sogenannten Bürgerrechtlern assoziiert, auch wenn der weltliche Dissens letztlich deutlich über die „Bürgerrechtsbewegung" im engeren Sinne hinausging. In unserem Fall setzen die Bürgerrechtler den breiten Kontext, vor dessen Hintergrund das Phänomen des religiösen Dissenses unter dem Aspekt von Gemeinsamkeiten und Unterschieden untersucht werden soll.

Faktisch verband Bürgerrechtler und religiöse Dissidenten nicht viel mehr als die Tatsache, dass es sich in beiden Fällen zweifelsfrei um Formen des politischen Protests handelte. Die einen wie die anderen fanden sich im Lager der politischen Gegner des Sowjetstaats und der Kommunistischen Partei wieder. Allerdings resultierte die Politisierung des von den religiösen Dissidenten ausgehenden Protests nicht aus deren tatsächlichen politischen Ambitionen, sondern stellte vielmehr eine Folge der traditionell von Seiten des Sowjetstaats gegenüber jeglichen religiösen Organisationen eingenommenen Haltung dar. Der Kirchenbereich war von Beginn an durch das Sowjetregime selbst politisiert und keinerlei „liberale Wenden" und Zugeständnisse konnten über die eine schlichte Wahrheit hinwegtäuschen: Was immer die religiösen Organisationen taten, trug nach ungeschriebenem Gesetz immer und überall einen politischen Charakter. So lässt sich ohne Übertreibung behaupten, dass das Phänomen des religiösen Dissenses der 1960er Jahre ohne das manische Streben des Sowjetstaats nach totaler Kontrolle über die religiösen Organisationen kaum entstanden wäre.

Gemeinsamkeiten gab es auch mit Blick auf einzelne Methoden und Kampfformen wie z.B. die „Schreiben an die Machthaber", den Samizdat oder Appelle an die Adresse des

Westens. Aber auch in diesem Fall bestanden die Gemeinsamkeiten nur an der Oberfläche. Während für den Bürgerrechtler jeder persönliche und umso mehr noch jeder kollektive Appell an die Machthaber ein alles andere als gewöhnliches Ereignis und de facto einen Akt der Zivilcourage darstellte, der das Leben vielfach in eine Zeit vor und eine Zeit nach der Unterzeichnung des entsprechenden Schreibens (der Petition, des Aufrufs) teilte, stellte der Appell an die Machthaber für die Initiativler fast schon eine Routine dar, dank derer es ihnen überhaupt erst möglich war, für die eigenen elementaren religiösen Freiheiten zu kämpfen. Die von den Gläubigen verfassten „Schreiben an die Machthaber" waren ein effektives Instrument des öffentlichen Schutzes der Rechte der Gläubigen, solange es in diesen um alltägliche konkrete Anliegen wie etwa die Forderung nach Rückgabe einer beschlagnahmten Bibel, die Rücknahme einer Geldstrafe oder die Befreiung von „Gefangenen des Gewissens" ging.

Die gleiche „praktische Orientierung" der Gläubigen diktierte auch die unterschiedliche Nutzung des Samizdat. Während der weltliche Samizdat vor allem einen Akt der persönlichen Kreativität darstellte, bei dem die Freiheit der Selbstäußerung des Autors im Mittelpunkt stand und von der Zensur verbotene belletristische Werke das Gros der Veröffentlichungen ausmachten, diente der religiöse Samizdat vor allem dem Ziel, religiöse Texte zu publizieren, ohne die es für die Gemeinden undenkbar gewesen wäre, ihren Glauben im Alltag zu praktizieren. So gaben die Untergrunddruckereien des Kirchenrats der Evangeliumschristen-Baptisten oft schlicht die Bibel heraus.

Auch hinsichtlich der an den Westen gerichteten Appelle und Aufrufe bestanden zwischen Bürgerrechtlern und religiösen Dissidenten erhebliche Unterschiede. Während viele Bürgerrechtler vor allem darauf abzielten, die Aufmerksamkeit des Westens auf sich zu ziehen[1], ging es den Initiativlern, die weder auf die Popularität der den Reihen der Wissenschaftler und Schriftsteller entstammenden „Dissidentenstars" noch auf einen persönlichen Schutz von Seiten des Westens hoffen konnten, vor allem darum, die persönlichen zwischenmenschlichen Kontakte zu den Glaubensbrüdern im Ausland aufrechtzuerhalten bzw. zu vertiefen.

Richard Pipes hat mit Blick auf den gescheiterten Kampf der vorrevolutionären russischen Gesellschaft für die liberalen Freiheiten geschrieben: „Der Kampf für politische Freiheiten wurde in Russland vom ersten Augenblick an in exakt jenem Geiste geführt, in dem er nach Ansicht Burkes niemals geführt werden sollte – im Namen abstrakter Ideale".[2] Im Gegensatz dazu hätten „Interessengruppen" nach Einschätzung von Pipes idealerweise für ihre konkreten Rechte kämpfen müssen. Als Beispiel führt er den neuzeitlichen Kampf der westlichen Mittelklasse für ihre Geschäftsinteressen an, die Rechtssicherheit und den Schutz der Persönlichkeitsrechte bedingten, so dass diese Mittelklasse letztlich für eine Gesellschaftsordnung kämpfte, „die den Idealen entsprach, die später liberal genannt werden sollten".[3]

---

1   „Es gab die Theorie, dass man ‚Krach schlagen' und sich in der offiziellen, in der gesellschaftlichen und in der westlichen Öffentlichkeit einen Namen machen müsse. Die Idee des moralischen Widerstands wurde von den Füßen auf den Kopf gestellt: Zuerst musste man ins Offizierscorps des Dissidententums aufsteigen und erst dann sich selbst moralisch vervollkommnen und anderen bei der Vervollkommnung helfen". Siehe: Vajl', Genis, Mir sovetskogo čeloveka, S. 83.
2   Zitiert nach: Pipes, Rossija, S. 328.
3   Ebenda, S. 252.

Pipes Überlegungen stellen in vielerlei Hinsicht jenen Schlüssel dar, mit dessen Hilfe sich sowohl das relative Scheitern der von den Organen des KGB zerschlagenen Bürgerrechtsbewegung als auch der relative Erfolg des religiösen Dissenses erklären lässt. Petr Vajl und Aleksandr Genis vertreten die These, dass sich in der Bürgerrechtsbewegung vor allem die „Predigt des Triumphes der geistigen Ideale über die materiellen" manifestierte.[4] So war es nur folgerichtig, dass die Dissidenten selbst mit Hochmut auf die sogenannten „Interessengruppen" der Frauen, Arbeiter oder Invaliden herabblickten, die vor allem im sozialen Bereich bestimmte Rechte zu erlangen versuchten. Evgenij Kazakov verweist auf den Umstand, dass die Losungen der Bürgerrechtler wie etwa „der Kampf für das Recht, Rechte zu haben" alle Fragen offenließen, die für die Lebenswelt anderer Gruppen von Unzufriedenen irgendeine reale Bedeutung gehabt hätten.[5] Und während der Kampf für die Menschenrechte für die Mitglieder der Helsinki-Gruppe einen ethischen Selbstzweck darstellte, waren andere oppositionelle Gruppen eher an handfesten Ergebnissen interessiert. In der Folge erwies sich die soziale Basis der „weltlichen" Bürgerrechtsbewegung als äußerst schmal. Nach Ansicht Kazakovs blieben die Kämpfer für das Recht auf freie Rede und die Gründung unabhängiger Organisationen eine Antwort schuldig, sobald es um die praktische Anwendung dieser Rechte ging.[6]

Im Gegensatz dazu wussten die Initiativler genau, wofür sie kämpften, und hatten keine Angst, als „antisowjetische" extremistische Organisation stigmatisiert zu werden. Anders als die Bürgerrechtler stellten sie ohne Zweifel eine „Interessengruppe" dar, die für höchst konkrete Ziele praktischer Art eintrat. So waren es ebendie praktischen Interessen der täglichen Arbeit der an den Rand der sowjetischen Gesellschaft gedrängten Gemeinden, die den religiösen Dissidenten eine Haltung gegenüber der sowjetischen Gesetzgebung diktierten, die sich fundamental von der der Bürgerrechtler unterschied. Während die weltlichen Dissidenten sich als Hüter der „sozialistischen Gesetzmäßigkeit" gerierten und den Sowjetstaat dazu aufriefen, sich an seine eigenen Gesetze und vor allem an die Verfassung zu halten, ignorierten und verletzten die Anhänger des Kirchenrats der Evangeliumschristen-Baptisten die sowjetischen Religionsgesetze. Die Bürgerrechtler waren ausgewiesene Kenner des Strafrechts bzw. des Rechts an sich und spielten auf dem Feld des Gegners, was nach Einschätzung vieler Historiker letztlich auch ihre Niederlage bedingte. Die religiösen Dissidenten hätten, selbst wenn sie gewollt hätten, gar keine Möglichkeit gehabt, sich die Toga des Rechtsschutzes überzuwerfen, da die sowjetischen Religionsgesetze größtenteils geheim waren. Die einzige Ausnahme stellten Appelle der Gläubigen an die „Leninschen Normen" im Verhältnis zur Religion und in seltenen Fällen an das Völkerrecht dar. Ansonsten gingen die Initiativler mehrheitlich um des Überlebens als eigenständige religiöse Gruppe willen – aber nicht um des Überlebens um jeden Preis – bewusst einen Weg der Verletzung der sowjetischen Gesetze, indem sie z.B. die Forderung nach staatlicher Registrierung ihrer Gemeinden und das Verbot des Religionsunterrichts für Kinder- und Jugendgruppen ignorierten.

Aber selbst diese demonstrative Missachtung der Gesetze hatte nicht zwangsläufig zur Folge, dass der Staat die Initiativler als unverbesserliche „innere Emigranten"[7] zu betrachten

---

4 Vajl', Genis, Mir sovetskogo čeloveka, S. 79.
5 Kasakow, Dissens, S. 81.
6 Ebenda.
7 Ein weiterer, auf den Vorsitzenden des KGB der UdSSR Semičastnyj zurückgehender Begriff, der

begann. Dies hatte seinen Grund in der Doppelidentität der Gläubigen. Während die weltlichen Dissidenten das System als Ganzes in Frage stellten, ging es den Initiativlern lediglich um die Ausübung ihrer Religion, während sie im „normalen" Leben oft sogar vorbildliche Bürger waren, die nüchtern und strebsam ihrer Arbeit nachgingen. Diese Doppelidentität lässt sich deutlich am Beispiel der Sowjetdeutschen ablesen, die das Gros der Anhänger des Kirchenrats der Evangeliumschristen-Baptisten stellten. So erklärte das nominelle Staatsoberhaupt der UdSSR, der Vorsitzende des Obersten Sowjets der UdSSR Anastas Mikojan im Juli 1965: „Die Sowjetdeutschen haben sich während des Krieges und nach dem Krieg gut geführt und führen sich auch jetzt gut. [...] Heute wäre es im Neulandgebiet völlig unmöglich, die Landwirtschaft ohne die Deutschen zu betreiben".[8] Wenn er eine solch hohe Einschätzung der Rolle der Sowjetdeutschen bei der Erschließung von Neuland abgab, war der für seine politische Wendigkeit berüchtigte Mikojan ausnahmsweise äußerst objektiv. Die Sowjetdeutschen waren bereit, sich durch mustergültige Arbeit vom Schandmal des Verrats reinzuwaschen und sich ein neues Leben aufzubauen.

Der Gegensatz „vorbildlicher Arbeiter – religiöser Dissident" machte es für die Partei- und Sowjetorganisationen und die Staatssicherheitsorgane überaus schwierig, den religiösen Dissens zu bekämpfen, zumal die Initiativler selten jene Grenze überschritten, hinter der sie unweigerlich das Schicksal von Mitgliedern einer Katakombenkirche nach dem Vorbild der Wahren Orthodoxen Christen erwartet hätte.[9] Zwar kam es vor, dass Gläubige sich weigerten, sowjetische Dokumente entgegenzunehmen, sich an Wahlen zu beteiligen oder ihre Kinder in die Schule zu schicken, doch blieben dies Einzelfälle. Mit anderen Worten strebten die Initiativler zwar im religiösen Leben, nicht aber im sozialen Bereich nach Souveränität. Die für den Brežnevschen Staat bestehende Notwendigkeit, dieser Doppelidentität irgendwie Rechnung zu tragen, lief in der Praxis auf den Aufruf hinaus, die Priester, Prediger und sonstigen „Anführer" der Sekten so streng wie möglich zu bestrafen, aber die angeblich am Gängelband der „Sektenextremisten" hängenden gewöhnlichen Gemeindemitglieder möglichst zu schonen. In der Folge blieben die religiösen Dissidenten ungeachtet aller Anstrengungen der KGB-Organe hinter der Rolle des gefährlichsten inneren Feindes des Sowjetstaats zurück und ließen diesen Platz vakant.

Eine weitere Trennlinie zwischen weltlichem und religiösem Dissens verlief entlang des Gegensatzpaares „elitär vs. egalitär". Bei den weltlichen Dissidenten ging es um die Aktivitäten einzelner, oft herausragender Persönlichkeiten – Schriftsteller, Dichter, Künstler oder Wissenschaftler. Infolgedessen war die Bewegung der weltlichen Dissidenten – soweit sich überhaupt von einer Bewegung sprechen lässt – auf persönlicher Ebene atomisiert, was durch das überaus breite, von russischen Nationalisten bis zu rechtgläubigen Leninisten reichende Spektrum dissidentischer Ideologien noch vertieft wurde, so dass die einzelnen Dissidenten abgesehen von der Ablehnung der herrschenden Macht kaum etwas einte. Die Praxis der Dissidenten war nach Einschätzung Kazakovs eine durch und durch elitäre Form des Protestes, die eigentlich nur im spezifischen Milieu der beiden Hauptstädte Leningrad und Moskau gedeihen konnte.

---

zur Bezeichnung der weltlichen Dissidenten Anwendung fand. Siehe: Sniegon, Ot „vnutrennich ėmigrantov, S. 311-318.

8   Vormsbecher, Protuberancy.

9   Beglov, Cerkovnoe podpol'e, 2008.

Im Gegensatz dazu war der religiöse Dissens vor allem eine „brüderliche Sache", bei der der kollektive Protest über den individuellen dominierte. Durch den Massencharakter des religiösen Dissenses wurde der Unterschied zwischen Führern und einfachen Gläubigen weitgehend eingeebnet. Der Egalitarismus zeigte sich schon im begrenzten Spektrum mennonitischer Familiennamen, wo sich ein Epp oder Vins nur schwer von einem anderen unterscheiden ließ. Gerade deswegen erwiesen sich Repressionen im Fall der weltlichen Dissidenten als so wirksam, wo alles an einer einzelnen herausragenden Persönlichkeit hing, und so wenig effektiv im Fall der Gläubigen, bei denen die Stelle des einen repressierten „religiösen Aktivisten" sofort von dessen Brüdern und Schwestern eingenommen werden konnte.

Den beiden von uns herausgearbeiteten Bestandteilen der großen Widerstandskraft des religiösen Dissenses – praktische Orientierung und Massencharakter – ist als dritter noch der Familiencharakter hinzuzufügen. In den letzten Jahren wird in der der Brežnev-Zeit gewidmeten Geschichtsschreibung zunehmend das Konzept Aleksandr Jurčaks diskutiert, dem zufolge das Sowjetregime durch die Entstehung sogenannter „Räume der Außenbefindlichkeit" destabilisiert wurde, dank derer „normale Leute", denen das Dissidententum ebenso fern war wie die marxistisch-leninistische Ideologie, sich in ihrem Privatleben vom Staat distanzieren und zugleich die Zielvorgaben, Losungen und Rituale von Partei und Staat mit neuem Sinngehalt füllen konnten.[10] Zwar waren nach Jurčak sowohl weltliche als auch religiöse Dissidenten für den Durchschnittsbürger gleichermaßen fremde und viel zu politisierte Phänomene, um „Räume der Außenbefindlichkeit" zu schaffen, doch ist offensichtlich, dass sowohl einzelne Personen als auch ganze marginalisierte Gruppen in den Jahren der Sowjetmacht die Fähigkeit entwickelten, Nischen zu finden, in denen sie sich ungeachtet der feindlichen ideologischen Umgebung einigermaßen komfortabel einrichten konnten. Für die Initiativler wurde die Familie zu einer solchen Nische, in der die christlichen Werte im Alltag geteilt und aktiv verteidigt wurden. Der familiäre Bereich wurde für die Gläubigen zu einem Schutzpanzer, die Familie gab ihnen Kraft und motivierte auf ihre Bewahrung zielende Handlungen.

So ist es nur folgerichtig, den religiösen Dissens als eine „Familienangelegenheit" und die Gesamtheit der Initiativlerfamilien als „Schicksalsgemeinschaft" zu betrachten. Die Tatsache, dass die religiösen Dissidenten zu einer Schicksalsgemeinschaft wurden, war vor allem durch zwei Momente bedingt: das existentielle Trauma der Lebenserfahrung der Evangeliumschristen-Baptisten im Sowjetstaat und der Einfluss der ethnokonfessionellen Gemeinschaft der Mennoniten, die in Russland schon immer eine Schicksalsgemeinschaft dargestellt hatten. Der Zement, der Deutsche und Slawen in den Nachkriegsjahren zu einer einheitlichen Gemeinschaft werden ließ, war die Strafpolitik des Sowjetstaats. Praktische Orientierung, Massencharakter, Familiencharakter und geteiltes historisches Schicksal waren die Hauptzutaten zum Rezept der hohen Widerstandskraft der religiösen Dissidenten im autoritären Staat.

---

10 Jurčak, Ėto bylo navsegda.

9. Anlagen

Geheim
ZK der KPdSU
1. Über Maßnahmen zur Bekämpfung der illegalen Aktivitäten der Sektenangehörigen

[Moskau,] 13. November 1965

Auf dem Gebiet der UdSSR gibt es zum gegenwärtigen Zeitpunkt über 200 000 gläubige Evangeliumschristen-Baptisten, von denen über 50 000 Mitglieder illegaler, d.h. ohne behördliche Registrierung agierender Gemeinschaften und Gruppen sind. Einer der Hauptgründe für das Bestehen einer solch großen Zahl illegaler religiöser Sektenvereinigungen besteht darin, dass die lokalen Machtorgane eine Registrierung verweigern bzw. die Registrierung bereits registrierter religiöser Vereinigungen aufheben. Viele lokale Mitarbeiter gehen fälschlicherweise davon aus, dass die Verweigerung einer Registrierung eine Abnahme der Religiosität der Bevölkerung und der religiösen Aktivität der Gläubigen nach sich zieht.

Es ist anzumerken, dass die Tendenz, die Erziehungsarbeit unter den Gläubigen durch administrativen Druck zu ersetzen, alle religiösen Vereinigungen betrifft, gegenüber den Sektenanhängern aber besonders grobe Zwangsmaßnahmen Anwendung finden: Schließung von Bethäusern bei einer großen Zahl Gläubiger, Auflösung von Versammlungen der Gläubigen durch Kräfte der Miliz und der Bürgerwehr, Geldbußen, strafrechtliche Verurteilung von Gläubigen für die Zugehörigkeit zu einer nicht registrierten Sektengemeinde, Verbannungen von Gläubigen als Sozialschmarotzer, von denen oft auch Pensionäre und gewissenhaft in Unternehmen und Kolchosen tätige Arbeiter und Kolchosbauern betroffen sind.

Viele lokale Mitarbeiter haben eine falsche Vorstellung von den Sektenanhängern und den zur Bekämpfung ihrer Glaubenslehre anzuwendenden Methoden, wofür in vielerlei Hinsicht unsere Presse verantwortlich ist, die oft [ausnahmslos] alle Sektenanhänger als Feinde des Sowjetstaats, moralische Krüppel, Fanatiker und Sozialschmarotzer dargestellt. Viele lassen nicht einmal den Gedanken zu, dass ein Sektenanhänger ein ehrlicher Mensch sein kann. Hier liegen die Gründe für den Hass auf die Sektenanhänger und den Rückgriff auf administrative Zwangsmaßnahmen. Die Unversöhnlichkeit gegenüber der Religion wird durch eine Unversöhnlichkeit gegenüber den Leuten verdrängt, d.h. gegenüber den Opfern der religiösen Ideologie. In der Folge haben sich zwischen den gläubigen Sektenanhängern und den Behörden höchst angespannte und zuweilen auch offen feindselige Beziehungen herausgebildet. Das nützt den Sektenführern und Predigern, die ihrerseits alles tun, um einen Keil zwischen Gläubige, Atheisten und Behörden zu treiben. Ein drastisches Beispiel dafür sind die Aktivitäten der sogenannten „abtrünnigen Baptisten".

Spaltungen sind in den religiösen Sektenorganisationen ein gewöhnliches Phänomen. Darin liegt die Besonderheit der religiösen Sektenbewegung. Die Sekten zersplittern sich ständig in unterschiedliche Ausrichtungen, daher kommt die Vielzahl der Sekten. Die einzelnen Sektenrichtungen und -schattierungen bekämpfen sich gegenseitig und in diesem Kampf reibt sich das Sektentum allmählich auf.

Bei der Spaltung der Sekte der Evangeliumschristen-Baptisten liegen die Dinge ein wenig anders. Sie entstand im Jahr 1960 infolge der Unzufriedenheit eines Teils der Gläubigen mit ihrer religiösen Führung – dem Allunionsrat der Evangeliumschristen-Baptisten (abgekürzt AUREChB), der sich ihrer Meinung nach an die Behörden verkauft hatte und die Gläubigen nicht vor den Nachstellungen der lokalen Machtorgane schützte. Es fanden sich Leute, die diese Unzufriedenheit ausnutzten und die Gläubigen zur Absetzung des Allunionsrats (AUREChB) aufriefen. Sie gründeten das sogenannte Organisationskomitee zur Einberufung eines Allunionskonvents der Evangeliumschristen-Baptisten, auf dem eine neue, „von den Behörden unabhängige" Kirchenführung gewählt werden sollte.

Auf diese Weise agieren auf dem Gebiet der UdSSR zum gegenwärtigen Zeitpunkt faktisch zwei baptistische religiöse Zentren: der legale, von den sowjetischen Staatsorganen anerkannte Allunionsrat der Evangeliumschristen-Baptisten und das illegale, von abtrünnigen Mitgliedern des Allunionsrats gegründete Organisationskomitee der Evangeliumschristen-Baptisten.

Beim Allunionsrat der Evangeliumschristen-Baptisten liegt die Führung über alle offiziell tätigen, d.h. von Behörden registrierten baptistischen Gemeinschaften, die insgesamt 180 000 Mitglieder haben. Das Organisationskomitee stützt sich vor allem auf die ohne behördliche Registrierung agierenden baptistischen Gemeinschaften und Gruppen. Diese baptistischen Vereinigungen haben etwa 40 000 Mitglieder, von denen etwa 12 000 Gläubige das Organisationskomitee unterstützen.

Die Tätigkeit des Allunionsrats der Evangeliumschristen-Baptisten und der von diesem geführten baptistischen Gemeinden steht unter ständiger Kontrolle von Seiten des Rats für Angelegenheiten der religiösen Kulte beim Ministerrat der UdSSR und der lokalen Behörden. Die Aktivitäten der „abtrünnigen Baptisten" stehen außerhalb der Kontrolle von Seiten der Staatsorgane. Die Führer des Organisationskomitees haben einen illegalen Status.

Es ist anzumerken, dass es sich bei der Spaltung der Sekte der Evangeliumschristen-Baptisten nicht um einen zufälligen „Theologen-Streit" handelt [und] man die tiefgehenden sozialen Ursachen sehen muss. Die Sekte der Evangeliumschristen-Baptisten befindet sich im Niedergang, dessen Hauptindikatoren die folgenden sind: die „Alterung" der Sekte, ein rapider Rückgang der Zahl der jungen und mittleren Altersgruppen unter ihren Mitgliedern; ein niedriges Bildungsniveau der Sektenmitglieder, eine große Zahl von Ungebildeten und nicht Erwerbstätigen unter den Sektenmitgliedern – Pensionäre, erwachsene nicht erwerbstätige Familienmitglieder [und] Hausfrauen. Die soziale Basis, in der die Sektenideen Verbreitung finden, wird auf diese Weise immer schmaler. Die fanatischsten Sektenelemente wollen sich damit nicht abfinden und mobilisieren alle Anstrengungen, um die Sekte aus der Sackgasse zu führen [und] die historische Frist ihrer Existenz zu verlängern. Es geht mithin nicht einfach nur um einen Machtwechsel, sondern um die Veränderung des sozialen Antlizes der Sekte an sich, um eine radikale Revision des Inhalts und der Methoden ihrer Tätigkeit.

Die Führer der „abtrünnigen Baptisten" erheben die Forderung nach ungehinderter Verbreitung der Religion [und] uneingeschränkter religiöser Propaganda unter allen Bevölkerungsschichten, wobei sie einen besonderen Schwerpunkt auf die religiöse Erziehung der Kinder, Heranwachsenden und Jugendlichen legen. Hier liegen die Gründe für ihre Weigerung, die die Tätigkeit der religiösen Vereinigungen einschränkenden Gesetze anzuerkennen.

In ihrer praktischen Tätigkeit verstoßen die Führer des Organisationskomitees massiv gegen sowjetische Gesetze. Zu den Taten dieser Art gehören: die Durchführung spezieller (gesetzlich verbotener) Gottesdienste für Kinder, Heranwachsende und Jugendliche, die Gründung spezieller Gruppen und Schulen, in denen den Kindern Religionsunterricht erteilt wird, die Durchführung von Massenversammlungen der Gläubigen ohne Genehmigung der Behörden; die illegale Veröffentlichung der handschriftlichen, hektografisch vervielfältigten Journale „Vestnik spasenija" und des Flugblatts „Bratskij listok" u.a.

Der Rat für Angelegenheiten der religiösen Kulte beim Ministerrat der UdSSR hat in der letzten Zeit zusammen mit den lokalen Organen bestimmte Arbeit geleistet, um das Organisationskomitee von der großen Masse der Gläubigen zu isolieren. Große Bedeutung hatte dabei der Beschluss des Präsidiums des Obersten Sowjets vom 27. Januar 1965 „Über einige Fakten der Verletzung der sozialistischen Gesetzlichkeit gegenüber Gläubigen", auf dessen Grundlage zahlreiche gegen die Gläubigen gerichtete administrative Exzesse abgestellt werden konnten, was wiederum dem Organisationskomitee den Boden unter den Füßen entzieht. Das Anwachsen der Zahl der „abtrünnigen Baptisten" wurde gestoppt, einige Gläubige, die sich bereits von den registrierten baptistischen Gemeinden abgespalten hatten, sind in diese Gemeinden zurückgekehrt. Gerade deswegen greifen die Führer des Organisationskomitees offensichtlich immer öfter zur vorsätzlichen Verdrehung von Fakten [und] zur Verleumdung der Staatsorgane. Sie versuchen demonstrativ, Konflikte zwischen den Gläubigen und den Behörden zu provozieren, die Toleranz der Behörden zu strapazieren und diese zur Ergreifung administrativer Zwangsmaßnahmen zu zwingen. Zu Taten dieser Art gehören: das kollektive Singen von Psalmen in Bussen und an Bushaltestellen, in Eisenbahnwaggons und an Bahnhöfen, die Organisierung religiöser Umzüge unter freiem Himmel usw.

Zu den illegal agierenden religiösen Vereinigungen gehören auch verbotene Sekten, deren Glaubenslehre und Tätigkeit einen staatsfeindlichen und fanatischen Charakter aufweisen. Zu diesen Sekten gehören die Zeugen Jehovas, die Pfingstler, die „wahren orthodoxen Christen", die Reformadventisten [...]. Insgesamt gehören diesen Sekten 50 000 Gläubige an. Die Tätigkeit dieser Sekten steht außerhalb der Kontrolle der staatlichen Organe.

Viele Gläubige haben sich unter dem Einfluss der sowjetischen Wirklichkeit von den besonders schädlichen Seiten ihrer Glaubenslehre und Tätigkeit losgesagt. So haben z.B. die Pfingstler früher den Wehrdienst in der Roten Armee verweigert, was heute nur noch selten vorkommt. Das Gleiche gilt auch für fanatische Aktionen. Dementsprechend sollten auch die staatlichen Organe ihre Haltung gegenüber diesen Sekten ändern. So zeigen Beobachtungen, dass die staatlichen Organe auf den Charakter der Aktivitäten dieser religiösen Vereinigungen Einfluss nehmen können, wenn diese unter ihrer Kontrolle stehen.

Insgesamt gibt es auf dem Gebiet der UdSSR zum gegenwärtigen Zeitpunkt über 300 000 gläubige Sektenanhänger aller Ausrichtungen und Richtungen, von denen etwa 100 000 Mitglieder illegaler, d.h. ohne behördliche Registrierung agierender Gemeinschaften und Gruppen sind, was zweifellos nicht normal ist. Wir müssen die Vorteile einer offenen, legalen Tätigkeit der unter staatlicher Kontrolle stehenden religiösen Organisationen gegenüber illegalen Organisationen sehen, die gewöhnlich nicht von den Behörden kontrolliert werden.

Der Rat für Angelegenheiten der religiösen Kulte beim Ministerrat der UdSSR bittet, das beiliegende Maßnahmenprojekt zur Bekämpfung der illegalen Aktivitäten der Sektenanhänger zu prüfen, das der Rat in Ergänzung der bereits vom KGB der UdSSR in dieser Frage vorgebrachten Vorschläge ausgearbeitet hat.

Anlagen:

Maßnahmenprojekt zur Bekämpfung der illegalen Aktivitäten der Sektenanhänger.

Vorschläge zum Entwurf des Beschlusses des ZK der KPdSU.

Entwurf des Beschlusses des Ministerrats der UdSSR „Über die Ordnung der Registrierung und die Rücknahme der Registrierung religiöser Vereinigungen"

Vorsitzender des Rats für Angelegenheiten der religiösen Kulte beim Ministerrat der UdSSR

A. Puzin

Nr. 122c

RGANI, f. 3, op. 60, d. 15, l. 146-150. *Maschinengeschriebene Kopie.*

2. Beschluss des Rats für Religionsangelegenheiten beim Ministerrat der UdSSR „Über Maßnahmen zur Ordnung des Netzes der aus Bürgern deutscher Nationalität bestehenden religiösen Vereinigungen und zur Intensivierung der Kontrolle über deren Tätigkeit"

[Moskau,] 28. August 1974

Der Rat für Religionsangelegenheiten beim Ministerrat der UdSSR stellt fest, dass die zur Ordnung des Netzes der aus Bürgern deutscher Nationalität bestehenden religiösen Vereinigungen erforderlichen Maßnahmen in einer Reihe von Republiken, Regionen und Gebieten bis zum heutigen Zeitpunkt nicht ergriffen wurden [und] es immer wieder vorkommt, dass Bitten der Gläubigen, die sowjetischen Religionsgesetze anerkennende religiöse Vereinigungen der Lutheraner, Mennoniten, Katholiken, Evangeliumschristen-Baptisten und Pfingstler zu registrieren, bürokratisch verschleppt oder ohne Grund abgelehnt werden. Von den 580 uns bekannten faktisch aktiven, aus Bürgern deutscher Nationalität bestehenden Gemeinschaften und Gruppen von Gläubigen sind lediglich 89 Vereinigungen bei den Behörden registriert. Besonders viele nicht registrierte Vereinigungen deutscher Gläubiger gibt es in der Kirgisischen und der Tadschikischen SSR, in den Gebieten Pavlodar, Džambul, Alma-Ata, Kokčetav, Džezkazgan, Karaganda und Celinograd in der Kasachischen SSR sowie in der RSFSR in der Region Altaj und in den Gebieten Omsk, Orenburg und Sverdlovsk.

An einer Reihe von Orten werden die Stimmungen unter den Geistlichen und Gläubigen der aus deutschen Bürgern bestehenden religiösen Vereinigungen nicht tiefgehend untersucht. Unter den für die Kontrolle dieser Vereinigungen zuständigen Mitarbeitern gibt es vielfach keine Personen, die der deutschen Sprache mächtig und mit den konfessionellen Besonderheiten der einzelnen Vereinigungen vertraut sind. Zugleich sickern nicht selten unter Ausnutzung der schwachen Kontrolle feindlich gesinnte Leute, erbitterte Extremisten und religiöse Fanatiker in diese Vereinigungen ein, die den religiösen Deckmantel und das illegale Umfeld dazu nutzen, antisowjetische Ansichten [sowie] nationalistische und Emigrations-Stimmungen zu verbreiten. Unter grober Verletzung der Religionsgesetze organisieren die Fanatiker und Extremisten kollektiven Religionsunterricht, rekrutieren Minderjährige in Chöre und Orchester [und] stacheln die Gläubigen zu gesellschaftsfeindlichen Taten an.

Um das Netz der aus Personen deutscher Nationalität bestehenden religiösen Vereinigungen in Ordnung zu bringen und die Einhaltung der Religionsgesetze unter stärkere Kontrolle zu stellen, beschließt der Rat für Religionsangelegenheiten beim Ministerrat der UdSSR:

1. Die Bevollmächtigten des Rats für die Kasachische, die Kirgisische und die Tadschikische SSR, für die Regionen Altaj und Krasnojarsk [sowie] für die Gebiete Alma-Ata, Aktjubinsk, Ostkasachstan, Džambul, Džezkazgan, Karaganda, Kokčetav, Kustanaj, Novosibirsk, Omsk, Orenburg, Pavlodar, Perm', Sverdlovsk, Nord-Kasachstan, Semipalatinsk, Taldy-Kurgan, Celinograd und Čimkent im Einklang mit den Anweisungen der übergeordneten Organe zu beauftragen, zusammen mit den lokalen Behörden innerhalb einer Frist von zwei Monaten konkrete Maßnahmen zur Ordnung des Netzes der aus Personen deutscher Nationalität bestehenden religiösen Vereinigungen zu ergreifen und deren Tätigkeit unter bessere Kontrolle zu stellen. Dabei sind alle Anträge gläubiger Bürger auf Registrierung einer religiösen Vereinigung in der gesetzlich vorgegebenen Ordnung zu prüfen und positiv zu entscheiden, sofern es sich um Vereinigungen handelt, die die Religionsgesetze einhalten. Zugleich sind alle erforderlichen Maßnahmen zur Unterbindung der Tätigkeit jener Vereinigungen und Gruppen zu ergreifen, deren Glaubenslehre und Praxis einen gesellschaftsfeindlichen und gesetzwidrigen Charakter tragen.

Die Ausschüsse für die Kontrolle der Einhaltung der Religionsgesetze müssen durch Rekrutierung politisch geschulter Leute gestärkt und sorgfältig instruiert werden. Außerdem muss die Arbeit mit den Gründern und Geistlichen der registrierten Vereinigungen verbessert werden, indem man sie im Geiste einer respektvollen Haltung gegenüber den Religion und Kirche betreffenden Gesetzen erzieht.

2. In der zweiten Novemberhälfte dieses Jahres eine Konferenz der Bevollmächtigten des Rats für die genannten Republiken und Gebiete durchzuführen, auf der die Bevollmächtigten über die Erfüllung der die Ordnung des Netzes der aus deutschen Mitgliedern bestehenden religiösen Vereinigungen und die Intensivierung der Kontrolle über die Einhaltung der Religionsgesetze betreffenden Anordnungen Rechenschaft ablegen.

3. Protokollarisch [sic].

4. Die juristische Abteilung des Rats für Religionsangelegenheiten (Gen. Gol'st) anzuweisen, innerhalb einer Frist von zwei Monaten alle Fälle der Ausübung administrativen Drucks, der Verstöße gegen die sozialistische Gesetzlichkeit [sowie] der geringschätzigen Einstellung zu Erklärungen und Beschwerden der gläubigen Bürger deutscher Nationalität zu untersuchen und dem Rat über die Resultate Bericht zu erstatten.

Vorsitzender des Rats für Religionsangelegenheiten beim Ministerrat der UdSSR
V. Kuroedov

Veröffentlicht: O.L. Lejbovič, A.S. Kimerling, G.F. Stankovskaja u.a. (Hrsg.): Nemcy v Prikam'e. XX. vek. Sbornik dokumentov i materialov v 2-ch tomach [Die Deutschen in der Kama-Region. 20. Jahrhundert. Dokumenten- und Materialsammlung in 2 Bänden]. Bd. 1, Buch 2. Perm' 2006, S. 271–272. Siehe auch: GAAK, f. 1692, op. 1, d. 130, l. 1–3. *Maschinengeschriebene Kopie.*

3. Urteil des Rayonsgerichts Isil'kul' des Gebiets Omsk gegen die Mennoniten Ja.D. Kriger und A.Ch. Laukert

[Stadt Isil'kul', Gebiet Omsk,] 30. Juli 1975

Im Namen der Russischen Sozialistischen Föderativen Sowjetrepublik. Das Rayons-Volksgericht Isil'kul' (Gebiet Omsk), zusammengesetzt aus dem Vorsitzenden Najmanov, den Volks-Beisitzern Romanenko [und] Ryžova und dem Gerichtssekretär Čusovkova verhandelte in öffentlicher Sitzung im Lenin-Klub der Stadt Isil'kul' unter Beteiligung des Staatsanwalts Mopyrev [und] der Öffentlichen Anklägerin Dolgačeva den Fall:

Kriger, Jakov Davydovič, geboren 1909 im Dorf Kubanki (Gebiet Orenburg), Deutscher, parteilos, Schulbildung sechs Klassen, verheiratet, Pensionär, nicht erwerbstätig, nicht vorbestraft, wohnhaft in der Stadt Isil'kul' unter der Adresse ul. Puškina 39, Anklageschrift ausgehändigt am 22. Juli 1975, unter Auflage, den Wohnort nicht zu verlassen, angeklagt der Verübung von Straftaten nach Artikel 142, Teil 2, Artikel 227, Teil 1 des Strafgesetzbuchs der RSFSR und

Laukert, Al'fred Ivanovič [sic], geboren am 13. Oktober 1940 im Dorf Vodjanoe (Rayon Isil'kul' / Gebiet Omsk), Deutscher, parteilos, mittlere Schulbildung, verheiratet, 3 minderjährige [unterhaltabhängige] Kinder, nicht vorbestraft, wehrpflichtig, wohnhaft in Isil'kul' unter der Adresse ul. Moskovskaja 58, Anklageschrift ausgehändigt am 22. Juli 1975, unter Auflage, den Wohnort nicht zu verlassen, angeklagt der Verübung von Straftaten nach Artikel 142, Teil 2, Artikel 227, Teil 1 des Strafgesetzbuchs der RSFSR.

Nach Prüfung des den Fall betreffenden Materials hat das Gericht entschieden: Die Angeklagten Kriger und Laukert haben als Führer der illegalen religiösen Sektengemeinschaft der „Brüdermennoniten" in der Stadt Isil'kul' entgegen der geltenden Gesetzgebung eine auf die Verletzung der Religionsgesetze zielende organisierte Tätigkeit betrieben [und] systematischen Religionsunterricht für Kinder organisiert.

Die Straftat wurde unter den folgenden Umständen begangen. In der Stadt Isil'kul' (Gebiet Omsk) agiert illegal die Glaubensgemeinschaft der „Brüdermennoniten", die Positionen der Anhänger des sogenannten „Kirchenrats" der Evangeliumschristen-Baptisten vertritt. Presbyter (Leiter) der religiösen Sekte ist der in der Stadt Isil'kul' wohnhafte Ja.D. Kriger, die Pflichten des Chorleiters (Dirigent und Chormeister) übt der in der Stadt Isil'kul' wohnhafte A.Ch. Laukert aus. Gemäß dem Beschluss des VCIK und des Rats der Volkskommissare vom 8. April 1929 und dem Erlass des Präsidiums des Obersten Sowjets der RSFSR vom 18. März 1966 ist die Tätigkeit religiöser Gemeinschaften nur nach vorheriger Registrierung bei den örtlichen Behörden erlaubt. Die von Kriger und Laukert geführte Sekte ist bei den örtlichen Behörden nicht registriert. Ungeachtet der Tatsache, dass sie mehrfach über die Notwendigkeit einer Registrierung in Kenntnis gesetzt wurden, werden regelmäßig Versammlungen durchgeführt. Laukert und Kriger betreiben auf diesen Versammlungen systematischen Religionsunterricht für Kinder. Auf die Betversammlungen werden Kinder im Vorschul- und Schulalter mitgebracht. Die Kinder werden in eines der Zimmer des Hauses gesetzt, in dem die Versammlungen abgehalten werden, die auftretenden Prediger wenden sich mit der Predigt an die Kinder, unter ihnen werden Kärtchen mit Texten religiösen Inhalts verteilt, die Kinder sollen Gedichte und Lieder einstudieren und eignen sich in dieser Form das religiöse Material an. Auf diese Weise betreiben die Angeklagten Kriger und Laukert systematischen Religionsunterricht für Minderjährige. Die auf den religiösen Versammlungen anwesenden Kinder sangen zusammen mit den Erwachsenen Psalmen, religiöse Lieder und Gebete und lasen Verse religiösen Inhalts.

Zu solchen Fällen kam es am 28. Dezember 1969 im Haus Krigers, am 17. Januar 1970 ebendort, am 14. März 1970 [und] am 5. Februar 1972 im Haus ul. 1-ja Severnaja Nr. 20, Stadt Isil'kul', am 11. März 1973 im Haus bei Mirau, am 19. und 20. Oktober 1974 beim Bürger Braun [sowie] am 16. November 1974 im Haus bei Garder. Die Angeklagten Kriger und Laukert haben bei ihrer Befragung auf der Gerichtsverhandlung ihre Schuld nicht eingestanden.

Der Angeklagte Kriger sagte vor Gericht aus, dass er Führer der religiösen Sektengemeinschaft der „Brüdermennoniten" in der Stadt Isil'kul' sei. Als Prediger ist er mehrfach vor Gläubigen mit Predigten religiösen Inhalts aufgetreten. Auf den Versammlungen waren auch Minderjährige anwesend, die von ihren Eltern auf diese Versammlungen gebracht wurden. Mit seinen Predigten hat er sich auch an Kinder gerichtet. Er ist auf Versammlungen in andere Ortschaften gefahren, insbesondere nach Pučkovo, wo er ebenfalls Predigten hielt. Kriger weigerte sich, eine Erklärung dafür zu geben, warum die Kinder bei den Versammlungen von den Erwachsenen getrennt sitzen [und] wozu die bei der Durchsuchung seines Hauses gefundene Kartothek und unterschiedliche an Kinder gerichtete Texte religiösen Inhalts verwendet werden.

Kriger sagte ferner aus, dass er keine Kenntnis davon habe, dass sich die systematische, mit Überanstrengung [sic] verbundene Einimpfung religiöser [Wahrheiten] bei Kindern negativ auf die geistige und körperliche Entwicklung auswirkt. Der Angeklagte Laukert sagte vor Gericht aus, nicht Chorleiter der religiösen Gemeinde zu sein, leugnete aber nicht, selbst zur Gitarre oder von anderen Instrumenten begleitet Lieder rein religiösen Inhalts zu singen und Versammlungen nicht nur in Isil'kul', sondern auch im Dorf Pučkovo zu besuchen.

Neben dem faktischen Teilgeständnis ist die Schuld der Angeklagten durch andere den Fall betreffende Materialien bewiesen. Die Zeugin [L.S.] Sulina hat vor Gericht ausgesagt, in ihrer Eigenschaft als Deputierte des Stadtsowjets mehrfach Versammlungen der nicht registrierten religiösen Sektengemeinschaft der „Brüdermennoniten" in der Stadt Isil'kul' besucht zu haben. Am 19. Oktober 1974 sei sie im Haus des Bürgers Braun auf einer von Ja.D. Kriger geleiteten Versammlung anwesend gewesen. Unter den Anwesenden seien auch Kinder gewesen, die getrennt in einem der Zimmer des Hauses gesessen hätten. Der Aufforderung, die Versammlung der nicht registrierten Sekte zu beenden, habe Kriger nicht Folge geleistet.

Am folgenden Tag habe Kriger im gleichen Haus noch eine Versammlung durchgeführt. Sulina sagte ferner aus, dass Kriger mehrfach auf mögliche strafrechtliche Konsequenzen der Verstöße gegen die Religionsgesetze hingewiesen worden sei, seine organisatorische Tätigkeit einschließlich des Religionsunterrichts für Kinder aber dennoch nicht eingestellt habe.

Die Zeugin [L.V.] Baranova [Lehrerin an der Schule Nr. 1] sagte vor Gericht ebenfalls aus, dass am 25. Dezember 1974 im Haus bei Reger eine von Kriger geführte religiöse Versammlung stattgefunden habe, auf der etwa 30 Minderjährige anwesend gewesen seien. In dem Zimmer, in dem sich die Kinder aufhielten, sei es sehr eng gewesen. Die Gläubigen hätten nur die Anweisungen Krigers ausgeführt, weshalb sie sagt, dass er in der Sekte eine führende Rolle ausübe. Früher habe sie beobachten können, wie der Angeklagte Kriger im

Haus bei Bauer auf der Beerdigung der Mutter von Volodja Bauer eine an die anwesenden Kinder gerichtete Predigt gehalten und von der Notwendigkeit gesprochen habe, sich der Religion anzuschließen.

Der Zeuge [V.L.] Tolok [Direktor der Schule in Pučkovo] erklärte vor Gericht ebenfalls, Kriger und Laukert mehrfach auf Betversammlungen im Dorf Pučkovo gesehen zu haben. Auf einer Betversammlung zu Ehren des aus der Haft entlassenen Rogal'skij sei eine große Zahl Minderjähriger anwesend gewesen. Laukert sei just in dem Zimmer gewesen, in dem die Minderjährigen saßen. Auch am religiösen Feiertag des Erntedankfestes seien Kriger und Laukert in das Dorf Pučkovo gekommen. Auf der aus diesem Anlass abgehaltenen religiösen Versammlung seien ebenfalls Kinder anwesend gewesen.

Der Zeuge Ševcov sagte ergänzend aus, zusammen mit Laukert bei der Isil'kul'er Reparatur- und Bauabteilung zu arbeiten. In den vergangenen 2–3 Jahren habe er von vielen Arbeitern gehört, dass Laukert Betversammlungen besuche und sogar die Jugend in der religiösen Sekte führe.

Der Zeuge Davydov erklärte dem Gericht, dass einige Schüler der von ihm geführten Achtklassenschule in der Stadt Isil'kul' Betversammlungen der nicht registrierten Baptistensekte besuchten, wo Kriger Presbyter sei.

Diese Schüler kämen montags erschöpft, unkonzentriert [und] mit veränderter Gesichtsfarbe zur Schule [und] nähmen den Unterrichtsstoff schlecht oder gar nicht auf.

Der Zeuge Vil'ms sagte vor Gericht aus, dass er gläubig sei und mehrere Male Betversammlungen besucht habe, auf denen auch Kinder gewesen seien. Über die Rolle Laukerts und Krigers in der Sekte wisse er nichts.

Die Zeugin Ol'ga Laukert erklärte ebenfalls, Betversammlungen zu besuchen [und] manchmal die Kinder [mit]zunehmen. Ihnen werde Religionsunterricht erteilt, worin sie aber nichts Schlechtes sehen könne. Bei der Durchsuchung ihres Hauses seien Literatur religiösen Inhalts sowie eine spezielle Kartothek mit religiösen Texten beschlagnahmt worden, die sie und ihr Mann benutzten. Im Haus wurden auch Hefte mit Liedern religiösen Inhalts entdeckt und beschlagnahmt.

Die Zeugen Reger und Enns sagten aus, dass sie gläubig seien und bei ihnen zu Hause manchmal religiöse Versammlungen durchgeführt würden, auf die alle Gläubigen einschließlich der Kinder eingeladen seien.

Im Zuge der Voruntersuchung wurden als Zeugen befragt: Medvedeva, nach deren Aussage Laukert Chorleiter in der illegal in der Stadt Isil'kul' agierenden Sekte sei und außerdem neben den anderen Leitern Predigten halte – und das qualifiziert. Davon habe sie sich zur Zeit ihrer Arbeit als Sekretär des Stadtsowjets der Deputierten der Werktätigen nach mehrmaligen Besuchen der Betversammlungen in Gesprächen und Diskussionen mit Gläubigen überzeugen können. Im Einzelnen habe Laukert im März 1973 auf einer religiösen Versammlung im Haus von Mirau den Chor geleitet. Anlässlich des 100. Jahrestags des Baptismus habe Laukert auf einer Versammlung der Gläubigen die Predigt gehalten, der die Anwesenden aufmerksam lauschten.

Neben den Zeugenaussagen beweisen auch die in der Akte enthaltenen Dokumente die Schuld der Angeklagten. Aus dem literaturwissenschaftlichen [sic] Gutachten auf den Aktenblättern 19–25 wird ersichtlich, dass sowohl bei Laukert als auch bei Kriger eine große Menge Literatur religiösen Inhalts [sowie] für den organisierten Religionsunterricht der Kinder bestimmte Kartotheken beschlagnahmt wurden. Unter der beschlagnahmten Literatur und den handschriftlichen Quellen sind unmittelbar an Kinder gerichtete Aufrufe enthalten, sich dem Glauben an Gott anzuschließen.

Solche Aufrufe sind in der bei Laukert beschlagnahmten Kopie „Für die Arbeiter des Worts" [und] in dem bei Kriger beschlagnahmten Brief Nr. 1 usw. enthalten. In den [Protokollen] zur Aufnahme des Straftatbestands von Verstößen gegen die Religionsgesetze (Aktenblätter 27–44, 69, 47–49) wird darauf verwiesen, dass die religiösen Versammlungen der in der Stadt Isil'kul' aktiven illegalen Sekte von Laukert und Kriger geleitet wurden. In allen Fällen, in denen Verstöße der Angeklagten gegen die Religionsgesetze festgestellt wurden, wurden gegen Laukert und Kriger Ordnungsgelder verhängt.

Aufgrund der dargelegten Beweismittel erachtet das Gericht die Schuld A.Ch. Laukerts und Ja.D. Krigers, organisierte gegen die Gesetze über die Trennung von Kirche und Staat bzw. von Schule und Kirche gerichtete Tätigkeit betrieben zu haben, für vollständig erwiesen, und die Taten der Angeklagten nach Artikel 142, Teil 2 des Strafgesetzbuchs der RSFSR korrekt klassifiziert. Die Anklage nach Artikel 227 des Strafgesetzbuchs der RSFSR fand in der Gerichtsverhandlung keine Bestätigung. Bei der Festsetzung des Strafmaßes berücksichtigt das Gericht Charakter und Grad der von den verübten Taten für die Gesellschaft ausgehenden Gefahr, die Persönlichkeit der Angeklagten [sowie] die Tatsache, dass sie nicht vorbestraft sind. Laukert hat eine positive Arbeitscharakteristik [sowie] drei von ihm abhängige minderjährige Kinder, Kriger ist fortgeschrittenen Alters und Pensionär.

Das Gericht hält es für angebracht, die gegen Laukert und Kriger verhängten Strafen nach Artikel des Strafgesetzbuchs der UdSSR zur Bewährung auszusetzen.

Aufgrund Artikel 301–303 der Strafprozessordnung der RSFSR ergeht folgendes Urteil: Kriger, Jakov Davydovič, ist nach Artikel 142, Teil 2 des Strafgesetzbuchs der RSFSR schuldig und wird zu drei Jahren Freiheitsentzug verurteilt.

Laukert, Al'fred Christianovič, ist nach Artikel 142, Teil 2 des Strafgesetzbuchs der RSFSR schuldig und wird zu zwei Jahren Freiheitsentzug verurteilt. Nach Artikel 44 des Strafgesetzbuchs der RSFSR werden die gegen Laukert und Kriger verhängten Strafen auf jeweils vier Jahre zur Bewährung ausgesetzt. Die Strafzeit setzt mit Eintritt der Rechtskräftigkeit des Urteils ein. Vorbeugend bleibt die Auflage, den Wohnort nicht zu verlassen, bestehen. Nach Artikel 227 des Strafgesetzbuchs der RSFSR werden A.Ch. Laukert und Ja.D. Kriger freigesprochen. Das Beweismaterial – religiöse Literatur, Kartotheken und Tonbänder – ist als wertlos zu vernichten.

Gegen das Urteil kann innerhalb von sieben Tagen über das Rayonsvolksgericht Isil'kul' beim Gebietsgericht Omsk Revision eingelegt werden.

Volksrichter: Najmanov.

Volks-Beisitzer: Romanenko, Ryžova.

Kopie entspricht dem Original: Sekretär [unleserliche Unterschrift]

GARF, f. 6991, op. 6, d. 992, l. 13-17. *Maschinengeschriebene Kopie.*

4. Protokoll des Dorfsowjets Orlovo (Rayon Chabary / Region Altaj) über die Durchführung illegalen Unterrichts in der Kinder-Sonntagsschule

[Dorf Orlovo,] 12. März 1978

Wir, die Unterzeichnenden, der Vorsitzende des Exekutivkomitees des Dorfsowjets der Volksdeputierten Orlovo A.F. Reger [sowie] die Lehrer der Orlover Mittelschule E.A. Košman und O.I. Kol'čik, haben das vorliegende Protokoll darüber aufgesetzt, dass wir am Sonntag, den 12. März 1978, die Wohnung von Marija Gergardovna Vejs aufgesucht und dabei festgestellt haben, dass dort eine Versammlung gläubiger Kinder, d.h. Unterricht an einer Sonntagsschule durchgeführt wurde. Wir haben um Erlaubnis gebeten, in das Wohnzimmer einzutreten, wo der Unterricht durchgeführt wurde. Auf unsere Bitte reagierte die Hausherrin mit Schweigen, [so dass] wir bis zur Tür gingen. Im Zimmer waren 19 Kinder etwa [im Alter] der 1.–5. Klasse, die auf Bänken saßen. Vor ihnen und seitlich saßen die „Lehrer": M.P. Richert, A.P. Richert, A.I. Vejs, E.G. Nejfel'd, E.D. Derksen. Den Unterricht leitete E.I. Knel'zen. Zu Beginn des Unterrichts wurde neuer Stoff erklärt (Knel'zen las und kommentierte einen Text), dann wurde allem Anschein nach die Hausaufgabe kontrolliert oder das Gelernte gefestigt (die Kinder antworteten auf zahlreiche Fragen Knel'zens). Danach wurde ein Lied in russischer Sprache gesungen, das Gott, das Leben im Paradies und die Reize eines Lebens mit Gott pries. Danach sagte jedes Kind auswendig Bibelstellen auf. Dann traten A.I. Vejs, M.P. Richert und E.D. Derksen vor die Kinder, lasen mit Tränen in den Augen Bibelstellen vor und festigten den Text mit Fragen und Antworten. Zum Ende des Unterrichts wurden an alle Kinder Blätter verteilt, auf denen Auszüge aus Kapiteln der Bibel geschrieben waren. Bei einigen Kindern wurden die Hefte eingesammelt, wahrscheinlich, um Texte hineinzuschreiben (in den Heften der Kinder waren die Aufzeichnungen mit der Handschrift eines Erwachsenen geführt). Danach wurden die Kinder nach Hause gelassen.

Der Inhalt des Ganzen war uns nicht verständlich, da keiner von uns ihre Sprache versteht. Im Gespräch mit der Hausherrin [und] den „Lehrern" antwortete uns niemand, nur M.P Richert [antwortete] darauf, dass man Kinder nicht für einen solchen Unterricht versammeln dürfe, dass doch jeder zu Hause seinen Kindern beibringen dürfe, was er wolle, und sie ihnen beibrächten, was sie wollen.

Das Protokoll zu unterschreiben, weigerten sich alle am Unterricht beteiligten Erwachsenen und die Hausherren. Auf der Versammlung anwesend waren die Kinder von E.G. Nikkel' (Stellvertretender Hauptbuchhalter des Orlover Handelsunternehmens), A.A. Leven (Hauptenergietechniker der Kolchose), Ja.Ja. Rempening, A.G. Plett, A.P. Richert, I.P. Val'cer, P.K. Nejfel'd, A.I. Vejs, P.D. Derksen [und] P.P. Bergman.

Unterschriften: Vorsitzender des Dorfsowjets A. Reger, die Lehrer O. Kol'čik, E. Košman.

GAAK, f. 1692, op. 1, d. 217, l. 48-49. *Maschinengeschriebene Kopie.*

5. „Sondermitteilung" der Evangeliumschristen-Baptisten der Gebiete Omsk, Kokčetav [und] Celinograd und der Stadt Omsk an den Vorsitzenden des Obersten Sowjets der UdSSR L.I. Brežnev, den Vorsitzenden des Rats für Religionsangelegenheiten V.A. Kuroedov, den Ersten Sekretär des Gebietsparteikomitees Omsk der KPdSU S.I. Manjakin [und] den Ersten Sekretär des Rayonsparteikomitees Isil'kul' der KPdSU [O.V.] Pirogov

[Dorf Margenau, Gebiet Omsk,] spätestens 30. Juni 1978

Wir, die Gläubigen der Gebiete Omsk, Kokčetav, Celinograd und der Stadt Omsk, unterrichten die Regierung und die lokalen Behörden über Fälle grober Willkür und der Verunglimpfung der Religionsfreiheit.

Am Sonntag, dem 4. Juni dieses Jahres, beschloss die christliche Jugend des Gebiets Omsk, den arbeitsfreien Tag mit gemeinsamer Lektüre der Bibel und dem Singen christlicher Lieder in einem der Wälder des Rayons Isil'kul' im Gebiet Omsk zu verbringen. Das Recht, den Schöpfer allen Seins im Schoß der Natur zu preisen, kann dem Menschen kein Gesetz nehmen. Für uns Gläubige aber ist solches Beisammensein ein Bedürfnis und eine große Freude. Zur Teilnahme an diesem Treffen sind junge Christen aus den Gebieten Kokčetav [und] Celinograd und aus anderen Gebieten als Gäste gekommen. Als Ort für das Beisammensein haben wir keinen städtischen Park oder Platz, sondern eine Waldlichtung gewählt, um niemandem einen Anlass zu bieten, uns der Störung der öffentlichen Ordnung zu bezichtigen.

Die militanten Atheisten haben eine regelrechte Kampagne gestartet, um das Beisammensein der jungen Leute zu sprengen. Von Samstag an wurden an Autostraßen und Bahnübergängen Verkehrskontrollen durchgeführt, die den Autoverkehr stoppten, ungeniert fragten, woher, wohin und zu wem man fahre, und alle Angaben nicht nur über die Fahrer, sondern auch über alle Fahrzeuginsassen aufschrieben. Ein solch rücksichtsloses Auftreten steht der Verkehrspolizei selbst in dem Fall nicht an, wenn sie sich zur Begründung die „Fahndung nach einem flüchtigen Verbrecher" ausdenkt.

Am Sonntagmorgen wurden die privaten Autos und Motorräder der Gläubigen überall von Posten der Verkehrspolizei angehalten. Den Fahrern wurden alle Dokumente einschließlich des Führerscheins, der Wagenpapiere und des Mitgliedsausweises des Automobilclubs abgenommen. Bei den Fahrzeugen wurden die staatlichen Kennzeichen abgenommen, die Insassen aufgefordert, nach Hause zurückzukehren. Die Gläubigen, die sich zu Fuß zum Ort des Beisammenseins aufmachten, wurden von den Mitgliedern der Bürgerwehr verspottet und am Weitergehen gehindert.

Zweieinhalb Stunden konnten die Gläubigen, denen es gelungen war, sich zum verabredeten Ort durchzuschlagen, relativ ungestört den Herrn preisen, auch wenn Miliz und Bürgerwehr schnell Vorbereitungen trafen, das Treffen barbarisch zu stürmen. Zu diesem Zweck schafften sie drei in der Nähe arbeitende Traktoren und einen Gefangenentransporter heran [...]. Zwei Kettentraktoren fuhren forsch an die stehenden Gläubigen heran, und es hätte wohl Opfer gegeben, die unter die Ketten gerieten, wenn die jungen Leute nicht zur Seite gewichen wären. Den Traktoristen war das ziemlich egal, sie führten einen Befehl von oben aus, [und] waren außerdem offensichtlich angetrunken. Dann ließen sie die Motoren aufheulen, um den mit Versen und Predigten vorgetragenen Appell zur Versöhnung des Menschen mit Gott zu übertönen. Es ist nicht klar, mit welchem Ziel der mächtige K-700 auf irgendjemandes sinnlosen Befehl hin vor den auf der Waldlichtung stehenden Fahrzeugen der Gläubigen einen breiten Streifen Erde umpflügte [...]. Auf einen der Traktoren stieg ein Kameramann [...] und begann eindeutig nicht mit künstlerischem Ziel zu filmen [...]. Nachdem die Ordnungshüter Verstärkung bekommen hatten, begannen sie, die Gläubigen von allen Seiten zusammenzudrängen [...]. Aus dem Megafon war unaufhörlich zu hören: „Aufhören! Auseinandergehen! Wir werden Gewalt anwenden! [...]". Die Worte gingen sofort in Taten über.

Der Anblick des wilden Gewaltakts der Milizionäre und Bürgerwehrler, die sich unter Anwendung der Kampftechnik Sambo mit bestialischer Wut auf die jungen Männer und

Frauen stürzten, war erschütternd. Ganz offensichtlich sollte eine Schlägerei provoziert werden. Da die Gläubigen den sie Bedrängenden keinen physischen Widerstand leisteten und sich lediglich fest aneinanderhielten, wurden die Vertreter der Staatsmacht immer hemmungsloser. Als die Milizionäre die Gläubigen grob auseinanderrissen, drehten sie ihnen die Arme um, zerrissen ihre Kleidung, schubsten die jungen Frauen und Männer hin und her. Sie stürzten sich zu mehreren auf einen, zogen an den Haaren und am Kopf, schlugen mit Schlagstöcken und sogar mit dem Signalstab des Verkehrspolizisten. Einer der Milizionäre zog seinen Revolver aus dem Halfter und drohte zu schießen. Ein Traktorist drosselte seinen Motor, stieg aus der Kabine seines Traktors und fuchtelte mit einem riesigen Schraubenschlüssel herum. Das barbarische Tun ging mit heftigen Schimpfwörtern und Beleidigungen einher. Die Zügellosigkeit der Ordnungshüter ließ sich leicht dadurch erklären, dass der Chef der Miliz Hauptmann Lavuchtin die Exzesse ganz offenkundig duldete und viele der besonders Eifrigen in angetrunkenem Zustand waren. Einige junge Männer, die die Schläger davon abhalten wollten, die jungen Frauen zu schlagen, wurden in den Gefangenentransporter geworfen. Auf das Kommando „Schnappt euch den!" stürzten sie sich noch mehrmals auf einige weitere Gläubige, verfrachteten sie in den Verhaftungswagen und brachten sie in die Rayonsabteilung der Miliz, wo man sie bis zum Abend festhielt. Während der eine Teil der Angreifer mit seiner unappetitlichen Sache beschäftigt war, luden die anderen unser Mittagessen in die Autos, d.h. die für das Mittagessen vorgesehenen Lebensmittel und Kannen, aus denen sie den Kaffee ausgossen. Eingeladen und mit unbekanntem Ziel weggeschafft wurden auch die auf dem Boden ausgelegten Leinentücher, die Bänke, das Geschirr und Wachstücher. Es wurden auch nachdrückliche Versuche unternommen, die Musikinstrumente mitzunehmen. Als er sah, dass der Eifer seiner Untergebenen nicht nachließ und die Auflösung des Treffens immer mehr zu einem grausamen Prügeln wurde, begann der Chef der Miliz seine Untergebenen per Megafon zur Ruhe zu rufen. Aber noch einige Zeit jagten sie im Wald einzelnen Gläubigen hinterher, entrissen ihnen die Taschen [und] kontrollierten den Inhalt. Wir wollten vor dem Ende des Gottesdienstes noch einmal beten und gingen dafür auf eine andere Lichtung. Und sofort kamen die beiden Kettentraktoren durch Büsche und kleine Bäume angeschossen, um mit dem Geheul der Motoren unsere Gebete und Gesänge zu übertönen. Nachdem die meisten Gläubigen auseinandergegangen und weggefahren waren, gingen die unanständigen Repliken an die Adresse der gläubigen jungen Frauen weiter, und noch ein wenig später wurden die Bürgerwehrleute zur Seite genommen und für ihren bei der Abrechnung mit den Gläubigen gezeigten Eifer mit Spirituosen belohnt.

Es stellt sich die Frage: Wer hat diesen Gewaltakt geleitet? Auf diese Frage wollte niemand antworten, und überhaupt antwortete jeder, dem diese Frage gestellt wurde: „Ich weiß nicht". Die Autofahrer, die ihre beschlagnahmten Autokennzeichen und Papiere bei der Verkehrspolizei abholen wollten, wurden mit Geldstrafen belegt. Was die Bürgerwehrleute und Traktoren im Wald zertrampelt, zerbrochen und umgepflügt hatten, interessierte niemanden. Aber am Morgen des 6. Juni wurden die Kolchosmitglieder V.V. Gamm und sein Vater V.A. Gamm zur Leitung der Kolchose „Sibir'" bestellt. Gegen sie wurde Klage für einen Flurschaden von über 10 Hektar Ackerfläche erhoben. In die Berechnung dieser Fläche gingen sämtliche Wege ein, die seit dem frühjährlichen Umpflügen von wem auch immer zwischen den Feldern und durch einige Felder gelegt wurden. Berücksichtigt wurde auch ein Teil des Feldes, auf dem Vieh geweidet hatte. Ohne Vermessungen wurde nach Augenmaß und in Abwesenheit derer, die man zu beschuldigen gedachte, die Zahl der Hektar geschätzt und ein Protokoll aufgesetzt. Dann wurde berechnet, wie viel man im Herbst von dieser Fläche hätte ernten können und eine Strafsumme von über 1 800 Rubel festgesetzt. Weder der Vater noch der Sohn Gamm haben auch nur einen Fuß auf die Saatfläche gesetzt, aber trotzdem wurden sie als vermeintliche Organisatoren des Treffens ohne jede Grundlage für schuldig befunden. Wir hatten mit solchen Beschuldigungen gerechnet und uns deshalb auf den lange vor dem 4. Juni gelegten Wegen gehalten. Abgesehen davon sind wir selbst fast alle Getreidebauern und kennen den Wert von Getreide. Wenn es denn einzelne Fälle gegeben haben sollte, in denen Kraftfahrzeuge oder Fußgänger infolge der Blockade der Straßen durch die Bürgerwehrleute die Saatfläche passiert haben, haben Vater und Sohn Gamm damit nicht das Geringste zu tun. Genaue Vermessungen und nicht grobe Schätzung nach „Augenmaß" sollten unbedingt in Anwesenheit derer durchgeführt werden, die man für schuldig hält. Im vorliegenden Fall aber wurde das Protokoll nicht einmal vorgelegt, sondern, wie sich später herausstellen sollte, in aller Eile an das Rayonszentrum geschickt. Eine Schadensberechnung, bei der im Frühsommer anhand der möglichen Ernte im Herbst die Summe der zu zahlenden Strafe berechnet wird, ist nicht gerecht.

Das war aber noch nicht alles. In der Schule der Kolchose „Sibir" drohten die Lehrer und der Schuldirektor persönlich mehrfach, unabhängig von ihrem Leistungsstand alle durch die Prüfungen fallen zu lassen, die an jenem Sonntag im Wald waren. Der uns im Wald gestohlene Besitz wird nicht zurückgegeben. Einen Teil davon haben wir mit Chlorkalk bestreut auf der Müllkippe gefunden. Was die übrigen Dinge betrifft, bekommen wir nirgendwo konkrete Informationen und werden nur von einer Stelle zur anderen geschickt.

Die Aufzählung der Gesetzesverstöße ließe sich fortführen, indem man an ständige Drohungen, Geldstrafen für die Durchführung von Gottesdiensten und Behinderungen, die Kinder im Einklang mit unseren Überzeugungen zu erziehen, erinnert. In einer der Schulen wurden den Kindern gläubiger Eltern gegen ihren Willen Halstücher umgebunden, zu diesem Zweck wurden sie in betrügerischer Weise gezwungen, sich in der Linie für die Eintretenden zu den Pionieren zu stellen. Als nun die Kinder am nächsten Tag ohne Halstücher in die Schule kamen, wurden sie nicht in den Unterricht gelassen und nach Hause geschickt, um die Halstücher zu holen. Und auch am zweiten und dritten Tag wurden die Kinder von den Lehrern aus dem gleichen Grund nicht in den Unterricht gelassen. Ihre Eltern schrieben über diese Willkür nach Moskau, aber ihre Erklärung wurde zur Prüfung an die örtliche Verwaltung weitergeleitet, d.h. an die Gesetzesverletzer selbst. Ist das etwa korrekt? Sie sind natürlich schadenfroh und bedrängen die Kinder in der Schule weiter und drohen den Eltern dafür, dass sie es gewagt haben, über diese Taten zu schreiben.

Für jede seiner Taten muss sich der Mensch vor Gott verantworten. Haben Sie wirklich keine Angst, der Ewigkeit in die Augen zu schauen? Buch [des Propheten] Zephania [Altes Testament], Kap. 1, Vers 14: „Des HERRN großer Tag ist nahe; er ist nahe und eilt sehr. Wenn das Geschrei vom Tage des HERRN kommen wird, so werden die Starken alsdann bitterlich schreien". So spricht die Bibel, der sicherste Zeuge der Vergangenheit, der Gegenwart und der Weissager der Zukunft. Die Geschichte bestätigt die Stabilität der Worte der Bibel, und sie legt dem Menschen nahe, sich auf das Treffen mit Gott vorzubereiten.

Zum Abschluss unseres Schreibens fordern wir als Bürger unseres Landes und bitten wir als Gläubige, das oben Dargelegte zu untersuchen und an der Wiederherstellung der Gerechtigkeit mitzuwirken. Wir bestehen nicht auf der Bestrafung der für unsere Bedrängung Verantwortlichen, aber wir wollen eine weise und gerechte Führung dessen sehen, was Gott Ihnen anvertraut hat, denn die Macht ist von Gott, der allein sie anvertrauen und nehmen kann.

Unsere Hauptforderungen sind folgende: Erstatten Sie alle Geldstrafen zurück, die für die Durchführung von bzw. die Anwesenheit auf Gottesdiensten sowie ohne Grund gegen die Kraftfahrer verhängt wurden, die auf dem Jugendtreffen anwesend waren. Erstatten Sie den Besitz zurück, der uns am 4. Juni entwendet wurde und sich bis zum heutigen Zeitpunkt an einem unbekannten Ort befindet. Annullieren Sie den schändlichen Akt (bzw. die Klage) hinsichtlich des auf der Saatfläche entstandenen Flurschadens gegen unsere Glaubensbrüder V.V. Gamm und V.A. Gamm, da diese nicht das Geringste mit der Sache zu tun haben. Geben Sie unseren Kindern die Möglichkeit, in der Schule in Ruhe zu lernen. Lassen Sie den am 31. März verurteilten Kornej Gustavovič Gur, wohnhaft in der Siedlung Novoaleksandrovka im Gebiet Omsk, frei. Die von den Atheisten in der Rayonssiedlung Moskalenki gegen ihn angezettelte Gerichtsposse hat anschaulich demonstriert, dass es für Gläubige keinerlei Rechtssicherheit gibt.

Zugleich erinnern wir Sie an die Notwendigkeit, die Mitglieder des Kirchenrats der Evangeliumschristen-Baptisten G.P. Vins, [o. Vorname] Antonov, die Mitarbeiter des Verlags „Christianin" und alle unter unterschiedlichen Vorwänden für das Wort Gottes Verurteilten aus der Haft zu entlassen.

Antworten bitten wir an die folgenden Adressen zu senden: 646003, Gebiet Omsk, Rayon Isil'kul', Poststelle Margenau, Dorf Nikolaj-Pole, Garms Rudol'f I.; 474010, Gebiet Celinograd, Stadt Makinsk, ul. Dorstroja Nr. 60, Al'tman Ida Berngardovna; 646037, Rayon Moskalenki, Poststelle Dobroe Pole, Dorf Novoaleksandrovka, Gercen, Jakov I.

Mit Hochachtung Ihnen gegenüber unterschrieben: *[577 Unterschriften]*

GARF, f. 6991, op. 6, d. 1398, l. 79-83. *Handschriftliches Original* [des Briefes].

6. Auskunft der Abteilung für Angelegenheiten der protestantischen Kirchen, der jüdischen Religion und der Sekten über die Umsetzung des Beschlusses des Rats für Religionsangelegenheiten beim Ministerrat der UdSSR vom 28. August 1974 „Über Maßnahmen zur Ordnung des Netzes der aus Bürgern deutscher Nationalität bestehenden religiösen Vereinigungen und zur Intensivierung der Kontrolle über deren Tätigkeit"

[Moskau,] 18. Juni 1981

Auf Weisung der übergeordneten Organe hat der Rat für Religionsangelegenheiten beim Ministerrat der UdSSR am 28. August 1974 den Beschluss „Über Maßnahmen zur Ordnung des Netzes der aus Bürgern deutscher Nationalität bestehenden religiösen Vereinigungen und zur Intensivierung der Kontrolle über deren Tätigkeit" gefasst.

Die Analyse des dem Rat vorliegenden Informationsmaterials und die Prüfung der Umsetzung des Beschlusses in den meisten Gebieten, Regionen und Republiken, auf deren Territorien sich das Netz der aus Bürgern deutscher Nationalität bestehenden religiösen Vereinigungen konzentriert, zeigt, dass viele Bevollmächtigte des Rats in Zusammenarbeit mit den lokalen Sowjet- und Verwaltungsorganen eine große Arbeit zur Ordnung des Netzes der genannten religiösen Vereinigungen geleistet haben. In den Jahren 1974–1980 wurden [unionsweit] insgesamt 176 Gemeinschaften registriert. Einige Dutzend Gruppen von Gläubigen haben ihre Tätigkeit eingestellt. Im betreffenden Zeitraum wurden über 250 faktisch aktive religiöse Vereinigungen erfasst [und] deren konfessionelle Zugehörigkeit, deren Führer [sowie] die Einstellung der Gläubigen zu den Religionsgesetzen geklärt. Besonders konsequent und gründlich wurde diese Arbeit in der Kirgisischen SSR, in der Region Krasnojarsk [sowie] in den Gebieten Novosibirsk, Omsk, Džambul, Ostkasachstan, Kokčetav, Aktjubinsk, Taldy-Kurgan und Celinograd durchgeführt.

Durch die Legalisierung der religiösen Vereinigungen wurde es möglich, die Entfremdung der Gläubigen deutscher Nationalität von den Behörden zu überwinden, die Möglichkeiten zur Verbreitung verleumderischer Hirngespinste über deren Ungleichbehandlung und Diskriminierung einzuschränken und die lokalen Behörden und die Mitglieder der Ausschüsse zur Kontrolle der Einhaltung der Religionsgesetze in die Lage zu versetzen, den Charakter der Tätigkeit der religiösen Vereinigungen unterschiedlicher Ausrichtung [und] die Ansichten und Stimmungen der Geistlichen und Gläubigen zu klären [sowie] die auf deren Erziehung im Geiste der Bürgerpflicht und des Patriotismus zielende Arbeit zu organisieren. Darüber hinaus konnte durch die Registrierung der loyalen Vereinigungen auch das Tätigkeitsfeld der gesellschaftsfeindliche und Emigrations- Stimmungen schürenden religiösen Extremisten und Fanatiker eingeengt werden.

Nach den dem Rat vorliegenden Daten agieren zum gegenwärtigen Zeitpunkt [unionsweit] 929 religiöse Gemeinschaften und Gruppen, die 58 300 deutsche Gläubige vereinen. Von diesen sind 280 Vereinigungen registriert, in denen 64,5% der Gläubigen deutscher Nationalität Mitglied sind.

Über 60% der nicht registrierten Gemeinschaften und Gruppen nehmen eine loyale Position ein und unterliegen der Registrierung. Etwa 220 von ihnen vereinen gläubige Lutheraner, deren Tätigkeit in der Regel einen gemäßigten und friedlichen Charakter trägt. Ungeachtet dessen schenken die lokalen Behörden ihrer Legalisierung keine Aufmerksamkeit, eingereichte Anträge auf Registrierung einiger Gemeinschaften werden nicht in der vorgegebenen Ordnung geprüft, nicht selten wurde den Gläubigen angeboten, religiösen Vereinigungen anderer Ausrichtung beizutreten. Eine solche Haltung ist an einer Reihe von Orten hinsichtlich der Registrierung von Gemeinschaften der Evangeliumschristen und Baptisten, der Adventisten des Siebenten Tages, der Mennoniten und der Katholiken zu beobachten.

Der Stand der Ordnung des Netzes der aus Bürgern deutscher Nationalität bestehenden religiösen Vereinigungen sieht in den einzelnen Republiken folgendermaßen aus (Zähler – Zahl der Vereinigungen, Nenner – diesen zugehörige deutsche Gläubige in Tausend):

Republiken	Vereinigungen insgesamt im Jahr 1974	Vereinigungen zum 01.01.1981	davon registriert	nicht registrierte Vereinigungen	nicht registrierte loyale Vereinigungen	nicht registrierte loyale Gruppen	nicht loyale Vereinigungen und Gruppen
Kasachische SSR	352/24.3	495/29.6	131/19.7	364/9.8	122/4.7	120/1.61	122/3.8
RSFSR	214/10.4	317/15.1	96/7.1	221/8.0	69/2.7	72/0.86	92/4.6
Kirgisische SSR	74/7.7	66/8.7	32/7.0	34/1.7	1/0.05	–	33/1.65
Tadschikische SSR	3/0.4	13/2.9	8/2.5	5/0.43	2/0.35	–	2/0.08
Usbekische SSR	13/0.5	25/1.3	6/0.44	19/0.95	6/0.26	–	13/0.58

Aus Personen deutscher Nationalität bestehende religiöse Vereinigungen gibt es auch in der Litauischen, in der Lettischen, in der Moldawischen und in der Estnischen SSR.

Aus den angeführten Daten geht hervor, dass die absolute Mehrheit dieser Vereinigungen in der Kasachischen SSR (54%) und in der Russischen Föderation (34,6%) agiert. Eine in den Jahren 1979/80 in der Region Altaj und in 13 Gebieten der Kasachischen SSR und der RSFSR durchgeführte Überprüfung hat allerdings gezeigt, dass der Stand der Arbeit zur Ordnung des Netzes der deutschen religiösen Vereinigungen hier nicht den Forderungen der übergeordneten Organe entspricht.

In der Kasachischen SSR agieren immer noch 364 Gemeinschaften und Gruppen ohne Registrierung, unter denen fast 20 loyale sind [sic]. Die größte Zahl nicht registrierter Vereinigungen ist in [den Gebieten] Kokčetav (70), Pavlodar (45), Kustanaj (37), Alma-Ata (36), Džambul (33), Čimkent (21), Celinograd (26), Semipalatinsk (über 20) [und] Nord-Kasachstan (20) konzentriert.

In der Russischen Föderation sind 179 bzw. 60% aller erfassten Vereinigungen in der Region Altaj sowie in den Gebieten Omsk und Orenburg konzentriert. Von diesen sind 135 nicht registriert. Die lokalen Behörden haben den Bitten der Gläubigen um Registrierung lange Zeit ohne Grundlage eine Absage erteilt. Schließlich haben sich in der Region Altaj und im Gebiet Omsk viele von diesen der Registrierung entzogen. In der Region Altaj ist eine klare Inkonsequenz zu verzeichnen: [Einerseits] werden einzelne Führer der sich einer Registrierung entziehenden religiösen Vereinigungen bestraft, während [andererseits] loyale Gemeinschaften nicht registriert werden. Eine falsche Position nehmen auch weiterhin die lokalen Organe im Gebiet Orenburg ein. Der Rat musste neun religiöse Vereinigungen der Mennoniten ungeachtet der ablehnenden Haltung des Gebietsexekutivkomitees registrieren, doch auch nach diesem [Schritt] wird hier die Politik der Verschleppung und künstlichen Verzögerung der Registrierung der „deutschen" religiösen Vereinigungen fortgesetzt. Das hatte zur Folge, dass ein Teil der früher loyalen Gemeinschaften jetzt ebenfalls die Registrierung verweigert. Überhaupt nicht entschieden wird die Aufgabe der Ordnung des Netzes solcher religiöser Vereinigungen in den Gebieten Sverdlovsk, Kujbyšev und Perm' sowie in der Baschkirischen ASSR; nicht abgeschlossen ist diese Arbeit im Gebiet Volgograd, in der Region Krasnojarsk und in der ASSR Komi.

In der Usbekischen SSR ist das Netz der „deutschen" religiösen Vereinigungen noch nicht abschließend erfasst. Von den 25 erfassten Vereinigungen sind nur sechs registriert. In den Gebieten Taškent und Fergana wollen sich vier Vereinigungen der Evangeliumschristen-Baptisten, der Adventisten des Siebenten Tags und der Lutheraner seit langem registrieren lassen, aber ihre Anträge werden nicht in der festgelegten Ordnung geprüft.

Die Arbeit zur Ordnung des Netzes der aus Bürgern deutscher Nationalität bestehenden religiösen Vereinigungen in der Tadschikischen SSR hat in letzter Zeit nachgelassen. Bitten der Gläubigen der Evangelisch-Lutherischen Kirche in der Stadt Kurgan-Tjube und der Katholiken in Leninobad und in der Siedlung Vachš, ihre Gemeinden zu registrieren, wurden „nicht bemerkt" bzw. hartnäckig abgelehnt. Gleichzeitig werden keinerlei wirksame Maßnahmen zur Unterbindung der Aktivitäten der Anhänger des „Kirchenrats der Evangeliumschristen-Baptisten" ergriffen.

Einige Mitarbeiter der lokalen Behörden ignorieren noch immer die Empfehlungen des Rats für Religionsangelegenheiten und seiner Bevollmächtigten (und Letztere legen nicht überall Hartnäckigkeit und Prinzipientreue an den Tag!) und verweigern den religiösen

Vereinigungen ohne ausreichende Grundlage die Registrierung, weil sie denken, den Kirchenleuten und Sektenanhängern auf diese Weise keine Zugeständnisse zu machen. Tatsächlich aber kommt eine solche Position den Extremisten und Fanatikern entgegen, deren gesetzwidrige, auf die Entfesselung nationalistischer und Emigrations-Stimmungen unter den Gläubigen und die Ablehnung der sowjetischen Religionsgesetze abzielende Tätigkeit dadurch erleichtert wird.

Nicht ohne Grund gehören dem aus Bürgern deutscher Nationalität bestehenden Netz der Anhänger des sogenannten „Kirchenrats der Evangeliumschristen-Baptisten" heute etwa 100 Gemeinschaften mit über 4 600 Mitgliedern an. Allein in der Kasachischen SSR ist die Zahl der dem Netz der Anhänger des „Kirchenrats der Evangeliumschristen-Baptisten" zugehörigen Vereinigungen in den letzten fünf Jahren von 38 auf 52 gestiegen.

In zwölf Gebieten der Kasachischen SSR, in einer Reihe von Orten der Kirgisischen und der Usbekischen SSR, in der Region Altaj, in den Gebieten Omsk, Kemerovo, Sverdlovsk und in einigen anderen Gebieten der RSFSR nehmen Vereinigungen deutscher Gläubiger eine äußerst extremistische Position ein. Ihre Anführer verleumden bösartig die sowjetische Gesellschaft, verbreiten Mutmaßungen über eine in der UdSSR angeblich tolerierte „Verfolgung der Gläubigen" und sogar über deren physische Vernichtung [und] stacheln ihre Anhänger zu gesellschaftsfeindlichen Handlungen wie der Abgabe der Pässe und der Einreichung von Ausreiseanträgen an. Sie verbreiten in Untergrunddruckereien gedruckte oder aus dem Ausland eingeführte Literatur, fabrizieren Briefe mit Aufrufen, die Einhaltung der Religionsgesetze zu verweigern, schmuggeln erlogenes Material über die Lage von Religion und Kirche in der UdSSR und angebliche Verletzungen der Rechte der Gläubigen ins Ausland. Ein erheblicher Teil der gläubigen Deutschen tritt auch den illegal agierenden Vereinigungen der Reformadventisten, der Pfingstler und der Zeugen Jehovas bei. Extremistische Ansichten werden manchmal nicht nur von einigen nicht registrierten Vereinigungen der Mennoniten (Region Altaj, Gebiete Orenburg und Omsk), sondern auch von registrierten Gemeinschaften der Evangeliumschristen-Baptisten und der Brüdermennoniten geteilt. Insgesamt stehen nach den dem Rat vorliegenden Informationen bis zu 20% der Gläubigen deutscher Nationalität unter dem Einfluss der Extremisten.

All dies muss zwangsläufig Besorgnis hervorrufen [und] macht die Ergreifung komplexer Maßnahmen zur Entlarvung und Unterbindung der Aktivitäten der Extremisten in den religiösen Vereinigungen mit deutschen Gemeindemitgliedern erforderlich.

Auch bei der Kontrolle der Tätigkeit der registrierten Vereinigungen kommt es zu gravierenden Mängeln. In den Ausschüssen zur Kontrolle [der Einhaltung der Religionsgesetze] bei den Rayons- und Stadtexekutivkomitees fehlt es häufig an Personen, die [sowohl] die deutsche Sprache [als auch] die Besonderheiten der verschiedenen religiösen Vereinigungen so gut kennen, dass sie deren Aktivitäten umfassend kontrollieren, den Charakter der Gottesdienste richtig einschätzen [sowie] die Predigten analysieren können. Deshalb wird manchmal nicht bemerkt, wie unter dem Deckmantel der religiösen Predigt reaktionäre Ideen des Nationalismus und der nationalen Auserwähltheit, Aufrufe zur Emigration und zur Verweigerung der Erfüllung bürgerlicher Pflichten eingeschmuggelt werden. Unbemerkt bleiben auch Fälle des kollektiven Religionsunterrichts [und] der speziellen Arbeit unter Jugendlichen und Kindern; nicht aufgedeckt werden die Gründe dafür, warum sich die Jugend massenhaft von Gottesdiensten und religiösen Ritualen anziehen lässt. An vielen Orten werden die Stimmungen der Gläubigen, insbesondere mit Blick auf die Emigration, nur sehr oberflächlich untersucht. Zugleich ist bekannt, dass vor allem unter den Evangeliumschristen-Baptisten und den Brüdermennoniten in Kasachstan und Kirgisien Geistliche und Mitglieder der Exekutivorgane einer ganzen Reihe von registrierten religiösen Vereinigungen Ausreiseanträge gestellt haben. In der Regel wird keine Arbeit geleistet, um Kirchendiener und Kirchenaktiv im Geiste der Bürgerpflicht und des Patriotismus zu erziehen.

Die Exekutivkomitees der Gebietssowjets der Volksdeputieren und die Bevollmächtigten des Rats für Religionsangelegenheiten leisten den Rayons- und Stadtexekutivkomitees und ihren Ausschüssen zur Kontrolle [der Einhaltung der Religionsgesetze] nur unzureichende Hilfe [und] fordern nicht in nötigem Maße die Umsetzung der die Ordnung des Netzes der religiösen Vereinigungen betreffenden Weisungen der übergeordneten Organe ein.

Abteilung für Angelegenheiten der protestantischen Kirchen, der jüdischen Religion und der Sekten.

GAAK, f. 1692, op. 1, d. 281, l. 5-10. *Maschinengeschriebenes Original.*

7. Protokoll über den Verstoß gegen die Religionsgesetze durch die Mennoniten des Dorfs Griškovka [Alexanderfeld] (Rayon Slavgorod / Region Altaj)

[Dorf Griškovka,] 5. April 1983
Der Ausschuss zur Kontrolle der Einhaltung der Religionsgesetze beim Exekutivkomitee des Dorfsowjets der Volksdeputieren Griškovka hat in der Zusammensetzung: Josif Ivanovič Bol'c, Jakov Petrovič Frizen, Abram Abramovič Nejfel'd [sowie] unter Beteiligung des Vorsitzenden des Exekutivkomitees des Dorfsowjets Vladimir Jakovlevič Rempel das vorliegende Protokoll über den folgenden Tatbestand aufgesetzt:

Am 31. März dieses Jahres verstarb der Bewohner des Dorfes Griškovka Genrich Jakovlevič Ėpp, geboren 1903, Mitglied der im Dorf Griškovka illegal bestehenden baptistischen Gemeinschaft der Anhänger des Kirchenrats der Evangeliumschristen-Baptisten.

Zur Teilnahme an der Beerdigung kam am 3. April dieses Jahres Ėrna Jakovlevna Isaak, Jahrgang 1937, wohnhaft in der Stadt Slavgorod unter der Adresse ul. K[arla] Libknechta 235, Mitglied der Slavgoroder Baptistensekte in Begleitung von 20 Mitgliedern der genannten Sekte nach Griškovka. Unter diesen waren: Bekker, Jakov Ivanovič, geb. 1930 (Stadt Slavgorod, ul. 50 let Oktjabrja 216a), Izaak, Petr Petrovič, geb. 1933 (Stadt Slavgorod, ul. 50 let Oktjabrja 222), Rogal'skij, Pavel Petrovič, geb. 1908 (Stadt Slavgorod, ul. Krupskaja 199), Jancen, Petr Ivanovič, geb. 1951 (Stadt Slavgorod, ul. Bol'ničnaja 13), Ėpp, Anna Genrichovna, geb. 1951 (Stadt Slavgorod, ul. K[arla] Libknechta 235), Martens, Andrej Genrichovič, geb. 1959 (Stadt Slavgorod, ul. Kosmonavtov 183) [sowie] vier minderjährige Kinder und 10 junge Leute im Alter von 15–18 Jahren.

Die genannten Personen kamen nach ihrer Ankunft in Griškovka in die Wohnung des Mitglieds der Griškover Baptistensekte Bürger Genrich Jakovlevič Zibert, wo sie zusammen mit den von Petr Genrichovič Penner geführten örtlichen Baptisten an Gebeten und der Ausführung von dem Osterfest gewidmeten religiösen Ritualen teilnahmen.

Nach Abschluss des Gottesdienstes erschienen alle Teilnehmer der genannten Versammlung gegen 14.00 Uhr auf der Beerdigung und nahmen an dieser aktiven Anteil. P.G. Penner, Ė.Ja. Isaak und P.P. Isaak leiteten die Handlungen der Gläubigen im Haus von G.Ja. Ėpp, verteilten die Aufgaben unter den Baptisten, leiteten sowohl beim Leichnam des Verstorbenen als auch beim Heraustragen des Leichnams aus dem Haus die religiösen Rituale, gaben dem religiösen Chor und den Gläubigen Anweisungen, wie sie sich während des Beerdigungszugs zum Friedhof zu verhalten hatten. Um 16.00 Uhr verließ der etwa 200 Personen starke Beerdigungszug das Haus von G.Ja. Ėpp und setzte sich über die [Straße] Novaja in Bewegung. In diesem Moment begannen der religiöse Chor und die einstimmenden Gläubigen religiöse Lieder zu singen. Dies setzte sich bis zum Ort der Beerdigung von G.Ja. Ėpp fort.

Bei der Ankunft der Prozession auf dem Friedhof nahm Ė.Ja. Isaak die Organisation der Beerdigung in die Hand. Unter ihrer Anleitung sangen der Chor und die Gläubigen religiöse Lieder. Die Anwesenden lauschten der Predigt Ė.Ja. Isaaks und vollzogen das Bestattungsritual.

Aufgrund des Dargelegten konstatiert der Ausschuss, dass die aus der Stadt Slavgorod angereisten von Ė.Ja. Isaak geführten Baptisten und die von P.G. Penner geführten örtlichen Baptisten unter Ausnutzung der Beerdigung Verstöße gegen die Religionsgesetze zugelassen haben, die in der Organisation und Durchführung einer Versammlung in der Wohnung von G.Ja. Zibert, im Singen religiöser Lieder und in der Ausführung religiöser Rituale während des Zugs zum Friedhof und auf dem Friedhof selbst, sowie in einer Predigt Ė.Ja. Isaaks während der Bestattung des Leichnams von G.Ja. Ėpp Ausdruck fanden.

Dabei weist der Ausschuss darauf hin, dass die Baptisten die genannten gesetzwidrigen Handlungen gegen den Willen des Organisators der Beerdigung P.G. Ėpp vollzogen, dem sie zuvor versichert hatten, die Ausführung der Bestattungsrituale nur auf das Haus des Verstorbenen zu beschränken.

Mitglieder des Ausschusses: J.I. Bol'c, Ja.P. Frizen, A.A. Nejfel'd.

Vorsitzender des Exekutivkomitees Griškovka V.Ja. Rempel'.

GAAK, f. 1692, op. 1, d. 239, l. 6-7. *Maschinengeschriebene Abschrift.*

9.1. Abbildungen

Abb. 1: Frauen im Straflager Karlag (Gebiet Karaganda), Haftanstalt Dolinka, am Tag der Linderung der Haftbedingungen, 1956.

Abb. 2: Susanne Neumann arbeitete im Straflager Karlag, Haftanstalt Dolinka, im Lastfuhrwesen, 1956.

Abb. 3: Deutsche Häftlinge im Straflager Steplag (Džezkazgan), 1954/55.

Abb. 4: Petr Petrovič Vibe und Petr Davidovič Klassen im Straflager Kengir (Džezkazgan), 1954.

Abb. 5: Stepan G. Dubovoj (stehend, Mitte) unter den ersten Gläubigen in der Siedlung Rudnik (Džezkazgan).

Abb. 6: Karl Ivanovič Tauber (stehend, 1. v.l.) unter jungen Gläubigen der Siedlung Rudnik (Džezkazgan). April 1956.

Abb. 7: Erstes Erntedankfest im ersten Bethaus der Siedlung Rudnik (Džezkazgan), 1956.

Abb. 8: Drittes Tauffest in der Siedlung Rudnik (Džezkazgan), 15.09.1957. Täufer: Bruder Zavgorodnij (Ukraine), Verwandter von Stepan Dubovoj.

Abb. 9: Versammlung von Witwen in der Gemeinde Džezkazgan, 28.02.1960. In der Mitte Stepan Dubovoj.

Abb. 10: Die illegale Gemeinde in Novosibirsk vor ihrem Versammlungsort, einer Erdhütte, etwa 1957–1958. In der hintersten Reihe, 2. v. l. der Gemeindeälteste, David Klassen, der zwischen 1958 und 1973 dreimal für insgesamt zehn Jahre inhaftiert war.

Abb. 11: Jakob Friesen mit Familie verlässt seinen im Gebiet Archangel'sk gelegenen Deportationsort und zieht in Richtung Süden.

Abb. 12: Sängerfest in der Nähe von Jur'evka, 20.06.1965.

Abb. 13: Barnaul, 1960er Jahre. Die Behörden zerstören das Haus von Ewald Hauff, in dem Gottesdienste stattgefunden hatten.

Abb. 14: Georgij Petrovič Vins (1928–1998), Mitbegründer der Initiativgruppe, Generalsekretär des Kirchenrats der Evangeliumschristen-Baptisten und Leiter des illegalen Verlags „Christianin", 1966–1969 und 1974–1979 in Haft.

Abb. 15: Peter Siemens nach der Urteilsverkündung, Ščučinsk, 10.10.1975. Siemens wurde für die Organisation eines großen Jugendtreffens am 01.–02.05.1975 zu drei Jahren Haft verurteilt.

Abb. 16: Heinrich Petker mit Familie, Konstantinovka (Gebiet Pavlodar), Ende der 1970er Jahre. Petker verunglückte am 03.02.1980 zusammen mit Waldemar Friesen, (s. Bild 17) und einer weiteren Person tödlich beim geheimen Transport von russischen Bibeln. Den Gläubigen gelten die drei Personen als Märtyrer.

Abb. 17: Waldemar Friesen mit Familie, Konstantinovka (Gebiet Pavlodar), Ende der 1970er
Jahre. (s. Abb. 16).

Abb. 18: Am 24.10.1974 von den Behörden ausgehobener Druckort des illegalen Verlags
„Christianin" in Ligatne bei Cēsis (Lettland). Das Haus gehörte dem deutschen Ehepaar Eugen und Amalie Hauer. Eugen Hauer wurde am 12.02.1975 verhaftet und zu vier Jahren Haft
verurteilt.

Abb. 19: Ehepaar Eugen und Amalie Hauer, Eigentümer des Hauses, in dem sich eine geheime Druckerei des illegalen Verlags „Christianin" befand, (s. Bild 18).

Abb. 20: Anna (außen links) und Helene (außen rechts) Januschewski zusammen mit drei russischen Mitarbeiterinnen einer Druckerei des illegalen Verlags „Christianin". Die aus der Nähe von Alma-Ata stammenden Schwestern wurden zu drei Jahren Haft verurteilt, jedoch im Zuge der Perestrojka im September 1987 vorzeitig aus der Haft entlassen.

Abb. 21: Das Straflager, in dem Anna und Helene Januschewski (Mitarbeiterinnen einer Druckerei des illegalen Verlags „Christianin") ihre Haftstrafe verbüßten.

Abb. 22: David Klassen (links) und Jakob Esau im Missionswerk FriedensBote an einer früheren Druckmaschine des illegalen Verlags „Christianin" (Meinerzhagen 1990er Jahre).

Abb. 23: Dankgottesdienst anlässlich der Entlassung von Ella Kasper aus dreijähriger Haft, Karaganda 1977. Ella Kasper wurde am 08.02.1974 verhaftet, weil sie in der Gemeinde illegalen Religionsunterricht für Kinder organisiert hatte.

Abb. 24: Johann Steffen wurde am 13.07.1967 wegen seiner Tätigkeit als Gemeindeältester in Issyk bei Alma-Ata verhaftet und zu fünf Jahren Haft verurteilt. Das Foto stammt aus der Haftzeit. Steffen wurde insgesamt viermal inhaftiert.

Abb. 25: Jakob Dürksen, einer der bekanntesten im Gebiet Omsk tätigen Prediger, während seiner ersten Haft in Džezkazgan im Besuchszimmer mit seiner Ehefrau. Dürksen wurde am 08.02.1953, weniger als einen Monat vor dem Tode Stalins, zu 25 Jahren Haft verurteilt, aber nach fünfeinhalb Jahren aus der Haft entlassen und rehabilitiert.

Abb. 26: Jakob Dürksen (3. v.l.) während seiner zweiten Haft (1972–1977) im Straflager Omsk zusammen mit sechs weiteren inhaftierten Glaubensbrüdern (v.l.): Ivan Francevič Tevs, Petr Germanovič Adrian, Jakov Jakovlevič Enns, Abram F. Fast, Viktor Pikalov und Michail Desjatnikov.

Abb. 27: Beerdigung von Jakob Dürksen in seinem Heimatdorf Apollonovka (Gebiet Omsk), 06.06.1985. Er starb am 2.06.1985 im Straflager Zmeinogorsk an Herzversagen.

Abb. 28: Der Beerdigungszug von Jakob Dürksen mit etwa 2 000 Trauernden.

Abb. 29: In Trofimovka (Gebiet Pavlodar) wurden am 03.12.1966 gleich drei Personen zu jeweils drei Jahren Haft verurteilt, weil sie Gemeindearbeit geleistet hatten (Predigen, Organisation von Religionsunterricht für Kinder): Heinrich Voth, W. Mathies und Jakob Ewert (v.l.).

Abb. 30: Eduard Ewert (Sohn von Jakob Ewert, s. Bild 29) wurde zweimal vor Gericht gestellt. Am 27.03.1981 wurde er für Gemeindeaktivitäten (Predigen, Chorleitung etc.) zu zweieinhalb Jahren Haft verurteilt.

Abb. 31: Haus Nr. 29 in der Turgenev-Straße, in dem die Mennoniten am 9. Oktober einen Erntedank-Gottesdienst durchführen wollten, Omsk 1960.

Abb. 32: Rudol'f Zeifert, in dessen Haus die Mennoniten ihre Gottesdienste veranstalteten, Omsk 1960.

Abb. 33: „Lass dich nicht vom Bösen überwinden, sondern überwinde das Böse mit Gutem". Der Spruch an der Wand des Zimmers, in dem die Mennoniten ihre Gottesdienste abhielten, Omsk 1960.

9. Anlagen

Abb. 34: Eine Verwandte von Rudol'f Zeifert mit ihren Kindern in einem Gottesdienst der Mennoniten, Omsk 1960.

Abb. 35: Mennonitischer Gottesdienst, Omsk 1960.

Abb. 36: Gerichtsverhandlung gegen die Leiter der illegalen Gemeinde der Evangeliumschristen-Baptisten in Omsk. Der Angeklagten Agata Garms gehörte das Haus, in dem eine illegale Druckerei untergebracht war, Omsk 1960-1962.

Abb. 37: Gerichtsverhandlung gegen Rimma Zavadskaja, geb. Tissen, Mitglied der zum Kirchenrat der Evangeliumschristen-Baptisten gehörenden Gemeinde in Petrovka. Im Verhandlungssaal befindet sich Jakov Abramovič Zavadskij, Ehemann der Angeklagten, Gebiet Omsk, Rayon Isil'kul', Siedlung Solncevka, November 1968.

Abb. 38: Gerichtsverhandlung gegen Rimma Zavadskaja, geb. Tissen, Mitglied der zum Kirchenrat der Evangeliumschristen-Baptisten gehörenden Gemeinde in Petrovka. Die Zeugin Zara Tissen war die Mutter der Angeklagten, Gebiet Omsk, Rayon Isil'kul', Siedlung Solncevka, November 1968.

Abb. 39: Gerichtsverhandlung gegen den Leiter der zum Kirchenrat der Evangeliumschristen-Baptisten gehörenden Gemeinde in Petrovka. Die Angeklagten Petr Derksen und Jakov Vins im Verhandlungssaal, Gebiet Omsk, Rayon Isil'kul', Siedlung Solncevka, Februar 1969.

Abb. 40: Gerichtsverhandlung gegen die Leiter der zum Kirchenrat der Evangeliumschristen-Baptisten gehörenden Gemeinde in Petrovka. Der Angeklagte Jakov Vins spricht das Schluss-wort vor der Urteilsverkündigung, Gebiet Omsk, Rayon Isil'kul', Siedlung Solncevka, Februar 1969.

9.2. Dokumentenverzeichnis

1. Über Maßnahmen zur Bekämpfung der illegalen Aktivitäten der Sektenangehörigen (13.11.1965).
2. Beschluss des Rats für Religionsangelegenheiten beim Ministerrat der UdSSR „Über Maßnahmen zur Ordnung des Netzes der aus Bürgern deutscher Nationalität bestehenden religiösen Vereinigungen und zur Intensivierung der Kontrolle über deren Tätigkeit" (28.08.1974).
3. Urteil des Rayonsgerichts Isil'kul' des Gebiets Omsk gegen die Mennoniten Ja.D. Kriger und A.Ch. Laukert (30.07.1975).
4. Protokoll des Dorfsowjets Orlovo (Rayon Chabary / Region Altaj) über die Durchführung illegalen Unterrichts in der Kinder-Sonntagsschule (12.03.1978).
5. „Sondermitteilung" der Evangeliumschristen-Baptisten der Gebiete Omsk, Kokčetav [und] Celinograd und der Stadt Omsk an den Vorsitzenden des Obersten Sowjets der UdSSR L.I. Brežnev, den Vorsitzenden des Rats für Religionsangelegenheiten V.A. Kuroedov, den Ersten Sekretär des Gebietsparteikomitees Omsk der KPdSU S.I. Manjakin [und] den Ersten Sekretär des Rayonsparteikomitees Isil'kul' der KPdSU [O.V.] Pirogov (spätestens 30. Juni 1978).
6. Auskunft der Abteilung für Angelegenheiten der protestantischen Kirchen, der jüdischen Religion und der Sekten über die Umsetzung des Beschlusses des Rats für Religionsangelegenheiten beim Ministerrat der UdSSR vom 28. August 1974 „Über Maßnahmen zur Ordnung des Netzes der aus Bürgern deutscher Nationalität bestehenden religiösen Vereinigungen und zur Intensivierung der Kontrolle über deren Tätigkeit" (18.06.1981).
7. Protokoll über den Verstoß gegen die Religionsgesetze durch die Mennoniten des Dorfs Griškovka (Rayon Slavgorod / Region Altaj) (05.04.1983).

9.3. Bildnachweis

Abb. 1-2   Bildarchiv Hilfskomitee Aquila / Verlag Samenkorn. Bild zur Verfügung gestellt von Susanne Neumann.

Abb. 3-9   Bildarchiv Hilfskomitee Aquila / Verlag Samenkorn. Bild zur Verfügung gestellt von Rudolf Dyck.

Abb. 10   Bildarchiv Missionswerk FriedensBote.

Abb. 11   Bildarchiv Hilfskomitee Aquila / Verlag Samenkorn. Bild zur Verfügung gestellt von Jakob Friesen.

Abb. 12   Bildarchiv Hilfskomitee Aquila / Verlag Samenkorn. Bild zur Verfügung gestellt von Jakob und Irene Richert.

Abb. 13-30   Bildarchiv Missionswerk FriedensBote.

Abb. 31   Staatliches Museum für Geschichte und Heimatkunde in Omsk, Russland (OMK-7407/3, Ф-15040).

Abb. 32   Staatliches Museum für Geschichte und Heimatkunde in Omsk, Russland (OMK-7407/4, Ф-15041).

Abb. 33   Staatliches Museum für Geschichte und Heimatkunde in Omsk, Russland (OMK-7407/7, Ф-15044).

Abb. 34   Staatliches Museum für Geschichte und Heimatkunde in Omsk, Russland (OMK-7407/9, Ф-15046).

Abb. 35   Staatliches Museum für Geschichte und Heimatkunde in Omsk, Russland (OMK-7407/11, Ф-15048).

Abb. 36   Staatliches Museum für Geschichte und Heimatkunde in Omsk, Russland (OMK-7528/39, Ф-15485).

Abb. 37   Staatliches Museum für Geschichte und Heimatkunde in Omsk, Russland (OMK-8422/24).

Abb. 38   Staatliches Museum für Geschichte und Heimatkunde in Omsk, Russland (OMK-8422/39).

Abb. 39   Staatliches Museum für Geschichte und Heimatkunde in Omsk, Russland (OMK-8422/45).

Abb. 40   Staatliches Museum für Geschichte und Heimatkunde in Omsk, Russland (OMK-8422/50).

9.4. Abkürzungsverzeichnis

ABK	Archiv des Bundes der Evangeliumschristen-Baptisten Kirgisistans
AP RF	Präsidentenarchiv der Russischen Föderation
ASSR	Autonome Sozialistische Sowjetrepublik
AUFSB po NSO	Archiv der Verwaltung des Föderalen Sicherheitsdienstes für das Gebiet Novosibirsk
AUREChB	Allunionsrat der Evangeliumschristen-Baptisten
Bd.	Band
CA FSB RF	Zentralarchiv des Föderalen Sicherheitsdienstes der Russischen Föderation
CDNITO	Dokumentationszentrum der Neuesten Geschichte des Gebiets Tomsk
CGA KR	Zentrales Staatsarchiv der Republik Kirgisistan
CGA PD KR	Zentrales Staatsarchiv für politische Dokumentation der kirgisischen Republik
CGA RK	Zentrales Staatsarchiv der Republik Kasachstan
CIK	Zentrales Exekutivkomitee
d.	delo (Akte)
DRUSAG	Deutsch-russische Saatbau AG
EChB	Evangeliumschristen-Baptisten
f.	fond (Fonds, Archivbestandsgruppe)
FSB	Inlandsgeheimdienst der Russischen Föderation
g.	god (Jahr)
gg.	gody (Jahre)
GAAK	Staatsarchiv der Region Altaj
GAKK	Staatsarchiv der Region Krasnojarsk
GAKO	Staatsarchiv des Gebiets Karaganda
GANO	Staatsarchiv des Gebiets Novosibirsk
GAOO	Staatsarchiv des Gebiets Omsk
GARF	Staatsarchiv der Russischen Föderation
GASPITO	Staatliches Archiv der sozio-politischen Geschichte des Gebiets Tjumen'
GPU	Staatliche Politische Verwaltung (Staatssicherheit)
GUGB	Hauptverwaltung für Staatssicherheit
KGB	Komitee für Staatssicherheit
KP(b)U	Kommunistische Partei (der Bolschewiki) der Ukraine
KPdSU	Kommunistische Partei der Sowjetunion
l.	list (Blatt)
MGB	Ministerium für Staatssicherheit
MVD	Innenministerium
NĖP	Neue Ökonomische Politik
NKVD	Volkskommissariat für innere Angelegenheiten
ob.	oborot (Rückseite)
OGPU	Vereinigte Staatliche Politische Verwaltung (Staatssicherheit)
op.	opis' (Findbuch)
Orgbüro	Organisationsbüro

OSD GAAK	Abteilung für Sonderdokumentation des Staatsarchivs der Region Altaj
OSROG	Vereinigter Rat der religiösen Gemeinden und Gruppen
PGASPI	Staatsarchiv für sozio-politische Geschichte des Gebiets Perm'
RGANI	Russisches Staatsarchiv für Neueste Geschichte
RGASPI	Russisches Staatsarchiv für sozio-politische Geschichte
RKP(b)	Russische Kommunistische Partei (der Bolschewiki)
RSFSR	Russische Sozialistische Föderative Sowjetrepublik
SPb.	Sankt Petersburg
SSR	Sozialistische Sowjetrepublik
T.	tom (Band)
Torgsin	Außenhandelsgesellschaft
u.a.	und andere/unter anderem
UdSSR	Union der Sozialistischen Sowjetrepubliken
UVD	Abteilung für innere Angelegenheiten
VCIK	Allrussisches Zentrales Exekutivkomitee
VČK	Allrussische Sonderkommission
VKP(b)	Allsowjetische Kommunistische Partei (der Bolschewiki)
VLKSM	Leninistischer Kommunistischer Jugendverband der UdSSR (Komsomol)
VSECh	Allrussischer Bund der Evangeliumschristen / Allunionsrat der Evange-liumschristen
VSEChB	Allunionsrat der Evangeliumschristen-Baptisten
vv.	veka (Jahrhunderte)
vyp.	vypusk (Ausgabe)
ZK	Zentralkomitee

9.5. Verzeichnis der Tabellen

9.6. Quellen- und Literaturverzeichnis

Archivquellen

Russisches Staatsarchiv für sozio-politische Geschichte / Rossijskij gosudarstvennyj archiv social'no-političeskoj istorii (RGASPI)
f. 17:   ZK der VKP(b)-KPdSU

Staatsarchiv der Russischen Föderation / Gosudarstvennyj archiv Rossijskoj Federacii (GARF)
f. 130:   Rat der Volkskommissare der RSFSR
f. 182:   Verwaltung für Wehrpflicht des Innenministeriums der Russischen Regierung, Stadt Omsk
f. 353:   Volkskommissariat für Justiz der RSFSR
f. 1235:   Allrussisches Zentralexekutivkomitee
f. 5263:   Ständige Kommission für Fragen des Kultes beim Präsidium des VCIK
f. 5407:   Bund der Militanten Atheisten der UdSSR
f. 6991:   Rat für Angelegenheiten der religiösen Kulte / Rat für Angelegenheiten der Religionen beim Ministerrat der UdSSR

Russisches Staatsarchiv für Neueste Geschichte / Rossijskij gosudarstvennyj archiv novejšej istorii (RGANI)
f. 3:   Politbüro (Präsidium) des ZK der KPdSU
f. 5:   Apparat des ZK der KPdSU
f. 89:   Von der Archivsonderkommission beim Präsidenten der Russischen Föderation in den Jahren 1992–1994 freigegebene Dokumente [Kopiensammlung]

Staatsarchiv des Gebiets Omsk / Gosudarstvennyj archiv Omskoj oblasti (GAOO)
f. 28:   Exekutivkomitee des Omsker Bezirksrats der Arbeiter-, Bauern- und Rotarmeedeputierten
f. 32:   Abteilung der Verwaltung des Omsker Gouvernementsexekutivkomitees
f. 138:   Omsker Gouvernementsgericht

Staatsarchiv der Region Altaj / Gosudarstvennyj archiv Altajskogo kraja (GAAK)
f. 1692:   Bevollmächtigter des Rats für Angelegenheiten der religiösen Kulte / des Rats für Religionsangelegenheiten beim Ministerrat der UdSSR für die Region Altaj
f. p. 1892:   Rayonsparteikomitee der VKP(b) des Deutschen Rayons

Abteilung für Sonderdokumentation des Staatsarchivs der Region Altaj / Otdel special'noj dokumentacii Gosudarstvennogo archiva Altajskogo kraja (OSD GAAK)
f. p. 2:   Verwaltung des FSB der Russischen Föderation für die Region Altaj

Staatsarchiv des Gebiets Novosibirsk / Gosudarstvennyj archiv Novosibirskoj oblasti (GANO)
f. p. 1:   Sibirisches Büro des ZK der RKP(b)
f. p. 2:   Sibirisches Regionsparteikomitee der VKP(b)
f. p. 3:   Westsibirisches Regionsparteikomitee der VKP(b)

f. r. 1:   Sibirisches Revolutionskomitee
f. r. 47:   Exekutivkomitee des Westsibirischen Regionsrats der Werktätigendeputierten
f. r. 1027:   Novosibirsker Gebietsgericht des Justizministeriums der RSFSR
f. r. 1349:   Abteilung der Verwaltung des Novo-Nikolaevsker Kreisexekutivkomitees

Archiv der Verwaltung des Föderalen Sicherheitsdienstes für das Gebiet Novosibirsk / Archiv Upravlenija Federal'noj služby bezopasnosti po Novosibirskoj oblasti (AUFSB po NSO)
Fonds der Ermittlungsakten

Staatsarchiv der Region Krasnojarsk / Gosudarstvennyj archiv Krasnojarskogo kraja (GAKK)
f. p. 1:   Gouvernementsparteikomitee der RKP(b) Enissej

Dokumentationszentrum der Neuesten Geschichte des Gebiets Tomsk / Centr dokumentacii novejšej istorii Tomskoj oblasti (CDNITO)
f. 341:   Basisorganisation der KPdSU der Tomsker Stadtabteilung des NKVD

Zentralarchiv des Föderalen Sicherheitsdienstes der Russischen Föderation / Central'nyj archiv Federal'noj služby bezopasnosti Rossijskoj Federacii (CA FSB RF)
f. 1:   Außerordentliche Allrussische Kommission zur Bekämpfung von Konterrevolution, Spekulation und Sabotage beim Rat der Volkskommissare der RSFSR

Staatliches Archiv der sozio-politischen Geschichte des Gebiets Tjumen' / Gosudarstvennyj archiv social'no-političeskoj istorii Tjumenskoj oblasti (GASPITO)
f. 3894:   Verwaltung der Agentur für Föderale Sicherheit der RSFSR für das Gebiet Tjumen'

Staatsarchiv für sozio-politische Geschichte des Gebiets Perm' / Gosudarstvennyj archiv social'no-političeskoj istorii Permskoj oblasti (RGASPI)
f. 1845:   Solikamsker Stadtkomitee der KPdSU, Stadt Solikamsk, Gebiet Perm'

Archiv des Allunionsrats der Evangeliumschristen-Baptisten (Moskau)
Mappe 1.1.: Rundschreiben des Allunionsrats der Evangeliumschristen-Baptisten bis 1959

Archiv des Bundes der Evangeliumschristen-Baptisten Kirgisistans (ABK / Bischkek)
Fonds der Geschichtssammlung der Gemeinden der Evangeliumschristen-Baptisten in der Kirgisischen SSR

Zentrales Staatsarchiv der Republik Kasachstan / Central'nyj gosudarstvennyj archiv Respubliki Kazachstan (CGA RK)
f. 1711:   Bevollmächtigter des Rats für Angelegenheiten der religiösen Kulte beim Ministerrat der Kasachischen SSR, Stadt Alma-Ata

Staatsarchiv des Gebiets Karaganda (Kasachstan) / Gosudarstvennyj archiv Karagandinskoj oblasti (GAKO)
f. 1364:   Bevollmächtigter des Rats für Angelegenheiten der religiösen Kulte beim Ministerrat der Kasachischen SSR für das Gebiet Karaganda

Zentrales Staatsarchiv der Republik Kirgisistan / Central'nyj gosudarstvennyj archiv Kyrgyzskoj Respubliki (CGA KR)

f. 2597:   Bevollmächtigter des Rats für Angelegenheiten der religiösen Kulte beim Ministerrat der Kirgisischen SSR

Gedruckte Quellen und Literatur

Acta Litteraria Regni Poloniae et Magni Ducatus Lithuaniae (1755–1757).

Ajsfel'd, Al'fred (Hrsg.): **Iz istorii nemcev** Kyrgyzstana 1917–1999 gg. Sbornik dokumentov i materialov [Aus der Geschichte der Deutschen Kirgisistans 1917–1999. Dokumenten- und Materialsammlung], zusammengestellt von A.T. Bekturova, D.Š. Kazyeva, Biškek 2000.

Alekseeva, L.M.: **Istorija inakomyslija** v SSSR: Novejšij period [Geschichte des Andersdenkens in der UdSSR. Neueste Zeit], Vilnius u.a. 1992.

Andropov, Ju.V.: O dal'nejšem soveršenstvovanii razvedovatel'noj i kontrrazvedovatel'noj dejatel'nosti organov gosudarstvennoj bezopasnosti v sovremennych uslovijach. **Doklad na Vsesojuznom soveščanii** rukovodjaščego sostava organov i vojsk KGB. 27 maja 1975 [Über die weitere Vervollkommnung der Tätigkeit der Staatssicherheitsorgane im Bereich von Spionage und Gegenspionage unter den heutigen Bedingungen. Referat auf der Allunionssitzung des Führungsstabs der Organe und Truppen des KGB. 27. Mai 1975], in: Dejatel'nost' organov gosudarstvennoj bezopasnosti SSR na sovremennom ètape. Sbornik dokumentov i materialov [Die Tätigkeit der Staatssicherheitsorgane der UdSSR in der heutigen Etappe. Dokumenten- und Materialsammlung], Moskau 1980.

Auhagen, O.: Die **Schicksalswende** des russlanddeutschen Bauerntums in den Jahren 1927–1930, Leipzig 1942.

Baberowski, Jörg: Der **Feind** ist überall. Stalinismus im Kaukasus, München 2003.

Baberowski, Jörg: Der rote **Terror**. Die Geschichte des Stalinismus, München 2003.

Baberowski, Jörg: **Stalinismus** und Religion, in: Jahrbücher für Geschichte Osteuropas 52 (2004), Nr. 4, S. 481-493.

Baran, Emily B.: **Dissent** of the Margins. How Soviet Jehovah's Witnesses Defied Communism and Lived to Preach about it, New York 2014.

Barg, Andrej: Do sego mesta pomog nam Gospod': **Istorija cerkvej** Kyrgyzstana 1882–2012 [Bis hierher hat uns der Herr geholfen: Geschichte der Gemeinden Kirgisistans 1882–2012], Biškek 2013.

Bartels, B.: Die deutschen **Bauern in Rußland** einst und jetzt, Moskau 1928.

Basse, Ottokar, Gerd **Stricker** (Hrsg.): **Religionen** in der UdSSR: unbekannte Vielfalt in Geschichte und Gegenwart, Zollikon 1989.

Beesom, Trevor: **Discretion** and Valour: Religious Conditions in Russia and Eastern Europe, Glasgow 1974.

Beglov, A.: V poiskach „bezgrešnych katakomb". **Cerkovnoe podpol'e** v SSSR [Auf der Suche nach den „sündenfreien Katakomben". Der kirchliche Untergrund in der UdSSR], Moskau 2008.

Belge, Boris, Martin **Deuerlein** (Hrsg.): **Goldenes Zeitalter** der Stagnation? Perspektiven auf die sowjetische Ordnung der Brežnev-Ära, Tübingen 2014.

Belimov, A.F.: Kto takie **mennonity**? [Wer sind dieses Mennoniten?], Frunze 1967.

Belimov, A.F.: **Naučnaja nesostojatel'nost'** mirovozzrenija baptistov i mennonitov [Die wissenschaftliche Haltlosigkeit des Weltbilds der Baptisten und Mennoniten], Frunze 1971.

Beljakova, N.A.: **Cerkov'** v socialističeskom gosudarstve: osobennosti russkoj pravovoj tradicii [Kirche im sozialistischen Staat: Besonderheiten der russischen Rechtstradition], in: Religii mira. Istorija i sovremennost'. 2006–2010 [Die Weltreligionen. Geschichte und Gegenwart. 2006–2010], Moskau u.a. 2012, S. 428-469.

Beljakova, N.A.: **Kollektivnye praktiki** tipičnoj obščiny evangel'skich christian-baptistov v pozdnem USSR [Kollektive Praktiken einer typischen Gemeinde der Evangeliums-christen-Baptisten in der späten UdSSR], in: Gosudarstvo, religija, cerkov' v Rossii i za rubežom [Staat, Religion, Kirche in Russland und im Ausland], Moskau 2012, Nr. 3-4 (30), S. 284-314.

Beljakova, N.A.: **Religioznaja politika** v zapadnych respublikach pozdnego SSSR: centr i regiony (na primere Ukrainy) [Religionspolitik in den westlichen Republiken der späten UdSSR: Zentrum und Regionen (am Beispiel der Ukraine)], in: Ju.V. Krivošeev (Hrsg.): Peterburgskie issledovanija, Vypusk 3, SPb. 2011, S. 291-313.

Beljakova, N.A.: **Vlast'** i religioznye ob''edinenija v „pozdnem" SSSR: problema registracii [Die Macht und die religiösen Vereinigungen in der „späten" UdSSR: Das Problem der Registrierung], in: Rossijskaja istorija, Moskau 2008, Nr. 4, S. 124-130.

Beljakova, Nadezhda, Thomas **Bremer** u.a.: „Es gibt keinen Gott!": **Kirchen** und Kommunismus. Eine Konfliktgeschichte, Freiburg 2016.

Beljakova, Nadezhda A., M. **Dobson**: **Ženščiny** v evangel'skich obščinach poslevoennogo SSSR (1940–1980-e gg.). Issledovanie i istočniki [Frauen in den freikirchlichen Gemeinden der Nachkriegssowjetunion (1940er–1980er Jahre). Forschung und Quellen], Moskau 2015.

Belkovec, L.P.: **Bol'šoj terror** i sud'by nemeckoj derevni v Sibiri (konec 1920-ch–1930-e gody) [Der „Große Terror" und die Schicksale des deutschen Dorfs in Sibirien (Ende der 1920er–1930er Jahre)], Moskau 1995.

Berelovič, A., V. **Danilov** (Hrsg.): **Sovetskaja derevnja** glazami VČK-OGPU-NKVD, Tom 3, 1930–1934. Dokumenty i materialy [Das sowjetische Dorf mit den Augen von VČK-OGPU-NKVD, Bd. 3, 1930–1934. Dokumente und Materialien], Moskau 2003.

Berends, Jan, Vera **Dubina** u.a. (Hrsg.): **Povsednevnaja žizn'** pri socializme. Nemeckie i rossijskie podchody [Alltagsleben im Sozialismus. Deutsche und russische Ansätze], Moskau 2015.

Bergmann, Peter: Hier, in Karaganda, war mein eigentliches **Arbeitsfeld** (Interview mit Arpad Arder), bearb. von Johannes Dyck, in: Aquila 25 (1997), Nr. 3, S. 8 f.

Bericht des Leiters der Lokation in **Grigoriopol'** Evgenij Rodoslavov auf der Konferenz „Pomni ves' put'" [„Gedenke des ganzen Weges"], Doneck 2009.

Bezborodov, A.B., V.M. **Chrustalev** (Hrsg.): **Istorija** stalinskogo Gulaga. Konec 1920-ch – pervaja polovina 1950-ch godov [Geschichte des Stalinschen Gulag. Ende 1920er – erste Hälfte 1950er Jahre], Bd. 4, Naselenie Gulaga: čislennost' i uslovija soderžanija [Die Bevölkerung des Gulag: Zahlen und Haftbedingungen], Moskau 2004.

Beznosov, A.I.: **Religioznaja žizn'** nemeckogo naselenija juga Ukrainy i politika sovetskoj vlasti (1920–1928) [Das Religionsleben der deutschen Bevölkerung der Südukraine und die Politik der Sowjetmacht (1920–1928)], in: Nemcy Rossii i SSSR: 1901–1941 gg.

Materialy meždunarodnoj konferencii [Die Deutschen Russlands und der UdSSR: 1901–1941. Materialien der internationalen Konferenz], Moskau 2000, S. 329-342.

Beznosov, A.I.: „**Sojuz graždan** gollandskogo proischoždenija" i mennonitskoe obščestvo Juga Ukrainy perioda pervoj poloviny 20-ch godov 20 veka [Der „Verband der Bürger holländischer Herkunft" und die mennonitische Gemeinschaft der Südukraine in der ersten Hälfte der 1920er Jahre], in: Voprosy germanskoj istorii [Fragen der deutschen Geschichte], Dnepropetrovsk 1995. S. 52-64.

Beznosova, Oksana: The **Ukrainian Evangelicals** under Pressure from the NKVD, 1928–1939, in: Andrej Kotljarchuk, Olle Sundstrom (Hrsg.): Ethnic and Religious Minorities in Stalin's Soviet Union. New Dimensions of Research, Stockholm 2017, S. 175-198.

Binner, Rolf, Bernd **Bonwetsch** u.a. (Hrsg.): **Stalinismus** in der sowjetischen Provinz 1937–1938. Die Massenaktion aufgrund des operativen Befehls Nr. 00447, Berlin 2010.

Binner, Rolf, Marc **Junge**: **Vernichtung** der orthodoxen Geistlichen in der Sowjetunion in den Massenoperationen des Großen Terrors 1937–1938, in: Jahrbücher für Geschichte Osteuropas 52 (2004), H. 4, S. 515-533.

Block, Johann: **Fjodorowka**: Dorf Nummer „Sieben": Orenburger Ansiedlung am Ural 1897–1992, Brakel 2014.

Bobrov, I.V. (Hrsg.): **Protestantizm** v Tjumenskom krae. Istorija i sovremennost' [Protestantismus in der Region Tjumen'. Geschichte und Gegenwart], SPb. 2006.

Boeckh, Katrin: **Stand und Perspektiven** der Historiographie zu den Russlanddeutschen, in: Victor Dönninghaus, Jannis Panagiotidis, Hans-Christian Petersen (Hrsg.): Neue Perspektiven auf die Russlanddeutschen zwischen Russland, Deutschland und Amerika [Einleitung], in: Jenseits der „Volksgruppe". Neue Perspektiven auf die Russlanddeutschen zwischen Russland, Deutschland und Amerika, Berlin 2017, S. 251-263 (Schriften des Bundesinstituts für Kultur und Geschichte der Deutschen im östlichen Europa 68).

Bondar', S.: **Sekta mennonitov** v Rossii (v svjazi s istoriej nemeckoj kolonizacii na juge Rossii) [Die Sekte der Mennoniten in Russland (im Zusammenhang mit der Geschichte der deutschen Kolonisierung im Süden Russlands)], Petrograd 1916.

Bordjugov, G.A.: **Pravila** dlja služebnogo pol'zovanija. Iz dokumentov F. Dzeržinskogo [Regeln für die dienstliche Nutzung. Aus den Dokumenten F. Dzeržinskijs], in: Neizvestnaja Rossija. XX vek [Das unbekannte Russland. XX. Jahrhundert], Tom 1, Moskau 1992, S. 28-55.

Brandes, Detlef: Ein „**Kulakenaufstand**" im sibirischen Halbstadt?, in: Forschungen zur Geschichte und Kultur der Russlanddeutschen, Essen 1995, S. 98-116.

Brandes, Detlef, Victor **Dönninghaus** (Hrsg.): **Bibliographie** zur Geschichte und Kultur der Russlanddeutschen. Bd. 2: Von 1917 bis 1998, München 1999 (Schriften des Bundesinstituts für ostdeutsche Kultur und Geschichte 13).

Brandes, Detlef, Andrej **Savin**: **Die Sibiriendeutschen** im Sowjetstaat. 1919–1938, Essen 2001.

Brandes, Detlef, Holm **Sundhaussen** u.a. (Hrsg.): **Lexikon der Vertreibungen**. Deportation, Zwangsaussiedlung und ethnische Säuberung im Europa des 20. Jahrhunderts, Wien u.a. 2010.

Bratskij listok. Sovet Cerkvej EChB. Sbornik. 1965–2000 [Bruderblatt. Kirchenrat der Evangeliumschristen-Baptisten. Sammelband. 1965–2000], Moskau 2001.

Brul', V.I.: **Gal'bstadtskoe vosstanie** [Der Halbstadter Aufstand], in: Nemcy Rossii: Ènciklopedija [Die Deutschen Russlands: Enzyklopädie], Moskau 1999, Bd. 1, S. 461 f.

Brul', V.I.: **Nemcy** v Zapadnoj Sibiri [Die Deutschen in Westsibirien], Teile 1-2, Topčicha 1995.

Čebrikov, V.M.: **Bor'ba organov KGB** s ideologičeskoj diversiej imperialističeskich gosudarstv v sovremennych uslovijach. Doklad na seminare predstavitelej organov bezopasnosti socialističeskich stran po voprosam bor'by s ideologičeskoj diversiej protivnika. 26 maja 1977 [Kampf der Organe des KGB gegen die ideologische Diversion der imperialistischen Staaten unter den heutigen Bedingungen. Referat auf dem Seminar der Vertreter der Organe der Staatssicherheit der sozialistischen Länder zu Fragen des Kampfes gegen die ideologische Diversion des Feindes. 26. Mai 1977], in: Dejatel'nost' organov gosudarstvennoj bezopasnosti SSSR na sovremennom ètape. Sbornik dokumentov i materialov [Tätigkeit der Staatssicherheitsorgane der UdSSR in der heutigen Etappe. Dokumenten- und Materialsammlung], Vyp. 1, Moskau 1980.

Čebrikov. V.M. u.a. (Hrsg.): **Istorija** sovetskich organov gosudarstvennoj bezopasnosti. Učebnik [Geschichte der sowjetischen Staatssicherheitsorgane. Lehrbuch], Moskau 1977.

Čencov, V.V.: **Tragičeskie sud'by**: političeskie repressii protiv nemeckogo naselenija Ukrainy v 1920–1930-e gg. [Tragische Schicksale: politische Repressionen gegen die deutsche Bevölkerung der Ukraine in den 1920er–1930er Jahren], Moskau 1998.

Čerkaz'janova, Irina V. (Hrsg.): **Letopis' dissertacij** po istorii i kul'ture rossijskich nemcev (1960-e 2009 gg.). Spravočnik [Chronik der Dissertationen zur Geschichte und Kultur der Russlanddeutschen (1960er Jahre–2009). Handbuch], SPb. 2009.

Čerkaz'janova, Irina V. (Hrsg.): **Meždunarodnaja associacija** issledovatelej istorii i kul'tury rossijskich nemcev. 1995–2010. Spravočnik [Internationale Forschergemeinschaft zur Geschichte und Kultur der Russlanddeutschen. 1995–2010. Handbuch], Moskau 2010.

Čerkaz'janova, Irina V.: **Škol'noe obrazovanie** rossijskich nemcev (Problemy razvitija i sochranenija nemeckoj školy v Sibiri v XVIII–XX vv.) [Die schulische Bildung der Russlanddeutschen (Probleme der Entwicklung und Bewahrung der deutschen Schule in Sibirien im 18.–20. Jahrhundert)], SPb. 2004.

Cerkov' dolžna ostavat'sja cerkov'ju. **Neobratimye desjatiletija** 1917–1937 gg. v istorii evangel'skogo i baptistskogo dviženija [Die Kirche soll Kirche bleiben. Die nicht wieder rückgängig zu machenden Jahrzehnte 1917–1937 in der Geschichte der evangelistischen und baptistischen Bewegung], Moskau 2008.

Černova, Tamara N. (Hrsg.): **Rossijskie nemcy**. Otečestvennaja bibliografija. 1991–2000 gg.: ukazatel' novejšej literatury po istorii i kul'ture nemcev Rossii [Die Russlanddeutschen. Heimische Bibliografie. 1991–2000: Verzeichnis der neuesten Literatur zur Geschichte und Kultur der Russlanddeutschen], Moskau 2001.

Černyšev, A.V.: **Protestantskie religioznye tečenija** XX–XXI vekov v Zapadnoj Sibiri. Istoriografija, bibliografija, dokumenty [Protestantische religiöse Strömungen des XX.–XXI. Jahrhunderts in Westsibirien. Historiografie, Bibliografie, Dokumente], Tjumen' 2005.

Chaustov, V.N.: **Inostrancy** i sovetskie graždane inostrannogo proischoždenija – potencial'nye „agenty buržuaznych razvedok" [Ausländer und Sowjetbürger ausländischer Herkunft – potentielle „Agenten der bourgeoisen Nachrichtendienste"], in: Istoričeskie čtenija na Lubjanke 1997–2007 [Historische Lesungen in der Lubjanka 1997–2007], Moskau 2008, S. 219-227.

Chaustov, V.N.: **Repressii** protiv sovetskich nemcev do nacala massovoj operacii 1937 g. [Repressionen gegen die Russlanddeutschen bis zum Beginn der Massenoperation von 1937], in: Irina L. Šerbakova (Hrsg.): Repressii protiv rossijskich nemcev. Nakazannyj narod [Repressionen gegen die Russlanddeutschen. Das bestrafte Volk], Moskau 1999, S. 75-83.

Chaustov, V.N., V.P. **Naumov** u.a. (Hrsg.): **Lubjanka. Stalin i VČK**-GPU-OGPU-NKVD. Janvar' 1922 – dekabr' 1936 [Lubjanka. Stalin und die VČK-GPU-OGPU-NKVD. Januar 1922–Dezember 1936], Moskau 2003.

Chaustov, V.N., L. **Samuel'son: Stalin, NKVD i repressii** 1936–1938 [Stalin, NKVD und Repressionen. 1936–1938], Moskau 2009.

Chlevnjuk, O., J. **Gorlickij** u.a. (Hrsg.): **Politbjuro CK VKP(b)** i Sovet Ministrov SSSR. 1945–1953 [Das Politbüro des ZK der VKP(b) und der Ministerrat der UdSSR. 1945–1953], Moskau 2002.

Chorev, V[eniamin] M.: „**Uroki istorii**" [Die Lehren der Geschichte], in: Vestnik istiny 2 (2008), S. 21-27.

Chosking, Džeffri: **Doverie**: istorija [Das Vertrauen: Geschichte], Moskau 2016.

Čislennost' naselenija na načalo goda, 1950–2016. 15 novych nezavisimych gosudarstv [Bevölkerungszahlen zum Jahresbeginn, 1950–2016. 15 neue unabhängige Staaten], in: http://www.demoscope.ru/weekly/ssp/sng_pop.php (Zugriff: 04.04.2018).

Čumačenko, T.A.: **Gosudarstvo**, pravoslavnaja cerkov', verujuščie. 1941–1961 gg. [Staat, Orthodoxe Kirche, Gläubige. 1941–1961], Moskau 1999.

Čumačenko, T.A.: K voprosu **ob otstavke G.G. Karpova** s dolžnosti predsedatelja Soveta po delam Russkoj pravoslavnoj cerkvi pri Sovete Ministrov SSSR [Zur Frage des Rücktritts G.G. Karpovs vom Posten des Vorsitzenden des Rats für die Russisch-Orthodoxe Kirche beim Ministerrat der UdSSR], in: Magistra Vitae: Ėlektronnyj žurnal po istoričeskim naukam i archeologii [Elektronische Zeitschrift für Geschichtswissenschaften und Archäologie], Čeljabinsk 2008, Nr. 18, S. 138-144.

Čumačenko, T.A.: **V rusle vnešnej politiki** sovetskogo gosudarstva: Moskovskaja patriarchija na meždunarodnoj arene v 1943–1948 gg. [Im Fahrwasser der Außenpolitik des Sowjetstaats: Die Moskauer Patriarchie in der internationalen Arena in den Jahren 1943–1948], in: Vestnik Rossijskogo universiteta družby narodov. Serija: Istorija (2007), Nr. 1 (7), S. 89-99.

Dahlke, Sandra: **Individuum** und Herrschaft im Stalinismus: Emel'jan Jaroslavskij (1878–1943), München 2012.

Danièl', Aleksandr: **Topologija** sovetskogo inakomyslija: 1950–1960-e gody [Topologie des sowjetischen Dissenses: 1950er–1960er Jahre], in: Jan Berends, Vera Dubina u.a. (Hrsg.): Povsednevnaja žizn' pri socializme. Nemeckie i rossijskie podchody [Alltagsleben im Sozialismus. Deutsche und russische Ansätze], Moskau 2015, S. 90-105.

Danilov, V. u.a. (Hrsg.): **Tragedija** sovetskoj derevni. Kollektivizacija i raskulačivanie. Dokumenty i materialy v 5 tomach. 1927–1939 [Die Tragödie des sowjetischen Dorfes. Kollektivierung und Entkulakisierung. Dokumente und Materialien in 5 Bänden. 1927–1939], Moskau 1999–2006.

Dejatel'nost' organov gosudarstvennoj bezopasnosti SSR na sovremennom ėtape. Sbornik dokumentov i materialov [Die Tätigkeit der Staatssicherheitsorgane der UdSSR in der heutigen Etappe. Dokumenten- und Materialsammlung], Moskau 1980.

Dekrety sovetskoj vlasti [Dekrete der Sowjetmacht], Bd. 4, Moskau 1968.

Derksen, Peter (Isaak): Es wurde wieder ruhig: Die **Lebensgeschichte** eines mennonitischen Predigers aus der Sowjetunion, Winnipeg 1989.

Deyneka, Anita, Peter, Jr. **Deyneka: A Song in Siberia**, Elgin, Illinois 1977.

Dick, David: Ein **Weinberg** an einem lieblichen Ort: Susanowo (1911–2011), Steinhagen 2014.

Dik, David N.: **Vinogradnik** v prekrasnom meste: Susanovo (1911–2011) [Ein Weinberg an einem lieblichen Ort: Susanovo (1911–2011)], Nümbrecht 2011.

Dik, R[udolf] G.: **Ogon'** paljaščij žizn' chranit [Sengendes Feuer bewahrt das Leben], o.O. [2005].

Dolotov, A.: **Cerkov'** i sektantstvo v Zapadnoj Sibiri [Kirche und Sektentum in Westsibirien], Novosibirsk 1930.

Dönninghaus, Victor: „**Azbuka kommunizma**". K istorii razvitija detskogo kommunističeskogo dviženija v nacional'nych oblastjach i regionach SSSR v 1920-e gg. [„Das ABC des Kommunismus". Zur Geschichte der Entwicklung der kommunistischen Kinderbewegung in den nationalen Gebieten und Regionen der UdSSR in den 1920er Jahren], in: Aktual'nye problemy rossijskoj civilizacii i metodiki prepodavanija istorii. Sbornik materialov IV-oj mežvuzovskoj naučnoj konferencii [Aktuelle Probleme der russischen Zivilisation und Methoden des Geschichtsunterrichts. Materialsammlung der IV. Wissenschaftlichen Hochschulkonferenz], Saratov 2011, S. 92-112.

Dönninghaus, Victor: **Bor'ba** za nemeckuju molodež'. Central'noe bjuro nemsekcij pri CK VLKSM i religioznye molodežnye formirovanija v SSSR (1922–1930 gg.) [Der Kampf um die deutsche Jugend. Das Zentralbüro der deutschen Sektionen des Zentralkomitees VLKSM und die religiösen Jugendverbände der UdSSR (1922–1930)], in: Ključevye problemy istorii rossijskich nemcev. Materialy X-oj meždunarodnoj naučnoj konferencii (Moskva, 18–21 nojabrja 2003 g.) [Schlüsselproblematik der Geschichte der Russlanddeutschen. Materialsammlung der X. Internationalen wissenschaftlichen Konferenz (Moskau, 18.–21. November 2003)], Moskau 2004, S. 74-85.

Dönninghaus, Victor: Die Schaffung des „idealen" Menschen. Mechanismen zur **Sowjetisierung** der deutschen Jugend in den 1920er Jahren, in: Przegląd Wschodnioeuropejski, Olsztyn 2013, Nr. 4, S. 47-67.

Dönninghaus, Victor: „He who is not with us is against us". **Elimination of the „Fifth Column"** in the Soviet Union, 1937–1938, in: Andrej Kotljarchuk, Olle Sundström (Hrsg.): Ethnic and Religious Minorities in Stalin's Soviet Union. New Dimensions of Research, Stockholm 2017, S. 69-85 (Sodertorn Academic Studies 72; Northern Studies Monographs 5).

Dönninghaus, Victor: „**Immer bereit**"! Die sowjetischen „Scouts" im nationalen Dorf (1922–1929). Zur Geschichte der kommunistischen Kinder- und Jugendbewegung bei den nationalen Minderheiten des Westens in der UdSSR, in: Przegląd Wschodnioeuropejski, Olsztyn 2011, Nr. 2, S. 35-59.

Dönninghaus, Victor: **Issledovanija istorii** rossijskich nemcev: krizis i perspektivy razvitija [Die Erforschung der Geschichte der Russlanddeutschen: Krise und Entwicklungsperspektiven], in: Arkadij German (Hrsg.): Rossijskie nemcy: 50 let poslevoennomu ob-ščestvennomu dviženiju. Ot pervych delegacij v pravitel'stvo čerez „Vozroždenie" k so-vremennoj sisteme samoorganizacii (1964–2014). Materialy 5-j meždunarodnoj naučno-praktičeskoj konferencii. Moskva, 11–16 fevralja 2015 g. [Die Russlanddeutschen: 50 Jahre gesellschaftliche Bewegung in der Nachkriegszeit. Von den ersten Delegationen zur Regierung über die „Wiedergeburt" zum heutigen System der Selbstorganisation (1964–2014). Sammelband der 5. Internationalen wissenschaftlich-praktischen Konfe-renz. Moskau, 11.–16. Februar 2015], Moskau 2015, S. 348-354.

Dönninghaus, Victor: **Likvidacija „pjatoj kolonny"** v SSSR (1937–1938 gg.) [Die Li-quidierung der „fünften Kolonne" in der Sowjetunion (1937–1938)], in: Rossijskij isto-ričeskij žurnal „Bylye gody" XXVI Soči 2012, Nr. 4, S. 63-75.

Dönninghaus, Victor: **Minderheiten in Bedrängnis**. Sowjetische Politik gegenüber Deut-schen, Polen und anderen Diaspora-Nationalitäten (1917–1938), München 2009. (Schrif-ten des Bundesinstitutes für Kultur und Geschichte der Deutschen im östlichen Europa 35).

Dönninghaus, Victor: „Ohne Schuld schuldig [...]": **Stalins Politbüro** und die Deporta-tionen nationaler Minderheiten des Westens in den 1930er Jahren, in: Nordost-Archiv. Zeitschrift für Regionalgeschichte N.F. XXI (2012), S. 34-63.

Dönninghaus, Victor: **Politbjuro CK VKP(b)** i „profilaktičeskie" deportacii nacmen'šinstv Zapada v 1930-e gg. [Das Politbüro des ZK der VKP(b) und „prophylaktische" Deporta-tionen nationaler Minderheiten des Westens in den 1930er Jahren], in: Načal'nyj period Velikoj Otečestvennoj vojny i deportacija rossijskich nemcev: vzgljady i ocenki čerez 70 let. Materialy 3-j meždunarodnoj naučno-praktičeskoj konferencii (Saratov, 26–28 avgusta 2011 g.) [Beginn des Großen Vaterländischen Krieges und die Deportation der Russlanddeutschen: Ansichten und Beurteilungen nach 70 Jahren. Sammelband der 3. Internationalen wissenschaftlich-praktischen Konferenz (Saratov, 26.–28. August 2011)], Moskau 2011, S. 69-98.

Dönninghaus, Victor: „Religiös und unpolitisch [...]". **Kommunistischer Jugendverband** und die deutsche Jugend in der UdSSR (1924–1929), in: Heike Müns, Matthias We-ber (Hrsg.): „Durst nach Erkenntnis [...]". Forschungen zur Kultur und Geschichte der Deutschen im östlichen Europa. Zwei Jahrzehnte Immanuel-Kant-Stipendium, München 2007, S. 103-117.

Dönninghaus, Victor: „**Territorija lojal'nosti**". Ot razovych čistok do massovych depor-tacij. (K analizu dejatel'nosti Politbjuro CK VKP(b) v otnošenii nacmen'šinstv Zapada v 1925–1940 gg.) [„Territorium der Loyalität". Von einzelnen Säuberungen zu Mas-sendeportationen. (Zur Analyse der Tätigkeit des Politbüros des Zentralkomitees der VKP(b) zu den nationalen Minderheiten des Westens in den Jahren 1925–1940)], in: Novejšaja istorija otečestva XX–XXI vv. Sbornik naučnych trudov [Die neueste Hei-matgeschichte im XX. und XXI. Jahrhundert. Sammelband], Vyp. 2, Saratov 2007, S. 196-226.

Dönninghaus, Victor: **V teni „Bol'šogo brata"**. Zapadnye nacional'nye men'šinstva v SSSR (1917–1938 gg.) [Im Schatten des „Großen Bruders". Die nationalen Minderheiten des Westens in der Sowjetunion (1917–1938)], Moskau 2011 (Istorija stalinizma).

Dönninghaus, Victor, Jannis **Panagiotidis**, Hans-Christian Petersen (Hrsg.): **Jenseits der „Volksgruppe"**. Neue Perspektiven auf die Russlanddeutschen zwischen Russland,

Deutschland und Amerika, Berlin 2017 (Schriften des Bundesinstituts für Kultur und Geschichte der Deutschen im östlichen Europa 68).

Dönninghaus, Victor, Andrej **Savin**: **Massovye religioznye meroprijatija** nemcev Sibiri kak projavlenie „svoenravnogo uprjamstva" (1960–1980-e g.) [Massenveranstaltungen der Sibiriendeutschen als Ausdruck des „Eigensinns" (1960–1980)], in: Vestnik Novosibirskogo universtiteta, Novosibirsk 2017, Nr. 8, S. 114-126.

Dönninghaus, Victor, Andrej **Savin**: **Meždu nelegal'nost'ju** i legal'nost'ju: religioznaja žizn' protestantskich obščin rossijskich nemcev i problema gosudarstvennoj registracii (1960-e–1980-e g.) [Zwischen Legalität und Illegalität: das religiöse Leben der evangelischen Gemeinde der Russlanddeutschen und das Problem der staatlichen Registrierung (1960–1980)], in: Arkadij German (Hrsg.): Nemcy Rossii v obščestvenno-političeskoj žizni strany (XVIII–XXI vv.). Sbornik statej [Die Russlanddeutschen im sozialen und politischen Leben (18.–21. Jahrhundert). Sammelband], Moskau 2017, S. 282-289.

Dönninghaus, Victor, Andrej **Savin**: **Religioznye organizacii** nemeckoj molodeži v Sibiri v 1920-e gody [Religiöse deutsche Jugendorganisationen im Sibirien der 1920er Jahre], in: Vladimir Šiškin (Hrsg.): Instituty graždanskogo obščestva v Sibiri (XX–načalo XXI v.) [Institute der Zivilgesellschaft in Sibirien (XX.–Anfang des XXI. Jahrhunderts)], Vyp. 2, Novosibirsk 2011, S. 119-135.

Dubovoj Stepan Gerasimovič, in: https://ru.openlist.wiki/Дубовой_Степан_Гераси мович_(1913) (Zugriff: 23.12.2016).

Dubovoj, Stepan G.: **Nebesnye iskry** ne gasnut: Avtobiografija [Himmlische Funken erlöschen nie: Autobiografie], Harsewinkel 2011.

Dyck, Johannes: A Root out of Dry Ground: **Revival Patterns** in the German Free Churches in the USSR after World War II, in: Journal of Mennonite Studies 30, 2012, S. 97-112.

Dyck, Johannes: An der Wiege der Bruderschaft: **Johann Wieler** (1839–1889) und die Gemeinschaften der frühen evangelischen Christen in Russland, Lage 2016.

Dyck, Johannes: **Bergmann**, Peter, in: MennLex Bd. V, http://mennlex.de/doku.php?id=art: bergmann_peter (Zugriff: 12.04.2018).

Eisfeld Alfred: „Bol'šoj terror" v Ukraine: **nemeckaja operacija** 1937–1938 gg. [Der Große Terror in der Ukraine: die deutsche Operation der Jahre 1937/38], in: Alfred Eisfeld, Andrej Kogut u.a. (Hrsg.): „Bol'šoj terror" v Ukraine: nemeckaja operacija 1937–1938 godov. Sbornik dokumentov [Der Große Terror in der Ukraine: die Deutsche Operation der Jahre 1937/38. Dokumentensammlung], Kiev 2018, S. 211-302.

Eisfeld, Alfred, Victor **Herdt** (Hrsg.): **Deportation**, Sondersiedlung, Arbeitsarmee: Deutsche in der Sowjetunion 1941 bis 1956, Köln 1996.

Eisfeld, Alfred, Andrej **Kogut** u.a. (Hrsg.): **„Bol'šoj terror"** v Ukraine: nemeckaja operacija 1937–1938 godov. Sbornik dokumentov [Der Große Terror in der Ukraine: die Deutsche Operation der Jahre 1937/38. Dokumentensammlung], Kiev 2018.

Ėngel'štejn, L.: Novaja russkaja **revoljucija**: vozvraščajas' k 1917 godu [Die neue russische Revolution. Zurück in das Jahr 1917], in: Andrej Savin, Vjačeslav M. Rynkov (Hrsg.): Ličnost', obščestvo i vlast' v istorii Rossii. Sbornik statej v čest' 70-letija prof. Vladimira I. Šiškina [Persönlichkeit, Gesellschaft und Macht in der Geschichte Russlands. Aufsatzsammlung zu Ehren des 70. Geburtstags von Prof. V.I. Šiškin], Novosibirsk 2018, S. 226-240.

Epp, Frank: **Mennonite Exodus**: The Rescue and Resettlement of the Russian Mennonites since the Communist Revolution, Altona 1962.

Epp, Johann, Katharina **Epp**: **Von Gottes Gnade** getragen, Gummersbach 1984.

Ėpp, Petr: **100 let** pod pokrovom Vsevyšnego: Istorija Omskich obščin EChB i ich ob"edinenija 1907–2007 [100 Jahre unter dem Schirm des Höchsten: Geschichte der Gemeinden von Evangeliumschristen-Baptisten und deren Vereinigung 1907–2007], Omsk 2007.

Ernu,⁻V.: **Roždennyj v SSSR** [Geboren in der UdSSR], Moskau 2007.

Ėtkind, A.: **Chlyst**: sekty, literatura i revoljucija [Geißler: Sekten, Literatur und Revolution], Moskau 2013.

Ėtkind, A.: **Russkie sekty** i sovetskij kommunizm: proekt Vladimira Bonč-Brueviča [Russische Sekten und Sowjetkommunismus: das Projekt von Vladimir Bonč-Bruevič], in: Minuvšee. Istoričeskij al'manach [Vergangenes. Historischer Almanach], Moskau u.a. 1996, Bd. 19, S. 275-319.

Evseev, O.N.: **Mennonity** Saratovskogo Zavolž'ja (1854–1941) [Die Mennoniten des Saratover Wolgagebiets (1854–1941)], Referat zur Erlangung des Kandidatengrads, Saratov 2016.

Evstratenko, A[leksej] T.: **Tropa** moej žizni [Der Pfad meines Lebens], Moskau 2013.

Fast, A.A.: **Nezakonnoe „sborišče"** (sudebnyj očerk) [Gesetzwidrige „Zusammenkunft" (Gerichtsskizze), Barnaul 2005.

Fast, A.A.: **V setjach OGPU**-NKVD (Nemeckij rajon Altajskogo kraja v 1927–1938 gg.) [In den Netzen von OGPU-NKVD (der Deutsche Rayon der Region Altaj in den Jahren 1927–1938)], Barnaul 2002.

Fast, Viktor: In **Zwang** und Eisen ..., in: Aquila 36 (2000), Nr. 2, S. 27 f.

Fast, Viktor (Hrsg.): **Vorübergehende Heimat**: 150 Jahre Beten und Arbeiten in Alt-Samara (Alexandertal und Konstantinow), Steinhagen 2009.

Fast, Viktor, Jakob **Penner**: **Wasserströme** in der Einöde: Die Anfangsgeschichte der Mennoniten-Brüdergemeinde Karaganda 1956–1968, Steinhagen 2007.

Filimonova A.I. (Hrsg.): **Gosudarstvo** i cerkov' v XX veke: Ėvoljucija vzaimootnošenij, političeskij i sociokul'turnyj aspekty. Opyt Rossii i Evropy [Staat und Kirche im XX. Jahrhundert: Entwicklung von Beziehungen, politischen und sozio-kulturellen Aspekten. Erfahrung in Russland und Europa], Moskau 2011.

Freeze, Gregory, L.: The **Stalinist Assault** on the Parish, 1929–1941, in: Manfred Hildermeier (Hrsg.): Stalinismus vor dem Zweiten Weltkrieg. Neue Wege der Forschung, München 1998, S. 209-232.

Friesen, Robert: Auf den **Spuren** der Ahnen 1882–1992: Die Vorgeschichte und 110 Jahre der Deutschen im Talas-Tal in Mittelasien, Minden 2001.

Furmanov, D.A.: **Dnevnik** (1914–1915–1916). [Tagebuch (1914–1915–1916)], Moskau 1930.

Gartfel'd, German, Nadežda **Chrapova** (Hrsg.): Podražajte vere ich ...: **Pamjati N.P. Chrapova** [Folgt ihrem Glauben nach ... Zum Andenken an N.P. Chrapov], Meinerzhagen 2014.

Gebgart, I.: Das deutsche **Dorf** in der Ukraine, Charkow 1927.

Gerasimova, K.M.: **Obnovlenčeskoe dviženie** burjatskogo lamaistskogo duchovenstva [Die Erneuerungsbewegung der burjatischen lamaistischen Geistlichkeit], Ulan-Udė 1964.

Gerber, Ol'ga: Die **Auswanderung** der Sibiriendeutschen in den Jahren 1929–1930, in: Boris Meissner, Helmut Neubauer u.a. (Hrsg.): Die Russlanddeutschen. Gestern und heute. Köln 1992, S. 119-126.

Gerber, Ol'ga: **Ergebnisse** der „sozialistischen Umgestaltung" der deutschen Dörfer Sibiriens, in: Forschungen zur Geschichte und Kultur der Russlanddeutsche, Essen 2000, Nr. 10, S. 109-133.

German, Arkadij A.: **Repatriacija** graždan SSSR nemeckoj nacional'nosti i otpravka ich na specposelenie [Repatriierung von Bürgern der UdSSR deutscher Nationalität und deren Abfertigung in die Sondersiedlung], in: Voenno-istoričeskie issledovanija v Povolž'e [Militärisch-historische Forschungen im Wolgagebiet], Vyp. 4, Saratov 2000, S. 260-273.

Glušaev, Aleksej L.: „**Bez propovednikov**, v uglu barakov ...": protestantskie „baračnye obščiny" v Permskom Prikam'e 1940–1950-ch gg. [„Ohne Prediger, in Barackenwinkeln ...": die protestantischen Barackengemeinden im Gebiet Perm' (Prikam'e) in den Jahren 1940–1950], in: Gosudarstvo, religija, cerkov' v Rossii i za rubežom [Staat, Religion, Kirche in Russland und im Ausland], Moskau 2012, H. 3-4, S. 257-283.

Glušaev, Aleksej L.: **Protestantskie obščiny** v gorodach i rabočich poselkach v 1945–1965 gg. (na materialach Molotovskoj (Permskoj) oblasti). Dissertacija na soiskanie učenoj stepeni kandidata istoričeskich nauk [Protestantische Gemeinden in Städten und Arbeitssiedlungen in 1945–1965 (anhand von Materialien des Gebiets Molotov (Perm')). Dissertation zur Erlangung des Grades des Kandidaten der Historischen Wissenschaften], Perm': Permskaja gosudarstvennaja akademija iskusstva i kul'tury, 2013.

Gorbatov, Aleksej V.: **Gosudarstvo** i religioznye organizacii Sibiri v 1940-e–1960-e gody [Der Staat und die religiösen Organisationen Sibiriens in den 1940er–1960er Jahren], Tomsk 2008.

Gorbatov, Aleksej V.: **KGB** i religioznye organizacii [Der KGB und die religiösen Organisationen], in: Voprosy istorii, Moskau (2008), Nr. 6, S. 128-132.

Gračev, Jurij S.: V irodovoj bezdne: **Vospominanija** o perežitom [In Herodes' Abgrund: Erinnerungen an das Erlebte], Bd. 4, Moskau 1993.

Hamm, Abram, Maria **Hamm**: Die **Wege des Herrn** sind lauter Güte, Gummersbach 1985.

Heidebrecht, Hermann: Fürchte dich nicht, du kleine Herde: **Mennoniten** in Russland und Sowjetunion, Bielefeld 1999.

Hildebrandt, Gerhard: Die **Kolonisation** am Beispiel der Mennoniten, in: Gerd Stricker (Hrsg.): Russland. Deutsche Geschichte im Osten Europas, Berlin 1997, S. 261-322.

Hildermeier, Manfred (Hrsg.): **Stalinismus** vor dem Zweiten Weltkrieg. Neue Wege der Forschung, München 1998.

Hübner, Viktor: Der Herr hat großes getan! **Zeugnis** aus Karaganda aus den 1950-er Jahren, in: Aquila 58 (Steinhagen 2005), Nr. 3, S. 10-11.

Il'f, Il'ja, Evgenij **Petrov**: **Dvenadcat' stul'ev**. Zolotoj telenok [Zwölf Stühle. Das Goldene Kalb], Novosibirsk 1957.

Il'inych, N.I.: **O sovremennom mennonitstve** [Über das heutige Mennonitentum], Moskau 1968.

Il'inych, N.I.: **Pod maskoj** svjatoš: O reakcionnoj dejatel'nosti sekty mennonitov [Hinter der Maske der Betbrüder: Über die reaktionäre Tätigkeit der Sekte der Mennoniten], Orenburg 1963.

Ipatov, A.N.: **Kto takie mennonity**? [Wer sind diese Mennoniten?], Alma-Ata 1977.

Ipatov, A.N.: **Mennonity**. Voprosy formirovanija i ėvolucii ėtnokonfessional'noj obščnosti [Die Mennoniten. Fragen der Entstehung und Evolution der ethnokonfessionellen Gemeinschaft], Moskau 1978.

Istorija evangel'skich christian-baptistov v SSSR [Geschichte der Evangeliumschristen-Baptisten in der UdSSR], Moskau 1989.

Ivnickij, N.A.: **Kollektivizacija** i raskulačivanie (načalo 30-ch godov) [Kollektivierung und Entkulakisierung (Anfang der 30er Jahre)], Moskau 1996.

Izmozik, V.S.: **Glaza i uši režima**. Gosudarstvennyj političeskij kontrol' za naseleniem sovetskoj Rossii v 1918–1928 gg. [Augen und Ohren des Regimes. Die staatliche politische Kontrolle über die Bevölkerung Sowjetrusslands 1918–1928], SPb. 1995.

Ja s vami vo vse dni do skončanija veka: Žizn' verujuščich i obščin evangel'skich christian-baptistov i mennonitov Karagandy i Karagandinskoj oblasti. Kniga I: Tjaželye vremena gonenij i repressij [Ich bin bei euch alle Tage bis an der Welt Ende: Das Leben der Gläubigen und Gemeinden der Evangeliumschristen-Baptisten und Mennoniten in Karaganda und Gebiet. Buch I: Schwere Zeiten der Verfolgungen und Repressionen], Karaganda 2001.

Jakovlev, A.N. (Hrsg.): **Lubjanka**. Stalin i Glavnoe upravlenie gosbezopasnosti NKVD. Archiv Stalina. Dokumenty vysšich organov partijnoj i gosudarstvennoj vlasti. 1937–1938 [Lubjanka. Stalin und die Hauptverwaltung für Staatssicherheit des NKVD. Archiv Stalins. Dokumente der höchsten Organe der Partei- und Staatsmacht. 1937/38], Moskau 2004.

Jancar, Barbara Wolfe: „Religious **Dissent** in the Soviet Union", in: Rudolf L. Tökés (Hrsg.): Dissent in the USSR: Politics, Ideology, and People, Baltimore 1975, S. 191-232.

Junge, Marc: **Massenverfolgungen** und dogmatischer Import, in: Totalitarismus und Demokratie. Zeitschrift für Internationale Diktatur- und Freiheitsforschung 8 (2011), H. 1, S. 77-98.

Junge, Marc, Rolf **Binner** u.a. (Hrsg.): „Čerez trupy vraga na blago naroda". „**Kulackaja operacija**" v Ukrainskoj SSR. 1937–1941 gg. Tom 1: 1937. Podgotovka prikaza Nr. 00447, pervyj ėtap „kulackoj operacii" [„Über die Leichen des Feindes zum Wohl des Volkes". Die „Kulakenoperation" in der Ukrainischen SSR. 1937–1941, Bd. 1: 1937. Die Ausarbeitung des Befehls Nr. 00447, erste Etappe der „Kulakenoperation"], Moskau 2010.

Junge, Marc, Rolf **Binner**: Kak terror stal „Bol'šim". **Sekretnyj prikaz** Nr. 00447 i technologija ego ispolnenija [Wie der Terror „groß" wurde. Der Geheimbefehl Nr. 00447 und die Technologie seiner Umsetzung], Moskau 2003.

Junge, Marc, Grigorij **Bordjugov** u.a.: **Vertikal'** bol'šogo terrora. Istorija operacii po prikazu NKVD 00447 [Die Vertikale des Großen Terrors. Geschichte der Operation nach Befehl Nr. 00447 des NKVD], Moskau 2008.

Jurčak, A.: **Ėto bylo navsegda**, poka ne končilos'. Poslednee sovetskoe pokolenie [Es war für immer, bis es zu Ende war. Die letzte sowjetische Generation], Moskau 2014.

Kaliničeva, Z.B.: **Social'naja suščnost'** baptizma [Der soziale Kern des Baptismus], Leningrad 1972.

Kasakow, Ewgeniy: **Dissens** und Untergrund. Das Wiederaufkommen der linken oppositionellen Gruppen in der späten Brežnev-Zeit, in: Boris Belge, Martin Deuerlein (Hrsg.):

Goldenes Zeitalter der Stagnation? Perspektiven auf die sowjetische Ordnung der Brež-nev-Ära, Tübingen 2014, S. 75-95.

Klassen, David: **Autobiografie** (leicht gekürzt), in: Rückblick (2005), Nr. 1, S. 21.

Klassen, Otto: **Erinnerungen** aus meinem Leben, Winnipeg 2015.

Klibanov, A.I.: **Istorija** religioznogo sektantstva v Rossii [Geschichte des religiösen Sektentums in Russland], Moskau 1965.

Klibanov, A.I. (Hrsg.): **Kritika** religioznogo sektantstva. Očerki izučenija religioznogo sektantstva v 20-ch–načale 30-ch godov [Kritik des religiösen Sektentums. Essays zur Erforschung des religiösen Sektentums von den 20er bis zu Beginn der 30er Jahre], Moskau 1974.

Klibanov, A.I.: **Mennonity** [Mennoniten], Moskau 1931.

Klibanov, A.I.: **Religioznoe sektantstvo** i sovremennost' [Religiöses Sektentum und Moderne], Moskau 1969.

Klibanov, A.I.: Religioznoe **sektantstvo v prošlom** i nastojaščem [Religiöses Sektentum in Vergangenheit und Gegenwart], Moskau 1973.

Kljueva, V.P., R.O. **Poplavskij** u.a.: **Pjatidesjatniki** v Jurge (na primere obščin ROSCh-VE) [Die Pfingstler in Jurga (am Beispiel der Gemeinden des Russischen Verbands der Christen Evangelischen Glaubens)], SPb. 2013.

Kokin, Sergej: **Nemeckaja operacija** NKVD v sovremennoj istoriografii [Die Deutsche Operation des NKVD in der modernen Historiografie], in: Alfred Eisfeld, Andrej Kogut u.a. (Hrsg.): „Bol'šoj terror" v Ukraine: nemeckaja operacija 1937–1938 godov. Sbornik dokumentov [Der Große Terror in der Ukraine: Die Deutsche Operation der Jahre 1937/38. Dokumentensammlung], Kiev 2018, S. 81-121.

Kort, Hermann: Wovon das **Herz** voll ist, redet der Mund, Steinhagen 2012.

Kotkin, Stephen: **Govorit' po-bol'ševistski** [Bolschwistisch sprechen], in: Amerikanskaja rusistika: vechi istoriografii poslednich let. Sovetskij period. Antologija [Amerikanische Russistik: Wegmarken der Historiografie der letzten Jahre. Die sowjetische Zeit. Anthologie], Samara 2001, S. 250-328.

Kotkin, Stephen: Magnetic Mountain: **Stalinism** as a Civilization, Berkeley 1995.

Kozlov, V.A., S.V. **Mironenko** (Hrsg.): **Kramola**. Inakomyslie v SSSR pri Chruščeve i Brežneve. 1953–1982 gg. Rassekrečennye dokumenty Verchovnogo suda i Prokuratury SSSR [Aufruhr. Dissidententum in der UdSSR unter Chruščev und Brežnev. 1953–1982. Freigegebene Dokumente des Obersten Gerichts und der Staatsanwaltschaft der UdSSR], Moskau 2005.

KPSS v rezoljucijach i rešenijach s''ezdov, konferencij i plenumov [Die KPdSU in Resolutionen und Beschlüssen der Parteitage, Konferenzen und Plenen], Teil 2: 1925–1953, Moskau 1953.

Krapivin, M.Ju.: „Neobchodimo sdelat' vse, čtoby unizit' cerkov' v glazach naroda". **Dokladnaja zapiska** M.I. Lacisa. 1920 g. [„Es muss alles getan werden, um die Kirche in den Augen des Volkes herabzusetzen". Aktennotiz M.I. Lacis. 1920], in: Istoričeskij archiv (2011), Nr. 2, S. 91-102.

Krapivin, M.Ju., A.Ja. **Lejkin** u.a.: **Sud'by** christianskogo sektantstva v Sovetskoj Rossii (1917–konec 1930-ch godov) [Schicksale des christlichen Sektentums in Sowjetrussland (1917–Ende der 1930er Jahre)], SPb. 2003.

Krasil'nikov, S.A. (Hrsg.): **Marginaly** kak socium. Sibir' (1920–1930-e g.) [Ausgegrenzte als Sozium. Sibirien (1920er–1930er Jahre)], Novosibirsk 2004.

Krasil'nikov, S.A.: **Na izlomach** social'noj struktury. Marginaly v poslerevoljucionnom rossijskom obščestve (1917–konec 1930-ch godov) [An den Bruchstellen der Sozialstruktur. Ausgegrenzte in der nachrevolutionären russischen Gesellschaft (1917–Ende der 1930er Jahre)], Novosibirsk 1998.

Kremzer, È.M.: **Posledovateli** Menno (o religioznoj sekte mennonitov) [Die Anhänger Mennos (über die religiöse Sekte der Mennoniten)], Perm' 1960.

Krest'janinov, V.F.: **Mennonity** [Mennoniten], Moskau 1967.

Krivova, N.A.: **Vlast'** i cerkov' v 1922–1925 gg. [Macht und Kirche in den Jahren 1922–1925], Moskau 1997.

Krjučkov, G[ennadij] K.: **Velikoe probuždenie** XX veka [Die große Erweckung des XX. Jahrhunderts], o.O. 2008.

Krongardt, Gennadij K.: **Nemcy** v Kyrgyzstane: 1880–1990 gg. [Deutsche in Kirgisistan: 1880–1990], Biškek 1997.

Kuricyn, V.M.: **Stanovlenie** socialističeskoj zakonnosti [Die Entstehung der sowjetischen Gesetzlichkeit], Moskau 1983.

Kurljandskij, I.A.: **Stalin**, vlast', religija (religioznyj i cerkovnyj faktory vo vnutrennej politike sovetskogo gosudarstva v 1922–1953 gg.) [Stalin, Macht, Religion (Religions- und Kirchenfaktoren in der Innenpolitik des Sowjetstaats in den Jahren 1922–1953)], Moskau 2011.

Kuromiya, Hiroaki: **Conscience** on Trial. The Fate of Fourteen Pacifists in Stalin's Ukraine, 1952–1953, Toronto 2012.

Lejbovič, O.L., A.S. **Kimerling** u.a. (Hrsg.): **Nemcy** v Prikam'e. XX vek: Sbornik dokumentov i materialov v 2-ch tomach, T. 1, Archivnye dokumenty, kn. 1-2 [Die Deutschen in der Kama-Region. 20. Jahrhundert, Dokumenten- und Materialsammlung in 2 Bänden, Bd. 1, Archivdokumente, Buch 1-2], Perm' 2006.

Licenberger, O.A.: **Evangeličesko-ljuteranskaja cerkov'** i sovetskoe gosudarstvo (1917–1938) [Die Evangelisch-Lutherische Kirche und der Sowjetstaat (1917–1938)], Moskau 1999.

Livšin, A.Ja., I.B. **Orlov** u.a. (Hrsg.): **Pis'ma** vo vlast'. 1928–1939. Zajavlenija, žaloby, donosy, pis'ma v gosudarstvennye struktury i sovetskim voždjam [Briefe an die Machthaber. 1928–1939. Erklärungen, Beschwerden, Denunziationen, Briefe an die staatlichen Strukturen und sowjetischen Führer], Moskau 2002.

Ljudtke, A.: **Istorija povsednevnosti** v Germanii: novye podchody k izučeniju truda, vojny i vlasti [Alltagsgeschichte in Deutschland: neue Ansätze zur Erforschung von Arbeit, Krieg und Macht], Moskau 2010.

Loewen, Harry: Between Worlds: **Reflections** of a Soviet-born Canadian Mennonite, Kitchener 2006.

Lubjanka: Organy VČK-OGPU-NKVD-MGB-MVD-KGB. 1917–1991. Spravočnik [Lubjanka: die Organe von VČK-OGPU-NKVD-MGB-MVD-KGB. 1917–1991. Handbuch], zusammengestellt von A.I. Kokurin, N.V. Petrov, Moskau 2003.

Mantler, Genrich: **Kimpersaj**, Kaliningrad 2004.

Maslova, I.I.: Russkaja pravoslavnaja **cerkov' i KGB** (1960–1980 gg.) [Die Russisch-Orthodoxe Kirche und der KGB (1960–1980), in: Voprosy istorii, Moskau 2005, Nr. 12, S. 86-96.

Maslova, I.I.: „**Vatikanskoe napravlenie**": iz istorii sekretnych operacij KGB [Die „vatikanische Richtung": aus der Geschichte der Geheimoperationen des KGB], in: Religija i pravo: informacionno-analitičeskij žurnal, Moskau 2005, Nr. 2, S. 11-14.

Masters, Peter (Hrsg.): **Remember** the Prisoners, Chicago IL, 1986.

Materialy fevral'sko-martovskogo plenuma CK VKP(b) 1937 g. [Materialien des Februar-März-Plenums des ZK der VKP(b)], in: Voprosy istorii, Moskau 1993, Nr. 5, S. 3-36; Nr. 7, S. 3-24; 1994, Nr. 10, S. 3-27.

Medvedev, R.: N.S. **Chruščev**. Političeskaja biografija [Chruščev. Politische Biografie], Moskau 1990.

Meissner, Boris, Helmut **Neubauer** u.a. (Hrsg.): Die **Russlanddeutschen**. Gestern und heute, Köln 1992.

Meždunarodnyj sojuz cerkvej evangel'skich christian-baptistov [Internationaler Bund der Gemeinden von Evangeliumschristen-Baptisten], in: https://ru.wikipedia.org/wiki/Meждународный_союз_церквей_евангельских_христиан-баптистов (Zugriff: 02.02.2018).

Mick, Christoph: Sowjetische **Propaganda**, Fünfjahresplan und deutsche Russlandpolitik 1928–1932, Stuttgart 1995.

Millar, James R.: The **Little Deal**: Brezhnev's Contribution to Acquisitive Socialism, in: Slavic Review 44 (1985), S. 694-706.

Miller, Donald: In the Midst of Wolfes: A History of **German Baptists** in Volhynia, Russia, 1843–1943, Portland 2000.

Mitrochin, L.V.: **Baptizm**: istorija i sovremennost' (filosofsko-sociologičeskie očerki) [Baptismus: Geschichte und Gegenwart (philosophisch-soziologische Skizzen)], SPb. 1997.

Mozochin, O.: **Pravo** na repressii: vnesudebnye polnomočija organov gosudarstvennoj bezopasnosti [Das Recht auf Repressionen: außergerichtliche Vollmachten der Staatssicherheitsorgane], Moskau 2006.

Mozochin, O., T. **Gladkov**: **Menžinskij**. Intelligent s Lubjanki [Menžinskij. Der Intellektuelle aus der Lubjanka], Moskau 2005.

Müller, Eberhard: **Opportunismus** oder Utopie? V.D. Bonč-Bruevič und die russischen Sekten vor und nach der Revolution, in: Jahrbücher für Geschichte Osteuropas 35 (1987), S. 509-533.

Nazarova, T.P.: **Blagotvoritel'naja dejatel'nost'** zarubežnych mennonitskich organizacij v sovetskom gosudarstve v 1920–načale 1930-ch gg. (gumanitarnaja i agrotechničeskaja pomošč', podderžka ėmigracii) [Die karitative Tätigkeit ausländischer mennonitischer Organisationen im Sowjetstaat in den 1920er–Anfang der 1930er Jahre (humanitäre und agrartechnische Hilfe, Unterstützung der Emigration], Volgograd 2013.

Nemecko-mennonitskoe bratstvo: Obščiny, v kotorych imejutsja predstaviteli bratstva [Die deutsch-mennonitische Bruderschaft: Gemeinden, in denen es Vertreter der Bruderschaft gibt], o.O. [1987].

Neu Samara am Tock (1890–2003): Eine mennonitische Ansiedlung östlich der Wolga, zusammengestellt von Jakob H. Brucks u.a. Warendorf 2003.

Neufeld, Justina D.: Eine **Familie** zerrissen, Lage 2015.

Nežnyj, A.: **Komissar** d'javola [Der Kommissar des Teufels], Moskau 1993.

Nickel, Johannes: **Erlebnisse** in der Arbeitsarmee, in: Aquila 44 (2002), Nr. 2, S. 21-23.

Nickel, Johannes: **Jugendarbeit** vor 45 Jahren, in: Aquila 24 (1997), Nr. 2, S. 9.

Nickel, Johannes, Johannes **Dyck**: Aus der **Geschichte der Gemeinde** der Evangeliums-christen-Baptisten in Karaganda, in: Aquila 31 (1999), Nr. 1, S. 8-14.

Nikiforov, B.S. (Hrsg.): **Naučno-praktičeskij kommentarij** Ugolovnogo kodeksa RSFSR [Wissenschaftlich-praktischer Kommentar zum Strafgesetzbuch der RSFSR], Moskau 1964.

Nikol'skaja, T.K.: **Russkij protestantizm** i gosudarstvennaja vlast' v 1905–1991 godach. [Russischer Protestantismus und Staatsmacht in den Jahren 1905–1991], SPb. 2009.

Ochotin, N.G., A.B. **Roginskij**: „**Bol'šoj terror**": 1937–1938. Kratkaja chronika [Der „Große Terror": 1937–1938. Kurze Chronik], in: http://www.memo.ru/history/y1937/hronika 1936_1939/xronika.html (Zugriff: 08.03.2018).

Ochotin, N.G., A.B. **Roginskij**: **Iz istorii „nemeckoj operacii"** NKVD 1937–1938 gg. [Aus der Geschichte der „deutschen Operationen" des NKVD in den Jahren 1937–1938], in: Irina L: Šerbakova: Repressii protiv rossijskich nemcev. Nakazannyj narod [Repressionen gegen die Russlanddeutschen. Das bestrafte Volk], Moskau 1999, S. 35-74.

Ochotnikov, A.Ju.: **Nemcy** severnoj Kulundy: strategii i rezul'taty sociokul'turnoj adaptacii (1910–1960-e gody) [Die Deutschen Nordkulundas: Strategien und Resultate der sozio-kulturellen Adaption (1910–1960er Jahre)], Novosibirsk 2012.

Ochotnikov, A.Ju.: **„Samodejatel'naja" reabilitacija** povolžskich nemcev v seredine 1950-ch–1960-e gody [Die „eigeninitiativliche" Rehabilitierung der Wolgadeutschen Mitte der 1950er–1960er Jahre], in: Instituty graždanskogo obščestva v Sibiri (XX–načalo XXI v.) [Institute der Zivilgesellschaft in Sibirien (XX.–Anfang des XXI. Jahrhunderts)], Novosibirsk 2011, S. 151-162.

Odincov, M.I.: **Choždenie** po mukam [Der Leidensweg], in: Nauka i religija (1990), Nr. 7, S. 56-57.

Odincov, M.I.: **Russkaja pravoslavnaja cerkov'** nakanune i v ėpochu stalinskogo socializ-ma. 1917–1953 gg. [Die Russisch-Orthodoxe Kirche unmittelbar vor und während der Zeit des Stalin'schen Sozialismus. 1917–1953], Moskau 2014.

Odincov, M.I.: **Veroispovednaja politika** sovetskogo gosudarstva v 1943–1953 gg. [Konfessionspolitik des Sowjetstaats in den Jahren 1943–1953], in: N. Volynčik (Hrsg.): Sovetskoe gosudarstvo i obščestvo v period pozdnego stalinizma. 1945–1953 gg. [Sowjetstaat und Gesellschaft zur Zeit des Spätstalinismus. 1945–1953], Moskau 2015, S. 488-501.

Orientirovka Osobogo otdela GUGB NKVD SSSR „O dejatel'nosti germanskoj razvedki za pervoe polugodie 1935 goda" [Orientierungsschreiben der Sonderabteilung der Hauptverwaltung für Staatssicherheit des NKVD der UdSSR „Über die Aktivitäten des reichsdeutschen Nachrichtendienstes im ersten Halbjahr 1935"], Moskau 1935.

Ostaševa, N.V.: Na perelome ėpoch [...] **Mennonitskoe soobščestvo** Ukrainy v 1914–1931 gg. [Im Zeitenwandel [...] Die mennonitische Gemeinschaft der Ukraine in den Jahren 1914–1931], Moskau 1998.

Papkov, S.A. (Hrsg.): **Založniki** sovesti (Tolstovcy na Solovkach) [Geiseln des Gewissens (Tolstojaner in Solovki)], in: Vozvraščenie pamjati. Istoriko-archivnyj al'manach [Rückkehr des Gedächtnisses. Historischer Archiv-Almanach], Novosibirsk 1997, S. 176-184.

Pavlova, I.V.: **Mechanizm** vlasti i stroitel'stvo stalinskogo sozializma [Machtmechanismen und Aufbau des Stalinschen Sozialismus], Novosibirsk 2001.

Pavlova, T.A.: **Istoričeskie sud'by** rossijskogo pacifizma [Historische Schicksale des russischen Pazifismus], in: Voprosy istorii, Moskau 1999, Nr. 8, S. 28-42.

Pipes, R.: **Rossija** pri starom režime [Russland unter dem alten Regime], Moskau 1993.

Plaggenborg, Stefan: **Revolutionskultur**. Menschenbilder und kulturelle Praxis in Sowjetrussland zwischen Oktoberrevolution und Stalinismus, Köln u.a. 1996 (Beiträge zur Geschichte Osteuropas 21).

Plechanov, A.A., A.M. **Plechanov** (Hrsg.): F.Ė. **Dzeržinskij** – predsedatel' VČK – OGPU. 1917–1926. Dokumenty [F.Ė. Dzeržinskij – Vorsitzender der VČK – OGPU. 1917–1926. Dokumentensammlung], Moskau 2007.

Plett, I[van] P[etrovič]: **Zemnye goda** – predislovie k večnosti. Avtobiografičeskaja povest' [Erdenjahre – das Vorwort zur Ewigkeit. Autobiografische Erzählung], o.O. 2004.

Plett, Johann: Der Anfang der Mennoniten-Brüdergemeinde **Kimpersai** (Batamschinsk), in: Aquila 56 (2005), Nr. 2, S. 24-32.

Pokrovskij, N.N., S.G. **Petrov** (Hrsg.): Archivy Kremlja. **Politbjuro i cerkov'** 1922–1925 gg. [Die Archive des Kremls. Politbüro und Kirche 1922–1925], Bd. 1-2, Moskau u.a. 1997–1998.

Privalova, Marija Ju.: **Sovetskie nemcy-repatrianty** v nacional'noj politike SSSR v 1940-e–1970-e gg. Dissertacija na soiskanie učenoj stepeni kandidata istoričeskich nauk [Die sowjetischen repatriierten Deutschen in der Nationalitätenpolitik der UdSSR in den 1940er–1970er Jahren. Dissertation zur Erlangung des Grades des Kandidaten der Historischen Wissenschaften], Saratov 2008.

Prišvin, M.M.: **Dnevniki**. 1928–1929 [Tagebücher. 1928–1929], Buch 6, Moskau 2004.

Putincev, F.M.: Političeskaja rol' i **taktika sekt** [Die politische Rolle und Taktik der Sekten], Moskau 1935.

Putincev, F.M.: **Političeskaja rol'** sektantstva [Die politische Rolle des Sektentums], Moskau 1929.

Rahn, P.: **Mennoniten** in der Umgebung von Omsk, Winnipeg 1975.

Rejnmarus, A., G. **Frizen**: **Anti-Menno**. Beiträge zur Geschichte der Mennoniten in Russland, Moskau 1930.

Rejnmarus, A., G. **Frizen**: **Mennonity** (kratkij očerk) [Die Mennoniten (kurze Skizze)], Moskau 1930.

Rejnmarus, A., G. **Frizen**: **Pod gnetom religii**. Nemcy-kolonisty v SSSR i ich religioznye organizacii [Unter der Knute der Religion. Deutsche Kolonisten in der UdSSR und ihre religiösen Organisationen], Moskau u.a. 1931.

Religii i cerkvi v SSSR: statističeskij otčet Soveta po delam religij pri Sovete Ministrov SSSR za 1984 god [Religionen und Kirchen in der UdSSR: Statistischer Bericht für das Jahr 1984, zusammengestellt vom Rat für Religionsangelegenheiten beim Ministerrat der UdSSR], in: Istoričeskij archiv, Moskau 1993, Nr. 1, S. 137-144; Nr. 2, S. 90-126.

Rogova, L.A., G.A. **Bordjugov**: **Ėmigracionnoe dviženie** sovetskich nemcev v konce 20-ch godov [Die Emigrationsbewegung der Sowjetdeutschen Ende der 1920er Jahre], in: Svobodnaja mysl' (1993), Nr. 12, S. 93-104.

Rolf, Malte: Das sowjetische **Massenfest**, Hamburg 2006.

Rundschreiben der Geheim-Politischen Abteilung der Hauptverwaltung für Staatssicherheit des NKVD der UdSSR Nr. 3 „Über die die Kirchen- und Sekten-Konterrevolution betreffende agentur-operative Arbeit“, Moskau 1936.

Sadčenkov, S.Ju.: **Realizacija** principov svobody sovesti i veroispovedanija v Volgogradskoj oblasti v 1980-ch godach [Verwirklichung der Prinzipien von Gewissens- und Religionsfreiheit im Gebiet Volgograd in den 1980er Jahren], in: A.I. Filimonova (Hrsg.): Gosudarstvo i cerkov' v XX veke: Ėvoljucija vzaimootnošenij, političeskij i sociokul'turnyj aspekty. Opyt Rossii i Evropy [Staat und Kirche im XX. Jahrhundert: Entwicklung von Beziehungen, politischen und sozio-kulturellen Aspekten. Erfahrung in Russland und Europa], Moskau 2011, S. 60-78.

Samosudov, V.M.: **Bol'šoj terror** v Omskom Priirtyš'e (1937–1938) [Der Große Terror im Omsker Irtyš-Gebiet (1937–1938)], Omsk 1998.

Savel'ev, S.N.: **Bog i komissary** (k istorii komissii po provedeniju otdelenija cerkvi ot gosudarstva pri CK VKP(b) – antireligioznoj komissii) [Gott und die Kommissare (zur Geschichte der Kommission zur Durchführung der Trennung von Kirche und Staat beim ZK der VKP(b) – Antireligiöse Kommission)], in: Religija i demokratija. Na puti k svobode sovesti [Religion und Demokratie. Auf dem Weg zur Gewissensfreiheit], SPb. u.a. 1993, S. 164-216.

Savenko, E.N.: Na puti k svobode slova. **Očerki istorii** samizdata Sibiri [Auf dem Weg zur Freiheit der Rede. Skizzen der Geschichte des Samizdat Sibiriens], Novosibirsk 2008.

Savin, Andrej I.: **Antireligioznaja komissija** pri CK RKP(b) – VKP(b) i evangel'skie cerkvi v 1922–1929 gg. [Die antireligiöse Kommission beim ZK der RKP(b) – VKP(b) und die evangelischen Kirchen in den Jahren 1922–1929], in: Gosudarstvo i ličnost' v istorii Rossii. Materialy regional'noj naučnoj konferencii [Staat und Individuum in der Geschichte Russlands. Materialien der regionalen wissenschaftlichen Konferenz], Novosibirsk 2004, S. 83-106.

Savin, Andrej I.: „Ėta rabota [...] proizvedet sootvetstvujuščee vpečatlenie na Evropu“. **Iz dokumentov rukovodstva OGPU** SSSR o metodach bor'by s religioznymi organizacijami v pervoj polovine 1920-ch godov [Diese Arbeit [...] wird entsprechenden Eindruck auf Europa machen“. Aus den Dokumenten der Führung der OGPU der UdSSR zur Bekämpfung der religiösen Organisationen der ersten Hälfte der 1920er Jahre], in: Gumanitarnye nauki v Sibiri (2005), Nr. 2, S. 74-78.

Savin, Andrej I. (Hrsg.): Ėtnokonfessija v sovetskom gosudarstve. Mennonity Sibiri v 1920–1930-e gody. **Ėmigracija i repressii.** Dokumenty i materialy [Ethnokonfession im Sowjetstaat. Die Mennoniten Sibiriens in den 1920er–1930er Jahren: Emigrationsbewegung und Repressionen], Novosibirsk u.a. 2009.

Savin, Andrej I. (Hrsg.): Ėtnokonfessija v sovetskom gosudarstve. Mennonity Sibiri v 1920–1980-e gody. **Annotirovannyj perečen'** archivnych dokumentov i materialov. Izbrannye dokumenty [Ethnokonfession im Sowjetstaat. Die Mennoniten Sibiriens in den 1920er–1980er Jahren. Annotiertes Register von Archivdokumenten und -materialien. Ausgewählte Dokumente], Novosibirsk u.a. 2006.

Savin, Andrej I. (Hrsg.): Ėtnokonfessija v sovetskom gosudarstve. Mennonity Sibiri v 1940–1980-e gody: **religioznye dissidenty.** Dokumenty i materialy [Ethnokonfession im Sowjetstaat. Die Mennoniten Sibiriens in den 1940er–1980er Jahren: Religiöse Dissidenten. Dokumente und Materialien], Novosibirsk 2015.

Savin, Andrej I.: **Evangel'skie verujuščie** v 1930-e gody: praktiki političeskoj adaptacii [Evangelische Gläubige in den 1930er Jahren: Praktiken der politischen Adaption], in: A. Sorokin, A. Kobak u.a. (Hrsg.): Žizn' v terrore: social'nye aspekty repressij. Materialy 5-oj meždunarodnoj naučnoj konferencii po istorii stalinizma [Leben im Terror: soziale Aspekte der Repressionen. Materialien der 5. internationalen Wissenschaftskonferenz zur Geschichte des Stalinismus], Sankt-Peterburg 18.–20. Oktober 1912, Moskau 2013, S. 317-324.

Savin, Andrej I.: **Kirchenkampf** in Sibirien 1922–1923. Über eine Vefolgungskampagne gegen nicht-orthodoxe Gemeinschaften, in: Glaube in der 2. Welt. Zeitschrift für Religionsfreiheit und Menschenrechte, Zollikon 1998, Nr. 6, S. 27-31.

Savin, Andrej I.: **Pis'ma vo vlast'** kak specifičeskaja forma političeskoj adaptacii sovetskogo naselenija (1930-e gg.) [Briefe an die Machthaber als spezifische Form der politischen Adaption der Sowjetbevölkerung (1930er Jahre)], in: Vestnik Novosibirskogo gosudarstvennogo universiteta. Serija: Istorija, filologija (2016), Bd. 15, S. 133-145.

Savin, Andrej I. (Hrsg.): **Sovetskoe gosudarstvo** i evangel'skie cerkvi v Sibiri v 1920–1941 gg. Dokumenty i materialy [Der Sowjetstaat und die evangelischen Kirchen in Sibirien in den Jahren 1920–1941. Dokumente und Materialien], Novosibirsk 2004, S. 247-249.

Savin, Andrej I.: The 1929 **Emigration of Mennonites** from the USSR: An Examination of Documents from the Archive of Foreign Policy of the Russian Federation, in: Journal of Mennonite Studies (University of Winnipeg), 30 (2012), S. 45-57.

Savin, Andrej I., A.A. **Kolesnikov**: **Delo svjaščennika** [Der Fall des Geistlichen], in: Marc Junge, Bernd Bonveč u.a. (Hrsg.): Massovye repressii v Altajskom krae. 1937–1938 gg. Prikaz Nr. 00447 [Massenrepressionen in der Region Altaj. 1937–1938. Befehl Nr. 00447], Moskau 2010, S. 288-295.

Savin, Andrej I., Vjačeslav M. **Rynkov** (Hrsg.): **Ličnost'**, obščestvo i vlast' v istorii Rossii. Sbornik statej v čest' 70-letija prof. Vladimira I. Šiškina [Persönlichkeit, Gesellschaft und Macht in der Geschichte Russlands. Aufsatzsammlung zu Ehren des 70. Geburtstags von Prof. V.I. Šiškin], Novosibirsk 2018.

Savin, Andrej I., L.I. **Soskovec**: **Religioznye men'šinstva** [Religiöse Minderheiten], in: Marginaly v sovetskom sociume. 1930-e–seredina 1950-ch gg. [Ausgegrenzte in der Sowjetgesellschaft. 1930er–Mitte der 1950er Jahre], Novosibirsk 2009.

Savinskij, Sergej N.: **Istorija** evangel'skich christian-baptistov Ukrainy, Rossii, Belorussii, Č. II (1917–1967) [Geschichte der Evangeliumschristen-Baptisten der Ukraine, Russlands und Weißrusslands, Teil II (1917–1967)], SPb. 2001.

Sawatsky, Walter: **Soviet Evangelicals** since World War II, Scottsdale, Pennsylvania 1981.

Sbornik dokumentov po istorii ugolovnogo zakonodatel'stva SSSR i RSFSR. 1917–1952 [Dokumentensammlung zur Geschichte der Strafgesetzgebung der UdSSR und der RSFSR. 1917–1952], Moskau 1953.

Sbornik normativnych aktov i spravočnych materialov dlja operativnych rabotnikov KGB [Sammlung von normativen Akten und Informationsmaterial für die Einsatzkräfte des KGB], Moskau 1968.

Sbornik uzakonenij i rasporjaženij rabočego i krest'janskogo pravitel'stva [Sammlung der Rechtsverordnungen und Anordnungen der Arbeiter- und Bauernregierung] (1920), Nr. 99.

Schapowal, Juri: Wsewolod A. **Balitzki** – Ein Volkskommissar, in: W. Hedeler (Hrsg.): Stalinscher Terror. 1934–41, Berlin 2002, S. 85-108.

Sektanty v trudčastjach. Sbornik očerkov [Sektenanhänger in den Arbeitseinheiten. Skizzensammlung], Moskau 1930.

Šerbakova, Irina L. (Hrsg.): Repressii protiv rossijskich nemcev. **Nakazannyj narod** [Repressionen gegen die Russlanddeutschen. Das bestrafte Volk], Moskau 1999.

Sergijčuk, V.: **Vznos Gitlera** v fond MOPRa [Hitlers Beitrag zur Internationalen Roten Hilfe], in: http://www.zn.ua/3000/3150/40594/ (Zugriff: 08.03.2018).

Serova, E.A.: **Obščiny** evangel'skich christian-baptistov Kemerovskoj oblasti v seredine 1940-ch–pervom desjatiletii 2000-ch gg. [Die Gemeinden der Evangeliumschristen-Baptisten des Gebiets Kemerovo Mitte der 1940er–2000er Jahre], Dissertationsreferat zur Erlangung des Grades des Kandidaten der Historischen Wissenschaften, Kemerovo 2013.

Sevost'janov, Grigorij N., Vasilij S. **Christoforov** u.a. (Hrsg.): „Soveršenno sekretno": **Lubjanka – Stalinu** o položenii v strane (1922–1934) [„Streng geheim": Lubjanka an Stalin über die Lage im Land (1922–1934)], Bd. 1-3, Moskau 2001.

Sigel'baum, L.: **Mašiny** dlja tovariščej. Biografija sovetskogo avtomobilja [Autos für die Genossen. Biografie des sowjetischen Automobils], Moskau 2011.

Šiller, V.V.: **Ėtnokonfessional'noe vzaimodejstvie** v Kemerovskoj oblasti v konce XIX–XX vv. [Ethnokonfessionelle Beziehungen im Gebiet Kemerovo Ende des 19.–20. Jahrhunderts], Dissertation zur Erlangung des Kandidatengrads, Kemerovo 2004.

Siničkin, A[leksej]: „**Doklad** ot Iniciativnoj gruppy do [sic] Orgkomiteta" [„Vortrag von der Initiativgruppe bis zum Organisationskomitee"], in: Istorija evangel'skogo dviženija v Evrazii: Materialy i dokumenty [Geschichte der Evangeliumsbewegung in Eurasien: Materialien und Dokumente], Vyp. 1, CD-ROM, Odessa 2001.

Šiškin, V.I. (Hrsg.): **Pis'ma** vo vlast' v ėpochu revoljucii i graždanskoj vojny (maj 1917–maj 1921 g.). Sbornik dokumentov [Briefe an die Machthaber zur Zeit der Revolution und des Bürgerkriegs (Mai 1917–Mai 1921). Dokumentensammlung], Novosibirsk 2015.

Sizov, Nikolaj: **Odin iz sonma**: Avtobiografičeskie rasskazy [Einer aus der großen Schar: Autobiografische Erzählungen], Korntal 2004.

Škarovskij, M.: **Istinno-pravoslavnye** v Voronežskoj eparchii [Wahrhaft-Orthodoxe in der Eparchie Voronež], in: Minuvšee. Istoričeskij al'manach [Vergangenes. Historischer Almanach], Moskau u.a. 1996, Bd. 19, S. 320-356.

Škarovskij, M.: **Russkaja pravoslavnaja cerkov'** pri Staline i Chruščeve (Gosudarstvenno-cerkovnye otnošenija v SSSR v 1939–1964 godach) [Die Russisch-Orthodoxe Kirche unter Stalin und Chruščev (Die Beziehungen zwischen Staat und Kirche in der UdSSR in den Jahren 1939–1964)], Moskau 1999.

Smykalin, A.C.: **Ideologičeskij kontrol'** i Pjatoe upravlenie KGB SSSR v 1967–1989 gg. [Ideologische Kontrolle und die Fünfte Verwaltung des KGB der UdSSR in den Jahren 1967–1989], in: Voprosy istorii (2011), Nr. 8, S. 30-40.

Šnajder, Ivan: **Evangel'skie obščiny** v Aktjubinskoj stepi. Sto let pervoj občine baptistov v Aktjubinske [Evangelische Gemeinden in der Aktjubiner Steppe. Einhundert Jahre der ersten Baptistengemeinde in Aktjubinsk], Steinhagen 2006.

Sniegon, T.: **Ot „vnutrennich ėmigrantov"** k dissidentam: sovetskie nonkonformistskie kul'turnye ėlity vo vtoroj polovine 1950-ch–pervoj polovine 1960-ch godov [Von „inneren Emigranten" zu Dissidenten: sowjetische nonkonformistische Eliten in der zweiten Hälfte der 1950er–ersten Hälfte der 1960er Jahre], in: Kul'tura i vlast' v SSSR 1920–1950-e gody. Materialy IX meždunarodnoj naučnoj konferencii, Sankt-Peterburg, 24.–26. oktjabrja 2016 g. [Kultur und Macht in der UdSSR in den 1920er–1950er Jahren. Materialien der IX. internationalen Wissenschaftskonferenz, St. Petersburg 24.–26. Oktober 2016], Moskau 2017, S. 311-318.

Sobranie zakonov i rasporjaženij Raboče-krest'janskogo pravitel'stva SSSR [Sammlung der Gesetze und Verordnungen der Arbeiter- und Bauernregierung der UdSSR] (1925), Nr. 62.

Soobščenija s mest: g[orod] Kazan' [Mitteilungen aus den Orten: Stadt Kazan'], in: Bratskij vestnik (1986), Nr. 5, S. 68.

Sorokin, A., A. **Kobak** u.a. (Hrsg.): **Žizn' v terrore**: social'nye aspekty repressij. Materialy 5-oj meždunarodnoj naučnoj konferencii po istorii stalinizma [Leben im Terror: soziale Aspekte der Repressionen. Materialien der 5. internationalen Wissenschaftskonferenz zur Geschichte des Stalinismus], Sankt-Peterburg, 18.–20. Oktober 1912, Moskau 2013.

Soskovec, L.I.: **Religioznye konfessii** Zapadnoj Sibiri v 40-e-60-e gody XX veka [Die religiösen Konfessionen Westsibiriens in den 40er–60er Jahren des XX. Jahrhunderts], Tomsk 2003.

Soskovec, L.I.: **Religioznye organizacii** i verujuščie v sovetskom gosudarstve [Religiöse Organisationen und Gläubige im Sowjetstaat], Tomsk 2008.

Sovetskie nemcy: u istokov tragedii [Die Sowjetdeutschen: an den Quellen der Tragödie], zusammengestellt von V.I. Šiškin, in: Nauka v Sibiri, Novosibirsk 1992, Nr. 28.

Sovetskie nemcy: u istokov tragedii [Die Sowjetdeutschen: an den Quellen der Tragödie], in: Vozvraščenie pamjati: Istoriko-publicističeskij al'manach [Rückkehr der Erinnerung: Historisch-publizistischer Almanach], Novosibirsk 1994, S. 100-124.

Specpereselency v Karagandinskoj oblasti: Sbornik dokumentov i materialov [Sondersiedler im Gebiet Karaganda: Sammelband von Dokumenten und Materialien], zusammengestellt von R.M. Žumašev, L.V. Micheeva, Karaganda 2007.

Stach, J.: Meine **Feuertaufe**. Erlebnisse eines evangelischen Diasporapfarrers in Sibirien, St. Gallen 1924.

Stach, J.: Das **Deutschtum** in Sibirien, Mittelasien, und dem Fernen Osten, Stuttgart 1938.

Steffen, Johann, Elfriede **Steffen**: **Im Schmelztiegel**: „Bis hierher hat uns der Herr geholfen", Hückeswagen 1996.

Steindorff, Ludwig (Hrsg.): **Partei** und Kirchen im frühen Sowjetstaat. Die Protokolle der Antireligiösen Kommission beim Zentralkomitee der Russischen Kommunistischen Partei (Bol'seviki), 1922–1929, Berlin 2007.

Steindorff, Ludwig: Zwischen **Bürokratie** und Ideologie. Die Antireligiöse Kommission beim Zentralkomitee als Koordinator bolschewistischer Religionspolitik in den zwanziger Jahren, in: Kirchliche Zeitschrift 12 (1999), H. 1, S. 106-142.

Stricker, Gerd (Hrsg.): Deutsche **Geschichte** im Osten Europas: Russland, Berlin 1997.

Stricker, Gerd: Deutsches **Kirchenwesen** in der UdSSR nach 1941, in: Ottokar Basse, Gerd Stricker (Hrsg.): Religionen in der UdSSR: unbekannte Vielfalt in Geschichte und Gegenwart, Zollikon 1989, S. 161-175.

Stschutschinsk, Geschichte einer Gemeinde, zusammengestellt von Andreas Thiessen, Fulda 1999.

Suckau, Werner: Unsere **Heimat** war Bergtal im Tschu-Tal 1927–2002: Geschichte unserer Vorfahren, Entstehung und Leben des Dorfes. Das Gemeindeleben (Grünfeld, Jurjerwka und Bergtal): Zeugnisse der Bergtaler, Waldbröl 2009.

Sudoplatov, P.A.: **Razvedka** i Kreml'. Zapiski neželatel'nogo svidetelja [Nachrichtendienst und Kreml. Aufzeichnungen eines unerwünschten Zeugen], Moskau 1996.

Sulaev, I.Ch.: **Musul'manskie s"ezdy** Povolz'ja i Kavkaza v 1920-ch gg. [Muslimische Kongresse des Wolgagebiets und des Kaukasus in den 1920er Jahren], in: Voprosy istorii (2007), Nr. 9, S. 141-146.

Sviridov, Andrej (Hrsg.): **Kust karagana** [Karagan-Busch], Alma-Ata 1996.

Teichrieb, Abram: Der Weg zur Heimat: **Erinnerungen** meiner Mutter, Detmold o.J.

Telicyn, V.L.: „Bessmyslennyj i bespoščadnyj". **Fenomen** krest'janskogo buntarstva 1917–1921 gg. [„Sinnlos und gnadenlos". Das Phänomen des bäuerlichen Aufrührertums 1917–1921], Moskau 2003.

Tichomirov, A.A.: „**Režim** prinuditel'nogo doverija" v Sovetskoj Rossii, 1917–1941 gg. [„Das Regime des erzwungenen Vertrauens" in Sowjetrussland, 1917–1941], in: Neprikosnovennyj zapas (2013), Nr. 6 (92), S. 98-117.

Toews, John B. (Hrsg.): Selected Documents: The **Mennonites** in Russia from 1917 to 1930, Winnipeg 1975.

Toews, Paul (Hrsg.): **Ethnoconfession** in the Soviet State: Mennonites in Siberia, 1920–1989: Annotated List of Archival Documents, zusammengestellt von A.I. Savin, Fresno 2008.

Tumšis, M.: **VČK**. Vojna klanov [VČK. Der Krieg der Klane], Moskau 2004.

Ulickaja, L.E.: **Ljudi** našego carja [Die Leute unseres Zaren], Moskau 2011.

Vajl', P., A. **Genis**: 60-e. **Mir sovetskogo čeloveka** [60er Jahre. Die Welt des Sowjetmenschen], Moskau 2013.

Vaščuk, M.S., I.M. **Orlov**: „**Prebyvanie** v Sovetskom Sojuze Ėrnesta Pejna i Ėrika Rudena" [„Aufenthalt in der Sowjetunion von Ernest Payne und Eric Ruden"], in: Bratskij vestnik (1964), Nr. 2, S. 67-69.

Vedeneev, D.V.: **Ateisty** v mundirach: Sovetskie specslužby i religioznaja sfera Ukrainy [Atheisten in Uniform: Die sowjetischen Geheimdienste und der religiöse Bereich der Ukraine], Moskau 2016.

Vert N.: **Istorija sovetskogo gosudarstva**. 1900–1991 [Geschichte des Sowjetstaats. 1900–1991], Moskau 1992.

Vert, N., S.V. **Mironenko** (Hrsg.): **Istorija** stalinskogo GULAGA. Konec 1920-ch – pervaja polovina 1950-ch godov, Tom 1, Massovye repressii v SSSR [Geschichte des Stalinschen Gulag. Ende der 1920er – erste Hälfte der 1950er Jahre, Bd. 1, Massenrepressionen in der UdSSR], Moskau 2004.

Visloguzov, Ju.A., N.I. **Razgon** u.a. (Hrsg.): **Kniga pamjati** žertv političeskich repressij v Altajskom krae [Buch der Erinnerung an die Opfer der politischen Repressionen in der Region Altaj], Bd. 1, Barnaul 1998.

Volkogonov, D.A.: **Triumf** i tragedija. Političeskij portret I.V. Stalina. V 2-ch knigach [Triumph und Tragödie. Politisches Porträt I.V. Stalins. In zwei Büchern], Moskau 1989.

Volochov, S.P.: **Social'no-političeskie protesty** serediny 1950-ch – serediny 1980-ch gg.: na materialach Altajskogo kraja, Novosibirskoj i Tomskoj oblastej [Sozial-politische Proteste Mitte der 1950er – Mitte der 1980er Jahre: anhand von Materialien der Region

Altaj und der Gebiete Novosibirsk und Tomsk], Dissertation zur Erlangung des Kandidatengrads, Barnaul 2002.

Volynčik, N. (Hrsg.): **Sovetskoe gosudarstvo** i obščestvo v period pozdnego stalinizma. 1945–1953 gg. [Sowjetstaat und Gesellschaft zur Zeit des Spätstalinismus. 1945–1953], Moskau 2015.

Vormsbecher, G.: **Protuberancy** mužestva i nadežd (1-aja i 2-aja delegacii sovetskich nemcev v 1965 g.) [Auswüchse von Mut und Hoffnung (die 1. und 2. Delegation der Sowjetdeutschen im Jahr 1965)], in: http://wolgadeutsche.net/wormsbecher/delegat_1_2.htm (Zugriff: 08.03.2018).

Vsesojuznoe soveščanie evangel'skich christian i baptistov v Moskve s 26 po 29 oktjabrja 1944 g. (Zapisi zasedanij) [Allunionsberatung der Evangeliumschristen und Baptisten in Moskau vom 26. bis 29. Oktober 1944 (Sitzungsaufzeichnungen)], in: Bratskij vestnik (1945), Nr. 1, S. 11-38.

Wedel, Walter: ... Und dennoch gehören wir zusammen: Eine geschüttelte **Gemeinde**, Paderborn 1997.

Weiner, A.: Making Sense of War. The **Second World War** and the Fate of the Bolshevik Revolution, Princeton 2001.

Wiens, Abram: Die ersten **Mennoniten** in Karaganda, in: Aquila 26 (1997), Nr. 4, S. 8 f.

Zavatski, Val'ter: **Evangeličeskoe dviženie** v SSSR posle vtoroj mirovoj vojny [Evangelikale Bewegung in der UdSSR nach dem Zweiten Weltkrieg], Moskau 1995.

Žertvy političeskich repressij v Altajskom krae. 1937 [Opfer der politischen Repressionen in der Region Altaj. 1937], Bd. 3, Teil 1-2, Barnaul 2000–2001.

Žiromskaja, V.B.: **Demografičeskaja istorija** Rossii v 1930-e gody. Vzgljad v neizvestnoe [Demografische Geschichte Russlands in den 1930er Jahren. Blick auf das Unbekannte], Moskau 2001.

Žukov, Ju.: Inoj **Stalin**. Političeskie reformy v SSSR v 1933–1937 gg. [Der andere Stalin. Politische Reformen in der UdSSR 1933–1937], Moskau 2003.

Zverev, I.Ju: **Ona i on** [Sie und er], in: Zverev, I.Ju.: **Zaščitnik** Sedov [Strafverteidiger Sedov], Moskau 1990.

Zverev, I.Ju.: **Zaščitnik** Sedov [Strafverteidiger Sedov], Moskau 1990.

Personenregister

Abakumov, Viktor S. 129 f., 305
Abdullaev, Chajrulla 261
Abragamson, I.I. 71
Achmatova, Anna A. 169
Adrian, P.G. 167, 400
Agranov, Ja.S. 69, 75
Al'tman, Ida Berngardovna 381
Aleksandrov, G. 309
Alekseev, L.M. 13
Alekseev, N.N. 71, 77
Andreev, A.A. 82, 86 f., 119
Andreev, A.L. 41
Andreev, M.S. 119
Andres, Ja.P. 199
Andropov, Jurij V. 140, 162 f., 172, 214, 292
Anna Ioannovna, s. Katharina II.
Antonov (ohne Vorname) 381
Antonov, Brüder 107
Arendt, Hannah 20
Arkus, Grigorij M. 75
Auhagen, Otto 10

Bak, B.A. 37
Balau, A.A. 199
Balickij, Vsevolod A. 74
Baran, Emily 14
Baranov, T.U. 100
Baranova, [L.V.] 374
Barmenkov, A.I. 163 f., 213 f.
Bartels, B. 10
Baširov, Kamal 261
Baturin, N.G. 138, 193
Bauer, V. 375
Becuk, Pavel Platonovič 330 f.
Beeson, Trevor 355
Bekker, D. 37
Bekker, D.D. 67
Bekker, Jakov Ivanovič 385
Belimov, A.F. 11

Beljakova, Nadežda A. 12
Belkovec, L.P. 12
Beloborodov, A.G. 38
Berch, F.F. 76
Berch, K.K. 184
Berg, N.G. 184
Berg, P.Ja. 119, 166
Bergen, P. 37
Bergman, P.P. 377
Bergmann, Peter 312 f.
Beznosov, Aleksandr I. 11
Beznosova, Oksana V. 11
Bil', Ja.Ja. 166, 194
Blok, P.I. 66
Bol'c, Josif Ivanovič 385 f.
Bol'dt, Ja.S. 66
Boldun (ohne Vorname) 304
Bonč-Bruevič, Vladimir D. 25-28, 30, 48
Bondarenko, Iosif 329 f.
Bourdeaux, Michael 13
Brandenberger, David 20
Brandes, Detlef 12, 22, 64
Braun (ohne Vorname) 374
Brežnev, Leonid Il'ič 14, 103, 112, 123, 125,
    135, 159, 162 f., 168 f., 171, 176, 182, 199,
    205, 209 f., 217, 219 f., 222, 229, 293, 377
Brul', Viktor I. 12
Bucharin, Nikolaj I. 60
Budimir (ohne Vorname) 159 f.
Buller, P.G. 76
Bulygin (ohne Vorname) 32

Čebrikov, Viktor M. 164, 168, 291
Čencov, Viktor V. 11, 74
Čerkaz'janova, Irina V. 11
Černjaev, Rudol'f 215
Čertkov, V.G. 30, 32 f., 43
Charčenko, G.N. 175
Chaustov, V.N. 78 f.

Ortsregister

Autoren

Prof. Dr. Victor Dönninghaus ist wissenschaftlicher Mitarbeiter und Stellvertreter des Direktors am Nordost-Institut (Institut für Kultur und Geschichte der Deutschen in Nordosteuropa e.V.), Lüneburg.

Dr. Savin Andrej ist wissenschaftlicher Mitarbeiter des Instituts für Geschichte der Russischen Akademie der Wissenschaften, Abteilung Sibirien, Novosibirsk.

Johannes Dyck (M.Th.) ist Dozent und Direktor des Instituts für Theologie und Geschichte am Bibelseminar Bonn.